महाशक्ति भारत

महाशक्ति भारत

डॉ. वेदप्रताप वैदिक

राजकमल प्रकाशन

ISBN : 978-81-267-1019-5

मूल्य : ₹1595

पहला संस्करण : 2005
पहली आवृत्ति : 2025

प्रकाशक : राजकमल प्रकाशन प्रा.लि.
1-बी, नेताजी सुभाष मार्ग, दरियागंज
नई दिल्ली-110 002
शाखाएँ : अशोक राजपथ, साइंस कॉलेज के सामने, पटना-800 006
पहली मंजिल, दरबारी बिल्डिंग, महात्मा गांधी मार्ग, प्रयागराज-211 001
1, अनमोल सोराबजी संतुक लेन, धोबी तलाव, मरीन लाइंस, मुम्बई-400 002
वेबसाइट : www.rajkamalprakashan.com
ई-मेल : info@rajkamalprakashan.com

मुद्रक : बी. के. ऑफसेट
नवीन शाहदरा, दिल्ली-110 032

MAHASHKTI BHARAT
by Dr. Vedpratap Vaidic

अनुक्रम

भारत–अमेरिका

भारत-रूस

भारत-अफगान सम्बन्ध

भारत-ईरान : नया दौर

पड़ोसी देश

फीजी-संकट

भूमिका

विदेश नीति और मौलिक चिन्तन, ये दो शब्द परस्पर विरोधी मालूम पड़ते हैं, क्योंकि विदेश नीति मूलत: 'करते की विद्या' है। जहाँ निरंतर कुछ न कुछ करते रहना ही परम धर्म है, वहाँ शुद्ध चिन्तन के लिए अवकाश मिलना कठिन होता है। इसीलिए अत्यन्त सफल विदेश सचिव, विदेश मंत्री और प्रधानमंत्री भी अपने पीछे विदेश नीति चिन्तन की कोई ऐसी इमारत नहीं छोड़ जाते, जिसके खँडहरों में नई जान फूँकी जा सके या जिसके वास्तु-शास्त्र का इस्तेमाल करके कोई नया विचार-महल खड़ा किया जा सके। हाँ, उनके कर्तृत्व की मीमांसा के आधार पर विद्वान लोग कुछ विचार-प्रणालियाँ जरूर खड़ी करने का प्रयत्न करते हैं लेकिन वह मौलिक चिन्तन नहीं होता। वह मौलिक कार्य की श्रमसाध्य व्याख्या होती है। ऐसी व्याख्या मैंने भी अपने प्रथम शोधग्रन्थ 'अफगानिस्तान में सोवियत-अमेरिकी प्रतिस्पर्धा' (1973) में की है। विश्वविद्यालयों के धुरंधर विद्वान यही करते हैं, इससे ज्यादा कुछ नहीं। इस तरह के शोध-कार्य अत्यन्त आवश्यक और सराहनीय होते हैं लेकिन मुझे अपनी मंजिल इससे भी कहीं आगे दिखाई पड़ती रही।

इसीलिए 'भारतीय विदेश नीति : नए दिशा-संकेत' (1980) का आगमन हुआ। इस शोधपरक किन्तु चिन्तनपूर्ण ग्रन्थ पर प्रधानमंत्री श्रीमती इंदिरा गांधी से लेकर 'स्कूल ऑफ इन्टरनेशनल स्टडीज़' के प्रोफेसरों की अप्रत्याशित सराहना ने मेरे इस संकल्प को सुदृढ़ किया कि विदेश नीति 'करते की विद्या' तो है ही, उसे 'सोचते की विद्या' भी बनाया जाना चाहिए। यदि सोचेंगे नहीं तो करेंगे क्या ? महान से महान कृति भी पहले दिमाग में ही उपजती है। जमीन पर तो वह बाद में उतरती है। 20 साल पहले मैंने गुट-निरपेक्ष विदेश नीति के सूरज की ढलान को देख लिया था और उसके स्थान पर भारत के लिए वैकल्पिक विदेश नीति का ढाँचा खड़ा किया था। प्रस्तुत ग्रन्थ में उसी चिन्तन-धारा को आगे बढ़ाने का प्रयत्न किया गया है। 21वीं सदी की भारतीय विदेश नीति के समक्ष क्या-क्या चुनौतियाँ हैं, उनका सामना कैसे किया जाए और भारत की अपनी विश्व-दृष्टि क्या हो, यह इस ग्रन्थ के पहले ही निबन्ध का विषय है। 20वीं सदी के विश्व का सिंहावलोकन भी एक अन्य निबन्ध में किया गया है। इस ग्रन्थ की आत्मा इस प्रश्न में बसती है कि भारत को आदर्श महाशक्ति कैसे बनाया जाए ? यह इस ग्रन्थ का यक्ष प्रश्न है और ये सारे निबन्ध इसी यक्ष प्रश्न के उत्तर !

इस ग्रन्थ के निबन्धों और हमारी वर्तमान विदेश नीति में अनवरत आँखमिचौनी चलती रहती है। कभी विदेश नीति आगे होती है और निबन्ध पीछे और कभी निबन्ध आगे होते हैं और विदेश नीति पीछे! जब निबन्ध पीछे-पीछे चलता है तो वह हर विदेश नीति सम्बन्धी पहल की चीर-फाड़ करता है, कार्य-कारण में उतरता है, जड़ों तक पहुँचता है और दूध को दूध और पानी को पानी कहता है। ताँगे में जुते घोड़े को वह अगर पुचकारता है तो कभी-कभी उस पर चाबुक भी बरसाता है। इसके अलावा यह भी बताता है कि सरकार ने किसी खास मुद्दे पर जो पहल की है, उसे वह बेहतर ढंग से कैसे उठा सकती थी। जब निबन्ध आगे-आगे चलता है तो उसकी कोशिश होती है कि विदेश नीति को वह अपने पीछे खींचता चले। इसमें कहीं-कहीं ज्यादती भी दिखाई पड़ सकती है लेकिन उसका कारण 'करते की विद्या' का अनुभव है। दूसरों को कुछ करने के लिए जब मैं कुछ कहता हूँ तो उसके पहले हमेशा यह सोचता हूँ कि उनकी जगह अगर मैं होता तो क्या वह कर पाता ? दूसरों को पानी पर चढ़ाना मेरी फितरत नहीं है। इसीलिए फीजी में भारत सरकार की अकर्मण्यता और कंधार में किंकर्तव्यविमूढ़ता मुझे उद्वेलित करती रही। परमाणु विस्फोट पर अपनी अपूर्व प्रसन्नता को मैंने प्रकट किया लेकिन भारत सरकार की परवर्ती दिशाहीनता को रेखांकित करने में भी मैंने कोई कोताही नहीं बरती। वैकल्पिक परमाणु-नीति सिद्धान्त प्रस्तुत करने का भी प्रयत्न किया। पाकिस्तान के साथ भारत के सम्बन्ध कैसे हों, इस मुद्दे पर अपनी दो-टूक राय जाहिर करने में मुझे कोई संकोच कभी नहीं हुआ। भारत सरकार की पाकिस्तान-नीति की विचित्रताएँ और वक्रताएँ इन निबन्धों में जमकर अनावृत हुई हैं। लाहौर का आकाश और आगरा की खाई इस लेखक को जैसे पहले से दिखाई पड़ रही थी, अगर भारत सरकार को भी दिखाई पड़ जाती तो जिस निराशा के दौर में वह आजकल फँसी हुई है, नहीं फँसती। अन्य पड़ोसी देशों और महाशक्तियों के साथ भारत के सम्बन्धों के अन्त:सूत्रों को खोजने और उन्हें नए आयाम देने का प्रयत्न भी इन निबन्धों में हुआ है। पिछले तीन-चार वर्षों में कई विदेश यात्राएँ हुईं लेकिन उनमें से सिर्फ दो का चित्रण इस ग्रन्थ में हुआ है। एक तो अमेरिका का, जहाँ मैं मूलत: संयुक्त राष्ट्र संघ में भारतीय प्रतिनिधि के तौर पर गया था लेकिन दो सप्ताह की यह यात्रा दो मास से भी अधिक चली और दूसरा ट्रिनिडाड-यात्रा का, जहाँ मुझे एक और भारत के दर्शन हुए। अफगानिस्तान पर अलग से पुस्तक तैयार हो गई है। इसीलिए इस पुस्तक में केवल कुछ ताजा अफगान-निबन्ध ही दिए जा रहे हैं। इसी तरह विस्कॉन्सिन यूनिवर्सिटी द्वारा आयोजित दक्षिण एशियाई विश्व-सम्मेलन का उद्घाटन-भाषण तथा संयुक्त राष्ट्र संघ के तीन भाषण भी एक अन्य संकलन में आ रहे हैं।

इस ग्रन्थ के अधिकतर निबन्ध तात्कालिक प्रतिक्रिया के रूप में हैं लेकिन हर तत्काल की जड़ें कई कालों तक फैली हुई होती हैं। व्यक्ति के अपने, अन्य व्यक्तियों के, राष्ट्रों के, संस्कृतियों के कालों तक! कालों के विशेष अनुभवों तक! प्रत्येक

विश्लेषण में, वह कितना ही तात्कालिक हो, इन सब अनुभवों का निकष होता है। और सबसे बड़ी बात यह कि अपने मस्तिष्क में अगर कोई चिन्तन का ढाँचा हो, चिन्तन-प्रणाली हो तो अलग-अलग समय पर पिरोए गए अलग-अलग आकार-प्रकार के मोती भी अपने-आप सुघड़ माला का रूप धारण करते चले जाते हैं। इसीलिए ग्रन्थ के सभी निबन्ध पहले निबन्ध में स्थापित प्रतिमानों, मूल्यमानों और कसौटियों पर कसे हुए-से लगते हैं। वे किसी विराट् विचार-पुरुष के समीचीन अंग-प्रत्यंगों की तरह उभरते चले जाते हैं। वाद्य-यंत्रों की विभिन्नता के बावजूद जैसे आर्केस्ट्रा का संगीत समवेत और समरस होता है, वैसे ही विभिन्न विषयों और विभिन्न तिथियों पर लिखे गए ये निबन्ध पाठकों को विदेश नीति चिन्तन की एक प्रणाली के अनुशासन में बँधे हुए लगेंगे।

अब जबकि हिन्दी के दर्जनों लोकप्रिय अखबार वैदेशिक मामलों पर मेरे लेख छाप रहे हैं, मुझे उनका तत्काल असर देखकर आनन्द और आश्चर्य, दोनों होते हैं। हिन्दी में लिखे का असर लाखों पाठकों पर तो होता ही है, कभी-कभी विदेश मंत्रालय को भी अपनी लीक बदलनी पड़ती है। हिन्दी की यह विशिष्ट उपलब्धि है। हिन्दी में लिखा गया शब्द निरर्थक नहीं जाता, यह अपने आपमें एक घटना है, खास तौर से भाषाई दृष्टि से गुलाम भारत में। आलोचना के लिए आलोचना करना मेरी आदत नहीं है लेकिन जहाँ आलोचना आवश्यक है, वहाँ घनिष्टतम सम्बन्ध भी आड़े नहीं आते। राष्ट्रहित सर्वोपरि है, व्यक्तिगत लाभ-हानि नहीं! लिखने का कारण निज पांडित्य-प्रकाश नहीं, राष्ट्रहित-संपादन है। यहाँ संकल्प केवल एक ही है कि भारत वास्तविक महाशक्ति कैसे बने ? इस निबन्ध-माला में तरह-तरह के मनके हैं लेकिन उन सब मनकों को जोड़नेवाला संकल्प-सूत्र एक ही है।

इस संकल्प को अमली जामा पहनाने में 'नई दुनिया' के सम्पादक श्री राहुल बारपुते और 'धर्मयुग' के स्वनामधन्य संपादक डॉ. धर्मवीर भारती ने बहुत प्रेरणा दी। उन्होंने वर्षों मेरे विचारों की उड़ान को पंख दिए। यह सिलसिला लगभग 42 साल पहले शुरू हुआ। 'स्कूल ऑफ इन्टरनेशनल स्टडीज़' और 'इंडिया इन्टरनेशनल सेन्टर' के सेमिनार मुझे मौका देते थे कि अपने विचारों के पंछियों को मैं विशेषज्ञों की शिकारगाहों में उड़ा दूँ और उनका हश्र देखूँ। इसके अलावा अपने प्रधानमंत्रियों, विदेश मंत्रियों तथा विदेश मंत्रालय के अधिकारियों के साथ नित्य प्रति के विचार-विमर्श और दर्जनों देशों के राष्ट्रपतियों, प्रधानमंत्रियों और विदेश मंत्रियों से सहज सम्पर्क ने मेरी उड़ानों को सर्वथा किताबी नहीं होने दिया। कूटनीति की निर्मम सच्चाइयों का सामना बहुत निकट से करने के भी प्रचुर अवसर मिले। प्रति दिन कई वर्ष तक लिखे गए 'नवभारत टाइम्स' के सम्पादकीयों ने भी वैदेशिक मामलों के आर-पार देखने की कला सिखाई। इनके साथ-साथ पड़ोसी राष्ट्रों के साथ भारत के सम्बन्धों के संचालन में सक्रिय भूमिका अदा करने के ऐसे अवसर मुझे मिलते रहे, जो विदेश मंत्रियों और विदेश सचिवों के लिए भी ईर्ष्या का विषय होते हैं। इन अवसरों का

कभी प्रचार नहीं हुआ, लेकिन इन्होंने पढ़ते, सोचते और लिखते की विद्या पर 'करते की विद्या' की धार चढ़ा दी। सिद्धान्त के साथ-साथ व्यवहार के गुर भी हाथ लगे। लेकिन 'नवभारत टाइम्स' में रोज़मर्रा के सम्पादकीय लेखन और प्रबन्ध तथा बाद में पी.टी.आई.-भाषा की जिम्मेदारियों के कारण मेरा गम्भीर और व्यवस्थित लेखन छूट गया। अलबत्ता, शोध-संस्थानों और विश्वविद्यालयों में यदा-कदा दिए गए व्याख्यानों ने चिन्तन की लौ को बुझने नहीं दिया। इन वर्षों में विदेश नीति का 'करते की विद्या' की तौर पर अच्छा अनुभव मिला! लगभग साठ देशों की यात्राएँ भी कीं !

पिछले पाँच-छह वर्षों से लेखन का यह जो नया दौर शुरू हुआ है, यह ग्रन्थ उसी की परिणति है। भारत में अंग्रेजी के अलावा किसी अन्य भाषा को विदेश नीति चिन्तन के योग्य नहीं माना जाता जबकि मेरी राय है कि विदेशी भाषा में शुद्ध चिन्तन यदि असम्भव नहीं तो अत्यन्त दुष्कर तो होता ही है। शायद इसीलिए अंग्रेजी में लिखे असंख्य ग्रन्थ विदेश नीति का केवल शोध या विवेचन ही कर पाते हैं, चिन्तन नहीं! मुझे संतोष है कि इस अर्थ में यह ग्रन्थ लीक से हटकर है। मुझे विश्वास है कि यह ग्रन्थ हिन्दी पाठकों के साथ-साथ अंग्रेजी पाठकों के लिए भी समान रूप से उपयोगी सिद्ध होगा!

30 दिसम्बर, 2003 —**डॉ. वेदप्रताप वैदिक**

ए-19, प्रेस एनक्लेव, नई दिल्ली-17

महाशक्ति भारत

भारत महाशक्ति कैसे बने ?

इक्कीसवीं सदी में भारतीय विदेश नीति की सबसे बड़ी चुनौती यही है कि भारत सच्चे अर्थों में महाशक्ति कैसे बने ? बीसवीं सदी में कुल पाँच महाशक्तियाँ हुईं। अमेरिका, सोवियत संघ, ब्रिटेन, फ्रांस और चीन! पाँच 'बड़ों' की इस सूची में क्या कोई छठा नाम भी जुड़ेगा ? क्या इक्कीसवीं सदी में भारत छठी महाशक्ति बनेगा ? क्या ये पाँच 'बड़े' उसे अपनी महफिल में बैठने देंगे ? क्या सुरक्षा परिषद् में भारत को स्थायी सदस्यता मिलेगी ?

इन प्रश्नों के जवाब हम बाद में ढूँढ़ेंगे लेकिन पहले हमें इस तथ्य को स्वीकार करना होगा कि मई 1998 के परमाणु विस्फोट ने भारत को वास्तविक महाशक्ति के महापथ का पथिक बना दिया है। 1947 यदि भारत की पूर्ण स्वाधीनता का वर्ष था तो 1998 भारत की पूर्ण सम्प्रभुता का वर्ष है। परमाणु बम के बिना भारत की सम्प्रभुता अधूरी थी। भारत ने जब अपनी सम्प्रभुता का शंखनाद किया तो सारी दुनिया में हलचल मची। निन्दा और आलोचना के अनेक स्वर उठे लेकिन भारत का कोई बाल भी बाँका नहीं कर सका। सारे भारत-विरोधी अभियान ठप्प हो गए। जिन देशों ने भारत के विरुद्ध सबसे अधिक चिल्लपों मचाई—अमेरिका और जापान—उन्हीं के राष्ट्रपति और प्रधानमंत्री भारत आकर हमारे कानों में मिस्री घोल गए। लेकिन इसके बावजूद दुनिया की पाँच महाशक्तियों में से एक भी ऐसी नहीं है, जो भारत को औपचारिक तौर पर महाशक्ति का दर्जा दिलाने को तैयार हो। औपचारिक दर्जे का मतलब क्या है ? मतलब सीधा-साधा है। भारत को सुरक्षा परिषद् में स्थायी सीट मिले याने 'वीटो' का अधिकार मिले। परमाणु अप्रसार सन्धि (एन.पी.टी.) और समग्र परीक्षण प्रतिबन्ध सन्धि (सी.टी.बी.टी.) पर भारत हस्ताक्षर करे लेकिन परमाणु शक्ति की हैसियत से करे। उस हैसियत से नहीं, जो मई 1998 के पहले थी। ये दो शर्तें पूरी हो जाएँ तो भारत को औपचारिक तौर पर महाशक्ति का दर्जा अपने आप मिल जाएगा। लेकिन इन दो शर्तों को पाँचों महाशक्तियाँ पूरा क्यों करें ? उन पर ऐसी क्या आन पड़ी है कि वे भारत के सिर पर महाशक्ति का मुकुट धरने के लिए बेताब हो जाएँ ? उनकी ऐसी कौन-सी मजबूरी है कि द्वितीय महायुद्ध के बाद खिंची विश्व-राजनीति की लक्ष्मण-रेखाओं को वे तहस-नहस कर डालें ? और अगर करें तो सिर्फ भारत के लिए ही क्यों ? जर्मनी, जापान, इस्राइल, इण्डोनेशिया, ब्राजील और पाकिस्तान आदि के लिए भी क्यों नहीं ? 21वीं सदी में कई महाशक्तियाँ उभर सकती

हैं। लेकिन भारत के बिना नई सदी की महाशक्तियों का मानचित्र पूरा ही नहीं हो सकता। महाशक्ति के रूप में भारत का उभरना उतना ही सुनिश्चित है, जितना कि कल सुबह सूर्य का उगना है।

सबसे पहला प्रश्न तो यही है कि महाशक्ति की कसौटी क्या है? किस राष्ट्र को हम महाशक्ति कहें और किसे नहीं? जैसे शास्त्रों में महापुरुषों के लक्षण बताए जाते हैं, क्या महाशक्तियों के भी कुछ लक्षण बताए जा सकते हैं? जरूर बताए जा सकते हैं लेकिन किन्हीं एक-दो लक्षणों के आधार पर किसी राष्ट्र को महाशक्ति कहना कठिन हो जाता है। कभी-कभी सभी लक्षण होने के बावजूद कुछ राष्ट्रों को महाशक्ति का दर्जा नहीं मिल पाता। इसका उल्लेखनीय उदाहरण जर्मनी है। द्वितीय महायुद्ध के बाद विजेता राष्ट्रों ने अपने-अपने माथे पर अपने ही हाथों तिलक लगा लिया। अगर ताइवान, ब्रिटेन और फ्रांस को महाशक्ति का दर्जा मिल सकता था, अगर उन्हें सुरक्षा परिषद् में स्थायी सीट मिल सकती थी तो जर्मनी को क्यों नहीं मिल सकती थी? सिर्फ इसीलिए न कि वह पराजित राष्ट्र था? हिटलर अगर जीत गया होता तो दुनिया की शक्ल ही कुछ दूसरी होती। महाशक्तियों में जर्मनी, इटली, जापान और उन राष्ट्रों की गणना होती, जिन्होंने हिटलर का साथ दिया था। उन्हीं राष्ट्रों को सुरक्षा परिषद् में स्थायी सीटें मिलतीं और जिन्हें हम अभी महाशक्तियाँ कह रहे हैं, उनके पंख कतर दिए जाते। अच्छा हुआ कि ऐसा नहीं हुआ लेकिन जो कुछ हुआ, उसका सबक तो स्पष्ट ही है। सबक यह है कि किसी भी राष्ट्र को महाशक्ति का दर्जा मिलना, इस बात पर भी निर्भर है कि समय के उस दौर में विश्व-राजनीति के सूत्रधार कौन हैं। कल्पना कीजिए कि द्वितीय महायुद्ध के दौरान अगर भारत स्वतन्त्र राष्ट्र होता और वह मित्र राष्ट्रों का सहयोगी होता तो क्या उसे अब से 55 साल पहले ही महाशक्ति का दर्जा नहीं मिल जाता? यों भी जब सेनफ्रांसिस्को में संयुक्त राष्ट्र संघ का घोषणा-पत्र लिखा जा रहा था तब कनाडा, यूगोस्लाविया और आस्ट्रेलिया ने माँग की थी कि भारत को सुरक्षा परिषद् का स्थायी सदस्य बनाया जाए। सन 1950 के आस-पास यदि भारत अमेरिकी अनुरोध मान लेता तो सुरक्षा परिषद् में चीन की सीट उसे मिल सकती थी। साम्यवादी चीन को नीचा दिखाने के लिए अमेरिका किसी भी हद तक जाने को तैयार था। लेकिन जवाहरलाल नेहरू ने धैर्य और दूरदर्शिता का परिचय दिया। यदि भारत अमेरिका के झाँसे में आ जाता तो एक तो वह शीतयुद्ध के खेमे में फँस जाता और दूसरा जब ताइवान को हटाकर साम्यवादी चीन को, जो कि उस सीट का असली हकदार था, सुरक्षा परिषद् में बिठाया जाता तो भारत को हटना पड़ता। तब क्या, अब भी भारत को औपचारिक तौर पर महाशक्ति का दर्जा कौन दे रहा है? उससे कहा जा रहा है कि वह परमाणु अप्रसार संधि याने एन.पी.टी. और सी.टी.बी.टी. पर हस्ताक्षर करे? कोई यह नहीं बताता कि वह परमाणु-शक्ति के तौर पर हस्ताक्षर करे या गैर-परमाणु शक्ति के तौर पर करे? भारत के पास परमाणु बम है, इसके बावजूद महाशक्ति का दर्जा नहीं है। आखिर

यह दर्जा मिलता कैसे है ? इसके आधार क्या हैं ?

अगर जनसंख्या आधार है तो चीन के बाद भारत दुनिया का सबसे बड़ा राष्ट्र है। चीन की जनसंख्या अगर सवा अरब है तो भारत की एक अरब है। छह-छह करोड़ के फ्रांस और ब्रिटेन, 15 करोड़ के रूस और 27 करोड़ के अमेरिका को सुरक्षा परिषद् में स्थायी सीट मिल सकती है तो भारत को क्यों नहीं मिल सकती ? इन चारों महाशक्तियों की कुल जनसंख्या 54 करोड़ बनती है जबकि भारत की 100 करोड़ है। यदि जनसंख्या एकमात्र आधार हो तो भारत के बाद 20 करोड़ की जनसंख्यावाले इण्डोनेशिया और 17 करोड़वाले ब्राजील का नम्बर आता है। 12 से 13 करोड़ की श्रेणी में पाकिस्तान, बांग्लादेश, नाइजीरिया, जापान आदि कई देश आ जाते हैं। स्पष्ट है कि महाशक्ति बनने के लिए सिर्फ जनसंख्या ही आधार नहीं हो सकती। और अगर होती तो ब्रिटेन और फ्रांस तो अगले सौ वर्ष में भी वह दर्जा नहीं पा सकते। जबकि भारत तो अब से पचास साल पहले ही महाशक्ति बन गया होता। तब न बना, न सही। अब तो वह बनकर रहेगा।

यदि सिर्फ जनसंख्या नहीं तो क्या सिर्फ क्षेत्रफल किसी राष्ट्र को महाशक्ति बना सकता है ? यदि यह सत्य होता तो कनाडा और ब्राजील बहुत पहले ही महाशक्ति बन गए होते। दोनों का क्षेत्रफल अमेरिका और चीन के बराबर है। उनका क्षेत्रफल भारत से तीन गुना है और जर्मनी, फ्रांस और ब्रिटेन से 20-30 गुना है। यह ठीक है कि बचे-खुचे रूस का क्षेत्रफल अमेरिका और चीन से लगभग दुगुना है लेकिन उसकी हैसियत आज क्या रह गई है ? जहाँ तक भारत का सवाल है, उसका क्षेत्रफल फ्रांस से छह गुना, जर्मनी से दस गुना और ब्रिटेन से लगभग बारह गुना है। स्पष्ट है कि महाशक्ति का एकमात्र आधार क्षेत्रफल नहीं हो सकता लेकिन अगर हो तो भारत का दावा फ्रांस, ब्रिटेन और जर्मनी और जापान जैसे राष्ट्रों से कहीं अधिक मजबूत ही होगा। जनसंख्या और क्षेत्रफल, दोनों को अगर मिलाकर देखें तो भारत वर्तमान चार महाशक्तियों—अमेरिका, ब्रिटेन, फ्रांस और रूस—से आगे है। इस मामले में वह सिर्फ चीन से पीछे है लेकिन 21वीं सदी में लोकतंत्र को भी मानदण्ड बना लिया जाए तो इन तीन संयुक्त आधारों पर महाशक्ति पद के लिए भारत का नम्बर सर्वप्रथम हो जाएगा। इसके अलावा भारत की प्राचीन संस्कृति, वर्तमान समाज-व्यवस्था और आर्थिक स्थिरता भी उसकी टोपी में टँके हुए सुनहरे पंखों की तरह है।

जनसंख्या और क्षेत्रफल की दृष्टि से तो भारत महाशक्ति है ही, वह सैन्य-शक्ति की दृष्टि से भी काफी आगे है। निश्चय ही जनसंख्या और क्षेत्रफल के मुकाबले सैन्य-शक्ति का पलड़ा भारी होता है। यदि कोई राष्ट्र छोटा हो और उसकी जनसंख्या भी कम हो लेकिन उसकी सैन्य-शक्ति प्रचण्ड हो तो भी वह महाशक्ति बन सकता है। हाथी और ऊँट विशालकाय होते हैं लेकिन जंगल का राजा तो शेर ही होता है। यह संयोग की बात है कि भारत में हाथी और शेर, दोनों के ही गुण हैं। दुनिया की सारी फौजों में भारत का स्थान तीसरा है। सिर्फ जवानों की संख्या की बात हो तो चीन का पहला,

अमेरिका का दूसरा और भारत का तीसरा स्थान है। चीन की सेना लगभग 24 लाख है, अमेरिका की 13 लाख है और भारत की 12 लाख! रूस की 10 लाख, फ्रांस और जर्मनी की लगभग तीन लाख और ब्रिटेन की दो लाख है। भारत से पहले चीन और अमेरिका का स्थान है। इन देशों के मुकाबले भारत में जवानों की संख्या कम है लेकिन यहाँ न तो फौजी भर्ती में किसी प्रकार की जोर-जबर्दस्ती होती है और न ही नागरिक समाज का फौजीकरण हुआ है। अन्य राष्ट्रों के मुकाबले भारत का प्रति-व्यक्ति फौजी खर्च भी काफी कम है। अमेरिका का फौजी बजट 270 अरब डॉलर का है, फ्रांस, जर्मनी और ब्रिटेन का लगभग 30 अरब डॉलर है और चीन का 12 अरब डॉलर है। जबकि भारत का केवल 10 अरब डॉलर है। इतने कम खर्च के बावज़ूद भारत की फौज अपने युद्ध-कौशल और साहस का सिक्का सारी दुनिया में जमा चुकी है। पड़ोसी देशों द्वारा थोपे गए पाँच युद्ध लड़ने के साथ-साथ भारत की फौजों ने बांग्लादेश, नेपाल, श्रीलंका, मालदीव आदि देशों में चमत्कारी कारनामे कर दिखाए हैं। संयुक्त राष्ट्र संघ के तत्त्वावधान में भारत की फौजें दुनिया के लगभग 20 देशों में तैनात की गई हैं। दुनिया के किसी भी देश की फौज इतनी ऊँचाइयों पर कभी नहीं लड़ी, जितनी भारतीय फौजें लड़ी हैं। इसमें शक नहीं कि ताज़ातरीन शस्त्रास्त्रों के लिए भारत को अब भी रूस, ब्रिटेन, फ्रांस, और जर्मनी जैसे देशों पर निर्भर रहना पड़ता है लेकिन चीन के अलावा तीसरी दुनिया का कौन-सा ऐसा देश है, जो भारत की तरह बन्दूकें, तोपें, टैंक, हवाई जहाज, प्रक्षेपास्त्र, उपग्रह आदि बना रहा हो ? इस समय दुनिया के दर्जनों देशों को भारत अपना सैनिक साजो-सामान बेचता है। लगभग 60 देशों के सैनिक भारतीय सैन्य-प्रशिक्षण से लाभान्वित होते हैं। दुनिया की सबसे लम्बी समुद्री-सीमाओं वाले देशों में भारत अग्रगण्य है। हिन्द महासागर का लगभग 20 लाख वर्ग कि.मी. का क्षेत्र भारत का 'अनन्य आर्थिक क्षेत्र' (ई ई ज़ेड) माना गया है। दक्षिण एशिया में भारत लगभग उसी तरह शक्तिशाली राष्ट्र की तरह देखा जाता है, जिस तरह पिछली सदी में लातीनी अमेरिका में संयुक्त राष्ट्र अमेरिका को देखा जाता था। यह ठीक है कि भारत को पाकिस्तान सैन्य चुनौती देता रहता है लेकिन 21वीं सदी के पहले दो-ढाई दशकों में भारत सैनिक दृष्टि से इतना मजबूत हो जाएगा और पाकिस्तान आर्थिक-राजनीतिक दृष्टि से इतना कमजोर पड़ जाएगा कि परमाणु शक्ति होने के बावजूद वह भारत के लिए उसी तरह की कोई चुनौती नहीं रह जाएगा, जैसे कि अमेरिका के लिए अब रूस नहीं रह गया है। यदि अगले कुछ वर्षों में अफगानिस्तान में शान्ति स्थापित हो गई तो पाकिस्तान चाहेगा कि वह मध्य एशिया और भारत के बीच समृद्धि का सेतु बने और अपनी उद्दण्ड सैन्य-राजनीतिक भूमिका पर पुनर्विचार करे। इस बदले हुए सैन्य परिदृश्य में भारत को महाशक्ति के तौर पर उभरने से कौन रोक सकता है ?

यों भी पाकिस्तान और इस्राइल जैसे राष्ट्रों को महाशक्ति मानने को कौन तैयार होगा ? जनसंख्या और क्षेत्रफल के हिसाब से तो ये राष्ट्र छोटे हैं ही, अपने कारनामों

से भी इन राष्ट्रों ने अपना कद छोटा कर लिया है। इसमें शक नहीं कि इन दोनों राष्ट्रों के पास असाधारण सैन्य-शक्ति है लेकिन वह क्षेत्रीय दृष्टि से ही असाधारण हैं, वैश्विक दृष्टि से नहीं। पाकिस्तान का परमाणु शक्ति-सम्पन्न होना भी वैसा नहीं है, जैसा कि भारत का है। पाकिस्तान की परमाणु शक्ति उधार की है, चोरी की है, नकल की है। उसके पीछे चीन और कोरिया है और ए.क्यू. खान के यूरोप से चुराए हुए फार्मूले हैं। पाकिस्तान के बम गमले के फूल की तरह हैं। पाकिस्तान के पास विज्ञान का वैसा अधिष्ठान नहीं है, जैसा किसी सच्चे परमाणु शक्ति सम्पन्न राष्ट्र के पास होता है या भारत के पास है। इसके अलावा पाकिस्तान अगर मुस्लिम राष्ट्र होने के नाते महाशक्ति बनने का सपना देखेगा तो इस आधार पर इण्डोनेशिया और सउदी अरब का दावा अधिकतर वजनदार होगा। इसका मतलब यह नहीं कि सुरक्षा परिषद् की स्थायी सीटों में सिर्फ एक सीट की बढ़ोतरी हो जाए और भारत उस पर कब्जा कर ले। यह न तो सम्भव है और न ही उचित! जरूरत इस बात की है कि सम्पूर्ण संयुक्त राष्ट्र संघ के मूलभूत ढाँचे की पुनर्रचना हो और इस नए ढाँचे को द्वितीय महायुद्ध की बन्दर-बाँट से मुक्त किया जाए। वैसा होने पर सुरक्षा परिषद् की स्थायी सदस्यता के लिए सभी महाद्वीपों से सुयोग्य राष्ट्रों को चुना जा सकेगा। उस स्थिति में भारत की उपेक्षा करने का साहस कौन करेगा?

इसमें सन्देह नहीं कि भारत को महाशक्ति बनने से कोई रोक नहीं सकता लेकिन महाशक्ति का मार्ग कोई गुलाब की पंखुड़ियों से पटा हुआ नहीं है। अगर उस पर कुछ पंखुड़ियाँ बिछी हुई हैं तो जगह-जगह उस पर कुछ काँटे भी उगे हुए हैं। महाशक्ति का दर्जा उसे कोई तश्तरी में रखकर पेश करनेवाला नहीं है। जैसा कि मैंने ऊपर लिखा है, यदि किसी विश्व-युद्ध में भारत विजेता-राष्ट्रों का साथी होता तो वह कभी का महाशक्ति बन गया होता। उसे सेंत-मेंत में ही महाशक्ति का दर्जा मिल गया होता। अब किसी विश्व-युद्ध की सम्भावना नहीं है और ऐसे विश्व-युद्ध की सम्भावना तो बिलकुल नहीं है, जिसमें सारी दुनिया दो खेमों में बँट जाए। अगर दुर्भाग्य से कोई विश्व-युद्ध छिड़ गया तो असली समस्या तो यह होगी कि क्या कोई राष्ट्र जिन्दा भी बचेगा? दूसरे शब्दों में भारत को महाशक्ति का दर्जा युद्ध की मलाई के तौर पर मिलना असम्भव ही है।

आज की दुनिया में लड़ाई के मोर्चे बदल गए हैं। युद्ध के मैदानों का स्थान संयुक्त राष्ट्र संघ और दुनिया के बाज़ारों ने ले लिया है। संयुक्त राष्ट्र के आचरण को जो प्रभावित या नियामित कर सके तथा विभिन्न राष्ट्रों के बाजारों पर जो छा सके, उसे दुनिया अपने आप महाशक्ति मान सकती है। जाहिर है कि ये दोनों काम करने की क्षमता अभी भारत में नहीं है लेकिन मान लीजिए कि भारत यदि अमेरिका का हमजोली बन जाए और दुनिया के हर मोर्चे पर अमेरिका भारत की वकालत करे तो हो सकता है कि बिना माँगे ही भारत को महाशक्ति का दर्जा मिल जाए। अमेरिका महाशक्ति नहीं है, महत्तम शक्ति (सुपर पॉवर) है और विश्व की एकमात्र महत्तम

शक्ति है। ऐसी एकमात्र महत्तम शक्ति दुनिया में पहले कभी नहीं रही। ऐसे में अमेरिका का कृपा-पात्र बनकर महाशक्ति का दर्जा पा जाना भारत के लिए बहुत कठिन नहीं है। लेकिन क्या यही भारत का भवितव्य है ? क्या भीख में मिला ताज़ पहनने से कोई महाराजा बन सकता है ?

भारत की जनसंख्या, उसका क्षेत्रफल, उसके परमाणु बम, पारम्परिक सैन्य-बल– ये सब वे लक्षण हैं, जो उसके महाशक्ति बनने का मार्ग प्रशस्त करते हैं लेकिन क्या यह मोर का नाच नहीं है ? मोर के पंख जितने सुन्दर होते हैं, पाँव उतने ही मैले ! नाचता हुआ मोर जितना मनोहारी होता है, जितने सौन्दर्य की सृष्टि करता है, जितने वेग का प्रतिनिधित्व करता है, उसके पाँव उतनी ही जुगुप्सा पैदा करते हैं। यदि भारत को आज महाशक्ति का दर्जा किसी तरह मिल भी जाए तो उस दर्जे की कीमत क्या है ? भारत के महाशक्ति बनने के मार्ग में सबसे बड़ी बाधा पाकिस्तान है। पाकिस्तान के खतरे के कारण भारत को अपनी सुरक्षा पर अरबों रुपया खर्च करना पड़ता है। यदि दोनों देशों के सम्बन्ध मधुर हो जाएँ तो भारत की विकास-दर दुगुनी हो सकती है और सवा अरब की जनसंख्यावाला सम्पूर्ण दक्षिण एशिया चीन से भी बड़ा बाजार बन सकता है। एक इकाई के तौर पर दक्षिण एशिया दुनिया के सबसे अधिक शक्तिशाली ध्रुवों में से एक हो सकता है। यदि भारत और पाकिस्तान के बीच कश्मीर एकमात्र काँटा है तो उसे उखाड़ने में भारत को एड़ी-चोटी का जोर लगा देना चाहिए। किसी भी हद तक जाने के लिए तैयार रहना चाहिए। दुनिया की महाशक्ति बनने के पहले उसे दक्षिण एशिया की एकछत्र महत्तम शक्ति (सुपर पॉवर) बनना होगा। जिसे मोहल्ले के लोग बड़ा भाई न मानें, उसे शहर के लोग दादा कैसे कहेंगे ? भारत को महाशक्ति का दर्जा दूसरे नहीं देंगे, उसे खुद हासिल करना होगा।

भारत को दुनिया महाशक्ति कहे और उसकी सन्तानें फीजी में गुण्डों के हाथों पिटती रहें, आतंकवादी उसके जहाज का अपहरण कर उसे ब्लेकमेल करें, जब चाहे तब पाकिस्तान उस पर हमला कर दे, उसके चालीस करोड़ लोग निरक्षर हों, उसके पैंतीस करोड़ लोगों को दो जून पेट भर खाना नसीब न होता हो, प्रति व्यक्ति राष्ट्रीय सम्पदा के हिसाब से दुनिया के राष्ट्रों में उसका स्थान 153वाँ हो तो क्या सचमुच भारत को महाशक्ति माना जा सकता है ? सच्ची महाशक्ति बनने के लिए किसी भी देश के पास बाहरी लक्षण तो होने ही चाहिए, जो कुछ हद तक भारत के पास हैं ही लेकिन अन्दरूनी लक्षणों के बिना वास्तविक महाशक्ति बनना किसी भी देश के लिए असम्भव है।

ये अन्दरूनी लक्षण क्या हैं ? ये हैं–प्रति व्यक्ति आय, प्रति व्यक्ति रोटी, कपड़ा, मकान, शिक्षा, चिकित्सा आदि क्षेत्रों में जनता की समृद्धि ! जिस देश की जनता कंगाल हो, वह राष्ट्र कभी शक्तिशाली नहीं बन सकता। किसी महत्तम शक्ति के साथ गठबन्धन करके शक्ति अर्जित कर लेना आसान है, व्यापार या विदेशी सहायता के जरिए किसी देश के शासक-वर्ग का मालामाल हो जाना भी कठिन नहीं है, और

अपनी फौजी मांसपेशियों को फुलाते रहकर कद्दावर बन जाना भी सम्भव है लेकिन यह शक्ति और समृद्धि न तो लम्बे समय तक टिक पाती है, न ही किसी संकट को झेलने में समर्थ होती है और न ही देश के नागरिकों को सामान्य जीवन जीने देती है। उक्त तीनों प्रवृत्तियों के तीन उदाहरण हमारे सामने हैं। पाकिस्तान, अरब राष्ट्र और सोवियत संघ ! क्या भारत का कल्याण एक नकली महाशक्ति बनने में है ? क्या पाशविक शक्ति, क्या भौतिक शक्ति, क्या सैन्य-शक्ति, क्या भयंकर शक्ति बनना ही भारत का भवितव्य है ? भारत को भयंकर शक्ति नहीं, प्रियंकर शक्ति, सुखंकर शक्ति बनना है। इस लक्ष्य की पूर्ति के लिए जरूरी है कि भारत की आम जनता खुशहाल हो, आम आदमी बलवान हो, साधारण आदमी आत्म-निर्भर हो। ऐसे नागरिकों से बना राष्ट्र शक्तिशाली तो होगा ही, उसमें भयभीत करने की शक्ति भी होगी लेकिन वह मूलत: कल्याणकारी होगा, अपने नागरिकों के लिए, अपने पड़ोसियों के लिए और सम्पूर्ण विश्व के लिए। ऐसी महाशक्तियाँ मिलकर ही विश्व-शान्ति, निरस्त्रीकरण और नई अर्थव्यवस्थावाले समाज का निर्माण कर सकती हैं।

ज़रा हम देखें कि आ़म आदमी के हिसाब से भारत कहाँ खड़ा है ? भारत महाशक्ति बनना चाहता है लेकिन अन्य महाशक्तियों की तुलना में उसके यहाँ गरीबी का क्या हाल है ? अमेरिका, ब्रिटेन, फ्रांस और जर्मनी में एक भी आदमी गरीबी की रेखा के नीचे नहीं है। चीन में मुश्किल से चार-पाँच करोड़ लोग गरीब हैं लेकिन भारत में 35 करोड़ ऐसे हैं जिन्हें रोटी, कपड़ा, मकान, दवा जैसी आवश्यक चीज़ें भी उपलब्ध नहीं हैं। जापान ही नहीं, यूरोप के छोटे-छोटे देशों में भी ऐसे लोग खोजने मुश्किल हैं, जिन्हें पेट भर रोटी नहीं मिलती। इसी प्रकार इन देशों में एक भी निरक्षर आदमी खोजना असम्भव है जबकि भारत के 40 करोड़ निरक्षरों और लगभग 25 करोड़ अल्प-शिक्षितों को लेकर दर्जनों बौने देश बसाए जा सकते हैं। पश्चिमी देशों में हर दूसरे आदमी के पास फोन है याने हर घर में फोन है जबकि भारत में सौ में से सिर्फ दो के पास फोन है। महाशक्ति राष्ट्रों में हर चौथा-पाँचवाँ नागरिक अखबार खरीदता है जबकि भारत में 100 में से मुश्किल से पाँच-छह आदमी अखबार खरीद पाते हैं। सकल राष्ट्रीय उत्पाद की दृष्टि से भारत के मुकाबले अमेरिका लगभग बीस गुना, जापान दस गुना, जर्मनी पाँच गुना, फ्रांस और ब्रिटेन तिगुने तथा चीन और ब्राजील दुगुने समृद्ध हैं। जिनीवा के 'वर्ल्ड इकनॉमिक फोरम' ने दुनिया की जिन 49 प्रमुख अर्थ-व्यवस्थाओं का सर्वेक्षण किया है, उनमें भारत का स्थान 45वाँ है। इस फोरम ने विभिन्न अर्थ-व्यवस्थाओं के मूल्यांकन के लिए जो आठ मानदण्ड बनाए हैं, उनमें भारत का स्थान काफी नीचे है लेकिन निराशा के इन बादलों में आशा की किरण यह है कि आर्थिक विकास के हिसाब से दुनिया में भारत का स्थान ग्यारहवाँ है। याने सिर्फ दस देश ही ऐसे हैं, जो उससे आगे दौड़ रहे हैं। इस समय वह दुनिया का चौथा सबसे बड़ा बाजार है। कोई आश्चर्य नहीं कि अगले 10 वर्षों में भारत पैंतालीसवें स्थान से कूदकर चौथे स्थान पर पहुँच जाए। यदि आर्थिक दृष्टि से भारत

सक्षम हो जाए तो अन्य दृष्टियों से तो वह पहले ही महाशक्ति बना हुआ है।

भारत चाहे तो अगले एक दशक में उस स्तर के निकट पहुँच सकता है जो आज दुनिया के सम्पन्न राष्ट्रों का है। उसकी विकास दर 10 प्रतिशत से भी अधिक हो सकती है। उसकी जनता परिश्रमी और प्रतिभाशाली है। भारत की प्रतिभा के प्रकाश से अमेरिका का सूचना-संसार जगमगा रहा है। भारत की शासन-व्यवस्था जनता के प्रति उत्तरदायी है। उसका विकेन्द्रीकरण और उदारीकरण भी धीरे-धीरे बढ़ता जा रहा है। भारत की राजनीतिक और आर्थिक स्थिरता तीसरी दुनिया के देशों के लिए उत्तम उदाहरण है। तीसरी दुनिया के अनेक देशों की तरह भारत में फौजी क्रान्तियाँ या खूनी तख्ता-पलट नहीं होते और न ही यहाँ की अर्थ-व्यवस्था अचानक चंग पर चढ़ती है और फिर औंधे मुँह खाई में गिरती है। राष्ट्रों की पंचायत के बीच वह गरिमा और मर्यादा की प्रतिमूर्ति बन गया है। अमेरिका उसे दुनिया के लोकतान्त्रिक राष्ट्रों का नेता मानने को तैयार है। शीतयुद्ध के दौरान भारत गुट-निरपेक्ष राष्ट्रों का सर्वमान्य नेता रह ही चुका है। सुरक्षा परिषद् को यदि तीसरी दुनिया से सिर्फ एक ही राष्ट्र चुनना हो तो भारत के अलावा वह राष्ट्र कौन-सा हो सकता है ? भारतीय समाज ने पिछली आधी सदी में अपने तनावों और दबावों को कुछ इस तरह समायोजित किया है कि वह न केवल राष्ट्र-राज्य के तौर पर अक्षुण्ण रहा है बल्कि गोवा और सिक्किम जैसे भूभाग उसके क्षेत्रफल में जुड़े भी हैं। भारत सूचना-संसार की महत्तम शक्तियों (सुपर पॉवर) में गिना जाने लगा है। भारत को महाशक्ति का औपचारिक दर्जा कोई दे या न दे, वह अपने लक्ष्य की तरफ निरन्तर बढ़ता जा रहा है। जैसे आज भारत ने सूचना-महत्तम शक्ति का दर्जा स्वत: हासिल कर लिया है, वैसे ही वह आध्यात्मिक और नैतिक महत्तम शक्ति भी बनता जा रहा है। साम्यवाद की विफलता और पूँजीवाद के अन्तर्विरोध विश्व को विवश करेंगे कि वह वैकल्पिक विचारधारा, वैकल्पिक जीवन-पद्धति और वैकल्पिक मूल्यमानों की खोज करे। इस खोज का अन्त भारत में नहीं होगा तो कहाँ होगा ?

महाशक्ति बनना भारत के भाग्य में लिखा है लेकिन यह लक्ष्य जितना काम्य है, उतना ही कठिन भी है। महाशक्ति-पथ पर चलते हुए उसे सबसे पहले खुद के बारे में सोचना होगा। वह स्वयं क्या है ? उसका गन्तव्य क्या है ? उसका भवितव्य क्या है ? उसकी अस्मिता क्या है ? क्या उसका इतिहास केवल 54 वर्ष का है ? उसकी जड़ें हजारों साल गहरी हैं या नहीं हैं ? क्या वह केवल वही है जो 15 अगस्त 1947 को था या वह है, जो (हिन्दुकुश के पार) वक्षु सरिता से (इंडोनेशिया के निकट) मलक्का की जल-संधि तक फैला हुआ है ? क्या अंग्रेज द्वारा खींची गई लकीरों के बीच का इलाका ही भारत है या वह इलाका भारत है, जो हजारों वर्षों से अनेक जातियों, अनेक मज़हबों, अनेक राजवंशों, अनेक भाषाओं और अनेक लोक-परम्पराओं की लहरों से आलोड़ित जन-समुद्र है और एक ऐसा जन-समुद्र, जिसे राष्ट्र-राज्य की क्यारियों में नहीं बाँधा जा सकता, जो राष्ट्र-राज्य की संकीर्ण सीमाओं

के परे है। लेकिन जो मध्य एशिया, पश्चिम एशिया और आग्नेय एशिया से अलग है। उसकी अपनी एक अलग पहचान है। उसे दक्षिण एशिया कहें, भारतीय प्राय द्वीप कहें, भारतीय उप-महाद्वीप कहें, बृहद् भारत कहें, भारत-राष्ट्र कहें, भरतखंड कहें, या राष्ट्रों का भारत-समुच्चय कहें। उसे कुछ भी कहें, वह एक राष्ट्र-राज्य नहीं है, वह अनेक राष्ट्र-राज्यों का समागम है। वह 'बहुराज्यीय राष्ट्र' (मल्टीस्टेट नेशन) है। वह भारत, 1947 का अंग्रेजी भारत नहीं, हजारों वर्षो से चली आ रही सनातन सत्ता का मूर्त्तिमन्त भारत है। हम कौन से भारत को महाशक्ति बनाना चाहते हैं ? क्या 1947 वाले कटे-पिटे भारत को या शताब्दियों से चले आ रहे सनातन भारत को ? इक्कीसवीं सदी की दृष्टि संकीर्ण नहीं हो सकती। उसे विस्तीर्ण होना होगा। सनातन भारत को महाशक्ति बनाना सरल भी है और अल्पसमय-साध्य भी है।

सनातन भारत का अर्थ है, सम्पूर्ण दक्षिण एशिया याने भारत के साथ-साथ अफगानिस्तान, पाकिस्तान, तिब्बत, नेपाल, भूटान, बांग्लादेश, म्यांमार, श्रीलंका, मालदीव तथा सम्पूर्ण हिन्दमहासागर क्षेत्र ! यदि इस सम्पूर्ण क्षेत्र को एक इकाई माना जाए, एक परिवार माना जाए, भारत माता की विविध सन्तानें माना जाए तो विदेश नीति का सम्पूर्ण परिदृश्य ही बदल जाएगा। अगर सभी पड़ोसी राष्ट्रों की दृष्टि यही हो तो दक्षिण एशिया का वातावरण क्या वही रहेगा, जो पिछले पचास साल में रहा है ? तनाव, गलतफहमियाँ, छोटे-मोटे झगड़े, मतभेद, मन-मुटाव तो रहेंगे, पड़ोसी राष्ट्रों के बीच लेकिन उन्हें उसी तरह सुलझाया जाएगा, जैसे सभी मामलों को किसी संयुक्त परिवार में निपटाया जाता है। अपने झगड़े सुलझाने के लिए न तो किसी बाहरी शक्ति के हस्तक्षेप की जरूरत होगी और न ही बात-बात में युद्धों के नगाड़े बजेंगे। दक्षिण एशिया के सभी राष्ट्र-राज्यों की बनावट और बुनावट कुछ इस तरह की है कि उनमें एक-दूसरे के धर्मों, भाषाओं, परम्पराओं, नदियों, पर्वतों और यहाँ तक कि लोगों का भी समावेश है। राज्यों के बीच लोहे की दीवारें हैं लेकिन लोगों की बीच झीना पर्दा भी नहीं है। सूचना-क्रांति ने दक्षिण एशिया के इन सवा-अरब लोगों को एक-दूसरे के इतने निकट ला दिया है कि इन देशों के नेताओं और अभिनेताओं, साहित्यकारों और कलाकारों तथा तीर्थों और सैरगाहों को एक-दूसरे से अलग करना मुश्किल हो जाता है। सभी देशों की भाषाएँ अलग-अलग होने के बावजूद आज भी संवेदना की जैसी मूलभूत एकात्मता दक्षिण एशिया में दिखाई देती है, वैसी क्या यूरोप और आग्नेय एशिया में है ? यदि इन दोनों क्षेत्रों में साझा बाजार, मुक्त-यात्रा, युद्धविहीन विदेश नीति और संयुक्त विकास नीति चल सकती है तो दक्षिण एशिया में क्यों नहीं चल सकती ? दक्षेस तो दौड़ सकता है और ई.ई.सी. तथा एसियान से भी आगे निकल सकता है ! इस मामले में सबसे बड़ी जिम्मेदारी भारत की है। दक्षिण एशिया में जो स्थान भारत का है, दुनिया के किसी भी क्षेत्र में किसी अन्य राष्ट्र का नहीं है। क्या भारत के समान दुनिया में कोई ऐसा राष्ट्र भी है, जो अपने सभी पड़ोसी राष्ट्रों के योग से भी कई गुना बड़ा हो। भारत के सभी पड़ोसियों

की जनसंख्या को आपस में जोड़ लें तो भी अकेले भारत की जनसंख्या उन सबसे लगभग चार गुना है। यही बात, कमोबेश, उसकी अर्थ-शक्ति, सैन्य-शक्ति, क्षेत्र-विस्तार आदि की दृष्टि से भी सही है। भारत और दक्षिण एशिया के सम्बन्धों में एक अन्य विलक्षणता भी है, जो शायद दुनिया के किसी अन्य क्षेत्र में नहीं है। वह यह है कि इतिहास में दक्षिण एशिया के सभी राज्य या तो कभी भारत के हिस्से रहे हैं या भारत उनका हिस्सा रहा है। दूसरे शब्दों में वर्तमान भारत और उसके पड़ोसी राष्ट्रों के बीच नाभि-नाल सम्बन्ध रहा है। उन्हें अलग हटाकर भारत क्या है, यह समझना कठिन है। इसी प्रकार भारत को अलग हटाकर वे क्या हैं, यह समझना असम्भव है। ऐसी स्थिति में इक्कीसवीं सदी के इन प्रारम्भिक दशकों में भारत का ध्यान सबसे पहले अपने पड़ोसी राष्ट्रों पर केन्द्रित होना चाहिए। अपने साथ-साथ उन्हें भी समृद्ध और सुरक्षित बनाना भारत का धर्म है।

इस धर्म का पालन आसान नहीं है। बहुत कठिन है। हर पड़ोसी राष्ट्र में कुछ ऐसे प्रभावशाली तत्त्व सक्रिय हैं, जिनका एक ही काम है–भारत का विरोध करना। वे हर अच्छी और बुरी घटना में भारत का हाथ खोजते हैं। नेपाल के राज-परिवार की हत्या हो, कराची का बम-विस्फोट हो, भूटान में नरेश-विरोधी आन्दोलन हो, बाँग्लादेश की किसी नदी में बाढ़ ही आ जाए और चाहे म्यांमार में सू ची की लहर ही उठ रही हो, सर्वत्र भारत का हाथ दिखाई देने लगता है। उनके बयान और कारस्तानियाँ इतनी उत्तेजक होती हैं कि कोई भी शासक या तो जवाबी कार्रवाई करना चाहेगा या सर्वथा विमुख हो जाएगा। इस स्थायी बाधा के बावज़ूद भारत को अपना धैर्य नहीं खोना है। पड़ोसी राष्ट्रों को अधिक से अधिक सहायता देनी है, उनके प्रति वही ममता का भाव रखना है जो अपने राज्यों के प्रति होता है। बस इतना ध्यान रखना है कि उनकी सम्प्रभुता और सम्मान को कहीं आँच नहीं आए। इस ममता और उदारता के भाव के बावज़ूद भारत यह नहीं भूल सकता कि वह क्षेत्रीय महाशक्ति है। यदि पड़ोसी राष्ट्रों में कोई जबर्दस्त हलचल मचती है, हिंसा, अव्यवस्था और अस्थिरता फैलती है या बाहरी हमला या हस्तक्षेप होता है तो भारत अपनी आँखें मूँदकर बैठ नहीं सकता। ऐसे में भारतीय हस्तक्षेप विदेश नीति का अपरिहार्य आयाम बन जाता है। वह हस्तक्षेप कश्मीर के महाराजा या हैदराबाद की जनता, नेपाल-नरेश या लंकाई प्रधानमंत्री, पूर्वी पाकिस्तान की जनता या मालदीव के नेता–किसी के भी आह्वान पर किया जाए, आवश्यक हो जाता है। अब तक भारत ने हस्तक्षेप तो कई किए हैं, लेकिन उनके पीछे कोई सिद्धान्त नहीं रहा है। कोई पूर्व-तैयारी नहीं रही है। इसीलिए फीजी जैसे संकटों में भारत ज़ुबान पर ताला डाले और हाथ पर हाथ धरे बैठा रहा। अब जरूरी है कि भारत शीघ्रातिशीघ्र हस्तक्षेप-सिद्धान्त का निर्माण करे। कोई आवश्यक नहीं कि वह अमेरिका के 'मुनरो सिद्धान्त' या ब्रेझनेव के 'सीमित सम्प्रभुता' या 'एशियाई सुरक्षा सिद्धान्त' की कार्बन कॉपी हो। भारत अपनी अनिवार्यताओं और आवश्यकताओं को ध्यान में रखकर ही अपना सिद्धान्त बनाएगा। इस तरह के

सिद्धान्त के बिना कोई राष्ट्र क्षेत्रीय महाशक्ति का दायित्व कैसे निभा सकता है ? अफगानिस्तान की अराजकता, पाकिस्तान की अस्थिरता, नेपाल की मधेशियाई गुत्थी, श्रीलंका की सिंहल-तमिल भिड़ंत, म्यांमार में लोकतन्त्र की लहर आदि कुछ ऐसे प्रपंच हैं, जो कभी भी भूचाल का रूप धारण कर सकते हैं। जैसे खतरे में फीजी के भारतीय फँसे, वैसा ही खतरा मोरिशस, ट्रिनिडाड और सूरीनाम में भी खड़ा हो सकता है। इन खतरों का सामना हमें इसलिए करना होगा कि इनका सीधा सम्बन्ध हमारी छवि और हमारी सुरक्षा से है। महाशक्ति की छवि और भारत की सुरक्षा !

सुरक्षा और विदेश नीति एक ही सिक्के के दो पहलू हैं। भारत की सुरक्षा को कम से कम तीन भागों में बाँटा जा सकता है। आज्ञा-क्षेत्र, उपाज्ञा-क्षेत्र और प्रभाव क्षेत्र ! आज्ञा-क्षेत्र में वर्तमान भारत की जल, थल, नभ सीमाएँ आएँगी। इन सीमाओं के अन्दर भारत की आज्ञा के बिना पत्ता भी नहीं हिलना चाहिए। यदि इन सीमाओं में कोई भी भारत-विरोधी गतिविधि होती है तो भारत न केवल उनका निर्ममतापूर्वक दमन करेगा, अपितु उनके मूल-स्रोत पर, जड़ पर प्रहार करने से भी नहीं चूकेगा। यह चेतावनी न केवल पड़ोसी राष्ट्रों के लिए है बल्कि उन बाहरी राष्ट्रों और तत्त्वों के लिए भी है, जो स्वार्थांध होकर भारत के विरुद्ध कुचाल करने से बाज़ नहीं आते। उपाज्ञा-क्षेत्र में दक्षिण एशिया का पूरा क्षेत्र आएगा। सभी पड़ोसी आएँगे। बंगाल की खाड़ी और अरब सागर भी। यदि उन्हें कोई बाहरी खतरा हो, जिसकी कल्पना भारत-नेपाल सन्धि में की गई है, या आपसी खतरा हो, जैसा कि अफगानिस्तान और पाकिस्तान के बीच रहा है, या बाहरी खतरा हो, जैसा कि 1951 और 1962 में चीन ने तिब्बत और भारत के लिए पैदा किया था या आन्तरिक खतरा हो, जैसा कि 1971 में पश्चिमी पाकिस्तान और पूर्वी पाकिस्तान के बीच पैदा हो गया था तथा नेपाल, श्रीलंका और मालदीव में देखा गया था, भारत को हस्तक्षेप करना ही होगा। ये देश सम्प्रभु हैं लेकिन इनमें होनेवाले भूकम्प के झटके सीधे भारत में महसूस किए जाते हैं। लाखों तिब्बतियों, बाँग्लादेशियों और श्रीलंकाई तमिलों से भारत भर जाता है। इन राष्ट्र-राज्यों में हस्तक्षेप का स्वरूप वैसा नहीं हो सकता, जैसा कि भारत के राज्यों में होता है। राष्ट्र-राज्य और राज्य में फर्क है या नहीं ? है, इसीलिए आज्ञा-क्षेत्र और उपाज्ञा-क्षेत्र में भी अन्तर है। आज्ञा-क्षेत्र में केन्द्र को पूरी छूट है। राज्यों में वह जब चाहे हस्तक्षेप कर सकता है लेकिन उपाज्ञा-क्षेत्र में मर्यादाएँ हैं। पड़ोसी राष्ट्रों में कब हस्तक्षेप हो और कब नहीं, यह शीघ्रातिशीघ्र सुपरिभाषित किया जाना चाहिए। जहाँ तक प्रभाव-क्षेत्र का प्रश्न है, वह तो सारे विश्व में भी फैल सकता है। जहाँ-जहाँ भारतवंशी लोग बड़ी संख्या में हैं, वहाँ भारत स्वयं उपस्थित है, यह हमारी विदेश नीति की मूल दृष्टि होनी चाहिए। प्रवासी भारतीयों की देख-रेख के लिए तो स्वतन्त्र मंत्रालय की भी स्थापना की जा सकती है। सम्पूर्ण प्रभाव-क्षेत्र में भारत अपनी विदेश नीति की आर्थिक और सांस्कृतिक भुजाओं को सक्रिय करे। पंचभकार की नीति चलाए। भाषा, भूषा, भोजन, भजन और भेषज के माध्यम से वह अपनी विश्व-छवि

बनाए और सारी दुनिया से डॉलर भी उलीचे।*

महाशक्ति के महापथ पर बढ़ता हुआ भारत स्वयं को केवल पड़ोसी राष्ट्रों तक सीमित नहीं रख सकता। पड़ोसी राष्ट्र तो पहला वृत्त है। दूसरा वृत्त है, मध्य एशिया, पश्चिम एशिया और आग्नेय एशिया के राष्ट्र और तीसरा वृत्त है, अमेरिका, यूरोप, एशिया और अफ्रीका की महाशक्तियाँ। चौथे वृत्त में आएँगी, उसकी परमाणु-नीति, विश्व अर्थ-नीति, विश्व-राजनीति का नवीकरण आदि!

जहाँ तक मध्य एशिया का प्रश्न है, इस क्षेत्र में पाँचों मुस्लिम गणतन्त्र आते हैं। कज़ाकिस्तान, उज़बेकिस्तान, तुर्कमेनिस्तान, किरगिज़िस्तान और ताज़िकिस्तान। ये इलाके आजकल आज़ाद हैं लेकिन कई दशकों तक रूस के उपनिवेशों की तरह रहते रहे हैं। इन क्षेत्रों का भारत से बहुत गहरा सम्बन्ध रहा है, जातीय, भाषिक, सांस्कृतिक, धार्मिक और व्यापारिक। 1917 में सोवियत संघ और 1947 में पाकिस्तान की स्थापना के कारण इन क्षेत्रों से भारत का सीधा सम्पर्क टूट गया। आज भी अफगानिस्तान की अराजकता और पाकिस्तान के भारत-विरोधी होने के कारण इन इलाकों से भारत का सीधा सम्पर्क नहीं है लेकिन हमें यह नहीं भूलना चाहिए, जैसा कि कभी ओवन लेटीमोर ने कहा था, मध्य एशिया का यह क्षेत्र विश्व-शक्ति का खज़ाना है। यहाँ तेल, गैस और खनिजों का अमित भण्डार है। यह भारत का पिछवाड़ा है। इसे काबू करने के लिए अमेरिका, रूस, चीन, जापान, तुर्की, ईरान और पाकिस्तान ने पिछले दस वर्षों में क्या-क्या पापड़ नहीं बेले? इस इलाके के लोगों और सरकारों में भारत की जैसी लोकप्रियता है, किसी अन्य देश की नहीं है। इसीलिए विश्व-शक्ति के इस खज़ाने तक पहुँचने के लिए पाकिस्तान से भारत के सम्बन्ध सहज होने चाहिए और अफगानिस्तान में शान्ति कायम होनी चाहिए। अफगानिस्तान के प्रति भारत की उदासीनता आश्चर्यजनक है। यह उसके कूटनीतिक प्रमाद और भूराजनैतिक दृष्टिहीनता की परिचायक है। ईरान के साथ बढ़ते हुए भारत के सम्बन्ध सराहनीय हैं लेकिन वे अफगान और पाक सहजता के विकल्प नहीं बन सकते। इन दो पड़ोसियों से बने सहज सम्बन्ध न केवल मध्य एशिया और भारत के बीच सबसे सीधा सेतु स्थापित करेंगे बल्कि कश्मीर की स्थिति पर भी सीधा प्रभाव डालेंगे।

पश्चिम एशिया में भारत के कदम सही मार्ग पर पड़ रहे हैं। इस्राइल भारत के लिए अब हव्वा नहीं रह गया है। उसके साथ खुलेआम सम्बन्ध बढ़ रहे हैं। नए धरातलों को छू रहे हैं। साथ ही सउदी अरब, मिस्र, एराक़ आदि महत्त्वपूर्ण पश्चिम एशियाई राष्ट्रों के साथ भी कई नए आयाम खुले हैं। जाहिर है कि अरब-इस्राइल विवाद जल्दी सुलझनेवाली गुत्थी नहीं है। दोनों खेमे भारत को इस दलदल में खींचना चाहते हैं। ज्यों-ज्यों भारत की ताकत बढ़ेगी, वह भी कुछ भूमिका निभाना चाहेगा लेकिन बेहतर यही है कि भारत अपने काम से काम रखे। अपने राष्ट्रहितों को सुरक्षित

* देखिए, डॉ. वेदप्रताप वैदिक, भारतीय विदेश नीति : नए दिशा-संकेत (नेशनल, नई दिल्ली, 1979) में 'सांस्कृतिक विदेश नीति,' पृ. 113-122

रखने पर सबसे ज्यादा ध्यान दे। अरब देशों से आनेवाला तेल और वहाँ भारतीयों को मिलनेवाली नौकरियाँ–इन दोनों मुद्दों पर नज़र रखना बहुत जरूरी है। भारतीय माल के लिए बढ़ते हुए बाज़ार की सम्भावनाएँ भी पश्चिम एशिया में कम नहीं हैं। आग्नेय एशिया के देशों पर विशेष ध्यान देना जरूरी है। पिछले पचास साल में भारत के इस सांस्कृतिक क्षेत्र की उपेक्षा ही हुई है। इस इलाके के राष्ट्र चाहे बौद्ध धर्म के अनुयायी हों या इस्लाम के, वे सांस्कृतिक दृष्टि से भारत के अनन्य भक्त हैं। भारत के प्रति उनके मन में वैसा संकोच नहीं है, जैसा कि चीन या जापान के प्रति है। भारत से उन्हें कोई भौतिक खतरा नहीं है। सांस्कृतिक सेतु का लाभ उठाकर भारत चाहे तो आग्नेय एशिया की अर्थ-विजय की रणनीति बना सकता है। दक्षेस और एसियान एक-दूसरे के पूरक बन सकते हैं। भारत की पहल पर सम्पूर्ण एशिया के साझा बाज़ार का सपना भी साकार हो सकता है।

जहाँ तक महाशक्तियों से भारत के सम्बन्धों का प्रश्न है, उनमें कई बुनियादी परिवर्तन अपने आप होते जा रहे हैं। अब भारत स्वयं उदीयमान महाशक्ति है और पहले की तरह अब शीतयुद्ध के खेमे भी नहीं हैं। ऐसी स्थिति में विश्व की एकमात्र महत्तम शक्ति (सुपर पॉवर) अमेरिका के साथ भारत के सम्बन्ध घनिष्ट होते चले जाएँ तो इसमें अनुचित क्या है ? जाहिर है कि भारत जैसा विशाल और पायदार राष्ट्र किसी भी महत्तम शक्ति का गतानुगतिक नहीं बन सकता, अन्धानुकरण नहीं कर सकता। इसीलिए एक ओर वह राष्ट्रपति जॉर्ज बुश की राष्ट्रीय प्रक्षेपास्त्र प्रतिरक्षा (एन.एम.डी.) का समर्थन करता है तो दूसरी ओर रूस के साथ मिलकर वह प्रक्षेपास्त्रों सम्बन्धी पुरानी सन्धियों को भी ठीक बताता है। यह नट-चाल शायद उसकी स्थाई नीति ही बन जाए। अगले कुछ दशकों में उसे अमेरिका, रूस और चीन के साथ अपने सम्बन्धों को सन्तुलित करते हुए चलते रहना पड़ेगा। वह किसी एक महाशक्ति या दो महाशक्तियों के गुट के साथ नत्थी होकर नहीं चल सकता। उसे गुट-निरपेक्षता के युग की नट-चाल से भी बेहतर चाल अब दिखानी होगी। रूस और चीन के मुकाबले वह निश्चय ही अमेरिका के अधिक निकट होगा लेकिन उसे दिखाना यह होगा कि वह सम-सामीप्य की नीति पर ही चल रहा है। उसके लिए सभी बराबर हैं। यह नीति इसलिए भी श्रेयस्कर है कि आनेवाले दशकों में उसका ध्यान आत्म-रक्षा की बजाय आत्म-विकास पर अधिक होगा। ये तीनों महाशक्तियाँ तथा जर्मनी, ब्रिटेन, फ्रांस और जापान–सभी भारत के एक ही लक्ष्य को साधने में सहायक होंगी। वह यह कि भारत आर्थिक दृष्टि से शक्तिशाली बने। इस लक्ष्य की पूर्ति के लिए कोई गुट बनाना या किसी के विरुद्ध किसी मोर्चे में शामिल होना जरूरी नहीं है। ज्यादा जरूरी यह है कि भारत तीसरी दुनिया के मध्यम दर्जे के राष्ट्रों का हमजोली बने। उनकी आर्थिक सहायता करे, उन्हें राजनीतिक समर्थन दे और उन्हें अपनी प्रगति का भागीदार बनाए। पुराने गुट-निरपेक्ष राष्ट्रों के आर्थिक नवोन्मेष में भारत की अद्वितीय भूमिका हो सकती है। इन राष्ट्रों को फौजी-चक्रवातों में फँसाए बिना अगर भारत

इनके लिए उपयोगी सिद्ध हुआ तो वह नैतिक महाशक्ति का दर्जा तो स्वयं ही हासिल कर लेगा।

जैसा कि पहले कह चुके हैं, भारत के लिए भौतिक शक्ति अर्जित करना जितना जरूरी है, उससे भी ज्यादा जरूरी है, नैतिक महाशक्ति बनना। इक्कीसवीं सदी के विश्व की सबसे बड़ी समस्या है, परमाणु शस्त्रास्त्रों का प्रसार। इस प्रसार को रोकने के लिए वर्तमान महाशक्तियों के पास न तो कोई ठोस दर्शन है और न ही कार्यक्रम ! यह पहल भारत को ही करनी है। भारत की पहल पर अब दुनिया इसलिए कान देगी कि खुद भारत के पास परमाणु बम है। भारत चाहे तो दुनिया के सभी दहलीज़-राष्ट्रों को एकजुट करके परमाणु शक्तियों पर यह दबाव डाल सकता है कि या तो वे अपने परमाणु शस्त्रास्त्रों को समाप्त करने का टाइम-टेबल प्रस्तुत करें या ये सभी राष्ट्र भी परमाणु बम बनाएँगे। यह जरूरी है कि भारत पूर्ण और व्यापक निरस्त्रीकरण का ध्वज उठाए और इक्कीसवीं सदी को परमाणु-मुक्त सदी घोषित करवाए। अगर भारत तीसरी दुनिया के देशों को एक बार फिर अपने साथ जोड़ सके तो वह संयुक्त राष्ट्र संघ के ढाँचे में भी बुनियादी परिवर्तन करवा सकता है, तीसरी दुनिया के पाँच अरब लोगों की जिन्दगी में नया उजाला भर सकता है और भारतीय विदेश नीति को भारत ही नहीं, सम्पूर्ण मानवता की सेवा का उपकरण बना सकता है।

अलविदा 20वीं सदी : स्वागत तेरा, 21वीं सदी!

बीसवीं सदी जब शुरू हुई तो किसे कल्पना थी कि वह सदियों की सदी बन जाएगी, मानव जाति के लिए वह वज्र से अधिक कठोर और कुसुमों से अधिक कोमल होगी और वह सब कुछ एक साथ होगा इस सदी में, जो हजारों वर्षों में नहीं हुआ। बीसवीं सदी जब शुरू हुई तो वह बस रेंग रही थी, आँखें मल रही थी, अलसा रही थी और लग यह रहा था कि यह सदी भी किसी अन्य सदी की तरह इतिहास के बियाबान में खो जाएगी। लेकिन हुआ कुछ अजूबा ही!

ज़रा गौर कीजिए, उन्नीसवीं सदी के अन्तिम दशकों पर और बीसवीं सदी के प्रारंभ पर! सम्पूर्ण अफ्रीका, एशिया और लातीनी अमेरिका यूरोपीय साम्राज्यवाद के शिंकजे में कसे हुए कराह रहे थे। यूरोप के साम्राज्यवादी देशों की नकल पर अमेरिका और जापान भी अपने पाँव पसार रहे थे। यूरोप से आए गोरों ने 'रेड इंडियनों' को परास्त करके 1890 तक उस भू-भाग पर अपना पूरा कब्जा जमा लिया, जिसे हम आज संयुक्त राज्य अमेरिका कहते हैं। पड़ोसी मेक्सिको को धूल चटाकर वह टेक्सास और केलिफोर्निया को हजम कर गया तथा फ्रांस और रूस से उसने लूज़ियाना और अलास्का खरीद लिए। हवाई द्वीप, प्यूरटो रिका, गयाना और फिलिपीन्स को भी उसने अपना उपनिवेश बना लिया। क्यूबा की सम्प्रभुता को लंगड़ा किया और उसके विदेशी मामले अपने हाथ में ले लिए। बॉक्सर विद्रोह के समय अन्य यूरोपीय देशों के साथ वह भी चीन में घुस गया। 1904 के रूस-जापान युद्ध के बाद मध्यस्थता के बहाने अमेरिका ने जापान से अनेक गोपनीय सुविधाएँ प्राप्त कर लीं। 1823 में राष्ट्रपति मुनरो ने विदेश नीति का जो सिद्धान्त लातीनी अमेरिका पर लागू किया था, लगभग वही सिद्धान्त राष्ट्रपति थियोडोर रूज़वेल्ट ने 1904 में सारी दुनिया पर लागू कर दिया। 'अमेरिकी हितों' की रक्षा के लिए अब वह दुनिया में कहीं भी हस्तक्षेप कर सकता था। जिसकी लाठी, उसकी भैंस । स्वयं रूज़वेल्ट कहा करते थे, 'वाणी में विनम्रता और हाथ में लाठी रखें।'

जापान भी पीछे न रहा। मैज़ी राज्यारोहण के पश्चात् उसके तेवर आक्रामक हो गए। जापान ने 1895 में चीन को और 1905 में रूस को परास्त कर दिया। उसने फारमोसा, कोरिया, सखालिन द्वीप-समूह, मंचूरिया, लियाओ तुंग आदि पर कब्जा कर लिया। ब्रिटेन और अमेरिका ने जापान को अपने समकक्ष मान लिया। अश्वेत राष्ट्र होते हुए भी वह उपनिवेशवादियों की कतार में शामिल हो गया। उसका वश चलता

तो वह चीन पर भी अपना प्रभुत्व जमा लेता। बीसवीं सदी के आरम्भ में आग्नेय एशिया और लातीनी अमेरिका पर उक्त दो नए चौधरियों की धाक तो जम ही रही थी लेकिन शेष एशिया और अफ्रीका के अनेक नए क्षेत्र ब्रिटेन, फ्रांस, जर्मन, इटली, हालैंड, स्पेन, पुर्तगाल और बेल्जियम जैसे राष्ट्रों के चंगुल में फँसते जा रहे थे। भारत और उसके पड़ोसी राष्ट्र तथा दुनिया के लगभग अन्य पचास राष्ट्र ब्रिटेन के जुए के नीचे कसमसा रहे थे। अबीसीनिया और लाइबेरिया के अलावा लगभग सभी अफ्रीकी राष्ट्र गोरों के गुलाम बनते जा रहे थे। जापान तथा लगभग दो दर्जन गोरे राष्ट्रों के अलावा सारी दुनिया बीसवीं सदी के शुरू में गुलामी के अँधेरे में डूबी हुई थी। आज़ादी की कोई किरण फूटती नज़र नहीं आ रही थी।

इसके पहले कि पराधीन राष्ट्रों में प्रचण्ड जन-आन्दोलन भड़कते, यूरोप के प्रतिस्पर्धी राज्यों में तलवारें खिंच गईं। 19वीं सदी के सातवें दशक में बिस्मार्क ने यूरोप की बोतल पर जर्मनी के एकछत्र प्रभुत्व का जो ढक्कन लगाया था, उसे फ्रांस, रूस, ब्रिटेन और इटली ने उड़ा दिया। उक्त मित्र राष्ट्रों के विरुद्ध जर्मनी, आस्ट्रो-हंगेरी साम्राज्य, ऑटोमन साम्राज्य, बल्गारिया आदि पंक्तिबद्ध हो गए। संयुक्त राज्य अमेरिका भी मित्र-राष्ट्रों के साथ हो लिया। यूरोप के इन साम्राज्यवादी राष्ट्रों ने एक-दूसरे के उपनिवेशों को हड़पने की कोशिश तो की ही, एक-दूसरे की सीमाओं में घुसना भी शुरू कर दिया। अविश्वास का बाज़ार इतना गर्म था कि जिस राष्ट्र का वश चला, उसने चोरी-छिपे या खुलेआम संधियाँ और दुरभिसंधियाँ कीं। बीसवीं सदी के शुरू में बारूद का यह पहाड़ नदी की तरह बहने लगा। इस बारूद की नदी में 28 जून, 1914 को एक जलती हुई तीली गिरी और प्रथम विश्वयुद्ध की आग भभक पड़ी। बोस्निया की राजधानी सरायेवो में आस्ट्रो-हंगेरियाई साम्राज्य के उत्तराधिकारी युवराज फ्रांसिस फर्डिनेंड की हत्या हो गई। इस हत्या के लिए आस्ट्रिया ने सर्बियों को जिम्मेदार ठहराया। सर्बिया ने अस्ट्रिया से माफी नहीं माँगी और उसकी दूसरी माँगें भी अस्वीकार कर दीं। इस पर आस्ट्रिया ने 28 जुलाई, 1914 को युद्ध की घोषणा कर दी और अगले दिन अपनी फौजें बेलग्राद पर चढ़ा दीं।

आस्ट्रिया और सर्बिया का यह द्विपक्षीय युद्ध देखते ही विश्व-युद्ध में बदल गया। पूर्वी यूरोप में आस्ट्रिया का प्रभाव न बढ़ जाए, इसलिए रूस भी युद्ध में कूद गया। रूस का प्रभाव न बढ़ जाए, इसलिए जर्मनी कूदा और जर्मनी का प्रभाव न बढ़ जाए, इसलिए फ्रांस भी कूद गया। जर्मनी ने ज्यों ही बेल्जियम पर हमला किया, ब्रिटेन भी अपनी झिझक छोड़कर मैदान में कूद पड़ा। जापान से अमेरिका के बीच जो भी महत्त्वाकांक्षी राष्ट्र संप्रभु थे, वे इस महायुद्ध में शामिल हो गए। दो खेमे बन गए ! एक ओर ब्रिटेन, फ्रांस, रूस इटली, अमेरिका, जापान थे और दूसरी ओर आस्ट्रिया, तुर्की, जर्मनी, बल्गारिया आदि। कुल 27 देश इस युद्ध में शामिल हुए। 11 नवम्बर 1918 को युद्ध समाप्त हुआ। यह युद्ध कुल 1565 दिन चला। साढ़े छह करोड़ जवान लड़े, जिनमें से 90 लाख मारे गए, 50 लाख खो गए, सवा दो करोड़ अपंग हो गए।

जवानों से ज्यादा नुकसान नागरिकों का हुआ। एक अनुमान के अनुसार चार खरब डालर से अधिक की हानि हुई। जर्मनी, रूसी, ऑटोमन और आस्ट्रो-हंगेरियाई साम्राज्य धराशायी हो गए।

अभी बीस साल भी नहीं बीते थे कि बीसवीं सदी ने वह भुगत लिया जिसकी कल्पना मानवता ने पिछली बीसियों सदियों में भी नहीं की थी। इस महायुद्ध के आगे महाभारत, पेलोपोनेशियन युद्ध, सिकंदर, चंगेज और नेपोलियन के सैन्य-अभियान बौने-से दिखाई पड़ते हैं। इसी युद्ध के पेट में दूसरा महायुद्ध पलता रहा और इसके गर्भ से ही रूसी साम्यवाद, इतालवी फाशीवाद और जर्मन नात्सीवाद का जन्म हुआ। अन्तरराष्ट्रीय पूँजीवाद को इस युद्ध ने परिपुष्ट किया। पहली बार अन्तरराष्ट्रीय शान्ति और व्यवस्था स्थापित करने के लिए एक व्यापक संगठन का निर्माण हुआ। अमेरिकी राष्ट्रपति वुडरो विल्सन की प्रेरणा से राष्ट्रसंघ (लीग ऑफ नेशन्स) की स्थापना 10 जनवरी, 1920 को हुई। 44 राष्ट्रों ने इसकी नींव रखी। बीसवीं सदी की घटनाओं ने दुनिया को मजबूर किया कि वह राष्ट्रों का एक खुला संगठन बनाए, जिसमें महा, मध्यम और लघु शक्तियाँ एक साथ बैठकर अपने झगड़े सुलझाएँ।

राष्ट्रसंघ की सहायता से कुछ छोटे-मोटे झगड़े सुलझे भी। विश्व न्यायालय और विश्व श्रम संगठन भी काम करने लगा लेकिन राष्ट्रसंघ का पिता अमेरिका ही उसका सदस्य नहीं बन सका। जर्मनी और रूस को भी शुरू में बाहर खड़ा कर दिया गया। अनाथ हुए राष्ट्रसंघ की गुहार कौन सुनता ? नख-दंतहीन संगठन किस महाशक्ति को बरज सकता था ? वर्साय की संधि में लुटे-पिटे जर्मनी के उपनिवेशों की जमकर बंदर-बाँट हुई और उसके कुछ समृद्ध इलाकों पर भी पड़ोसी महाशक्तियों ने कब्ज़ा कर लिया। प्रथम महायुद्ध के बाद राष्ट्रों के बीच जो सीमाएँ तय की गईं थीं, उन्हें लेकर निरन्तर विवाद बने रहे। जापान ने 1931 में मंचूरिया पर, इटली ने 1935 में इथियोपिया पर और जर्मनी ने 1938 में आस्ट्रिया पर कब्ज़ा कर लिया। राष्ट्रसंघ इन हमलावरों का बाल भी बाँका न कर सका। उल्टे जापान और जर्मनी ने राष्ट्रसंघ से अपना नाता तोड़ लिया।

प्रथम विश्व-युद्ध को अभी बीस साल भी नहीं बीते थे कि दूसरे महायुद्ध की चौपड़ बिछ गई। यूरोप के राष्ट्र एक-दूसरे के विरुद्ध षड्यंत्र करने लगे। असुरक्षा का भाव इतना बढ़ गया कि परस्पर-विरोधी और गोपनीय संधियों और समझौतों का अम्बार लग गया। रूस की बोल्शेविक क्रांति, जर्मनी में हिटलर और इटली में मुसोलिनी के उदय ने यूरोप के घावों पर नमक छिड़का। प्रथम महायुद्ध के बाद महाबली बने अमेरिका को अचानक 1929 में महामंदी ने जकड़ लिया। पूँजीवाद को चढ़े इस बुखार ने यूरोपीय राष्ट्रों का भी दम फुला दिया। उधर उपनिवेशों में फैली राजनैतिक जागृति ने महाशक्तियों की नाक में दम कर दिया। अपने संकीर्ण राष्ट्रीय स्वार्थों के हाथियों को मदमस्त बनाने में विचारधाराओं ने शराब का काम किया। आभा-मंडलों से प्रदीप्त नेताओं हिटलर, मुसोलिनी, स्तालिन, चर्चिल, रूजवेल्ट आदि

ने अपनी-अपनी जनता को पानी पर चढ़ाया, सब्जबाग दिखाए और पिछले महायुद्ध के ठीक इक्कीस साल बाद दुनिया को एक दूसरे महायुद्ध में झोंक दिया।

1 सितम्बर, 1939 को पोलैंड पर बोले गए जर्मन हमले के साथ द्वितीय विश्वयुद्ध का सूत्रपात हुआ। 3 सितम्बर, 1939 को ब्रिटेन और फ्रांस ने जर्मनी के विरुद्ध युद्ध की घोषणा कर दी। एक ओर अमेरिका, ब्रिटेन, फ्रांस और रूस थे और दूसरी ओर जर्मनी, इटली और जापान। इस युद्ध में न केवल करोड़ों लोगों ने सीधा हिस्सा लिया बल्कि ऐसे-ऐसे शस्त्रास्त्रों का प्रयोग भी हुआ, जिनके बारे में मनुष्य जाति ने पहले कभी सुना तक नहीं था। हिरोशिमा और नागासाकी पर गिराए गए अमेरिकी परमाणु बमों ने सारी दुनिया का दिल दहला दिया। 2 सितम्बर, 1945 को जापान के आत्म-समर्पण के साथ दुनिया के इस सबसे भयंकर युद्ध का अन्त हुआ।

छह वर्ष तक चले इस युद्ध में पाँच करोड़ से अधिक लोग मारे गए, लगभग 140 खरब डालर की आर्थिक क्षति हुई, सिर्फ यूरोप ही नहीं, अफ्रीका और एशिया की भूमि भी मानव-रक्त से लाल हुई। यूरोप की महाशक्तियाँ निढाल हो गईं। विश्व राजनीति का केन्द्र अब पश्चिमी यूरोप नहीं रहा। अमेरिका और सोवियत रूस बन गए। तीसरी दुनिया का उदय हुआ। दुनिया के उपनिवेशों में स्वाधीनता संग्रामों की झड़ी लग गई। 24 अक्तूबर 1945 को 50 राष्ट्रों ने मिलकर संयुक्तराष्ट्र संघ को जन्म दिया। यह ठीक है कि राष्ट्रसंघ के मुकाबले संयुक्तराष्ट्र संघ ज़रा बेहतर संगठन है लेकिन वह संयुक्त कहाँ है ? ध्रुव शक्तियों–जर्मनी, जापान, इटली के एक भी सदस्य को सुरक्षा परिषद् का स्थायी सदस्य नहीं बनने दिया गया। हारी हुई महाशक्तियों को नई विश्व-व्यवस्था में 'निषेधाधिकार' (वीटो) की शक्ति से वंचित किया गया और असली चीन की बजाय च्यांग काई शेक के पश्चिमपरस्त चीन को बरसों-बरस सुरक्षा परिषद् में जमाए रखा गया। यह कैसा संयुक्तराष्ट्र संघ बना, जिसकी सुरक्षा परिषद् के स्थायी सदस्यों में भारत नहीं, चीन नहीं, अफ्रीका का कोई देश नहीं, लातीनी अमेरिका का कोई राष्ट्र नहीं ! द्वितीय विश्व-युद्ध के विजेता राष्ट्रों से सजी संयुक्तराष्ट्र की महफिल इसीलिए शक्ति-राजनीति का खिलौना बनकर रह गई ! यह ठीक है कि पिछले 55 साल में कोई तीसरा विश्वयुद्ध नहीं छिड़ा लेकिन इसका श्रेय विश्व शक्ति-संतुलन को है, आतंक-संतुलन को है, न कि संयुक्तराष्ट्र संघ को। तीसरे महायुद्ध को संयुक्तराष्ट्र संघ के बीच-बचाव ने नहीं, समूल-नाश के भय ने रोका है।

अगर ऐसा नहीं होता तो द्वितीय महायुद्ध के पश्चात् तीसरी दुनिया में लगभग डेढ़ सौ छोटे-मोटे युद्ध क्यों हो गए ? आजकल चल रहे यूगोस्लावियाई गृहयुद्ध के अलावा यूरोप में कोई बड़ा या छोटा युद्ध भी क्यों नहीं हुआ ? गोरे लोग अपनी जमीन पर कोई युद्ध लड़ना नहीं चाहते। इसका मतलब यह नहीं कि वे युद्ध नहीं चाहते। कभी वे कोरिया में लड़ते हैं, कभी वियतनाम में, कभी कांगो में, कभी मिस्र में, कभी सोमालिया में और कभी अफगानिस्तान में ! संयुक्तराष्ट्र संघ के जन्म के साथ महाशक्तियों के बीच गर्म युद्ध तो खत्म हो गया लेकिन नर्म युद्ध शुरू हो गया। दो

खेमे बन गए। नाटो, सीटो, सेन्टो एक तरफ और वारसा पेक्ट दूसरी तरफ। एक का नेता अमेरिका और दूसरे का रूस ! इनका नर्मयुद्ध बड़ी पर्देदारी में चलता रहा। कभी आमने-सामने टकराते नहीं। टकराने की नौबत आती है तो पीछे खिसक जाते हैं। बर्लिन, क्यूबा, इस्राइल, अफगानिस्तान और एराक़ को ज़रा याद करें। दोनों विश्व शक्तियों ने कुछ मोहरे तलाश रखे हैं। उन्हीं के कन्धों पर रखकर वे बंदूक चलाते हैं। यदि महाशक्तियाँ अपनी तिकड़म से बाज़ आ गई होतीं तो कश्मीर, फलस्तीन और कोरिया जैसी समस्याएँ भी कभी की हल हो गई होतीं। लेकिन फिर पूँजीवादी और साम्यवादी युद्ध-उद्योग की कमर टूट नहीं जाती ? इसीलिए युद्धों की आग को किसी न किसी रूप में सुलगाए रखना जरूरी हो गया था।

बीसवीं सदी का पहला आधा हिस्सा गर्मयुद्ध में बीत गया और दूसरा आधा हिस्सा नर्मयुद्ध में। हालाँकि अब सोवियत संघ बिखर गया है और अमेरिका बीसवीं सदी की एकमात्र महानतम विश्वशक्ति के रूप में उभर आया है लेकिन अब भी विश्व शान्ति एक सपना ही है। दुनिया अब दो-ध्रुवीय नहीं रही लेकिन विश्व शान्ति को बनाए रखना अब ध्रुवों के हाथ के बाहर की बात हो गई है। ध्रुव एक रहे, दो रहें, दस रहें, अब खास फर्क पड़ता नहीं। परमाणु बमों ने दुनिया का नक्शा बदल दिया है और आतंकवाद ने उस नक्शे को खंजरों की नोंक पर बिछा रखा है। कब यह नक्शा कहाँ फटेगा, कुछ पता नहीं। बीसवीं सदी अपने आरम्भ के समय खतरे के जिस कगार पर खड़ी थी, उससे हजार गुना अधिक गहरी खाई के मुहाने पर आज इक्कीसवीं सदी के आरम्भ में खड़ी है।

इस खाई से बचने के लिए कोई कम जुगाड़ नहीं किए, महाशक्तियों ने । जिनीवा में लगातार शान्ति-यज्ञ चल रहा है। निरस्त्रीकरण के कौन-कौन-से मंत्र नहीं पढ़े जाते वहाँ, शान्ति के कौन-कौन-से अनुष्ठान नहीं किए जाते वहाँ ? आंशिक परमाणु प्रतिबन्ध संधि, साल्ट-दो, परमाणु अप्रसार संधि, समग्र परमाणु प्रतिबन्ध संधि, फिसाइल मटेरियल कट ऑफ ट्रीटी, रासायनिक हथियार प्रतिबन्ध संधि जैसे पता नहीं कितने टोटके, ताबीज और गंडे बाँटे जा रहे हैं लेकिन दुनिया के समूल-नाश का सामान बढ़ता जा रहा है। 1945 में सिर्फ अमेरिका के पास परमाणु बम था, अब सुरक्षा परिषद् के पाँचों स्थायी सदस्यों के अलावा भारत और पाकिस्तान के पास भी है। लगभग दर्जन भर अन्य देशों के पास बम नहीं है लेकिन बम की क्षमता है। इन्हें 'देहलीज़ राष्ट्र' कहा जाता है याने ये बम बनाने की देहलीज़ पर खड़े हैं। एक-एक महाशक्ति के पास इतने बम हैं कि शत्रु-देश तो क्या, दुनिया के सभी देशों का वे कई बार समूल-नाश कर सकते हैं। आतंक का संतुलन बनाए रखने के लिए दुनिया के हर कोने में महादैत्य खड़े हो गए हैं।

इन दैत्यों के दलन का कोई ठोस प्रबन्ध बीसवीं सदी अभी तक नहीं कर पाई है। सम्पूर्ण और व्यापक निरस्त्रीकरण भी एक सपना है। जो भी संधियाँ सामने हैं, उनका लक्ष्य केवल इतना है कि यह सर्वनाशी दैत्य-शक्ति किन्हीं नए राष्ट्रों के हाथ

में न चली जाए ! जो दैत्य शक्ति वर्तमान है, उसके विगलन, विलयन, विसर्जन के लिए अन्तरराष्ट्रीय समाज के पास कोई नुस्खा नहीं है, क्योंकि अब पचपन साल बाद भी दुनिया उन्हीं पटरियों पर चल रही है, जो द्वितीय महायुद्ध ने बिछाई थीं। क्या हम कभी सोचेंगे कि बीसवीं सदी हमें अलविदा कहते समय कौन-सी इबारत अपनी पीठ पर छोड़े जा रही है ? क्या इक्कीसवीं सदी का श्रीगणेश मानवीय सर्वनाश के इस सलीब को ढोते हुए होगा ? यह असम्भव नहीं कि परमाणु सर्वनाश के मर्ज़ की दवा उस हकीम के पास ही हो, जिसे हम इक्कीसवीं सदी कह रहे हैं। परमाणु खतरा इसी सदी में अपने चरमोत्कर्ष पर होगा। यदि वह इसका समाधान नहीं खोजेगी तो वह स्वयं काल के कराल गाल में समा जाएगी।

इक्कीसवीं सदी के इस भयावह भवितव्य की विरासत बीसवीं सदी अपनी पीछे जरूर छोड़ती जा रही है लेकिन शुक्र है कि मतवाद का जो तूफान बीसवीं सदी के आरम्भ में शुरू हुआ था, वह सूखे पत्ते की तरह झर गया है। फाशीवाद और नात्सीवाद का अवसान एक साथ हो गया। 28 अप्रैल, 1945 को मुसोलिनी मारा गया और 30 अप्रैल, 1945 को हिटलर ने अपनी जान खुद ले ली। अगर द्वितीय महायुद्ध में जर्मनी और इटली नहीं हारते, तो पता नहीं इस दुनिया की शक्ल क्या होती ? सैन्य-शक्ति का नग्न-नृत्य तो दुनिया देखती ही, आक्रामक, हिंसक और नस्लवादी संकीर्ण विचारधारा सारी दुनिया को लील जाती। यों भी फाशीवाद और नात्सीवाद का नशा दुनिया के उन अनेक देशों में भी फैल चुका था, जो अंग्रेजों और फ्रांसीसियों के सताए हुए थे। यदि नस्लवाद जीतता तो जिस लोकतंत्र को हम बीसवीं सदी की महान उपलब्धि मानते हैं, उसका कहीं नामो-निशान भी नहीं होता।

जहाँ तक लोकतंत्र का प्रश्न है, साम्यवाद उसके लिए वैसा ही शत्रु था, जैसा कि फाशीवाद और नात्सीवाद। साम्यवाद इसलिए बच गया था कि वह रूस में था। उस रूस में, जो दोनों युद्धों के दौरान विजेता राष्ट्रों का हमजोली था। 1917 की रूसी साम्यवादी क्रांति भी क्या क्रांति थी। उसने सारी दुनिया को हिला दिया। लगा कि उसके आगे फ्रांसीसी और अमेरिकी क्रांतियाँ भी फीकी पड़ जाएँगी। वास्तव में बीसवीं सदी के उत्तरार्द्ध के चार दशकों में साम्यवाद इतना शक्तिशाली बन गया था कि उसने सैनिक और सैद्धान्तिक, दोनों स्तरों पर पश्चिमी गठबंधन और पूँजीवाद को लगभग बराबर की टक्कर दी। अक्तूबर 1949 में चीन के साम्यवादी हो जाने पर ऐसा लगने लगा कि कहीं सारी दुनिया ही लाल रंग में न रँगने लगे। लेकिन गनीमत है कि छठे दशक तक पहुँचते-पहुँचते साम्यवादी खेमे से चीन टूट गया और नौवें दशक में स्वयं सोवियत संघ ही बिखर गया। नर्म-युद्ध के चलते जो जर्मनी और वियतनाम दशकों तक बँटे रहे, वे एक हो गए। सशस्त्र क्रांति और गेरिल्या युद्ध के नायक शे गेवारा, जनरल गियाप और नक्सलवादियों के प्रयत्न इतिहास की दरी के नीचे सरक गए।

बीसवीं सदी की आशा के रूप में उभरे लेनिन और स्तालिन के नेतृत्व में सोवियत

संघ को क्या-क्या पापड़ बेलने पड़े, ये कौन नहीं जानता ? दो-दो महायुद्ध लड़ना, रूसी भद्रलोक और जमींदारों को पछाड़ना, पोलैंड, हंगेरी और चेकोस्लोवाकिया में सीधे हस्तक्षेप करना, साम्यवादी पार्टी के आन्तरिक षड्यंत्रों से निपटना, पूर्वी यूरोप और मध्य एशिया के राष्ट्रों पर अपना औपनिवेशिक शिकंजा कसे रहना, नर्मयुद्ध में डटे रहने के लिए सोवियत जनता को साम्यवादी अफीम की टिकिया टिकाते रहना और गुट-निरपेक्ष राष्ट्रों को अपने पक्ष में झुकाने के लिए दिन-रात एक करना, महाशक्ति की छवि बनाए रखने के लिए हथियार बाँटना, सैन्य धमकियाँ देना, सेना भी भेजना और जरूरत पड़ने पर कब्जा भी करना, जैसा कि अफगानिस्तान पर किया।

अब जबकि सोवियत संघ और साम्यवाद दोनों बिखर गए हैं, क्या यह मानना ठीक होगा कि बीसवीं सदी पूँजीवाद की सदी है ? इसमें शक नहीं कि आज की दुनिया में पूँजीवाद का बोलबाला है। तीसरी दुनिया के राष्ट्र भी वैश्वीकरण और उदारीकरण की चपेट में आ गए हैं। लातीनी अमेरिका, अफ्रीका और एशिया के अनेक देशों ने पूँजीवादी पद्धति के स्वागत में अपनी बाँहें पसार दी हैं। पश्चिम के बलात् प्रवेश के लिए इन राष्ट्रों ने अपनी अर्थव्यवस्थाओं के द्वार खोल दिए हैं। नेहरू, नासिर, टीटो, सुकर्ण और एन्क्रूमा के कद्दावर देश भी पूँजीवाद की चौखट के आगे बौने हो गए हैं। चीन भी पीछे नहीं है। माओ के साम्यवाद का स्थान दंग स्याओ पिंग के सुविधावाद ने ले लिया है। अरे, बिल्ली के रंग को चाटेंगे क्या ? यह देखो कि वह चूहा मारती है या नहीं ? नतीजा क्या है ? तीसरी दुनिया के इन राष्ट्रों में जहाँ-तहाँ चमक-दमक के नए-नए द्वीप उठ खड़े हुए हैं। बड़े-बड़े पुलों, लम्बी-चौड़ी सड़कों, फैशनेबल सुपर बाजारों, नई-नई कारों, हवाई जहाजों और अधुनातन शस्त्रास्त्रों की भरमार हो गई है। बहुराष्ट्रीय निगम कृपानिधानों की तरह अपनी थैलियों के साथ तीसरी दुनिया पर अवतरित हो रहे हैं। पूँजीवाद के समुत्कर्ष की इस मधुर-वेला में चेतावनी के तौर पर अभी कुछ-कुछ हिचकियाँ आने लगी हैं। आग्नेय एशिया के देश-कोरिया, मलेशिया, थाईलैंड, इंडोनेशिया–ये पूँजीवादी शेर बच्चे अब घास खाने को मजबूर हो रहे हैं। मेक्सिको और ब्राज़ील पहले ही नव-पूँजीवाद की भट्ठी में झुलस चुके हैं। ये राष्ट्र अपनी जड़ों से दूर जा पड़े हैं। भ्रष्टाचार और निर्लज्जता जीवन-पद्धति के अंग बन गए हैं। सारा ध्यान मुट्ठीभर भद्रलोक की स्वार्थ-सिद्धि पर केंद्रित हो गया है।

दुनिया के गरीब और पिछड़े देशों में एक नए भद्रलोक का जन्म हो गया है। इस भद्रलोक की वैश्विक एकरूपता भी अद्भुत है। लगभग एक-जैसे भोजन, भजन और भवन हैं, इसके। एक-जैसी भाषा, भूषा, भेषज है, इसकी। अपनी ग्राम्य जनता से कटा-कटा और विश्व नगरों से जुड़ा-जुड़ा। यह अधोमूल नहीं, उर्ध्वमूल है। इसकी जड़ें जमीन में नहीं, आसमान में हैं। इसका कोई वाद नहीं, मूल्य नहीं। इसके लिए बस डॉलरानंद ही ब्रह्मानंद है। शेष करोड़ों लोगों के जीवन में घृणित दरिद्रता का बसेरा है, अँधेरा ही अँधेरा है। बीसवीं सदी के शुरू में वे जैसे थे, कमोबेश अब भी

वे वैसे ही हैं। इस भद्रलोक की वैश्विक एकरूपता का एक अभद्र आयाम यह भी है कि तीसरी दुनिया, दूसरी दुनिया और पहली दुनिया के तीनों भद्रलोकों ने अपनी 'चौथी दुनिया' अलग बसा रखी है। ये तीनों भद्रलोक एक-दूसरे की नकल करते हैं और उनका प्रयत्न यह होता है कि वे अपने-अपने राष्ट्रों के साधारण जन से अलग और ऊपर दिखाई पड़ें। अत्यंत सम्पन्न राष्ट्रों में भी ऐसे लाखों लोग हैं, जो दरिद्रता, प्रवंचना, असुरक्षा और अपमान का जीवन जीते हैं। पूँजीवादी-साम्यवादी, गरीब-अमीर, धार्मिक-अधार्मिक, राजशाही-लोकशाही—सभी तरह के राष्ट्रों को इस भद्रलोकीय विडंबना ने आर-पार भेद रखा है। कार्ल मार्क्स के सपने का विश्व मजदूर वर्ग एकताबद्ध हो या न हो, लेकिन तीनों दुनिया का यह सताया हुआ अ-भद्रलोक इक्कीसवीं सदी में अगर एकरूप विराट चेतना विकसित कर सके तो यह तीसरी सहस्राब्दि ही धन्य हो जाएगी। शोषणरहित और समतामूलक समाज का सपना अपने पाँवों पर चलना शुरू कर देगा। वादों में फँसी बीसवीं सदी, इक्कीसवीं सदी का वह नव-विहान देखेगी, जो तीसरी सहस्राब्दि का आधार-स्तम्भ बनेगा।

इन वादों ने क्या दिया, बीसवीं सदी के छह अरब मनुष्यों को ? क्या बीसवीं सदी इतनी बड़ी मानवता को बिना किसी वाद के ही इक्कीसवीं सदी के दरवाज़े पर छोड़े चली जा रही है ? लगता तो ऐसा ही है लेकिन ऐसा है नहीं। वास्तव में इक्कीसवीं सदी ने अपने आगमन की दस्तकें देनी शुरू कर दी हैं। इन दस्तकों का अभिप्राय स्पष्ट है। यह सदी, अर्थ-सदी होगी। पैसे की सदी ! डॉलर की जगह शायद यूरो की सदी ! ज्ञान, विज्ञान और सेना से भी ज्यादा ताकतवर, जो चीज़ बननेवाली है, वह है—अर्थ-शक्ति। जो महाजन होगा, वही महाबली भी होगा। इसीलिए अब दुनिया, दो-ध्रुवीय नहीं, बहुध्रुवीय भी बन सकती है। इस नई दुनिया के सैन्य-ध्रुवों और अर्थ-ध्रुवों के पारस्परिक समीकरण क्या होंगे, यह भी चिंतनीय है। कहीं तीसरे विश्व-युद्ध के बीज इन परस्पर प्रतिस्पर्धी ध्रुवों के गर्भ में तो नहीं पल रहे हैं ?

यह सत्य है कि एक अदृश्य आकांक्षा ने सारे विश्व को अपने आक्रोड़ में कस लिया है। वह है, भौतिक उन्नति की, विकास-दर की, साधनों को बढ़ाने की लेकिन यक्ष-प्रश्न यह है कि क्या इससे मानवता को कोई संतोष होगा ? पहली बात तो यह है कि भौतिक उन्नति की इस अंधी दौड़ में पर्यावरण की जितनी हानि बीसवीं सदी में हुई है, पहले कभी नहीं हुई ! हानि सबकी और लाभ बहुत कम का ! विकास-दर की रफ्तार अगर 15-20 प्रतिशत भी हो जाए तो क्या होगा ? राष्ट्रों में अन्दरूनी विषमताएँ बढ़ेंगी, असंतोष उफनेगा, गृहयुद्ध छिड़ेंगे, क्योंकि उन्नति का प्रसाद सबको समान रूप में तो बँटना नहीं है। समान रूप से बाँटने की इच्छा और भौतिकवादी-कब्जावादी दृष्टि में गहन अन्तर्विरोध है। इस अन्तर्विरोध को 'संयुक्त राष्ट्र मानव विकास' की ताज़ातरीन रपट ने प्रखर ढंग से रेखांकित किया है। 1998 की इस रपट से पता चलता है कि मालदार देशों के सिर्फ तीन नागरिकों के पास इतना माल है कि 48 गरीब देशों का सकल उत्पाद भी उसका मुकाबला नहीं कर

सकता। दुनिया के लगभग छह अरब लोगों में से साढ़े चार अरब पिछड़े इलाकों में रहते हैं। इन लोगों को यदि पेय जल उपलब्ध कराया जाय तो उसका खर्च नौ अरब डॉलर होगा जबकि अकेला यूरोप हर साल 11 अरब डॉलर की आइसक्रीम खा जाता है। दुनिया के नंगे-भूखे बच्चों का कुपोषण खत्म करने पर सिर्फ 13 अरब डॉलर खर्च होंगे जबकि अमेरिका और यूरोप अपने कुत्तों के खिलाने पर 17 अरब डॉलर प्रतिवर्ष खर्च करते हैं। दुनिया के सारे बच्चों की प्राथमिक पढ़ाई सिर्फ छह अरब डॉलर में पूरी हो सकती है जबकि अकेला यूरोप 50 अरब डॉलर की सिगरेट और 150 अरब डॉलर की शराब हर साल धुनक जाता है। बीसवीं सदी ने मानव समाज की भौतिक विषमता को पराकाष्ठा पर पहुँचा दिया है। विभिन्न वर्गों के बीच ऐसी खाई, ऐसा अन्तर्विरोध पहले कभी नहीं देखा गया। इस अन्तर्विरोध का उत्तर न पूँजीवाद के पास है, न साम्यवाद, न फाशीवाद और न ही नात्सीवाद के पास!

यदि भौतिक समृद्धि ही मनुष्य को पूर्ण संतोष दे सकती होती तो उसके गढ़ याने पश्चिमी समाज में उच्चाटन की प्रचंड लहर क्यों उठती? इतने तामझामवाली यह बीसवीं सदी हजारों बगावतों का पिटारा क्यों बनती? मनुष्य के अकेलेपन, अजनबीपन, परिवार की टूटन और मूल्यों के बिखराव ने क्या हिप्पी आन्दोलन को जन्म नहीं दिया? आखिर क्या वजह है कि पूँजीवाद की सन्तानों ने सारी समृद्धि को लात मारकर 'हरे कृष्णा, हरे रामा', ओशो, भावातीत ध्यान, ज़ेन आदि को त्राता के रूप में स्वीकार किया। पूँजीवाद, साम्यवाद और नात्सीवाद ये तीनों भौतिकवाद की जुड़वाँ सन्तानें हैं। इनके पास मनुष्य के बुनियादी सवालों का कोई जवाब नहीं है। इन्हीं बुनियादी सवालों को 1908 में मोहनदास कर्मचन्द गांधी ने 'हिन्द स्वराज' में उठाया था। इस प्रश्न के उत्तर की एक झीनी-सी झलक हाल ही में प्राप्त हुई। 'लंदन स्कूल ऑफ इकनॉमिक्स' ने अभी जो 'सुख सर्वेक्षण' करवाया तो मालूम पड़ा कि दुनिया के सबसे सुखी राष्ट्रों की सूची में बांग्लादेश का स्थान पहला है और संयुक्तराज्य अमेरिका का 46वाँ! सबसे गरीब राष्ट्र इतना ऊपर और सबसे अमीर राष्ट्र इतना नीचे! अब सवाल यह है कि इक्कीसवीं सदी के मनुष्य को आखिर किधर ले जाएँ? अमीरी की ओर या गरीबी की ओर? वास्तव में उसे उस ओर ले जाया जाना चाहिए, जहाँ अमीरी और गरीबी के प्रश्न तो हों लेकिन वे सर्वोपरि न हों। मुख्य प्रश्न यह हो कि वह आत्म-संतुष्ट है या नहीं? उसके व्यक्तित्व को खिलने का पूरा अवसर है कि नहीं? जिस दुनिया में वह रह रहा है, वहाँ 'जियो और जीने दो' का माहौल है या नहीं? मनुष्य और प्रकृति के बीच सही संतुलन है या नहीं? राष्ट्रों के बीच गलाकाट राक्षसी प्रतिस्पर्द्धा की बजाय दैवीय सहकार का, 'विश्व एकनीड़म' का वातावरण है या नहीं?

वास्तव में बीसवीं सदी ने इस तरह की नई दुनिया बसाने के लिए एक जबर्दस्त नींव डाल दी है। सबसे पहली बात तो बीसवीं सदी में यह हुई कि दुनिया चिड़िया के घोंसले की तरह बिलकुल छोटी हो गई। जिन दूरियों को तय करने में अभी सौ

साल पहले तक महीनों लगते थे, अब कुछ घंटों में तय की जाती है। आवाज़ की रफ्तार से होड़ लेनेवाले प्रक्षेपास्त्र और यान बन रहे हैं। क्या कोई पंछी है, ऐसा जो कि आदमी से तेज़ उड़ सके? क्या कोई मछली है, ऐसी जो पनडुब्बी से भी ज्यादा पानी के नीचे रह सके? क्या यह चमत्कार नहीं कि कोई आदमी बीस हजार किलोमीटर दूर बैठा फोन पर बात कर रहा है और उसकी आवाज़ उसके कमरे के बाहर भी नहीं जा रही है, लेकिन आप उसे यहाँ बैठे-बैठे सुन रहे हैं और टी.वी. पर देख भी रहे हैं? क्या यह आश्चर्य नहीं कि आपके पास बैठा आदमी अपने कंघे के दाँते भी ठीक से नहीं गिन सकता जबकि हजारों किलोमीटर दूर अन्तरिक्ष में लटके हुए उपग्रह यह बता सकते हैं कि आपकी खोपड़ी पर बालों की संख्या कितनी है और उनमें से कितने काले और कितने सफेद हैं? दूसरे शब्दों में छह अरब की यह विशाल दुनिया एक-दूसरे के इतने करीब आ चुकी है कि लोक-मंगल का कोई विचार, कोई सिद्धान्त, कोई सुझाव कुछ ही क्षणों में सारे विश्व की थाती बन सकता है। इक्कीसवीं सदी के आम आदमी के पास विश्व-बोध की जैसी सुविधा है, पहले कभी नहीं थी। उसके विश्व-बोध के मार्ग में कोई आड़े नहीं आ सकता। कोई सरकार, कोई राज्य, कोई तानाशाह उसके दूर-संचार की स्वायत्तता को भंग नहीं कर सकता। राष्ट्रों और मनुष्यों के बीच सदियों से पसरे हुए अपरिचय के अंधकार को दूर करने में दूर-संचार अर्थात इन्टरनेट, ई-मेल, दूरदर्शन, मोबाइल फोन आदि जबर्दस्त भूमिका निभा रहे हैं। राज्य का 'लेवियाथन' अपनी सम्प्रभुता के इस विसर्जन पर मौन है, असहाय है, निरुपाय है। वैश्वीकरण के बढ़ते हुए दौर में अन्तरराष्ट्रीय व्यापार (और तस्करी) ने भी राज्य के लोहे के दरवाज़ों को गोबर की दीवारों में बदल दिया है। सूचना और वस्तुओं का आवागमन सारी दुनिया में लगभग बे-रोकटोक हो रहा है। वह दिन दूर नहीं जब नागरिकों का आवागमन भी लगभग मुक्त हो जाएगा, जैसा कि अब से पाँच सौ या हजार साल पहले था। इक्कीसवीं सदी में पासपोर्ट और वीज़ा इतिहास के विषय हो जाएँगे और करोड़ों लोग एक-दूसरे के देशों और महाद्वीपों में जा बसेंगे। सरकारों और सत्ताधीशों का महत्त्व होगा लेकिन आम आदमी नई सदी में उस मुकाम पर पहुँचेगा, जहाँ वह पिछली किसी भी सदी में नहीं पहुँचा।

यह बीसवीं सदी इसलिए भी आम आदमी की सदी बन गई कि विज्ञान की कृपा से विलक्षण उपभोक्ता वस्तुएँ भी लाखों-करोड़ों की संख्या में बनाई जाती हैं और वे दुनिया के हर कोने में उपलब्ध होती हैं। अगर आप चाहें तो अपने नाश्ते में रोज ही पाँचों महाद्वीपों के ताजे फलों का रस ले सकते हैं। बीसवीं सदी का आम आदमी आज जिन सुविधाओं का आनंद लेता है, वे पंद्रहवी-सोलहवीं सदी के किसी भी बादशाह के लिए ईर्ष्या का कारण हो सकती हैं। इतना ही नहीं, बीसवीं सदी ने ज्यादातर देशों के नागरिकों को वयस्क मताधिकार देकर उनके जीवन में नया अर्थ भर दिया है। इन नागरिकों में सभी शामिल हैं, गोरे-काले, स्त्री-पुरुष, गरीब-अमीर, छोटे-बड़े। बीसवी सदी में आम आदमी का रुतबा इसलिए भी बढ़ा कि साम्राज्यवाद

का खात्मा हुआ और लोकतंत्र की लहर सारी दुनिया पर छा गई। साम्राज्यवाद की एक टाँग टूटी, महायुद्धों के कारण और दूसरी टूटी, भारत के स्वातंत्र्य संग्राम के कारण! बीसवीं सदी में न केवल ब्रिटिश साम्राज्य का सूर्य अस्त हो गया बल्कि मंचू, रोमानोव, हेप्सबर्ग, आस्ट्रो-हंगेरियाई, ऑटोमन, अबीसीनियाई, ईरानी और अफगान आदि राजवंश भी नष्ट-भ्रष्ट हो गए। इस सदी के प्रारंभ में मुश्किल से दो दर्जन राष्ट्र स्वयं को सम्प्रभु या राष्ट्र-राज्य कह सकते थे। आज उनकी संख्या दो सौ के आस-पास है। यह ठीक है कि तिब्बत जैसे राष्ट्र-राज्य का लोप हो गया और अफगानिस्तान तथा यूगोस्लाविया जैसे राष्ट्र भंगप्राय हो गए लेकिन जितने राष्ट्र-राज्य बीसवीं सदी ने पैदा किए, उतनी पिछली सारी सदियाँ मिलाकर भी नहीं कर पाईं और इन राष्ट्र-राज्यों की धुरी अब राजा नहीं, आम आदमी है, उनका आधार दैवी सिद्धान्त नहीं, लोकतंत्र है। लोकतंत्र की लहर ने वर्ग-चेतना, वर्ण-चेतना, जाति-चेतना और यहाँ तक कि राष्ट्र-चेतना को भी आत्मसात कर लिया है। इसीलिए इक्कीसवीं सदी लोकतंत्र की सदी होगी। जरूरी नहीं कि यह लोकतंत्र सर्वथा निर्दोष हो। उसमें दोष तो अनेक होंगे लेकिन हर देश अपने-अपने लोकतंत्र पर गर्व करेगा। वह यह दावा करेगा कि उसकी व्यवस्था में आम आदमी ही सर्वोपरि है।

सम्राटों के सिंहासन पर इस सदी में जितने सुतारों, कहारों, चमारों, किसानों, मजदूरों और गुलामों के बेटे बैठे, उतने किसी अन्य सदी में नहीं बैठे। इंदिरा गांधी, सिरिमावो बन्डारनायक, गोल्डा मायर, मार्गेरेट थैचर, बेनज़ीर, ख़ालिदा, हसीना, चंद्रिका कुमारतुंग, श्रीमती पैरों, श्रीमती अकीनो आदि महिलाओं ने जिस तरह अपने-अपने राष्ट्रों के सर्वोच्च पदों को सुशोभित किया, अब से पहले क्या किसी सदी में किया? विक्टोरिया, एलिजाबेथ, केथरीन आदि महारानियाँ भी शीर्ष पर रहीं, लेकिन वे विरासत में मिले पद थे। 'नरक का द्वार' समझी जानेवाली स्त्रियों ने बीसवीं सदी की पृथ्वी को स्वर्ग बनाने में कोई कसर नहीं छोड़ी। रोज़ा लुक्जमबर्ग, एनी बेसेंट, सिस्टर निवेदिता, मदाम क्यूरी, मदर टेरेसा, मदाम बिन्ह, सिमोन द बोऊआ, सू ची और लता मंगेशकर आदि तो कुछ उभरे हुए नाम हैं, करोड़ों अन्य अनाम स्त्रियों के जीवन में प्रगति और प्रकाश का जैसा सूर्य बीसवीं सदी में चमका, पहले कभी नहीं चमका! बीसवीं सदी में ही यह सम्भव हुआ कि बूँदें समुद्र बन गईं, चिंगारियाँ ज्वालामुखियों में बदल गईं और तिनके पहाड़ से अधिक भारी हो गए।

गांधी जैसे फ़कीर ने जब ब्रिटिश साम्राज्य को चुनौती दी तो भारत में ही नहीं, सारी दुनिया में भूकम्प के झटके महसूस किए गए। गांधी ने सिर्फ भारत की आज़ादी का संग्राम ही नहीं छेड़ा था, उनके पास इस दुनिया को बदलने की दृष्टि भी थी। सत्य और अहिंसा के उनके सिद्धान्तों ने अनेक दबे-पिसे राष्ट्रों के नेताओं को प्रेरणा दी और देखते ही देखते पचास राष्ट्रोंवाली दुनिया दो सौ राष्ट्रों की दुनिया में बदल गई। भारत के स्वाधीनता-संग्राम की नींव हजारों वर्षों की शानदार परम्पराओं पर रखी गई थी। उसके मूल में यदि बहादुरशाह जफ़र की बेबसी का आर्त्तनाद और

भगतसिंह, चन्द्रशेखर व सुभाष जैसे महानायकों का बलिदान था तो राजा राममोहन राय, बंकिम, दयानंद, तिलक, विवेकानंद और अरविन्द जैसे मनीषियों का सांस्कृतिक पुनर्जागरण का आह्वान भी था। भारत का संग्राम सिर्फ भारत के लिए नहीं, विश्व के सभी दबे-पिसे राष्ट्रों के लिए था।

आज़ाद होते समय भारत विभाजित था, कमजोर था, लेकिन इससे कौन इन्कार कर सकता है कि वह दुनिया का सबसे विशाल लोकतंत्र था। पिछले पचास साल के भारत के इतिहास ने यह सिद्ध किया है कि वह लोकतंत्र ही नहीं है, वह एक जीवन पद्धति भी है और इक्कीसवीं सदी की मानवता के लिए एक संदेश भी है। गृह-नीति ऐसी हो कि विविध वर्गों के लिए समभाव और विदेश नीति ऐसी कि किसी भी आक्रामक गुट के साथ नत्थी न हो। अर्थ नीति ऐसी हो कि पूँजीवाद की खूबियाँ तो उसमें हों ही, समाजवाद की श्रेष्ठताएँ भी समाविष्ट हो जाएँ। अंधानुकरण, वह किसी का न करे। अभी उसे बहुत लम्बी मंजिलें तय करनी हैं। जो भारत करेगा, वह इक्कीसवीं सदी की तीसरी दुनिया का उदाहरण बनेगा। इसीलिए भारत स्वयं को 'सभ्यताओं के संघर्ष' में नहीं झोंक सकता, वादों की अँधेरी गलियों में नहीं धकेल सकता और पश्चिमी राष्ट्रों की तरह 'श्रेष्ठता' का सलीब नहीं ढो सकता। इसीलिए, उसकी दृष्टि में इतिहास का अभी अन्त नहीं हुआ है। लोकतंत्र के रेखाचित्र में अभी उसे कई रंग भरने हैं और पूँजीवाद को अभी बहुत मानवीय बनाना है। संघर्षोंवाली सभ्यताएँ उसके यहाँ बाँहों में बाँहें डाले बराबर आगे बढ़ रही हैं। इतिहास के रथ में जुते उसके अश्वों को अभी कई मंजिलें तय करनी हैं।

पृथ्वी पर जब तक मनुष्य है, इतिहास का रथ रुकेगा नहीं, आगे ही बढ़ेगा। तीसरी दुनिया के खून-पसीने से मस्ताए पश्चिमी समाज की क्लांति स्वाभाविक है लेकिन इतिहास न उससे शुरू हुआ है और न ही उस पर खत्म होगा। ग्रीक योद्धाओं और रोमन सम्राटों से लेकर हिटलर और क्लिंटन तक पश्चिमी समाज अनेक बार अपने इतिहास को चरमोत्कर्ष पर, अन्तिम बिंदु पर पहुँचा चुका है और अनेक बार अपना-सा मुँह लिए पुन: प्रस्थान-बिंदु पर आ खड़ा हुआ है। पश्चिम की इतिहास-दृष्टि क्षितिजाकार है, हमारी वर्तुलाकार है। वर्तुल का न कोई आदि होता है और न अन्त! इतिहास की यह अनन्त-यात्रा इक्कीसवीं सदी में भी जारी रहेगी। बीसवीं सदी ने, उसके विज्ञान ने, उसके विश्व-बोध ने ऐसी बिसात बिछा दी है कि इक्कीसवीं सदी अब तीसरी दुनिया की सदी होगी। मानव का नया इतिहास अब नए पन्नों पर लिखा जाएगा। इतिहास के ये नए पन्ने दुनिया के सबसे पुराने देशों से ही आएँगे। परम्परा और परिवर्तन का यह अपूर्व अभिलेख भारत जैसे देश ही लिखेंगे, जिनके पाँव बाहरी आक्रमणों, विश्व-युद्धों, विनाशकारी वादों, सभ्यताओं के संघर्ष के बावज़ूद उखड़े नहीं, अपनी ज़मीन पर ही जमे रहे। परम्परा से प्राप्त अपनी असीम सम्पदा का उपयोग भारत जैसे देशों को कुछ इस तरह से करना है कि विज्ञान पर अध्यात्म का अंकुश लगे और अध्यात्म को विज्ञान के पंख मिलें।

इक्कीसवीं सदी के आरम्भ में यह निहायत जरूरी है कि बढ़ती हुई आबादी, गहराते हुए प्रदूषण, शस्त्रीकरण, अशिक्षा, गरीबी, भ्रष्टाचार, शोषण आदि के विरुद्ध तीसरी दुनिया के देश एकजुट हो जाएँ। ऐसे में हो सकता है कि पश्चिमी राष्ट्र बीसवीं सदी से कुछ सबक लें। ब्रह्मांड के समूल-नाश की तैयारी में जुटे पश्चिमी राष्ट्र यदि अपने असुरक्षा के भाव, परद्रव्य-लोलुपता, आत्म-केन्द्रित विश्व-दृष्टि को थोड़ा नियंत्रित कर सकें तो इतिहास का रथ एक ही शताब्दी में कई शताब्दियों का सफर तय कर सकता है। यदि समान शील-व्यसनवाले राष्ट्र दक्षेस, एसियान, यूरोपीय समुदाय, यूरो मुद्रा आदि माध्यमों से एक-दूसरे के साथ तदाकार होने का प्रयत्न कर रहे हैं तो कोई आश्चर्य नहीं कि बीसवीं सदी की इस उपलब्धि को इक्कीसवीं सदी के प्रारंभ में कोई बृहत्तर रूप दिया जा सके और एक ऐसी नई दुनिया की शुरूआत की जा सके, जो सही अर्थों में 'वसुधैव कुटुम्बकम्' बन जाए।

वसुधा कुटुम्ब की तरह दिखने लगे, यह असम्भव नहीं। इक्कीसवीं सदी इस कल्पना को सत्य में बदल सकती है। बीसवीं सदी ने इसके बीज बो दिए हैं। बीसवीं सदी ने भौतिकता की चरम सीमा पर पहुँचकर मानव जाति में एक नई भूख जगा दी है। यह भूख इक्कीसवीं सदी का नक्शा बदल सकती है और तीसरी सहस्राब्दि को नई दिशा दे सकती है। यह भूख है, चेतना के विस्तार की। मानव चेतना का फैलाव कुछ इस तरह हो रहा है कि मनुष्य न सिर्फ सभी मनुष्यों में स्वयं को देख रहा है बल्कि सभी जीवों तथा जड़ प्रकृति में भी तादात्म्य की तरंगें पा रहा है। बाहर की दुनिया के अन्तिम छोर पर पहुँचकर मनुष्य अब अंदर की दुनिया में झाँक रहा है। जिज्ञासा की यह लहर अगर बढ़ती गई तो संकीर्ण व्यक्तिगत स्वार्थ, अन्तरराष्ट्रीय हिंसा, जातीय उन्माद और पर्यावरण-विनाश पर अनायास ही अंकुश लगेगा। इक्कीसवीं सदी का मनुष्य सबसे अधिक सुसंस्कृत मनुष्य होगा और इक्कीसवीं सदी का समाज सबसे अधिक सभ्य समाज होगा। कोई आश्चर्य नहीं कि तीसरी सहस्राब्दि इसी व्यक्ति और इसी समाज को अपना प्रस्थान-बिन्दु बनाए।

परमाणु शक्ति

वाजपेयी के माथे पर इंदिरा का मुकुट

'पोकरण-दो' भारत की सम्प्रभुता का शंखनाद है जबकि 'पोकरण-एक' उसकी परमाणु क्षमता का उद्घोष मात्र था। वह अजब स्थिति थी और यह गजब स्थिति है। अजब इसलिए कि भारत ही एकमात्र ऐसा देश था जिसने परमाणु विस्फोट किया लेकिन यह दावा नहीं किया कि वह परमाणु शक्ति है। यानी है भी और नहीं भी। उसने विस्फोट को विस्फोट नहीं, अन्त:स्फोट कहा, क्योंकि वह भूमिगत था। (1974 में भूमिगत परीक्षण से अन्तरराष्ट्रीय कानून का उल्लंघन नहीं होता था क्योंकि तब समग्र परमाणु परीक्षण प्रतिबन्ध संधि (सीटीबीटी) नहीं थी। अन्य देशों की तरह भारत ने भी 1963 की आंशिक प्रतिबन्ध संधि पर हस्ताक्षर किए हुए थे।)

भारत कानून के उल्लंघन से तो बचा ही, उसने साथ-साथ यह घोषणा भी कर दी कि पोकरण का वह परीक्षण केवल शान्तिपूर्ण उपयोग के लिए है। यानी वह परमाणु दादाओं की महफिल में घुसने के लिए दरवाजे पर मुक्के नहीं मार रहा है। उसने दुनिया को बस इतना बताया कि वह भी महफिल के दरवाजे पर पहुँच गया है। इस उद्घोष मात्र ने, इस सूचना भर ने इंदिरा गांधी को विश्व-विभूति बना दिया। जिन्हें जानना चाहिए था, वे जान गए। वे समझ गए कि भारत आ पहुँचा है।

शोर उस समय भी मचा था लेकिन जैसा झटका अटलबिहारी वाजपेयी ने इस बार दिया है, वैसा परमाणु दादाओं ने द्वितीय महायुद्ध के बाद कभी नहीं खाया। जवाहरलाल नेहरू की परमाणु नीति सिर के बल खड़ी थी। इंदिरा गांधी ने उसे पाँव के बल खड़ा किया। वह एक पाँव पर खड़ी थी, निश्चल पुतले की तरह! अटलबिहारी वाजपेयी ने 24 साल से एक पाँव पर खड़े उस परमाणु पुतले में जान फूँक दी। वह अब दौड़ रहा है। नेहरू के प्रेमी वाजपेयी को अब मानना होगा कि वे इंदिरा गांधी के सीधे उत्तराधिकारी हैं।

परमाणु उत्तराधिकारी का यह मुकुट राजीव गांधी के मस्तक पर बहुत ही शोभायमान होता लेकिन इसे न राजीव धारण कर सके और न ही नरसिंहराव। राजीव गांधी बम बनाने की बजाय अपने सलाहकारों के कहने पर विश्व निरस्त्रीकरण का राग अलापते रहे और नरसिंहराव तो सम्भ्रांत असमंजस के धनी हैं ही अर्थात् जैसे बाबरी ढाँचे को बचा नहीं पाए, वैसे ही बम नहीं बना पाए। ऐन वक्त पर अमेरिकी बिल्ली ने छींक दिया। कहीं ऐसा न हो जाए, कहीं वैसा न हो जाए। बस सोचते ही रह गए। अब कांग्रेसी दाँत पीस रहे हैं। कारण पूछ रहे हैं। यह भी जानना चाहते

हैं कि इतनी क्या जल्दी थी, बम बनाने की ? हमने 45 साल राज किया, लेकिन हम नहीं बना पाए। आपने 45 दिन में ही यह गजब कर दिया। क्यों कर दिया ? वे यह नहीं बताते कि वे 24 साल सोए क्यों रहे ?

गजब तो यह है ही। सारे अमेरिकी उपग्रह मात खा गए। सूँघ तक नहीं पाए। 11 मई तो 11 मई, 13 मई ने सबकी नाक काट ली। पाँचों परीक्षणों ने सिद्ध किया कि भारत अब महाशक्ति बन गया है। अब वह 'दहलीज शक्ति' (थ्रेशोल्ड पॉवर) नहीं रह गया है। वह दहलीज़ पर ठिठका हुआ नहीं है। अब वह दहलीज फाँद चुका है। प्रधानमंत्री ने इसकी विधिवत घोषणा कर दी है। जिस दरवाजे के पास वह 24 साल से चक्कर लगा रहा था, उसे अब उसने तोड़ दिया है। पाँचों महाशक्तियाँ उसे अपनी महफिल (लंदन क्लब) में अब भी न बैठाएँ, नाक-भौंह सिकोड़ें, दाएँ-बाएँ देखें-यह अलग बात है। वे भारत को तुरन्त मान्यता दे दें और परमाणु अप्रसार संधि (जुलाई 1978) में संशोधन करके भारत को छठी परमाणु शक्ति घोषित कर दें और सीटीबीटी में भी उसका दर्जा अन्यों से अलग मान लें तो यह अजूबा ही होगा। चीन को बरसों बरस जिन्होंने सुरक्षा परिषद् का सदस्य नहीं बनने दिया और उस गद्दी पर अपने बगलबच्चे ताइवान को बैठाए रहे, वे भारत को एकाएक परमाणु महाशक्ति कैसे मान लेंगे ? यही परमाणु सामंतवाद है।

हर सामंत को तकलीफ होती है कि गाँव में उसकी हवेली के मुकाबले दूसरे की हवेली कैसे खड़ी हो गई ? कोई और हवेली खड़ी न हो जाए, इसीलिए परमाणु-अप्रसार संधि रची गई। पाँचों महाशक्तियाँ चाहे जितने परीक्षण करें, चाहे जितने हथियार बनाएँ उन्हें इस संधि ने पूरी छूट दी है लेकिन लगभग एक दर्जन राष्ट्र, दहलीज शक्तियाँ जो परमाणु हथियार बना सकती हैं, उनके हाथ-पाँव बाँध दिए। इसीलिए मोरारजी देसाई की निरस्त्रीकरणवादी सरकार ने भी इस संधि का डटकर विरोध किया। अपना विकल्प खुला रखा। इस बीच परमाणु राष्ट्रों ने जमकर परीक्षण किए और परमाणु हथियार बनाए। यह सामंती निर्लज्जता 1996 तक चलती रही। अब तक अमेरिका ने 1032, रूस ने 715, फ्रांस ने 210, ब्रिटेन ने 45 और चीन ने 44 परमाणु परीक्षण किए। इन पाँचों राष्ट्रों के पास 10 हजार से भी अधिक परमाणु शस्त्रास्त्र हैं।

पोकरण-दो ने इस परमाणु सामंतवाद को धराशायी कर दिया। अब भारत के साथ-साथ पाकिस्तान, इस्राइल, एराक़, दक्षिण अफ्रीका, जापान, लीब्या, इंडोनेशिया, अर्जेन्टीना जैसे राष्ट्र भी पुरानी महफिल में अपना दावा ठोक सकते हैं या फिर वे अपनी एक अलग नई महफिल खड़ी कर सकते हैं ? लेकिन क्या यह नई परमाणु महफिल भी नए सामंतवाद का निर्माण करेगी ? यदि करेगी तो दुर्भाग्यपूर्ण होगा। अकेले भारत को चाहिए कि वह अब विश्व निरस्त्रीकरण का सच्चा अग्रदूत बने। वह कहे कि अगर सारी दुनिया तय करे कि परमाणु हथियार खत्म किए जाएँ तो वह पहला देश होगा, जो अपने हथियारों को समुद्र में दफना देगा। वह अपना उदाहरण

स्वयं बनेगा। वह पाँचों महाशक्तियों की तरह ढोंग नहीं करेगा। दूसरों पर खाली-पीली उपदेश नहीं झाड़ेगा। उपदेश तो भारत भी करता रहा है लेकिन अब तक उसकी कोई कीमत नहीं थी। यह वैसा ही था जैसा कि कोई लकवाग्रस्त व्यक्ति ओलम्पिक दौड़ का महिमा गान करे। अब भारत के पास बम है यानी सम्पूर्ण गुटनिरपेक्ष समूह के पास बम है। अब तक दुनिया के लगभग डेढ़ सौ राष्ट्र जो मूक बधिरों की तरह हाँ में हाँ मिलाते रहते थे, भारत ने उनके मुँह में ज़ुबान पैदा कर दी है। अब वे एक साथ माँग कर सकते हैं कि नवम्बर 1959 के संयुक्त राष्ट्र महासभा प्रस्ताव पर अमल किया जाए।

क्या था, यह प्रस्ताव ? दो शब्द थे, इसमें प्रमुख ! व्यापक और सम्पूर्ण ! व्यापक का मतलब है, निरस्त्रीकरण सभी राष्ट्रों पर लागू होगा। कोई भी अपवाद नहीं होगा। उस समय की दोनों महाशक्तियाँ भी नहीं। अमेरिका भी नहीं, रूस भी नहीं। और सम्पूर्ण का मतलब सिर्फ परमाणु हथियार ही नहीं, सभी प्रकार के हथियार। राष्ट्रों के पास केवल वे ही हथियार बने रहेंगे, जो राष्ट्र की आंतरिक व्यवस्था और शान्ति के लिए ज़रूरी हों और संयुक्त राष्ट्र की शान्ति सेना के काम आएँ। पाँचों महाशक्तियों ने क्या बार-बार इस प्रस्ताव की हत्या नहीं की है ? हर अन्तरराष्ट्रीय संधि इसी हिसाब से बनाई गई है कि पाँचों के हथियार सही-सलामत रहें और वे चाहें तो उनकी संख्या बढ़ाते जाएँ। जब-जब भारत जैसे राष्ट्रों ने पूर्ण निरस्त्रीकरण की बात कही, पाँचों महाशक्तियों ने ही नहीं, उनके बगलबच्चों-जापान, जर्मनी, केनाडा, आस्ट्रेलिया, स्वीडन आदि देशों ने भी भारत का मजाक उड़ाया। वे अपने आका राष्ट्रों के परमाणु एकाधिकार का निर्लज्जतापूर्वक समर्थन करते रहे। दूसरे शब्दों में दुनिया को मौत के कुएँ में ढकेलने की वकालत वे बराबर करते रहे। आज ये ही राष्ट्र भारत के विरुद्ध गला फाड़ रहे हैं और दूसरी तरफ अमेरिका की विश्वव्यापी परमाणु युद्ध की शतरंज के मोहरे बने हुए हैं। भारत ने किसी कानून का उल्लंघन भी नहीं किया है। सिर्फ अपनी सम्प्रभुता को प्रकट भर किया है।

बजाय इसके कि भारत अपने बचाव में दबी ज़ुबान से हकलाता रहे, उसे अब सभी गुटनिरपेक्ष राष्ट्रों से अनुरोध करना चाहिए कि वे भारत के परमाणु बम को विश्व शान्ति का ब्रह्मास्त्र बना दें। वे महाशक्तियों से कहे कि तुम अपने हथियार खत्म करो, वरना हम भी बम बनाएँगे। अगर पाकिस्तान बम बना लेगा तो न केवल भारत और पाकिस्तान के मामले जरा जल्द सुलझेंगे बल्कि तीसरी दुनिया के अन्य देश, दहलीज राष्ट्र, भी परमाणु शक्तियों को आँखें दिखाने लगेंगे। तभी डर के मारे महाशक्तियाँ सच्चे निरस्त्रीकरण के मार्ग पर पहली बार कदम रखेंगी।

इस व्यापक और सम्पूर्ण निरस्त्रीकरण पर नेहरू इस कदर फिदा थे कि उन्होंने विश्व को वचन दिया था कि चाहे जो हो, भारत कभी भी परमाणु अस्त्र नहीं बनाएगा। यही वचन अब वाजपेयी 40 साल बाद फिर दे सकते हैं। पहले उन्होंने इंदिरा का अधूरा काम पूरा किया, अब वे नेहरू का करें। वे एनपीटी और सीटीबीटी

जैसी घिसी-पिटी संधियों को रद्द करवाएँ और उनकी जगह सच्चे निरस्त्रीकरण की नई संधि का सूत्रपात करें। महाशक्तियों को विश्व नैतिकता का नया पाठ पढ़ाएँ।

महाशक्तियों के गुट में फूट पड़ गई है। रूस, फ्रांस और ब्रिटेन कोई प्रतिबन्ध नहीं लगा रहे। ग्रुप-8 बस निन्दा से ही संतुष्ट हैं। अमेरिका भी गुस्से से पागल नहीं हुआ। जरा सँभलकर जुबान चला रहा है। वह जानता है, वेश्या के मुँह से ब्रह्मचर्य का उपदेश शोभा नहीं देता है। लेकिन बड़े मियाँ तो बड़े मियाँ, छोटे मियाँ सुभानअल्ला। छोटे मियाँ (जापान और जर्मनी आदि) जलन के मारे मरे जा रहे हैं। वे खिसिया गए हैं कि वे भारत से ज्यादा ताकतवर हैं, लेकिन जब उन्होंने बम नहीं बनाया तो भारत ने क्यों बना लिया ? तीसरी दुनिया के देश खुश हैं या चुप हैं। उनकी बिरादरी के पास आया बम उन्हें सिर ऊँचा करने का मौका दे रहा है। काहिरा के ग्रुप-15 सम्मेलन में 11 मई को इसलिए खुशी की लहर दौड़ गई थी।

पाकिस्तान की झल्लाहट इसलिए बढ़ गई है कि भारत ने नहले पर दहला मार दिया है। 'गौरी' पर 'शक्ति' भारी पड़ गई। उलट पराकाष्ठा हो गई। पाकिस्तान प्रतिबन्धों का सबसे बड़ा वकील बन गया है। वह अपने पाँव पर कुल्हाड़ी मार रहा है। कल जब वह बम बनाएगा तो क्या आज का थूका हुआ उसे चाटना नहीं पड़ेगा ? कम से कम अब तो वह स्वतन्त्र राष्ट्र की तरह बर्ताव करे। क्या उसे याद नहीं कि चीन के पहले विस्फोट पर उसके विदेश मंत्री आगा शाही ने पेइचिंग में कैसा ढोल बजाया था ?

चीन भी शायद 1964 भूल गया। उसे याद नहीं कि उसके पहले विस्फोट के समय परमाणु महाशक्तियाँ कैसे बौखलाई थीं और माओ ने कैसे मुँहतोड़ जवाब दिए थे। सोवियत संघ ने चीनी परीक्षण के कई साल पहले ही सारी सहायता समाप्त कर दी थी। फिर भी चीन डटा रहा। भारत क्यों नहीं डटेगा ? अमेरिकी और जापानी सहायता तो ऊँट के मुँह में जीरे के बराबर है। 14 हजार 500 अरब रुपए की अर्थव्यवस्था में एक सौ अरब का क्या महत्त्व है ? एक प्रतिशत भी नहीं। कोई भी अन्तरराष्ट्रीय सहायता निस्वार्थ नहीं होती। जितना भारत का नुकसान होगा, उससे ज्यादा देनेवाले देशों का होगा। बड़ा फायदा यह है कि भारत के करोड़ों लोग अपना माथा ऊँचा रख सकेंगे और अपनी कमर कसना सीखेंगे।

सीटीबीटी : भारत और पाक संयुक्त पहल करें

पाकिस्तान ने जब से परमाणु विस्फोट किया है, उसमें एक नए आत्मविश्वास का संचार हो गया है। वह मानता है कि सुरक्षा की दृष्टि से वह भारत के मुकाबले कमजोर नहीं रह गया है। वे दिन गए, जब भारत के विरुद्ध पारम्परिक सैन्य सन्तुलन बनाने के लिए उसे पश्चिमी महाशक्तियों की शरण में जाना पड़ता था। पाकिस्तान में एक तरफ एक नया आत्मविश्वास है, दूसरी तरफ वहाँ समूल नाश के खतरे का अहसास भी है। यह आत्मविश्वास और यह अहसास ऐसा माहौल पैदा कर रहा है कि उसके आधार पर भारत और पाकिस्तान चाहें तो संयुक्त परमाणु-रणनीति बना सकते हैं और सारी दुनिया को सच्चे निरस्त्रीकरण का रास्ता सुझा सकते हैं लेकिन रास्ते की सबसे बड़ी बाधा है–अमेरिकी दबाव। पाकिस्तान तो पहले से ही दबा हुआ है, अब अमेरिका भारत को भी जमकर दबाने की कोशिश कर रहा है।

अगर भारत की कोशिश यह है कि बातचीत के नाम पर अमेरिका को बुद्धू बनाते रहें और दूसरी तरफ अपनी परमाणु तैयारी जारी रखें तो यह पैंतरा तो समझ में आता है लेकिन अगर भारत सरकार समग्र परीक्षण प्रतिबन्ध संधि (सीटीबीटी) पर हस्ताक्षर करने के बहाने खोज रही है तो मानना पड़ेगा कि राष्ट्रवादी सरकार चतुराई की मृग-मरीचिका में फँस गई है। अमेरिका को बुद्धू बनाना आसान है लेकिन बुद्धूपन का बोध होने पर अमेरिका जब पलटकर वार करेगा तो उसको झेलना आसान नहीं होगा। हमारी चतुराई हमें कहीं महँगी न पड़े ?

जसवंत-टालबोट वार्ता के आखिरी दौर ने बहुत-सी शंकाएँ उत्पन्न कर दी हैं। आठवें दौर की समाप्ति पर जारी किए गए वक्तव्य में कहा गया कि अब भारत और अमेरिका के बीच सिर्फ चार मुद्दे रह गए हैं। एक तो सीटीबीटी; दूसरा, भारत की सुरक्षा के लिए आवश्यक परमाणु-अस्त्रों की न्यूनतम संख्या का निर्धारण; तीसरा, भारत द्वारा परमाणु सामग्री के निर्यात पर नियंत्रण और चौथा, विखंडनीय सामग्री प्रतिबन्ध संधि। दोनों पक्षों ने इन मुद्दों पर मतभेद समाप्त करने और 'अनुकूल वातावरण' तैयार करने का संकल्प व्यक्त किया है।

'अनुकूल वातावरण' का क्या मतलब है ? क्या इसका मतलब यही है कि वाजपेयी सरकार भारत के सभी दलों को पटाएगी ? सीटीबीटी पर हस्ताक्षर के लिए सर्वानुमति तैयार करवाएगी ? अमेरिकी प्रतिनिधिमंडल सोनिया गांधी से शायद इसीलिए मिला था कि प्रमुख विपक्षी दल, कांग्रेस को भी वह संधि के पक्ष में झुका

सके लेकिन हमें यह नहीं भूलना चाहिए कि कांग्रेस पार्टी की सभी सरकारों ने न केवल इस संधि का, बल्कि इस तरह की सभी संधियों का डटकर विरोध किया है।

अप्रैल 1954 में नेहरू ने संयुक्त राष्ट्र महासभा में जब परमाणु-परीक्षणों पर प्रतिबन्ध के एक 'तुरत-फुरत समझौते' की बात कही थी तो उन्होंने 'सभी प्रकार' के परीक्षणों पर प्रतिबन्ध लगाने की माँग की थी। 1963 में पीटीबीटी (आंशिक परीक्षण प्रतिबन्ध संधि) पर हस्ताक्षर करते हुए नेहरू सरकार ने इस बात पर अफसोस जाहिर किया था कि उस संधि के बाद भी परमाणु परीक्षण पूरी तरह रुकेंगे नहीं, जमीन के नीचे हुआ करेंगे। 1968 में जब एनपीटी (परमाणु अप्रसार संधि) सम्पन्न हुई तो इंदिरा सरकार ने न केवल उस पर दस्तखत ही नहीं किए बल्कि उसके विरुद्ध सारी दुनिया में जिहाद छेड़ दिया। परमाणु सामंतवाद के विरुद्ध भारत ने तर्कों का तूफान खड़ा कर दिया। 1993 में जब सीटीबीटी की बात चली तो भारत ने उसका समर्थन जरूर किया, यह समझकर कि इस संधि से वे परमाणु हथियार खत्म होंगे, जो पहले से बने हुए हैं और भविष्य में नहीं बनेंगे लेकिन कुछ माह चली संधि-प्रक्रिया से यह स्पष्ट हो गया कि महाशक्तियों ने भारत के विश्व-निरस्त्रीकरण के इरादों पर पानी फेर दिया है और आपस की गुपचुप बातचीत के जरिए एक ऐसी संधि खड़ी कर ली है, जो परमाणु हथियार सम्पन्न राष्ट्रों को परमाणु-परीक्षणों की खुली छूट देगी और परमाणु हथियार विहीन राष्ट्रों को सदा के लिए विकलांग बनाकर छोड़ देगी। इसीलिए कांग्रेसी विदेश मंत्री प्रणव मुखर्जी ने सितम्बर 1995 में महासभा में सीटीबीटी की कमियाँ बताते हुए स्पष्ट कहा कि एनपीटी ने पहले ही परमाणु सम्पन्न राष्ट्रों को परमाणु हथियार जमा करने और बढ़ाने का लाइसेंस दे रखा है। 'ऐसी स्थिति में सीटीबीटी अगर निश्चित समय-सीमा में परमाणु हथियारों को खत्म करने का कानूनी प्रावधान नहीं करती' तो भारत उस पर दस्तखत कैसे करेगा?

देवेगौड़ा सरकार के विदेश मंत्री इन्द्रकुमार गुजराल ने 26 अगस्त, 1996 को संसद में इस संधि की कड़ी आलोचना की और उसे हस्ताक्षर करने योग्य नहीं माना। देवेगौड़ा सरकार ने आखिरकार दो-टूक निर्णय किया। उसने भारत को इस संधि वार्ता से पृथक कर लिया। अमेरिका इस मूर्च्छित संधि को जिनीवा से उठाकर न्यूयॉर्क ले गया। संयुक्त राष्ट्र महासभा ने हस्ताक्षर का प्रस्ताव पारित करके उसमें पुनर्प्राण-प्रतिष्ठा की। संधि ठप्प नहीं हुई लेकिन भारत ने उसे जबर्दस्त झटका दे दिया। सम्पूर्ण विश्व द्वारा किए जा रहे अन्याय के विरुद्ध एक अकेला राष्ट्र क्या कर सकता है, यह भारत ने बता दिया। इस साहसिक निर्णय के तीन आधार थे। एक तो यह संधि पहले से विद्यमान परमाणु हथियारों को समाप्त करने का कोई समयबद्ध कार्यक्रम नहीं सुझाती। दूसरा, यह संधि परमाणु सम्पन्न राष्ट्रों को यह छूट देती है कि वे अपनी प्रयोगशालाओं में चाहे जितने परीक्षण करें और पहले से भी अधिक खतरनाक हथियार बनाते चले जाएँ। तीसरा, संधि लागू करने के प्रावधान में ऐसी तिकड़म भिड़ाई गई कि भारत को दस्तखत करने के लिए मजबूर होना पड़े। भारत यदि दस्तखत नहीं

करेगा तो यह संधि लागू ही नहीं होगी, इस प्रावधान के आते ही भारत ने इस संधि से हाथ धो लिए। जिनीवा के निरस्त्रीकरण सम्मेलन में भारत की प्रतिनिधि सुश्री अरुंधती घोष के मुँह से एक महाघोष उच्चरित हुआ। इस संधि पर भारत 'न तो अभी, न कभी' हस्ताक्षर करेगा। प्रधानमंत्री के तौर पर श्री गुजराल ने इस संधि की भर्त्सना की और कहा कि 'यह ढोंग' है।

महाशक्तियों को यह पता था कि जिस भारत ने एनपीटी की धज्जियाँ उड़ा दीं, वह सीटीबीटी को छूने तक के लिए तैयार नहीं होगा। भारत को उस समय ही समझ जाना चाहिए था कि सीटीबीटी की व्यूह-रचना भारत को घेरने के लिए ही की गई है। अब से लगभग 30 साल पहले एनपीटी सम्पन्न होने के बाद सिर्फ तीन राष्ट्रों से खतरा रह गया था। ये थे–भारत, पाकिस्तान और इस्राइल। इन तीनों ने ही दस्तखत नहीं किए थे। लेकिन अकेले भारत ने ही एनपीटी के विरुद्ध अभियान चलाया था। पश्चिमी राष्ट्र सबसे ज्यादा सशंकित भारत से ही थे। इस्राइल की चिन्ता उन्हें इसलिए नहीं थी कि अब पश्चिम एशिया में इस्राइल का बम के लायक कोई दुश्मन नहीं रहा और यों भी अमेरिका की परमाणु छतरी उस पर सदा तनी रह सकती थी। जहाँ तक पाकिस्तान का सवाल है, वह अमेरिका का बगलबच्चा है। इसके अलावा धारणा यह थी कि वह बम तभी बनाएगा जबकि भारत बनाएगा। यदि भारत नहीं बनाएगा तो वह भी नहीं बनाएगा। यानी असली खतरा भारत से था। यदि भारत के हाथ-पाँव बाँधे जा सकते तो पाँचों परमाणु-सम्पन्न राष्ट्रों का परमाणु एकाधिकार अक्षुण्ण रह सकता था। इसीलिए किलेबंदी इस तरह की गई कि उन 44 राष्ट्रों की सूची में भारत भी आ गया, जिनके हस्ताक्षर के बिना यह संधि लागू ही नहीं हो सकती। यानी भारत को हस्ताक्षर के लिए बाध्य किया जा रहा है। भारत हस्ताक्षर नहीं करेगा तो ठीकरा भारत के माथे ही फोड़ा जाएगा। कहा जाएगा भारत ने ही संधि भंग करवाई है। क्या यह जबरन संधि नहीं है ? क्या यह पारम्परिक अन्तरराष्ट्रीय कानून का उल्लंघन नहीं है ?

भारत का बम फटते ही इस जबरन संधि का तम्बू उखड़ गया। भारत ने प्रयोगशाला में नहीं, पोखरनशाला में बम फोड़ा। अपनी सम्प्रभुता का शंखनाद किया। तीसरी दुनिया का माथा ऊँचा किया लेकिन जसवंत-टालबोट वार्ता ने रहस्य का एक नया चन्दोवा तान दिया है। पता नहीं कुल्हड़ में कौन-सा गुड़ फूट रहा है ? किसकी दाल गल रही है ? वाजपेयी सरकार को हमने कहा था कि वह 'एनपीटी' और 'सीटीबीटी' जैसी घिसी-पिटी संधियों को रद्द करवाए और उनकी जगह सच्चे निरस्त्रीकरण की नई संधि का सूत्रपात करे लेकिन वह ऐसा कुछ नहीं कर पाई। वाजपेयी सरकार चाहती तो समस्त दहलीज़ राष्ट्रों (थ्रेशोल्ड पॉवर्स) की बैठक बुलाती और उनसे कहती कि आओ, हम सब मिलकर पाँचों परमाणु दादाओं पर दबाव डालें कि वे अपने परमाणु हथियारों के भंडार खत्म करने का टाइम-टेबल बनाएँ। कोई नई पहल करने की बजाय इस सरकार ने भारत को बड़ी दयनीय दशा में फँसा दिया है।

हमारा सुझाव था कि बम-विस्फोट करते ही भारत को पाकिस्तान और चीन से सीधी बात करनी चाहिए थी लेकिन किया उसने उलटा ही। वह अमेरिकी राष्ट्रपति को सफाई देने लगी। हमारे प्रधानमंत्री ने क्लिंटन को लिखा कि भारत ने बम इसलिए बनाया कि उसे चीन और पाकिस्तान से खतरा है। चीन और पाक के विरुद्ध कई खौफनाक बयान भी आ गए। दूसरे शब्दों में इस सरकार के राजनैतिक कैशोर्य ने पाकिस्तान को उकसाया कि वह भी बम बनाए। यदि उस समय दिल्ली में कोई परिपक्व सरकार होती तो वह सबसे पहले पाकिस्तान को पटाती। या तो बम बनने ही नहीं देती या उससे कहती कि हमारे पास भी बम है और तुम्हारे पास भी बम है। आओ, अब हम मिलकर महाशक्तियों का मुकाबला करें। इस पृथ्वी को परमाणु हथियारों से मुक्त करें। सीटीबीटी को घीसीपीटी घोषित करें। उसे दोनों मिलकर रद्द करें। विश्व शान्ति के लिए नई संधि रचें। लेकिन इसके विपरीत एक महान राष्ट्र के नाते महान कदम उठाने के बजाय भारत अपने 50 साल पुराने पाकिस्तान के कुएँ में ही चक्कर लगाता रहा। नतीजा क्या हुआ ? एक तो बमधारी होने के कारण छोटा-सा पाकिस्तान सामरिक दृष्टि से भारत के बराबर हो गया। दूसरा, अमेरिका के हाथ में हमने अपनी पूँछ दे दी है। वह उसे मरोड़े जा रहा है।

अमेरिका के विदेश उपमंत्री की हिमाकत देखिए कि वह भारत के विदेश मंत्री से पूछ रहे हैं कि बताइए भारत को अपनी रक्षा के लिए कम से कम कितने बम चाहिए। आपका मिनिमम डिटरेंट क्या है ? भारत के विदेश मंत्री उनसे यह पूछने की हिम्मत भी नहीं कर सकते कि बताइए, अमेरिका को अपनी रक्षा के लिए ज्यादा से ज्यादा कितने बम चाहिए ? आपका 'मेक्सीमम डिटरेंट' क्या है ? जिस राष्ट्र में समूची दुनिया को सैकड़ों बार नष्ट करने की क्षमता है और जिस राष्ट्र ने हर संधि ऐसी लिखवाई है कि उसकी प्रलयंकारी क्षमता का कोई बाल भी बाँका नहीं कर सकता, वह भारत पर उपदेश झाड़ रहा है कि आप अपने परमाणु कार्यक्रम पर 'ढक्कन लगाइए', अपने परमाणु-बिस्तर को 'वापस लपेटिए' और परमाणु ब्रह्मचर्य का परिचय दीजिए। क्या दो सम्प्रभु राष्ट्रों के बीच बातचीत का तरीका यही होता है ? दुर्भाग्य है कि जिस बम के कारण वाजपेयी सरकार भारतीय सम्प्रभुता की उन्नायक कहलाई थी, क्या उसी बम के कारण वह भारत के गौरव की ध्वंसकर्ता बनना चाहती है ? हमारे वैज्ञानिकों की महान उपलब्धि को क्या हमारे नेता सेंत-मेंत में लुटा देंगे ? यह कैसी विडम्बना है कि नरसिंहराव, देवेगौड़ा और गुजराल सरकार ने जिस सीटीबीटी के सवाल पर घुटने नहीं टेके, उस पर श्री वाजपेयी की बमधारी राष्ट्रवादी सरकार साष्टांग दण्डवत की मुद्रा में आ गई है।

भारत-पाक परमाणु-एका : नए विश्व की नींव

भारत और पाकिस्तान बस चलाएँ, रेल चलाएँ, हवाई जहाज चलाएँ, यह सब तो जरूरी है ही लेकिन इन सबसे भी ज्यादा जरूरी है दोनों मिलकर परमाणु खतरे का मुकाबला करने के लिए संयुक्त पहल करें। एक-दूसरे के परमाणु बमों से जितना खतरा भारत और पाकिस्तान को है, उतना बड़ा अमेरिका और रूस को भी नहीं है। उन्हें खत्म होने के लिए आधे घंटे का समय मिल सकता है, हमें खत्म होने के लिए पाँच मिनट भी नहीं मिलेंगे। ऐसे में भारत और पाकिस्तान बस-यात्रा दिवस के दिन अगर एक पारस्परिक सुरक्षा संधि तैयार करने की घोषणा करें तो प्रधानमंत्री की बस-यात्रा में चार चाँद लग जाएँगे। यह बस-यात्रा चाँद-यात्रा से भी बड़ी मानी जाएगी।

यदि परमाणु प्रश्न पर भारत-पाक एक हो जाएँ तो अमेरिकी दबाव के आगे झुकने की मजबूरी से दोनों राष्ट्र बरी हो जाएँगे। भारत ही नहीं, पाकिस्तान भी सीटीबीटी पर हस्ताक्षर करने के लिए विवश नहीं होगा। यह खुशी की बात है कि भारत सरकार के कुछ महत्त्वपूर्ण घटक और खुद भाजपा के कुछ विचारवान नेता सीटीबीटी पर दस्तखत करने के पक्ष में नहीं हैं। जनता दल और मार्क्सवादी कम्युनिस्ट पार्टी भी उसके विरुद्ध है। ऐसे में वाजपेयी सरकार के दुश्मन यह जरूर चाहेंगे कि सितम्बर 1999 (संधि लागू होने की अन्तिम अवधि) के काफी पहले ही भारत उस पर हस्ताक्षर कर दे ताकि वाजपेयी सरकार के माथे पर 'राष्ट्रद्रोही' का बिल्ला चिपकाया जा सके और भाजपा को 'राष्ट्रद्रोही' अनन्तकालीन कलंक से मंडित किया जा सके। इसीलिए कांग्रेस साफ छुपती भी नहीं और सामने आती भी नहीं। वह चाहती है कि भाजपा-सरकार अपनी गर्दन फाँसी के इस फंदे में खुद ही फँसा ले और लटक जाए। भाजपा सरकार क्या इसी समर्थन का तकिया लगाए बैठी है ? क्या वाजपेयी सरकार कछुए की पीठ पर सैर का सपना देख रही है ? न सिर्फ सरकार बल्कि देश को भी बचाने के लिए यह जरूरी है कि संसद की पुष्टि के बिना इस संधि पर हस्ताक्षर नहीं किए जाएँ।

इस सरकार को उन रक्षा-विशेषज्ञों से सावधान रहना होगा, जो कहते हैं कि बम के पहले सीटीबीटी पर दस्तखत गलत थे और अब बम के बाद ठीक हैं। वे तो ऐसा कहेंगे ही। उनका क्या दोष है ? उनकी दृष्टि केवल भारत की सुरक्षा तक सीमित है। वे चीन और पाकिस्तान के आगे देख नहीं सकते। चीन के साथ शान्तिपूर्वक रहते

हुए अब चार दशक पूरे होने को हैं और छोटे-से पाकिस्तान के लिए क्या भारत की पारम्परिक फौजें काफी नहीं थीं ? दोनों राष्ट्रों से ऐसा कौन-सा तात्कालिक खतरा उत्पन्न हो गया था कि भारत को बम बनाने के लिए मजबूर होना पड़ा ?

वास्तव में भारत का बम महाशक्तियों के 'परमाणु सामंतवाद' को चुनौती देने के लिए बना है। यदि भारत को महाशक्ति बनना है तो क्या वह छह-सात बमों से बन जाएगा ? क्या चिंदियाँ इकट्ठी करके कोई बजाज बन सकता है ? या तो भारत के पास सैकड़ों परमाणु प्रक्षेपास्त्र होने चाहिए, अन्य महाशक्तियों की तरह, या फिर उसे परमाणु-शून्य विश्व का पुरोधा होना चाहिए। गांधी, नेहरू और लोहिया के सपनों का विश्व आखिर कौन बनाएगा ? रक्षा-विशेषज्ञ क्या अपनी नाक के आगे देखने की कृपा करेंगे ? क्या वे पूर्ण निरस्त्रीकरण का नेहरू का संकल्प भूल चुके हैं ? उन्हें 1988 का राजीव-प्रस्ताव याद नहीं है। वे निहत्थी तीसरी दुनिया के बारे में अपनी कोई जिम्मेदारी नहीं मानते। वे यथास्थितिवाद की मृग-मरीचिका में फँस गए हैं। इस खूनी दुनिया को बदलने में उनकी कोई रुचि नहीं है।

वे सोचते हैं कि परमाणु-दादाओं की तरह भारत भी प्रयोगशाला-विस्फोटों के जरिए नए-नए परमाणु-हथियार बना सकता है। इससे संधि का उल्लंघन भी नहीं होगा और भारत ताकतवर भी होता चला जाएगा। एनपीटी पर हस्ताक्षर किए बिना ही उसे परमाणु-सम्पन्न राष्ट्र का दर्जा मिल जाएगा यानी भारत चोर-दरवाजे से परमाणु-शक्ति बना रह सकता है। वे चाहते हैं, तीसरी दुनिया के देशों के साथ भारत भी वही बर्ताव करे, जो पाँचों महाशक्तियाँ करती आ रही हैं। उनका तर्क है कि अब खुद उसके पास बम हो गया है। अब वह परमाणु एकाधिकार की निन्दा क्यों करे ? बम बनाकर उसने महाशक्तियों को नाराज कर दिया है। सीटीबीटी पर दस्तखत करके वह उन्हें खुश क्यों नहीं कर देता ? इन विशेषज्ञों से कोई पूछे कि भारत ने यह बम क्या महाशक्तियों की खुशामद करने के लिए बनाया है ? वह यह भी बताएँ कि एनपीटी पर दस्तखत किए बिना सीटीबीटी पर दस्तखत करने का अर्थ क्या है ?

भारत और पाकिस्तान दोनों ही सीटीबीटी पर किस हैसियत में दस्तखत करेंगे ? बमधारी राष्ट्र के रूप में या बमविहीन राष्ट्र के रूप में ? जब सीटीबीटी इन दोनों राष्ट्रों के परमाणु दर्जे को स्वीकार करने को तैयार नहीं है तो ये दोनों राष्ट्र आँख मींचकर सीटीबीटी को क्यों स्वीकार करें ? पोकरण और चाघी विस्फोटों के बाद दुनिया बदल चुकी है। यदि सीटीबीटी खुद को नहीं बदलेगी तो वह अपने आप रद्द हो जाएगी लेकिन मैं चाहता हूँ कि इसे रद्द करने की पहल भारत और पाकिस्तान करें।

भारत ने बम बनाया है, कोई चोरी नहीं की है। उसे चोर-दरवाजे इस्तेमाल करने के लिए मजबूर क्यों किया जा रहा है ? चोर-दरवाजा इस्तेमाल करनेवाला क्या तीसरी दुनिया का नेता बन सकता है ? क्या वह दुनिया को विश्व शान्ति की राह दिखा सकता है ? क्या उसे कोई सुरक्षा परिषद् का स्थायी सदस्य बनाएगा ? क्या उसे

कभी वीटो का अधिकार मिलेगा ? क्या विश्व की अन्यायकारी व्यवस्था को बदलने में वह कोई कानूनी भूमिका निभा सकेगा ? यह अजीब बात है कि अमेरिका तथा अन्य महाशक्तियाँ भारत को वास्तविक परमाणु-सम्पन्न राष्ट्र मानने को तैयार हैं, लेकिन कानूनी दर्जा देने को नहीं। क्यों नहीं ? क्या वे महारानी को रखैल बनाकर रखना चाहते हैं ? रखैल-पद पर ही हमारे विशेषज्ञ रीझे जा रहे हैं।

इन रक्षा-विशेषज्ञों के पास इस प्रश्न का कोई उत्तर नहीं है कि भारत अगर हस्ताक्षर नहीं करेगा तो क्या होगा ? भारत को क्या नुकसान होगा और दुनिया को क्या होगा ? अमेरिकी प्रतिबन्ध गीदड़भभकी के अलावा क्या है ? इस तरह के प्रतिबन्ध उसने दर्जनों देशों पर लगा रखे हैं। जब क्यूबा, ईरान, एराक़, लीब्या, म्यांमार जैसे छोटे-छोटे-से देश इन गीदड़भभकियों से नहीं डरते तो भारत को कँपकँपी क्यों चढ़ रही है ? यह मान लें कि अमेरिकी प्रतिबन्धों की कुल राशि अगर बीस अरब डॉलर भी है तो 15 हजार अरब रुपए की अर्थव्यवस्था पर उसका क्या असर पड़ना है और अगर असर भारत पर पड़ेगा तो क्या अमेरिका पर नहीं पड़ेगा ? 20 करोड़ मध्यवर्गीय उपभोक्ताओं के भारतीय बाजार पर अमेरिकी पूँजीपति यूँ भी लार टपका रहे हैं। जो जगह अमेरिकी प्रतिबन्धों से खाली होगी, उसे यूरोपीय देश लपककर भर देंगे। इन प्रतिबन्धों का पाकिस्तानी अर्थव्यवस्था पर कमरतोड़ असर जरूर पड़ रहा है। लेकिन क्या अमेरिका पाकिस्तान की कमर टूटने देगा ? पाकिस्तानी अर्थव्यवस्था को बचाने के लिए अमेरिका जब ढील देगा तो वह भारत को दरकिनार कैसे कर पाएगा ? इसके अलावा यदि भारत और पाकिस्तान में सुरक्षा-सहकार हो जाए तो दोनों की आर्थिक स्थिति इतनी सुदृढ़ हो जाएगी कि अमेरिकी प्रतिबन्ध ऊँट के मुँह में जीरे की तरह रह जाएँगे। जहाँ तक भारत का सवाल है, क्या वह चाँदी के चन्द टुकड़ों के लिए अपनी सम्प्रभुता के शंखनाद को अमेरिका की विरुदावलि में बदल देगा ? यह दुर्भाग्य है कि जिस भारतीय बम को शान्ति का ब्रह्मास्त्र बनाया जा सकता था, उसका इस्तेमाल अमेरिकी जूठन को बटोरनेवाली झाड़ू की तरह किया जा रहा है।

जहाँ तक दुनिया का सवाल है, दुनिया से कहा जाना चाहिए कि आपको यह संधि मुबारक ! आप उसे सम्पन्न कीजिए। भारत को बख्शिए। यदि भारत ने दस्तखत नहीं किए तो क्या प्रलय हो जाएगा ? कुछ नहीं होगा। संधि की धारा 14 में साफ कहा गया है कि उस स्थिति में सभी हस्ताक्षरकर्ता देश फिर से मिलेंगे और बहिष्कारवादियों से निबटने की तरकीब सोचेंगे। हो सकता है कि नई परिस्थिति में नई संधि की रचना हो। जब 1996 में भारत सरकार ने संधिवादियों को जिनीवा में पटकनी मारी तो वे न्यूयॉर्क चले गए। 1996 में भारत ने संधि के विरुद्ध अंगद का पाँव अड़ा दिया। जिनीवा सम्मेलन में संधि का प्रस्ताव पेश नहीं हो सका तो महाशक्तियों को मजबूर होकर उसे संयुक्त राष्ट्र महासभा में पेश करवाना पड़ा। अब 1999 में भी वे निश्चय ही नया रास्ता खोल लेंगे। यह संधि महाशक्तियों के निहित

स्वार्थ का सुदृढ़ कवच है। वे इसे पूरी तरह टूटने नहीं देंगे, वे आखिरकार इसे लचीला बनाएँगे। वे भारत और पाकिस्तान की बमधारी हैसियत को कानूनी दर्जा देंगे, चाहे घुमा-फिराकर ही दें। इसमें घबराने की क्या बात है?

यह भी सम्भव है कि इस भेदभावकारी संधि का अन्त अमेरिका और रूस के हाथों ही हो। क्या हमें याद नहीं कि 'लीग ऑफ नेशन्स' के जन्मदाता अमेरिकी राष्ट्रपति वुडरो विल्सन ही थे लेकिन अमेरिकी सीनेट और रूसी दूमा ने अभी तक सीटीबीटी का भी पुष्टिकरण नहीं किया है। क्या पता उत्तर कोरिया ही अड़ जाए और वह अकेला ही संधि को ढहा दे? क्या यह गौर करने लायक बात नहीं कि 44 में से अब तक सिर्फ 11 राष्ट्रों ने ही इस संधि की पुष्टि की है? यह ढाई साल में ढाई कोस भी आगे क्यों नहीं बढ़ी? क्या यह आश्चर्य की बात नहीं कि जिन राष्ट्रों ने जिनीवा और न्यूयॉर्क में इस संधि का समर्थन किया, उन्होंने तो अभी तक इसकी पुष्टि नहीं की और जिस भारत ने इसका डटकर विरोध किया, उसके मुँह में इसे जबर्दस्ती ठूँसा जा रहा है। सारी दुनिया से कहा जा रहा है कि आप चाहें सितम्बर में करना, हम भारत से मई में ही दस्तखत करा लेंगे। क्या महाशक्तियों ने भारत को हारा हुआ जर्मनी समझ रखा है? क्या वह भारत पर सीटीबीटी को वर्साय की संधि की तरह थोपना चाहती है?

भारत को चाहिए कि वह संधिप्रेमी देशों से कहे कि आपको जो सितम्बर 99 के बाद करना है, आप अभी क्यों नहीं करते? और यदि आप संशोधन अभी करते हों तो पहल भारत करेगा। इस पहल में यदि पाकिस्तान भी साथ दे तो सोने पे सुहागा होगा। दोनों देश कहें कि हम अपने परमाणु शस्त्रास्त्र सबसे पहले खत्म करेंगे बशर्ते कि आप पाँचों परमाणु महाशक्तियाँ अपने हथियार खत्म करने का टाइम-टेबल भी हमें बताएँ, दुनिया को भी बताएँ। इसके अलावा भारत और पाकिस्तान न तो प्रयोगशाला में परीक्षण करेंगे और न ही पोकरणशाला और चाघीशाला में। वे अपनी समस्त परमाणुशालाएँ अन्तरराष्ट्रीय निगरानी के लिए खोल देंगे बशर्ते कि परमाणु पंज प्यारे भी वही करें। यदि ऐसा हो तो विखंडनीय सामग्री प्रतिबन्ध (एफएमसीटी) के लिए किसी अलग संधि की जरूरत ही नहीं पड़ेगी। सारे विश्व को परमाणु शस्त्रास्त्रों से निरापद बनाने के लिए एक ही संधि काफी होगी। यह संधि विश्व राजनीति के इतिहास की सबसे महान संधि मानी जाएगी।

भारत और पाकिस्तान मिलकर पूर्ण निरस्त्रीकरण की यह महान पहल करें तो न सिर्फ दक्षिण एशिया का नक्शा बदल जाएगा बल्कि 21वीं सदी की दुनिया का रूप ही कुछ दूसरा होगा। हथियारों पर खर्च होनेवाले खरबों रुपए दुनिया के भूखों, गरीबों, अशिक्षितों की जिंदगी में नया उजाला भर देंगे लेकिन इतनी महान पहल करने के पहले भारत और पाकिस्तान को पारस्परिक सुरक्षा समझौते पर दस्तखत करने होंगे ताकि दोनों देशों की जनता में परस्पर विश्वास की भावना का संचार हो और महाशक्तियों को भी लगे कि ये दोनों राष्ट्र मिलकर कोरा उपदेश नहीं झाड़ रहे हैं।

जो हमसे करने को कह रहे हैं, वह खुद करके दिखा रहे हैं। महाशक्तियों को यह नहीं लगना चाहिए कि भारत और पाकिस्तान मिलकर कोई अन्तरराष्ट्रीय उद्दंडता का आयोजन कर रहे हैं। वास्तव में दोनों दक्षिण एशियाई राष्ट्रों की यह पहल सम्पन्न महाशक्तियों के लिए भी उतनी ही फायदेमंद होगी, जितनी कि तीसरी दुनिया के गरीब देशों के लिए। भारत-पाक पहल महाशक्तियों के अन्दरूनी सामाजिक-आर्थिक ढाँचे को ही बदलकर रख देगी।

भारत-पाक परमाणु पहल के उक्त सुझाव को पाकिस्तान के लगभग सभी प्रमुख नेताओं और विचारकों ने पसंद किया है, लेकिन उन्हें डर है कि कहीं कश्मीर डूबतखाते में न चला जाए। इस लेखक ने अपने 12 फरवरी से 18 फरवरी 1999 के पाकिस्तान प्रवास के दौरान दो बार प्रधानमंत्री नवाज़ शरीफ, तीन बार पूर्व प्रधानमंत्री श्रीमती बेनज़ीर भुट्टो एवं तत्कालीन तथा अनेक पूर्व पाकिस्तानी विदेश मंत्रियों से विचार-विमर्श किया। भारत की ओर से उन्हें आश्वस्त किया जाना चाहिए कि कश्मीर का उचित हल निकालने के लिए हम उतने ही आतुर हैं, जितने कि वे हैं, बल्कि उनसे ज्यादा हैं। यदि परमाणु-पहल की संयुक्त रणनीति आगे-आगे चलेगी तो बाकी सभी मुद्दे अपने आप पीछे-पीछे चले आएँगे। 52 साल में पहली बार पाकिस्तान को एक सम्प्रभु और स्वायत्त राष्ट्र की तरह बर्ताव करने का मौका मिलेगा। जो राष्ट्र अमेरिकी राष्ट्रपति के पाँच-पाँच टेलीफोन संदेशों की अनदेखी करके बम-विस्फोट कर सकता है, वह बमोत्तर पाकिस्तान की भारत-नीति को अमेरिकी साये से अलग क्यों नहीं कर सकता ? यदि दक्षिण एशिया से अमेरिकी साया हट जाए तो भारत और पाकिस्तान मिलकर शान्ति और सम्पन्नता के नए युग का सूत्रपात कर सकते हैं।

परमाणु सिद्धान्त : भारतीय आत्मा कहाँ है ?

राजनीतिक दलों की बात जाने दें, निष्पक्ष विश्लेषक भी पूछ रहे हैं कि 'ऐसी क्या आन पड़ी थी कि कामचलाऊ सरकार ने इस चुनावी दौर में यह परमाणु सिद्धान्त उछाल दिया ?' इस सवाल पर सरकार मौन है, जबकि उत्तर बहुत ही सटीक हो सकता था। सरकारें ऐसे सवालों पर प्राय: मौन ही रहती हैं, क्योंकि राजनीतिज्ञों के पास न तो बौद्धिक क्षमता होती है और न ही फुरसत कि वे इस तरह के सवालों के जवाब देते फिरें। सिद्धान्तों का निर्माण विशेषज्ञ करते हैं और सवाल विरोधी नेता पूछते हैं। कौन किसे उत्तर दे ? इस जल्दी का उत्तर यह है कि पहले ही सवा साल की देर हो चुकी है अब और देर क्यों की जाए ? अगर राष्ट्रीय सुरक्षा सलाहकार बोर्ड ने सर्वसम्मत प्रारूप तैयार कर लिया तो उसको बहस के लिए मैदान में उतार देने में क्या बुराई है ? मई 1998 में विरोधी दलों का एक आरोप यह भी था कि बम बिना किसी सैद्धान्तिक तैयारी के ही फोड़ दिया गया है। वास्तव में बम बना, उसके पहले ही सिद्धान्त बन जाना चाहिए था, लेकिन देर आयद, दुरुस्त आयद।

और फिर अभी कोई वेदवाक्य तो कहा नहीं गया है। परमाणु सिद्धान्त का यह कच्चा प्रारूप ही है। क्या 'कामचलाऊ सरकार' कोई 'कामचलाऊ प्रारूप' भी पेश नहीं कर सकती ? यह अलग बात है कि भारत के राजनीतिक दल चुनाव में इस बुरी तरह से डूबे हुए हैं कि उनके पास परमाणु सिद्धान्त जैसे गम्भीर मसले पर इस समय सोच-विचार की रत्तीभर भी फुरसत नहीं है। यूँ भी भारत के राजनीतिक दल जब विपक्ष में होते हैं तो उनके पास वैकल्पिक नीति-निर्माण का अकाल-सा पड़ जाता है। ऐसी हालत में वे यह क्यों नहीं कहेंगे कि परमाणु सिद्धान्त प्रतिपादन का ये भी कोई मौका है ? ये बेमौसम बरसात कैसी ? यह सरकार क्या डेढ़-दो महीना इंतजार नहीं कर सकती थी ? कोई उनसे पूछे कि इंतजार से फायदा क्या होता ? खासतौर से ऐसी स्थिति में जबकि भारत और पाकिस्तान, दोनों को अमेरिका प्रतिदिन दबाए जा रहा है कि वे सीटीबीटी पर दस्तखत के लिए तैयार हो जाएँ।

भारत के विरोधी दलों ने परमाणु सिद्धान्त के प्रारूप की लगभग उन्हीं शब्दों में आलोचना की है, जिनमें भारत-विरोधी राष्ट्र कर रहे हैं। यह समझना मुश्किल हो रहा है कि हमारे राजनैतिक दल भारत के विरोधी दल हैं या भारत-विरोधी दल हैं ? मार्क्सवादी कम्युनिस्टों की प्रतिक्रिया तो पाकिस्तान से भी बदतर है। इस कच्चे प्रारूप को गैर-कानूनी, हिंसक और वोट-कबाड़ू कहने की बजाय अगर विरोधी दल

इसकी निर्मम आलोचना करते और नए सुझाव देते तो भारत का भला होता। वे एक ही रट लगाए हुए हैं कि इसे अभी ही क्यों उछाला गया है?

इस समय परमाणु सिद्धान्त का प्रारूप प्रकट कर देने के कई फायदे हैं। सबसे पहला तो यह कि सारी दुनिया में यह संदेश पहुँच जाएगा कि भारत एक सम्प्रभु और स्वायत्त राष्ट्र है। किसी भी समझौते पर उसे दबाया या फुसलाया नहीं जा सकता। दूसरा, या तो सीटीबीटी में आप संशोधन कीजिए या भारत उस पर हस्ताक्षर नहीं करेगा। तीसरा, इस घोषणा ने उस गलती को भी सुधार दिया है जो मई 1998 में प्रधानमंत्री कार्यालय से हो गई थी। परमाणु विस्फोट के बाद क्लिंटन को लिखे पत्र में चीन और पाकिस्तान के खतरे का स्पष्ट उल्लेख किया गया था। इस घोषणा ने इस तरह के देश-विशेष के उल्लेख को पूरी तरह से पोंछ दिया है। चौथा, चुनाव होने तक इस प्रारूप पर भारत में और उसके बाहर इतनी अच्छी बहस हो सकती है कि नई सरकार को शायद ज्यादा मशक्कत न करनी पड़े और उसे कोई एक बना-बनाया सम्पूर्ण सिद्धान्त तैयार मिल जाए। पाँचवाँ, यह अच्छा हुआ कि कच्चे प्रारूप पर प्रतिस्पर्धी परमाणु-राष्ट्रों की पक्की प्रतिक्रिया का हमें पहले ही पता चल गया और फिलहाल उनकी प्रतिक्रिया इसलिए भी सीमित-सी है कि भारत में इस समय कामचलाऊ सरकार है और चुनाव का दौर भी है। अन्तिम और सबसे महत्त्वपूर्ण लाभ यह है कि यह परमाणु-प्रारूप किसी भी ऐसे अचानक खतरे पर चोट करेगा, जो इस 'कामचलाऊ दौर' में पाकिस्तान की तरफ से आ सकता है। डर यह है कि करगिल से खिसियाया हुआ पाकिस्तान कहीं चुनाव के दौरान दुबारा कोई दुस्साहस न कर बैठे!

यूँ तो चुनाव के बाद केन्द्र में जो सरकार बननी है, उसका अंदाज सभी को है लेकिन अगर यह मान लें कि केन्द्र में कोई ऐसी सरकार बनेगी जो बम बनानेवाली सरकार से भिन्न होगी तो क्या यह बेहतर नहीं है कि जिस सरकार ने बम बनाया, वह जाने के पहले सिद्धान्त बनाकर भी जाए? चुनाव के बाद यदि कोई अन्य सरकार बनेगी तो इस अस्थायी सिद्धान्त के आधार पर कोई स्पष्ट और स्थायी सिद्धान्त बनाने में उसे काफी सहायता मिल जाएगी। चुनाव के बाद यदि यही सरकार बनी तो यह कहने की जरूरत नहीं रह जाएगी कि परमाणु सिद्धान्त की प्रस्तुति में बहुत देर हो गई। जितनी देर अब तक हुई, वह क्या कम है?

परमाणु सिद्धान्त के बारे में दूसरी आपत्ति यह है कि इस तरह के किसी सिद्धान्त की जरूरत ही क्या है? हमें जो करना है, सो हम करते रहेंगे। हम दुनिया को यह क्यों बताएँ कि हम परमाणु शक्ति को हथियारों में ढाल रहे हैं और कहाँ-कहाँ पर, कौन-कौन से हथियार, किस-किस रूप में तैनात करनेवाले हैं? और यह भी हम क्यों बताएँ कि परमाणु हथियार हम कब छोड़ेंगे और कब नहीं? किस पर छोड़ेंगे और किस पर नहीं? जिस वक्त हमें जो करना होगा, हम करेंगे। अभी हम 'आ बैल सींग मार' क्यों कहें? ऊपरी तौर पर यह आपत्ति ठीक मालूम पड़ती है क्योंकि अन्य

परमाणु महाशक्तियों के परमाणु सिद्धान्त जरूर बने लेकिन वे अनेकानेक स्रोतों से रिस-रिसकर बने और उनमें लम्बा समय लगा। भारत की क्या मजबूरी है कि वह अपने परमाणु सिद्धान्त को एक साथ प्रकट करने पर आमादा हो गया है ?

शीतयुद्ध के दौरान परमाणु शस्त्रास्त्रों का विकास धीरे-धीरे हो रहा था जबकि आज की दुनिया में ये पूरी तरह विकसित हो चुके हैं। उस समय एकाएक किसी परमपूर्ण सिद्धान्त के अवतरण की आशा नहीं की जा सकती थी लेकिन अब परमाणु शस्त्रास्त्रों के निर्माण, उनके संचालन, उनकी भूमिका और उनके परिणामों के बारे में सुव्यवस्थित सिद्धान्त भी विकसित हो चुके हैं। जिन राष्ट्रों के पास बम और सिद्धान्त दोनों हैं, वे चाहते हैं कि उनके अलावा किसी भी राष्ट्र के पास न तो बम हो और न ही सिद्धान्त ! ऐसे में भारत के लिए सिर्फ बम रखना काफी नहीं, बम के साथ एक सिद्धान्त भी जरूरी है। बिना सिद्धान्त के बम ऐसा होगा जैसे बिना मंत्र के हवन। भारत ने अपना बम किसी पड़ोसी की देखादेखी नहीं बनाया है। वह पिछलग्गू राष्ट्र नहीं है। वह केवल अपनी सुरक्षा के बारे में पाकिस्तान की तरह भयाक्रांत नहीं है। उसके वैश्विक उत्तरदायित्व हैं। उसकी अन्तरराष्ट्रीय जिम्मेदारियाँ हैं। इसीलिए बम के साथ-साथ उसे सिद्धान्त की भी जरूरत है। भारत का परमाणु सिद्धान्त न केवल यह तय करेगा कि भारत का परमाणु आचरण कैसा हो बल्कि उसका सीधा असर विश्व के अन्य परमाणु शक्ति-सम्पन्न राष्ट्रों पर भी पड़ेगा।

इक्कीसवीं सदी में भारत का परमाणु सिद्धान्त केन्द्रीय भूमिका निभा सकता है। भारत के नेता चाहे खुद कोई दावा न करें लेकिन यह सत्य है कि भारत की आवाज समस्त तीसरी दुनिया का प्रतिनिधित्व करेगी और खासतौर से उन 'दहलीज' राष्ट्रों का, जिनके पास आज बम नहीं है लेकिन वह जब चाहें बम बना सकते हैं। अफसोस इसी बात का है कि परमाणु सिद्धान्त का जो प्रारूप अभी पेश किया गया है वह तकनीकी दृष्टि से कमोबेश ठीक ही है, लेकिन उसमें भारतीय आत्मा का अभाव है। राष्ट्रीय सुरक्षा सलाहकार बोर्ड में बैठे विशेषज्ञ यह भी भूल गए कि भारत ने अब से चालीस साल पहले संयुक्त राष्ट्र महासभा में संपूर्ण एवं व्यापक निरस्त्रीकरण का प्रस्ताव प्रस्तुत किया था। 'हम प्रथम प्रहार नहीं करेंगे और परमाणुविहीन राष्ट्रों पर परमाणु प्रहार नहीं करेंगे', यह घोषणा स्वागत योग्य है लेकिन इसमें नया क्या है ? चीन यह बहुत पहले ही कह चुका है। यह काफी नहीं है। वास्तव में भारत के बम को विश्व शान्ति का ब्रह्मास्त्र बनना चाहिए। दूसरे शब्दों में, भारत द्वारा प्रतिपादित किसी भी परमाणु सिद्धान्त में सर्वोच्च स्थान विश्व-निरस्त्रीकरण को दिया जाना चाहिए। भारत द्वारा यह स्पष्ट घोषणा होनी चाहिए कि उसके परमाणु सिद्धान्त का मुख्य लक्ष्य परमाणुशस्त्रमुक्त विश्व का निर्माण करना है।

प्रस्तुत परमाणु सिद्धान्त के दस्तावेज की प्रस्तावना के पहले वाक्य में इस बात की ओर इशारा जरूर है लेकिन पूरे दस्तावेज की भूल-भूलैया में वह मूल स्वर विलुप्त हो गया है। परमाणु सिद्धान्त का यह प्रारूप घुमा-फिराकर परमाणु अप्रसार संधि

(एनपीटी) तथा समग्र परमाणु परीक्षण प्रतिबन्ध संधि (सीटीबीटी) पर दबी जुबान से व्यंग्य तो कसता है लेकिन यह नहीं बताता कि इक्कीसवीं सदी की दुनिया को इन समूलनाशी परमाणु हथियारों से मुक्त करने के लिए गांधी का यह भारत क्या करेगा ? कौन-सी नीति अपनाएगा ? कौन-कौन से कदम उठाएगा ? और सारी मानवता को नई दिशा कैसे दिखाएगा ? यह ठीक है कि देश के राजनीतिक दलों में अब ऐसे नेता नहीं हैं, जिनका इस तरह के विषयों पर कोई मौलिक चिंतन हो या उनकी अपनी कोई मान्यताएँ हों। लेकिन सुरक्षा विशेषज्ञों से यह अपेक्षा की जाती है कि वे इस मुद्दे पर ध्यान दें और अपने नेताओं को शिक्षित करें और आम जनता का व्यापक समर्थन भी प्राप्त करें। भारत का बम निर्माण होते ही यह जरूरी था कि हमारी सरकार भारतीय बम को तीसरी दुनिया की स्वायत्तता का शंखनाद घोषित कर देती और 'दहलीज़' राष्ट्रों का एक सम्मेलन बुलाती। उस सम्मेलन के जरिए वह पाँच बमधारी राष्ट्रों से कहती या तो तुम भी अपने बम खत्म करो या ये अन्य दर्जनभर राष्ट्र भी बम बनाएँगे यानी भारत चाहता तो विश्व-निरस्त्रीकरण के लिए भयंकर दबाव पैदा कर सकता था। वह कह सकता था कि यदि पाँचों महाशक्ति अपने परमाणु शस्त्रास्त्रों को नष्ट करने के लिए तैयार हों तो भारत अपने परमाणु भंडार को सबसे पहले नष्ट करेगा। यदि रासायनिक और जैविक हथियारों को गैर-कानूनी घोषित किया जा सकता है तो परमाणु हथियारों को क्यों नहीं किया जा सकता ? यदि भारत इस नीति पर चले तो वह दुनिया की पाँच महाशक्तियों के मुकाबले अकेला ही सबसे बड़ी नैतिक महाशक्ति बन सकता है। यह महासंकल्प उसे अब भी करना चाहिए और पूरी ताकत के साथ करना चाहिए।

परमाणु सिद्धान्त के वर्तमान प्रारूप में इस संकल्प की झलक तक नहीं है और अपनी सुरक्षा के बारे में हम वैसे ही चिंतित दिखाई पड़ रहे हैं जैसे कि शीतयुद्ध के दौरान रूस और अमेरिका रहा करते थे। यह चिन्ता गलत नहीं है, बिलकुल सही है। लेकिन यह भारत को उसी श्रेणी में लाकर खड़ा कर देती है, जिस श्रेणी पर हम पिछले पचास सालों से उँगली उठाते रहे हैं। आज भारत परमाणु महाशक्तियों की पुरानी कार्बन-कॉपी-सा लग रहा है। पाँचवें और छठे दशक में महाशक्तियाँ जिन शब्दों में बात करती थीं–'कंट्रोल और कमांड सिस्टम', 'दण्डात्मक द्वितीय परमाणु प्रहार', 'विश्वसनीय प्रवर्जन क्षमता', हम भी वे ही शब्द दोहरा रहे हैं। हम भी पंच महाभूतों की भाषा बोल रहे हैं। यह कितनी विडम्बना है कि हम अपनी सुरक्षा की बात भी इस अदा से कर रहे हैं कि हमारी गिनती भी 'मौत के सौदागरों' में हो रही है। इसीलिए अमेरिकी और चीनी प्रवक्ताओं ने हमारे प्रारूप पर प्रतिक्रिया करते हुए कहा है कि भारत के इस सिद्धान्त के कारण दक्षिण एशिया में परमाणु शस्त्रों की होड़ बढ़ जाएगी। रूस ने भी कोई खुशी जाहिर नहीं की है। सबसे ज्यादा परेशान पाकिस्तान हुआ है। भारत की नकल पर वह भी अपना सिद्धान्त जल्दी ही पेश करेगा। उसका कहना है कि भारत ने पाकिस्तान को चुनौती दी है। पाकिस्तान ने

दुनिया की महाशक्तियों से भी कहा है कि भारत की इस हिमाकत के कारण अब सारी दुनिया में परमाणु होड़ का रोग फैल जाएगा। चीन ने तो यह तक कहा है कि भारत सुरक्षा परिषद् के 1172 वें प्रस्ताव को पूरी तरह लागू करे यानी अपने शस्त्रागार में परमाणु शस्त्रास्त्रों को आने ही न दे। यूरोपीय अष्ट-समूह भी भारत से नाराज है।

इन सब देशों की नाराजगी पर किसी को आश्चर्य नहीं होना चाहिए बल्कि लगता यह है कि कामचलाऊ सरकार पर नाराजगी भी कामचलाऊ ही है। ये सारे देश अब उस तरह से लाल-पीले नहीं हुए, जैसे कि पोकरण द्वितीय के समय हुए थे। यह खुशी की बात है कि भारत के विदेश मंत्री और विदेश मंत्रालय के प्रवक्ता ने इन सभी विदेशी आलोचनाओं को दो-टूक शब्दों में रद्द कर दिया है और भारत की सम्प्रभुता तथा परमाणु स्वायत्तता को स्पष्ट शब्दों में रेखांकित किया है। इसमें शक नहीं कि नई सरकार बनने के बाद अमेरिका से जो बातचीत होगी उसमें जटिलता का नया दौर शुरू हो सकता है। लेकिन यह अच्छा हुआ कि भारत ने अपने दृष्टिकोण पर पर्दा नहीं डाला, यह अलग बात है कि वह अब भी चिलमन से लगा बैठा है।

अमेरिका पूछ सकता है कि न्यूनतम प्रवर्जन (मिनिमम डिटरेंट) से आपका अभिप्राय क्या है? भारत पर किसका आक्रमण आप वर्जित करना चाहते हैं? पाकिस्तान का? चीन का? अमेरिका का? किस-किसका आक्रमण वर्जित करने के लिए, आपको कितने-कितने परमाणु प्रक्षेपास्त्र चाहिए? इस संभावित प्रश्न का जो उत्तर इस प्रारूप ने दिया है, उसका विरोध कौन कर सकता है? प्रारूप कहता है कि यह आँकड़ा लचीला है, परिवर्तनशील है और अभी साफ-साफ बताया नहीं जा सकता। जवाब के लिए यह जवाब ठीक है लेकिन किसे पता नहीं कि एक धमाकेदार परमाणु महाशक्ति बनने के लिए भारत को कम से कम 300 से 400 परमाणु शस्त्रास्त्रों से लैस होना पड़ेगा। क्या इस प्रारूप में उसके कुल खर्च के बारे में एक शब्द भी कहा गया है? जनरल सुन्दरजी ने 15 साल पहले सात हजार करोड़ का खर्च बताया था। स्वयं श्री के. सुब्रह्मण्यम ने छह साल पहले इसे दस हजार करोड़ कहा था तो क्या अब यह बीस-पच्चीस हजार करोड़ के आस-पास नहीं होगा? और यदि हम परमाणु पनडुब्बियाँ भी तैनात करने लगें, जैसाकि प्रारूप में कहा गया है तो यह खर्च आसानी से पचास हजार करोड़ तक पहुँच सकता है। राष्ट्रीय सुरक्षा सलाहकार बोर्ड के एक अन्य सदस्य का कहना है कि भारतीय सेनाओं के परमाणुकरण का कुल खर्च सत्तर हजार करोड़ तक जा सकता है। यह ठीक है कि भारत अगर अपनी कमर कस ले तो इतनी बड़ी राशि भी वह अपनी सुरक्षा के नाम पर जुटा लेगा और उसके मुकाबले पाकिस्तान के घुटने ही टूट जाएँगे। लेकिन हमें सोचना चाहिए कि क्या यही एकमात्र रास्ता है, जिस पर भारत चल सकता है? इस प्रश्न पर यह प्रारूप एकदम मौन है! दिक्कत यह है कि हमारे विशेषज्ञों में सिद्धान्त प्रतिपादित करने की योग्यता तो है, हमें उन पर गर्व भी है लेकिन उनके पास उस दर्शन का अभाव है, जिसके आधार पर राष्ट्रों और मानवता का भविष्य निर्धारित किया जाता है।

यदि भारत के पास कोई परमाणु-दर्शन या परमाणु-धर्मशास्त्र होता तो मई 1998 के बाद उसे अमेरिका के सामने सफाइयाँ पेश क्यों करनी पड़तीं ? यदि हम भारतीय बम को परमाणु सामन्तवाद के विरोध का प्रतीक बनाते और परमाणुमुक्त विश्व का उत्तुंग ध्वज कहते तो बात ही कुछ और होती। अब भी ज्यादा देर नहीं हुई है।

सीटीबीटी का रद्द होना वरदान

अमेरिकी सीनेट ने सीटीबीटी को रद्द क्या किया, एक तूफान-सा खड़ा कर दिया है। विशेषज्ञ लोग सीनेट की इस हिमाकत की तुलना 1920 की उस घटना से कर रहे हैं, जब सीनेट ने 'लीग ऑफ नेशन्स' की स्थापना करनेवाली वर्साय की संधि को रद्द कर दिया था। इसमें शक नहीं कि ये दोनों संधियाँ विश्व महत्त्व की हैं और इनके रद्द होने से पहले राष्ट्रपति वुडरो विल्सन और अब राष्ट्रपति क्लिंटन की साख को धक्का लगा है लेकिन इससे दुनिया का क्या बिगड़ा है ? दुनिया का तो भला ही हुआ है। दुनिया को एक बार फिर मौका मिला है कि वह सच्ची विश्व शान्ति की खोज कर सके।

हम यह क्यों भूल जाते हैं कि जिस वर्साय की संधि पर अमेरिकी आँसू बहाते रहे, उसी के गर्भ से हिटलर का जन्म हुआ। यदि वर्साय की संधि जैसी अन्यायकारी संधि, जर्मनी पर थोपी नहीं जाती तो शायद हिटलर पैदा ही नहीं होता। 'लीग ऑफ नेशन्स' की भ्रूण-हत्या का मूल कारण भी यही था कि वह वर्साय जैसी अनैतिक संधि की सन्तान थी। वर्साय की संधि जितनी खतरनाक थी, सीटीबीटी उससे भी ज्यादा खतरनाक है। वर्साय ने एक हिटलर पैदा किया, सीटीबीटी अनेक पैदा कर सकती है। वर्साय ने जर्मनी को मित्र-राष्ट्रों के पैरों तले रौंदने का पूरा इन्तजाम किया था, सीटीबीटी भारत जैसे लगभग सवा दर्जन राष्ट्रों की सम्प्रभुता का कचूमर बना देना चाहती है। वह अमेरिका को विश्व-विनाश का अनन्त अधिकार प्रदान करती है और परमाणु दहलीज पर खड़े राष्ट्रों के घुटने तोड़ देना चाहती है। इतना ही नहीं, वह चीन की पीठ में छुरा भोंकना चाहती है। इसके पहले कि चीन अपनी प्रयोगशालाओं में अमेरिका की तरह परमाणु शस्त्रास्त्र बनाने के गुपचुप नुस्खे खोज निकाले, अमेरिका सभी प्रकार के परमाणु प्रयोगों-परीक्षणों पर प्रतिबन्ध लगवा देना चाहता है।

यदि अमेरिकी सीनेट सीटीबीटी को पारित कर देती और क्लिंटन प्रशासन सारी दुनिया पर दबाव डालकर सीटीबीटी को लागू करवा देता तो सोचिए कि क्या होता ? वही होता और जरा बड़े पैमाने पर होता जो परमाणु अप्रसार संधि (एनपीटी) को लागू करवाने पर हुआ है। एनपीटी के बावजूद भारत और पाकिस्तान ने बम फोड़ा या नहीं ? महाशक्तियों ने क्या कर लिया ? क्लिंटन ने वाजपेयी सरकार के आगे बहुत-से गुलाब जामुन सरकाए और नवाज़ सरकार के आगे दोस्ती के गीत गाए लेकिन दोनों राष्ट्रों ने वही किया, जो उन्हें करना था। इसी प्रकार अगर सीटीबीटी

लागू हो गई तो परमाणु परीक्षणों पर प्रतिबन्ध लगाना तो दूर रहा, उन्हें सम्पन्न करने के नए-नए तरीकों का आविष्कार जरूर हो जाएगा। ऐसा इसलिए होगा कि यह संधि बनी ही इसलिए है कि दूसरों को धोखा दिया जाए। दूसरे राष्ट्रों ने कच्ची गोलियाँ नहीं खाई हुई हैं। वे संधि पर हस्ताक्षर कर रहे हैं, इसका मतलब यह नहीं कि उन्हें धोखे का पता नहीं है। आप डाल-डाल तो वे पात-पात! जिनकी मजबूरी है, उनकी बात अलग है, वरना जो भी महत्त्वाकांक्षी राष्ट्र इस संधि पर हस्ताक्षर करेंगे, इसके प्रति उनकी निष्ठा उतनी ही होगी, जितनी कि अमेरिका की है। कोई आश्चर्य नहीं कि इस संधि के लागू होते ही दुनिया के पाँचों महाद्वीपों पर दर्जनों परमाणु दैत्य एक साथ उठ खड़े हों। इसीलिए तीन साल पूरे हो गए, लेकिन अभी तक 44 में से तीस मूल प्रस्तावकों ने भी इसका पुष्टिकरण नहीं किया है, जिनमें रूस, चीन और भारत प्रमुख हैं।

सीनेट ने इसे रद्द करके यह बताया है कि राष्ट्रपति किस खेत की मूली है? कार्यपालिका पर विधानपालिका भारी पड़ती है, यह बात अमेरिकियों को पहली बार मालूम नहीं पड़ी। इस शताब्दी में वर्साय के साथ-साथ चार अन्य मुद्दों पर भी अमेरिकी राष्ट्रपतिगण सीनेट के हाथों मात खा चुके हैं। कुछ लोगों का कहना है कि खिसियाए हुए रिपब्लिकनों ने मोनिका का बदला अब ले लिया है। तब क्लिंटन बच निकले थे, अब सीनेट ने उन्हें दबोच लिया है। कुछ हद तक यह बात ठीक हो सकती है, लेकिन यह भी सत्य है कि क्लिंटन प्रशासन ने उचित मुस्तैदी नहीं दिखाई। विश्व नेतागीरी के चक्कर में डेमोक्रेट राष्ट्रपति यह भूल गए कि सीनेट में रिपब्लिकनों का बहुमत है और सीटीबीटी को उनके गले उतारना बहुत जरूरी है। सीटीबीटी को दो-तिहाई बहुमत मिलना तो दूर रहा, साधारण बहुमत भी नहीं मिला।

अमेरिका में समझा यह जा रहा है कि राष्ट्रपति और सीनेट में ठन गई है। साल भर तक चलनेवाले अगले राष्ट्रपति के चुनाव अभियान में अब सीटीबीटी को मुद्दा बनाया जाएगा। डेमोक्रेट और रिपब्लिकन एक-दूसरे के विरुद्ध तलवारें खींच लेंगे, लेकिन समझ में यह नहीं आता कि उनका विरोध किस मुद्दे पर है? जिस मुद्दे पर क्लिंटन सीटीबीटी पास कराना चाहते थे, बिलकुल उसी मुद्दे पर तो सीनेट ने उसे गिराया है। क्लिंटन चाहते थे कि आज दुनिया परमाणु-मार्ग पर जितने आगे जा चुकी है, उसे सीटीबीटी के फ्रेम में जड़ दिया जाए ताकि अमेरिका जैसी परमाणु बढ़त बनाए हुए है, वह सदा बनी रहे। कोई उसे चुनौती न दे सके और अगर दे तो अकेला अमेरिका ही नहीं, संधिकर्ता सभी राष्ट्र उस पर टूट पड़ें यानी अमेरिका चाहता है कि उसकी बन्दूक के लिए सारी दुनिया का कंधा इस्तेमाल हो।

इस मामले में सीनेट का रुख वही है, जो राष्ट्रपति का है और डेमोक्रेट्स का भी वही है, जो रिपब्लिकन्स का है लेकिन सीनेट का कहना है कि अमेरिका की बढ़त एक कोरी कहानी है। जैसे अमेरिकी प्रयोगशालाओं में परीक्षण की बढ़त एक कोरी कहानी है। जैसे अमेरिका प्रयोगशालाओं में परीक्षण करके नए-नए हथियार बना

सकता है, वैसे ही चीन भी बना सकता है। जैसे संधि का उल्लंघन किए बिना अमेरिका अपनी परमाणु श्रेष्ठता कायम रख सकता है, वैसे ही चीन उसे बराबर चुनौती देता रह सकता है। 'कॉक्स रिपोर्ट' ने यह सिद्ध कर दिया है। लॉस एलामोस की प्रयोगशाला में कार्यरत चीनी मूल के अमेरिकी वैज्ञानिक ने सारे रहस्य चीन को सौंप दिए हैं, यह तथ्य रिपब्लिकन्स ने बहुत जमकर उछाला और क्लिंटन की खिंचाई की है।

इसके अलावा सीनेट ने क्लिंटन से पूछा कि 'उद्दंड राष्ट्रों' पर निगरानी की कौन-सी भरोसेमंद व्यवस्था उनके पास है? वियना की परमाणु एजेंसी की क्या बिसात है, अमेरिकी प्रयोगशालाएँ भी यह पता नहीं लगा पाईं कि भारत और पाकिस्तान परमाणु-विस्फोट करनेवाले हैं या नहीं? जमीन पर होनेवाले भूकंपनुमा धमाकों का जो पता नहीं लगा सके, वह निगरानी व्यवस्था, प्रयोगशालाओं के शांत-परीक्षणों को कैसे रोक पाएगी? जिन्हें परीक्षण करना है, वे करेंगे और अमेरिका कुछ ही वर्षों में अपनी बढ़त खो देगा, असुरक्षित हो जाएगा। रिपब्लिकनों के इन तर्कों ने क्लिंटन की लुटिया डुबो दी। पहले तर्क का आधार चीन बना और दूसरे तर्क के आधार बने भारत और पाकिस्तान।

भारत, पाकिस्तान और चीन के लिए सीटीबीटी का रद्द होना एक वरदान की तरह है। अब अमेरिकी प्रशासन जब भी मुँह खोलेगा, उसे बताया जाएगा, 'पर उपदेश कुशल बहुतेरे'। भारत और पाकिस्तान का पिंड तो अपने आप ही छूट गया, हालाँकि क्लिंटन प्रशासन अब भी इन राष्ट्रों से पुष्टि करवाने के लिए कमर कसे हुए है। वह गाजर भी लटकाएगा और डंडे भी फटकारेगा। ऐसे में भारत को तय करना है कि वह घुटने टेकेगा या दुनिया को नया रास्ता दिखाएगा।

पाँचों महाशक्तियाँ भारत को मान्यता दें या न दें तो भी वह परमाणु शक्ति सम्पन्न राष्ट्र तो बन ही गया है। भारतीय बम ने परमाणु अप्रसार संधि को पहले ही चूर्ण-विचूर्ण कर दिया है। अब भारत को सीटीबीटी का डटकर विरोध करना चाहिए। यह विरोध इसलिए नहीं कि भारत, अमेरिका की तरह परमाणु दादागीरी करना चाहता है। वह चाहे तो भी नहीं कर सकता। कहाँ हजारों बम वाला अमेरिका और कहाँ जरा-से छह बम वाला भारत। उसकी दादागीरी तो दक्षिण एशिया तक में नहीं चल सकती, पाकिस्तान जो आकर सामने खड़ा हो गया है। वास्तव में भारत की नीति समस्त परमाणु दादागीरी को समाप्त करनेवाली होनी चाहिए। यही कारण था कि भारत की विभिन्न सरकारों ने सदा परमाणु अप्रसार संधि का विरोध किया। यह बड़ी विचित्र स्थिति होती कि भारत एनपीटी का विरोध करता और सीटीबीटी का समर्थन करता। दूसरी संधि पहली संधि की ही संतान है। यह कैसे हो सकता है कि भारत कोई गुलगुला खाए और गुड़ से परहेज करे? प्रधानमंत्री वाजपेयी और विदेशमंत्री जसवंत सिंह का असमंजस बड़ा उपयोगी सिद्ध हो रहा था। पिछले साल भर से वे अमेरिकी प्रशासन को आश्वासनों के झूले में झुलाते रहे, उन्होंने न सीटीबीटी

का समर्थन किया और न ही विरोध!

लेकिन अब उन्हें सीटीबीटी के विरोध के लिए अपनी कमर कसनी होगी। भारत की माँग होनी चाहिए कि सीटीबीटी को रद्द किया जाए और उसके स्थान पर ऐसी नई संधि लिखी जाए जो संपूर्ण और व्यापक निरस्त्रीकरण का मार्ग प्रशस्त करे। यों भी सितम्बर, 99 में सीटीबीटी के पुष्टिकरण की अवधि निकल चुकी है। अब इस संधि पर पुनर्विचार करने के लिए जो वृहत् सम्मेलन होगा, उसका नेतृत्व भारत को करना चाहिए, पंज प्यारे परमाणु-राष्ट्रों को नहीं। परमाणु पंज प्यारे यथास्थितिवादी राष्ट्र हैं। वे वर्तमान परमाणु शस्त्रास्त्रों को खत्म करने के विरोधी हैं, जबकि भारत को माँग करनी होगी कि परमाणु शस्त्रास्त्रों को पूरी तरह खत्म किया जाए और इसमें किसी भी राष्ट्र को कोई छूट नहीं दी जाए। भारत स्वयं पहल करे। अपने-अपने परमाणु शस्त्रास्त्रों को विसर्जित करने के लिए वह सभी महाशक्तियों से समय-सारणी प्रस्तुत करने के लिए कहे। ऐसा करके भारत न केवल संपूर्ण तीसरी दुनिया की आत्मा का प्रतिनिधित्व करेगा, बल्कि सच्ची विश्व-शान्ति का मार्ग भी प्रशस्त करेगा। भारत का परमाणु बम विश्व-शान्ति का ब्रह्मास्त्र बनना चाहिए और यह मौका अमेरिकी सीनेट ने सीटीबीटी रद्द करके भारत को दे दिया है। क्या भारत क्लिंटन की हार को विश्व-शान्ति की विजय में बदल सकता है?

सिर्फ जवाबी हमला क्यों : गलत परमाणु नीति

परमाणु बम का बटन प्रधानमंत्री के हाथ में होगा। उसे वे दबाएँ या न दबाएँ और दबाएँ तो कब दबाएँ, यह बताने के लिए एक राजनीतिक और दूसरी कार्यकारी परिषद् होगी तथा परिषद्युक्त प्रधानमंत्री के आदेश का पालन करने के लिए एक कमांडर-इन-चीफ़ होगा। भारत की परमाणु-कमान की इस ताजा घोषणा का सर्वत्र स्वागत हुआ है, क्योंकि यह घोषणा एक तो परमाणु बम के साढ़े चार साल बाद हुई है और दूसरा, पाकिस्तान के तीनं साल बाद हुई है। इस खुश खबर के कारण हमारे सामरिक चिन्तन पर गज़ब की धुंध छा गई है। असली मुद्दा आँख से ओझल हो गया है और सतही सवाल उभरकर ऊपर आ गए हैं।

असली मुद्दा यह है कि भारत ने आखिर परमाणु बम क्यों बनाया ? इस प्रश्न का उत्तर हमारी सरकार के पास न साढ़े चार साल पहले था और न अब है। पहले नहीं था, यह भूल माफ़ की जा सकती है, क्योंकि यह माना जा सकता है कि हमने बम इसलिए बना लिया कि हमारे पहले अन्य पाँच राष्ट्रों के पास था तो हमारे पास क्यों न हो ? इसलिए भी बना लिया कि वह पहले से बना-बनाया पड़ा था। हमें तो सिर्फ घोड़ा दबाना था। इसलिए भी बना लिया कि हमारे घोषणा-पत्रों में हम बनाने की कसम खाते रहे थे। राष्ट्रपति बिल क्लिंटन ने पूछा कि आपने क्यों बनाया तो उन्हें चिट्ठी लिखकर हमने बता दिया कि हमें चीन और पाकिस्तान से खतरा था। चीन का बम तो 1964 में ही आ गया था। 34 साल में हमें उससे कोई खतरा न हुआ और जहाँ तक पाकिस्तान का प्रश्न है, जब 11 मई, 1998 को हमारा बम बना तो पाकिस्तान से हमें क्या खतरा था ? न पाकिस्तान ने तब तक बम बनाया था और न ही उसकी पारम्परिक सेना भारत से अधिक शक्तिशाली थी। अब जबकि पाकिस्तान ने हमारी देखादेखी जवाबी बम बना लिया तो सचमुच हमारी सुरक्षा को असाधारण खतरा हो गया है।

यह खतरा असाधारण क्यों है ? इसके तीन कारण हैं। पहला तो यह कि अब तक की हमारी पारम्परिक सैन्य श्रेष्ठता समाप्त हो गई है। पहले हम भारी थे, पाकिस्तान हल्का था। अब दोनों बराबर हो गए हैं। दोनों के पास परमाणु बम आ गए हैं, जो कि समूलनाशक हैं। दूसरा, भारत और पाकिस्तान की तरह दो प्रतिद्वंद्वी देश एक-दूसरे के पड़ोसी हों और उनके पास परमाणु शस्त्रास्त्र भी हों, ऐसा पहले कभी नहीं हुआ। याने अमेरिका और रूस के बीच अगर प्रक्षेपास्त्र चलें तो उन्हें पहुँचने

में 15 मिनिट से आधा घंटा तक लग सकता है जबकि भारत और पाकिस्तान के बीच चलें तो 2 से 5 मिनिट ही काफी हैं। तीसरा, दुनिया का कोई भी परमाणु शक्ति-सम्पन्न राष्ट्र पाकिस्तान की तरह उद्दंड नहीं रहा है। पाकिस्तान अन्तरराष्ट्रीय आतंकवाद का अड्डा तो है ही, वह डंडे के ज़ोर पर कश्मीर भी छीनना चाहता है। वह 1947-48, 1965 तथा 1999 में तीन बड़ी कोशिशें कर चुका है। कौन जानता है कि वह चौथी कोशिश नहीं करेगा ? करगिल के वक्त भारत और पाकिस्तान, दोनों के पास परमाणु बम थे। इसके बावजूद पाकिस्तान ने घुसपैठ की हिमाकत की। उसे भारत के बम का ज़रा भी डर नहीं था।

यही असली मुद्दा है, भारत की परमाणु नीति का ! यदि हमारे बम से पाकिस्तान के दिल में डर भी पैदा न हो तो आखिर हमने बम किसलिए बनाया ? वास्तव में हमने बम बनाते ही पाकिस्तान को निर्भय कर दिया। हमने एक टेक पकड़ ली कि हम पहले हमला नहीं करेंगे याने हम सिर्फ जवाबी हमला करेंगे। नो फर्स्ट यूज़। हम पहल-वार नहीं करेंगे। केवल पलट-वार करेंगे। हमारा बम रक्षात्मक होगा, आक्रमणात्मक नहीं। ऐसा क्यों ? शायद इसलिए कि हम दुनिया को बताना चाहते हैं कि भारत कितना शांतिप्रिय देश है। हम अमेरिका की नज़रों में भी बुरे नहीं बनना चाहते ? हमने चीन को भी खुश करने की कोशिश की, क्योंकि यह चीन का ही नारा है कि 'वह आगे होकर हमला नहीं करेगा' (नो फर्स्ट यूज़) लेकिन हम यह भूल गए कि चीन ने यह घोषणा उन देशों के बारे में की है, जिनके पास परमाणु हथियार नहीं हैं। क्या पाकिस्तान के पास परमाणु हथियार नहीं हैं ? उसे हमने अनाक्रमण की गारंटी क्यों दे दी है ? परमाणु-अनाक्रमण की गारंटी तो नेपाल, श्रीलंका, बर्मा, भूटान आदि राष्ट्र को दी जा सकती है। इन राष्ट्रों के पास परमाणु हथियार नहीं हैं लेकिन पाकिस्तान को अनाक्रमण की गारंटी देकर हमने उसे पहले से भी अधिक उद्दंड बनने के लिए प्रोत्साहित किया है। इसीलिए जनरल मुशर्रफ ने अपने 30 दिसम्बर के इन्टरव्यू में कह दिया कि यदि 'ऑपरेशन पराक्रम' के दौरान भारत पाकिस्तान में एक इंच भी आगे बढ़ता तो वे परमाणु शस्त्रास्त्रों का प्रयोग कर सकते थे। याने भारत का बम कोरी गीदड़भभकी है जबकि पाकिस्तान का बम शेर की दहाड़ है। पाकिस्तान का बम अपने पाँव के बल चल रहा है और भारत का बम सिर के बल खड़ा है। आशा थी कि पिछले साढ़े चार साल के कटु अनुभवों से भारत सरकार कुछ सबक लेगी और अपनी परमाणु-जड़ता तोड़ेगी।

लेकिन भारत ने अपने परमाणु-कमान की ताज़ा घोषणा में भी यही रट लगा रखी है कि वह केवल जवाबी हमला करेगा। पाकिस्तान आगे होकर हमला कर सकता है, इस ठोस सम्भावना के बावजूद भारत अपनी पुरानी टेक पर डटा हुआ है। यह भारत का दिमागी कब्ज है। पता नहीं, कौन-से जुलाब से यह दूर होगा ? क्या यह वही कायराना हिन्दू रवैया नहीं है कि गज़नी आता है तो आने दो, गोरी आता है तो आने दो, बाबर आता है तो आने दो। उनसे हम यहीं लड़ लेंगे। अपनी रक्षा कर

लेंगे। लेकिन उनकी सीमा में नहीं घुसेंगे। अन्दर घुसकर नहीं मारेंगे। पहलवार नहीं करेंगे। सिर्फ पलटवार करेंगे। यह ऐतिहासिक दब्बूपन अब भी जस का तस जारी है।

भारत की परमाणु-नीति के निर्माता इतिहास की बेड़ियों में इस क़दर जकड़े हुए हैं कि वे वर्तमान की कटु सच्चाइयों को भी भूल गए। परमाणु-आक्रमण कोई पैदली आक्रमण नहीं होता। अब हमलावर पैदल या घोड़े पर बैठकर नहीं आएगा। परमाणु बम अब उस फुर्ती से आएँगे, जो आवाज़ में होती है। ध्वनि की गति से चलनेवाले बमों का जवाब आप कैसे देंगे ? भीष्म पितामहवाला आकाशबाण किसके पास है ? डेढ़-दो मिनिट में प्रधानमंत्री बटन कैसे दबाएँगे ? किससे सलाह करेंगे ? कैसे करेंगे ? सलाहकार परिषदें तो इस अंदाज से बनाई हैं, मानो भारत आगे होकर व्यवस्थित हमला करेगा और परमाणु सिद्धान्त इस तरह से बनाया है कि वह सिर्फ जवाबी हमला करेगा। जवाबी हमले के वक्त सलाहकार परिषदों की बैठक बुलाने की फुर्सत किसे होगी ? परमाणु हमले के समय सलाह नहीं, सिर्फ आदेश की जरूरत होगी। आदेश जारी होने और उसके पालन में भी जो समय लगेगा, उस अवधि में क्या दिल्ली का संपूर्ण सत्ता-प्रतिष्ठान राख के ढेर में नहीं बदल जाएगा ? यदि बटन दबाने के लिए प्रधानमंत्री उपलब्ध नहीं होंगे तो उनके बाद उनका उत्तराधिकार किस क्रम से आगे सरकेगा, यह भी पता नहीं है। अमेरिका आदि देशों में उत्तराधिकार-क्रम काफी दूर तक सुपरिभाषित है। भारत उसे गोपनीय रखे, इसमें बुराई नहीं है लेकिन गोपनीय रखने लायक कोई क्रम तो उसके पास हो। परमाणु हमला सोच-विचार की मोहलत नहीं देता जबकि हमारी सरकार तो स्वभाव से कुंभकर्णवादी है। करगिल में दुश्मन घुस गए, उसे पता नहीं चला, उसका जहाज आतंकवादी कंधार उड़ा ले गए, उसे पता नहीं चला और उसकी संसद पर हमला हो गया, उसे पता नहीं चला। तो अब उसे कैसे पता चलेगा कि पाकिस्तान उस पर परमाणु बम कब फेंक रहा है ?

यदि कोई परमाणु बम भारत पर गिरे तो वह पाकिस्तान ने ही फेंका है, यह कैसे पता चलेगा ? क्या दो मिनिट में यह पता चल सकता है कि बम पाकिस्तान ने फेंका है या उसके आतंकवादियों ने ? यदि आतंकवादियों ने फेंका हो तो भी क्या भारत पाकिस्तान पर पलटवार करेगा ? क्या इस तरह का पलटवार उचित होगा ? यदि भारत की फौजें मानो लाहौर पर कब्जा कर लें और पाकिस्तान सिर्फ उन फौजों पर परमाणु बम चला दे तो भारत पलटवार करेगा या नहीं ? वह हमला भारत पर तो नहीं हुआ। उनके अपने लाहौर पर हुआ। भारत अपना हाथ रोकेगा तो गलत होगा और चलाएगा तो क्या यह नहीं माना जाएगा कि उसने जवाबी हमला नहीं, पहलवार, अगाऊ हमला या अग्राक्रमण किया है ? यदि भारत को यह खबर मिले कि पाकिस्तानी परमाणु बम चलने ही वाला है तो ऐसे में क्या भारत उस बम के गिरने का इन्तज़ार करेगा या पहले ही हमला बोल देगा, वह इन्तज़ार करेगा तो वह परले दर्जे की मूर्खता होगी और पहले ही हमला बोल देगा तो उसके परमाणु सिद्धान्त

का उल्लंघन हो जाएगा। इस परमाणु सिद्धान्त का उल्लंघन न हो, क्या इसके लिए भारत को आत्मघात की मूर्खता करनी होगी ? ऐसे आत्मघाती और मूर्खतापूर्ण सिद्धान्त को जितनी जल्दी तिलांजलि दी जाए, उतना ही अच्छा!

यह तर्क बिलकुल बोदा है कि भारत यदि जवाबी हमले की बजाय पहले हमले का सिद्धान्त बनाता तो वह बहुत खतरनाक होता। भारत को सतत सतर्कता की स्थिति में रहना पड़ता, जो खर्चीली तो होती ही, साथ में यह डर भी होता कि किसी भी गलतफहमी के कारण कभी भी परमाणु-युद्ध भड़क उठता। पाकिस्तान शांत रहने की बजाय सदा उत्तेजित रहता। यहाँ सच्चाई एकदम उलट है। हमले का मुकाबला करनेवाले को अधिक सतर्क रहना पड़ता है या हमला करनेवाले को ? मुकाबला करनेवाले को पता नहीं होता कि हमला कब होगा जबकि करनेवाले को पता होता है कि वह हमला कब करेगा ? किसे अधिक सतर्क रहना होगा ? किसे अधिक खर्च करना होगा ? इसके अलावा जवाबी हमले की हमारी नरम नीति का पाकिस्तान पर क्या असर हुआ ? यही न, कि वह हमें आँखें दिखाता है। आँखें दिखानेवाले की हम आँखें निकाल लें, यह जरूरी नहीं लेकिन हमारी आँखें हमेशा नीचे ही रहें, यह जरूरी क्यों है ?

यह संतोष की बात नहीं कि जवाबी हमला जबर्दस्त होगा। इतना जबर्दस्त कि दुश्मन को वह 'अस्वीकार्य' (अनएक्सेप्टेबल) होगा। धन्य हैं, हमारे नौकरशाह! अंग्रेजी भाषा की गुलामी उनसे क्या-क्या शब्द कहलवाती है। 'अनएक्सेप्टेबल' का मतलब क्या है ? याने जवाबी हमले में जो नाश होगा, वह पाकिस्तान को स्वीकार नहीं होगा जैसे किसी को बैंगन की सब्जी स्वीकार नहीं होती या कद्दू स्वीकार नहीं होता। क्या परमाणु हमला किसी को भी किसी भी रूप में स्वीकार होता है ? जवाबी हमला स्वीकार नहीं होगा तो क्या अगाऊ हमला स्वीकार होगा ? जैसा जवाबी हमला, वैसा अगाऊ हमला। अगाऊ हमला ही इतना जबर्दस्त हो सकता है कि उसका जवाबी हमला सम्भव ही न हो। परमाणु युद्ध के पहल-वार और पलट-वार में ज्यादा फर्क नहीं होता। इसीलिए जवाबी हमले को अपनी परमाणु नीति की धुरी बनाना गलत है।

इसके अलावा अगर पाकिस्तान भारत के परमाणु संस्थानों पर परमाणु बम न गिराए और उन्हें साधारण बमों से उड़ा दे तो भारत क्या करेगा ? क्या वह इसे पाकिस्तान का परमाणु हमला मानेगा ? क्या वह जवाबी परमाणु हमला करेगा या परम्परागत हवाई हमले से जवाब देगा ? यदि वह परमाणु हमला करता है तो उसके सिद्धान्त का उल्लंघन होगा और अगर नहीं करता है तो वह नखदन्तहीन बूढ़े बन्दर की तरह सिर्फ किलकारियाँ भरता रहेगा। यदि भारत स्वयं पाकिस्तान के परमाणु संस्थानों को परम्परागत तरीकों से उड़ाना चाहे तो क्या यह जवाबी परमाणु हमला माना जाएगा ? जाहिर है कि नहीं लेकिन ऐसा करना जरूरी हो सकता है जैसा कि एराक़ के ओसिराक संयंत्र पर हमला करना इस्राइल के लिए जरूरी हो गया था।

कहने का अर्थ यह कि परमाणु मामलों में इतनी अकस्मात स्थितियाँ उत्पन्न हो सकती हैं कि उन्हें किसी संकीर्ण सिद्धान्त की बेड़ियों में जकड़ना ठीक नहीं है।

1999 के मुकाबले इस बार सरकार ने थोड़ी बहादुरी दिखाई है। इस बार परमाणु कमान की घोषणा के समय उसने यह भी कहा कि यदि किसी देश ने भारत के विरुद्ध जैविक या रासायनिक हथियारों का प्रयोग किया तो भारत उसके विरुद्ध परमाणु हथियारों का प्रयोग करेगा। कौन-सा ऐसा देश है, जो इस तरह के हथियार भारत के विरुद्ध इस्तेमाल कर सकता है ? पाकिस्तान और चीन, दोनों ने ऐसी संधियों पर हस्ताक्षर कर रखे हैं, जिनके अनुसार ऐसे हथियार बनाना, रखना या उनका प्रयोग करना गैर-कानूनी है। फिर भी यह मुद्दा अगर पाकिस्तान को धमकाने के लिए जोड़ा गया है तो पूछा जा सकता है कि परमाणु हथियारों के दण्डात्मक प्रथम प्रहार की बात क्या इससे बेहतर धमकी नहीं होती ? जवाबी हमले की बात ही यह सिद्ध करती है कि भारत धमकाने की कला में माहिर नहीं है। ऐसी स्थिति में जैविक और रासायनिक हथियारों के काल्पनिक आक्रमण के विरुद्ध जवाबी परमाणु हमले की बात ऐसी लगती है, जैसे कोई हवा में लट्ठ चला रहा हो या मच्छर को मारने के लिए तमंचे की धमकी दे रहा हो।

भारत ने अपने लिए जो परमाणु नीति चुनी है, उसमें न तो पारम्परिक महाशक्तियों की तरह हिंस्र-भाव है और न ही गांधीवादी नव-महाशक्ति की तरह कोई शांति-कामना है। हमारी राय है कि 21वीं सदी के भारत की परमाणु-नीति में इन दोनों धाराओं का सुन्दर समागम सम्भव है। पाकिस्तान जैसे आक्रामक राष्ट्रों के लिए जवाबी हमला नहीं, दण्डात्मक अग्र आक्रमण की चेतावनी हो और उसके साथ-साथ सारे विश्व के लिए ऐसे व्यापक और समग्र निरस्त्रीकरण का कार्यक्रम प्रस्तुत किया जाए कि न केवल परमाणु शस्त्रास्त्रों का खात्मा हो बल्कि विनाशकारी युद्ध इतिहास के विषय बन जाएँ। भारत का परमाणु बम शांति का ब्रह्मास्त्र बन सकता है बशर्ते कि भारत का वर्तमान नेतृत्व इस अपराध-बोध से मुक्त हो जाए कि परमाणु बम फोड़कर उसने कोई गलत काम किया है। भारत का परमाणु बम भारत की सामरिक संप्रभुता का शंखनाद है। वह तीसरी दुनिया की सामरिक आत्म-निर्भरता का प्रतीक है। यदि भारत तीसरी दुनिया को अपने साथ ले सके तो परमाणु बमों से रहित दुनिया का सपना साकार होने में बहुत देर नहीं लगेगी। अब न तो शीतयुद्ध बचा है और न ही महाशक्तियों की परमाणु प्रतिद्वंद्विता। अमेरिका के एकध्रुवीय विश्व में परमाणु निरस्त्रीकरण अब जितना आसान है, उतना पहले कभी नहीं था। भारत के परमाणु निरस्त्रीकरण अभियान को तीसरा दुनिया नैतिक-समर्थन प्रदान करे और अमेरिका सैन्य-समर्थन तो सर्वनाश के कगार पर खड़ी दुनिया वापस शांति के शिविर में लौट सकती है।

सिर के बल खड़ा परमाणु सिद्धान्त

अच्छा दिखने की इच्छा हमेशा अच्छी नहीं होती। कभी-कभी तो वह बहुत बुरी होती है। आजकल भारत सरकार इसी तरह की इच्छा से ग्रस्त है। वह अपने हाथ में परमाणु बम भी रखना चाहती है और 'सान्ता क्लाउज़' भी दिखना चाहती है। उसकी हसरत है कि लोग बम को बम नहीं, खिलौना समझें। बम तो उसने बना लिया लेकिन बिना माँगे ही वह सारी दुनिया को वचन देती फिर रही है कि उसका इस्तेमाल वह आगे होकर कदापि नहीं करेगी। उसे नहीं करना है, न करे लेकिन उसकी कसमें खाने की क्या जरूरत है ? कसमें शायद इसलिए खाई जा रही हैं कि हम गांधी का देश हैं, हम नेहरू के उत्तराधिकारी हैं, हम बड़े शांतिप्रिय हैं, हमारा आचरण दूसरों के लिए अनुकरणीय होना चाहिए !

आपके आचरण का अनुकरण कौन कर रहा है ? कोई भी नहीं। पाकिस्तान भी नहीं। वह पाकिस्तान भी नहीं, जिसने आपका अनुकरण करते हुए परमाणु बम बना लिया। वह आपकी बहादुरी की नकल करता है, भौंदूपन की नहीं। बम बनाने के बहुत पहले से हम यह नारा दे रहे हैं कि 'हम पहले प्रहार नहीं करेंगे' (नो फर्स्ट यूज़) और अब जबकि बम बन चुका है, साढ़े चार साल बाद भी हम यही सिद्धान्त बघार रहे हैं कि हम केवल जवाबी हमला करेंगे। प्रथम प्रहार नहीं करेंगे। केवल पलट-प्रहार करेंगे। पाकिस्तान ने यह बात न तो बम बनाने के पहले कही और न उसके बाद ! क्या पाकिस्तान की नाक कट गई ? क्या दुनिया का एक देश भी इस बात के लिए पाकिस्तान की आलोचना कर रहा है ? न कोई पाकिस्तान की आलोचना कर रहा है और न कोई भारत की सराहना ! याने अगर भारत ने वाहवाही लूटने के लिए ही 'प्रथम प्रहार नहीं' का सिद्धान्त बनाया है तो यह सिद्धान्त तो गल गया। भारत का बम तो दुनिया को दिखाई पड़ रहा है। लोग उसे सलाम भी कर रहे हैं लेकिन 'सान्ता क्लाउज़' पर कोई नज़र भी नहीं डाल रहा ! डर यही है कि 'सान्ता क्लाउज़' कहीं सान्ता क्लाउन न बन जाए !

सिर्फ चीन ऐसा देश है, जिसने बम भी बनाया और 'प्रथम प्रहार नहीं' का सिद्धान्त भी दिया। चीन के अलावा किसी भी परमाणु-शक्ति ने बम बनाते वक्त इस सिद्धान्त की टेर नहीं लगाई। चीन का मामला कुछ दूसरा था। चीन ने जब 1964 में बम बनाया तो उसे पता था कि वह किसी का भी सीधा परमाणु प्रतिद्वंद्वी नहीं है। असली परमाणु-प्रतिद्वंद्विता केवल अमेरिका और सोवियत संघ के बीच है।

वे ही एक-दूसरे पर परमाणु-हमला कर सकते हैं। अमेरिका चीन पर परमाणु हमला करेगा, यह सोचा भी नहीं जा सकता था। इसी प्रकार हजारों मील दूर बैठा चीन अमेरिका पर परमाणु हमला कैसे करता? उसके पास इतनी लम्बी मारवाले परमाणु-प्रक्षेपास्त्र ही नहीं थे। ऐसे में 'प्रथम प्रहार नहीं' का सिद्धान्त बढ़िया कूटनीति थी, बढ़िया रणनीति नहीं। उस समय चीन न तो प्रथम प्रहार कर सकता था और न पलट-प्रहार। वह अमेरिका के 'प्रथम प्रहार' से डरा हुआ जरूर था। इसीलिए वह प्रथम प्रहार के विरुद्ध था। क्या आज भारत और पाकिस्तान के बीच भी वही स्थिति है, जो अब से चालीस वर्ष पहले चीन और अमेरिका के बीच थी? बिलकुल नहीं। बल्कि उलटी स्थिति है। पहला, भारत और पाक परमाणु-प्रतिद्वंद्वी हैं। दोनों एक-दूसरे पर प्रहार कर सकते हैं और प्रथम प्रहार भी कर सकते हैं। दूसरा, दोनों एक-दूसरे के पड़ोसी हैं जबकि चीन और अमेरिका एक-दूसरे से हजारों मील दूर हैं। तीसरा, चीन जब कहता है कि 'प्रथम प्रहार नहीं' तो उसका अर्थ था, अमेरिका की तरफ से प्रथम प्रहार नहीं, क्योंकि वह खुद प्रथम प्रहार किस पर करता लेकिन जब भारत कहता है कि 'प्रथम प्रहार नहीं' तो उसका अर्थ हुआ कि भारत की तरफ से नहीं होगा। पाकिस्तान की तरफ से हो सकता है। याने 'प्रथम प्रहार नहीं' का सिद्धान्त चीन में पैर के बल खड़ा है और भारत पहुँचते ही वह सिर के बल खड़ा हो गया। चीन का सिद्धान्त अपने दुश्मन को बेड़ी पहनाने के लिए था और भारत का सिद्धान्त अपने ही हाथ में हथकड़ियाँ लगाने के लिए है।

चीन ने अपने पुराने सिद्धान्त में इधर कुछ फेर-बदल भी किया है। अब वह कहता है कि 'प्रथम प्रहार नहीं' का सिद्धान्त केवल उन देशों पर लागू होगा, जिनके पास परमाणु शस्त्रास्त्र नहीं हैं याने वह नेपाल और भूटान जैसे देशों पर प्रथम प्रहार नहीं करेगा लेकिन भारत और पाकिस्तान जैसे देशों पर कर सकता है। इसी तर्क के आधार पर पूछा जा सकता है कि क्या पाकिस्तान भी नेपाल और भूटान की तरह परमाणु शस्त्रास्त्र रहित देश है? जब पाकिस्तान परमाणु-शस्त्रास्त्र सम्पन्न राष्ट्र है और वह स्वयं प्रथम प्रहार के विरुद्ध नहीं तो आप 'प्रथम प्रहार नहीं' की गारंटी उसे क्यों दे रहे हैं? यह गारंटी चीन को दी जाए, क्योंकि वह भी वैसी ही गारंटी देगा, और उससे उभयपक्षीय समझौता किया जाए तो उसमें कोई बुराई नहीं लेकिन पाकिस्तान को यह गारंटी देना, उसे प्रथम प्रहार के लिए आमंत्रित करना है। भारत का यह निमंत्रण उसने सहर्ष स्वीकार भी किया है। इसीलिए अपने 30 दिसम्बर के इंटरव्यू में जनरल मुशर्रफ ने कहा कि यदि करगिल-युद्ध के दौरान भारत एक इंच भी आगे बढ़ता तो वे परमाणु बम का प्रयोग करते! याने प्रथम प्रहार करते। पाकिस्तान का परमाणु बम भारत को ब्लेकमेल कर रहा है और भारत का परमाणु बम पाकिस्तान में सिहरन भी पैदा नहीं कर रहा। इसीलिए नहीं कर रहा कि हमने जिसके लिए बम बनाया, उसे पहले ही आश्वस्त कर दिया कि यह तुम्हारे लिए नहीं है। यह उसके लिए है, जो हम पर हमला करेगा।

याने अब हम हमले का इन्तज़ार करेंगे। सिर्फ जवाबी हमला करेंगे। केवल दूसरा प्रहार करेंगे ? दूसरा प्रहार तो तब करेंगे, जब हम बचेंगे। पहले प्रहार के बाद कौन बचेगा ? दिल्ली का सत्ता-प्रतिष्ठान सबसे पहले उड़ेगा। रेसकोर्स रोड, राष्ट्रपति भवन, संसद, विजय चौक और जनपथ के लिए कितने बम चाहिए ? यदि हमारे परमाणु शस्त्रास्त्र हमने लक्षदीप, अण्डमान और गुवाहाटी में भी छिपा रखे हों तो भी उन्हें चलाने का आदेश कौन देगा ? अगर आदेश पहले से ही तैयार हों और उन्हें चला भी दिया जाए तो भी क्या होगा ? पाकिस्तान के सत्ता-प्रतिष्ठान को छूना मुश्किल होगा जबकि भारत का सत्ता-प्रतिष्ठान दिवंगत हो चुका होगा। दोनों तरफ लाखों बेकसूर लोग मौत के घाट उतरेंगे। ऐसी विजय महाभारत की विजय से भी बदतर होगी। क्या इसी तरह की विजय के लिए हमने परमाणु बम बनाया है ?

बम बनाया है तो उसका प्रयोग करना ही है, यह तो बहुत मूर्खतापूर्ण सोच है लेकिन हम प्रथम प्रहार नहीं करेंगे, ऐसी रट लगाना उसके प्रयोग को प्रोत्साहित करना ही है। यदि हम 'प्रथम प्रहार नहीं' को प्रस्ताव की तरह इस्तेमाल करें और उसे दिखाकर पाकिस्तान तथा अन्य परमाणु-शक्तियों को उसी तरह की घोषणा के लिए प्रेरित करें तो हमारा सिद्धान्त विश्व शांति की सीढ़ी बन सकता है। पिछले 57 वर्षों में परमाणु बम आखिर क्यों नहीं चला ? बर्लिन, कोरिया, क्यूबा के बावजूद क्यों नहीं चला ? इसीलिए कि जो राष्ट्र चला सकते थे, उन्होंने कभी 'प्रथम प्रहार नहीं' का झूठा आश्वासन नहीं दिया। सभी परमाणु-शक्तियाँ प्रथम प्रहार के लिए तैयार दिखाई पड़ती थीं। भय और सतर्कता दोनों ही पराकाष्ठा पर थे, इसीलिए परस्पर का समान भय सबको रोके रहा। यह नहीं हो सकता कि दो प्रतिद्वंद्वियों में से एक इस सिद्धान्त को माने और दूसरा न माने। यथास्थिति या शांति तभी बनी रह सकती है कि जबकि दोनों किसी परमाणु सिद्धान्त को एक साथ मानें या एक साथ न मानें।

भारत-पाक तनाव

अटलजी की बस-यात्रा : आगे क्या ?

लाहौर बस यात्रा का श्रेय अटलजी को वैसे ही मिलना चाहिए जैसे पोकरण बम विस्फोट का ! लेकिन भारत के विरोधी दल बड़े असमंजस में पड़ गए हैं। उन्हें समझ नहीं आ रहा कि अब क्या कहें। कुछ खुली ज़ुबान से और कुछ दबी ज़ुबान से तारीफ कर रहे हैं। परमाणु विस्फोट तो राष्ट्रवादी एजेंडे का हिस्सा था। यदि भाजपा सरकार विस्फोट नहीं करती तो आश्चर्य होता लेकिन पाकिस्तान के साथ सम्बन्ध सुधारना तो 'हिन्दूवादी एजेंडे' के लिए कुफ्र था। यह कुफ्र अब काबे में बैठ गया है। बेचारे बाल ठाकरे अवाक् हैं और विरोधियों की सिट्टी-पिट्टी गुम है। जो काम 'सेक्यूलरवादी' प्रधानमंत्री 52 साल में नहीं कर सके वह काम 'हिन्दूवादी' सरकार के प्रधानमंत्री ने एक साल में ही परवान चढ़ा दिया। वाजपेयी सरकार अगर दो-तीन दिन में गिर जाए तो भी क्या होगा ? यह सरकार भी अन्य अल्पकालिक सरकारों की तरह इतिहास की किसी गुमनाम खूँटी में लटक जाएगी। लेकिन उक्त दो महान घटनाओं के कारण भारत के इतिहास में अटलबिहारी वाजपेयी का नाम स्वर्णाक्षरों में लिखा जाएगा।

यहाँ हमें यह नहीं भूलना होगा कि पोकरण का विस्फोट और लाहौर की बस यात्रा कोई ऐसी घटनाएँ नहीं हैं कि जो एक दिन में ही घट जाएँ या जिन्हें केवल एक व्यक्ति के प्रयत्न का परिणाम माना जाए। बम की तैयारी करनेवाले समर्पित वैज्ञानिकों और उस प्रक्रिया को चलाए रखनेवाले पिछले प्रधानमंत्रियों के नाम जिस तरह मई '98 में ओझल हो गए, उसी तरह आज उन लोगों का कोई आभार नहीं माना जा रहा जिन्होंने पिछले बीस वर्षों में दर्जनों बार पाकिस्तान जाकर जनरल ज़िया-उल-हक, बेनजीर भुट्टो, नवाज शरीफ, फारुक लघारी, काज़ी हुसैन अहमद जैसे नेताओं, फौज के जनरलों तथा भारत-विरोधी संपादकों के सोच को प्रभावित किया और पाकिस्तान से भारत आकर इंदिरा गांधी, राजीव गांधी, नरसिंहराव, देवेगौड़ा, गुजराल और वाजपेयी के दिलों को थोड़ा नरम किया। ये वे लोग हैं जिन्हें आत्मप्रचार से खास मतलब नहीं है और जो नाटकीयता के पार भी देख सकते हैं। ये वे लोग हैं, जिन्हें 'ट्रेक-टू' या 'ट्रेक-थ्री' या 'बैंक-चैनल' भी कहा जाता है। इसीलिए बस यात्रा जैसी घटनाएँ उनके पाले-पोसे पौधे पर एक खूबसूरत कली के चटकने के समान है। इससे वे परम हर्षित हैं लेकिन उन्हें यह भी पता है कि जिन मस्तकों पर तिलक हो रहा है उनके भीतर क्या है ? क्या संपूर्ण दक्षिण एशिया की विदेश नीति को नई दिशा देने का कोई नक्शा उनके दिमाग में है ?

पाकिस्तान में तो बच्चे-बच्चे की जुबान पर यह बात थी कि यह बस-यात्रा अमेरिका के इशारे पर हो रही है। पाकिस्तानी लोग ऐसी बातों पर आसानी से भरोसा भी कर लेते हैं। पाकिस्तानी टेलीविजन ने इस यात्रा के एक हफ्ते पहले जब इस्लामाबाद में मुझ पर यह सवाल दागा तो मैंने साफ कहा कम से कम भारत के बारे में ऐसी बात आप सपने में भी मत सोचना। लेकिन अब जबकि लाहौर समझौते में सीटीबीटी पर दोनों पक्षों का मौन देखता हूँ तो मुझे जरा आश्चर्य होता है। इस मौन का मतलब क्या है ? या तो अमेरिका का इशारा हुआ है कि सीटीबीटी पर दोनों चुप रहें, क्योंकि दोनों को ऐन वक्त पर दस्तखत करने होंगे या यह भी हो सकता है कि दोनों को दस्तखत में संकोच है और दोनों ने अपने संकोचों को छिपाकर रखने का निर्णय किया है। भारत और पाकिस्तान के सभी प्रमुख नेताओं से मैं पिछले कई माह से अनुरोध कर रहा हूँ कि हम दोनों देश मिलकर संयुक्त परमाणु रणनीति बनाएँ, जिसका एक प्रमुख फलागम यह हो कि सीटीबीटी का हम दोनों मिलकर विरोध करें। यह विरोध बहुत ही रचनात्मक हो। इसका उद्देश्य न तो महाशक्तियों को तंग करना है और न ही परमाणु शस्त्रों को फैलाना है। इसका मुख्य लक्ष्य संसार में पूर्ण निरस्त्रीकरण की परिस्थितियाँ तैयार करना है जबकि सीटीबीटी महाशक्तियों को नए-नए शस्त्र बनाने, तैनात करने और चलाने की भी छूट देती है और यह सुविधा भी देती है कि वे अपनी प्रयोगशालाओं में नए-नए परीक्षण भी करें। भारत और पाकिस्तान को यह सीटीबीटी परमाणु शक्तिसम्पन्न राष्ट्र की मान्यता देने को तैयार नहीं है लेकिन उनसे अँगूठा लगवाने पर आमादा है। भारत और पाक मिलकर अगर अँगूठा न लगाएँ तो 21वीं सदी के नेता वे ही होंगे। लाहौर समझौते ने इस महामार्ग को प्रशस्त कर दिया है। दोनों राष्ट्रों ने अनावश्यक परमाणु परीक्षणों पर स्वत: प्रतिबन्ध की घोषणा कर दी है और दोनों राष्ट्रों के बीच युद्ध की नौबत न आए, इसके लिए भी कुछ प्रबन्ध किए जा रहे हैं। प्रतिबन्धों और प्रबन्धों की इस जुगलबंदी पर महाशक्तियाँ ताल दे रही हैं। इससे बढ़िया क्या मौका मिलेगा, जब दोनों राष्ट्र मिलकर लाहौर से थोड़ा आगे बढ़ें और सीटीबीटी को नई इबारत दे दें, भारत पाक का ही नहीं, दुनिया का नया इतिहास लिखें।

इस मामले में पहल नवाज शरीफ को करनी होगी। भारत सीटीबीटी से संतुष्ट नहीं है, यह सबको पता है लेकिन पाकिस्तान दस्तखत करने ही वाला है, यह भी सब जानते हैं। बेनजीर भुट्टो तो मई से ही रट लगाए हुए हैं कि दोनों राष्ट्र दस्तखत कर डालें। मुझे अभी भी विश्वास है कि यदि श्री शरीफ और श्री वाजपेयी मिलकर सीटीबीटी को सुधरवाना चाहेंगे तो बेनजीर उनका विरोध नहीं करेंगी। यदि दोनों राष्ट्र सीटीबीटी पर एक जैसा रवैया अपना लें तो परस्पर परमाणु अनाक्रमण या परमाणु अग्राक्रमण-निषेध के समझौते में कितनी देर लगेगी ? वास्तव में वह संयुक्त परमाणु नीति का अपरिहार्य परिणाम होगा। वह टाले से भी नहीं टलेगा। वैसा होने पर आर्थिक, सांस्कृतिक और राजनीतिक सहकार के सहस्त्रों के द्वार स्वत: खुले पड़ेंगे।

वाघा पर खड़े लोहे के गेट बालू के ढेर की तरह ढह जाएँगे। फिर पाकिस्तानी जनरलों को भारतीय प्रधानमंत्री को 'सेल्यूट' करने में जरा भी झिझक नहीं होगी और दोनों तरफ के रणनीति-विशारदों के दिल में यह हसरत भी नहीं रह जाएगी कि लाहौर में मिले प्रधानमंत्री के बीच कोई सगुण समझौता क्यों नहीं हुआ ?

सीटीबीटी पर संयुक्त रवैया अपनाने के लिए अभी सात माह का समय दोनों देशों के पास है। सितम्बर तक दस्तखत होने हैं। तभी यह संधि लागू होगी। सितम्बर के पहले दोनों राष्ट्र छोटे-मोटे अनेक काम कर सकते हैं। सबसे पहले तो अखबारों और किताबों पर से प्रतिबन्ध हटाएँ। अगर टीवी चैनलों ने दोनों देशों की सीमा को गायब कर दिया है तो अखबारों से क्या डर है ? अखबारों में ऐसा कौन-सा तेजाब होता है जो दोनों मुल्कों को जला देगा ? वास्तव में टीवी के मुकाबले अखबारों में समाचार ज्यादा होते हैं और विचारों का तो कहना ही क्या ? जो खुले विचार अखबार मुफ्त बाँटते हैं उन्हें लाखों खर्च करके आप टीवी पर नहीं देख सकते। अभी इस क्रांति में समय लगेगा। तब तक अखबार आएँ-जाएँ तो दोनों मुल्कों के बीच विचारों की एक नई वाटिका खिल उठेगी। यह कहने की जरूरत नहीं कि हजार तोपों से भी अधिक शक्तिशाली कोई चीज है तो वह है विचार! किताबें तो खजाना होती हैं, विचारों का। दोनों देशों की जनता को एक-दूसरे के अखबार और किताबें खरीदने की पूरी आजादी होनी चाहिए। इसी प्रकार प्रामाणिक पत्रकारों को वीजा की जरूरत क्यों होनी चाहिए ? यदि सांसद बिना वीजा के आ-जा सकते हैं, तो पत्रकार भी आएँ-जाएँ। एक पत्रकार की कलम लाखों लोगों के विचारों को प्रभावित करती है। इसी प्रकार वकीलों, डॉक्टरों, प्रोफेसरों और सरकारी अफसरों पर से भी वीजा हटना चाहिए। उद्योगपतियों और व्यापारियों के लिए तो अनेक प्रावधान हो ही रहे हैं।

इन सांकेतिक कार्यों के अलावा दोनों देशों के विदेश मंत्रालयों को कश्मीर, सर क्रीक, वूलर, सियाचिन आदि मामलों पर विशेषज्ञों की कमेटियाँ बनाकर तुरन्त समाधान खोजना शुरू कर देना चाहिए। इन मसलों के समाधान खोजने में तब और भी मदद मिलेगी जब अफगानिस्तान, मध्य एशिया, ईरान, चीन और दक्षेस आदि के बारे में हम लोग समान रवैया अपनाने की दिशा में भी विचार-विमर्श करने लगेंगे। इन सभी क्षेत्रों में हमारी कभी गुपचुप और कभी खुली प्रतिस्पर्धा चलती रहती है। हम दोनों देश एक-दूसरे को नुकसान पहुँचाते रहते हैं। यदि अफगानिस्तान में शान्ति स्थापित हो जाए तो मध्य एशिया के पाँचों गणतंत्रों से तेल और गैस के दरिया बह निकलेंगे, खदानों के खज़ाने खुल पड़ेंगे और भारतीय तकनीकी क्षमता का सूर्य एशिया के आसमान पर चमकने लगेगा। पाकिस्तान तो मालामाल हो ही जाएगा, संपूर्ण दक्षिण एशिया के सवा अरब लोगों की जिंदगी में नया उजाला उतर आएगा। लाहौर जाकर हमारी बस रुकनी नहीं चाहिए। उसे काबुल, मजारे-शरीफ होते हुए ताशकंद, अल्माती और मास्को तक पहुँचना है। यह कार्य गहन धैर्य और दूरदृष्टि के बिना सम्पन्न नहीं हो सकता।

लाहौर-बस कहीं उलट न जाए !

भारत के विदेश मंत्रालय को दाद देनी पड़ेगी कि उसने नहले पर दहला मारने की कोशिश नहीं की। वह चाहता तो मियाँ नवाज शरीफ को मुँहतोड़ जवाब दे सकता था और लाहौर बस को उलट सकता था। पाकिस्तान के प्रधानमंत्री ने कह दिया कि यदि कश्मीर का मसला एक खास समय तक हल नहीं हुआ तो वे कुछ दूसरे रास्ते अपनाने को मजबूर हो जाएँगे। उन्होंने यह भी कह दिया कि अटलबिहारी वाजपेयी को कश्मीरियों के आत्म-निर्णय पर भी एतराज नहीं था। ये दोनों बातें बड़ी उत्तेजक थीं। दिल्ली में बैठे विरोधी दलों के नेताओं की बाँछें खिल गईं। कई ने कहा, लो, अटलजी की बस पंचर हो गई लेकिन उन्हें पता नहीं कि मियाँ नवाज ने यह छर्रा कौन-सी बस पंचर करने के लिए मारा है। यह अटलजी की बस नहीं है, यह बस है पाकिस्तान के उग्रवादियों की, जमाते इस्लामी की, संयुक्त विरोधी दलों की कश्मीर लॉबी की। मियाँ नवाज के विरोधी पिछले दो हफ्तों से हक्के-बक्के रह गए। उन्हें समझ में नहीं आ रहा था कि मियाँ नवाज को युग-पुरुष बनने से कैसे रोका जाए ? उन्होंने दुष्प्रचार शुरू कर दिया। वे कहने लगे कि यह मियाँ नेता नहीं, बनिया है। इसका बेटा हिन्दुस्तान को शकर बेच रहा है। बेटे की शकर खूब बिके, इसलिए बाप कश्मीर बेचने पर उतारू हो गया है। इसमें शक नहीं कि नवाज शरीफ का परिवार पाकिस्तान का नामी-गिरामी औद्योगिक घराना भी है। यह भी ठीक है कि प्रधानमंत्री के पिता, मियाँ मोहम्मद शरीफ, दोनों मुल्कों के आर्थिक सम्बन्ध बेहतर बनाना चाहते हैं लेकिन इसके लिए नवाज शरीफ अपनी गद्दी तो खतरे में नहीं डालेंगे। इसीलिए उन्हें कश्मीर पर कुछ ऐसी बात कहनी पड़ी, जो लाहौर बस के लिए बम बन सकती थी। उन्होंने जगह भी बिलकुल सही चुनी। 'नवा-ए-वक्त' का समारोह, यह 'नवा-ए-वक्त' क्या है ? यह लाहौर का वह अखबार है, जिसके मालिक मजीद निज़ामी कहा करते थे कि 'अगर मैं हिन्दुस्तान जाऊँगा तो फौज के टैंक पर बैठकर।' वे इतने कट्टर भारत-विरोधी हैं कि लाहौर जानेवाले भारतीय नेताओं, विशेषज्ञों और पत्रकारों से भी वे बात करना पसंद नहीं करते। कश्मीर लॉबी को हवा देनेवालों में मजीद साहब सबसे आगे हैं। अटलजी की बस यात्रा के पाँच दिन पहले नवाज शरीफ से मिलने के पहले मैं मजीद चाचा से मिलने गया (उनके भतीजे आरिफ जो कि 'नवा-ए-वक्त' के संपादक हैं और मेरे हमउम्र हैं, कहते हैं, पता नहीं चाचा जान को आपसे कोई परहेज क्यों नहीं होता।) मजीद चाचा ने मुझे चलते-चलते कहा

'अपने दोस्त मियाँ साहब (नवाज शरीफ) को बोल देना कि इसी लाहौर में उनकी जमानत जब्त हो जाएगी।' मजीद निजामी नाराज थे कि नवाज शरीफ कश्मीर से ज्यादा महत्त्व परमाणु सद्भाव और आर्थिक सहयोग को दे रहे हैं। इन्हीं मजीद निजामी के समारोह में अगर नवाज शरीफ कश्मीर पर जो बोले, वह नहीं बोलते तो कहाँ बोलते ? नवा-ए-वक्त वह अखबार है, जिसने नवाज शरीफ को नेता बनाया है। क्या उसकी इतनी खुशामद भी नहीं की जाएगी ?

भारतीय विदेश मंत्रालय ने बड़ा नपा-तुला जवाब दिया। उसने कहा कि अटलजी ने लाहौर यात्रा के दौरान नवाज शरीफ से आत्मनिर्णय के बारे में कोई बात नहीं की। यानी बात आई-गई हो गई। उसने तूल नहीं पकड़ा। ये बात दूसरी है कि नवाज की बात को उनके विरोधी पकड़कर बैठ जाएँ और उन्हें रोज तंग करें। जहाँ तक मियाँ नवाज का सवाल है, ढाका जाते हुए विमान से जो संदेश अटलजी को उन्होंने भेजा, उसमें लाहौर-भावना का पूरा-पूरा सम्मान और अटलजी के लिए एहतराम दिखाई पड़ता है। ढाका के 'मुस्लिम अष्टक' के उद्घाटन के समय भी उन्होंने कश्मीर को मुख्य मुद्दा बताया लेकिन लाहौर-भावना के भी गीत गाए। मियाँ नवाज शरीफ को ये नरम-गरम सुर एक साथ लगाने होंगे। यह नवाज की मजबूरी है। उनकी ज्यादा है, अटलजी की कम ! अटलजी को भी महावीर वाटिका समारोह में कहना पड़ा कि भारत अब एक इंच जमीन भी किसी को नहीं दे सकता। उन्होंने जरा ज्यादा सावधानी बरती। कश्मीर का नाम तक नहीं लिया। नवाज के बयान का जिक्र तक नहीं किया। नवाज अगर इससे भी सख्त बयान दे दें तो हमें आश्चर्य नहीं होना चाहिए, क्योंकि पाकिस्तान में कश्मीर लॉबी का जितना जोर है, भारत में अखंड भारत लॉबी का नहीं है। पाकिस्तान की फौज, गुप्तचर सेवा, प्रशासन और मीडिया में कश्मीर एक धंधे की तरह दनदनाता है। पाकिस्तान में हजारों लोगों ने कश्मीर को धंधा बना रखा है। यदि कश्मीर पर बात चलती रहे तो गोलियाँ कैसे चलेंगी, विदेशी हथियार कैसे मिलेंगे, तस्करी की अनदेखी कैसे होगी, मादक द्रव्यों का व्यापार कैसे फलेगा-फूलेगा ? इसके अलावा पिछले पचास साल की पाकिस्तानी राजनीति में कश्मीर एक जबर्दस्त शगूफा रहा है। अन्दरूनी राजनीति के लिए और विदेशी राजनीति के लिए भी। बस आश्चर्य यही है कि 1997 में हुआ पिछला चुनाव शायद एक मात्र चुनाव था जिसमें कश्मीर मुद्दा नहीं बना। उस चुनाव के वक्त पाकिस्तान में मैंने दर्जनों चुनाव सभाएँ सुनीं। कश्मीर का जिक्र तक नहीं होता था उनमें ! भ्रष्टाचार बड़ा मुद्दा था, उस समय ! नवाज शरीफ ने चुनाव के एक दिन पहले लाहौर के पास बने रायविंड के फार्म हाउस में एक बड़ा धमाका कर दिया। जो मुद्दा नहीं था, उसे मुद्दा बना दिया। मियाँ नवाज उनके छोटे भाई शाहबाज़ (अब पंजाब के मुख्यमंत्री) और बड़े मियाँ साहब से लगभग आधा घंटा मेरी अन्तरंग वार्ता हुई। मेरी राय थी कि प्रचंड बहुमत से जीतेंगे। इस पर बड़े मियाँ ने कहा, "इस बार नवाज अगर वजीरे आजम बन गया तो इंशा अल्लाह कश्मीर का हल निकालेंगे और भारत

से ताल्लुकात भी सुधारेंगे।" इफ्तार के बाद जब भोजन शुरू हुआ तो बड़े हॉल में मियाँ नवाज उसी टेबल पर आ बैठे, जहाँ मैं दो-तीन जापानी पत्रकारों के साथ बैठा हुआ था। मियाँ साहब ने उर्दू में मुझसे पूछा कि 'आपकी हमारी बात को पब्लिक कर दिया जाए तो क्या हर्ज है ?' मैंने कहा 'हर्ज तो कुछ नहीं लेकिन हिम्मत की बात है। कहीं चुनाव में उल्टा असर न पड़े।' इस पर नवाज शरीफ ने सारे पाकिस्तानी पत्रकारों को हमारी मेज के चारों तरफ खड़ा कर लिया और वही बयान दे दिया जो उनके मोहतरम वालिद साहब ने मुझसे कहा था। दो बड़े पाकिस्तानी पत्रकारों ने मेरे कान में कहा, 'कल सुबह चुनाव में मियाँ साहब की लुटिया डूब जाएगी।' लेकिन हुआ क्या ? नवाज शरीफ जितने प्रचंड बहुमत से जीते, पाकिस्तान का कोई भी प्रधानमंत्री कभी नहीं जीता। चारों प्रांतों में भी उन्हीं की सरकारें बनीं।

वास्तव में कश्मीर से पाकिस्तान की जनता थक चुकी है। बांग्लादेश बनने के बाद उसे दो बातें समझ में आ गई हैं। एक तो कश्मीर की घाटी अब युद्ध लड़कर भारत से छीनी नहीं जा सकती और दूसरी द्विराष्ट्रवाद का नारा फेल हो गया है। इसके अलावा पाकिस्तान के कब्जे में जो कश्मीर है, उसकी इतनी दुर्दशा है कि उसे दिखाकर भारत के कश्मीरियों को लुभाया नहीं जा सकता। ऐसी हालत में बेहतर यही है कि कश्मीर पर भारत से बात की जाए। दोनों देशों के परमाणु बमों ने इसे और भी जरूरी बना दिया है। कश्मीर के चलते कहीं पाकिस्तान ही खत्म न हो जाए, यह डर भी वहाँ फैल रहा है। कश्मीर ने हमें क्या दे दिया, यह सवाल हर पाकिस्तानी पूछता है। हर पाकिस्तानी के दिल में यह इच्छा है कि कश्मीर समस्या हल हो लेकिन उसकी वजह से आवागमन, यातायात, व्यापार वगैरह ठप क्यों किए जाएँ ? यहाँ असली प्रश्न यह है कि पचास वर्षों में जो जहर उगला गया है, उसको कंठ में कौन धारण करे ? बिल्ली के गले में घंटी कौन बाँधे ? यह बीड़ा मियाँ नवाज ने चुनाव के एक दिन पहले ही उठा लिया था और अब अटलजी को लाहौर बुलाकर उन्होंने सारी दुनिया में घंटनाद कर दिया कि कश्मीर को अपशकुन नहीं बनने दिया जाएगा। यह इतिहास का विचित्र संयोग है कि कश्मीर पर तलवार भाँजनेवाले नवाज शरीफ और अखंड भारत का नारा देनेवाले अटलबिहारी वाजपेयी ने यह नई शुरुआत की है। इस नई शुरुआत के रास्ते में कई रोड़े आएँगे। कांग्रेसी यहाँ पूछ रहे हैं कि अटलजी ने गुपचुप क्या सौदा किया है, जरा संसद को बताएँ और उधर सारे विरोधी दल मियाँ नवाज को चक्रव्यूह में फँसाने की कोशिश कर रहे हैं। ऐसे में दोनों को बहुत धैर्यवान और बहुत लचीला बनना पड़ेगा। जरा-सा अतिवादी बयान बड़ी-सी मुसीबत को न्यौता दे सकता है। जरा-सी दरार, बड़ी-सी खाई बन सकती है। यहाँ सबसे जरूरी यह है कि दोनों देशों के नेता आपस में सीधा संपर्क रखें, गलतफहमी बिलकुल पैदा न होने दें। अखबार और सरकार के तंत्र के साथ-साथ 'अनौपचारिक धारा' (बैक चैनल) का भी पूरा-पूरा उपयोग करें। भारत से दर्जनों विशेषज्ञ पाकिस्तान तुरन्त भेजे जाने चाहिए, जो वहाँ जाकर नीति-निर्माताओं को समझाएँ कि यह नई

शुरुआत पाकिस्तान के लिए कितनी अधिक लाभकर है। सांसदों, पत्रकारों, लेखकों, कलाकारों तथा अन्य व्यवसायियों के संयुक्त सम्मेलन बड़े पैमाने पर शीघ्रातिशीघ्र आयोजित किए जाने चाहिए। दोनों देशों के सम्बन्धों के बिगाड़ का जहर इतना गहरा पैठा हुआ है कि अकेले प्रधानमंत्रियों के बस की बात नहीं कि उसे सूँतकर बाहर निकाल सकें। दोनों राष्ट्रों के समाजों के सभी महत्त्वपूर्ण अंगों को इस दिशा में सक्रिय होना होगा। अटलजी की बस बिना तैयारी के लाहौर पहुँच गई। वे भाग्यशाली हैं लेकिन अब भी अगर वे आलस्य दिखाएँगे तो इस बस के उलटने में कितनी देर लगेगी। खैर है कि अभी वह पंचर होते-होते बच गई।

भारत-पाक के बीच बढ़ाया जाय आपसी सहयोग

मियाँ नवाज शरीफ ने पिछले दो साल में पहले राष्ट्रपति के पंख कतरे, फिर फौज के अधिकार सीमित किए, अदालतों से लोहा लिया और परमाणु परीक्षण कर सामरिक दृष्टि से पाकिस्तान को भारत की बराबरी पर ला दिया। इसके बाद अब उन्होंने बस-यात्रा का आह्वान किया। अटलजी की बस तो लाहौर पहुँच गई, लेकिन कूटनीति की बस को आगे बढ़ने में अभी बहुत-सी खाइयों और खंदकों का सामना करना पड़ेगा। न सिर्फ अटलजी और मियाँ नवाज शरीफ के रास्ते में उनके विरोधी रोड़े अटकाएँगे बल्कि महाशक्तियाँ भी कोशिश करेंगी कि भारत-पाक सम्बन्ध कहीं सच्ची दोस्ती में न बदल जाएँ।

अगर यह सिर्फ बस-यात्रा ही रहती तो भी खूब होती, लेकिन जो हो गई, वह बस यात्रा से कहीं अधिक थी। जिस सीमा पर युद्ध के नगाड़े पिटते थे, उस पर सद्भाव की बंसी बजने लगी है। जो पाकिस्तान भारत से 'हजार साल तक' लड़ते रहना चाहता था उसने भारतीय प्रधानमंत्री के स्वागत में हजार पलकें बिछा दीं। अटलजी और नवाज शरीफ दोनों का ही कद अपने पद से कहीं ऊँचा हो गया। प्रधानमंत्री तो दोनों हैं ही अपने-अपने देशों के लेकिन अब वे दक्षिण एशिया के नेता बन रहे हैं। दोनों ही विश्व के नक्शे पर नया दक्षिण एशिया गढ़ रहे हैं। अभी तो क्या क्लिंटन, क्या टोनी ब्लेयर, क्या येल्तसिन, क्या चीनी नेता और क्या योरपीय समुदाय, सभी भारत-पाक जुगलबंदी पर वाह-वाह कर रहे हैं।

गत वर्ष मई में जब दोनों देशों ने परमाणु विस्फोट किए, तो याद कीजिए कि दोनों नेताओं का क्या हाल था। दोनों के चेहरों पर हवाइयाँ उड़ रही थीं। दोनों को पता नहीं था कि जो छलाँग उन्होंने लगाई है, वह उन्हें कहाँ ले जाएगी। परमाणु बम के बावज़ूद दोनों नेता अपनी-अपनी जनता के महानायक नहीं बन पाए। लेकिन अब देखिए कि फरवरी में क्या हुआ। लाहौर की धूप में चाँदनी बरस रही थी। दो अलग-अलग पीढ़ियों के नेता ताजा गुलाब की तरह खिले हुए थे। इस खिलखिलाहट को क्या अटलजी और नवाज शरीफ के प्रतिद्वंद्वी और दुनिया के चौधरी-राष्ट्र बर्दाश्त कर पाएँगे।

किसे पता था कि अखंड भारत का नारा देनेवाली पार्टी के नेता मीनार-ए-पाकिस्तान पर खड़े होकर यह कहेंगे कि पाकिस्तान मजबूत रहे, खुशहाल रहे, अक्षुण्ण रहे। ये शब्द किसी भारतीय प्रधानमंत्री के मुँह से सुनने के लिए करोड़ों पाकिस्तानी पिछले

52 साल से तरस रहे थे। अटलजी ने मुँह क्या खोला, भारत-विरोधी लाखों मुँह बंद कर दिए। बँटवारे के समय से ही हर पाकिस्तानी के दिमाग में यह बात कूट-कूट कर भर दी गई थी कि सरकार काँग्रेसियों की हो या जनसंघियों की, वह पाकिस्तान को खत्म करके ही दम लेगी। 'हिन्दू इंडिया' ने 1948 में कश्मीर झपट लिया, 1971 में पाकिस्तान के दो टुकड़े कर दिए और अब वह इसके चार टुकड़े करनेवाला है। उसे पाकिस्तान का वजूद फूटी आँखों नहीं सुहाता। भारत अखंड होकर रहेगा। पाकिस्तान की सार्थकता इसी में है कि वह भारत को खंड-खंड कर दे। इसी भावना के चलते पाकिस्तान ने कभी नगा नेता फिजो को हवा दी, तो कभी मिजो नेता ललदेंगा को और कभी खालिस्तान के छुटभय्यों को! कश्मीर की गीली लकड़ी को तो वह हमेशा ही सुलगाता रहा। इस्लामाबाद में जनरल ज़िया ने दो-तीन शोध संस्थान खोल दिए थे, जिनका मुख्य काम यह जानना और बताना भी था कि भारत कब बिखरेगा, कैसे बिखरेगा। उस जमाने में जब मेरे जैसे शोधार्थी उन्हें समझाते थे कि पाकिस्तान की मजबूती भारत की मजबूती है, तो उन्हें लगता था कि यह बात वहाँ मेहमान के नाते लिहाज़दारी में कहीं जा रही है। यह लेखक 1983 में जनरल ज़िया-उल-हक और तत्कालीन विदेश सचिव अब्दुल सत्तार (वर्तमान विदेश मंत्री) के निमंत्रण पर पहली बार पाकिस्तान गया और वहाँ अनेक प्रमुख विशेषज्ञों, राजनेताओं तथा सम्पादकों से उसने मुक्त विचार-विमर्श किया। जब यही बात 1981 में विदेशमंत्री श्री नरसिंहराव ने प्रकारांतर से पहली बार कराची में कही, तो पाकिस्तान के लोग अचकचा गए और हमारी साउथ ब्लॉक (विदेश मंत्रालय) में हल्का-सा भूकंप आ गया। इंदिराजी ने उनसे विदेश मंत्रालय छीनकर शिक्षा मंत्रालय टिका दिया। पाकिस्तानियों का संदेह और भी मजबूत हो गया, लेकिन अब श्री अटलबिहारी वाजपेयी के लाहौर भाषण ने पीढ़ियों से चले आ रहे इस संदेह को दूर करने का प्रयास किया है। फौज के जिन जनरलों ने वाघा पर सलाम बजाना ठीक नहीं समझा, उन्होंने लाहौर के गवर्नर हाउस में भारतीय प्रधानमंत्री का गर्मजोशी से इस्तकबाल किया। आम पाकिस्तानी के दिल पर कितना अच्छा प्रभाव पड़ा होगा, इसका अंदाजा आप स्वयं लगा सकते हैं।

इसी तरह कश्मीर के जिस मुद्दे को पाकिस्तान ने जीवन-मरण का सवाल बना रखा था, हम उसे छूने से इंकार करते थे। पाकिस्तान कहता था, पहले कश्मीर पर बात करो, तब किसी अन्य मुद्दे पर बात होगी और हम कहते थे कि कश्मीर तो हमारा अटूट अंग है, उस पर बात करने का सवाल ही नहीं उठता। दोनों तरफ से बात-बात में जुबान कटती थी। अब श्री अटलबिहारी वाजपेयी ने यह कहकर कि अन्य मुद्दों के साथ भारत कश्मीर पर भी बात करेगा, पाकिस्तान की प्रेत-बाधा हर ली है। अब गोलियों की जगह बातें चलेंगी और तोपों की जगह तर्क! ये तर्क कभी-कभी तोप और तलवार से भी ज्यादा जहरीले हो सकते हैं।

पाकिस्तानी विदेश मंत्रालय का यह कहना ठीक है कि नवाज शरीफ कश्मीर

विवाद को मान्यता दिलवाने में सफल रहे हैं, लेकिन उसका यह कहना सही नहीं है कि भारत ने यह मान लिया कि कश्मीर उसका अटूट अंग नहीं है। कश्मीर विवाद है, यह बात तो श्रीमती इंदिरा गांधी और श्री ज़ुल्फिकार अली भुट्टो ने भी 1972 के शिमला समझौते में मानी थी। अब सिर्फ यह हुआ है कि उसे बातचीत के जरिए हल करने का रास्ता खुल गया है। बातचीत के दरवाजे दोनों तरफ से बंद थे। एक दरवाजा भारत ने बात नहीं करके बंद कर रखा था और दूसरा दरवाजा पाकिस्तान ने कश्मीर में अपनी कारस्तानियों से बंद कर रखा था। दोनों बंदिशें अब खत्म होने को हैं, क्या यह क़म बड़ी उपलब्धि है ? यह किसे पता नहीं है कि कश्मीर पर बात चलेगी, तो वह बहुत दूर तलक जाएगी ? प्रतिदिन ऐसी बयानबाजियाँ होंगी कि लगेगा कि बात अब टूटी कि तब टूटी। दोनों देशों और नेताओं का फायदा इसी बात में है कि वे कश्मीर के सवाल को लंबे समय तक लटकाए रखें। बस बात न टूटे, यह जरूरी है। इसका श्रेय नवाज शरीफ को है कि उन्होंने कश्मीर को पाकिस्तान के कोप-भवन में से उठाकर बात-भवन में बिठा दिया है। कश्मीर के सवाल पर उन्हें अपूर्व संयम और सूक्ष्म विवेक का परिचय देना होगा।

कश्मीर के साथ-साथ अब सियाचिन, वूलर, सर-क्रीक आदि सवालों पर तो बात होगी ही, छोटे-मोटे मुद्‌दों पर भी बातों की पगडंडियाँ खुल जाएँगी। कश्मीर पर कहा-सुनी तो जमकर होगी, लेकिन वह अब दोनों देशों के बीच अपशकुन बनकर आड़े नहीं आएगा। बताइए, जिस द्विराष्ट्रवाद के आधार पर कश्मीर का सवाल उठाया जाता रहा है, क्या वह अपने-आप दरी के नीचे नहीं सरक गया है ? जिस मुद्‌दे पर जिन्ना ने पाकिस्तान माँगा था, क्या आज उसका कोई जिक्र भी कर रहा है ? इतिहास के प्रचंड प्रवाह ने नेताओं द्वारा खड़े किए गए नकली बाँधों को तोड़ दिया है। दोनों देश बेताब हैं, उन सब दीवारों को ढहाने के लिए जो मजहब, नफरत और भय के आधार पर खड़ी की गई थीं। इन दीवारों को स्वयं क़ायदे-आज़म जिन्ना ढहाना चाहते थे। उन्होंने पाकिस्तान एसेंबली के अपने पहले भाषण में यह इरादा जाहिर भी किया था, लेकिन 'अखंड भारत' की आत्मनिर्मित प्रेत-बाधा ने अब तक के सभी पाकिस्तानी नेताओं को लकवाग्रस्त कर रखा था। गांधी, नेहरू और लोहिया के भारत-पाक एका के बयानों को भी वे अपनी इस प्रेत-बाधा की तोप का भूसा बनाए रखते थे। अब स्थिति बदल गई है।

साहस दोनों ने किया है, लेकिन नवाज शरीफ का साहस गौर करने लायक है। एक तो बस-यात्रा का आह्वान और फिर उस पर लाहौर घोषणा, क्या इस बात का सबूत नहीं कि पाकिस्तान के प्रधानमंत्री ने अपनी कुर्सी ही दाँव पर लगा दी है ? बस-यात्रा के पाँच दिन पहले लाहौर में 'नवा-ए-वक्त' के अत्यंत प्रभावशाली संपादक श्री मजीद निजामी ने मुझसे कहा, 'अपने दोस्त मियाँ साहब को बता देना कि अगर कश्मीर पर उन्होंने कोई ढील दी, तो इसी लाहौर में उनकी जमानत जब्त हो जाएगी।' पाकिस्तान में क्या फौज, क्या प्रशासन, क्या गुप्तचर विभाग, क्या विदेश

मंत्रालय और क्या बाजार, सभी दूर कश्मीर लॉबी दनदनाए रहती है। अखबार और टीवी भी किसी से पीछे नहीं हैं।

अब दोनों पक्षों ने परमाणु युद्ध से बचने के लिए लाहौर घोषणा में जिन प्रयत्नों और प्रबन्धों का संकल्प किया है, उनकी तारीफ में सारी दुनिया कसीदे काढ़ रही है। फिर भी पाकिस्तान में लगभग हर आदमी ने बस-यात्रा के एक हफ्ते पहले मुझसे यह पूछा कि लाहौर में जो कुछ होनेवाला है, क्या उसके पीछे अमेरिकी इशारा नहीं है ? मैंने हर जवाब में यही कहा कि कम से कम भारत किसी के इशारे पर काम करने का आदी नहीं है। लेकिन इधर दो संदेह उत्पन्न हो गए है–एक तो सीटीबीटी पर दोनों पक्षों की चुप्पी और उधर अमेरिकी विदेश मंत्रालय द्वारा लाहौर घोषणा की भूरि-भूरि प्रशंसा। अमेरिका समझ रहा है क्रि उसका काम पूरा हुआ। अब दोनों मुल्क सीटीबीटी पर भी हस्ताक्षर कर देंगे। यह बात अमेरिकी विदेश मंत्री अलब्राइट ने खुलेआम कह भी डाली। उन्होंनें बर्र के छत्ते में हाथ डाल दिया। यदि लाहौर घोषणा का मतलब यही है तो भारत के लिए इससे अधिक दुर्भाग्यपूर्ण बात कोई और हो नहीं सकती। यह संतोष की बात है कि भारतीय विदेश मंत्री ने संसद में अलब्राइट से असहमति जताई है।

सीटीबीटी पर भारत का असली रवैया क्या है, यह पाकिस्तानियों को सचमुच पता ही नहीं था। श्रीमती बेनजीर भुट्टो ने 13 फरवरी को इस्लामाबाद में सीटीबीटी पर मेरी राय सुनकर कहा कि अगर आपसे सुबह ही बात हो जाती तो मैं आज दोपहर को (दोनों देशों के सांसदों को संबोधित करते हुए) यह नहीं कहती कि भारत और पाकिस्तान दोनों मिलकर सीटीबीटी पर दस्तखत कर दें। इसी प्रकार पाकिस्तान से भारत आते हुए मुझसे लाहौर हवाई अड्डे पर प्रधानमंत्री नवाज शरीफ और उनके भाई मुख्यमंत्री शाहबाज शरीफ ने कहा, सीटीबीटी पर भी हम लोग समान रवैया अपनाना चाहते हैं, लेकिन आपकी सरकार क्या चाहती है, यह हमें ठीक से पता नहीं। अब जबकि दोनों देशों ने परमाणु-संयम का अनुपम उदाहरण प्रस्तुत कर दिया है, उन्हें यह नैतिक अधिकार मिल गया है कि वे पाँचों परमाणु-सम्पन्न राष्ट्रों से आग्रह करें कि वे सीटीबीटी जैसी घिसीपिटी संधि को भूल जाएँ और उसकी जगह एक ऐसी संधि तैयार करें, जो दुनिया के वर्तमान परमाणु शस्त्रों को घटाने में ठोस योगदान करे। यह है, लाहौर से भी आगे जाने का रास्ता।

आपसी सहयोग के ये सब प्रयत्न तेजी से सफल तभी होंगे, जब दोनों देश विदेश-नीति सम्बन्धी कुछ महत्त्वपूर्ण मुद्दों पर समान दृष्टिकोण अपनाने की कोशिश करेंगे। सीटीबीटी तो है ही, उसके अलावा अफगानिस्तान, ईरान, मध्य एशिया, चीन और दक्षेस-मामलों के बारे में भी हमारे दोनों देशों के नीति-निर्मार्ताओं और विशेषज्ञों को खुलकर विचार करना चाहिए। इन सभी क्षेत्रों में हम लोग हमेशा एक-दूसरे की टाँग खींचते रहे हैं। अगर यह टाँग-खिंचाई अब भी चलती रही तो आपसी मामलों में फिसलने के अंदेशे बढ़ जाएँगे। जरा-सी दरार बड़ी-सी खाई बन सकती है। दोनों

देशों की आंतरिक राजनीति में ऐसे अनेक विघ्नसंतोषी तत्त्व हैं, जो बात का बतंगड़ बनाने में माहिर हैं। उनके अलावा क्या महाशक्तियाँ इस बात से सचमुच खुश होंगी कि भारत और पाकिस्तान कंधे से कंधा मिलाकर चलें ?

यदि अफगानिस्तान में हम दोनों मिलकर शान्ति स्थापित कर सकें तो मध्य एशिया के खजाने दक्षिण एशिया पर अपने-आप बरसने लग जाएँगे। तेल, गैस और बहुमूल्य खनिज पूरे दक्षिण-एशिया का कायाकल्प कर देंगे। सवा अरब आबादीवाला दक्षिण एशिया दुनिया का एक नया शक्ति-केन्द्र बनकर उभरेगा।

सरताज़ अजीज़ को सुनाएँ खरी-खरी

पाकिस्तान के विदेश मंत्री श्री सरताज़ अजीज़ आखिरकार भारत आ ही रहे हैं। यह अजूबा है ? क्यों है ? इसीलिए है कि अब से पहले जब भी दोनों पड़ोसियों में कोई तकरार होती थी तो आपस में बात करने की बजाय पाकिस्तानी नेता पहले वाशिंगटन, लंदन और पेइचिंग की तरफ दौड़ लगाने लगते थे। पेइचिंग तो श्री अजीज़ इस बार भी जा रहे हैं लेकिन यह ख्याल उनके दिमाग में बहुत देर से आया और भारत यात्रा की तिथि पक्की होने के बाद आया। भारत आने का आग्रह वे करगिल (कारगिल नहीं) के शुरू से ही कर रहे हैं। भारत ने उन्हें टाला, इसका भी उन्होंने बुरा नहीं माना। भारत तारीख देकर मुकर गया, इसे भी वे पी गए। दुबारा दी हुई तारीख पर अब वे नई दिल्ली आ रहे हैं। तब भी आ रहे हैं जबकि भारतीय प्रधानमंत्री ने साफ-साफ कह दिया है कि करगिल के अलावा अगर उन्होंने कोई और बात की तो बात शुरू होने के पहले ही खत्म हो जाएगी।

आखिर सरताज़ अजीज भारत क्यों आ रहे हैं ? क्या भारत का विदेश मंत्रालय यह उम्मीद लगाए बैठा है कि सरताज़ अजीज़ घुसपैठियों की वापसी का कोई टाइम-टेबल साथ लेकर आएँगे ? क्या रक्षा मंत्री उन्हें घुसपैठियों की 'सुरक्षित वापसी' का संधि-पत्र देने की तैयारी कर रहे हैं ? अगर ऐसा हो तो हमारी सरकार के मुँह में घी-शक्कर ! हो सकता है कि अमेरिकी प्रशासन ने इस तरह के कुछ अस्पष्ट संकेत विदेश मंत्रालय को दिए हों लेकिन यह कौन नहीं जानता कि स्वयं राष्ट्रपति बिल क्लिंटन के पाँच टेलीफोनों के बावजूद पिछले साल मई में नवाज़ शरीफ को बम-विस्फोट करने के लिए मजबूर होना पड़ा था। कश्मीर का सवाल तो और भी संगीन है। यदि नवाज़ सरकार ने घुसपैठियों की वापसी का आश्वासन दे दिया तो पाकिस्तान की फौज, गुप्तचर विभाग, मुल्ला-मौलवी वर्ग और अफगान तालिबान एक साथ नवाज़-सरकार पर टूट पड़ेंगे। इसके अलावा सारी दुनिया को भी यह पता चल जाएगा कि घुसपैठियों और आतंकवादियों का असली सरगना कौन है ? करगिल का आत्म-स्वीकार उन्हें काबुल में भारी पड़ जाएगा। सारे पश्चिमी देशों में पाक-विरोधी लहर इसीलिए फैली हुई है कि उसने अफगानिस्तान को विश्व-आतंकवाद की प्रयोगशाला बना रखा है। सारी दुनिया में फैले अफगान आतंकवाद का ढोल भी नवाज़-सरकार के सिर ही फूटेगा। ऐसी भूल पाकिस्तान क्यों करेगा ?

तो फिर सरताज़ अजीज़ को भारत क्यों भेजा जा रहा है ? यह नवाज़ शरीफ़

की मजबूरी है। मजबूरी ऐसी है कि भारत यदि कोई और भी कड़ी शर्त रख देता तो पाकिस्तान उसकी भी अनदेखी कर देता और अपने विदेश मंत्री को भारत भेजता। यह मामूली बात नहीं कि उसने भारतीय पायलट नचिकेता को आसानी से रिहा कर दिया। यह भी गौर करने लायक है कि करगिल के मामले में पाकिस्तान की सरकार बड़ी दबी ज़ुबान से बात कर रही है। न कहीं कोई बड़बोला है और न कोई युद्धोन्माद ! करगिल, द्रास और बटालिक की पहाड़ियों पर 'मुजाहिदीन' के कब्जे पर पाकिस्तान में वैसी उछल-कूद भी दिखाई नहीं पड़ रही, जैसी कि भारत के खिलाफ क्रिकेट-मैच जीतने पर दिखाई पड़ती है। इधर पाकिस्तान के लगभग सभी प्रमुख अख़बारों के सम्पादकीय और लेख मैं ध्यान से पढ़ रहा हूँ। उनमें से भी ऐसी गंध नहीं आती कि मानो नवाज़-सरकार ने कोई बड़ा तीर मारा हो। एक अलस असमंजस का भाव सभी विश्लेषणों में पसरा पड़ा है। लगभग सभी पाकिस्तानी राजनैतिक चिन्तक इस बात पर जोर दे रहे हैं कि मामला बातचीत से हल होना चाहिए और किसी भी हालत में इन मुठभेड़ों को युद्ध का रूप धारण नहीं करने दिया जाना चाहिए। ऐसा लगता है कि जितनी चिन्ता भारतीयों को है, उससे ज्यादा पाकिस्तानियों को है।

असलियत तो यह है कि घुसपैठियों का मामला ज़रा टेढ़ा पड़ गया है। नवाज़ शरीफ से यह न निगलते बन रहा है न उगलते ! जॉर्ज फर्नांडीज़ की यह बात ऊपरी तौर पर ठीक दिखाई पड़ सकती है कि सारे मामले में नवाज़ शरीफ का कोई हाथ नहीं है। ऐसा इसलिए मान लिया जाता है कि पाकिस्तान में फौज और गुप्तचर विभाग लगभग स्वायत्त रहे हैं। भारत में बहुत कम लोगों को यह बात पता है कि पाकिस्तान के सेनापति और प्रधानमंत्री में यदि भेंट जरूरी हो तो प्रधानमंत्री को सेनापति के मुख्यालय रावलपिंडी जाना पड़ता है, सेनापति प्रधानमंत्री से मिलने इस्लामाबाद नहीं आता। इसी प्रकार गुप्तचर विभाग (इंटर सर्विसेस इंटेलिजेंस) इतना स्वायत्त है कि सत्तारूढ़ प्रधानमंत्री और राष्ट्रपति की जानकारी के बिना विरोधी दल के नेताओं को करोड़ों की थैलियाँ पहुँचा देता है ताकि वे अपनी सरकार बना सकें। इसी आधार पर जॉर्ज ने नवाज़ शरीफ़ को मासूमियत का प्रमाण-पत्र दे डाला लेकिन वे यह भूल गए कि नवाज़ शरीफ कोई जतोई, मोईन कुरेशी, मज़ारी और यहाँ तक कि बेनज़ीर जैसे प्रधानमंत्री नहीं हैं। वे अपूर्व बहुमत से चुने गए हैं और उन्होंने प्रधानमंत्री बनते ही राष्ट्रपति, सेनापति और सर्वोच्च न्यायाधीश, सभी को उलट दिया है। गुप्तचर विभाग सहित इन सभी पदों पर उन्होंने अपने चहेतों को बैठाया है और वे परमाणु-बम का विस्फोट करनेवाले युग-नायक नेता है। ऐसे प्रधानमंत्री की आँख में धूल झोंककर क्या अफगान, फलिस्तीनी, ट्यूनिसियाई और कश्मीरी आतंकवादी करगिल में घुस सकते हैं ? क्या किसी अन्तरराष्ट्रीय युद्ध की बारूद में पटाखा रख सकते हैं ? जाहिर है कि नवाज़ शरीफ की शीरींज़ुबानी (मिठबोली) कारगर हो गई है। कवि-हृदय अटलजी और ट्रेड-यूनियन नेता जॉर्ज भी नवाज़ की फिसलपट्टी पर

फिसल गए! तोप से भी बड़ा काम टेलीफोन ने किया।

दोनों नेताओं ने मान लिया कि नवाज़ शरीफ़ मासूम हैं। लेकिन जब करगिल के गाँवों पर तोपों के गोले बरसने लगे, वर्दीधारी पाक-सैनिकों के शव पकड़े गए और घुसपैठियों का अथक दुस्साहस देखा गया तो हमारे नेताओं को समझ में आ गया कि घुसपैठियों के पीछे कौन है? स्पष्ट है कि उनके पीछे पाकिस्तानी सरकार है, पाकिस्तानी फौज है और गुप्तचर सेवा है। मियाँ नवाज़ लाख कहें कि उनका कोई कसूर नहीं है लेकिन गाज़ उन्हीं के सिर पर गिर रही है। छवि उन्हीं की चकनाचूर हो रही है।

लाहौर-बस की कूटनीति ने नवाज़ शरीफ का कद इतना ऊँचा कर दिया था कि इक़बाल अहमद जैसे चिन्तक उन्हें नोबेल पुरस्कार योग्य मानने लगे थे। लाहौर-बस करगिल पहुँचकर क्या अविश्वास की खाई में नहीं गिर गई है? नई दिल्ली की ऐसी कौन-सी सरकार है, जिसे भारत की जनता यह अधिकार देगी कि वह अब पाकिस्तान सरकार पर विश्वास करे? नेहरूजी को धोखा दिए, चीन को चालीस वर्ष हो गए लेकिन अब भी पुरानी गर्मजोशी लौटी नहीं, क्या अटलजी ने जो धोखा खाया है, उसे भारत आसानी से भूल जाएगा? करगिल ने जितनी चोट अटल-सरकार को पहुँचाई, उससे कहीं ज्यादा नवाज़-सरकार को पहुँचाई है। अगर पहली सरकार भौंदू सिद्ध हुई है तो दूसरी की छवि या तो नपुंसक की बन गई है या धूर्त्त की! भारत में भौंदूपन को उतना बुरा नहीं माना जाता। 1962 में चाऊ-एन-लाई के हाथों हम भौंदू बने थे, 1965 में अयूब बातों ही बातों में हमारे जीते हुए इलाके निकाल ले गए थे और 1972 में लाखों युद्धबंदियों के बदले भुट्टो भी भारत को नियंत्रण-रेखा की खाली पुड़िया थमा गए थे। अब करगिल में घुसपैठियों को घुस आने देनेवाली सरकार को भारत में सब दया-दृष्टि से देख रहे हैं लेकिन पाकिस्तानी हैरान हैं कि मियाँ नवाज़ शरीफ को क्या हुआ है? उन्होंने यह जुआ क्यों खेला है? उनके नियुक्त किए हुए सेनापति जनरल परवेज़ मुशर्रफ के आगे उन्होंने घुटने क्यों टेक दिए हैं? फौज के आगे वे भीगी बिल्ली क्यों बने हुए हैं? क्या फौज उनका तम्बू उखाड़नेवाली है?

पाकिस्तान का इतना महाप्रतापी प्रधानमंत्री यदि अपनी फौज को काबू में नहीं रख सकता तो क्या वह केवल मुखौटा है, सिर्फ शिखंडी है, एकदम नपुंसक है और वैसा यदि नहीं है तो क्या वह परले दर्जे का धूर्त्त है, जिसने लाहौर-घोषणा की धुंध खड़ी करके करगिल पर हमला बुलवा दिया! क्या सरताज़ अजीज़ भारत सरकार से यह कहने आ रहे हैं कि पाकिस्तानी फौज हमारे काबू से बाहर है। आप ही उसे सीधा करें। क्या नवाज़ की लड़ाई अटल को लड़नी होगी?

प्रवासी पाकिस्तानियों ने मियाँ नवाज़ की काफी टाँग-खिंचाई की है। उन्होंने मोर के नाच को बड़ा खतरनाक बताया है? उन्होंने मियाँ साहब से पूछा है कि आप युद्ध का नंगा नाच नाच रहे हैं लेकिन आपने अपने पाँव भी देखे हैं या नहीं? भारत अगर चढ़ बैठा तो दो दिन में ही पाकिस्तान ढेर हो जाएगा। राष्ट्रपति क्लिंटन के

पत्र ने तो पाकिस्तान का हुलिया ही टेंट कर दिया है। पाकिस्तान को ऐसा कूटनीतिक धक्का उसके जीवन में पहली बार लगा है। अमेरिका ने न सिर्फ नियंत्रण-रेखा को मान्यता दी है बल्कि घुसपैठियों को वापस बुलाने की बात भी कही है। 'घुसपैठिए' शब्द पर जब पाकिस्तान ने एतराज़ किया तो अमेरिका ने उसे रद्द कर दिया तथा क्लिंटन के घनिष्ट सहयोगी ब्रूस राइडल ने 'घुसपैठियों' की जगह अब 'फौजों' शब्द का इस्तेमाल किया है याने उन्होंने कहा कि पाकिस्तान नियंत्रण-रेखा से अपनी 'फौजों' को वापस करे! ज़रा याद कीजिए, 1971 का वह संकट जब निक्सन ने हमारे विरुद्ध बंगाल की खाड़ी में विमानवाहक युद्धपोत 'एंटरप्राइज़' भेज दिया था। ब्रिटेन और फ्रांस भी चिढ़े बैठे हैं। रूस, खैर, हमेशा की तरह भारत के साथ है! चीन तटस्थ है, यह सबसे मज़ेदार बात है। भारत के लिए यह रहस्य है और पाकिस्तान के लिए हार्ट-अटेक! चीन को डर है कि तालिबान और मुजाहिदीन की बीमारी उसके सिंक्यांग के मुसलमानों में न फैल जाए। वह दूसरे कसोवो से आशंकित हैं। यों भी कसोवो पर भारत, चीन और रूस की नई धुरी उभर रही है जबकि इस मुद्दे पर पाक की भूमिका एकदम उलटी है। चीन किसी तरह पट जाए, इसीलिए सरताज़ अजीज़ पेइचिंग जा रहे हैं। पाकिस्तान अलग-थलग पड़ गया है। श्री अटलबिहारी वाजपेयी मुकद्दर के सिकंदर हैं। बिना कुछ किए ही भारत को दुनिया का समर्थन मिल रहा है।

जब से लाहौर-बस चली, मियाँ साहब मुसीबत में फँस गए। इस्लामी तत्त्वों ने उनकी नाक में दम कर दिया। इन तत्त्वों की चिन्ता यह थी कि अगर भारत से सम्बन्ध अच्छे हो गए तो फिर पाकिस्तान को बनाए रखने की जरूरत ही नहीं रहेगी? द्विराष्ट्रवाद कहीं दफ़न तो नहीं हो जाएगा? इसी तरह फौज, गुप्तचर सेवा, व्यापार और नौकरशाही की कश्मीर लॉबी भी हैरत में थी कि जिस आन्दोलन के चलते वह पाक विदेशी नीति की दुल्हन बनी हुई थी, वह अब लाहौर-बस के पीछे की सीढ़ियों पर लटकने को मजबूर हो गई है। इस लॉबी को एक भय और खाए जा रहा था। वह था, श्रीनगर की घाटी में निरंतर सुधरती हुई दशा! उधर अफगान तालिबान भी परेशान थे कि फालतू बैठे मुजाहिदीन को तनख्वाह कौन देगा और लूटे हुए हथियारों के जखीरे का क्या होगा। इन सबों को करगिल क्षेत्र में झोंक देना ही सर्वश्रेष्ठ उपाय था, पाकिस्तानी फौज के पास। फौज के बड़े अफसर इसीलिए भारतीय प्रधानमंत्री को सलाम करने 20 फरवरी को लाहौर नहीं पहुँचे। द्रास, करगिल, बटालिक क्षेत्र पर कब्जे का मतलब उस भारतीय सड़क को भी काट देना था, जो श्रीनगर और लेह को जोड़ती है। सियाचिन हथियाने का यह पूर्व-राग होता।

यह नहीं माना जा सकता कि फौज की इस साजिश का पता मियाँ नवाज़ को न हो। यह हो सकता है कि उन्होंने पहल न की हो लेकिन फौज की पहल से उनके कई स्वार्थ सिद्ध हो रहे थे। सबसे पहले तो कश्मीर का अन्तरराष्ट्रीयकरण होना था। इसके अलावा नियंत्रण रेखा को पाँच-दस मील आगे खिसक जाना था और आगे

खिसकी हुई सीमा पर बैठकर कश्मीर-वार्ता चलनी थी। उन्हें यह भी पता था कि करगिल की दुर्गम पहाड़ियों को लेकर परमाणु-युद्ध तो होना ही नहीं है और वास्तविक युद्ध की संभावना भी कम ही है। पहल चाहे फौज की हो, संकट के इस मौके पर सारे पाकिस्तान को उनके पीछे आ खड़े होना था, खासतौर से तब जबकि बीबीसी ने उनकी वित्तीय कारस्तानियों का भंडाफोड़ शुरू कर दिया था और नज़म सेठी की गिरफ्तारी ने सारी दुनिया में उनकी छवि को धूमिल कर दिया था। जो भी हो, पासा उलटा पड़ गया। पाकिस्तानी महसूस कर रहे हैं कि अगर पूर्ण युद्ध छिड़ गया तो पाकिस्तान नेस्तनाबूद हो जाएगा और अगर बच भी गया तो सत्ता फौज के हाथ में चली जाएगी। नवाज़ मियाँ बड़ी दुविधा में फँस गए हैं।

इस दुविधा से बच निकलने के लिए ही वे सरताज़ अजीज़ को भारत भेज रहे हैं। अजीज़ इसके अलावा क्या कहेंगे कि 'घुसपैठियों को भेजने में उनकी सरकार का कोई हाथ नहीं है। अगर आप उनको निकाल सकें तो निकाल दीजिए (गोपनीय स्वगत कथन)! बस इतना ही ध्यान रखिए कि आपकी फौजी कार्रवाई करगिल-क्षेत्र तक ही सीमित रहे।' अगर वे सिर्फ इतना ही कहें और भारत-सरकार इसे मान भी ले तो भी नुकसान भारत का ही है। किसे पता है कि अफगानिस्तान की पंजशीर घाटी में अहमद शाह मसूद के जवानों की तरह जमे हुए पाकिस्तानी घुसपैठियों को बाहर निकालने में कितने हफ्ते, कितने महीने लगेंगे। जन-धन की बड़ी हानि तो होगी ही, यदि पाकिस्तान के साथ कोई बात होगी तो उस कब्जे की छाया में ही होगी। सोचिए, उस स्थिति का कश्मीर की जनता पर क्या असर पड़ेगा? सारी दुनिया में यों भी भारत की जग-हँसाई हो रही है। आप हाथी हैं, मच्छरों को भी नहीं मार पा रहे हैं। इस स्थिति से पाकिस्तान में फौज का पव्वा और मजबूत हो जाएगा और इधर सितम्बर के चुनावों में भारत की यह पहली राष्ट्रवादी सरकार धराशायी हो जाएगी। इससे बढ़कर भारत की राजनैतिक क्षति क्या हो सकती है?

ऐसी स्थिति में सरताज़ अजीज़ का रोना-गाना सुनने के बाद उनसे कुछ साफ-साफ बात होनी चाहिए कि अगर नियंत्रण-रेखा को आप अस्पष्ट मानते हैं तो क्या हम भी उसे अस्पष्ट मानना शुरू कर दें? जहाँ तक हम घुस सकें, क्यों न घुस जाएँ? इस्राइल की तरह हम आतंकवादियों का ही नहीं, उनके अड्डों का भी सफाया क्यों नहीं कर दें ? उनसे पूछना चाहिए कि उनकी सरकार आतंकवादियों पर रोक लगाने का साहस दिखाएगी या नहीं? यदि नहीं तो 'आजाद कश्मीर' को आजाद कराने के अलावा भारत के पास कौन-सा विकल्प रह जाएगा? करगिल-क्षेत्र में अपनी जमीन पर अपने जवानों को मरवाते रहना और नियंत्रण-रेखा पर अपने जहाजों को गिरवाते रहना तो भौंदूपन की पराकाष्ठा होगी। अच्छे पड़ोसी का मतलब भौंदू पड़ोसी नहीं है।

पाकिस्तान के लिए पश्चात्ताप जरूरी

करगिल से पाकिस्तान की वापसी, बांग्लादेश में हुई पराजय से भी भयंकर है। बांग्लादेश ने पाकिस्तान के भूगोल को तोड़ा था, करगिल ने पाकिस्तान के दिलो-दिमाग को तहस-नहस कर दिया है। लाहौर-प्रक्रिया की बहाली तो छोटा-सा मुद्दा है, यक्ष-प्रश्न यह है कि पाकिस्तान एक अर्धसभ्य मध्ययुगीन राज्य की तरह रहना चाहता है या दक्षिण एशिया में एक आधुनिक और सभ्य राष्ट्र-राज्य की तरह उभरना चाहता है। करगिल और कुछ नहीं, बस उसी मध्ययुगीन मनोवृत्ति का प्रतीक है, जो घुसपैठ, लूट-खसोट और चोरी-चकारी को ही वीरता का पर्याय मानती है। जो डाकुओं की तरह आए थे, अब चोरों की तरह भाग रहे हैं। अपने किए की सज़ा पाकिस्तान खुद पा रहा है। घड़ी के काँटे उलटे घूम रहे हैं। भारत-पाक सम्बन्ध ही नहीं, पाकिस्तानी समाज, अर्थव्यवस्था, फौज और राजनीति–सभी करगिल की आँच में झुलस रहे हैं। करगिल के फलितार्थ पाकिस्तान के लिए बहुत गहरे हैं।

करगिल क्या है, मुर्गियों के दड़बे में बिल्ली है। भारत को कुछ भी करने की जरूरत नहीं। अगर वह सिर्फ घुसपैठियों को पूरी तरह खदेड़ दे और चुप बैठ जाय तो भी उसके लिए यह काफी है। जो लोग कहते हैं कि पाकिस्तान को सबक सिखाओ, नियंत्रण-रेखा पार करो, गुलाम कश्मीर पर कब्जा करो, पाकिस्तान के टुकड़े-टुकड़े करो और परमाणु बम का प्रयोग भी करना पड़े तो मत झिझको, उन सब लोगों से किसी को कहना चाहिए कि 'आप चिन्ता न करें, करगिल की बिल्ली पाकिस्तान की सभी मुर्गियों को लील जाएगी। उनकी गर्दनें मरोड़ने का क्रूर-कर्म आप क्यों करें ? पाकिस्तान अपनी हत्या का आयोजन स्वयं कर रहा है।'

सबसे पहले तो उसकी बलि चढ़ेगी, जो करगिल के लिए जिम्मेदार है। इस जिम्मेदारी को ज्यादा दिन छिपाए रखना सम्भव नहीं है। 1965 में पिटने के बाद तीन साल के अन्दर ही फील्ड मार्शल अयूब खान लुढ़क गए और 1971 में कुटने के साथ-साथ याह्या खान गुड़क गए। करगिल के बाद किसी न किसी को तो लुढ़कना ही पड़ेगा, चाहे नवाज़ शरीफ हों या जनरल मुशर्रफ हों या गुप्तचर-प्रमुख ज़ियाउद्दीन हों। जो भी लुढ़केगा, वह अपने साथ अपने ढाँचे को भी नीचे ले जाएगा। करगिल तय करेगा कि पाकिस्तान में अब किसका पलड़ा भारी रहेगा, सेनापतियों का या नेताओं का ? 1997 में नवाज़ शरीफ को जो अपूर्व बहुमत मिला था, करगिल के कारण उसकी प्रामाणिकता खटाई में पड़ गई। उसकी व्याख्या दुबारा होगी। पाकिस्तानी

लोकतंत्र के लिए इससे बड़ा धक्का क्या हो सकता है ? अगर करगिल के लिए जिम्मेदारी नवाज़ की पाई गई तो पाकिस्तान में न सिर्फ फौज का बोलबाला बढ़ जाएगा बल्कि बेनज़ीर का अस्त होता हुआ सूर्य राजनीति के आकाश पर फिर चमचमाने लगेगा।

यह मामूली बात नहीं कि विदेशों में आसरा ढूँढती बेनज़ीर अब फिर दहाड़ती हुई पाकिस्तान लौट रही है। यदि करगिल का ठीकरा फौज के माथे फूटा या फौज, नेता और गुप्तचर विभाग–तीनों की मिलीभगत पाई गई तो पाकिस्तानियों का खुद पर से ही विश्वास उठ जाएगा। वे मानने लगेंगे कि वे बौनों की कौम हैं। बड़े लोगों को पैदा करने की क्षमता उनमें है ही नहीं। उनके हुक्मरानों में अक्ल और दूरंदेशी का टोटा है। वे जब भी करते हैं, एक गुनाह और बेलज्जत करते हैं। करगिल, बांग्लादेश के बाद का सबसे संगीन हादसा है। बांग्लादेश की लड़ाई का तो फिर भी कुछ मतलब था। यह तो बिलकुल बेमतलब लड़ाई है। परमाणु बम के बावजूद पिट गए, यह अहसास पाकिस्तानी समाज को गहरे अवसाद में डुबो देगा। हार को बर्दाश्त करना पाकिस्तानी जनता के लिए बहुत मुश्किल होता है। डर के मारे क्रिकेट कप्तान वसीम अकरम अभी तक स्वदेश नहीं लौटे हैं और खुद मियाँ नवाज़ शरीफ क्लिंटन से मिलने के बाद ब्रिटेन और सउदी अरब रुककर आए ताकि पाकिस्तानियों का गुस्सा थोड़ा ठंडा पड़ जाए।

पाकिस्तानियों के दिमाग पर करगिल का सदमा कितना गहरा है, इसका पता वहाँ के अखबार दे रहे हैं। वे यह समझ ही नहीं पा रहे हैं कि लाहौर-घोषणा करनेवाले नवाज़ शरीफ की ऐसी क्या मजबूरी थी कि वे करगिल के कंकाल-गृह में घुस गए और अपनी राजनैतिक कपाल-क्रिया करवा बैठे। सवाल सिर्फ इतना ही नहीं है कि फलाँ नेता काबिल है या नहीं बल्कि यह भी हो गया है कि तलवार के ज़ोर पर कश्मीर लिया भी जा सकता है या नहीं ? करगिल आखिरी पटाखा था। वह भी फुस्स हो गया। इसके पहले चार बार लियाकत, अयूब, याह्या और बेनज़ीर पहले ही मात खा चुके हैं। पाकिस्तानी डरे हुए हैं कि कहीं भारत गुलाम कश्मीर पर भी न चढ़ बैठे। कश्मीर के सवाल को करगिल ने जितना धक्का पहुँचाया, अब तक हुई किसी घटना ने नहीं पहुँचाया। लाहौर-घोषणा के बाद कश्मीर के समाधान की जो किरण फूटी थी, अब वह करगिल की गहरी गुफाओं में खो गई है। उस किरण को जल्दी लौटा लाना न तो मियाँ नवाज़ के बस में है, न अटलजी के और न ही क्लिंटन के। अब कश्मीर को कम से कम भारत में होनेवाले चुनावों का इन्तजार करना होगा और गारंटी नहीं कि नई सरकार का रवैया वही हो, जो वर्तमान सरकार का लाहौर-यात्रा के समय था।

यह असम्भव नहीं कि भारत में माँग यह होने लगे कि अब सिर्फ उस कश्मीर के बारे में बात हो सकती है, जो पाकिस्तान के कब्जे में है। आवाज़ यह भी उठ सकती है कि जिसे आप तलवार से नहीं ले सके, क्या उसे हम बातों ही बातों में

दे देंगे ? मियाँ नवाज़ शरीफ क्या अब इस बात के लिए तैयार हो सकते हैं कि फिलहाल अगली गर्मियों तक वे कश्मीर को करगिल की बर्फीली चोटियों पर जमा रहने दें और भारत के साथ अन्य सम्बन्धों को सामान्य बनाने की कोशिश करें। उनकी समस्या यह है कि वापसी के नारे के बाद अगर वे कश्मीर का पिटारा न खुलवा सके तो पाकिस्तानी राजनीति में शुद्ध विदूषक बन जाएँगे और इधर करगिल खत्म होते ही यदि अटलजी कश्मीर पर बात चलाएँगे तो चुनाव में उनकी लुटिया डूब जाएगी। अगर मियाँ नवाज़ उसे 'कोर इश्यू' कहेंगे तो अटलजी को उसे 'बोर इश्यू' कहना होगा। इस वक्त अगर पाकिस्तान लाहौर प्रक्रिया को फिर से चलाना चाहता है तो उसे कश्मीर को फिलहाल उठाकर ताक पर रखना होगा। सैकड़ों बहादुर सैनिकों के बलिदान का मज़ाक उड़ाने की हिमाकत कोई भी भारतीय सरकार नहीं कर सकती। यों भी इस वक्त पाकिस्तान कश्मीर पर किस मुँह से बात करेगा।

दोस्ती का वह मुँह अब है कहाँ ? वह तो कब का काला हो चुका। पाकिस्तान का भी, उसकी सरकार का भी। अन्दरूनी जिम्मेदारी जिसकी भी हो, सारी दुनिया की नज़रों में पाकिस्तान दगाबाज़ साबित हुआ, पीठ में छुरा मारनेवाला दोस्त ! कहाँ लाहौर-घोषणा और कहाँ करगिल ? जिसका ईमान नहीं, वह मुसलमान कैसा ? हम लाख समझाएँ, कौन मानेगा कि मियाँ नवाज़ शरीफ एक शरीफ आदमी हैं, अपनी बात के धनी हैं और वे जो कहें, उस पर भरोसा किया जाए ? करगिल तो हमने लौटा लिया, आप भरोसा कैसे लौटाएँगे ? क्या गारंटी है कि करगिल से भगाए हुए घुसपैठिए आइंदा कश्मीर की घाटी में अपने करतब नहीं दिखाएँगे ? नेपाल की तराई को भारत में आतंक फैलाने का अड्डा नहीं बनाएँगे ? घुसपैठिए जिसे 'कामचलाऊ सरकार' समझ रहे थे, वह 'मारभगाऊ सरकार' सिद्ध हुई।

यह ठीक है कि करगिल के कारण भारत ने धोखा खाया लेकिन पाकिस्तान तो सरासर बेवकूफ बन गया। घुसपैठियों को करगिल में घुसानेवाले नेता और जनरल इतना भी अन्दाज़ नहीं लगा पाए कि भारत उनका भुरता बना देगा और सारी दुनिया उन पर थू-थू करेगी। यहाँ तक कि पाकिस्तान की जनता भी लानत मारेगी। घुसपैठियों को घुसा तो दिया लेकिन कोई भी जिम्मेदारी लेने को तैयार नहीं है। न फौज, न सरकार, न गुप्तचर विभाग। वे गाजर-मूली की तरह कट रहे हैं। लाशें पहाड़ों पर सड़ रही हैं। उन्हें कोई अपना कहने तक को तैयार नहीं है। क्या अब से पहले पाक फौजियों की ऐसी दुर्दशा कभी हुई है ? इसका असर फौज पर तथा सैनिकों के परिजन पर क्या पड़ेगा, इसका कुछ अन्दाज़ पाकिस्तानी हुक्मरानों को है ? जो जिन्दा हैं, उन्हें बचाने के लिए पाकिस्तान सीधा सामने आ भी नहीं सकता और अपने आपको बिलकुल छिपा भी नहीं सकता। वह एक ऐसी चिलमन से लगा बैठा है, जो बहुत झीनी है। सारी दुनिया को उसकी नंगई का पता चल गया है।

क्या पाकिस्तान के इतिहास में कभी ऐसा हुआ कि उसका प्रधानमंत्री मित्र-देशों के यहाँ नाक रगड़ता फिरे और जहाँ भी जाए, मुँह की खाए ? अष्ट-समूह देश हों,

चीन हो या अमेरिका, कहीं भी पाकिस्तान की दाल नहीं गली। इस्लामी देशों के संगठन ने भी औपचारिक प्रस्ताव पारित करके पिंड छुड़ाया। जरा याद कीजिए, 1965 में इण्डोनेशिया जैसे प्रगतिशील राष्ट्र और 1971 में शिया ईरान की भूमिका को। 1965 का चीन का अल्टीमेटम और 1971 में बंगाल की खाड़ी में अमेरिकी 'एन्टरप्राइज़' किसे याद नहीं है। उन दोनों मौकों पर दुनिया के ज्यादातर ताकतवर मुल्क या तो पाकिस्तान के साथ थे या चुप थे। आज पाकिस्तान के साथ कौन है ? सउदी अरब भी नहीं।

अगर मियाँ नवाज़ में दम होता तो वे चीन, अमेरिका, ब्रिटेन और सउदी अरब मारे-मारे नहीं फिरते। यह उन्हें शायद इसीलिए करना पड़ा कि वे फौज और घुसपैठियों को बताना चाहते हों कि यदि घुसपैठियों की वापसी नहीं हुई तो पाकिस्तान का कितना अधिक नुकसान हो जाएगा। क्लिंटन का कहा मानकर उन्होंने छवि यही बनाई कि आखिरकार पाकिस्तान है, एक दुमछल्ला राष्ट्र। मुसीबत में अगर अपने मालिक के पास नहीं दौड़ेगा तो वह कहाँ जाएगा ? यह मध्यस्थता प्राप्त करना नहीं, शरणागत होना है। अगर वह स्वाभिमानी सम्प्रभु राष्ट्र होता तो नवाज़ ने जो बात वाशिंगटन जाकर गिड़गिड़ाई, वही बात वह शेर की तरह दहाड़कर इस्लामाबाद से ही कह सकते थे। घुसपैठियों से वे मई में ही करगिल खाली करवाते और अपनी छवि सातवें आसमान पर पहुँचवा देते। उन्हें नोबेल पुरस्कार का हकदार माना जाता।

आखिर अटलजी भी प्रधानमंत्री हैं, उन्हीं की तरह। उन्होंने क्लिंटन के न्यौते को अस्वीकार कर दिया या नहीं ? अब क्लिंटन से घुसपैठियों की वापसी का वादा तो मियाँ नवाज़ कर आए लेकिन एक हफ्ता हो गया, उसे वे अब तक उनसे लागू नहीं करवा पाए। घुसपैठियों की यह अवज्ञा क्या इस बात का सबूत नहीं है कि राज्य के तौर पर पाकिस्तान बिलकुल पिलपिला हो गया है ? गरीब की जोरू, सबकी भाभी ! जैसे अफगानिस्तान और पाकिस्तान के पठानों ने डूरेन्ड-रेखा का भी कचूमर बना दिया है, ठीक उसी तरह अब ये 'मुजाहिदीन' भारत-पाक नियंत्रण-रेखा को भी गुड़ी-मुड़ी कर देना चाहते हैं। पाकिस्तानी नेतृत्व के अविवेक ने जैसे अफगानिस्तान को खत्म कर दिया, अब वह पाकिस्तान को भी आत्महत्या की राह पर ले जा रहा है।

क्या पठान, सिंधी और बलूच इन 'मुजाहिदीन' से कोई सबक नहीं लेंगे ? यदि विदेशी पैसे के दम पर और इस्लाम के नाम पर मुजाहिदीन बलात कश्मीर छीनने की कोशिश कर सकते हैं तो पठानों, सिंधियों और बलूचों को बल-प्रयोग से कौन रोक सकता है ? क्या करगिल के कारण इन अलगाववादी आन्दोलनों को हवा नहीं मिलेगी ? पंजाबी वर्चस्व के विरुद्ध इन तीनों प्रान्तों में अनेक वर्षों से जन-आन्दोलन चल रहे हैं। इन प्रान्तों के लोग करगिल की सैन्य-कार्रवाई को पंजाबी दादागीरी का नया पैंतरा मानते हैं। मध्य-एशिया, दक्षिण एशिया और पश्चिम एशिया के इस विशाल भूभाग में यदि कोई अस्थिरतावादी कट्टर तत्त्व के तौर पर बदनाम हुआ है तो वह पाकिस्तानी पंजाब ही है। करगिल का हादसा पंजाबी प्रधानमंत्री के नेतृत्व

में हुआ है। भुट्टो जैसे किसी सिंधी, लघारी जैसे किसी बलूच और अयूब व याह्या जैसे किसी पठान के नेतृत्व में नहीं। क्या यह तथ्य इस बार पाकिस्तानी जनता पर जरा भारी नहीं पड़ेगा?

पाकिस्तान के बारे में अब तक का लगभग सर्वसम्मत भारतीय चिन्तन यही है कि एक सुस्थिर और अक्षुण्ण पाकिस्तान भारत के हित में है तथा पाकिस्तान की लगाम लोकतंत्र के हाथों में रहे, फौजतंत्र के नहीं! लेकिन करगिल के विश्वासघात के कारण अब इन दोनों धारणाओं पर भारत को पुनर्विचार करना पड़ सकता है। पाकिस्तान के लिए इससे बढ़कर मरणान्तक चुनौती कोई और हो नहीं सकती। इस चुनौती का जवाब परमाणु-बम नहीं है और न ही 'अनेकानेक भावी करगिल' है। बल्कि हार्दिक पश्चात्ताप है। यदि सचमुच पाकिस्तान को हार्दिक पश्चात्ताप हो और ऐसा हो कि जिस पर विश्वास किया जा सके तो करगिल के बावजूद देर-सबेर लाहौर-प्रसंग पुनर्जीवित किया जा सकता है। अन्यथा मुर्गियों के दड़बे में बिल्ली तो घुस ही चुकी है।

नवाज़ पर मेहरबानी मुशर्रफ की

जितनी मेहरबानी जनरल ज़िया-उल-हक ने जुल्फिकार अली भुट्टो पर की थी, उससे कहीं ज्यादा जनरल परवेज़ मुशर्रफ ने नवाज़ शरीफ पर की है। भुट्टो की तरह नवाज़ को फाँसी के फंदे पर लटकाया जाएगा या नहीं, यह अभी पता नहीं लेकिन अगर नवाज़ को मुशर्रफ यह 'झटका महाप्रसाद' नहीं देते तो नवाज़ अगले ढाई साल तक खुद को हलाल करते रहते और उस प्रक्रिया में पाकिस्तान भी हलाल हो जाता।

नवाज़ शरीफ के लिए करगिल गुनाहों का हिमालय बन चुका था। पाकिस्तान के लोग सबकुछ भूल सकते थे, करगिल नहीं। करगिल बांग्लादेश से भी बदतर सिद्ध हुआ। अमेरिका और ब्रिटेन की बात जाने दें, चीन ने भी साथ नहीं दिया। इस्लामी छापामारों को कश्मीर में झोंकने के बावजूद किसी भी इस्लामी राष्ट्र ने पाकिस्तान के पक्ष में मुँह तक नहीं खोला। क्लिंटन का लॉलीपॉप मुँह में डाले नवाज़ शरीफ ने जब करगिल से पाकिस्तानी फौजों की वापसी का ऐलान किया तो पाकिस्तान की जनता भौंचक रह गई? वह पूछने लगी आखिर आपने करगिल का कदम उठाया क्यों? लाहौर-घोषणा के बाद करगिल का होना, क्या इस बात का सबूत नहीं है कि नवाज़ शरीफ या तो स्वभाव से ही धोखेबाज़ हैं या फौज पर उनका नियंत्रण नहीं है? फौज पर उनका नियंत्रण था, यह इससे सिद्ध होता है कि फौजों की वापसी हुई और उनके आदेश पर हुई! फौज और जनता को जो अपूर्व अपमान भुगतना पड़ा, उसका ठीकरा नवाज़ के सिर ही फूटा। नवाज़ यह नहीं कह पाए कि करगिल का कलंक फौज के माथे पर है और मैं खुद पाक-साफ़ हूँ।

अब वे यह कह सकते हैं कि करगिल फौज की ही करतूत थी। अब वे अपने गुनाहों के हिमालय को फौज के माथे मढ़ सकते हैं और अगर वे जिन्दा रह गए तो पाँच-दस साल बाद फिर सत्ता में लौटने का सपना अभी से देख सकते हैं। अगर उनके खिलाफ़ फौजी तख्ता-पलट नहीं होता और वे अपनी कुर्सी पर जमे रहते तो उन्हें अगले चुनाव तक तिल-तिल मरना पड़ता। वे पाकिस्तान की राजनीति से सदा के लिए बाहर हो जाते। मुशर्रफ की मेहरबानी कि अब करगिल का कचरा फौज ढोएगी, नवाज़ नहीं। करगिल का दोषी कौन, यह मुद्दा अब गरमाएगा?

करगिल के बावजूद नवाज़ शरीफ़ अपनी गाड़ी धकाए रख सकते थे बशर्ते कि वे अपना हर कदम फूँक-फूँककर रखते। उनके लिए जरूरी था कि वे उस नवाज़ शरीफ को भूल जाते जो तीन चौथाई बहुमत से जीता था, जिसने राष्ट्रपति फारूक

लघारी, सेनापति जनरल करामत और सर्वोच्च न्यायालय को धूल चटा दी थी और बेनज़ीर भुट्टो को देश छोड़ने के लिए मजबूर कर दिया था। पाकिस्तान की हर मजबूत संस्था पर प्रहार करते-करते नवाज़ शरीफ का हौसला इतना बुलंद हो गया था कि करगिल के बावजूद उन्होंने अपने शेर के मुँह में हाथ डाल दिया। पहले परवेज़ मुशर्रफ को उन्होंने दो-साल की अवधि और दे दी और फिर उन्हें श्रीलंका भेजकर पीठ पीछे उलट दिया। यह भी धोखेबाजी ही थी लेकिन फौज का हौसला देखिए कि उसने प्रधानमंत्री को ही उलट दिया। नवाज़ शरीफ के पहले भी कई प्रधानमंत्री उलटे गए लेकिन जैसी चैन की साँस पाकिस्तानी जनता ने इस बार ली, पहले कभी नहीं ली। फौजी शासन होने पर पाकिस्तानी प्रेस हमेशा जबर्दस्त हंगामा खड़ा करती है लेकिन इस बार उसकी आवाज़ भी गुम है, क्योंकि पहले 'जंग' अखबार के साथ दादागीरी करके और फिर नज़म सेठी पर ज़ुल्म करके नवाज़ शरीफ ने खबरपालिका के साथ दुश्मनी ठान ली थी। अब यदि मुशर्रफ उन पर मेहरबान नहीं होते तो उन्हें लगातार प्रेस, न्यायपालिका, इस्लामी दक्षिणपंथ, विरोधी दल और फौज सभी का मुकाबला करते रहना पड़ता।

इसके अलावा पाकिस्तान की अर्थव्यवस्था भी नवाज़ के गले का पत्थर बन गई थी। अन्तरराष्ट्रीय साहूकारों की नज़र में पाकिस्तान जैसा दीवालिया इस बार हुआ, पहले कभी नहीं हुआ। 33 अरब डॉलर के विदेशी कर्ज की क़िस्तें चुकाने के लिए पाकिस्तान के पास पैसा नहीं है और उसके वित्त विदेश मंत्री कई बार वाशिंगटन, लंदन और पेरिस के चक्कर सिर्फ इसलिए लगा चुके हैं कि कर्ज़ की क़िस्तें चुकाने के लिए कुछ कर्ज़ उन्हें और मिल जाए। एक तरफ हालात यह हैं और दूसरी तरफ नवाज़ शरीफ लगातार 500 अरब डॉलर के मकान और सड़कें बनाने की अफलातूनी योजनाओं पर अमल करनेवाले थे। इन योजनाओं से किनका भला होता ? मुट्ठीभर चापलूसों का, रिश्तेदारों का, दोस्तों का और खुद का भी ! पिछले ढाई सालों में नवाज़ सरकार ने जो भी आर्थिक पहल की, वह पाकिस्तान को गहरे गड्ढे में ले गई। पब्लिक सेक्टर की कम्पनियों में डेढ़ सौ अरब का घाटा हो गया, महँगाई बढ़ गई, डॉलर के दाम चढ़ गए और कई उद्योग-कारखाने बंद होने के कगार पर पहुँच गए। कपास की खेती को भी धक्का लगा। डूबते हुए जहाज पर कौन सवार होगा ? विदेशी विनिवेश घट गया, विदेशों में बसे पाकिस्तानियों ने डॉलर भेजने में कोताही कर दी और इस्लामी देशों ने भी अपना हाथ खींच लिया। इस आर्थिक कोढ़ में खाज का काम किया, सरकार की नई आर्थिक नीतियों ने, जिनके तहत पाकिस्तानियों के विदेशी मुद्रा के खाते सील कर दिए गए, कुछ खास राजनैतिक और पूँजीपति परिवारों को सताने के लिए 'जवाबदेही' विभाग खड़ा कर दिया गया, अंधाधुंध कर थोप दिए गए और भ्रष्टाचार को एकतरफा छूट दे दी गई। अगर नवाज़ शरीफ़ कुछ माह और टिके रहते तो उन्हें पूरे पाकिस्तान को गिरवी रखकर अपनी सरकार चलानी पड़ती।

तख्ता-पलट के कारण नवाज़ इन सब झंझटों से बरी हो गए हैं लेकिन अब जैसा

कि जनरल मुशर्रफ ने इशारा किया है, वे सब गड़े मुर्दे उखाड़े जाएँगे, जो नवाज़ की पेटियों में बंद हैं। जाहिर है कि इस सिलसिले में बेनज़ीर से ज्यादा खुश कौन होगा ? हो सकता है कि जहाज गिराने के आरोप में नवाज़ को वही सज़ा मिले, जो भुट्टो को मिली थी लेकिन यह आगे की बात है। फिलहाल तो यह मानना पड़ेगा कि पाकिस्तान का लोकतंत्र उलटे पाँव कूच कर गया है। स्वयं मुशर्रफ ने अपने नीति-वक्तव्य में स्पष्ट कर दिया है कि फौज हमेशा के लिए काबिज़ नहीं हुई है लेकिन वह सत्ता आसानी से छोड़नेवाली भी नहीं है। मुशर्रफ यों तो सीधे-सादे दिखाई पड़ते हैं लेकिन चालाकी में वे शायद जनरल ज़िया-उल-हक से भी आगे निकल जाएँ।

अब तक जिन जनरलों ने एक-एक दशक से भी ज्यादा राज किया—अयूब और ज़िया—क्रमशः पठान और पंजाबी थे, पहली बार किसी मुहाज़िर या भारतवंशी जनरल का पाकिस्तान पर कब्जा हुआ है। किसी तीन-चौथाई बहुमतवाले पंजाबी (कश्मीरी मूल के) प्रधानमंत्री को कोई मुहाज़िर जनरल हटा दे, यह भी एक अजूबा ही है। मुहाज़िर होने के कारण मुशर्रफ को फौज के ऊँचे तबकों में तो जबर्दस्त संतुलन बनाकर रखना ही होगा, आम जनता के प्रति भी ज़रा ज्यादा सावधान रहना होगा। अच्छा हुआ कि जनरल ज़िया की तरह मुशर्रफ ने 90 दिनों में चुनाव का वादा नहीं किया और मार्शल लॉ भी घोषित नहीं किया वरना जिया की तरह उन्हें भी 'चीफ मार्शल लॉ एडमिनिस्ट्रेटर' कहा जाता याने अंग्रेजी संक्षेप में 'सी.एम.एल.ए.' अर्थात् 'कैंसल माय लास्ट एनाउंसमेंट'।

यह अच्छा हुआ कि राष्ट्रपति रफ़ीक तराड़ को मुशर्रफ ने कायम रखा है और स्वयं को प्रशासकों और विशेषज्ञों की कमेटी याने मंत्रिमंडल का अध्यक्ष घोषित किया है। उनकी सरकार अब फौजी और नागरी मामले, दोनों देखेगी। यह मध्यम मार्ग उन्होंने इस तरह से अपनाया है कि पश्चिमी दुनिया उन्हें अन्ततोगत्वा अछूत न समझ बैठे। पश्चिमी देश, सैनिक शासन की कितनी ही निन्दा करें, उन्हें उससे बात तो करनी ही पड़ेगी। अयूब और ज़िया से हमजोली होनेवाले देश मुशर्रफ से दूर कैसे रह सकते हैं ? मुशर्रफ ने कश्मीरी उग्रवाद को हवा देने की बात खुलकर कही है, शायद फौज के पंजाबी तत्त्वों को साथ लेने के लिए लेकिन उन्होंने भारत से सम्बन्ध सुधारने की बात भी साफ़-साफ़ कही है, वाजपेयी सरकार का अभिनंदन और गैर-कश्मीरी सीमा से फौजें हटाने की घोषणा, सांकेतिक ही सही, रचनात्मक पहलू हैं। परमाणु प्रश्न पर संयम की बात किसे नहीं सुहाएगी ? भारत को भी और अमेरिका को भी ! भारत से अगर मुशर्रफ बात करना चाहें तो बात तुरन्त शुरू की जानी चाहिए ! मुशर्रफ को तख्ता-पलट के कारण कटघरे में खड़ा करने से भारत को क्या लाभ है ?

आशा की किरण यह है कि दिल्ली में जन्मे मुशर्रफ एक पढ़े-लिखे और आधुनिक परिवार के बेटे हैं और उन्होंने पहले ही भाषण में यह स्पष्ट कर दिया है कि वे इस्लाम का बेज़ा इस्तेमाल नहीं होने देंगे। कट्टरपंथियों को उन्होंने खुली चुनौती दी है। यदि मुशर्रफ अपने इरादे के पक्के होंगे तो कश्मीर पर जरूर कुछ बर्फ पिघलेगी और उसका

असर अफगानिस्तान पर भी पड़ेगा। अगर अफगानिस्तान में शान्ति और स्थिरता आ जाए तो मध्य-एशिया के खजाने भारत और पाकिस्तान दोनों के लिए एक साथ खुल सकते हैं। अफगानिस्तान में शान्ति-स्थापना के सवाल पर भाजपा-गठबंधन अपने राष्ट्रीय एजेंडा में वचनबद्ध है और मुशर्रफ ने भी लगभग वही बात कही है। यह असम्भव नहीं कि कश्मीर का रास्ता अफगानिस्तान होकर जाए! शायद नवाज़ की बजाय मुशर्रफ और नेताओं की बजाय फौज के लिए यह रास्ता तय करना ज्यादा आसान हो। श्री अटलबिहारी वाजपेयी किस्मत के धनी हैं। एक के बाद एक नए अवसर उनके हाथ लगते जा रहे हैं। पहले लाहौर-यात्रा, फिर करगिल-विजय और अब यह तख्ता-पलट ! देखना यह है कि वे अपने पासे कितने वेग और विवेक से फेंकते हैं।

मुशर्रफ को न्यौता : अचानक यह कलाबाजी क्यों ?

वाजपेयी सरकार ने नरम और गरम एक साथ परोसा है। सामनेवाला खाए तो मरे न खाए तो मरे। नरम इसलिए कि वह जनरल मुशर्रफ से बात करेगी और गरम इसलिए कि अब आतंकवादियों पर वह डंडे बरसाएगी। क्या मुशर्रफ यह कहकर बच निकल सकते हैं कि जो सरकार 'स्वाधीनता सेनानियों' पर टूट पड़नेवाली है, उससे वे बात नहीं करेंगे ? इसका उलट-बहाना तो स्वयं वाजपेयी सरकार ने पिछले पौने-दो साल से पकड़ रखा था। वह बराबर रट लगाए हुए थी कि जब तक सीमा-पार का आतंकवाद बंद नहीं हो जाता, वह पाकिस्तानी सरकार से बात नहीं करेगी। उसने दक्षेस और राष्ट्रकुल में भी मुशर्रफ सरकार का हुक्का-पानी बंद करवा दिया था। अब अचानक उसने यह चोला-पलट क्यों किया ? चोला-पलट के कारण क्या हैं और उसके परिणाम क्या होंगे, इसका विवेचन बाद में। पहले यह जानें कि इस घोषणा पर प्रतिक्रिया क्या हुई। जनरल मुशर्रफ को भेजा गया प्रधानमंत्री का न्यौता स्याही से नहीं शहद से लिखा गया है। यहाँ एक दूसरे में शत्रु खोजने की बजाय 'गरीबी' को दोनों का साझा दुश्मन बताया गया है। लाहौर यात्रा के दौरान पाकिस्तान को दिए गए अभय वचन को भी दोहराया गया है और अन्य समस्याओं के साथ कश्मीर को सुलझाने का आश्वासन भी दिया गया है। यह कमाल की शीरीं-जुबानी है।

इस एक तीर से कई शिकार हुए। सबसे पहले तो पाकिस्तानी सरकार चित हो गई। उसे वाजपेयी सरकार की घोषणा का स्वागत करना पड़ा। जो मुशर्रफ दसियों बार कह चुके हैं कि वे कहीं भी, कभी भी, कैसे भी भारत से बात करने को तैयार हैं, वे अब बातचीत के न्यौते को कैसे ठुकराते ? उनके भाग्य से छींका टूट पड़ा लेकिन छींके के दही से आतंकवादियों का चेहरा लथपथ हो गया। क्योंकि इधर मुशर्रफ से बात होगी और उधर आतंकवादियों के खिलाफ खाँडे खड़केंगे। कश्मीर और पाकिस्तान के आतंकवादी संगठन भारत की इस ताज़ा पहल को पाखंड या फ्रॉड नहीं कहेंगे तो क्या कहेंगे ? क्या अद्‌भुत दृश्य है। जिसे आतंकवादी पाखंड कह रहे हैं, उसे मुशर्रफ श्रीखंड कह रहे हैं ? याने इस पहल ने मालिकों और उनके सेवकों के बीच फाँक डाल दी है। मुशर्रफ को अब पल्टा खाने में बड़ी दिक्कत होगी। दूसरा, वे पल्टा कैसे खाएँगे ? अमेरिका नाराज़ नहीं हो जाएगा ? अमेरिका तो भारत से भी बहुत खुश

हो गया है। उसने भारत की पहल का खुलकर स्वागत किया है। जैसे भारत ने अमेरिका के एनएमडी को आनन-फानन सिर-माथे पर उठा लिया था, भारत की पहल को भी अमेरिका ने तुरत-फुरत अपने कंधे पर बिठा लिया है। अगर यह पहल सफल हो गई तो भारत के साथ पाकिस्तान को भी एनएमडी के मातहत लाने में आसानी होगी। तीसरा, प्रधानमंत्री वाजपेयी की लाहौर-यात्रा और शस्त्र-विराम का सारे विश्व में जैसा स्वागत हुआ और भारत की छवि में चार चाँद लगे, वैसे ही अब शान्ति, समाधान और सराहना की कई किरणें एकसाथ फूटेंगी। सारी दुनिया में भारत की वाहवाही होगी। अन्तरराष्ट्रीय छवि चमकेगी। चौथा, भाजपा गठबंधन पर लगातार हो रहे हिन्दूवादी प्रहारों में भी कुछ कमी आएगी। संघ, विहिप, बजरंग दल, हिन्दू महासभा और शिव सेना बराबर माँग करते रहे हैं कि शस्त्र-विराम खत्म किया जाए और आतंकवादियों की कमर तोड़ी जाए। पाँचवाँ, फौज को अपनी कसमसाहट निकालने का मौका भी मिल गया। पिछले छह माह में कई बार उसे पड़े-पड़े मार खानी पड़ी है। अब वह अपना जौहर दिखा सकेगी। छठा, विरोधी दल भी मुशर्रफ की तरह सँकरी गली में फँस गए हैं। उन्हें वापस निकल भागने का रास्ता नहीं मिल रहा। उन्हें झक मारकर सरकार की पहल का स्वागत करना पड़ा है। मैडम ने भी फोन पर प्रधानमंत्री को कह दिया है– 'वेरी गुड' और नटवरसिंह भी अखबारों में खुशी बिखेर रहे हैं। कम्युनिस्टों को भी समझ में नहीं आ रहा कि इस पहल का स्वागत करने के अलावा क्या करें। सातवाँ, हुर्रियत, शब्बीर शाह और गुलाम शाह के पास कोई विकल्प नहीं है। वे इस पहल को एकदम रद्द नहीं कर सकते। वे इसे आधी मानेंगे और आधी नहीं। आठवाँ, कथित वाजपेयी-आडवाणी तनाव कम करने में भी इस पहल का निश्चित योगदान होगा।

जो पहल सरकार ने अभी अचानक की है, वह उसे डेढ़ साल पहले भी कर सकती थी। अक्टूबर 1999 में सत्तारूढ़ होते ही जनरल मुशर्रफ ने बातचीत की पेशकश की थी। यदि उसी समय बात शुरू हो जाती तो उसका असर ही कुछ दूसरा होता। मुशर्रफ के माथे पर करगिल का कलंक था और लोकतांत्रिक सरकार को उलटने का खूनी टीका भी कढ़ा हुआ था। पिटे हुए जनरल से बात करने में भारत का पलड़ा अपने आप भारी रहता लेकिन पहले भारत सरकार ने पाकिस्तानी लोकतंत्र पर आँसू बहाए और फिर वह सीमा-पार के आतंकवाद को ले बैठी। पाकिस्तानियों के टूटे हुए मनोबल का जो फायदा भारत को उस समय मिल सकता था, जाहिर है कि अब नहीं मिल सकता। इस बीच भारत सरकार ने जितनी पहल कीं, उन सब में वह बुद्धू ही साबित हुई।

हिज्बुल मुजाहिदीन के साथ उसने जो पहला शस्त्र-विराम घोषित किया था, वह मुँह के बल आन गिरा। यहाँ तक कि मुख्यमंत्री फारूक अब्दुल्ला भी भड़क उठे। भारत सरकार पाकिस्तान से नहीं, उसकी कठपुतलियों से बात करती रही। उसके बाद उसने हुर्रियत से लुक-छिपकर बात शुरू की। पहले उससे इस्लामाबाद जाने देने की

हाँ करी और फिर नट गई। 'सौंह करें, भौहन हँसे, देन कहिन नट जाए।' हुर्रियत नाराज़ हो गई। हुर्रियत के अतिवादी नेताओं का पलड़ा भारी हो गया। निराशा के बादल छाँटने के लिए उसने श्री कृष्णचन्द्र पन्त का सहारा लिया। पन्तजी फँस गए। वे सबसे बात करना चाहते थे लेकिन उनसे बात करनेवाले नहीं मिल रहे थे। अब शब्बीर शाह हाथ आए तो भारत सरकार ने यह नया शिगूफा छोड़ दिया याने अब कश्मीरी बागियों से क्या बात करनी है। अब तो उनके मालिकों से सीधी बातचीत के दरवाज़े खुल गए हैं। वे लोग पाकिस्तानी उच्चायुक्त से बात करके ही धन्य हो जाते हैं। यहाँ तो सीधे जनरल मुशर्रफ बात करने के लिए दौड़े चले आ रहे हैं। बेचारे शब्बीर शाह की इज़्जत क्या रह गई? पाकिस्तानी उच्चायुक्त उनके प्रतिनिधियों को दर्शन देने के लिए भी तैयार नहीं हैं। श्री कृष्णचन्द्र पन्त अब क्या करेंगे? उनके पास क्या काम रह जाएगा ? वे किससे बात करेंगे? क्या उनसे, जिन्हें अब सरकार पीटेगी? याने पिछले डेढ़ साल में यह सरकार एक के बाद एक ऐसे कदम उठाती रही, जिनके सामने कोई मंजिल नहीं थी। सिर्फ चलना है, इसीलिए चले जा रहे हैं। हर अगला कदम बोल रहा है कि पिछला कदम बेकार था।

अब यह मुशर्रफ से बातचीत की जो पहल है, यह भी शून्य की ओर बढ़ा हुआ कदम मालूम पड़ता है। पहली बात तो यह है कि मुशर्रफ अमेरिकी दबाव में भारत चले भी आएँ तो यहाँ आकर वे करेंगे क्या? क्या वे यह घोषणा कर सकते हैं कि वे कश्मीरी आतंकवाद को गलत मानते हैं और उन तत्त्वों को वे पाकिस्तान में नियंत्रित करेंगे? उनकी हैसियत अगर इतनी बन गई होती तो अब तक वे चुनाव करवाकर पाकिस्तान के विधिवत राष्ट्रपति या प्रधानमंत्री बन जाते! क्या वे कश्मीर को भारत का अभिन्न अंग मानते हुए स्वायत्तता के किसी प्रस्ताव पर बात करने को तैयार हो सकते हैं ? क्या शिमला समझौता और लाहौर घोषणा को आधार बनाकर वे कश्मीर को 'एकमात्र और मुख्यतम' मुद्दा मानने से बाज़ आ सकते हैं? ऐसी कोई तैयारी दिखाई नहीं पड़ती। प्रकट तौर पर इस आशय के कोई संकेत भी नहीं मिले हैं। यदि वाजपेयी सरकार के लिए अमेरिकियों ने कोई गुप-चुप फार्मूला तैयार कर दिया हो तो अलग बात है वरना यह खेल वास्तव में बहुत खतरनाक सिद्ध हो सकता है। भारत जैसा राष्ट्र अचानक चोला-पलट कर सकता है, यह संशय ही इस सरकार के लिए जानलेवा सिद्ध हो सकता है। भारत के आम आदमी के लिए यह गहन रहस्य का विषय है कि रातोंरात सरकार ने पल्टा क्यों खाया? मुशर्रफ को न्यौता देने की कौन-सी मजबूरी थी? क्या यह किसी बाहरी संकेत पर दिखाया गया नाच है? क्या लाहौर-यात्रा की तरह यह न्यौता भी किसी दिमागी लहर का नतीजा है? जैसे बिना तैयारी के लाहौर गई बस करगिल के खड्ड में गिर पड़ी, वैसे ही न्यौते की यह नाव भारत और पाकिस्तान को कहीं किसी समूलनाश के द्वीप पर न पहुँचा दे।

यदि मुशर्रफ और वाजपेयी में कोई समझौता हो भी जाए तो वह लागू कैसे होगा? क्या कश्मीरी उसे मान लेंगे? यह ठीक है कि अधिकतर उग्रवादी संगठन

पाकिस्तान की जेब में हैं लेकिन क्या यह बात कश्मीर की जनता पर भी लागू होती है ? यदि 'हाँ' तो भारत का नैतिक आधार तो यों ही ढह जाता है और यदि 'नहीं' तो यह कैसे मान लिया जाए कि कश्मीर के भाग्य का निपटारा ऊपर ही ऊपर किया जा सकता है। कश्मीर विवाद में भारत और पाकिस्तान तो पार्टी हैं और खुद कश्मीरी कुछ नहीं हैं, इस आधार पर क्या कोई स्थायी समाधान निकल सकता है ? मुशर्रफ को बातचीत का न्यौता देकर भारत सरकार ने यह तो खुल्लमखुल्ला मान लिया कि कश्मीर विवाद में पाकिस्तान एक पार्टी है लेकिन कश्मीरियों को अलग रखकर उसने यह भी संकेत दे दिया कि पिछले डेढ़ साल से वह सिर्फ थूक बिलो रही थी। पहले उसने पाकिस्तान को अलग रखा और बात की। और अब कश्मीरियों को अलग रख रही है और बात करना चाहती है। पहले उसका आन्तरिक द्विपक्षवाद विफल हुआ। अब बाहरी द्विपक्षवाद भी विफल होगा। अन्ततोगत्वा, वे 'राष्ट्रवादी' तत्त्व भी हताश होंगे, जिन्हें तुष्ट करने के लिए शस्त्र-विराम समाप्त किया जा रहा है। अन्तरराष्ट्रीय जगत में तो भारत की वाहवाही हो जाएगी लेकिन 15 अगस्त की तिथि आते-आते भारत सरकार की छवि काफी लहूलुहान हो जाएगी। तब तक कश्मीर के आतंकवादी संगठन हिंसा का ऐसा जबर्दस्त दौर शुरू करेंगे कि भारत सरकार को लेने के देने पड़ जाएँगे। छह महीने चले शस्त्र-विराम को रीत जाने देनेवाली सरकार के पास कश्मीर के हल का कोई दूरगामी और स्थायी समाधान नहीं है। ऐसा लगता है कि इस सरकार ने कश्मीर को भारतीय विदेश नीति की कामधेनु बना लिया है। लाहौर-यात्रा, शस्त्र-विराम, बातचीत का नाटक आदि से वह अपनी विदेश नीति को चमकाना चाहती है लेकिन स्वदेश नीति को खटाई में डालकर क्या कोई विदेश नीति अपने पाँव पर खड़ी रह सकती है ? कश्मीर की कामधेनु को विदेश नीति के लिए दुहना तो ठीक है लेकिन स्वदेश नीति के घट में गले तक चढ़ता हुआ विष क्या वाजपेयी सरकार को दिखाई नहीं पड़ रहा ?

क्या वाजपेयी सरकार के दिमाग में कोई ऐसा चित्र है, जिसमें निराशा की सभी लकीरें एक साथ उभर आई हों और फिर भी उनका रण-बाँकुरा अपनी तलवार भाँज रहा हो ? शस्त्र-विराम विफल हो गया, कश्मीरियों से वार्ता शुरू ही नहीं हुई, मुशर्रफ की यात्रा या तो हुई ही नहीं या निरर्थक सिद्ध हो गई और आतंकवाद कई गुना बढ़ गया–तब वाजपेयी सरकार क्या करेगी ? तब क्या वह गृहमंत्री आडवाणी के उस तीन साल पहले घोषित कथन को अपना मंत्र बनाएगी कि आतंकवादियों को हमारी फौज अन्दर तक घुसकर मारेगी ? क्या हम आतंकवाद की जड़ पर प्रहार करेंगे ? क्या हम तब अमेरिकियों की कानाफूसी सुनना बन्द कर देंगे। क्या तब हम अपना निर्णय शुद्ध रूप से स्वयं करेंगे ? क्या भारत की इतनी हिम्मत है कि वह कश्मीर का फौजी हल निकाल सके ? क्या आतंकवादियों के फौजी खात्मे के बाद कश्मीर की जनता भारत को प्यार करने लगेगी ? क्या यह मार्ग व्यावहारिक है ? इस पर आज तक तो कोई सरकार अमल नहीं कर सकी। इंदिरा गांधी की महाप्रतापी सरकार भी नहीं। तो क्या

यह गठबंधन सरकार इसी मार्ग पर चलना चाहेगी ? खुद गठबंधन सरकार के बंधन इतने ढीले पड़ते जा रहे हैं कि वह खुद को सम्हालेगी या तलवार की इस नई धार पर चलेगी ? क्या वह यह भी भूल जाएगी कि अब उसके और उसके प्रतिद्वंद्वी--दोनों के पास परमाणु बम भी हैं ? वह परमाणु युद्ध का खतरा किसी भी कीमत पर मोल नहीं ले सकती। अगर सरकार डरी हुई दिखाई पड़ेगी तो आतंकवादियों का जलवा बढ़ेगा, पाकिस्तान की हौंसला आफजाई होगी, कश्मीर की गुत्थी उलझती जाएगी और सरकार की साख पैंदे में बैठ जाएगी। लगता है, सरकार फिलहाल जिस मार्ग पर कदम बढ़ा रही है, उसकी दिशा यही है। उसने त्रिपक्षीय वार्ता का सही मार्ग चुन लिया था। उस सीधे मार्ग पर धीरे-धीरे बढ़ने की बजाय उसने अब जो उछल-कूद की पगडंडी पकड़ ली है, पता नहीं वह उसे कहाँ ले जाएगी।

दूसरा तख्ता-पलट : और भारत-यात्रा

जनरल परवेज़ मुशर्रफ छुपे रुस्तम निकले। जैसे 12 अक्टूबर, 1999 को उन्होंने पहला तख्ता-पलट किया था, वैसे ही अब 20 जून, 2001 को उन्होंने दूसरा तख्ता-पलट कर दिया। पहले तख्ता-पलट में उन्होंने अपने प्रधानमंत्री को उलट दिया था। अब इस दूसरे तख्ता-पलट में वे हमारे प्रधानमंत्री पर भारी पड़ रहे हैं। हमारे प्रधानमंत्री तो प्रधानमंत्री हैं लेकिन जनरल मुशर्रफ अब राष्ट्रपति बन गए हैं। वे जब दिल्ली पधारेंगे तो एक पायदान ऊँचे होंगे। जिन्हें हम 23 मई के पहले तक अछूत मानते थे, लोकतंत्र का हत्यारा मानते थे, राष्ट्रकुल और दक्षेस में भी बैठने लायक नहीं समझते थे, अब उन्हीं मुशर्रफ के लिए अपने राष्ट्रपति भवन में हमें अपने पलक-पाँवड़े बिछाने होंगे। वे गाजे-बाजे के साथ आएँगे। अब हम उन्हें आने से मना कैसे करें ? न्यौता क्या भेजा, हम फँस गए। हमें क्या मालूम था कि हमारा न्यौता ही पाकिस्तानी लोकतंत्र की अंत्येष्टि का कारण बनेगा ? भारतीय न्यौता मिलते ही जनरल मुशर्रफ को वैधता का बुखार चढ़ने लगा। भारत ने बात करने बुलाया है, याने जनरल की कुर्सी पक्की हो गई। लेकिन यह काफी नहीं है। पाकिस्तान में जितनी पक्की हुई हिन्दुस्तान में उतनी ही ऊँची भी होनी चाहिए। यह कैसे हो सकता है कि जनरल मुशर्रफ भारत आएँ और स्टूल पर खड़े होकर 'मिस्टर वाजपायी' से हाथ मिलाएँ ? सो, अब वे बन गए हैं, राष्ट्रपति !

भारत अजीब दुविधा में फँस गया है। राष्ट्रकुल और अमेरिका की तरह वह इस राज्यारोहण की निन्दा नहीं कर सकता। अगर निन्दा करेगा तो मुशर्रफ को भारत किस मुँह से बुलाएगा और वे क्यों आएँगे और निन्दा नहीं करेगा तो क्या यह नहीं माना जाएगा कि पाकिस्तान में लोकतंत्र की अंत्येष्टि का मूल कारण भारत ही है। आखिर मुशर्रफ ने इतनी हड़बड़ में राष्ट्रपति वाला दाँव क्यों मारा ? क्या इसलिए नहीं कि वे भारत-यात्रा ज़रा ठाठ-बाट के साथ करना चाहते हैं ? अक्टूबर 1999 में लोकतंत्र की हत्या हुई थी और जून 2001 में उसकी अंत्येष्टि हो रही है। जनरल मुशर्रफ ने अपनी पीठ खुद ही ठोक ली। अपने-आपको राष्ट्रपति नियुक्त कर लिया। उन्होंने उतना ढोंग भी नहीं किया जितना 1960 में जनरल मुहम्मद अयूब खान ने और 1984 में जिया-उल-हक़ ने किया था। 1958 में तख्ता-पलट के बाद अयूब ने दो साल लगाए, 'बुनियादी जम्हूरियत' का स्वाँग रचा, और 80 हजार बुनियादी लोकतांत्रिक प्रतिनिधियों से मुहर लगवाकर राष्ट्रपति बने। इसी प्रकार 1977 में

जनरल ज़िया-उल-हक ने ज़ुल्फिकार अली भुट्टो को उलटकर सत्ता हासिल की लेकिन राष्ट्रपति बनने में सात साल लगाए। 1984 में उन्होंने जनमत-संग्रह का ढोंग रचा और उसके ज़रिए राष्ट्रपति बने। लेकिन हमारे माननीय अतिथि जनरल मुशर्रफ को इतना धैर्य कहाँ था ? उन्होंने अभी डेढ़ साल में ही राष्ट्रपति पद हथिया लिया और यह उन्होंने ज़िया की तरह सिर्फ पाँच साल के लिए नहीं हथियाया है। यह बेमियादी है याने वे जब तक चाहें, राष्ट्रपति बने रहेंगे जबकि पाकिस्तान के सर्वोच्च न्यायालय ने उन्हें सिर्फ डेढ़ साल का समय और दिया था। उन्हें तीन साल के अन्दर चुनाव करवाने थे। चुनाव की घोषणा तो दूर रही, उन्होंने संसद और समस्त विधानसभाएँ भी भंग करवा दी हैं। याने इस समय जनरल मुशर्रफ पाकिस्तान के जितने शक्तिशाली तानाशाह हैं, उतना शक्तिशाली तानाशाह पहले कोई नहीं रहा। वे सेनाध्यक्ष हैं, मुख्य कार्यकारी हैं और राष्ट्रपति भी हैं। बस अब एक ही पद बाकी रह गया है। वह है, मुख्य न्यायाधीश का। वे चाहें तो इसे भी हथिया सकते हैं, क्योंकि इस वक़्त पाकिस्तान की सरकार 1973 के संविधान से नहीं, 1999 के 'तदर्थ संवैधानिक आदेश' (पीसीओ) से चल रही है। इसी आदेश को मरोड़कर उन्होंने राष्ट्रपति पद निचोड़ लिया और वे चाहें तो अब इसी को सीढ़ी बनाकर पाकिस्तान के बादशाह (अमीरूल मोमिनीन) बन सकते हैं।

मुशर्रफ की इस हरकत से पाकिस्तान के राजनैतिक दल बेहद खफ़ा हो गए हैं। उन्होंने मुशर्रफ के राज्यारोहण को पाकिस्तानी लोकतंत्र का स्वर्गारोहण कहा है। वे अब मुशर्रफ का बहिष्कार करेंगे। उनसे वे भारत-यात्रा के बारे में पहले बात करना चाहते थे। अब बात भी नहीं करेंगे। यह मुशर्रफ के लिए जितना बड़ा धक्का है, उससे बड़ा धक्का भारत के लिए है। हम समझ रहे हैं, मुशर्रफ चौबेजी बनकर आ रहे हैं, लेकिन पाकिस्तानी दलों ने उन्हें दूबेजी बना दिया है बल्कि दुबलेजी बना दिया है। अगर वे भारत के साथ कोई समझौता कर लेंगे तो उसे लागू कैसे करेंगे ? फिलहाल वे अपने खिलाफ खड़े हुए घरेलू हंगामे से निपटेंगे या भारत से बात करेंगे ? उनका यह तर्क कौन मान रहा है कि भारत जाते वक़्त ज़रा आन-बान से जाएँ, इसीलिए उन्होंने अपने आपको ऊँचे आसन पर बिठा लिया है ? जमाते-इस्लामी के अध्यक्ष काज़ी हुसैन अहमद मुशर्रफ के इस झाँसे में आ जाएँ तो और बात है, लेकिन अन्य राजनैतिक नेतागण की नज़र में मुशर्रफ का यह दूसरा तख्ता-पलट पहले तख्ता-पलट से भी ज्यादा खतरनाक है। उन्हें यह शक भी हो रहा है कि मुशर्रफ कहीं भारत के आगे घुटने टेकने का मंसूबा तो नहीं बनाए हुए हैं ? फौजी चेहरे पर नागर-मुखौटा उन्होंने कहीं अमेरिका को खुश करने के लिए तो नहीं लगाया है ? जहाँ तक अमेरिका का सवाल है, उसने तो इस दूसरे तख्ता-पलट की स्पष्ट निन्दा कर दी है। यह तख्ता-पलट जितना गोपनीय रहा, उतनी ही जल्दबाज़ी में किया गया है। वरना विदेश मंत्री अब्दुल सत्तार अँधेरे में क्यों रहते ? तख्ता-पलट के कुछ घंटे पहले वे अमेरिकी सरकार को लोकतंत्र की बहाली के आश्वासन क्यों देते ? सत्तार

की वाशिंगटन-यात्रा खटाई में पड़ गई है। अगर अमेरिकी सरकार और कांग्रेस सचमुच मुशर्रफ के खिलाफ हो गए तो उनका भारत आना कितना सार्थक रह पाएगा ? भारत सरकार क्या उस मुशर्रफ से कोई सौदा कर पाएगी, जिसके खिलाफ पाकिस्तानी राजनैतिक दल तो हों ही, अमेरिका और ब्रिटेन भी हों ? भारत सरकार ने जितनी जल्दबाज़ी में न्यौता भेजा था, उससे भी ज्यादा जल्दबाज़ी में मुशर्रफ राष्ट्रपति बन बैठे। जल्दबाज़ी दोनों तरफ से हो रही है लेकिन अक्लमंदी कोई नहीं दिखा रहा।

अक्लमंदी का हाल तो यह है कि पिछले चार हफ्तों में मुशर्रफ की भारत-यात्रा कई बार डूबतखाते में चली गई। दोनों देशों के विदेश मंत्रियों ने कश्मीर के बारे में ऐसे बयान दे दिए कि सोचना पड़ा कि वाजपेयी और मुशर्रफ आखिर किसलिए मिल रहे हैं ? वे मिलेंगे तब बात करेंगे या झगड़ा करेंगे ? यात्रा का न्यौता दिया गया 23 मई को और मुशर्रफ यात्रा करेंगे मध्य जुलाई में। सात हफ्ते का यह अन्तराल भारत सरकार की कौन-सी सूझ-बूझ का परिचायक है ? राज्याध्यक्षों की यात्राएँ यों तो कई माह पहले ही तय हो जाती हैं लेकिन वैसी यात्राएँ प्राय: बहुत मैत्रीपूर्ण होती हैं और उनकी तैयारियाँ भी बहुत पहले से हो रही होती हैं। क्या मुशर्रफ की यात्रा को उस श्रेणी में रखा जा सकता है ? मुशर्रफ को भेजा हुआ निमंत्रण इतना आकस्मिक था कि उन्हें जवाब देने में भी तीन दिन लग गए। जाहिर है कि इतनी जबर्दस्त पलटी खाने के पहले कोई तैयारी नहीं की गई। कूटनीतिक प्रमाद का इससे बड़ा उदाहरण क्या होगा ? चलें, इसके बावजूद यह मान लें कि फिसल पड़े तो हर गंगा याने जब न्यौता भेज ही दिया तो अब उस मौके को ठीक से सुधारें, सम्हालें और पाँव को फिसलने न दें। लेकिन अब तक हमारी नीति फिसलन के सिवा क्या है ? चिट्ठी में हम लिखते हैं, 'अन्य मुद्दों के साथ कश्मीर पर भी बात करेंगे' लेकिन विदेश मंत्री कहते हैं कि हम कश्मीर पर टस से मस नहीं हो सकते, संसद के प्रस्ताव से बँधे हुए हैं। गृहमंत्री कहते हैं, बातचीत से ज्यादा आशा मत रखो। प्रधानमंत्री कहते हैं, कश्मीर भारत का अटूट अंग है। बातचीत होगी तो 'पाक-अधिकृत' कश्मीर के बारे में होगी। उधर पाकिस्तानी नेता हर साँस में कश्मीर के आत्म-निर्णय का राग अलाप रहे हैं। वे कहते हैं, बात होगी तो कश्मीर पर होगी। अन्य मुद्दे गौण हैं। एक पक्ष उत्तर की तरफ देख रहा है तो दूसरा दक्षिण की तरफ ! दोनों में 36 का आँकड़ा है और मज़ा यह है कि वे एक-दूसरे से मुखातिब होना चाहते हैं। क्या यही वार्ता की तैयारी है ? यह वार्ता है या मज़ाक ? भारत और पाकिस्तान, दोनों देशों की जनता को उनके नेताओं ने समझ क्या रखा है ? जनता शान्ति चाहती है, इसका मतलब यह नहीं कि वह बेवकूफ है। वे वार्ता के जाल में खुद बुरी तरफ फँस गए हैं और अपने उल्टे-सीधे, आड़े-तिरछे बयानों से गलतफहमियाँ पैदा कर रहे हैं। कम से कम जनरल मुशर्रफ को दाद देनी पड़ेगी कि उन्होंने हमारे प्रधानमंत्री से अनुरोध किया है कि दोनों तरफ की अनर्गल बयानबाज़ी पर लगाम लगाई जाए।

सिर्फ बयानबाज़ी पर रोक लगाना ही काफी नहीं है। उससे भी ज्यादा जरूरी है कि भारत-पाक वार्ता की जमकर तैयारी की जाए और तैयारी के कारण अगर मुशर्रफ की यात्रा कुछ माह टालनी पड़े तो भी कोई बुराई नहीं है। 54 साल से चला आ रहा विवाद क्या चार घंटे की बातचीत से हल हो जाएगा ? अमेरिका और चीन के बीच पौलेंड में दर्जनों वर्षों तक लगातार बातचीत होती रही तब जाकर दोनों देशों के सम्बन्ध सामान्य हुए। चीन और अमेरिका ही नहीं, दुनिया के किन्हीं भी देशों के बीच पड़ी गठानों को सुलझाने में कई स्तरों पर कई वर्षों तक काम करते रहना पड़ता है। वाजपेयी सरकार हथेली पर सरसों उगाना चाहती है। उसने लाहौर में सरसों बोई और करगिल में काँटों की फसल काटी। भारत के नए प्रेमी नवाज़ शरीफ की बलि चढ़ गई। मुशर्रफ को क्या दोष दिया जाए ? भारत-यात्रा के लिए उनका कूद पड़ना स्वाभाविक है। वे अटलजी की तरह न तो अनुभवी राजनेता हैं, न उन्हें कूटनीति का ज्ञान है और न ही इस यात्रा की विफलता से उनका कोई खास नुकसान होनेवाला है। जो असली नुकसान होगा, वह भारत का होगा, अटलजी का होगा, भाजपा का होगा, गठबंधन सरकार का होगा। मुशर्रफ को वैधता और मान्यता तो हमारे न्यौते से ही मिल गई है। वार्ता विफल होने के बाद वे सारी दुनिया को बता सकेंगे कि भारत की हिन्दू कट्टरपंथी सरकार कितनी अड़ियल है। वह कश्मीर के सवाल पर रत्ती भर भी नहीं हिलना चाहती है और पाकिस्तान पर चौधराहट गाँठना चाहती है! भारत इस आरोप के जवाब में क्या कहेगा ? मुशर्रफ के पास खोने के लिए क्या है ? क्या हम यह कहेंगे कि मुशर्रफ से हम उम्मीद कर रहे थे कि वे अपना 'आज़ाद कश्मीर' हमें तश्तरी में रखकर भेंट करने आ रहे हैं लेकिन उन्होंने हमें कुछ नहीं दिया और आगरा और अजमेर की सैर करके चले गए ? भारत की जनता को प्रधानमंत्री क्या जवाब देंगे ? राष्ट्रीय स्वयंसेवक संघ, विश्व हिन्दू परिषद् और शिव सेना का सामना वे कैसे करेंगे ? क्या भारत के विरोधी दल उनकी मज़ाक नहीं उड़ाएँगे ? क्या वे यह नहीं पूछेंगे कि डेढ़-दो माह तक सरकार, जनता और अखबारों को आपने ऐसे गोरखधंधे में क्यों फँसाए रखा, जिसमें से कुछ निकलना ही नहीं था ? क्या न्यौते का नाटक इसलिए रचा गया था कि तहलका पर पर्दा डालना जरूरी था और उसके लिए इससे बेहतर बहाना क्या हो सकता था ? क्या मुशर्रफ के लौटते ही गठबंधन सरकार को संसद का सामना नहीं करना पड़ेगा ? क्या सरकार ने यह अनुमान भी नहीं लगाया कि मुशर्रफ यात्रा की विफलता का कश्मीर पर क्या असर पड़ेगा ? क्या उग्रवाद बेकाबू नहीं हो जाएगा ? क्या उसके लिए कश्मीर की जनता का समर्थन पहले से अधिक सुदृढ़ नहीं हो जाएगा ? क्या भारत की आम जनता भी यह मानने के लिए मजबूर नहीं हो जाएगी कि पाकिस्तान से बात करना बेकार है। क्या वह यह नहीं सोचने लगेगी कि लातों के भूत बातों से नहीं मानेंगे ? इस तरह का माहौल बनना क्या दक्षिण एशिया के लिए फायदेमंद होगा ? खास तौर से तब जबकि भारत और पाकिस्तान, दोनों परमाणु हथियारों से लैस हैं। यात्रा की विफलता का असर

उन महाशक्तियों पर भी पड़ेगा, जो दक्षिण एशिया में शान्ति के लिए विशेष सक्रिय हैं। क्या भारत और पाकिस्तान के प्रति उनका रवैया कठोर नहीं हो जाएगा ? क्या दोनों देशों की आर्थिक कठिनाइयाँ पहले से ज्यादा नहीं बढ़ जाएँगी ? इस यात्रा की विफलता के बाद मुशर्रफ अन्तरराष्ट्रीय सहानुभूति बटोरने की पूरी कोशिश करेंगे लेकिन उनके घर में उनकी दाल पतली हो जाएगी। उग्रवादी तत्त्वों का असर बढ़ेगा, फौज में आक्रामता बढ़ेगी और मुशर्रफ को अपनी वैधता बनाए रखने के लिए कठोर भारत-विरोधी पैंतरा अख्तियार करना पड़ेगा। मतलब यह कि अगर इस यात्रा का हश्र यही होना है तो बेहतर यही है कि यह न हो या फिर हो तो पूरी तैयारी के साथ हो ?

सिर्फ कश्मीर को ही मुद्दा बनाएँ !

भारत के विरोधी दलों की दशा सरकार से भी बदतर है। उन्होंने तीन घंटे मगजपच्ची की लेकिन कोई नई बात नहीं सुझाई। उनसे बात करके प्रधानमंत्री को क्या मिला ? यही सुझाव कि कश्मीर के साथ-साथ अन्य मुद्दों पर भी बात की जाए। यह घिसा हुआ रेकार्ड तो खुद सरकार तीन साल से बजा रही है। सरकार को पता है कि जनरल मुशर्रफ की प्राथमिकता कुछ दूसरी ही है। मुशर्रफ कश्मीर और सिर्फ कश्मीर पर बात करने के लिए भारत आ रहे हैं। यदि कश्मीर पर कोई बात नहीं बनी तो बाकी सभी बातें ठप हो जाएँगी, क्या हमारे नेताओं को यह सीधी-सादी सच्चाई अभी तक समझ में नहीं आई है ? अगर कश्मीर के अलावा वे अन्य मुद्दों पर बात करना चाहते तो मुशर्रफ अपने प्रतिनिधिमंडल में से अपने गृहमंत्री और व्यापार मंत्री को ड्रॉप क्यों करते ? उनका प्रतिनिधिमंडल क्लिंटन के प्रतिनिधिमंडल से भी बड़ा होता।

भारत सरकार पाकिस्तान के लिए जो भी 'लॉलीपॉप' लटका रही है, उसका उधर गलत मतलब निकाला जा रहा है। चाहे वीज़ा में ढिलाई हो, चाहे पाकिस्तानी कैदियों की रिहाई हो, चाहे छात्रवृत्तियाँ हों, चाहें सीमा-शुल्क में कटौती हो, चाहे सैन्य महानिदेशक को भेजने का प्रस्ताव हो-सभी का मतलब यह निकाला जा रहा है कि भारत कश्मीर के सवाल को ताक पर रखने की साजिश कर रहा है। वह मुशर्रफ की यात्रा का फोकस बदलना चाहता है। भारत की दरियादिली को चालाकी समझा जा रहा है। जो कदम सचमुच सराहनीय हैं, उन्हें भी पाकिस्तानी अखबार और भद्रलोक टेढ़ी नज़र से देख रहे हैं। यह नज़र टेढ़ी यों ही नहीं हो गई है। इसके पीछे ठोस कारण हैं।

मुशर्रफ को भेजे गए निमंत्रण को पाकिस्तानी जनता ने किस अन्दाज़ में ग्रहण किया है ? इस अन्दाज में नहीं कि भारत ने उदारता दिखाई है या भारत शान्ति चाहता है या भारत सम्पूर्ण दक्षिण एशिया को खुशहाल हुआ देखना चाहता है बल्कि इसके विपरीत पाकिस्तानी अखबार लिख रहे हैं कि भारत थक गया है, डर गया है, वह कश्मीर से अपना पिण्ड छुड़ाना चाहता है। उसका शस्त्र-विराम एकदम विफल हो गया है। कृष्णचन्द्र पंतवाली पहल धराशायी हो गई है। कश्मीर में उसे कोई बात करनेवाला नहीं मिल रहा है। उस पर जबर्दस्त अमेरिकी दबाव भी है। इसके अलावा गठबंधन सरकार अपने आपमें कमज़ोर है। तहलका तथा अन्य धाँधलियों ने उसकी छवि धूमिल कर दी है। उसने मजबूर होकर मुशर्रफ को बुलाया है। इसीलिए मुशर्रफ

को चाहिए कि वह भारत सरकार को जितना दबा सकें, दबाएँ। लोहा गरम है, वे चोट करें। जो काम कोई पाकिस्तानी सरकार 53 साल में नहीं कर सकी, वह अब मुशर्रफ कर सकते हैं। भारत से कश्मीर खाली कराने का इससे बढ़िया मौका क्या है? पिछले डेढ़ माह में जब-जब मुशर्रफ कश्मीर पर जरा ढीले पड़ते दिखाई दिए, अखबारों, बुद्धिजीवियों, कठमुल्लों और फौजियों ने उन्हें मजबूर किया कि वे फिर से "अटेन्शन" की मुद्रा में आ जाएँ। मुशर्रफ लाख कुछ और चाहें, उन्हें कश्मीर पर बड़बोलापन दिखाना पड़ेगा। इसीलिए उन्होंने हुर्रियत को पत्र लिखा और इसीलिए हुर्रियत नेताओं को चाय-पार्टी का निमंत्रण भी गया। पाकिस्तान जो भी कदम उठा रहा है या जिस तरह के बयान जारी कर रहा है, उससे इस अनुमान पर मुहर लगती है कि इस निमंत्रण को वह भारत की मजबूरी समझ रहा है। एक बार भी भारत सरकार ने यह संकेत नहीं दिया कि यदि पाकिस्तान अतिथि की मर्यादा का उल्लंघन करेगा तो मुशर्रफ की यात्रा खटाई में पड़ सकती है। इसीलिए यात्रा और बातचीत का सारा एजेन्डा पाकिस्तान तय कर रहा है। शेर पूँछ नहीं हिला रहा है, पूँछ शेर को हिला रही है। लगता है, भारत हर कीमत पर मुशर्रफ को खुश करना चाहता है। मुशर्रफ हमारे मेहमान होंगे। उनकी और बेगम साहिबा की जितनी खातिर-तवज्जोह की जाए, अच्छा है लेकिन भारत सरकार खुशामद में ऐसे कदम क्यों उठा रही है, जिनका अभी कोई मतलब नहीं निकलनेवाला है और जो कभी किसी बेहतर मौके पर उठाए जाने चाहिए। क्या यह कम हास्यास्पद नहीं कि हम अपने सैन्य महा-निदेशक को पाकिस्तान भेजना चाहते हैं, यह बात पाकिस्तानी सरकार को अखबारों से पता चलती है और वह कहती है कि हम इस पर विचार करेंगे? इससे भी बड़ी मज़ाक की बात यह है कि हुर्रियत को पाकिस्तानी दूतावास में बुलाया गया तो भारत के राजनीतिक दल उस टी-पार्टी का बहिष्कार करेंगे। हुर्रियत ऐसा हव्वा कब से बन गई है? हुर्रियत से बात करने के लिए कल तक भारत सरकार लार टपका रही थी और आज वह अछूत कैसे हो गई है? हुर्रियत ने अपने रवैये से चाहे यह सिद्ध कर दिया हो कि वह पाकिस्तान की कठपुतली है लेकिन भारत सरकार से कोई पूछे कि जब वह गुड़ खा रही है तो गुलगुले से परहेज़ क्यों कर रही है? जब वह पाकिस्तान से बात कर सकती है तो हुर्रियत से बात क्यों नहीं कर सकती ? यह सवाल हमारे विरोधी दलों को प्रधानमंत्री से पूछना चाहिए था लेकिन दिमागी दिवालियापन की जुगलबंदी दोनों तरफ से एकसार चल रही है। इसीलिए ज्यादातर दलों ने हुर्रियत और कश्मीर के सवाल पर घिसा-पिटा रवैया अपना लिया है।

इस घिसे-पिटे रवैये के आधार पर क्या वाजपेयी-मुशर्रफ वार्ता सफल हो सकती है? वार्ता विफल हो जाए तो कोई आसमान नहीं टूटनेवाला है लेकिन डर यह है कि मुशर्रफ की यह यात्रा सैलाब की तरह आ रही है। इसने जितने अरमान जगाए हैं, किसी पाकिस्तानी नेता की यात्रा ने पहले नहीं जगाए। अगर यह सैलाब बेकाबू हो गया तो पता नहीं यह किन-किन किनारों को तोड़ेगा और किन-किन मीनारों को

गिराएगा ? यह यात्रा विफल होगी तो इसमें से लावा फूटेगा। मोहभंग का, हताशा का, विश्वासघात का, नफरत का! उसको सम्हालना दोनों देशों के नेतृत्व के लिए भारी पड़ेगा। पश्चिमी राष्ट्रों के भी कान खड़े हो जाएँगे, क्योंकि इन दोनों राष्ट्रों के पास परमाणु बम हैं। ऐसे में क्या किया जाए ?

सबसे सीधा तरीका तो यह है कि आज ही घोषणा की जाए कि भारत सिर्फ कश्मीर पर बात करेगा। अन्य मुद्दे वह तभी उठाने देगा या खुद उठाएगा, जब कश्मीर पर बात आगे बढ़ेगी। आश्चर्य है कि आज तक भारत ने कश्मीर को मुख्य मुद्दा क्यों नहीं बनाया ? कश्मीर के कारण भारत को नुकसान हो रहा है या पाकिस्तान को हो रहा है ? भारत की ज़मीन पाकिस्तान ने दाब रखी है या पाकिस्तान की जमीन भारत ने दाब रखी है ? भारतीय कश्मीर में घुसपैठिए पाकिस्तान भेज रहा है या 'पाकिस्तानी कश्मीर' में भारत भेज रहा है ? कश्मीर को लेकर अन्तरराष्ट्रीय कानून का उल्लंघन पाकिस्तान कर रहा है या भारत कर रहा है? कश्मीर के अल्पसंख्यक भागकर भारत के अन्य हिस्सों में जा रहे हैं या पाकिस्तान जा रहे हैं ? विभाजन का अपूर्ण एजेन्डा क्या है ? पाक-अधिकृत कश्मीर को भारत में लौटाना है या नहीं लौटाना है ? भारत की इस राष्ट्रवादी सरकार को संसद का प्रस्ताव याद है कि नहीं ? कश्मीर के सवाल पर तीन-तीन युद्ध किसने छेड़े हैं ? पाकिस्तान ने या भारत ने ? कश्मीर के सवाल पर हमारे नेता पता नहीं क्यों, घिरे हुए हिरणों की तरह पेश आते हैं, जबकि उन्हें घायल शेर की तरह दहाड़ना चाहिए।

कश्मीर के मामले में पाकिस्तान के मुकाबले भारत की स्थिति यों भी मजबूत है। पाकिस्तानी कश्मीर अब भी कानूनी तौर पर पाकिस्तान का हिस्सा नहीं है जबकि भारतीय कश्मीर भारत का है। वह 'आज़ाद' कश्मीर है। उसका नेता 'प्रधानमंत्री' कहलाता है। अगर जैसे हमारे कश्मीरी आतंकवादियों को पाकिस्तान की शह मिली हुई है, अगर वैसे ही उनके कश्मीरी आतंकवादियों को तालिबान या ताज़िकिस्तान के कठमुल्लावादियों की शह मिली होती तो कब्जाए हुए कश्मीर ही नहीं, पूरे पाकिस्तान का टेंटुआ कस गया होता। अब भी इस्लामाबाद और मुजफ्फराबाद में निरंतर द्वंद्वयुद्ध चलता रहता है। भारतीय कश्मीर के मुकाबले पाकिस्तानी कश्मीर में कहीं अधिक हताशा, कहीं अधिक गरीबी, कहीं अधिक भ्रष्टाचार और कहीं अधिक पाकिस्तान-विरोधी भावना है। तथाकथित आज़ाद कश्मीर की क्या दुर्दशा है, यह मैंने खुद उसके 'प्रधानमंत्री' सरदार कय्यूम खान से कई बार सुनी है। पाकिस्तानी नेताओं के पास इस प्रश्न का कोई जवाब नहीं है कि 53 साल हो गए, लेकिन वह कश्मीर अभी तक पाकिस्तान में क्यों नहीं मिला ? क्या उस कश्मीर के बाशिन्दे मुसलमान नहीं हैं ? अगर हैं तो द्विराष्ट्र-सिद्धान्त का क्या हुआ ?

अगर पाकिस्तान भारतीय कश्मीर को अपने साथ इसलिए मिलाना चाहता है कि उसके ज्यादातर लोग मुसलमान हैं तो मुसलमान क्या सिर्फ कश्मीर की घाटी में ही हैं ? क्या वे उत्तर प्रदेश से लेकर केरल तक सभी प्रदेशों में नहीं फैले हुए हैं ? क्या

वह उन पर भी दावा ठोकेगा? इस्लाम के नाम पर पाकिस्तान में जो जन्नत खड़ी की गई है, क्या कोई समझदार मुसलमान उसमें कदम भी रखना चाहेगा? मज़हब के दम पर अगर पाकिस्तान ठहर सकता होता तो वह टूटता ही क्यों? बांग्लादेश बनता ही क्यों? क्या बांग्लादेश द्विराष्ट्रवाद की कब्र पर नहीं खड़ा है? उसी द्विराष्ट्रवाद के नाम पर कश्मीर माँगना इतिहास का अपमान है! यों भी संयुक्तराष्ट्र संघ के महासचिव कोफी अन्नान ने अपनी भारत और पाकिस्तान-यात्रा के दौरान मार्च में साफ-साफ कह दिया था कि कश्मीर के मामले में संयुक्तराष्ट्र संघ के प्रस्ताव अब असंगत हो गए हैं। पुराने पड़ गए हैं।

इसके अलावा जनमत संग्रह का प्रस्ताव कश्मीर जैसी जगह में तो बिलकुल असंगत है। संयुक्तराष्ट्र का प्रस्ताव कहता है कि कश्मीर भारत में मिले या पाकिस्तान में! उस पर तीसरा विकल्प नहीं है। कश्मीर में अगर सिर्फ हिन्दू होते या सिर्फ मुसलमान होते तो शायद जनमत-संग्रह का यह विकल्प सही होता याने वे किसी एक राष्ट्र के साथ मिल जाते लेकिन जिस क्षेत्र में मुसलमान हिन्दू, बौद्ध, शिया, सिख, कश्मीरी पंडित आदि तरह-तरह के लोग हों, उन्हें मजहब के आधार पर किसी एक मुल्क की झोली में कैसे डाला जा सकता है? भारत में कश्मीर का विलय मजहब के आधार पर नहीं हुआ था। अब इक्कीसवीं सदी में जनमत-संग्रह का आधार मजहब को बनाना कहाँ तक तर्कसंगत है ? पाकिस्तानियों से यह भी पूछा जा सकता है कि क्या वे अपने कश्मीर में जनमतसंग्रह करवाने को तैयार हैं? संयुक्तराष्ट्र ने जनमत-संग्रह के लिए जो पूर्व शर्तें रखी थीं, उनका पालन पाकिस्तान ने अभी तक क्यों नहीं किया? पाकिस्तान ने गुलाम कश्मीर से अपनी फौजें अभी तक क्यों नहीं हटाईं? दोनों कश्मीरों की जनता को जनमत-संग्रह नहीं, इन्साफ, बराबरी, आज़ादी और भाईचारा चाहिए। मुर्गियों की तरह उन्हें इस या उस दड़बे में धकेलने का विकल्प किस काम का है?

पाकिस्तान जिसे कोर इश्यू कहता है, वह सारी दुनिया के लिए बोर इश्यू बन चुका है। करगिल के समय यह स्पष्ट हो गया था। भारत सरकार ज़रा हिम्मत से काम ले तो वह पाकिस्तान को उसकी शतरंज पर ही मात दे सकती है। श्री अटलबिहारी वाजपेयी को जनरल मुशर्रफ से सीधे यह पूछना चाहिए कि बताइए कश्मीर का हल क्या है? कश्मीर के सवाल पर अगर मुशर्रफ-बात तोड़ना चाहें तो उन्हें तोड़ने देना चाहिए। वे अधूरे में लौटना चाहें तो उन्हें लौटने देना चाहिए और उन्हें यह संदेश भी दे देना चाहिए कि सीमा-पार के आतंकवाद को अगर आप नहीं रोकेंगे तो हम रोकेंगे।

अगर मुशर्रफ सचमुच पाकिस्तान की भलाई चाहते हैं और भारत-पाक सम्बन्धों को सुधारना चाहते हैं तो उनकी यात्रा को सफल बनाने के लिए कई गलियाँ निकाली जा सकती हैं। उदाहरण के लिए कश्मीर पर सीधी बात करने की बजाय बात करने की प्रक्रिया पर बात की जाए। अगर प्रक्रिया तय हो जाए तो आशा की किरण स्वत:

फूट पड़ेगी। पाकिस्तान लौटकर वे कह सकते हैं कि उन्होंने भारत से मनवा लिया है कि कश्मीर एक मुद्दा है और उस पर बातचीत होगी। यही उनकी विजय है। यह अटलजी की भी विजय स्वतः ही बन जाएगी।

यह प्रक्रिया क्या हो सकती है ? कुछ सिद्धान्त तय किए जाएँ, जिनके मातहत बात हो। पहला, तो दोनों यह मानें कि कश्मीर एक मसला है। दूसरा, इसे हल करने के लिए प्रकट या प्रच्छन्न बल-प्रयोग नहीं किया जाएगा। तीसरा, कश्मीर विवाद में चार पार्टियाँ हैं—भारत, पाकिस्तान, भारतीय कश्मीरी और पाकिस्तानी कश्मीरी। चार, चारों पार्टियों की सहमति से ही समाधान खोजा जाएगा। पाँच, चारों अपने-अपने आसन को जरा ढीला करेंगे। कुछ न कुछ रियायत करेंगे। छठा, जो भी समाधान खोजा जाएगा वह तात्कालिक नहीं, स्थायी होगा और सातवाँ, चारों के बीच बातचीत जारी रहेगी। इस तरह की किसी स्पष्ट प्रक्रिया या प्रक्रिया की संभावना की घोषणा हो जाए तो न सिर्फ मुशर्रफ की यात्रा विफल होने से बच जाएगी बल्कि भारत-पाक सम्बन्धों के अन्य अत्यधिक महत्त्वपूर्ण आयामों पर चर्चा के मार्ग भी खुल जाएँगे। आखिर भारत के नेता कश्मीर के प्रेत से कब तक दहशत खाते रहेंगे ? समय आ गया है, जब वे उसे उसके सींग पकड़कर उछालें और पटकनी मार दें।

आशा के शिखर से निराशा की खाई में ?

यदि विदेश मंत्री जसवंत सिंह की पत्रकार-परिषद् को अपनी टिप्पणी का आधार बनाया जाए तो यह कहा जा सकता है कि वाजपेयी-मुशर्रफ वार्ता अगर शिखर पर नहीं पहुँची तो न सही, वह खाई में भी नहीं गिरी है। उन्होंने बताया कि प्रधानमंत्री ने मुशर्रफ का निमंत्रण स्वीकार किया है, वे पाकिस्तान जा सकते हैं, संयुक्तराष्ट्र में बात कर सकते हैं, पाकिस्तान को रियायतें देते रह सकते हैं और आगरा की 'निराशा' के बावजूद शान्ति का कारवाँ आगे बढ़ता चला जा रहा है और किसी न किसी शुभ घड़ी में वह अपने मुकाम पर पहुँच ही जाएगा। उन्होंने पाकिस्तानी राष्ट्रपति पर न तो स्वयं कटाक्ष किया न ऐसे प्रश्नों का सीधा उत्तर दिया, जिससे कटुता उत्पन्न हो सकती थी। उन्होंने पाकिस्तानी पत्रकारों द्वारा विदेश मंत्रालय की प्रवक्ता के साथ की गई धक्कामुक्की की आलोचना अवश्य की लेकिन पाकिस्तानी पक्ष के साथ अपनी बातचीत को 'मधुर और स्पष्ट' बताया। उन्होंने बार-बार यह भी कहा कि यह शिखर-वार्ता विफल नहीं हुई है।

श्री जसवंत सिंह से कोई पूछे कि विफलता की परिभाषा क्या है ? पौने दो माह से जिस वार्ता को आपने प्रचार के शिखर पर पहुँचा दिया, उसके अन्त में दोनों पक्ष यह भी नहीं कह सके कि "हम असहमत होने पर सहमत हैं और भविष्य में फिर मिलेंगे", क्या वह वार्ता निराशा की खाई में नहीं गिर गई है ? शिमला समझौता या लाहौर घोषणा तो बहुत दूर की बात है, हम संयुक्त वक्तव्य भी जारी नहीं कर सके। राजनय की भाषा में संयुक्त वक्तव्य न्यूनतम सहमति का सूचक होता है। घोषणा या संयुक्त विज्ञप्ति न सही, संयुक्त वक्तव्य का भी जारी न होना शिखर-वार्ता की परमपूर्ण असफलता का अकाट्य प्रमाण है। संयुक्त वक्तव्य में कम से कम यही कहा जा सकता था कि फलाँ-फलाँ मुद्दे पर पाकिस्तान की ये राय है और भारत की ये राय है। दोनों रायें अलग-अलग हैं लेकिन इन मुद्दों पर भविष्य में बातचीत जरूर होगी और दोनों पक्ष दोनों मुल्कों की जनता की खुशहाली चाहते हैं। दोनों पक्षों ने इतना शिष्टाचार भी नहीं निभाया, क्या यह कम दुखद है ? संतोष की बात है कि ख्रुश्चौफ की तरह किसी पक्ष ने न तो अशोभनीय नाटक दिखाया और अब तक न ही कोई कटुतापूर्ण बयान दिया लेकिन डर यह है कि यह चुप्पी, ये चिकनी-चुपड़ी बातें भारतीय विदेश नीति को दुबारा भौंदूपन की राह पर चलने के लिए प्रेरित कर सकती हैं।

एक फौजी अफसर ने दिग्गज नेताओं और कूटनीतिज्ञों को कैसे बुद्धू बनाया, इसकी मिसाल है, मुशर्रफ की भारत-यात्रा! आज तक हमारे प्रधानमंत्री और विदेश मंत्री यह नहीं बता सके कि आखिर उन्होंने मुशर्रफ को भारत बुलाया क्यों? निमंत्रण की यह तरंग कैसे उठी, क्यों उठी? यह वह रहस्य है, जिसे अगर भारत सरकार ने नहीं सुलझाया तो उसे संसद में तो मार खानी ही पड़ेगी, संघ परिवार के प्रहार भी सहने होंगे। जिस मुशर्रफ को लोकतंत्र का हत्यारा, करगिल-युद्ध का कसाई और सीमा-पार आतंकवाद का प्रोत्साहक कहते-कहते हम नहीं थकते थे और जिसका हुक्का-पानी बंद करने के लिए हमने राष्ट्रकुल और दक्षेस के दरवाज़े खटखटा दिए थे, वही मुशर्रफ अचानक भारत सरकार के सपनों का राजकुमार कैसे बन गया? जैसा स्वागत मुशर्रफ का हुआ, वैसा तो क्लिंटन का भी नहीं हुआ। किसी भी राष्ट्राध्यक्ष के आगमन पर पिछले तीस-चालीस साल में इतने घंटे-घड़ियाल नहीं बजाए गए, जितने मुशर्रफ के लिए बजाए गए। बेचारे पत्रकार भी फिज़ूल में मारे गए। उन्हें भी बुद्धू बनना पड़ा। पाकिस्तानी राष्ट्रपति कहाँ ठहरेंगे, क्या खाएँगे, क्या पिएँगे, क्या देखेंगे, क्या पहनेंगे आदि छिछोरेपन की बातों पर हजारों टन कागज़ और करोड़ों दर्शक-घंटे बर्बाद हुए। दोनों देशों की जनता की उम्मीदें आसमान छूने लगी थीं। अब उनका मुँह पाताल की तरफ है। शिखर से खाई की इस यात्रा के लिए आखिर कौन जिम्मेदार है?

भारतीय होने के नाते जी करता है, इस पाताल-पतन की सारी जिम्मेदारी मुशर्रफ के कंधों पर डाल दें। कह दें कि वे टस से मस नहीं हुए! उनका लचीलेपन का वायदा झूठा सिद्ध हुआ। उन्होंने मेज़बान का ज़रा भी लिहाज़ नहीं किया। उन्होंने शिखर-वार्ता के बहाने भारतीय मीडिया का दुरुपयोग किया। उनकी भाव-भंगिमा 'बॉडी लेंग्वेज' कुछ ऐसी थी कि पहले दिन सभी गुमराह हो गए। इस मौके पर हम चाहें तो अपनी पीठ खुद ठोक सकते हैं और कह सकते हैं कि हम कितने महान हैं, उदार हैं, दरियादिल हैं कि राजा की बारात के स्वागत में हमने पलक-पाँवड़े बिछा दिए, रियायतों के अम्बार लगा दिए, अपनी अनिच्छा के बावज़ूद उन्हें हुर्रियत से मिलने दिया, शिखर वार्ता के दौरान ही उन्हें पत्रकार-परिषद् करने दी और मुँह की खाने की बावज़ूद हम कह रहे हैं कि शिखर-वार्ता विफल नहीं हुई! कहीं इस छलावे का सूत्र संचालन वाशिंगटन से तो नहीं हो रहा है? यात्रा के पहले उनके उत्तेजक बयानों के बावज़ूद हमने उन्हें यह इशारा तक नहीं दिया कि उनकी यात्रा स्थगित भी हो सकती है। हमारी सरकार अन्त तक यह समझ ही नहीं पाई कि आखिर मुशर्रफ का मकसद क्या है?

मुशर्रफ ने एक पत्थर से कई शिकार किए। सबसे पहला तो यह कि वे राष्ट्रपति बन गए। जिस पद को हासिल करने के लिए अयूब खान और ज़िया-उल-हक को 'गाइडेड डेमोक्रेसी' और 'जनमत-संग्रह' के लम्बे-चौड़े नाटक रचने पड़े, भारत ने उसे एक झटके में मुशर्रफ की तश्तरी में रख दिया। खुस्रवाना शान से भारत आने की

गर्ज़ से जब उन्होंने खुद को राष्ट्रपति बना लिया तो पाकिस्तान की जनता उनका विरोध नहीं कर सकी। यहाँ तक कि जमाते-इस्लामी के नेता काज़ी हुसैन अहमद ने भी मुशर्रफ की ताजपोशी पर मुहर लगा दी। दूसरा, अब भारत-यात्रा करके वे पाकिस्तान के नेशनल हीरो बन गए हैं। इस खलनायक को महानायक बनाने में भारत का योगदान अपूर्व माना जाएगा। वे पाकिस्तान की जनता को अब बता सकेंगे कि इतनी आवभगत के बावजूद वे टस से मस नहीं हुए। उन्होंने अयूब, भुट्टो, ज़िया, बेनज़ीर और नवाज़ शरीफ को भी पीछे छोड़ दिया। ये नेता कश्मीर पर छुरी चलाते रहे जबकि उन्होंने खाँडा खड़काया है। सौ सुनार की और एक लुहार की। भारत की सरज़मीन पर ही उन्होंने ही यह कहने का साहस किया कि कश्मीर का 'आंदोलन' आतंकवाद नहीं, स्वातंत्र्य-संग्राम है, जैसा कि बाँग्लादेशियों का था या फलिस्तीनियों का है। अब भारत-यात्रा से लौटने के बाद वे कश्मीर पर नई लहर उठाएँगे और उस लहर पर सवार होकर पाकिस्तानी चुनाव की वैतरणी पार कर जाएँगे। याने भारत की कृपा से अब तक उन्हें ज़ो आधी वैधता मिली है, वह अगले साल तक पूर्ण वैधता बन जाएगी। मुशर्रफ ने अपने इस एक सूत्री कार्यक्रम के लिए भारत-यात्रा का जमकर उपयोग किया है। वरना भारतीय पत्रकारों के साथ होनेवाले नाश्ते को वे पत्रकार-परिषद् में परिणत क्यों करते? उसकी टीवी रेकार्डिंग क्यों करवाते और उसे बार-बार पाकिस्तान में क्यों दिखवाते? उनका यह कहना बड़ा मानीखेज़ है कि कश्मीर के मुद्दे को दरकिनार करना हो तो फिर वे नहरवाली हवेली को दुबारा खरीदकर यहीं क्यों न बस जाएँ? याने उन्होंने कश्मीर के मुद्दे को अपनी निजी आन-बान-शान का मुद्दा भी बना लिया है। उनका यह पैंतरा उन्हें पाकिस्तान की जनता में ही नहीं, फौज और राजनीतिक तबकों में भी हरदिल अजीज़ बना देगा।

इस शिखर-वार्ता से जो फायदा मुशर्रफ उठाना चाहते थे, उन्होंने उठा लिया लेकिन गठबंधन सरकार को क्या फायदा हुआ? जहाँ तक भारत की जनता का सवाल है, उसके सामने यह स्पष्ट हो गया है कि पाकिस्तान के मामले में यह सरकार बार-बार गच्चा खा जाती है। जैसे लाहौर-यात्रा बिना तैयारी के हुई और उसका समापन करगिल में हुआ, वैसे ही यह आगरा-वार्ता भी बिना किसी तैयारी के हुई है। विदेश मंत्री जसवंत सिंह पता नहीं क्यों आशावादी हैं? आगरा-वार्ता का समापन पता नहीं कहाँ होगा? वे कहते हैं कि अटलजी पाकिस्तान जाएँगे! क्या करने जाएँगे, यह नहीं बताया जसवंतसिंहजी ने! क्या वे मुशर्रफ की चुनाव-सभाओं में भाषण देंगे? अटलजी के बिना गए मुशर्रफ चुनाव जीत जाएँगे, इसमें अब भी संदेह रह गया है, क्या? जसवंतजी ने कई बार दोहराया कि वे पत्रकारों को गोपनीय बातें नहीं बताएँगे लेकिन सबसे गोपनीय बात अनजाने में उनके मुँह से बाहर निकल आई। उन्होंने खुद कहा कि शिखर-वार्ता की कोई तैयारी वे नहीं कर सके, क्योंकि जब-जब उन्होंने तैयारी के लिए अपने अफसरों को पाकिस्तान भेजने की कोशिश की, मुशर्रफ प्रशासन ने कह दिया कि जरूरत नहीं है। एजेन्डे की भी जरूरत नहीं है, पृष्ठभूमि

पर्चों की भी जरूरत नहीं है, मस्विदों की भी जरूरत नहीं है, किसी आपसी समझ की भी जरूरत नहीं है, मेज़बान और मेहमान की मर्यादाएँ तय करने की भी जरूरत नहीं है। अगर ये सब जरूरतें नहीं थीं तो यात्रा की क्या जरूरत है, यह हमारे प्रधानमंत्री और विदेश मंत्री ने पाकिस्तान सरकार से क्यों नहीं पूछा? जितनी लापरवाही भारत सरकार ने इस शिखर-वार्ता के दौरान की है, दुनिया की किसी भी सरकार ने शायद कभी नहीं की! यदि पाकिस्तानी विदेश मंत्रालय हमारे अफसरों को नहीं आने दे रहा था तो 'ट्रेक-टू' और 'ट्रेक-थ्री' क्या कर रहे थे? बुद्धिजीवियों, रिटायर्ड अफसरों और फौजियों की जो जमात गप्पें हाँकने के लिए अक्सर पाकिस्तान भेजी जाती है, आखिर किस वक्त के लिए है? उसे काम में क्यों नहीं लाया गया? प्रधानमंत्री और विदेश मंत्री यह नहीं कह सकते कि उन्हें तब यह बात नहीं सूझी। जो लोग जनरल मुशर्रफ और उनके परिवारजन को सीधे जानते हैं, उन्होंने हमारे नेताओं को यथासमय आगाह कर दिया था और जो लोग पाकिस्तानी नेताओं से अपने स्तर पर बात करते रहते हैं, उन्होंने भी प्रधानमंत्री को सचेत कर दिया था। सात हफ्ते तक कुंभकर्णी मुद्रा में सोते रहने का नतीजा यह नहीं होता तो क्या होता? क्या शिखर पर बैठकर कोई सोता रह सकता है? विफलता का ठीकरा मुशर्रफ के माथे पर फोड़ना आसान है लेकिन वार्ता को शिखर से खाई में पहुँचाने के लिए हम खुद जिम्मेदार हैं। प्रधानमंत्री को अपनी विदेश नीति तंत्र में आमूल-चूल परिवर्तन करना होगा। यह दुर्भाग्य की बात है कि पाकिस्तान को समझने-जाननेवाले लोग न तो मंत्रिमंडल में हैं और न अफसर-मंडल में हैं। केवल भावना, केवल तरंग, केवल शब्द-जाल को आधार बनाकर पाकिस्तान से सम्बन्ध सुधारना आसान नहीं है।

पाकिस्तान के साथ सहज सम्बन्ध कायम करना भारतीय विदेश नीति की सबसे बड़ी चुनौती है। दोनों देशों की जनता तनाव और युद्ध से तंग आ चुकी है। आगरा शिखर-वार्ता वह सुनहरा अवसर था, जब सचमुच इतिहास नई करवट ले सकता था लेकिन करवट तो वही ले सकता है जो जाग रहा हो। पाकिस्तान से बात करते वक्त हमारे नेता खर्राटे खींचते रहते हैं। वही पुराना खर्राटा वे अभी भी खींचते रहे कि हम कश्मीर को 'कोर इश्यू' (मुख्य मुद्दा) नहीं मानेंगे। क्यों नहीं मानेंगे? यह ठीक है कि 'कोर इश्यू' तो गरीबी है, भुखमरी है, असुरक्षा है, लेकिन अगर पाकिस्तान कश्मीर पर अड़ा हुआ है तो यही सही! आप अखाड़े में उतरे हैं और 'धोबीपाट' से डरते हैं! जिस दाँव को सामनेवाला पहलवान मान्यता दे उसी पर उसे पटकनी लगाइए। कश्मीर को 'कोर इश्यू' बनाया जाता तो सीमा-पार का आतंकवाद तो अपने आप उसमें समा जाता। क्या हम मध्य प्रदेश या अंडमान-निकोबार के सीमा-पार के आतंकवाद की बात कर रहे हैं? यह आतंकवाद कश्मीर का नहीं तो किस प्रांत का है? परवेज़ मुशर्रफ ने जब यह कहा कि कश्मीर में रोज़ लोग मर रहे हैं और आप कहते हैं कि दूसरे मुद्दों पर बात करें तो उन्हें यह जवाब क्यों नहीं दिया गया कि हम उस कटने-मरने को ही पहले रोकना चाहते हैं ताकि कश्मीर पर शान्ति से

बात हो सके। अगर सीमा-पार आतंकवाद जारी रहेगा तो शान्ति से बात कैसे होगी, यह सीधा-सादा तर्क भी हमारे नेता उस फौजी के गले नहीं उतार सके।

आगरा-वार्ता विफल हो गई, इसका मतलब यह नहीं कि प्रलय हो गया। जहाँ तक अन्तरराष्ट्रीय समाज का प्रश्न है, भारत की इज्जत में कुछ न कुछ इजाफा ही होगा। पाकिस्तान की बदनामी जरूर होगी कि वह आतंकवाद पर डटा हुआ है। अमेरिका जैसे पश्चिमी राष्ट्र आतंकवाद के सवाल पर भारत से अधिक चौकन्ने हैं। कल सम्पन्न हुई रूस-चीन शिखर-वार्ता का भी संदेश यही है कि भारत, रूस और चीन मिलकर काम करें। यदि तीनों राष्ट्र और उधर अमेरिका और उसके मित्र-राष्ट्र आतंकवाद का विरोध करेंगे तो पाकिस्तान की क्या हालत होगी ? क्या वह अलग-थलग नहीं पड़ जाएगा ? जरूर पड़ जाएगा लेकिन दक्षिण एशिया के सबसे बड़े राष्ट्र होने के नाते यह देखना भी भारत का काम है कि पाकिस्तान कहीं हताश राष्ट्र में तब्दील न हो जाए। इसीलिए उसे दुबारा वार्ता के रास्ते पर लाया जाए लेकिन ऐसी हर कोशिश के पहले जबर्दस्त राजनयिक तैयारी की जाए।

आगरा के आगे भी बहुत कुछ है !

क्या हमें अब भी कोई संदेह रह गया है? आगरा-वार्ता विफल हो गई, यह दोनों पक्षों ने मान लिया है लेकिन दोनों ही 'विफलता' शब्द अपनी ज़ुबान पर लाने में वैसे ही हिचक रहे हैं, जैसे कि कभी हिन्दू पत्नियाँ अपने पति का नाम लेने में हिचकती थीं। इस हिचक का कारण क्या हो सकता है? क्या यह नहीं कि भारत और पाकिस्तान दोनों अमेरिका की नज़र में भले बनना चाहते हैं। दोनों पक्षों पर सज्जनता का जैसा बुखार चढ़ा है, उसे देखकर कौतूहल उत्पन्न होता है। ज्यों-ज्यों तथ्य सामने आते जा रहे हैं, हमारा यह शक गहरा होता जा रहा है कि आगरा-वार्ता का आयोजन अमेरिका के इशारे पर किया गया था। सात हफ्तों में जनरल परवेज़ मुशर्रफ ने ऐसे अनेक मौके पैदा कर दिए थे कि शिखर-वार्ता आसानी से स्थगित की जा सकती थी लेकिन स्थगित कौन कर सकता था? यदि अपने मालिक हम खुद होते तो हम जरूर कर सकते थे लेकिन सच्चाई यह है कि दोनों पक्षों ने यह वार्ता मजबूरी में की है और अब भी यह उनकी मजबूरी है कि वे इसकी प्रक्रिया और परिणामों के बारे में लीपापोती करते रहें। यदि यह शिखर-वार्ता दोनों राष्ट्रों की स्वेच्छा से होती तो इतनी अचानक और बेतरतीब नहीं होती। आगरा में जो कुछ हुआ, वह आगे बढ़ना नहीं, पीछे हटना है। इसका सशक्त प्रमाण है, भारत सरकार की वह घोषणा, जिसमें स्पष्ट कहा गया है कि पाकिस्तान के साथ आइन्दा जो भी बात की जाएगी, वह शिमला-समझौता और लाहौर घोषणा के तहत ही की जाएगी, आगरा वार्ता के नहीं! इसका अर्थ क्या हुआ? रथ आगे बढ़ा या पीछे हटा? अचानक आगरा वार्ता इतनी बुरी कैसे बन गई? जनरल मुशर्रफ कहते हैं कि 90 प्रतिशत मामलों पर सहमति हो गई थी और दस्तावेज़ पर बस दोनों के दस्तखत होने ही वाले थे जबकि प्रधानमंत्री वाजपेयी कहते हैं, कौन-सा दस्तावेज़? हमने तो कोई दस्तावेज़ देखा ही नहीं! हमारे नेता आगरा के नाम से चिढ़ रहे हैं। वे कहते हैं, याद रखना हो तो सिर्फ शिमला और लाहौर याद रखो, आगरा को भूल जाओ। उसका नाम भी मत लो। वह भयावह सपना था।

आगरा, लाहौर से ज्यादा भयावह सिद्ध हो सकता है, यह हम पहले दिन से ही कह रहे थे। जैसे लाहौर गई बस करगिल में गिरी, वैसे ही आगरा की नाव दोनों देशों को किसी परमाणु-युद्ध के द्वीप पर ले जा सकती है, यह आशंका हमने शुरू

में ही व्यक्त कर दी थी। लाहौर और आगरा दोनों ही भारतीय कूटनीतिक लापरवाही की संतान हैं। अब आगरा के बाद क्या हो रहा है? कभी पहलगाम, कभी डोडा, कभी यहाँ, कभी वहा—आतंक का तांडव शुरू हो गया है। यदि इस पर शीघ्र काबू नहीं पाया गया तो यह पूर्ण युद्ध का रूप भी धारण कर सकता है। इधर भारत आगरा पर हकला रहा है और उधर पाकिस्तान आगरा का पूरा फायदा उठा रहा है। उसने आगरा की आड़ में कश्मीर को दक्षिण एशिया का नम्बर एक मुद्दा बना दिया है। जनरल मुशर्रफ के व्यक्तिगत लाभ की तो कोई सीमा ही नहीं है। पहले वे राष्ट्रपति बन गए, फिर राष्ट्रीय महानायक बन गए और अब अगले वर्ष चुनाव जीतकर वे पाकिस्तान पर अपना स्थायी फौजी शिकंजा कस देंगे। जहाँ तक कश्मीर का सवाल है, वहाँ पूर्ण गत्यवरोध बना हुआ है। असंतोष, बगावत और हिंसा की बर्फ ज्यों की त्यों जमी हुई है। उसके पिघलने के कोई आसार नज़र नहीं आ रहे! भारत सरकार हतप्रभ है। उसे समझ नहीं पड़ रहा कि वह क्या करे?

सबसे पहले तो कश्मीर के सभी तबकों से खुली और खुफिया बातचीत का दौर फिर से शुरू किया जाए। पता नहीं, ठीक रास्ते पर चलते-चलते यह सरकार अचानक पटरी से उतर क्यों गई? पहले वह हुर्रियत से नाराज़ हो गई और अब वह पाकिस्तान से नाराज़ हो गई है। अब तो बस यही बाकी है कि वह खुद से भी नाराज़ हो जाए। नाराज़ी का यह सिलसिला कहीं नीतिगत सन्निपात का मामला तो नहीं है? इस रोग का इलाज तो उसे खुद ही करना पड़ेगा। उसे इस मूलभूत सत्य को समझना होगा कि कश्मीर की दवा कश्मीर में से ही आएगी। जैसे कि पंजाब की दवा पंजाब में से ही पैदा हुई थी। कश्मीर का हल करने में पाकिस्तान और अमेरिका सहायता जरूर कर सकते हैं लेकिन वे स्वयं कश्मीर नहीं बन सकते। इसीलिए भारत का ध्यान मुख्य रूप से कश्मीर पर ही केंद्रित होना चाहिए। कश्मीरियों को बिना माँगे ही अधिकतम स्वायत्तता दे दी जानी चाहिए। उनके आर्थिक और सामाजिक उद्धार के लिए अपूर्व एवं विराट कार्यक्रम प्रारंभ किया जाना चाहिए। उन्हें यह महसूस होना चाहिए कि भारत सरकार उन्हें अलगाव के अलावा सबकुछ देने को तैयार है—स्वायत्तता, आज़ादी, सम्मान, सुरक्षा, भाईचारा और सम्पन्नता! जैसे भारत का प्रत्येक नागरिक आज़ाद है, वैसे ही प्रत्येक कश्मीरी भी आज़ाद क्यों न हो? भारत के प्रत्येक कश्मीरी को यह लगना चाहिए कि वह पाकिस्तान के कश्मीरियों से कहीं बेहतर जिंदगी जी रहा है। कम से कम भारत में तो ऐसा नहीं हो सकता जैसा कि पाकिस्तानी कश्मीर में आजकल हो रहा है कि बहुमत के नेता सरदार कय्यूम के पाँव पर कुल्हाड़ी मारकर उनकी कुर्सी में सिकन्दर हयात खान को बिठाया जा रहा है! पाकिस्तानी अपने कश्मीर को 'आजाद कश्मीर' कहते हैं लेकिन उसकी हालत गुलाम कश्मीर से भी बदतर है, जिस दिन यह बात हमारे कश्मीरी समझ लेंगे, भारत सरकार का आधे से ज्यादा सिरदर्द अपने आप खत्म हो जाएगा।

दूसरा, कश्मीर की जनता के प्रति भारत सरकार का रवैया जितना नरम हो,

आतंकवादियों के प्रति उतना ही कठोर होना चाहिए। कश्मीर के हर गाँव और हर मोहल्ले में सुरक्षा का इतना कड़ा इंतजाम होना चाहिए कि हमले का इरादा बाँधने के पहले ही आतंकवादियों की रूह काँपने लगे। एक हत्या के मुकाबले अगर दस हत्या भी होगी तो सारी दुनिया भारत का समर्थन करेगी। आज आतंकवाद की हैसियत पागल कुत्ते की तरह हो गई है। उसे जो भी मारेगा, उसे शाबाशी मिलेगी। आतंकवाद के विरुद्ध रूस, चीन और मध्य एशियाई राष्ट्रों ने तो संयुक्त अभियान की घोषणा की ही है, अमेरिका और इस्त्राइल जैसे राष्ट्र भी उसके विरुद्ध कटिबद्ध हैं। यदि पाकिस्तान उसे स्वातंत्र्य-संग्राम की संज्ञा देता है तो उससे पूछा जाए कि सिंध में चल रही आतंकवादी गतिविधियों से वह प्रकंपित क्यों है ? वह उन्हें प्रोत्साहित क्यों नहीं करता ? वह उन्हें स्वातंत्र्य-संग्राम की संज्ञा नहीं देता ? इसके अलावा कश्मीरी आतंकवाद अगर बांग्ला स्वातंत्र्य-संग्राम की तरह है तो मुशर्रफ ज़रा यह बताएँ कि बांग्ला स्वातंत्र्य वाहिनी ने क्या निहत्थे बंगालियों पर कभी हमले किए ? क्या उन्होंने कभी अपने देशवासियों की हत्या की, जैसे कि कश्मीरी आतंकवादी करते रहे हैं ? कश्मीर को अपना गुलाम बनाने के छद्म-युद्ध को स्वातंत्र्य-संग्राम की संज्ञा देना शुद्ध धूर्तता नहीं तो क्या है ? क्या भारत ने बंगालियों की सहायता इसलिए की थी कि वह बांग्लादेश को भारत का हिस्सा बनाना चाहता था ? यदि कश्मीर में स्वातंत्र्य-संग्राम चल रहा है तो क्या वजह है कि हजारों शरणार्थी पाकिस्तान नहीं जा रहे हैं और भारत आ रहे हैं ? क्या पूर्वी पाकिस्तान की तरह कश्मीर में कोई फौजी सरकार थोपी जा रही है ? पूर्वी पाकिस्तान का जिस तरह पश्चिमी पाकिस्तान ने हर तरह से शोषण किया था, क्या उसी प्रकार भारत भी कश्मीर का शोषण कर रहा है ? इसके विपरीत भारत हर साल अरबों रुपया कश्मीर में झोंकता जा रहा है ! इसके बावजूद अगर पाकिस्तान कश्मीरी आतंकवाद की सक्रिय सहायता करता है तो उस पर दुतरफा वार होना चाहिए। एक तो उसे आतंकवादी राष्ट्र घोषित करवाने का अभियान चलाया जाए और दूसरा यह बता दिया जाए कि आतंकवादियों का पीछा (हॉट परस्यूट) करने में भारतीय फौजें ज़रा भी नहीं झिझकेंगी। वे आतंकवाद के मूल पर प्रहार करेंगी और वैसा करते हुए उन्हें अगर नियंत्रण-रेखा पार करनी पड़ी तो वे बेझिझक करेंगी। यह अन्तरराष्ट्रीय कानूनसम्मत कदम होगा।

तीसरा, यह सब करने का मतलब यह नहीं कि पाकिस्तान के साथ बातचीत के दरवाज़े बन्द कर दिए जाएँ। दरवाज़े खोलें और सिर्फ कश्मीर के लिए खोलें। वास्तव में पाकिस्तान के साथ केवल कश्मीर के सवाल पर ही बात होनी चाहिए। कश्मीर के अलावा किसी भी सवाल पर तब तक बातचीत नहीं होनी चाहिए जब तक कि पाकिस्तान रेखा-पार आतंकवाद की खुलेआम भर्त्सना न करे और इस मामले में अपनी नेकनीयत का प्रमाण न दे। मुशर्रफ का यह कहना कुछ हद तक ठीक है कि ताशकंद, शिमला और लाहौर समझौते निरर्थक सिद्ध हुए हैं। इन समझौतों के बावजूद दोनों राष्ट्रों के सम्बन्ध सहज नहीं हुए क्योंकि कश्मीर के सवाल को ताक

पर रख दिया गया। अब कश्मीर के सवाल को सीधे टेबल पर रखा जाए और उस पर दो टूक बात की जाए और बात इसी मुद्दे पर की जाए कि कब्जाए हुए कश्मीर को पाकिस्तान कब खाली करेगा ? जहाँ तक पाकिस्तान का सवाल है, कश्मीर के मुद्दे पर उसके पास सिर छिपाने को जगह नहीं है। उसने अन्तरराष्ट्रीय कानून, नैतिकता और इन्सानियत का भी उल्लंघन किया है। यदि वह कश्मीर को दाँव पर लगाकर बांग्लादेश का बदला चुकाना चाहता है तो उसे बता दिया जाए कि वह अपना सिंध और बलूचिस्तान खोने को भी तैयार हो जाए। जाहिर है कि भारत के इस पैंतरे से बात टूट जाएगी। टूट जाएगी तो टूट जाए। अगर फिर पाकिस्तान उसे किसी अन्य मुद्दे से शुरू करना चाहे तो फिर शुरू की जाए। वरना वह अपनी जगह जड़ हो जाए। बात जड़ हो जाए और शस्त्र चेतन हो जाएँ तो आतंकवाद खुद पनाह माँगेगा। भारत की नीति इतनी आक्रामक होनी चाहिए कि पाकिस्तानी यह सोचने पर मजबूर हो जाएँ कि कश्मीर की खातिर वे आत्महत्या क्यों करें ? मान लीजिए कश्मीर में यह छद्म-युद्ध अगले दस साल तक यों ही चलता रहे तो भारत का कितना नुकसान होगा ? उतना ही जितना कि आजकल हो रहा है लेकिन अगले दस साल में भारत की शक्ति कई गुना बढ़ जाएगी, जो कि पाकिस्तान के मुकाबले और भी कई गुना होगी। दूसरे शब्दों में भारत से आज सहज सम्बन्ध नहीं होने के कारण पाकिस्तान को जो नुकसान हो रहा है, वह दस साल बाद कई गुना बढ़ जाएगा। पाकिस्तान की भावी पीढ़ी खुद तय करेगी कि भारत के साथ सहज सम्बन्ध बनाना उसकी प्राथमिकता है या भारतीय कश्मीर पर कब्जा जमाना उसकी प्राथमिकता है ? यहाँ मुशर्रफ के उस कथन पर भी ध्यान देना होगा कि दोनों देशों में शान्ति की चाह इतनी उत्कट हो गई है कि सम्बन्ध-सुधार की प्रक्रिया को कोई भी शासक अब रोक नहीं पाएगा।

चौथा, यदि भारत सरकार दब्बूपन की पुरानी नीति पर चलती रही तो आगरा में टूटा हुआ तार दुबारा जुड़ नहीं पाएगा। पाकिस्तान कश्मीर को 'कोर इश्यू' बताता रहेगा और भारत सीमा-पार आतंकवाद को। एक पश्चिम की तरफ देखेगा तो दूसरा पूरब की तरफ ! कभी बात ही नहीं होगी। यह ठीक नहीं। यदि भारत कश्मीर को कोर इश्यू (मुख्य मुद्दा) मान ले तो सीमा-पार आतंकवाद तो उसी की संतान है। अगर कश्मीर पर बात होगी तो आतंकवाद पर कैसे नहीं होगी ? जरूर होगी और पहले होगी। मुशर्रफ की इस बात पर भी ध्यान देना चाहिए कि कश्मीर का सवाल सर्वसम्मति (कंसेंसस) से हल किया जाए। हमने आगरा वार्ता के पहले ही कहा था कि कश्मीर-विवाद में चार पार्टियाँ मान्य की जाएँ (भारत, पाकिस्तान, हमारे कश्मीरी और उनके कश्मीरी) और उन चारों की सम्मति से ही समस्या हल की जाए। यदि कुछ मुद्दों पर सम्मति हो जाए तो बहुत अच्छा। अन्यथा सम्मति के लिए बातचीत चलती रहे तो भी क्या बुराई है ? बातचीत कई बरसों तक चलती रह सकती है और यह असम्भव नहीं कि उस दौरान कश्मीर से भी अधिक नाजुक मुद्दे स्वयं ऊपर उभर

आएँ (जैसे कि परमाणु सुरक्षा का मुद्दा) और उन पर कोई सहमति हो जाए। आगरा में पटकनी खा गए, इसका मतलब यह नहीं कि हम अखाड़ा ही छोड़ भागें। जरूरी यह है कि दूसरों के इशारों पर कठपुतली का नाच दिखाने की बजाय आपस में खुलकर बात करें और अपना समाधान खुद निकालें। आगरा दुनिया का अन्त नहीं है। आगरा के आगे भी बहुत कुछ है।

भय बिनु होत न प्रीति !

दक्षेस सम्मेलन में भारतीय प्रधानमंत्री और पाकिस्तानी राष्ट्रपति यदि एक-दूसरे से मिल लें तो किसी को कोई आश्चर्य क्यों होना चाहिए ? भारत के सभी राजनीतिक दलों और पूर्व प्रधानमंत्रियों ने श्री अटलबिहारी वाजपेयी को अपना समर्थन दे ही दिया है। इसके अलावा आतंकवादी सरगनों की गिरफ्तारी ने भारत को काफी संतोष प्रदान किया है। भारत के संतोष पर पाकिस्तान सरकार ने भी खुशी जाहिर की है। इससे भी बड़ी बात यह कि 'बड़े साहब' बहुत खुश हैं। बुश का खुश होना सबसे बड़ी बात है। एक तरफ वे मुशर्रफ की पीठ ठोक रहे हैं और दूसरी तरफ भारत के धीरज की दाद दे रहे हैं। रामाय स्वस्ति, रावणाय स्वस्ति ! जैसे बुश ने आतंकवादी संगठनों को गैर-कानूनी घोषित कर दिया और उनके बैंक खाते सील कर दिए, वैसे ही पाकिस्तान ने भी मक्खी पर मक्खी बिठा दी है। इतना ही नहीं, मुशर्रफ ने कुख्यात आतंकवादियों को गिरफ्तार भी कर लिया है। बड़े मियाँ तो बड़े मियाँ, छोटे मियाँ सुभानअल्लाह !

अब बताइए, भारत के पास कौन-सा बहाना रह जाता है, बात नहीं करने का ? भारत डाल-डाल तो पाकिस्तान पात-पात ! भारत सरकार का दावा है कि उसकी कूटनीति को जबर्दस्त सफलता मिल रही है। युद्ध किए बिना ही वह विजय के सुफल भोग रही है। उसने पाकिस्तान को डरा दिया लेकिन पाकिस्तान का प्रवक्ता रोज दावा करता है कि आतंकवादियों की गिरफ्तारी का 13 दिसम्बर या भारत की धमकियों से कोई सम्बन्ध नहीं है। वह तो केवल संयुक्तराष्ट्र के प्रस्ताव 1373 को लागू कर रहा है। उसने भारत द्वारा प्रेषित 20 आतंकवादियों की सूची को भी कूड़ेदान के हवाले कर दिया है। वह पूछ रहा है कि नाम तो आपने भेज दिए, प्रमाण क्यों नहीं भेजे ? बिना प्रमाण के किसी को गिरफ्तार कैसे किया जाए ? भारत कहता है कि वह तब तक चुप नहीं बैठेगा, जब तक कि ये आतंकवादी उसके हवाले नहीं कर दिए जाएँ याने भारत भी 'बड़े साहब' की भाषा बोल रहा है। बुश जैसे उसामा और उमर को अपने हवाले करवाने पर आमादा है, भारत मसूद अजहर, दाऊद इब्राहिम और सईद वगैरह को जिन्दा या मुर्दा पकड़ना चाहता है। कैसे पकड़ेगा, वह उन्हें ? अगर पाकिस्तानी सरकार ने उन्हें पकड़ लिया तो भी वह उन्हें 'स्वतन्त्रता सेनानियों' की तरह ससम्मान अपनी जेलों में रखेगी। उन्हें वह भारत को क्यों सौंपेगी ? उसका पहला तर्क तो यही है कि आप उनका अपराध सिद्ध कीजिए ! उन्हें तो इसलिए गिरफ्तार किया गया है कि उन्होंने मुशर्रफ और बुश के खिलाफ भड़काऊ भाषण दिए

हैं, इसलिए नहीं कि भारतीय संसद या लाल किले या श्रीनगर विधानसभा पर हुए हमलों में उनका हाथ है या कंधार-अपहरण कांड से उनका कोई सम्बन्ध है। दूसरा तर्क यह है कि भारत के साथ पाकिस्तान की कोई प्रत्यर्पण-संधि नहीं है। अपराधियों को वह गाजर-मूली की तरह बैलगाड़ी पर लादकर तो भारत नहीं भेज सकता। 1987 में इसी काठमांडो के दक्षेस-सम्मेलन में आतंकवाद-विरोधी प्रस्ताव सर्वानुमति से पारित हुआ था लेकिन 15 साल गुजर गए, अभी तक पाकिस्तान प्रत्यर्पण-संधि के सवाल पर सोया हुआ है। 2002 के दक्षेस में पहला काम तो यही होना चाहिए कि भारत-पाक प्रत्यर्पण संधि सम्पन्न हो। यहाँ असली समस्या यह है कि पाकिस्तान प्रत्यर्पण किसका करे ? जिसे हम आतंकवादी कहते हैं, उसे मुशर्रफ स्वतन्त्रता-सेनानी कहते हैं। जिसे हम अपराध कहते हैं, पाकिस्तान उसे जिहाद कहता है। क्या कभी दोनों देशों के लिए इन मुद्दों की परिभाषा एक ही होगी ?

यही मूल प्रश्न है। इस प्रश्न पर पाकिस्तान जरा-भी टस-से-मस नहीं हुआ है। आपने रेल, बस, हवाई जहाज बन्द कर दिए, कूटनीतिक स्टाफ आधा कर दिया, उच्चायुक्त बुला लिया, सेना की हलचल दिखा दी। बदले में पाकिस्तान ने कुछ गिरफ्तारियाँ दिखा दीं, बैंक खाते सील कर दिए और कुछ मीठे-मीठे बयान जारी कर दिए। यह सब नाटक है। इस नाटक से भारत अगर खुश है तो मानना पड़ेगा कि उसने लाहौर और आगरा से कुछ नहीं सीखा बल्कि देर-सबेर यह भी मानना पड़ेगा कि कूटनीतिक दृष्टि से भारत पर पाकिस्तान भारी पड़ गया है। वह नहले पर दहला मारता चला जा रहा है। भारत जिसे अपनी कूटनीतिक विजय समझ रहा है, वह भौंदूमल की खुशफहमी ही सिद्ध होगी। अपने 'उत्तम' और 'दक्ष' आचरण के प्रमाण पत्र पश्चिम से बटोरकर मुशर्रफ न सिर्फ फौजी तानाशाही को मजबूत करेंगे बल्कि पाकिस्तान के लिए वे ताज़ातरीन हथियार और डॉलरों का जखीरा भी हासिल कर लेंगे। हफ्ते भर पहले वे चीन में थे और अब फिर वे चीन जा रहे हैं। लगभग सारे पश्चिमी अखबार उनकी मुस्तैदी की दाद दे रहे हैं और उनकी मजबूरियों पर कसीदे काढ़ रहे हैं। भारत के धीरज की तारीफ़ जरूर हो रही है लेकिन भारत धीरज रखने के अलावा कर भी क्या सकता है ? जब लोहा गरम था तो उसने चोट नहीं की। अब लोहा ठंडा पड़ गया है। अब वह धीरज नहीं रखेगा तो क्या करेगा ? पाकिस्तान ने उसे मजबूर कर दिया है कि वह धीरज रखे! किसकी कूटनीतिक विजय हो रही है ? भारत की या पाकिस्तान की ?

भारत की कूटनीतिक विजय तो तब होती जब पाकिस्तान इन आतंकवादियों को आतंकवादी कहता, जैसा कि उसने तालिबान को कहा था। वह भारत को दावत देता कि आइए, हम मिलकर उनका सफाया करें! आतंकवादी पाकिस्तान के उतने ही बड़े दुश्मन हैं, जितने कि भारत के हैं। क्या मुशर्रफ इस तरह की घोषणा कर सकते हैं ? वे चाहें तो भी नहीं कर सकते, क्योंकि पाकिस्तानी समाज का चरित्र भारत-विरोधी बन गया है। इस भारत-विरोधी चरित्र को बदलने की कुछ कोशिश नवाज शरीफ

ने की थी लेकिन उनका अंजाम क्या हुआ ? उनके अस्त होने पर पाकिस्तान में किसी ने चार आँसू भी नहीं बहाए। मुशर्रफ तो मुहाजिर हैं, भारतीय मूल के हैं, फौजी हैं, उनका कोई व्यापक जनाधार नहीं है। वे पाकिस्तानी जहाज के स्टीयरिंग व्हील को साइकिल के हैंडल की तरह एकदम दूसरी दिशा में नहीं घुमा सकते। इसमें शक नहीं कि पहले दो वर्षों में उन्होंने अपनी छवि इतनी अधिक निखार ली है, जितनी अयूब और ज़िया भी नहीं निखार पाए थे। इस काम में भारतीय नेताओं का अपूर्व सहयोग मुशर्रफ को सदा सुलभ रहा और आगे भी सुलभ रहेगा लेकिन इस प्रक्रिया से भारत-पाक सम्बन्धों को सही पटरी पर लाना लगभग असम्भव है।

नए साल पर प्रधानमंत्री ने जो 'उद्‌गार' प्रकट किए हैं, वे मुशर्रफ के लिए दुबारा दरवाजा खोल रहे हैं। अटलजी चाहते हैं, मुशर्रफ जितने बड़े हैं, उससे भी कहीं ज्यादा बड़े बनें। मानो वे बन ही गए तो मुसीबत पहले से भी ज्यादा बढ़ जाएगी, क्योंकि आदमी बड़ा होगा और दरवाजा छोटा! इस दरवाजे को चौड़ा करने का कोई संदेश प्रधानमंत्री के उद्‌गार में नहीं है। यह संदेश 13 दिसम्बर से अब तक साफ़-साफ़ कभी गया ही नहीं। आप फौज की हलचल भी कर रहे हैं और बार-बार यह भी फरमा रहे हैं कि युद्ध नहीं होगा। बुश के कानों में ही नहीं, आतंकवादियों के अड्डों, पाकिस्तानियों के घरों और जिहादियों के मोर्चों में भी यह हकलाती हुई गिड़गिड़ाहट गूँज रही है। वे जानते हैं कि भारत की हिम्मत ही नहीं कि वह दरवाजा चौड़ा करे। आज जरूरत इस बात की है कि भारत गीदड़ की तरह गिड़गिड़ाने की बजाय शेर की तरह दहाड़े। दहाड़ते हुए शेर को यदि आज पाकिस्तान ने देखा होता तो उसके दिमागी दरवाजे अपने आप चौड़े हो जाते। उसे अहसास हो जाता कि कहीं कश्मीर के चक्कर में पाकिस्तान ही न डूब जाए! जब तक औसत पाकिस्तानी को यह अहसास नहीं होगा, पाकिस्तान का कोई नेता उन ऊँचाइयों को नहीं छू पाएगा, जिनकी कल्पना अटलजी ने अपने 'न्यू ईयर म्यूजिंग्स' (नव वर्ष के उद्‌गार) में की है। भय के बिना प्रीति नहीं होगी। भारत और पाकिस्तान के बीच प्रीति परम आवश्यक है और प्रीति के लिए बड़े भाई भारत को कुछ कुर्बानी भी करनी पड़े तो जरूर करनी चाहिए लेकिन सिर्फ प्रीति करनेवाला अटलजी का 'म्यूजिंग', केवल 'एम्यूजिंग' (हास्यास्पद) बनकर रह जाएगा। मौका चूकी हुई सरकार को फिलहाल भारत की जनता कुछ नहीं कह रही है। अभी वह उसकी कूटनीतिक कलाबाजियों क़ो सिर्फ अचरज से निहार रही है। यदि संसद पर हमले जैसी एक-दो दुर्घटनाएँ और हो गईं तो भारत की जनता का निशाना पाकिस्तान के आतंकवादी बाद में होंगे, भारत के पहरेदार पहले होंगे।

मुशर्रफ का जवाब ऐसे दें

मुशर्रफ के इस बयान का हमारे पास क्या जवाब है कि उन्होंने बिना युद्ध किए ही भारत को हरा दिया। मुशर्रफ ने यह भी कहा कि भारत 'ऑपरेशन पराक्रम' के दौरान यदि पाकिस्तान में एक इंच भी आगे बढ़ता तो वे परमाणु अस्त्रों का प्रयोग करते। मुशर्रफ के बयान पर भारत सरकार, हमारे सेनापतियों और राजनीतिक दलों की जैसी प्रतिक्रियाएँ आ रही हैं, वे जितनी हास्यास्पद हैं, उतनी ही दुखद भी हैं।

फौजियों का कहना है कि मुशर्रफ का बयान बड़ा गैर-जिम्मेदाराना है। कोई उनसे पूछे कि गैर-जिम्मेदाराना क्यों है? पाकिस्तान की रक्षा करना क्या जनरल मुशर्रफ का कर्तव्य नहीं है? भारत को आगे बढ़ने से रोकने के लिए जो भी जरूरी होगा, वह वे करेंगे। परमाणु अस्त्र आपके लिए पूजा-पाठ का विषय हो सकते हैं। आप उनकी आरती उतारते रहिए लेकिन पाकिस्तान ने तो उन्हें बनाया ही है, भारत के विरुद्ध इस्तेमाल के लिए! आप लाख कहें कि आप आगे होकर इस्तेमाल नहीं करेंगे लेकिन पाकिस्तान को आप कैसे रोकेंगे? भारत का बार-बार यह कहना कि वह पहल नहीं करेगा, पाकिस्तान की हौसला-आफ़ज़ाई है। यदि भारत यह कहे कि परमाणु-युद्ध हुआ तो पाकिस्तान का नामो-निशान भी नहीं बचेगा तो वहाँ के फौजियों को शायद कँपकँपी चढ़े। भारत की दिक्कत यह है कि वह कोयले की खदान में भी खड़ा है और वह दूध का धुला भी बना रहना चाहता है। वह परमाणु बम के प्रयोग पर चुप्पी साधे हुए है। उसके पास कोई परमाणु शस्त्र-नीति नहीं है। उसने परमाणु-बम फोड़ा बिलकुल उसी तरह जैसे अचानक नींद में में भरा कोई बच्चा शीशे का गिलास तोड़ दे और तोड़ने के बाद वह अपराध-बोध से भर जाए। जवाब में पाकिस्तान ने भी गिलास तोड़ दिया लेकिन वह यह भी कहता जाता है कि शीशे के इन टुकड़ों से मैं तुम्हारा मुँह भी तोड़ दूँगा।

पाकिस्तान का यह तेवर हमारे जनरलों को गैर-जिम्मेदाराना और बचकाना लगता है लेकिन होगा यही, क्योंकि पाकिस्तानी जनरल, जनरल भी है और नेता भी है। फौज और राज, दोनों सत्ताएँ उसके हाथ में हैं। भारत में लोकतंत्र है। नेता निर्णय करें और फौज लागू करे, यह फासला छोटा भी हो सकता है और लम्बा भी! परमाणु अस्त्रों की गति इतनी तेज है कि वे इस फासले तक रुक नहीं सकते। भारत के पास कोई ऐसी तदबीर नहीं कि पाकिस्तान की तरफ से आनेवाले किसी मिसाइल को वह हवा में ही काट सके। भारत के पास न तो वे 'पेट्रियट' मिसाइल हैं, जो

एराक-अमेरिका युद्ध में प्रयुक्त हुए थे और न ही अमेरिका उसे इस्राइल के 'ऐरो' मिसाइल खरीदने दे रहा है। खुद अमेरिका 'राष्ट्रीय प्रक्षेपास्त्र प्रतिरक्षा' योजना लागू कर रहा है याने संपूर्ण अमेरिका और उसके इस्राइल और ताइवान जैसे साथियों के आकाशों में प्रतिरक्षा का ऐसा चंदोवा तान देगा कि दुश्मन का प्रक्षेपास्त्र घुस ही न सके। अब भारत क्या करेगा ? क्या वह भी अमेरिका की शरण में जाएगा ? यह अन्देशा वाकई होने भी लगा था, क्योंकि राष्ट्रपति बुश ने जैसे ही उक्त योजना की घोषणा की, भारत सरकार ने उसका गर्मागर्म समर्थन कर दिया था। सवाल यह है कि यदि अमेरिका का शरणागत बनना था तो फिर आप परमाणु-शक्ति ही क्यों बने ? एक तरफ महाशक्ति बनने की आकांक्षा और दूसरी तरफ यह कातर शरणागति ? यह कौन-सी विदेश नीति है ? जैसे भारत के डर के मारे पाकिस्तान अमेरिका का शरणागत बन जाता है, क्या भारत अब पाकिस्तान के डर के मारे अमेरिका का शरणागत बनेगा ?

मुशर्रफ के बयान पर खिसियाने की बजाय हमें उन्हें धन्यवाद देना चाहिए कि उन्होंने हमें दुबारा जगा दिया। साढ़े तीन साल बाद दुबारा एलार्म बजा दिया। यह नितान्त आवश्यक है कि भारत अपना परमाणु सिद्धान्त तुरंत प्रतिपादित करे। भारत का परमाणु बम उसकी शक्ति बनना चाहिए, दुर्बलता नहीं। क्या हम इसीलिए ब्लेकमेल होंगे कि हमारे पास बम है ? हम शांति के पुरोधा हैं, दुनिया को यह दिखाने के लिए क्या हम यही कहते रहेंगे कि हम परमाणु बम का प्रयोग नहीं करेंगे ? यदि नहीं करेंगे तो आपने वह बनाया ही क्यों ? और यदि आप यह कहते हैं कि आप पहले नहीं फेकेंगे तो यह बताइए कि सामनेवाले ने अगर पहले फेंक दिया तो क्या आप उसके बाद फेंकने की स्थिति में रहेंगे ? क्या आप जवाबी हमला कर सकेंगे ? पहले हमले में ही अगर पाकिस्तान ने दिल्ली का सत्ता-क्षेत्र उड़ा दिया तो परमाणु हमले का जवाब कौन देगा ? क्या परमाणु-युद्ध पहले और पारम्परिक युद्ध बाद में होगा ? अगर हार-जीत का फैसला पारम्परिक युद्ध से ही होना है तो भारत ने परमाणु बम बनाया ही क्यों ? पारम्परिक सैन्य-शक्ति की दृष्टि से तो भारत पाकिस्तान से कई गुना अधिक शक्तिशाली रहा है। परमाणु बम फोड़कर भारत ने अपनी इस पारम्परिक श्रेष्ठता को पहले ही गवाँ दिया है। परमाणु बम भारत के गले का पत्थर बन गया है।

भारत चाहता तो वह अपने परमाणु बम को तीसरी दुनिया की परमाणु-स्वायत्तता का औजार बना सकता था। वह पाँचों परमाणु महाशक्तियों के एकाधिकार को चुनौती दे सकता था। वह बता सकता था कि परमाणु बम केवल महाशक्तियों की बपौती नहीं है लेकिन भारत छठी महाशक्ति की भूमिका निभाने के बजाय लघु क्षेत्रीय शक्ति के दर्जे पर पहुँच गया है। अब वह पाकिस्तान से उलझकर रह गया है। चौबेजी छब्बेजी होने चले थे लेकिन रह गए, दुबेजी ! भारत चाहता तो वह अपने परमाणु बम को शांति का ब्रह्मास्त्र बना सकता था। पाँचों परमाणु महाशक्तियों को वह प्रेरित

कर सकता था कि वे अपने परमाणु अस्त्रों को नष्ट करने का टाइम-टेबल पेश करतीं और वह खुद अपने परमाणु अस्त्र नष्ट करने में अगुवाई करता। इसका असर पाकिस्तान पर भी पड़ता लेकिन यह सब तब होता जबकि भारत के नेताओं के पास कुछ बड़े दिमाग होते।

बड़े दिमाग न तो उधार लिये जा सकते हैं और न ही खरीदे जा सकते हैं। इसलिए हमारे पास जैसे भी हैं, उन्हीं से काम चलाना होगा लेकिन चिंता तब होती है, जब वे भी शिथिल हो जाएँ या काम करना बन्द कर दें। यह मानसिक शैथिल्य का प्रमाण है कि हम मुशर्रफ के बयान पर बौखला जाएँ। पाकिस्तान का यह दुर्भाग्य है कि मुशर्रफ उसके सेनापति हैं, इस प्रतिक्रिया का क्या मतलब है ? वास्तविकता तो यह है कि मुशर्रफ पाकिस्तान के सबसे चतुर शासक और सबसे चालाक सेनापति हैं। जनरल ज़िया-उल-हक़ सिर्फ बातें बनाते रहे। उन्होंने भारत से कोई युद्ध तक नहीं लड़ा, हालाँकि इंदिरा गांधी उन्हें बराबर चुनौती देती रहीं। उनके मुकाबले मुशर्रफ कहीं अधिक खतरनाक सिद्ध हुए। पहले उन्होंने करगिल लड़ा और भारत को अन्तरराष्ट्रीय सीमा पार नहीं करने दी और फिर अब 10 माह तक बिना लड़े ही भारतीय फौजों को थकाकर वापस भेज दिया। वे कहते हैं कि वे बिना लड़े ही जीत गए। भारत हार गया। पाकिस्तान की जनता भी यही मानती है। ऐसे जनरल का सेनापति होना पाकिस्तान के लिए दुर्भाग्यपूर्ण क्यों है ? अफगान-संकट को मुशर्रफ ने पाकिस्तान के पक्ष में जैसा निचोड़ा वैसा तो ज़िया, बेनजीर और नवाज भी नहीं निचोड़ पाए। पाकिस्तान की जनता अपने फौजी नेता पर गर्व करती है, जिसने भारत के राजनीतिक नेताओं को आगरा में चारों खाने चित कर दिया था।

भारत के नेता दावा करते हैं कि 'आपरेशन पराक्रम' के कारण दुनिया को यह पता चल गया है कि पाकिस्तान सीमा-पार आतंकवाद को हवा दे रहा है। यह पता चलने से भारत को क्या फायदा हुआ ? क्या किसी देश ने पाकिस्तान को आतंकवादी घोषित किया ? क्या किसी राष्ट्र ने उसकी सहायता बन्द की ? उल्टे अमेरिका ने उसे लगभग छह हजार करोड़ रु. की मदद दे दी याने 'आपरेशन पराक्रम' के दौरान पाकिस्तान का जो खर्च हुआ, वह अमेरिका ने भुगत लिया लेकिन भारत बड़े लम्बे-चौड़े खर्चे के नीचे आ गया। पाकिस्तान से कई गुना ज्यादा हमने खर्च किया। इतना खर्च बांग्लादेश-युद्ध में भी नहीं हुआ। खर्च तो खर्च, फौज के मनोबल का हाल क्या है ? यह तो गनीमत है कि भारत का विपक्ष लंगड़ा है। लकवाग्रस्त सत्ता पक्ष का मुकाबला महालकवाग्रस्त विपक्ष से है। अगर लोहिया और कृपलानी होते तो इस सरकार का हाल 1962 से भी बदतर कर देते।

यहाँ असली सवाल सरकार का हाल बेहतर या बदतर करने का नहीं है बल्कि यह है कि पाकिस्तान का मुकाबला कैसे किया जाए। सबसे पहली बात तो यह कि भारत अपना परमाणु सिद्धान्त सुनिश्चित करे। आक्रमणात्मक और रक्षात्मक रणनीति बनाए। दूसरा, भारत सरकार अपने कोप-भवन से बाहर निकले। यह भी कोई बात

है कि पाकिस्तान से बात नहीं करेंगे। यही टेर भारत सरकार ने मुशर्रफ के सत्तारूढ़ होने के बाद लगाई थी और फिर वह अचानक मुशर्रफ के आगे बिछ गई। मुशर्रफ उसे भौंदू बनाकर वापस चले गए। भौंदूपन का यह दौर अब समाप्त होना चाहिए। कश्मीर और सीमा-पार आतंकवाद पर खुलकर बात करना जरूरी है। दो-टूक बात जरूरी है। अगर बात नहीं बनती तो सीधी कार्रवाई होनी चाहिए। आतंकवाद की जड़ पर प्रहार होना चाहिए और वे सब तरीके अपनाए जाने चाहिए, जो भारत के विरुद्ध पाकिस्तान अपना रहा है। इस मामले में हम जरा अमेरिका से ही कुछ सीखें। अगर आतंकवाद के खात्मे के नाम पर वह अफगानिस्तान पर कब्जा कर सकता है और सद्दाम हुसैन की छाती पर बन्दूक रख सकता है तो भारत आतंकवादियों का पीछा करते हुए सीमा-पार के कुछ अड्डों पर हमला क्यों नहीं कर सकता?

अमेरिकी सेना के प्रवक्ता मेजर स्टीफन क्लटर के ताजा बयान ने भारत का रास्ता साफ कर दिया है। उन्होंने कहा है कि अफगानिस्तान में तैनात अमेरिकी सैनिकों को पाकिस्तानी सीमा में घुस पड़ने का पूरा अधिकार है। इसे अन्तरराष्ट्रीय कानून में 'पीछा करने का अधिकार' (हॉट परस्यूट) कहते हैं। अलकायदा आतंकवादियों का पीछा करते हुए यदि अमेरिकी सैनिक पाकिस्तानी सीमा में घुस सकते हैं तो भारतीय सैनिक 'कब्ज़ाए हुए कश्मीर' में क्यों नहीं घुस सकते हैं? दुनिया का कोई भी राष्ट्र भारत के इस अभियान का विरोध किस आधार पर करेगा? यह ठीक है कि पाकिस्तान अब सुरक्षा परिषद् का अस्थायी सदस्य बन गया है लेकिन क्या वह आतंकवाद के पक्ष में सब सदस्यों का समर्थन जुटा सकेगा? दुर्भाग्य यह है कि सारी दुनिया कूटनीति के जो नुस्खे आजमाती है, भारत ने उनकी तरफ से भी आँख मींच ली है! न कश्मीर पर कोई बर्फ पिघल रही है और न ही आतंकवाद पर। कश्मीर पर बात और आतंकवाद पर लात, दोनों साथ-साथ चल सकते हैं। कोई चलानेवाला चाहिए। सरकार बात करे, उसके पहले विशेषज्ञों, पत्रकारों तथा अन्य वार्ताकारों की सुरंग खुलनी चाहिए? लेकिन वह कैसे खुले? जब थल-मार्ग और वायु-मार्ग ही बन्द हैं तो सुरंग कौन खोलेगा? क्या अपने आँख, कान, नाक बन्द करके कोप-भवन में बैठ जाने से कोई हल निकल सकता है? आँख, कान, नाक, योगियों के भी बन्द होते हैं लेकिन वे परमतत्त्व को प्राप्त करते हैं और गूँगे-बहरे, अन्धों और रोगियों के भी बन्द होते हैं, जो असहाय और निरुपाय होते हैं। भारत को तय करना है कि वह योगी है कि रोगी है?

दक्षेस में पाकिस्तान का भविष्य

दक्षेस सम्मेलन हो गया, यही गनीमत है। जैसे पहले सोलह में से पाँच नहीं हुए, यह भी नहीं होता। इसके होने के जितने आसार थे, उससे ज्यादा नहीं होने के थे। नेपाल में माओवादियों का हमला और भारत में संसद पर आतंकवादियों का हमला, ये दो ऐसे तात्कालिक कारण थे कि अगर सातों राष्ट्र काठमांडो मे नहीं मिलते तो भी उन्हें कोई कुछ नहीं कहता। जब मेज़बान राष्ट्र में हिंसा का व्यापक दौर चल रहा हो और वहाँ आपात्काल लगा हुआ हो तो दक्षिण एशियाई राष्ट्राध्यक्ष कह सकते थे कि वे अपनी जान खतरे में नहीं डालना चाहते। इसी प्रकार भारत और पाक के बीच जब युद्ध के नगाड़े बज रहे हों तो दक्षेस की तूती बजाने काठमांडो पहुँचना सचमुच हिम्मत की बात है। इन विषम परिस्थितियों में भी दक्षेस सम्मेलन हो गया, यह इस तथ्य का सूचक है कि दक्षिण एशिया के सातों राष्ट्रों में अभी भी आपसी सहकार की लौ बुझी नहीं है। काठमांडो सम्मेलन की सबसे बड़ी खूबी यह है कि सारी दुनिया का ध्यान उस बात पर गया, जो नहीं हुई। जो हुई, उस बात पर कोई ध्यान ही नहीं दे रहा है। भारत और पाकिस्तान के नेताओं की औपचारिक भेंट क्या दक्षेस का एक मात्र एजेंडा था ? वह नहीं हुई तो नहीं हुई। इसके अलावा दक्षेस के पास क्या कोई और काम-धन्धा नहीं था ? सच्चाई तो यह है कि दक्षेस का चार्टर द्विपक्षीय विवादों को उठाने की मनाही करता है। यदि द्विपक्षीय विवाद उठाने की अनुमति मिल जाए तो दक्षेस शिखर सम्मेलनों को अखाड़ा बनते कितनी देर लगेगी ? जनरल मुशर्रफ तो चाहते ही हैं कि ये सम्मेलन्न अखाड़े का रूप धारण कर लें। उन्होंने खुलेआम माँग की है कि दक्षेस में आपसी विवाद उठाने की अनुमति होनी चाहिए।

यदि यह अनुमति होती तो अब तक के सारे सम्मेलन दक्षेस सम्मेलन नहीं, भारत-विरोधी सम्मेलन बनकर रह जाते, क्योंकि भारत के हर पड़ोसी को उससे कुछ न कुछ शिकायत है। उसकी कोशिश होती कि दूसरे सदस्यों से मिल-जुलकर भारत-विरोधी सामूहिक गान शुरू कर दिया जाए। दक्षेस की यह विचित्रता है कि इसके समस्त सदस्य मिल जाएँ तो भी वे भारत के आधे के बराबर भी नहीं बैठते, जबकि एसियान, यूरोपीय समुदाय, खाड़ी सहयोग परिषद्, अफ्रीकी एकता संगठन आदि क्षेत्रीय संगठनों के सदस्यगण या तो लगभग बराबरी के हैं या उनका अन्तर उतना नहीं है, जितना दक्षेस के सदस्यों और भारत के बीच है। इसके अलावा भारत ही एक मात्र ऐसा दक्षेस-राष्ट्र है, जिसकी सीमाएँ सभी पड़ोसी देशों को स्पर्श करती हैं।

इसीलिए भारत के साथ सभी दक्षेस-राष्ट्रों के खट्टे-मीठे सम्बन्ध रहें, यह स्वाभाविक है। इसीलिए श्रीमती इंदिरा गांधी ने दक्षेस की खिचड़ी को लंबे समय तक पकने दिया था। दूसरे शब्दों में दक्षेस राजनीति का अखाड़ा न बने, यह धारणा उसके संस्थापकों के मन में शुरू से रही है। इसके बावजूद सोलह वर्षों में दक्षेस सोलह कदम भी नहीं बढ़ पाया। इसका मूल कारण राजनीति ही है।

राजनीति भी सिर्फ दो देशों की है। भारत और पाकिस्तान की! भारत और पाकिस्तान के खराब रिश्तों की कालीछाया दक्षेस के माथे पर सदा मँडराती रहती है। विवाद तो नेपाल और भूटान, भूटान और बांग्लादेश, बांग्लादेश और नेपाल के बीच भी हैं, लेकिन वे ऐसे नहीं हैं कि दक्षेस की प्रक्रिया को ही ठप कर दें। भारत और पाक के बीच सिर्फ विवाद ही नहीं है, एक ऐसी मानसिकता है, जो हर कदम में अपने विरुद्ध साजिश ढूँढ़ती है और दक्षेस की गाड़ी को आगे ही नहीं खिसकने देती। चाहे मुक्त व्यापार का प्रश्न हो, गरीबी हटाने का सवाल हो, अशिक्षा की समस्या हो या चाहे आतंकवाद से लड़ने का संकल्प ही हो। दक्षेस ने संकल्प किया था कि 2001 तक दक्षिण एशिया में मुक्त-व्यापार की प्रक्रिया शुरू हो जाएगी लेकिन अभी वह तो बहुत दूर की कौड़ी है। अभी तक तो यह भी सम्भव नहीं हुआ है कि पाकिस्तान भारत को वही दर्जा दे दे, जो भारत ने उसे दिया हुआ है याने 'सर्वानुग्रहीत राष्ट्र' का दर्जा! इसी प्रकार दक्षेस ने 1987 में आतंकवाद-उन्मूलन का प्रस्ताव पारित किया था। इस प्रस्ताव का पाकिस्तान ने भी समर्थन किया था लेकिन पिछले 15 वर्ष में पाकिस्तान का रेकार्ड क्या रहा है? आतंकवाद को बढ़ावा देने के अलावा उसने क्या किया है? पाकिस्तान की कृपा से ही अफगानिस्तान विश्व-आतंकवाद की माता बन गया था और स्वयं पाकिस्तान उसका पिता! यदि अमेरिका तालिबान की कमर तोड़ने पर आमादा नहीं होता तो आतंकवाद को अपनी विदेश नीति की सशक्त भुजा बनाकर पाकिस्तान एशिया की क्षेत्रीय महाशक्ति बनने के ख्वाब देखने लगा था। क्या यही दक्षेस-भावना का सम्मान है? दक्षेस के अन्य राष्ट्र क्षेत्रीय सहयोग के लिए तो लालायित हैं लेकिन उनमें इतना नैतिक साहस नहीं कि वे पाकिस्तानी आतंकवाद की स्पष्ट भर्त्सना कर सकें। इस बार भी जो आतंकवाद-विरोधी प्रस्ताव पारित हुआ है, वह भी थोथे सिद्धान्तवाद का घण्टनाद है। उसके उल्लंघन द्वारा ही उसका पालन होगा। उसे लागू करने के लिए दक्षेस के पास क्या ताकत है? कोई नैतिक शक्ति तक नहीं है। और अब तो दक्षेस का अध्यक्ष स्वयं पाकिस्तान हो गया है। चोर के हाथ में चाबी आ गई है। पाकिस्तान ने आतंकवाद को जिन ऊँचाइयों तक पहुँचाया है, शायद ही किसी राष्ट्र ने पहुँचाया हो। वह आतंकवादियों को स्वतन्त्रता-सेनानियों की पदवी से विभूषित करता है और दक्षेस-सम्मेलन को उपदेश देता है कि वह आतंकवाद के मूल तक पहुँचने की कोशिश करे याने आतंकवाद को कुचलने की बजाय उसके उत्पन्न होने के कारणों की खोज करे। यही उपदेश श्रीलंका की राष्ट्राध्यक्ष श्रीमती चंद्रिका कुमारतुंग ने भी झाड़ दिया। चंद्रिका ने नाम लिए बिना तमिल आतंकवाद को बढ़ावा

देने के लिए भारत पर भी व्यंग्य कस दिया। अच्छा हुआ कि भूटान के प्रधानमंत्री ने नेपाल पर यह आरोप नहीं लगाया कि वह भूटान के सीमावर्ती जिलों में बसे हुए नेपालियों को बगावत के लिए उकसा रहा है। भूटान और मालदीव के शासनाध्यक्षों ने दक्षेस की प्रगति पर जो दो-टूक निराशा व्यक्त की है, वह अत्यंत सामयिक और ध्यातव्य है।

दक्षेस की तुलना एसियान और यूरोपीय समुदाय से करना आसान है लेकिन हमें यह नहीं भूलना चाहिए कि ये दोनों क्षेत्रीय संगठन दक्षेस के मुकाबले बहुत पुराने हैं और दोनों की पीठ पर पश्चिमी महाशक्तियों का वरद्-हस्त रहा है जबकि दक्षेस शुद्ध रूप से 'अपुन भरोसे' चलने की कोशिश करता रहा है। उसके कुछ सदस्यों (पाक और श्रीलंका) ने बाहरी ताकतों से दक्षेस की मदद करवाने की बजाय अपने संकीर्ण स्वार्थों के लिए उनसे अवांछित हस्तक्षेप भी करवाया है। इसके अलावा यूरोपीय राष्ट्रों और एसियान के देशों में भी प्रारंभ के कुछ वर्षों में काफी खींचतान बनी रही। इसीलिए शुरू में उनकी विकास की रफ्तार ज़रा धीरे रही लेकिन जैसे ही उनके राजनैतिक और भौगोलिक विवाद नरम पड़े, उनके आर्थिक सहयोग की रफ्तार तेज़ हो गई। ऐसा नहीं है कि उनके बीच कोई विवाद है ही नहीं। अब भी इटली और आस्ट्रिया में साउथ टिरोल, ब्रिटेन और स्पेन में जिब्राल्टर तथा आयरलैंड और ब्रिटेन में कैथोलिक आबादी को लेकर विवाद चलता रहता है। लातीनी अमेरिका में अर्जेन्टिना, ब्राजील, पनामा आदि के विवादों ने कई बार काफी उग्र रूप धारण किया। इसी प्रकार आग्नेय एशिया में इण्डोनेशिया, मलेशिया और सिंगापुर में सीमाओं को लेकर बरसों-बरस विवाद चलते रहे। युद्ध की नौबत तक आ गई। 'मेफिलिंडो'-जैसा क्षेत्रीय संगठन भी नष्ट-भ्रष्ट हो गया लेकिन इन सभी राष्ट्रों ने और खास तौर से इनमें जो झगड़ेबाज़ राष्ट्र हैं, उन्होंने धीरे-धीरे यह अच्छी तरह समझ लिया कि अगर वे अपनी दादागीरी नहीं छोड़ेंगे तो उनके क्षेत्रीय संगठन अधर में ही लटक जाएँगे और उनका अपना राष्ट्रीय विकास भी खटाई में पड़ जाएगा। यह बात पाकिस्तान को 55 साल में भी समझ नहीं आई है। इसका मूल कारण यह है कि पाकिस्तान को लगातार किसी न किसी कारण अमेरिका और चीन जैसे राष्ट्रों का प्रचंड समर्थन मिलता गया और उसकी हठधर्मिता बढ़ती गई। पहले शीतयुद्ध में रूस-विरोधी भूमिका, फिर अफगानिस्तान में रूस-विरोधी मोर्चे और अब तालिबान-विरोधी मोर्चे में अमेरिका के पिछलग्गू बन जाने के कारण पाकिस्तान को सदा सैन्य और आर्थिक सहायता सुलभ रही। वह यह समझ बैठा कि वह भारत को तोड़कर ही दम लेगा और बांग्लादेश का हिसाब चुकता करेगा। पाकिस्तान के इस उग्रवादी रवैये को कभी मौन और कभी स्पष्ट समर्थन देने में चीन और पश्चिमी राष्ट्र कभी नहीं चूके। इन नीतियों के कारण पाकिस्तान आर्थिक दृष्टि से कभी अपने पाँव पर खड़ा न हो सका और लोकतंत्र भी वहाँ पनप न सका। वह गुट-निरपेक्ष जगत में भी सम्मान का स्थान न पा सका। इस्लामी जगत के नेतृत्व का उसका ख्वाब भी अधूरा ही रह गया। ऐसा

निराश और हताश देश भला दक्षेस को क्यों चलने देगा ?

भारत को चाहिए था कि इस बार वह पाकिस्तान को दक्षेस से निकलवाने की रणनीति बनाता। यदि राष्ट्रकुल और गुट-निरपेक्ष आन्दोलन से बाहर रहने पर पाकिस्तान को अपने आप सबक मिलते गए तो ज़रा वह दक्षेस से भी बाहर रहने का मज़ा चखे। उसकी आतंकवादी नीति का खामियाज़ा भारत ही नहीं, नेपाल भी भुगत रहा है। दिसम्बर '99 में भारतीय विमान का अपहरण नेपाल से ही हुआ था। सिर्फ दक्षेस के राष्ट्र ही नहीं, उज़बेकिस्तान और ताज़िकिस्तान जैसे मध्य एशियाई राष्ट्र तथा रूस और अमेरिका भी पाकिस्तान की आतंकवाद-समर्थक नीतियों के शिकार हो चुके हैं। भारत के पिलपिले नेतागण पाकिस्तान के विरुद्ध आधे-अधूरे कदम उठाकर भारतीय जनता की वाहवाही लूटना चाहते हैं, लेकिन वे जड़ पर प्रहार नहीं करना चाहते। शायद उनमें हिम्मत ही नहीं है। उनमें आग देखने की दृष्टि भी नहीं है। वरना, दक्षेस के रथ को आगे बढ़ाने का इससे बढ़िया कौन-सा मौका था ? पाकिस्तान को बाहर निकाल दिया जाता या मुअत्तिल कर दिया जाता और अफगानिस्तान को अन्दर ले लिया जाता तो फौजी नेताओं को समझ में आ जाता कि आतंकवाद के कारण पाकिस्तान दक्षिण एशिया का कोढ़ी देश बन गया है और स्वयं दक्षेस की प्रेत-बाधा दूर हो जाती। दक्षेस के अन्य देश राजनीति को पीछे रखते और आर्थिक सहकार को आगे। जैसे ''यूरो' की मुद्रा यूरोप में चलने लगी है, रुपए का सिक्का दक्षिण एशिया में दौड़ने लगता। अब भी पाकिस्तान अन्दर है, इसके बावजूद अन्य राष्ट्र अपने आपसी उप-क्षेत्रीय सहयोग की अलग योजनाएँ क्यों नहीं बनाते ? पाकिस्तान यदि बाहरी शक्तियों के टुकड़ों पर जिन्दा रहना चाहता है तो उसे रहने दिया जाए, कम से कम दक्षेस तो अपने लक्ष्य की तरफ आगे बढ़ना शुरू करे।

यह कितना दुखद है कि काठमांडो की 56 अनुच्छेद की पूर्ण दक्षेस-घोषणा पर पर्दा-सा पड़ गया है और आतंकवाद सम्बन्धी पाँच अनुच्छेदों पर सबका ध्यान जा रहा है। ये पाँच अनुच्छेद जबानी, जमा-खर्च बने रहेंगे। इन पर कोई अमल नहीं होगा। जरूरी यह है कि शेष 51 अनुच्छेदों पर दक्षेस के सातों राष्ट्र ध्यान दें और इस बात पर भी ध्यान दें कि जो राष्ट्र इन पर अमल नहीं होने दे रहा है, उसे दक्षेस में भी रहने दें या नहीं।

म्यान से निकली हुई तलवार

भारत सरकार कैसे विकट असमंजस में फँस गई है ? एक तरफ भारत की जनता है और दूसरी तरफ अमेरिकी सरकार ! एक तरफ कुआँ है और दूसरी तरफ खाई ! यदि वह भारत की जनता की माने तो उसे पाकिस्तान को कड़ा सबक सिखाना चाहिए और यदि वह अमेरिकी सरकार की माने तो उसे नरम-गरम का नाटक करते रहना चाहिए। उसे समझ नहीं पड़ रहा कि वह क्या करे ? पिछले चार हफ्ते उसने नाटक में निकाल दिए लेकिन पाकिस्तान है कि टस से मस नहीं हो रहा है। उल्टे, पाकिस्तान हर मोर्चे पर पटखनी लगाए जा रहा है। दक्षेस-सम्मेलन में मुशर्रफ ने सिद्ध किया कि वे भारत सरकार से भी बड़ा नाटक खेल सकते हैं। अपने भाषण के बाद जब वे हमारे प्रधानमंत्री से सचमुच 'दोस्ती का हाथ' मिलाने उनकी कुर्सी के पास पहुँच गए तो माननीय अटलजी हक्के-बक्के रह गए। वे क्या करते ? जैसे-तैसे वे उठकर खड़े हुए और उन्हें भी हाथ मिलाना पड़ा। सारा हॉल तालियों से गूँज उठा। नाटक इसी को कहते हैं।

यदि सचमुच दोनों तरफ से नाटक नहीं हो रहा होता तो मुशर्रफ के नाटक का जवाब कुछ दूसरा ही होता। 1954 में चीन के प्रधानमंत्री चाऊ-एन-लाई ने जब अमेरिकी विदेशी मंत्री जॉन फॉस्टर डलेस से संयुक्तराष्ट्र में हाथ मिलाने की कोशिश की तो उन्होंने चाऊ से पूछा कि 'आपको पता नहीं कि मैं कौन हूँ ?' चाऊ चुपचाप आगे बढ़ गए। ये वे दिन थे, जबकि शीत-युद्ध अपने शिखर पर था लेकिन चीन और अमेरिका के बीच भारत-पाक की तरह न तो चार युद्ध हो चुके थे और न ही आजकल की तरह युद्ध की कोई नौबत थी। युद्ध की नौबत के बावजूद हाथ मिलाने का अभिप्राय क्या है ? क्या भारत की जनता बुद्धू है ? क्या वह यह नहीं समझ गई है कि दोनों देशों के बीच क्या चल रहा है ? और जो चल रहा है, उसका सूत्रधार कौन है ?

उसका सूत्रधार अमेरिका है। दोनों देश अमेरिका की कठपुतली बने हुए हैं। अमेरिका उन्हें नचा रहा है। इस नाच में पाकिस्तान का कोई सानी नहीं है। वह जन्मजात नचैया है। अमेरिका के इशारे पर उसने क्या-क्या नहीं किया ? अपनी संप्रभुता को ताक पर रखकर उसने अपने हवाई अड्डे से अमेरिका के जासूसी विमान यू-2 को उड़ने दिया था। अब से लगभग चालीस साल पहले रूस के विरुद्ध मोहरा बनने का उसे तगड़ा इनाम भी मिला था। 1972 में उसने जोर्डन में अपनी फौज

भेजकर अपने फलिस्तीनी मुसलमान भाइयों को मरवाया था, अमेरिकी इशारे पर और अब उसने 'इस्लाम के सबसे निष्ठावान सिपाहियों' याने तालिबान की पीठ में भी छुरा भोंक दिया है। अपनी औलाद का ही गला दबा दिया है। आखिर किसलिए ? इसलिए कि वह अपने मालिक का हुक्म सही-सही बजा लाए। इसी कड़ी में मुशर्रफ दक्षेस गए और उन्होंने सारी दुनिया को दिखाया कि पाकिस्तान कितना विनम्र है, कितना संयमशील है, कितना विवेकवान है जबकि भारत इतना दुराग्रही है कि उसने 'तथाकथित आतंकवादियों' की सूची उसे पकड़ा दी और कहता है कि हमारे हुक्म की तामील करो। अमेरिका और चीन मुशर्रफ की पहल पर फिदा हैं और भारत को सलाह दे रहे हैं कि वह संयम बरते। इस्लामाबाद पहुँचे अमेरिकी सांसद सारी दुनिया को दिलासा दिला रहे हैं कि बस मुशर्रफ अभी जादू की छड़ी घुमाने ही वाले हैं। छड़ी के घूमते ही सारा तनाव काफूर हो जाएगा।

अमेरिका और चीन, दोनों ही पाकिस्तान को शै दे रहे हैं। दक्षेस में पहुँचने के लिए चीन ने मुशर्रफ की दुबारा अगवानी की और अपना विशेष जहाज भी काठमांडो भेजा, इससे क्या संकेत मिलता है ? उसने दक्षेस के दौरान पाकिस्तान के साथ अपने सदा सुहाने सम्बन्धों की भी दुहाई दी। इसी बीच चीन से पाकिस्तान को बड़ी सैन्य-सहायता की खबरें भी फूट पडीं। उनका खंडन भी हुआ लेकिन इस प्रपंच का अर्थ स्पष्ट है। अर्थ यह है कि यदि भारत पाकिस्तान के विरुद्ध कोई सैन्य कार्रवाई करेगा तो चीन पाकिस्तान का साथ देगा। यह स्थिति तब है जबकि चीनी प्रधानमंत्री अगले हफ्ते भारत आ रहे हैं। हमारे विदेश मंत्रालय को हुआ क्या है ? सीमा-विवाद को दरी के नीचे सरकाने के बावजूद भारत सरकार को यह प्रतिफल मिल रहा है ? चीन के कूटनीतिक मोर्चे पर उसे काफी सक्रिय होने की जरूरत है।

यह कम विचित्र स्थिति नहीं है कि एशिया में अमेरिका और चीन एक-दूसरे के प्रतिस्पर्धी हैं लेकिन पाकिस्तान के सवाल पर दोनों का रवैया लगभग एक-जैसा है। अमेरिका को इतनी लज्जा भी नहीं है कि वह आतंकवाद के पिता को सहलाता हुआ दिखाई पड़ रहा है। यह ठीक है कि चीन को पाकिस्तानी आतंकवाद का थोड़ा-बहुत खामियाज़ा उसके सिंक्यांग नामक उत्तरी प्रांत में भुगतना पड़ता है लेकिन अमेरिका तो अपने मर्म और मस्तक पर चोट खा चुका है। इसके बावजूद उसका नरम-गरम रवैया चला आ रहा है। जो नीति उसने अफगान-तालिबान के प्रति अख्तियार की, वह नीति वह कश्मीरी तालिबान के खिलाफ़ क्यों नहीं अपनाता ? क्या वह कश्मीरी तालिबान के हाथ से पिटने पर ही वैसी नीति अपनाएगा ? अमेरिका को जो करना है, करे। असली सवाल यह है कि वह भारत को सही नीति अपनाने से क्यों रोक रहा है ? भारत तो अमेरिका से भी बड़ा भुक्तभोगी है। अमेरिका ने सिर्फ पाँच हजार लोग खोए, भारत तो 80 हजार खो चुका है। उसके ट्रेड टॉवर गिरे, भारत की तो संसद गिरते-गिरते बची है। भारत अमेरिका के इशारे पर नाचने को मजबूर क्यों है ? भारत अमेरिकी तोप का भूसा क्यों बने ? भारत अगर सचमुच नाराज़ है तो

वह दक्षेस में गया ही क्यों ? और अगर गया तो उसने पाकिस्तान को दक्षेस से बाहर क्यों नहीं निकलवाया ? आतंकवाद पर दक्षेस में पारित प्रस्ताव कोरा जबानी जमा-खर्च है। उससे बेहतर प्रस्ताव तो संयुक्तराष्ट्र का 1373 प्रस्ताव है। अमेरिका पाकिस्तान पर सीधा प्रहार नहीं करेगा तो क्या भारत भी नहीं करेगा ?

अमेरिका के अपने स्वार्थ हैं। अफगानिस्तान का मामला हल हो गया। अब पाकिस्तानी मोहरे का महत्त्व घट जाना चाहिए था लेकिन अमेरिका को पाकिस्तान की अभी भी काफी जरूरत है। इसलिए है कि पाकिस्तान के जरिए वह करोड़ों-अरबों डॉलर खड़े करेगा। कैसे करेगा ? यों करेगा कि उसकी तेल और गैस कम्पनियाँ मध्य एशिया के गणतंत्रों से अपनी पाइप लाइनें चलाएँगी, जिन्हें हिन्द महासागर तक पहुँचना होगा। कौड़ियों के मोल मिलनेवाले गैस और तेल के भंडारों को कराची तक ले जाने के लिए उसे अफगानिस्तान और पाकिस्तान के क्षेत्रों में से रास्ता चाहिए। अफगानिस्तान तो पटापटाया हुआ है ही लेकिन पाकिस्तान पुराना खिलाड़ी है। उसे पटाते रहना अमेरिका की मजबूरी है, खास तौर से इसलिए कि ईरान से उसके सम्बन्ध अभी तक सहज नहीं हुए हैं। मध्य एशिया का माल ईरान के ज़रिए भी फारस की खाड़ी तक पहुँच सकता है। ईरान की सड़कें और रेल-मार्ग अच्छी हालत में हैं लेकिन अमेरिकी-ईरान सम्बन्धों की हालत अब भी खस्ता है। अमेरिका अपने तेल और गैस के लिए ईरान पर निर्भर नहीं होना चाहता। इसीलिए वह पाकिस्तानी विकल्प के प्रति विशेष लालायित है। इस विकल्प के जरिए वह उन अरबों डॉलरों को उलीचना चाहता है, जो पहले उसने सोवियत संघ से लड़ने के लिए मुजाहिदों पर खर्च किए और अब तालिबान को भगाने पर खर्च कर रहा है। यदि पाकिस्तानी मार्ग का विकल्प नहीं खुला तो अफगानिस्तान के पुनर्निर्माण के लिए पैसा कहाँ से आएगा ? अमेरिका एक हाथ से देगा और दूसरे हाथ से लेगा। इसलिए वह पाकिस्तान को उसकी कारस्तानियों के लिए बरजता तो है लेकिन हौले-हौले ! उसका यह डर भी सच्चा हो सकता है कि भारत और पाक के पास परमाणु बम हैं और कहीं ऐसा न हो कि वे चल ही जाएँ। इसीलिए वह कश्मीर और आतंकवाद पर ऐसी बोली बोलता है, जिसे कभी पाकिस्तानी अपने पक्ष में समझते हैं तो कभी हिन्दुस्तानी अपने पक्ष में !

लेकिन भारत सरकार इस कलाबाज़ी के चक्कर में फँसकर अपना नुकसान ही कर रही है। इसमें संदेह नहीं कि उसे अमेरिका से अपने सम्बन्ध नहीं बिगाड़ना चाहिए लेकिन अगर वह पाकिस्तान के विरुद्ध कार्रवाई करती तो अमेरिका से उसके सम्बन्ध कहाँ तक बिगड़ते ? राष्ट्रपति क्लिंटन ने प्रधानमंत्री नवाज़ शरीफ को पाँच बार फोन किया था कि वे परमाणु विस्फोट न करें लेकिन उन्होंने कर दिया। क्लिंटन को चुप रहना पड़ा, क्योंकि नवाज़ ने उन्हें बताया कि अगर वे विस्फोट नहीं करते तो पाकिस्तानी लोग उन्हें हटा देते। जनमत की कीमत क्या है, इसे अमेरिकी नेता नहीं समझेंगे तो कौन समझेगा ? असली दिक्कत यह है कि अपने आपको राष्ट्रवादी कहनेवाली यह सरकार न तो अपने राष्ट्रवाद का परिचय दे रही है और न ही भारतीय

जनमत की गहराई को समझ पा रही है। वह संशय में फँसी हुई है। महाभारत का अर्जुन बन गई है। शेक्सपीयर का हेमलेट बन गई है। संसद पर हुए हमले का सही जवाब देने में वह चूक गई लेकिन जनमत के दबाव में आकर उसने पाकिस्तान के विरुद्ध जिन कूटनीतिक कदमों की घोषणा की, उन्हें भी वह उनके सही मुकाम पर नहीं पहुँचने दे रही है। हकला रही है, लड़खड़ा रही है। पाकिस्तान के हवाई मार्ग बन्द कर दिए लेकिन मुशर्रफ को विशेष अनुमति देने को तैयार हैं, पाकिस्तान से बात बन्द कर दी लेकिन दक्षेस में दोनों विदेश मंत्री गुपचुप मिल रहे हैं, और कागजों का आदान-प्रदान कर रहे हैं। मुशर्रफ से हाथ ही नहीं मिलाया जा रहा है, चंद्रिका कुमारतुंग के सौजन्य से अनौपचारिक भेंट भी की जा रही है। यह सब क्या है? नाटक नहीं तो क्या है? क्या सचमुच घायल हुआ राष्ट्र इस तरह बर्ताव करता है? क्या हम कल्पना कर सकते हैं कि अमेरिकी विदेश मंत्री कोलिन पॉवेल और तालिबान विदेश मंत्री मुतवक्किल कहीं गुपचुप मिलेंगे और राष्ट्रपति बुश और मुल्ला उमर एक दूसरे से हाथ मिलाएँगे? खास तौर से 11 सितम्बर के बाद? यदि नहीं तो 13 दिसम्बर के बाद भारत सरकार जो कर रही है, क्या वह अपने आपमें अबूझ पहेली नहीं है? भारत सरकार के साथ हर भारतीय को सहानुभूति होनी चाहिए, क्योंकि वह अपने बुने हुए जाल में खुद ही फँस गई है। उसने पाकिस्तान के खिलाफ अपनी म्यान से तलवार तो खींच ली है लेकिन उसे समझ नहीं पड़ रहा है कि वह अब आगे क्या करे? अगर उस तलवार को वह फिर म्यान में डालती है तो भारत की जनता उससे नाराज़ हो जाएगी और उ.प्र. के चुनाव में उसे तुरंत सजा देगी और यदि उस निकली हुई तलवार को वह पाकिस्तान में भोंकती है तो उसे डर है कि अमेरिका खफा हो जाएगा। बेचारी तलवार हवा-पानी खा रही है। उसे जंग लग रहा है। उसका क्या दोष है?

शेर पर सवार मुशर्रफ

मुशर्रफ के भाषण से भारत को निराशा है लेकिन अगर उसे इस्लाम और पाकिस्तान की नज़र से देखें तो वह लाजवाब था। वह भाषणों का भाषण था, भाषणों का सरताज़ था। वैसा भाषण तो जिन्ना, अयूब, भुट्टो और ज़िया तक ने भी नहीं दिया। अगर कभी दिया होता और उस पर अमल किया होता तो पाकिस्तान सचमुच पाकिस्तान बन जाता याने पवित्र स्थान। पाक याने पवित्र और स्तान याने स्थान! पिछले पचपन साल में पाकिस्तान कितना 'नापाक' बन गया है, इसका जैसा नक्शा राष्ट्रपति मुशर्रफ ने खींचा है, किसी भी पाकिस्तानी हुक्मरान ने नहीं खींचा। यह ठीक है कि सिर्फ भाषण झाड़ देने से कुछ नहीं होता लेकिन इस तरह का भाषण देना भी कोई बच्चों का खेल नहीं है। असलियत तो यह है कि यह शेर की सवारी है। अब या तो मुशर्रफ मज़हबवाद को खा जाएँगे या मज़हबवाद मुशर्रफ को खा जाएगा। पाकिस्तान बनने के बाद शायद यह पहला मौका होगा जबकि सर्वोच्च हुक्मरान का टिकना या जाना विचारधारा के आधार पर होगा।

मुशर्रफ ने अपनी तक़रीर से पाकिस्तान की नींव ही हिला दी है। पाकिस्तान बना है–घृणा और हिंसा की नींव पर। घृणा और हिंसा को मुहम्मद अली जिन्ना ने इस्लाम का बाना पहना दिया था, हालाँकि वे खुद इस्लामवादी नहीं थे और उन्होंने पाकिस्तान बनने के बाद सर्वधर्म समभाव की बात भी कही थी। मुशर्रफ ने अपना सूत्र वहीं से उठाया है, जहाँ से जिन्ना ने छोड़ा था। उन्होंने अपने भाषण में उस इस्लाम पर सीधा प्रहार किया है, जो जिहाद के नाम पर हिंसा, आतंक, कूपमंडूकता और पोंगापंथ फैलाता है। उन्होंने मदरसों और मस्जिदों के काले कारनामों का जिस तरह भण्डाफोड़ किया है और उन पर लगाम लगाने की जैसी घोषणा की है, वह पाकिस्तान ही नहीं, सम्पूर्ण मुस्लिम जगत के लिए अनुकरणीय कदम है। क्या भारत के धर्म-निरपेक्ष, पंथ-निरपेक्ष नेताओं में इतना दम है कि वे भारत के सांप्रदायिक तत्त्वों के विरुद्ध मुशर्रफ की तरह सिंह-गर्जना कर सकें? अतातुर्क कमाल पाशा ने सिर्फ तुर्की के मुसलमानों का उद्धार किया लेकिन मुशर्रफ ने जो कदम उठाया है, वह दुनिया के सारे मुसलमानों को नई रोशनी दिखाएगा। आज के मुसलमानों के सामने दो ही विकल्प हैं–उसामा या मुशर्रफ! यदि उसामा को मुसलमान अपना आदर्श मानेंगे तो मदरसे और मस्जिद अज्ञान और आतंकवाद के पिंजरे बनेंगे और मुशर्रफ को आदर्श मानेंगे तो वे इल्मो-फन और रूहानियत के झरने बनेंगे। इस्लाम को पिंजरा बनाना

है या झरना, यह मुसलमानों को खुद तय करना है। जो बात मुशर्रफ ने कही, वही बात अगर जॉर्ज बुश या अटलबिहारी वाजपेयी कह देते तो इस्लाम के समुन्दर में आग लग जाती और मुशर्रफ के पहले कोई पाकिस्तानी नेता कह देता तो पाकिस्तान के इस्लामवादी उसके परखचे उड़ा देते।

पाकिस्तान बना है, इस्लाम के नाम पर ! सारी दुनिया में पाकिस्तान के अलावा एक देश भी ऐसा नहीं हैं जो मज़हब के नाम पर बना हो। पहले से बने हुए राष्ट्रों ने किसी मज़हब को अपना राष्ट्रीय धर्म घोषित कर दिया हो, यह अलग बात है। ऐसे में पाकिस्तान से क्या उम्मीद की जाती है ? क्या यह नहीं कि वह सच्चा इस्लामी राष्ट्र बने। इस्लाम के सिद्धान्तों पर आचरण करे ? मुशर्रफ ने यही सवाल उठाया है। उन्होंने पूछा है कि इस्लामवादियों और जिहादियों, ज़रा बताओ कि तुमने इस्लाम की कौन-सी खिदमत की है। तुमने कितने काफिरों को मुसलमान बनाया या इसका उल्टा किया है याने अपनी करतूतों से मुसलमानों को काफिर बनाया ? तुमने इस्लामी तालीम को दहशतगर्दी (आतंकवाद) और फिरकापरस्ती (सांप्रदायिकता) का स्रोत बना दिया है। जो मदरसे कभी इब्ने-सीना, अल-बेरूनी और खल्दून जैसे वैज्ञानिकों और बौद्धिकों को जन्म देते थे, अब सिर्फ मज़हबी इमाम और आतंकवादी पैदा करने की फैक्ट्रियाँ बन गए हैं और जो मस्जिदें अल्लाह की इबादत के लिए खड़ी की गई थीं, अब उनकी हिफ़ाजत के लिए पुलिस खड़ी करनी पड़ती है। मज़हबी लोग अल्लाहताला के साथ फरेब कर रहे हैं। मुशर्रफ ने अपने भाषण में मुल्ला-मौलवियों और इमामों को खरी-खरी तो सुनाई ही, यह भी ऐलान कर दिया कि सभी मदरसों और मस्जिदों का पंजीकरण होगा और सरकारी अनुमति के बिना नए मदरसे और मस्जिदें स्थापित नहीं किए जा सकते। इतना ही नहीं, सरकार उन पर कड़ी निगरानी भी रखेगी। वह मदरसों के पाठ्यक्रमों को बदलेगी और नफरत फैलानेवाले पेश-इमामों को गिरफ्तार भी करेगी। क्या इस तरह का कानून भारत की सरकार पास कर सकती है ? वास्तव में सच्ची धर्मनिरपेक्षता यही है। मजहब बड़ा या राज्य, यह वह बुनियादी सवाल है, जो मुशर्रफ के हर वाक्य के गर्भ में छिपा हुआ है। यह सवाल खड़ा करके मुशर्रफ ने पाकिस्तान के पचपन साल के इतिहास को कसौटी पर चढ़ा दिया है। उन्होंने अपने भाषण में बार-बार शिकायत की है कि इस्लाम के नाम पर राज्य की अवज्ञा की जाती है। पाकिस्तान को पिलपिला राज्य बना दिया गया है। पाकिस्तानियों को, मुसलमानों को दुनिया जाहिल, गँवार, असभ्य लोगों की तरह देखती है। मज़हबियों ने इस्लाम के नाम पर हजारों लोगों को अफगानिस्तान में मरवा दिया। अपने मुल्क में तबाही मची हुई है। उसे नहीं रोकते। दूसरे मुल्कों में टाँग अड़ाते हैं। 'बेवकूफी' करते हैं। यह नहीं समझते कि वे उन्हें सौतेला समझेंगे। यह कहकर मुशर्रफ ने पाकिस्तानियों के सामने पहला यक्ष-प्रश्न यह उछाला। उन्होंने पूछा कि क्या आप पाकिस्तान को एक मज़हबी राष्ट्र बनाना चाहते हैं या प्रगतिशील और कल्याणकारी राष्ट्र ? याने उन्होंने पाकिस्तान की नींव पर ही हथौड़ा जमा दिया।

मज़हब के आधार पर बने राष्ट्र से यह पूछना कि तुम क्या बनना चाहते हो याने वे पाकिस्तान की परिभाषा दुबारा लिखना चाहते हैं और नई लिखना चाहते हैं। दूसरा, उन्होंने इस्लाम की 'उम्मा' इस्लामी विश्व-समुदाय की धारणा को भी यह कहकर चुनौती दे दी कि इस्लाम के नाम पर दूसरों के मामलों में टाँग अड़ाने का आपको कोई अधिकार नहीं है। याने विश्व मुस्लिमवाद के मुकाबले उन्होंने दो-टूक शब्दों में पाकिस्तानी राष्ट्रवाद की वकालत की। तीसरा, उन्होंने छोटे जिहाद (जिहादे-असगर) को रद्द कर दिया याने मज़हबी युद्धों के दिन लदने की घोषणा कर दी और बड़े जिहाद (जिहादे-अकबर) का आह्वान किया याने अशिक्षा, गरीबी, भुखमरी, संकीर्णता आदि के खिलाफ युद्ध का नारा दिया। उन्होंने पूछा कि इस्लाम को फैलाने का ठेका क्या पाकिस्तान ने ही ले रखा है ?

मुशर्रफ ने हिंसा और आतंकवाद की जैसी कड़ी भर्त्सना अपने भाषण में की है, उससे ज्यादा क्या की जा सकती है। अब वे उससे पलटना चाहें तो भी मुश्किल होगी। बाण तो धनुष से निकल चुका। धनुष से निकले हुए बाण को अब अगर वे किसी भी बहाने लौटाना चाहेंगे तो उनकी जगहँसाई तो होगी ही, पाकिस्तान में उनकी प्रभुता भी खत्म हो जाएगी। यह हिम्मत की बात है कि उन्होंने कश्मीर के लिए भी आतंकवाद को गलत बताया है। उन्होंने 13 दिसम्बर को भारतीय संसद और 1 अक्टूबर को श्रीनगर विधानसभा पर हुए हमलों को 11 सितम्बर के ट्रेड टॉवर पर हुए हमलों की श्रेणी में रखा है। मुशर्रफ के इस बयान से अमेरिका तो भाव-विभोर है ही, भारत के घावों पर भी कुछ मरहम लगा है लेकिन भारत मुशर्रफ पर भरोसा कैसे करे ? अकेले मुशर्रफ तो पाकिस्तान नहीं है। पाकिस्तान तो फौज है, आई.एस.आई. है, राजनीतिक दल हैं, मजहबी संगठन हैं, आतंकवादी गिरोह हैं और निहत्थी जनता है। क्या इन सब तत्त्वों ने मुशर्रफ की 'थीसिस' को स्वीकार कर लिया है ? पिछले पचपन साल से जिस भारत-विरोधी अफीम पर पाकिस्तान पल रहा था, क्या उसके लिए मुशर्रफ का भाषण जबर्दस्त जमालगोटा सिद्ध होगा ? यदि वह सिद्ध हो तो पाकिस्तान के लिए इससे अधिक कल्याणकारी बात क्या हो सकती है ?

लेकिन लगता है कि ऐसा होने में खुद मुशर्रफ को गहरा संदेह है। इसीलिए उन्हें अपने भाषण में भारत को जबर्दस्ती घसीटना पड़ा। कश्मीर पर उन्हें चौके-छक्के मारने पड़े। यदि राज्य के मुकाबले वे मज़हब को कलम करना चाह रहे हैं तो कश्मीर तो अपने आप हवा हो जाना चाहिए, क्योंकि कश्मीर की माँग तो मज़हब के आधार पर ही की जा रही है। लेकिन उन्हें बहुत जोर देकर कहना पड़ा कि कश्मीर हमारी रगों में बहता है और यह भी कि भारत ने ज़रा भी छेड़छाड़ की तो हम मज़ा चखा देंगे। यह सब उन्हें क्यों कहना पड़ा ? क्या इसलिए कि अगर वे 'यह बात' नहीं कहते तो उनकी 'वह बात' कोई नहीं सुनता। पाकिस्तान और इस्लाम को सुधारनेवाली बात ! पाकिस्तान की दुखती रग यही है। पाकिस्तान के एजेन्डे पर पाकिस्तान का भला बहुत नीचे है और भारत का बुरा सबसे ऊँचा है। मुशर्रफ जब तक 'दूसरी बात'

नहीं कहें, उनकी 'पहली बात' कौन सुनेगा ? अगर उनकी 'पहली बात' पाकिस्तान मान लेगा तो 'दूसरी बात' अपने आप अप्रासंगिक हो जाएगी। सुधरा हुआ पाकिस्तान भारत के साथ सम्बन्ध सुधार की सबसे बड़ी गारंटी है।

मुशर्रफ की 'दूसरी बात' से भारत को बौखलाने की जरूरत नहीं है। बल्कि मुशर्रफ की पीठ ठोकने की जरूरत है, क्योंकि अगर वे अपने भाषण को अमली जामा पहना सके तो मज़हबवाद और आतंकवाद जैसे अफगानिस्तान से खत्म हुआ, वैसे ही पाकिस्तान से भी खत्म होगा। उस वातावरण में पाकिस्तान क्या, शायद भारत ही पहल करेगा कि कश्मीर का मसला हल किया जाए। उस स्थिति में कश्मीर का मसला त्रिपक्षीय नहीं, द्विपक्षीय रह जाएगा। आज मुशर्रफ का मुँह अमेरिका की तरफ है और पीठ भारत की तरफ ! उन्होंने वह हर बात कही है, जिससे अमेरिका खुश हो लेकिन ऐसी हर बात कहने में संकोच दिखाया है, जिससे भारत को खुशी हो। अफगान-युद्ध में पकड़े गए आतंकवादी सहर्ष अमेरिका के हवाले किए जा रहे हैं, जबकि भारत द्वारा दी गई आतंकवादियों की सूची उन्होंने रद्दी की टोकरी में डाल दी है और फौजी जनरल के तौर पर भारत को धमकी भी दे डाली है। वे भूल गए कि भारत उनका पड़ोसी है, भारत पाकिस्तान का मातृ-देश है और भारत के बिना पाकिस्तान का गुजारा नहीं है। अमेरिका के बिना पाकिस्तान रह सकता है लेकिन भारत के बिना पाकिस्तान और पाकिस्तान के बिना भारत कैसे रह सकता है ? पाकिस्तान को अपनी पीठ नहीं, मुँह भारत की तरफ करना ही होगा। मुशर्रफ का भाषण इस दिशा में उठा पहला कदम है।

दुबारा म्यान में जाने का वक्त नहीं

मुशर्रफ के भाषण का भारत के लिए क्या अर्थ है ? इस प्रश्न का उत्तर खोजने के पहले हमें यह तय कर लेना चाहिए कि वह भाषण किसके लिए था ? भारत के लिए या पाकिस्तान के लिए ? उस भाषण का असली निशाना क्या था ? भारत था या पाकिस्तान था ? उस भाषण से किसे खुश किया जाना था ? भारत को या अमेरिका को ?

मुशर्रफ के भाषण से कुछ लोग निराश हैं। वे पूछते हैं कि उस भाषण में भारत के लिए क्या था ? धमकी थी, आतंकवादियों की सूची पर टालमटोल थी और वही राग कश्मीर था। जो निराश नहीं हैं, वे असमंजस में हैं कि इस फौजी का क्या करें ? उसने तो उन नेताओं को भी मात दे दी, जो उसके पैदा होने के पहले से राजनीति कर रहे हैं। मुशर्रफ के भाषण पर प्रतिक्रिया करने में उन्हें पन्द्रह घंटे लग गए। अब भारत सरकार कह रही है कि वह मुशर्रफ को कुछ मोहलत देने को तैयार है। इसके अलावा वह क्या कह सकती है ? क्या वह मुशर्रफ के भाषण की भर्त्सना कर सकती है ? क्या उसे वह रद्द कर सकती है ? वह बड़ी दुविधा में है। फौजें हटाए या नहीं, अपनी निकली हुई तलवार को वापस म्यान में रखे या नहीं, पाकिस्तान-विरोधी अभियान चलाए या नहीं, उसकी अब कोई सुनेगा या नहीं ? कम्युनिस्ट पार्टी ने तो यहाँ तक कह दिया है कि सांसदों को विदेश-यात्रा पर भेजने की जरूरत नहीं है। वह अपने सांसदों को सरकारी घमन्तू टोलियों में शामिल नहीं होने देगी।

यह सब दिग्भ्रम पैदा क्यों हो रहा है ? सिर्फ इसलिए कि हम आस लगाए बैठे थे कि मुशर्रफ जो भाषण देंगे, उसका केन्द्र-बिन्दु भारत होगा। अमेरिकियों ने भी पहले बड़े कुलाबे बाँधे और फिर भाषण के एक दिन पहले कह दिया कि उससे ज्यादा उम्मीद नहीं लगाएँ। यदि मुशर्रफ के भाषण को भारत के नीति-निर्माताओं ने ध्यान से सुना होता तो वे उसी वक़्त समझ जाते कि वह भाषण भारत के लिए नहीं था, पाकिस्तान के लिए था। उस भाषण का निशाना भारत नहीं, पाकिस्तानी समाज था। वह भाषण भारतीयों नहीं, अमेरिकियों को खुश करने के लिए दिया गया था। मुशर्रफ का मुँह अमेरिका की तरफ था और पीठ भारत की तरफ !

मुशर्रफ ने अपने भाषण का ज्यादातर समय इस्लाम और पाकिस्तान पर ही केंद्रित किया। भारत और कश्मीर पर तो मुश्किल से पाँच मिनिट लगाए। मुशर्रफ ऐसे पहले पाकिस्तानी नेता हैं, जिन्होंने उन आधारों को ही चुनौती दे दी, जिन पर

पाकिस्तान खड़ा है और जिनके दम पर पाकिस्तान बना है। उनका पहला सवाल यह था कि आप पाकिस्तान को मज़हबी राष्ट्र बनाना चाहते हैं या आधुनिक राष्ट्र? मज़हब के दम पर बने दुनिया के एक मात्र राष्ट्र से इस तरह का सवाल पूछना किसी कुफ्र से क्या कम है? दूसरा सवाल उन्होंने यह दागा कि क्या पाकिस्तान ने इस्लाम को फैलाने का ठेका ले रखा है? वह अपने काम से काम क्यों नहीं रखता? दूसरे शब्दों में उन्होंने विश्व इस्लामी समुदाय (उम्मा) की धारणा को रद्द किया। यह सुनकर मौलाना मौदूदी अपनी कब्र में करवट बदल रहे होंगे। तीसरा, उन्होंने हिंसा और आतंकवाद को गैर-इस्लामी बताया और मदरसों और मस्जिदों पर अनेक पाबंदियों की घोषणा कर दी। उन्होंने मज़हबी जिहाद (जिहादे-असगर) को मूर्खता बताया है। इसी सिलसिले में उन्होंने कश्मीर के लिए भी हिंसा और आतंकवाद के मार्ग को गलत बताया।

पाकिस्तान और सम्पूर्ण इस्लामी समाज के लिए मुशर्रफ का भाषण जबर्दस्त नसीहत है। यदि वे उस पर अमल करवा सकें तो उनका ओहदा कमाल पाशा से भी ऊँचा हो जाएगा। इस्लामी जगत को जैसा जुलाब मुशर्रफ ने दिया, उसकी उसे आज भयंकर जरूरत थी। उसामा बिन लादेन द्वारा जमा किए गए सारे कबाड़ को मुशर्रफ का भाषण साफ कर सकता है। इस्लामी जगत को तय करना होगा कि उसका आदर्श उसामा है या मुशर्रफ?

लेकिन असली सवाल यह है कि उस भाषण का अर्थ भारत क्या निकाले? भारत के लिए आशा की सबसे बड़ी किरण तो यह है कि पचपन साल में पहली बार पाकिस्तानी समाज को स्वस्थ, सभ्य, आधुनिक और प्रगतिशील बनाने का आह्वान हुआ है। यदि पाकिस्तान समाज बदलेगा तो निश्चय ही भारत को उसके साथ उत्तम सम्बन्ध बनाने में बड़ी सुविधा होगी। चाहे फिर शासक कोई भी हो। पाकिस्तान की जन्म-ग्रंथि यह है कि वह जन्मजात अस्वस्थ राष्ट्र है। यदि उसका स्वास्थ्य ठीक होगा, मज़हबी जुनून उतर जाएगा, वह अपनी सही हैसियत पहचान लेगा तो भारत के साथ भाईचारे के सम्बन्ध बनाने में उतनी ही दिक्कत आएगी, जितनी कि दो पड़ोसी राष्ट्रों को आती है। कश्मीर के सवाल में उसकी दिलचस्पी तब भी बनी रहेगी लेकिन तब कश्मीर मूलत: भारत का अन्दरूनी मामला होगा और भारत को उसे हल करना ही होगा।

मुशर्रफ ने यह कहकर भारतीयों को चिढ़ा दिया है कि कश्मीर हमारी रगों में बहता है। वह यह नहीं कहते तो क्या यह कहते कि कश्मीर भारत का 'अटूट अंग' है? अगर वे इससे भी कोई नरम बात कहते तो उन्होंने मज़हबवाद की जो धज्जियाँ उड़ाई हैं, उसके खिलाफ बगावत हो जाती! उनकी मजबूरी हम समझ सकते हैं लेकिन कहीं ऐसा तो नहीं कि मज़हबवाद के विरुद्ध उनकी दहाड़ सिर्फ अमेरिकियों को खुश करने के लिए है और उसकी आड़ में वे कश्मीर को झपटना चाहते हैं? यह ठीक है कि अपने लंबे भाषण में उन्होंने आतंकवादियों को 'आतंकवादी' ही कहा,

'स्वतन्त्रता-सेनानी' नहीं, लेकिन क्या वे भारत को इसी आधार पर बातचीत के लिए मजबूर करना चाहते हैं ? सैद्धांतिक तौर पर उन्होंने अपनी स्थिति मजबूत बना ली है लेकिन जब तक आतंकवादी गतिविधियाँ चलेंगी, भारत सरकार कश्मीर के मुद्दे पर अगर उनसे बात करेगी तो माना जाएगा कि वह अमेरिकी दबाव में दबी जा रही है। आगरा में जो बात भारत ने शुरू की थी, वह निश्चय ही एक भूल थी लेकिन उदार भारतीयों ने अपनी सरकार की उस भूल को अनदेखा कर दिया। 13 दिसम्बर के बाद यह सरकार दुबारा वही हिमाकत नहीं कर सकती। अगर करेगी तो पहले आतंकवादियों ने संसद को घेरा था, अब भारत की जनता संसद को घेर लेगी। क्या मुशर्रफ को पता नहीं कि भारत का चित्त आज कितना उबाल खाया हुआ है ?

उनके लिए यह काफी नहीं कि वे पाकिस्तान को आतंकवाद से मुक्त करें। यदि वे चाहते हैं कि भारत की फौजें सचमुच वापस लौट जाएँ तो उन्हें अपने कश्मीर से भी आतंकवाद को खत्म करने का बीड़ा उठाना पड़ेगा। यदि अब वे कोई बहाना बनाएँगे तो उनका यह काम भारत सरकार को करना पड़ेगा। या तो वे भारत सरकार की मदद करें या भारत सरकार उनकी मदद करेगी। अब कोई तीसरा रास्ता नहीं है। अगर वे ये सोचे बैठे हैं कि ईमानदारी का काम कूटनीतिक कलाबाजी से चला लेंगे तो वे घाटे में रहेंगे। भारत तो सैन्य-कार्रवाई के लिए मजबूर होगा ही, पाकिस्तानी समाज भी अराजकता के नए दौर में प्रवेश कर जाएगा। मज़हबी और आतंकवादी तत्त्व पाकिस्तान के पक्के हुक्मरान होंगे। अभी जैसे फौज ने राजनीतिक दलों को किनारे लगा रखा है, वैसे ही मज़हबी और आतंकवादी तत्त्व फौज और राजनीतिक दलों पर कब्जा कर लेंगे। फौज का मज़हबीकरण जनरल ज़िया के दिनों में काफी हद तक हो गया था और तालिबान आतंकवादियों ने अफीम की कमाई से राजनीतिक दलों में भी अपनी कठपुतलियाँ खड़ी कर ली थीं। अगर मुशर्रफ ने अपने इस ऐतिहासिक भाषण पर अमल नहीं किया तो ये सब तत्त्व एक होकर उनका तख्ता तो उलट ही देंगे, पाकिस्तान को भी तबाह कर देंगे। अमल का पहला प्रमाण यही है कि वे आतंकवादियों को पकड़कर भारत भेजें। भारत न भेजना चाहते हों तो अन्तरराष्ट्रीय पुलिस के हवाले करें या अमेरिका ही भेजें, जैसे कि वे तालिबान आतंकवादियों को भेज रहे हैं या जैसे कि 1993 में न्यूयॉर्क ट्रेड टॉवर पर बम लगानेवाले दो अरब नागरिकों को भेजा था। सिर्फ गाल बजाकर भारत को फौज हटाने के लिए कहना हथेली में सरसों उगाना है।

जहाँ तक भारत का प्रश्न है, उसे यह पता होना चाहिए कि आतंकवादी हमेशा किसी की कठपुतली नहीं होते, जैसे कि अफगान आतंकवादी जनरल ज़िया के नहीं हुए और श्रीलंका के तमिल आतंकवादी भारत के नहीं हुए। इसी प्रकार यह जरूरी नहीं कि पाकिस्तानी और कश्मीरी आतंकवादी जनरल मुशर्रफ की बात सुन ही लें। वे कुछ दिनों तक 'अपुन भरोसे' तोड़-फोड़ में लगे रह सकते हैं। ऐसी स्थिति में भारत को धैर्य जरूर रखना पड़ेगा लेकिन साथ-साथ यह भी जाँचना पड़ेगा कि उन्हें

पाकिस्तानी गुप्तचर विभाग (आई.एस.आई.) की मदद बन्द हुई या नहीं ? यदि मदद बन्द हो गई है, यह विश्वास हो जाए तो उसे आगे होकर हुर्रियत तथा अन्य कश्मीरी संगठनों से बात चलानी चाहिए और अगर आतंकवादियों को पाकिस्तानी मदद जारी रहती है तो उसे अमेरिका और ब्रिटेन या चीन की सलाह सुनने की बिलकुल भी जरूरत नहीं है। उसे सिर्फ भारत की जनता की सलाह सुननी होगी। उसकी सलाह, जिसकी मेहरबानी से वह सत्ता में है और सलाह यह है कि आतंकवाद और उसकी जड़, दोनों को उखाड़ देने का वक़्त आ चुका है। मुशर्रफ के भाषण ने भारत की म्यान और तलवार में फासला कुछ बढ़ा जरूर दिया है लेकिन यह वक्त तलवार के दुबारा म्यान में जाने का नहीं है।

तने हुए मुक्के की थकान

जनरल मुशर्रफ की वाशिंगटन-यात्रा से भारत सरकार ने क्या सबक सीखा ? शायद कुछ नहीं ! वह अब भी पाकिस्तान पर मुक्का ताने हुए है और आस लगाए बैठी है कि अमेरिका उसकी गाड़ी पार लगा देगा। भारत सरकार खुश हो रही है कि अमेरिकी पत्रकार डेनियल पर्ल अभी तक पाकिस्तानी आतंकवादियों के चंगुल में फँसा हुआ है और मुशर्रफ की किरकिरी हो रही है। यह ठीक है कि अमेरिकी अखबार मुशर्रफ की अगवानी में पलक पाँवड़े नहीं बिछा रहे लेकिन वह यह भूल रही है कि राष्ट्रपति बुश 'राष्ट्रपति' मुशर्रफ पर जिस तरह फिदा हो रहे हैं, उस तरह कभी अयूब खान पर आइज़नहावर और ज़िया-उल-हक पर जिमी कार्टर भी नहीं हुए। राष्ट्रपति बुश जनरल मुशर्रफ को 'जनरल' नहीं, बार-बार 'राष्ट्रपति' कह रहे हैं याने वे फौजी तानाशाही को मान्यता दे रहे हैं। उन्होंने पत्रकारों के सामने कहा कि राष्ट्रपति मुशर्रफ मेरे 'महान मित्र' हैं और 'राष्ट्र के नाम संदेश' में मैंने विदेशी राष्ट्राध्यक्षों में सिर्फ मुशर्रफ का नाम लिया, इसी से समझ जाइए कि अमेरिका उनका कितना आभारी है। उन्होंने यह भी कहा कि वे पाकिस्तान के स्थायित्व के लिए यथेष्ट सहायता भी देंगे ताकि मुशर्रफ की छवि भी चमके। उन्होंने मुशर्रफ की पाकिस्तानी समाज को बदलने की कोशिशों की भी तारीफ की, खास तौर से मदरसों के ढर्रे को ! ये सब मैत्री-संकेत स्वाभाविक हैं, क्योंकि अगर मुशर्रफ हिम्मत नहीं दिखाते तो अमेरिका अफगान दल-दल में ज़रा लम्बा फँस सकता था। अब जबकि तालिबान का सफाया हो गया है, बुश जैसे मुश्किल से जीते हुए राष्ट्रपति का अमेरिका में वास्तविक राज्याभिषेक हो गया है। गर्व और गौरव की इस वेला में अगर मुशर्रफ की टोपी में बुश ने कुछ ज्यादा रंगीन पंख खोंस दिए हैं तो भारत को बिलबिलाने की जरूरत नहीं है लेकिन मुशर्रफ की इस वाशिंगटन-यात्रा का असली अभिप्राय क्या है, अगर भारत सरकार यह नहीं समझेगी तो उसकी हालत अन्तरराष्ट्रीय त्रिशंकु की तरह हो जाएगी।

भारत सरकार यह गलतफहमी पाले बैठी हुई है कि अमेरिका कश्मीर के सवाल पर पाकिस्तान को दबाएगा। मुशर्रफ की यात्रा के दौरान राष्ट्रपति बुश से लेकर किसी छोटे-से-छोटे अमेरिकी अधिकारी ने भी मुशर्रफ से यह नहीं कहा कि कश्मीर की बाँग लगाना बन्द करो या कश्मीर भारत का अटूट अंग है। अमेरिका की सुई सिर्फ इसी मुद्दे पर अटकी हुई है कि वह आतंकवाद का विरोधी है और कश्मीर का मसला

बातचीत से सुलझाया जाना चाहिए। मुशर्रफ को अमेरिका साफ़-साफ़ यह क्यों नहीं कहता कि आप जब तक सीमा-पार आतंकवाद नहीं रोकेंगे, आपका हुक्का-पानी बन्द कर दिया जाएगा। यदि अमेरिका ऐसा कहता तो माना जाता कि वह भारत के पक्ष में बोला। ऐसा बोलने की बजाय अमेरिका कहता है कि उसे सीमा पर तनाव पसंद नहीं है याने भारत अपनी फौजें हटाए। क्या यह भारत का समर्थन है ? वह भारत को नाराज़ नहीं करना चाहता, इसीलिए साफ़-साफ़ नहीं बोलता लेकिन बुद्धिमान को तो इशारा ही काफी होना चाहिए। इसी प्रकार वह मध्यस्थ की भूमिका निभाते हुए भी मध्यस्थता को रद्द करता रहता है ताकि भारत की टेक बनी रहे। क्या दुनिया इस नाटक को समझती नहीं ? क्या भारत यह नहीं समझता कि अमेरिका के तात्कालिक हितों की पूर्ति के लिए पाकिस्तान की उपयोगिता अब भी बनी हुई है ? अमेरिका ने अफगान-कार्रवाई में जो करोड़ों डॉलर खर्च किए हैं, क्या उन्हें वह मध्य एशिया के तेल और गैस में से नहीं निकालेगा ? पाकिस्तान की मदद के बिना तेल और गैस कराची के बन्दरगाह तक कैसे पहुँचेंगे ? अफगानिस्तान के भविष्य-निर्धारण में पाकिस्तान की क्या भूमिका होगी, इसका संकेत अंतरिम अफगान सरकार के मुखिया हामिद करज़ई की पाकिस्तान-यात्रा से ही मिल जाता है। मुशर्रफ अमेरिका रवाना हों, उसके पहले उनसे मिलना क्या इतना जरूरी था कि करज़ई ने खुद की और अपने दर्जन भर मंत्रियों की जान भी खतरे में डाल दी ? खतरनाक मौसम में भी जहाज से उड़कर वे कुछ घंटों के लिए इस्लामाबाद गए। शायद वे अमेरिका की इच्छा पूरी कर रहे हों। अमेरिका अपने इतने महत्त्वपूर्ण मोहरे याने पाकिस्तान को अब अपने चंगुल से निकलने नहीं देगा और यह भी देखेगा कि उसका बाल भी बाँका न हो।

भारत सरकार सीमा पर फौजें डटाकर अपनी पीठ खुद ही थपथपा रही है। वह भारत के मतदाताओं को बता रही है कि उसके बहादुराना तेवर के कारण पाकिस्तान के पसीने छूट रहे हैं। मुशर्रफ को मुल्लाओं, मदरसों और मस्ज़िदों की राजनीति के खिलाफ मैदान में उतरना पड़ रहा है। आतंकवाद की भर्त्सना करनी पड़ रही है और डर के मारे वाशिंगटन की परिक्रमा भी करनी पड़ रही है। दिल को बहलाने के लिए यह ख्याल बहुत अच्छे हैं लेकिन वास्तविकता क्या है ? वास्तविकता यह है कि भारत की फौजी कवायद पाकिस्तान की नज़र में सिर्फ गीदड़भभकी है। मुशर्रफ ने बार-बार कहा है कि पाकिस्तान मुँहतोड़ जवाब देगा। भारत उसे ब्लैकमेल करना बन्द करे। उधर आतंकवाद में क्या कमी आई है ? 'संयुक्त अरब अमारात' ने तो कलकत्ता-कांड के कुख्यात अपराधी अफताब अंसारी को तुरंत भारत भिजवा दिया लेकिन भारत द्वारा भेजी गई 20 भयंकर आतंकवादियों की सूची को पाकिस्तान ने हवा में लटका रखा है। यदि अमेरिका सचमुच आतंकवाद का विरोध करता है तो पाकिस्तान को मजबूर क्यों नहीं करता कि वह उस सूची पर अमल करे ? यह ठीक है कि अमेरिकी पत्रकार डेनियल पर्ल को बचाने के लिए मुशर्रफ सरकार ज़मीन-आसमान एक कर देगी लेकिन

हजारों कश्मीरियों, बंबईवासियों तथा अन्य भारतीयों के हत्यारों को पकड़ने के लिए वह क्या कर रही है ? सच्चाई तो यह है कि वह उन पर पर्दा डाले बैठी हुई है। अगर उसे भारतीय फौजों का डर होता तो वह उन 20 अपराधियों को कभी का उगल देती। डेनियल पर्ल के अपहरणकर्ताओं को पकड़कर पाकिस्तान सरकार एक तीर से दो शिकार करेगी। एक तो वह अमेरिका की सहानुभूति अर्जित करेगी और दूसरा उसे वह यह भी बताएगी कि भारत पाकिस्तान के विरुद्ध फिज़ूल का प्रोपेगंडा करता रहता है। यदि उसके बस में होता तो वह भारत के अपराधियों को भी पकड़ लेती। दूसरे शब्दों में, मुशर्रफ सरकार भले दिखाई पड़नेवाले जितने भी काम कर रही है, वे सब अमेरिका की खुशामद के लिए हैं, भारत से भयाक्रांत होने के कारण नहीं।

इसीलिए अमेरिका मुशर्रफ से बेहद खुश है। इसका मतलब यह नहीं कि अमेरिका उन पर कोई दबाव नहीं डाल रहा है। वह दबाव जरूर डाल रहा है लेकिन उसका भारत से कोई सम्बन्ध नहीं है। वह तो केवल इतना चाहता है कि भारत-पाक परमाणु युद्ध न छिड़ जाए। बाकी उसकी बला से। अगर दो एशियाई राष्ट्रों में परमाणु-युद्ध छिड़ गया तो उसकी लपटें सारे विश्व में फैल सकती हैं और वे अमेरिका को भी आहत किए बिना नहीं रहेंगी। अमेरिका को अपनी पड़ी है, उसे कश्मीर से क्या लेना-देना ? कश्मीर में जितने लोग मरे हैं, उससे ज्यादा क्या ट्रेड-टॉवर में मरे थे ? नहीं, लेकिन अमेरिका ने अफगानिस्तान में बमों का गलीचा बिछा दिया। वह पाकिस्तान के खिलाफ़ खुद कोई कार्रवाई क्यों करेगा या भारत-जैसे किसी देश को क्यों करने देगा ? पाकिस्तान ने अमेरिका का कौन-सा टॉवर गिराया है ? पाकिस्तानी आतंकवाद से असली नुकसान भारत को है तो अमेरिका अपना सिर क्यों धुने ? इसीलिए भारत को अपना मुँह खुद धोना पड़ेगा, अपने दाँत खुद माँजने होंगे, अपनी तलवार खुद भाँजनी होगी। भारत के इस इरादे में खलल पड़ जाए, यह हिसाब लगाकर ही मुशर्रफ ने वाशिंगटन में नया सुर्रा छोड़ दिया। सुर्रा यह कि भारत फिर से परमाणु-विस्फोट करनेवाला है। मुशर्रफ वही बात कहते हैं जिसे सुनते ही अमेरिका के कान खड़े हो जाते हैं। गनीमत है कि मुशर्रफ की इस पतंग को अमेरिकियों ने इस बार उड़ने नहीं दिया लेकिन वे मुशर्रफ को खाली हाथ भी नहीं लौटा रहे हैं। मालामाल कर रहे हैं। जैसे नवाज़ शरीफ को क्लिंटन ने कान मरोड़कर वापस भेजा था, वैसे बुश मुशर्रफ की चिउँटी भी नहीं काट रहे हैं। अमेरिका-पलट मुशर्रफ अब भारत के मुकाबले ज़रा ज्यादा खमठोंक मुद्रा में होंगे और भारत सरकार का डेढ़ माह से तना हुआ मुक्का, पता नहीं कहाँ-कहाँ से ढीला पड़ता जाएगा ? मुशर्रफ की वाशिंगटन-यात्र का लक्ष्य माल-भत्ता बटोरना तो है ही, इस भारतीय मुक्के को थका डालना भी है।

13 दिसम्बर को भारत सरकार ने बिजली नहीं कड़काई। अब डेढ़ माह से वह युद्ध का बाजा बजा रही है उस पर कौन ध्यान दे रहा है ? संसद पर हुए हमले से गुस्साई हुई सरकार ने पर्वत हिला दिया लेकिन उसमें से चूहा भी नहीं निकला। सूली

पर चढ़ी सरकार को समझ नहीं पड़ रहा कि वह अब नीचे कैसे उतरे ? आज़ादी के बाद फौज की इतनी बड़ी हलचल कभी नहीं हुई। अरबों रुपए खर्च हो गए। करोड़ों रोज़ खर्च हो रहे हैं लेकिन युद्ध के बाजे की धुन कोई सुन ही नहीं रहा, पाकिस्तान भी नहीं। शुरू में पाकिस्तान थोड़ा सचेत तो हुआ था लेकिन डरा नहीं। वह इसे शुरू से ही ढोंग बता रहा है। ढोंग तो यह नहीं था लेकिन अब जबकि इसका परिणाम शून्य है, इसे ढोंग के अलावा क्या समझा जाएगा ? जानकारों को पता है कि अमेरिकियों की हरी झंडी के बिना भारतीय फौज एक इंच भी आगे नहीं बढ़ सकती। आतंकवादियों को काबू करने के लिए लाखों फौजी सीमा पर जमा करने की क्या तुक है ? यह कौन से ज़माने की रणनीति है ? आतंकवादियों के अड्डों पर सीधे प्रहार के लिए कितने फौजियों, कितने जहाजों, कितनी तोपों की जरूरत है ? वे सब तो पहले से ही वहाँ विद्यमान थे। उनका उपयोग करने से यह सरकार डरती रही, आतंकवादियों का पीछा करने (हॉट परस्यूट) की थोथी घुड़कियाँ देती रही और अब उसने भारत-पाक सीमांत पर लाखों फौजी जमा कर लिए हैं। जो मच्छर नहीं मार सकती, वह शेर मारने की धमकियाँ दे रही है। उसका तना हुआ मुक्का ढीला पड़ रहा है। तना हुआ और बँधा हुआ मुक्का एक लाख का दिखाई पड़ रहा था। अब ढीला हुआ और खुला हुआ मुक्का कैसा लगेगा ? जो लाख का था, अब खाक का नहीं हो जाएगा ?

बिल्ली वही जो चूहे मारे

जब अक्तूबर '99 में जनरल परवेज मुशर्रफ ने नवाज़ शरीफ का तख्ता पलटा तो कहा कि वे सत्ता में एक दिन भी जरूरत से ज्यादा नहीं रहेंगे। जरूरत क्या है, ज्यादा क्या है और एक दिन किसे कहते हैं, यह कौन तय करेगा ? क्या पाकिस्तान की जनता, क्या पाकिस्तान की संसद, क्या पाकिस्तान के सर्वोच्च सेनापति, जिनका नाम है, जनरल परवेज मुशर्रफ। भारत आने के कुछ दिन पहले उन्होंने अपनी पदोन्नति खुद ही कर ली थी। राष्ट्रपति बन गए थे। भला, भारत के लोकतांत्रिक नेताओं से वे फौजी की तरह कैसे हाथ मिलाते ? फौजी से जब वे राष्ट्रपति बने तो पाकिस्तान की जनता उनकी यह करामात पचा गई, यही सोचकर कि भारतीय प्रधानमंत्री से बात करते वक्त हमारा राष्ट्रीय प्रतिनिधि एक पायदान ऊँचा होगा। वाजपेयी प्रधानमंत्री होंगे और मुशर्रफ राष्ट्रपति। पाकिस्तान की भारत-ग्रंथि से पावन-रस रिसने लगा। लेकिन मुशर्रफ से कोई पूछे कि आप राष्ट्रपति कैसे बन गए ? पाकिस्तानी संविधान की कौन-सी धारा का प्रयोग करके आपने यह पद हथियाया ? उनका जवाब हो सकता था कि यह वही धारा है, जिसका प्रयोग कभी अयूब खान और कभी जिया-उल-हक ने किया था।

दोनों फौजी, राष्ट्रपति बन गए थे। दोनों का हथकंडा वही था, जो मुशर्रफ का था। वे ग्यारह-ग्यारह साल जमे रहे। अभी मुशर्रफ को तो सिर्फ ढाई साल ही हुए हैं। मुशर्रफ उनसे भी आगे हैं। जिया-उल-हक कहा करते थे कि वे 90 दिन में चुनाव करवा देंगे लेकिन मुशर्रफ ने इस तरह का कोई वादा नहीं किया। अगर सर्वोच्च न्यायालय उन्हें मजबूर नहीं करता तो वे अक्तूबर 2002 में भी चुनाव नहीं करवाते। अब क्योंकि छह माह बाद उन्हें चुनाव करवाने हैं, इसलिए उन्होंने अभी से अपनी नींव पक्की करनी शुरू कर दी है। 30 अप्रैल के जनमत संग्रह में उन्हें जीतने से कौन रोक सकता है ? जो उनके विरोधी हैं वे बहिष्कार में लगे रहेंगे यानी मतदान करने ही नहीं जाएँगे और जो जाएँगे, वे उनके समर्थक ही होंगे। कोई दूसरा उम्मीदवार तो मैदान में है नहीं। ऐसे में अगर पाँच प्रतिशत लोग भी मतदान करने गए तो जीत तो जनरल मुशर्रफ की ही होगी। इसमें संदेह नहीं कि मुशर्रफ के राष्ट्रपति होने पर मुहर लगानेवालों को बसों और ट्रकों में भरकर ले जाया जाएगा, जैसा कि उनकी लाहौर की पहली सभा में लाया गया है। संभावना यह भी है कि उन्हें अयूब और ज़िया से भी अधिक प्रचंड समर्थन मिलेगा। इसके बावजूद मिलेगा कि पाकिस्तान के

लगभग सभी राजनीतिक दल और धार्मिक संगठन उनके विरुद्ध कमर कसे हुए हैं। मुशर्रफ को प्रचंड समर्थन के आसार इसलिए भी हैं कि पाकिस्तान की जनता उन्हें त्राता, उद्धारकर्ता और संकटमोचक के रूप में देख रही है। सबसे पहले तो अफगान-संकट के समय मुशर्रफ के लचीलेपन ने पाकिस्तान को बचा लिया। अगर मज़हबी तत्त्वों के बहकावे में आकर वे अकड़ जाते तो अमेरिका और भारत मिलकर पाकिस्तान को काफी गहरी चोट पहुँचा सकते थे। दूसरे, तालिबान-विरोधी अभियान में अमेरिका का साथ देकर मुशर्रफ ने फौजी शासन को वैधता तो प्राप्त करवा ही ली, भारत की महत्ता को भी निचले पायदान पर खिसकवा दिया। अमेरिकियों के लिए उनके सबसे बड़े अभियान में भारत नहीं, पाकिस्तान उनका पहला साथी था। मुशर्रफ के इस सफल पैंतरे ने पाकिस्तानी जनता के मन पर यह छाप छोड़ी है कि उनका फौजी जनरल सिर्फ मांसपेशी ही नहीं है, आला दिमाग भी है। तीसरे, अपनी आगरा-यात्रा के दौरान मुशर्रफ ने भारत के मंजे-तपे नेताओं को जैसा दाँव दिया, उससे पाकिस्तानी जनता को यह भरोसा हो गया कि मुहाजिर होने के बावजूद मुशर्रफ भारतीय नेताओं के साथ कोई लिहाज़दारी नहीं करनेवाले हैं। चौथा, पाकिस्तान में कभी अत्यंत लोकप्रिय रहे नेताओं के मुकाबले मुशर्रफ की छवि कहीं अधिक स्वच्छ है। अयूब पर दौलत जमा करने के जैसे आरोप थे, उस तरह का एक छींटा भी मुशर्रफ के दामन पर अभी तक नहीं आया है। पाँचवाँ, पाकिस्तानी जनता का एक हिस्सा मुल्ला-मौलवियों से ख़फ़ा है तो दूसरा हिस्सा नेताओं के भ्रष्टाचार से जला-भुना बैठा हुआ है। इन दोनों खेमों के खिलाफ मुशर्रफ ने युद्ध की घोषणा कर रखी है। अपनी लाहौर की सभा में उन्होंने साफ़-साफ़ कहा है कि वे बेनज़ीर और नवाज़ शरीफ को वापस नहीं लौटने देंगे। करोड़ों रुपए डकार जानेवाले नेताओं के हाथों हथकड़ियाँ पहनाने की उनकी घोषणाओं पर जमकर तालियाँ पिटती हैं। इसी प्रकार अपने पहले राष्ट्रीय संदेश से लेकर अब तक के लगभग हर मुख्य भाषण में उनकी अदा कमाल अतातुर्क की-सी रहती है। वे पाकिस्तान को कठमुल्लावाद से मुक्त करवानेवाले मसीहा की तरह दिखाई पड़ते हैं। इसमें शक नहीं कि मदरसों, आतंकवाद और मज़हबियों पर जैसे कोड़े मुशर्रफ ने बरसाए हैं, अब तक पाकिस्तान का कोई अन्य नेता नहीं बरसा सका। इसीलिए तरक्कीपसंद तत्त्व मुशर्रफ को पसंद करते हैं लेकिन उनकी दुविधा यह है कि पूरे मुशर्रफ को कैसे स्वीकार करें ? आधा मुशर्रफ तरक्कीपसंद है और आधा फौजी तानाशाह।

अमेरिका की दुविधा भी यही हैं। इसीलिए जनमत-संग्रह के ऐलान का उसने वैसा विरोध नहीं किया, जैसा कि राष्ट्रकुल सचिवालय ने किया है। अमेरिका चुप्पी साधे हुए है, क्योंकि मुशर्रफ जैसा आज्ञाकारी स्वयंसेवक उसे कहाँ से मिलेगा। मुशर्रफ तानाशाह है या लोकतांत्रिक, अमेरिका यह देखे या यह देखे कि वह उसके कितना काम आ रहे हैं। बिल्ली का रंग गोरा है या काला, इससे क्या फर्क पड़ता है ? असली बात यह है कि वह चूहे मार सकती है या नहीं ? यदि मुशर्रफ की जगह नवाज़ या

बेनज़ीर हों और वे अमेरिकी इशारों पर न नाचें तो अमेरिका ऐसे लोकतांत्रिकों का अचार डालेगा क्या ? अमेरिका ऐसी बिल्ली को दूध क्यों पिलाएगा, जो उसके चूहे न मार सके। ये चूहे नाना रूप धारण करते रहे हैं। अयूब के ज़माने में वे शीतयुद्ध के रूप में उतरे थे, ज़िया के जमाने में वे अफगानिस्तान में रूसी फौज बनकर आ गए और अब मुशर्रफ के जमाने में वे उसामा बिन लादेन और तालिबान का बाना पहनकर उपस्थित हो गए। ऐसी स्थिति में मुशर्रफ को लोकतंत्र का जुलाब देने से अमेरिका बाज़ आएगा। अमेरिका ही नहीं, भारत को भी सोचना होगा कि उसकी नीति क्या हो ? यों तो भारत को कुछ खास सोचने की जरूरत ही नहीं होनी चाहिए, क्योंकि वह जनमतविहीन फौजी तानाशाह के साथ अपना खाता पहले ही खोल चुका है। अब 'जनमतयुक्त' तानाशाह के साथ लेन-देन में उसे कोई दिक्कत क्यों होनी चाहिए ? वैसे यह मुद्दा तो सिर्फ शुरू के दो वर्षों में ही ऊपर रहा, जब भारत सरकार कहा करती थी कि भारत तानाशाह से बात नहीं करेगा लेकिन अब मुद्दा तानाशाही या लोकशाही नहीं है, सीमा-पार आतंकवाद है। यह सीमा-पार आतंकवाद का मुद्दा किसी दिन अचानक उसी तरह फुर्र हो जाएगा, जैसे कि तानाशाही का मुद्दा हो गया था। इसीलिए भारत और मुशर्रफ के बीच सम्पर्क के संकट का कोई सवाल ही नहीं है। यों भी भारत अपने लोकतंत्रवाद को पाकिस्तान पर थोपने की कोशिश क्यों करे ? पाकिस्तान की यह नियति है कि वह अधर में ही लटका रहे। वह असाध्य रोग का रोगी है। कभी उसे तानाशाही का दौरा पड़ता है तो कभी भ्रष्ट लोकशाही का। यदि तानाशाही का मुशर्रफवादी जमालगोटा पाकिस्तान के इस्लामवादी कब्ज़ को साफ़ कर सके तो उसे ही आशा की किरण क्यों न माना जाए ? यदि पाकिस्तान का इस्लामवादी कब्ज़ साफ़ होगा तो क्या द्विराष्ट्रवादी दुर्गन्ध बच रहेगी ? मज़हबी जुनून के बिना आतंकवाद को प्राणवायु कहाँ से प्राप्त होगी ? लेकिन असली प्रश्न यह है कि अपनी बढ़ती हुई ताकत का इस्तेमाल मुशर्रफ भारत के विरुद्ध करेंगे या नहीं करेंगे ? उन्होंने जनमत संग्रह के लिए लाहौर में जो पहला भाषण दिया है, अगर हम उससे कुछ संकेत ग्रहण करें तो यह मानना होगा कि उनका इस्लाम का विरोध भी सिर्फ अमेरिका को खुश करने के लिए है। अन्यथा मजहबी कठमुल्लावाद के विरोध में जो तलवार हवा में तैरेगी, वह द्विराष्ट्रवाद और आतंकवाद को काटे बिना शांत कैसे होगी ? मुशर्रफ ने बेनजीर भुट्टो की भारत यात्रा की निन्दा जिन शब्दों में की है, उससे उनकी यह मान्यता स्पष्ट होती है कि पाकिस्तान तभी तक जिन्दा रह सकता है, जब तक कि भारत के साथ उसकी दुश्मनी बरकरार रहे। उन्होंने बेनजीर के इस प्रस्ताव को पाकिस्तान के लिए विनाशकारी बताया है कि भारत और पाकिस्तान की मुद्रा एक-जैसी होनी चाहिए और दोनों देशों की सीमाएँ खुली रहनी चाहिए। उन्होंने बेनजीर के इस कथन की भी भर्त्सना की है कि 'कश्मीर में आए विदेशी लड़ाके आतंकवादी हैं'। ऐसे जनरल मुशर्रफ के साथ भारत क्या बर्ताव करेगा, यह सरकार को तय करना है लेकिन वह यह तय नहीं कर सकती कि वह मुशर्रफ के साथ कोई

व्यवहार नहीं रखेगी।

मुशर्रफ को बर्दाश्त करने में पाकिस्तान की जनता को भी क्या कष्ट होगा। जनमत संग्रह होने में केवल तीन सप्ताह बाकी रह गए हैं। इतनी जल्दी शायद वे अपनी पार्टी खड़ी नहीं कर पाएँगे लेकिन संसद के चुनाव के पहले उन्हें जो छह माह का समय मिलेगा, उसमें वे अपनी पार्टी भी खड़ी कर सकते हैं। 'जनता द्वारा चुना हुआ' राष्ट्रपति यदि संसद भी अपनी मनपसंद की चुनवा ले तो इसमें आश्चर्य क्या है ? यदि वे कोई प्राइवेट लिमिटेड कम्पनी खड़ी नहीं कर पाए तो कुछ छोटी-मोटी पार्टियों और नेताओं को गोद लेकर वे अपना काम चला लेंगे, जैसे कि ज़िया-उल-हक ने चलाया था। लेकिन यह निश्चित है कि मुशर्रफ की गद्दी जितनी मजबूत होगी, पाकिस्तानी राजनीतिज्ञों का विरोध उतना ही कटु होता चला जाएगा। पाकिस्तान में बेचैनी के एक नए दौर की शुरुआत होगी। उसका समाधान न तो तानाशाही में है और न ही तथाकथित लोकशाही में। उसका समाधान है, पाकिस्तानी राष्ट्र-राज्य के मूल-चरित्र के बदलाव में। इस मूल-चरित्र के बदलाव का दिलासा कभी-कभी मुशर्रफ के भाषणों में उभरता जरूर है लेकिन जब वे कश्मीर, भारत-विरोध और द्विराष्ट्रवाद की बाँग लगाते हैं तो लगता है कि वे घूम-फिरकर उसी मूल-चरित्र को प्रबल बनाने के उद्यम में लगे हुए हैं।

मुशर्रफ की ताजपोशी और भारत का दायित्व

आश्चर्य यह नहीं है कि जनरल मुशर्रफ को प्रचण्ड बहुमत मिला बल्कि यह है कि प्रचण्ड मतदान हुआ। उन्हें प्रचंड बहुमत मिलेगा यह तो पहले से तय था। हर तानाशाह के जनमत-संग्रह में यह पहले से ही तय होता है, इसलिए भी कि उसके मुकाबले कोई दूसरा उम्मीदवार नहीं होता, सम्पूर्ण सरकारी-तंत्र उसके इशारे पर नाचता है और चुनाव-आयोग जैसी संस्थाएँ उसके हाथ की कठपुतली होती हैं। यदि मतदान सिर्फ पाँच प्रतिशत होता तो भी जनरल मुशर्रफ प्रचण्ड बहुमत से जीते हुए घोषित किए जाते। लेकिन आश्चर्य यह है कि मतदान 60 प्रतिशत से भी अधिक हुआ। लगभग साढ़े छह करोड़ मतदाताओं में से चार करोड़ 40 लाख ने मतदान किया। उनमें से चार करोड़ 28 लाख ने मुशर्रफ के पक्ष में और मुश्किल से 9 लाख ने उनके विरोध में वोट दिए। याने मुशर्रफ को 98 प्रतिशत वोट मिल गए। यहाँ सवाल 98 प्रतिशत का नहीं है बल्कि यह है कि इतना जबर्दस्त मतदान कैसे हुआ ? इतना बड़ा मतदान तो जुल्फिकार अली भुट्टो, बेनज़ीर और नवाज़ शरीफ के चुनावों में भी नहीं हुआ। 1997 के लोकतांत्रिक चुनाव में नवाज़ शरीफ को अपूर्व बहुमत मिला था लेकिन तब भी मतदान केवल 37 प्रतिशत हुआ था।

दूसरे शब्दों में प्रश्न यह है कि किसका जनाधार व्यापक है, लोकतांत्रिक नेताओं का या फौजी जनरल का ? विरोधी नेताओं के ये आरोप सही हो सकते हैं कि मतदाताओं को ट्रकों में भरकर लाया गया, मतदाताओं की आयु 21 से घटाकर 18 साल कर दी गई, फर्जी मतदान करवाया गया, बिना मतदाता सूची के ही मतदान करने दिया गया। इन्हीं कारणों से मुशर्रफ को प्रचण्ड बहुमत मिला है। इस तरह के आरोप तो पिछले मतदानों पर भी लगते रहे हैं। इनमें नया कुछ नहीं है। जो नया है, वह यह कि यहाँ पाकिस्तान के विरोधी नेताओं के पास इस प्रश्न का कोई जवाब नहीं है कि जनता ने उनके आह्वान को क्यों नहीं माना और मतदान का बहिष्कार क्यों नहीं किया ? यदि मुशर्रफ के पक्ष में सिर्फ 10-15 लाख वोट पड़ते और विरोध में एक भी वोट नहीं पड़ता तो भी माना जाता कि मुशर्रफ हार गए लेकिन मुशर्रफ के विरुद्ध जो 9 लाख वोट पड़े हैं, वे उनकी प्रचण्ड विजय का सूचक हैं। 9 लाख लोगों ने उनके विरुद्ध वोट दिए हैं, यह तथ्य इस बात का सूचक है कि जो लोग मुशर्रफ के विरोधी हैं, वे भी पाकिस्तान के विरोधी दलों की बात नहीं सुनते। उन्होंने विरोधी दलों का कहना नहीं माना और मतदान में भाग लिया। जनमत संग्रह का बहिष्कार करने के बजाय

पाकिस्तान के राजनीतिक दल यदि एक होकर मुशर्रफ के खिलाफ अपना उम्मीदवार खड़ा करते तो माना जाता कि उनमें कुछ दम-खम है लेकिन इस मतदान ने यह सिद्ध कर दिया है कि पाकिस्तान के राजनीतिक दलों और नेताओं का कचूमर निकल चुका है। अयूब और जिया को पाकिस्तान के मज़हबी संगठनों की शह मिली हुई थी लेकिन मुशर्रफ को तो यह भी नसीब नहीं है। इसके बावजूद मुशर्रफ की ताज़पोशी के लिए सवा चार करोड़ लोगों का घर से निकल आना काफी बड़ी बात है। पाकिस्तान के फौजतंत्र ने उसके राजनीतिकतंत्र को करारी शिकस्त दे दी है। मुशर्रफ जिया से भी बड़े कलाकार सिद्ध हुए हैं। चुनाव-अभियान के दौरान इस फौजी जनरल ने ऐसे-ऐसे रूप धरे कि नेतागण भी क्या धरेंगे ? उन्होंने बेनज़ीर और नवाज़ को भ्रष्ट बताया और उनके देश-निकाले को जायज़ ठहराया लेकिन उनसे भी अधिक बदनाम नेताओं को मुशर्रफ ने गले लगाया। जिन तत्त्वों ने जनमत-संग्रह में उनका साथ दिया, उनमें से ही कुछ का ताना-बाना बुनकर वे अपनी एक नई पार्टी खड़ी कर लें तो कोई आश्चर्य नहीं होना चाहिए। जिसको जैसा लॉलीपॉप चाहिए था, मुशर्रफ ने दे दिया। सिंधियों और पठानों को यह खुशफहमी है कि मुशर्रफ उन्हें स्वायत्तता दे देंगे और 'मुत्तहिदा कौमी मूवमेंट' के नेता अल्ताफ हुसैन ने तो मुशर्रफ के पक्ष में फतवा ही जारी कर दिया था। 15 लाख मुहाजिरों ने मुशर्रफ जिन्दाबाद के नारे भी लगाए। आखिर मुहाजिरों के बीच क्या पहले इतना बड़ा कोई नेता कभी पैदा हुआ ?

अब जनरल मुशर्रफ अगले पाँच साल तक राष्ट्रपति के सिंहासन पर डटे रहेंगे। इस जनमत-संग्रह ने उन्हें अगले पाँच साल तो दे ही दिए हैं, उनके पिछले ढाई साल पर भी मुहर लगा दी है। किसी भी शासक के लिए साढ़े सात साल की अवधि कम नहीं होती। वह चाहे तो अपने सपनों का देश खड़ा कर सकता है लेकिन आसार यही हैं कि मुशर्रफ पहले अपना कठपुतलीतंत्र खड़ा करेंगे। अक्तूबर में वे अपने मनचाहे उम्मीदवारों को जितवाकर पहले रबरठप्पा संसद खड़ी करेंगे और फिर ऐसा मंत्रिमंडल बनाएँगे, जो उनके इशारों पर नाचे। दूसरे शब्दों में वे अक्तूबर के बाद पाकिस्तान के निरंकुश स्वामी होंगे। अभी फौज, न्यायालय, प्रांतीय राज्यपाल, जिलाधीशगण और चुनाव-आयोग—सभी उनकी जेब में हैं। जो बचे हुए हैं, वे भी अक्तूबर तक उनके हाथ में होंगे याने अक्तूबर के बाद जनरल मुशर्रफ पाकिस्तान के अब तक के सभी तानाशाहों से ज्यादा ताकतवर तानाशाह होंगे।

यहाँ मुख्य प्रश्न यह है कि भारत का उनके प्रति क्या रवैया होगा ? भारत सरकार ने अभी तक कोई प्रतिक्रिया नहीं की है लेकिन भारत के अखबारी टिप्पणीकारों ने पाकिस्तानी लोकतंत्र की हत्या पर आँसू बहाना शुरू कर दिया है। वे पाकिस्तान के विरोधी दलों से भी ज्यादा उबल रहे हैं। उन्हें लगता है कि पाकिस्तान को लोकतांत्रिक बनाने का ठेका भारत का ही है। वे यह क्यों नहीं समझते कि पाकिस्तान के मूल में ही भाँग पड़ी हुई है। क्या मज़हब के नाम पर पाकिस्तान की तरह दुनिया में कोई अन्य राष्ट्र भी बना है ? क्या पाकिस्तान जैसा बेमेल, बेमौका, बेबुनियाद राष्ट्र

दुनिया में कोई और है ? मज़हबी उन्माद, सामन्तवाद, जातीय घृणा और पिछलगूपन की नींव पर खड़े राष्ट्र में लोकतंत्र अभी सपना ही बना रहनेवाला है। ऐसे अभिशप्त राष्ट्र से हम तभी बात करेंगे, जब वहाँ लोकतंत्र हो, इस प्रतिज्ञा में कौनसी बुद्धिमानी है ? मुशर्रफ के सत्तासीन होने के बाद भारत सरकार डेढ़-दो साल तक यही हट करती रही और फिर अचानक वह मुशर्रफ पर फिदा हो गई। यह बात दूसरी है कि फिदा हुई यह मुग्धा नायिका आगरा में मात खा गई। मुशर्रफ को भारत सरकार ने जितनी वैधता प्रदान की है, इस जनमत-संग्रह ने भी नहीं की। जनमत-संग्रह ने तो मुशर्रफ को अब राष्ट्रपति बनाया है लेकिन उनकी भारत-यात्रा ने तो उन्हें तब ही राष्ट्रपति बना दिया था। राष्ट्रपति को धक्का देकर वे खुद उनके आसन पर बैठ गए थे। अब विधिसम्मत राष्ट्रपति से सारी दुनिया बात करेगी।

इसके पहले भी भारत सरकारें अयूब, याह्या और ज़िया से बात करती रही हैं। अब मुशर्रफ से बात करने के अलावा कोई चारा नहीं है। यह भारत तय नहीं कर सकता कि पाकिस्तान का शासक कौन हो। जो भी हो, बात तो उसी से करनी पड़ेगी। भारत यह ओट नहीं ले सकता कि वह तानाशाह से बात नहीं करेगा। बल्कि यह तानाशाह इतना अधिक मजबूत होता जा रहा है कि अब केवल इसी से बात करनी पड़ेगी। पाकिस्तान के अन्य राजनीतिक तत्त्व अब धीरे-धीरे और धूमिल होते जा रहे हैं। जाहिर है कि मुशर्रफ के हाथ में कोई जादू की छड़ी नहीं है, जिसे घुमाकर वे पाकिस्तान को बन्दर से आदमी बना देंगे। लेकिन मदारी बने रहना उनकी मजबूरी है। पाकिस्तान के हर मदारी के हाथ में जो भारत-विरोध का डंडा होता है, वह उनके हाथ में भी है। आशंका यही है कि अक्तूबर के बाद वे इस डंडे को घुमाएँगे और कोई महाकरगिल कर बैठेंगे। डर यही है कि हमारी सरकार दुबारा गफलत में पड़ी न रह जाए। नवाज़ शरीफ की लगाम जैसे क्लिंटन ने खींची थी, इस बार मुशर्रफ की लगाम शायद बुश नहीं खींच पाएँगे।

मुशर्रफ अमेरिकियों की आँखों का तारा बन चुके हैं। मुशर्रफ ने अफगान-अभियान में अमेरिका की जैसी सक्रिय सहायता की है, जनरल अयूब और जनरल जिया ने भी नहीं की। अयूब और जिया अमेरिका के पक्ष में ज्यादातर जबानी जमा-खर्च ही करते रहे जबकि मुशर्रफ प्रवाह के विरुद्ध तैरकर अमेरिका की लहर के साथ हुए हैं। ऐसी स्थिति में भारत को पहले से भी अधिक सावधान रहना होगा। अफगानिस्तान में अमेरिका के जो गहरे सामरिक और आर्थिक प्रयोजन हैं, उन्हें सिद्ध करने में पाकिस्तान जितना उपयोगी है, भारत नहीं है। इसीलिए अगर मुशर्रफ कश्मीर की बोतल में अब नया जिन्न खड़ा करने की कोशिश करें तो भारत को उससे अपने दम पर ही निपटना होगा। अमेरिका का सहारा भरोसेमंद साबित नहीं हो सकता। लोकतंत्र के नाम पर भारत को पाकिस्तान के विरुद्ध कुछ भी हाथ लगनेवाला नहीं है। अमेरिका के लिए सिद्धान्त नहीं, स्वार्थ बड़ा होता है। इसीलिए उसने मुशर्रफ की ताज़पोशी और पाकिस्तानी लोकतंत्र की अंत्येष्टि पर लम्बी चुप्पी खींच ली है।

जम्मू अलग हो तो जड़ता टूटे

जम्मू को कश्मीर की घाटी से अलग करें या न करें, यह सवाल उठते ही सबसे पहले हमारा ध्यान इस बात पर जाता है कि अन्तरराष्ट्रीय मंचों पर कहीं भारत का केस कमजोर तो नहीं पड़ जाएगा ? अब तक भारत का तर्क यह रहा है कि कश्मीर का सवाल उसकी धर्म-निरपेक्षता की कसौटी है। यदि मज़हब को आधार बनाकर कश्मीर पाकिस्तान को दे दिया जाए तो पता नहीं भारत के कितने टुकड़े करने पड़ेंगे। इसी तर्क को आगे बढ़ाते हुए पूछा जा सकता है कि यदि जम्मू-कश्मीर राज्य के आज टुकड़े कर दिए गए तो क्या यह एक नए भारत-विभाजन का पूर्वाभ्यास नहीं होगा ? और क्या दुनिया हमसे यह नहीं पूछेगी कि क्या मुस्लिम-बहुल कश्मीर की घाटी आप पाकिस्तान को देने की तैयारी नहीं कर रहे हैं ? घाटी तो आपको छोड़नी है, जम्मू और लद्दाख क्यों छोड़े जाएँ, इसीलिए आप उन्हें अभी से सुरक्षित कर रहे हैं। अगर ये तर्क सही हों तो जम्मू और लद्दाख को अलग राज्य बनाने की माँग को एकदम रद्द किया जा सकता है।

असलियत यह है कि ये तर्क गलत हैं। जम्मू को अलग करने की माँग का आधार मज़हब नहीं है। अगर मज़हब आधार होता तो जम्मू के छह में से तीन जिले भी घाटी में चले जाते, क्योंकि उनमें मुसलमानों का बहुमत है। पुंछ में 90 प्रतिशत, राजौरी में 58 प्रतिशत और डोडा में 57 प्रतिशत मुसलमान हैं। इसी प्रकार लद्दाख का मुस्लिम-बहुल करगिल इलाका भी घाटी में चला जाता। लेकिन कोई भी यह माँग नहीं कर रहा कि मज़हब के आधार पर कश्मीर का विभाजन हो। जम्मू और लद्दाख को घाटी से अलग करने के तर्क लगभग वही हैं, जो उ.प्र., म.प्र. और बिहार में नए राज्य बनाने के हैं। यह संयोग की बात है कि जम्मू में हिंदुओं का और लद्दाख में बौद्धों का बहुमत है। क्या किसी क्षेत्र को इसीलिए स्वायत्तता या स्वाधिकार नहीं मिलना चाहिए कि वहाँ एक पंथ-विशेष के लोगों का बहुमत है ? यदि तर्क यही है तो फिर पंजाब और नगालैंड को भी विसर्जित करने की तैयारी होनी चाहिए। क्योंकि एक राज्य में सिखों का बहुमत है और दूसरे में ईसाइयों का ! वास्तव में जम्मू और लद्दाख को स्वायत्तता देने की बात 24 जुलाई, 1952 को प्रधानमंत्री नेहरू और शेख अब्दुल्ला ने अपने पत्रकार-सम्मेलन में भी की थी। लेकिन पिछले पचास साल में हुआ उल्टा ही। घाटी के लोग प्रांतीय स्वायत्तता के लिए जोर लगाते रहे और जम्मू और लद्दाख की क्षेत्रीय स्वायत्तता का गला दबाते रहे। नतीजा क्या हुआ ? जम्मू और

लद्दाख के लोग केन्द्रीय सरकार को सलाह देते रहे कि आप घाटी का टेंटुआ कसते रहें याने धारा 370 को खोखला करते चले जाएँ। इस खींचातानी में संपूर्ण जम्मू-कश्मीर राज्य का नुकसान तो होता ही रहा, कश्मीर की समस्या भी उलझती गई, क्योंकि घाटी के नेता खुद को मजबूत बनाने के लिए पाकिस्तान या इस्लामी जगत पर निर्भर होते गए। यदि घाटी अलग हो जाए तो फिर घाटी और केन्द्र का सीधा सम्बन्ध रहेगा। उसमें जम्मू और लद्दाख वाले तत्त्वों का लोप हो जाएगा। आन्तरिक स्वायत्तता की खींचतान बन्द होगी और केवल घाटी की स्वायत्तता का सुस्पष्ट प्रश्न रह जाएगा। इससे घाटीवालों को भी लाभ होगा और केन्द्र सरकार को भी ! जम्मू और लद्दाख का भारत में पूर्ण विलय हो जाएगा। उन पर से धारा 370 हट जाएगी। भारत के किसी अन्य राज्य की तरह वे सहज-सामान्य राज्य होंगे। भारत की एक बड़ी सीमा का इलाका अधिक सुरक्षित हो जाएगा। इन पृथक् राज्यों में आतंकवादियों की दाल जरा मुश्किल से गलेगी।

जहाँ तक घाटी का प्रश्न है, उसके राजनीतिक भविष्य के बारे में अब लुकाछिपी का खेल बन्द करना पड़ेगा। कश्मीरी नेताओं और पाकिस्तान से भारत सरकार को दो-टूक बात करनी होगी। अगर सिर्फ घाटी के बारे में ही बात करनी होगी तो यह बात अधिक सुकेंद्रित होगी। अन्तरराष्ट्रीय समाज को यह संदेश बिना दिए ही मिल जाएगा कि या तो पाकिस्तान कश्मीर समस्या का हल करे या फिर घाटी का अंजाम भी वही होगा, जो कि जम्मू और लद्दाख का हुआ है। वास्तव में जम्मू-कश्मीर राज्य का विभाजन कश्मीर-समस्या की वर्तमान जड़ता को तोड़ने में सहायक भी सिद्ध हो सकता है। यह विभाजन विश्व को और खास तौर से इस्लामी देशों को यह संकेत भी भेजेगा कि भारत हाथ पर हाथ धरे नहीं बैठा है। वह अब कमर कसकर उठ खड़ा हुआ है। जब जम्मू का सवाल तूल पकड़ेगा तो संसार को पहली बार पता चलेगा कि जिस घाटी के लिए पाकिस्तान हाय-तौबा मचा रहा है, वह घाटी जम्मू और लद्दाख के मुँह का कौर छीनकर अपना पेट फुलाती रही है। जम्मू के बहाने घाटी के अनेक रहस्य उजागर होंगे। इसके अलावा घाटी के अलग-थलग पड़ जाने पर उसे घेरकर आतंकवाद की कब्रगाह खड़ी करना अधिक आसान होगा।

इसमें संदेह नहीं कि विभाजन होने पर कुछ न कुछ लोगों को कष्ट जरूर होगा लेकिन यह मानकर बैठ जाना कि 1947 दोहराया जाएगा, बिलकुल बचकाना भय है। पिछले दिनों इतने नए राज्य बने, क्या कहीं कोई पत्ता भी खड़का ? इस विभाजन का आधार सांप्रदायिक नहीं है लेकिन अगर इसे सांप्रदायिक दृष्टि से देखें तो भी जम्मू और लद्दाख के अल्पसंख्यकों को क्या खतरा है ? वहाँ सांप्रदायिक सद्भाव की जड़ें काफी गहरी हैं। जहाँ तक घाटी का प्रश्न है, उसमें अल्पसंख्यक अब एक प्रतिशत भी नहीं हैं। कौन किससे लड़ेगा ? इसके अलावा विभाजन के दौरान और उसके बाद पुलिस और फौज क्या करती रहेगी ? वह किसी भी सांप्रदायिक चुनौती का मुकाबला करने में सक्षम है।

जम्मू और लद्दाख को घाटी की गुलामी से जितनी जल्दी छुटकारा मिले, उतना अच्छा। यह कोई छोटी-मोटी विडंबना नहीं है कि घाटी अपने लिए आजादी माँगती है लेकिन उसने जम्मू और लद्दाख को अपना गुलाम बना रखा है। केन्द्र से प्रतिवर्ष अरबों रुपया अनुदान के तौर पर जाता है लेकिन घाटी पर 90 प्रतिशत खर्च होता है और जम्मू पर सिर्फ 10 प्रतिशत। जबकि दोनों क्षेत्रों की जनसंख्या लगभग बराबर है और जम्मू का क्षेत्रफल घाटी से लगभग दुगुना बड़ा है। संपूर्ण राज्य की कुल आमदनी का केवल 30 प्रतिशत जम्मू और लद्दाख पर खर्च होता है और 70 प्रतिशत माल घाटी डकार जाती है। राज्य की 90 प्रतिशत नौकरियाँ घाटीवाले दबा लेते हैं और जम्मूवालों को सिर्फ 10 प्रतिशत की तलछट हाथ लगती है। इसी प्रकार जम्मू में लगभग 350 मेगावाट बिजली पैदा होती है लेकिन उसके पल्ले सिर्फ 22 मेगावाट पड़ती है जबकि घाटी 328 मेगावाट चट कर जाती है। राजनीतिक मलाई पर हाथ साफ़ करने में भी घाटी का कोई जवाब नहीं है। पिछले 54 साल में जम्मू का कोई भी नेता राज्य का मुख्यमंत्री नहीं बना। कश्मीर की 'सुल्तानी' पर सदा घाटी का ही कब्जा रहा। घाटी से तीन सांसद और 47 विधायक चुने जाते हैं जबकि जम्मू से सिर्फ दो सांसद और 37 विधायक। मतदाताओं की संख्या जम्मू में ज्यादा है और जन-प्रतिनिधि घाटी से ज्यादा हैं। क्या खूब लोकतंत्र है यह ! वास्तव में यह आंतरिक उपनिवेशवाद का उत्कट उदाहरण है। जम्मू में रहनेवाले दो लाख लोग ऐसे हैं जो संसद के लिए तो मतदान कर सकते हैं लेकिन विधानसभा के लिए नहीं, क्योंकि वे राज्य के नागरिक नहीं बन सकते; बकौल धारा 370 के ! इसी प्रकार पाकिस्तान से लौटनेवाले कश्मीरियों और उनकी संतानों को तो राज्य की नागरिकता मिल सकती है लेकिन भारत के अन्य राज्यों से गए हुए लोगों को नहीं मिल सकती। इतना ही नहीं, अगर कोई कश्मीरी कन्या किसी अन्य भारतीय राज्य के नागरिक से शादी कर ले तो वह पैतृक सम्पत्ति से ही वंचित नहीं होगी, राज्य की नागरिकता भी उससे छीन ली जाती है जबकि अगर वह किसी पाकिस्तानी से शादी कर ले तो उसके पति को भी जम्मू-कश्मीर की नागरिकता मिल जाती है। इस तरह के गए-बीते और अन्यायकारी कानूनों से जम्मू और लद्दाख के लोगों को तो तुरंत छुटकारा मिलना चाहिए। बिना विभाजन यह त्राण कैसे सम्भव है ?

घाटी के नेता राज्य के विभाजन पर विभाजित हुए बिना नहीं रहेंगे। जम्मू और लद्दाख के नाम पर जो चाँदी काट रहे हैं, वे इन दुधारू गायों को अलग क्यों होने देंगे लेकिन जिन्होंने इस्लाम को अपनी तोप का भूसा बना रखा है, उन्हें अकेली घाटी बहुत रास आएगी। उसमें किसी को 'निज़ामे-मुस्तफा' दिखेगा और किसी को पाकिस्तान का एक नया प्रांत। पंडितों से खाली हुई घाटी से बेहतर जगह कौन-सी होगी, सच्ची आज़ादी के लिए ? इस प्रकार जम्मू के अलगाव का प्रश्न अगर कश्मीरी नेतृत्व के दड़बे में बिल्ली का काम करेगा तो वह अखिल भारतीय दलों, नेताओं और केन्द्र सरकार को भी हिलाए बिना नहीं रहेगा। केन्द्र सरकार को यह समझ नहीं पड़ेगी

कि जम्मू और लद्दाख को घाटी से अलग करने की कानूनी प्रक्रिया क्या हो ? क्या जम्मू-कश्मीर विधानसभा का प्रस्ताव आवश्यक है या केवल संसद के प्रस्ताव से ही यह काम निष्पन्न हो जाएगा ? या महाराजा हरिसिंह और भारत सरकार के बीच सम्पन्न हुए विलय के समझौते को रद्द किए बिना कोई परिवर्तन नहीं होगा ? इन कानूनी दाँव-पेंचों से भी बड़ा दाँव यह हो सकता है कि जम्मू-लद्दाख की जनता घाटी के विरुद्ध बगावत का बिगुल बजा दे और राज्य व केन्द्र को मजबूरन विभाजन का निर्णय करना पड़े। यदि ऐसा हुआ तो अन्तरराष्ट्रीय समाज का ध्यान कश्मीर की परम्परागत बाहरी समस्या से हटकर अन्दरूनी समस्या पर केंद्रित हो जाएगा।

गाड़ी अगाड़ी और घोड़ा पिछाड़ी

कश्मीर की गाड़ी आगे क्यों नहीं बढ़ रही है ? क्योंकि गाड़ी आगे खड़ी है और घोड़ा पीछे बँधा हुआ है। चुनाव आगे है और समझौता पीछे है। केन्द्र की योजना यह है कि कश्मीर में पहले चुनाव होंगे और फिर हल होगा। 1975 में शेख अब्दुल्ला के साथ प्रधानमंत्री इंदिरा गांधी ने पहले हल खोजा, फिर चुनाव करवाए ! घोड़ा आगे रखा और गाड़ी पीछे। वह गाड़ी लगभग 15 साल तक जैसे-तैसे आगे बढ़ती गई लेकिन पिछले 12 साल से वह जहाँ की तहाँ खड़ी है। केन्द्र की सरकार को कोई हल नहीं सूझ रहा। वह बार-बार गच्चा खा जाती है। कभी वह शस्त्र-विराम करती है और कभी वह कश्मीर में शस्त्रों का अम्बार लगा देती है। कभी वह हिज़्बे-मुजाहिदीन से बात करती है, कभी श्री कृष्णचंद्र पंत को दाँव पर लगा देती है और कभी जेठमलानी की शरण में चली जाती है। जलते हुए घर के बदहवास मालिक की तरह एक कोने से दूसरे कोने तक दौड़ती हुई सरकार को देखकर मन में बड़ी करुणा उपजती है।

श्री जेठमलानी और उनके पत्रकार मित्रों की पहल की जितनी सराहना की जाए, कम है लेकिन इस कच्चे घड़े को बिखरने से कौन रोक सकता था ? जेठमलानी कमेटी को इतना श्रेय अवश्य दिया जाना चाहिए कि उसने हुर्रियत और सरकार के बीच खुले सेतु का काम किया और उसने फारुक अब्दुल्ला को इतना पटा लिया कि वे राज्यपाल के शासन में चुनाव कराने तक के लिए तैयार हो गए लेकिन श्री जेठमलानी को हुर्रियत के खिलाफ अचानक कोई बयान देने की क्या जरूरत पड़ गई थी। क्या जेठमलानी को हुर्रियत से बात करने के बाद पता चला कि हुर्रियत और पाकिस्तान का नज़रिया एक-जैसा है ? हुर्रियत उनकी बात मान लेती और चुनाव लड़ लेती तो देशभक्त हो जाती और उसने नहीं मानी तो अब वह पाकिस्तान की कठपुतली हो गई, यह तर्क किसी के गले कैसे उतरेगा ? खुद जेठमलानी कमेटी चुनाव को टालने का सुझाव दे रही है। हुर्रियत का जो रवैया आज है, वह पहले भी था। हुर्रियत ने सरकार से सीधे बात करने की कोशिश कई बार की लेकिन इस लेखक को पक्की जानकारी है कि सरकार टालमटोल करती रही। सरकार ने हुर्रियत को इतना चिढ़ा दिया कि उसने पन्तजी से किनारा कस लिया। सरकार के गोलमोल रवैये से डॉ. फारुक अब्दुल्ला भी भड़क उठे। उन्होंने न केवल स्वायत्तता का बिगुल बजा दिया बल्कि कई बार वे बगावत की भी धमकी देने लगे याने मोर को पकड़ना तो दूर रहा,

इस सरकार के हाथ के तोते भी उड़ने लगे। तोते न उड़ने लगें, इसलिए मोर को जेठमलानी से दाना डलवाया गया लेकिन यह दाना एक तो बहुत देर से डाला गया और दूसरा, यह वही बासी दाना था, जिसे हुर्रियत सड़ा हुआ और बदबूदार बता चुकी थी।

हुर्रियत की दिलचस्पी फिलहाल हुकूमत में नहीं, हल में है। वह चुनाव में भाग ले याने हुकूमत करे और कश्मीर को भूल जाए, यह सम्भव नहीं है। यदि अब से दो-तीन साल पहले हुर्रियत के साथ गम्भीर वार्ता होती तो कोई न कोई हल निकलना असम्भव नहीं होता लेकिन अब ऐन चुनाव के वक़्त केन्द्र ने जो मुँह की खाई है, उसका खामियाज़ा भारत को भुगतना पड़ेगा। सारी दुनिया में हमने चुनाव का ढोल पीट रखा है लेकिन हुर्रियत के नकार के साथ चुनाव की निरर्थकता का मृदंग बजने लगा है। जिस संगठन की एक आवाज़ पर पूरा कश्मीर बन्द हो जाता है, उसके चुनाव मैदान में न उतरने पर चुनाव की साख क्या रह जाएगी? 10-15 प्रतिशत मतदानवाला चुनाव हुआ न हुआ, एक बराबर है। नेशनल कांफ्रेंस तो चुनाव में भाग लेगी ही, कुछ मोटे-मोटे अन्य संगठन भी भाग ले सकते हैं लेकिन उनकी क़ीमत क्या है? जब तक 1977 और 1983 के चुनावों की तरह मतदान का प्रतिशत 70 से ऊपर न हो, दुनिया की नज़रों में भारत की स्थिति बहुत ही अटपटी हो जाएगी। चुनाव राज्यपाल की देख-रेख में हों या मुख्यमंत्री की तथा अन्तरराष्ट्रीय पर्यवेक्षक बुलाए जाएँ या नहीं, ये प्रश्न उतने महत्त्वपूर्ण नहीं हैं, जितना यह कि कश्मीर की नई सरकार कितने वोटों से चुनी जाएगी!

चुनाव ही ब्रह्म है, यह हम सबको समझा चुके हैं। कोलिन पॉविल ने भी चुनावों के गीत खूब गाए हैं। वे मुशर्रफ को भी उपदेश दे गए हैं कि कश्मीर में चुनाव सफल होने दें। दुनिया को हम यह बता रहे हैं कि चुनाव ही जनमत-संग्रह है। कुछ हद तक यह रणनीति सफल हो सकती थी लेकिन मूल प्रश्न यह है कि जिन कारणों से कश्मीर के चुनाव ढोंग साबित होते हैं, उनके निवारण के लिए हमने अब तक क्या किया? प्रधानमंत्री ने कश्मीर में पिछली भूलों का ज़िक्र करके अपने लाल किले के भाषण का सही इस्तेमाल किया लेकिन याद किया जाए कि इसी लाल किले से प्रधानमंत्री नरसिंहराव ने कहा था कि स्वायत्तता की सीमा आसमान तक है। इससे बेहतर निमंत्रण तो किसी अन्य प्रधानमंत्री ने अभी तक नहीं दिया। फिर भी क्या हुआ? कुछ नहीं, क्योंकि भारत की सरकारें कश्मीर के सवाल पर उनींदे यात्री की तरह डगमगाती रहती हैं। उनके पास न तो हुर्रियत से बात करने के लिए कोई ठोस मुद्दे हैं, न आतंकवदियों से और न पाकिस्तान से! उसके पास अपना कोई साँचा-ढाँचा नहीं है। वह अँधेरे में लाठी ठोकती हुई अपना रास्ता टटोल रही है। केन्द्र सरकार के पास कोई दृष्टि होती तो वह सीधे कश्मीर की जनता से बात करती। कम से कम वह यह तो बताती कि कश्मीर की जनता के साथ वह कितने कदम तक चल सकती है। यदि वह अपनी रियायतों से कश्मीरियों का मन मोह लेती तो

बिचौलिए संगठनों के साथ उसे लुकाछिपी करने की जरूरत ही क्यों पड़ती? कुछ संगठनों के माध्यम से वह जनता को जो देना चाहती है, वह सीधे ही क्यों नहीं दे देती? जिन संगठनों से वह फिलहाल बात कर रही है, कश्मीरी जनता की नज़र में उनकी इकन्नी होती जा रही है। कोई आश्चर्य नहीं कि उनके कुछ नेतागण श्री अब्दुल गनी लोन की गति को प्राप्त हो जाएँ।

यदि कश्मीरी चुनाव 'मुक्त और निष्पक्ष' हुए, जिसकी बहुत अधिक संभावनाएँ हैं, तो भी जो सरकार बनेगी, क्या वह इस लायक होगी कि भारत सरकार के साथ कश्मीर के भविष्य को तय कर सके! भारत सरकार के साथ हुए किसी भी समझौते पर क्या वह कश्मीरी जनता की मुहर लगवा पाएगी? अभी तक हुर्रियत ने चुनाव-बहिष्कार का नारा नहीं दिया है। उस पर काफी अमेरिकी दबाव भी है लेकिन अगर लोग मत डालने ही नहीं आए तो अमेरिका क्या कर लेगा? वह भारत को अपना प्रमाण-पत्र कैसे देगा? खुद जेठमलानी घबरा गए हैं। वे भी चुनाव को टालने की गुहार लगा रहे हैं। नादान की दोस्ती, जी का जंजाल! उन्होंने केन्द्र सरकार को नई मुसीबत में फँसा दिया है। जो सरकार गुजरात में चुनाव पर आमादा है, वह कश्मीर में उन्हें किस मुँह से टालेगी? जिस आधार पर गुजरात के चुनाव टालने की बात चुनाव आयोग ने की है, उसी आधार पर कश्मीर के चुनाव भी टाले जा सकते हैं लेकिन सिर्फ टालने से क्या होगा? सारी दुनिया में बदनामी होगी। बदनामी न हो और कश्मीर का हल निकले, इस दृष्टि से सरकार को कश्मीर की जनता, समस्त संगठनों, आतंकवादियों और पाकिस्तान से सीधी बातचीत करनी चाहिए। यह बातचीत एक साथ भी हो सकती है और बारी-बारी से भी हो सकती है। बातचीत जितनी लचीली हो सकती है, उतनी ही दृढ़ भी! बिना सीधी बातचीत, बिना समाधान, बिना हल, बिना मरहम लगाए सीधे चुनाव करवाना कश्मीरियों के घावों पर तेजाब छिड़कने-जैसा काम है। गुजरात में यदि अल्पसंख्यक घायल हैं तो कश्मीर में बहुसंख्यक घायल हैं और उन्हें पाकिस्तान जैसा पाखंडी प्रवक्ता भी मिला हुआ है। जब तक भारत घोड़े को आगे और गाड़ी को पीछे नहीं करेगा, गाड़ी के अ-गाड़ी बन जाने का डर पैदा हो जाएगा। वह गाड़ी ही नहीं रह पाएगी। अभी फारुक अब्दुल्ला जो गारे की गाड़ी (मृच्छकटिकम) चला रहे हैं, उसके बिखरने का भी डर पैदा हो जाएगा। इसका उलट-फायदा मुशर्रफ को जरूर मिलेगा। उनकी अपनी गारे की गाड़ी (पाकिस्तानी चुनाव) जरा रफ्तार पकड़ लेगी और डर यही है कि उसकी रफ्तार देखकर कहीं अमेरिकी कश्मीर के बारे में अपना रवैया न बदलने लगें।

झंडाबरदार नहीं, डंडाबरदार मुशर्रफ

जनरल परवेज़ मुशर्रफ ने सत्तारूढ़ होते ही कहा था कि वे पाकिस्तान में लोकतंत्र लाएँगे और ठीक समय पर कुर्सी को नमस्कार कह देंगे। वे सत्ता में एक दिन भी जरूरत से ज्यादा नहीं रहेंगे। अब लगभग तीन साल तक डटे रहने के बावजूद उन्हें वह 'एक दिन' कहीं दूर-दूर तक दिखाई नहीं पड़ रहा है। उस 'एक दिन' को उन्होंने अब एक झटके में ही पाँच साल आगे खिसका दिया है। अब जो नया अध्यादेश उन्होंने जारी किया है, उसके मुताबिक वे पाँच साल तक राष्ट्रपति पद पर काबिज़ रहेंगे और राष्ट्रपति भी वे ऐसे-वैसे नहीं होंगे। पाकिस्तान के सम्पूर्ण राज्यतंत्र के मूलाधार और केन्द्र भी वहीं रहेंगे याने प्रधानमंत्री और संसद को विदा करने का अधिकार भी उन्हीं के पास होगा। उनकी पाँचवर्षीय अवधि और उनके उक्त अधिकार को संसद चुनौती नहीं दे सकती, क्योंकि जनमत संग्रह ने उन्हें सबसे लोकप्रिय राष्ट्रपति के रूप में नियुक्त किया है और सर्वोच्च न्यायालय ने उन्हें 1973 के संविधान में संशोधन का अधिकार दिया है। इसी अधिकार का सदुपयोग करते हुए उन्होंने इस संविधान में अब तक 29 संशोधन कर डाले हैं। पिछले 29 साल में पाकिस्तान की संसद के सैकड़ों सांसदों ने मिलकर इतने संशोधन नहीं किए, जितने जनरल साहब ने पिछले तीन साल में अकेले ही कर डाले। अब कोई बताए कि कौन बड़ा है, एक अकेला फौजी जनरल या लोकतांत्रिक संसद ?

जो संसद जनरल साहब बनवा रहे हैं, वह संसद है या फौजी घोड़ागाड़ी ? पाकिस्तान की संसद को जनरल मुशर्रफ अपनी घोड़ागाड़ी बनाए बिना नहीं मानेंगे। जनरल ज़िया के बाद जो दो-तीन कठपुतली राष्ट्रपति बने, उन्होंने भी राष्ट्रपति के विशेषाधिकार का इस्तेमाल किया और बेनज़ीर और नवाज़ शरीफ जैसे प्रधानमंत्रियों को चलता कर दिया। संसद को घर बिठा दिया। मुशर्रफ तो राष्ट्रपति हैं और सेनापति भी हैं। उन्होंने अपने अध्यादेश से नवाज़ शरीफ के उस 13वें संशोधन को भी काट दिया है, जिसने राष्ट्रपति को उक्त अधिकारों से वंचित कर दिया था। अभी यह भी पता नहीं कि अक्तूबर के चुनावों के बाद जो संसद बनेगी, वह जनरल साहब की सुरक्षा परिषद् के मुकाबले कहाँ तक टिक पाएगी ? सुरक्षा परिषद् अधिक शक्तिशाली होगी या संसद ? सुरक्षा परिषद् के फौजी चेहरे पर जनरल मुशर्रफ ने लोकतंत्र का झीना-सा घूँघट भी डाल दिया है। राष्ट्रीय सुरक्षा परिषद् के अध्यक्ष तो वे खुद होंगे ही, प्रधानमंत्री तथा फौज के तीनों अंगों के मुखियाओं के अलावा अब

उन्होंने चारों प्रांतों के मुख्यमंत्री, निम्न सदन के विरोधी नेता और उच्च सदन के नेता को भी जोड़ लिया है। यह पता नहीं कि इस सुरक्षा परिषद् के फैसले बहुमत से होंगे या फौजी शैली में होंगे ? यह केवल सलाह देगी या आदेश जारी करेगी ? प्रधानमंत्री इसके सदस्य होंगे लेकिन उनकी हैसियत क्या होगी ? क्या परिषद् के अन्दर भी कोई परिषद् होगी ? अगर चारों मुख्यमंत्री, प्रधानमंत्री, सीनेट के नेता और विरोधी नेता–ये सात लोग किसी मुद्दे पर एक तरफ हो गए तो दूसरी तरफ तीन फौजी और एक राष्ट्रपति याने इन चार के मुकाबले उन सात की चलेगी या नहीं ? इन सब सवालों के जवाब क्या होंगे, इसका अनुमान तो पहले से ही लगाया जा सकता है लेकिन जनरल मुशर्रफ जिस तरह की संसद अक्तूबर में चुनवानेवाले हैं, वैसी संसद अब से पहले पाकिस्तान क्या, एशिया के किसी भी देश में नहीं चुनी गई है।

मुशर्रफ की संसद में एक भी सदस्य बी.ए. से कम पढ़ा हुआ नहीं होगा। एक भी सदस्य ऐसा नहीं होगा, जो किसी अपराध में लिप्त रहा हो या जिसकी चल-अचल सम्पत्ति का ब्यौरा जनता को पता नहीं हो। पूरे पाँच पन्ने का फॉर्म भरना पड़ रहा है, उम्मीदवारों को ! अगर ये नियम-उपनियम कड़ाई से लागू किए गए तो पाकिस्तान की यह संसद नेताओं की नहीं, फरिश्तों की मजलिस होगी। बहुत-से नेता तो ज़ीरो पर ही क्लीन बोल्ड को प्राप्त होंगे। वे उम्मीदवार ही नहीं बन सकेंगे। अगर मुशर्रफ की छलनी तीस साल पहले ही लगा दी जाती तो ज़ुल्फिकार अली भुट्टो से लेकर बेनज़ीर और नवाज़ शरीफ तक कई प्रधानमंत्री और मंत्री संसद के दरवाज़े तक भी नहीं पहुँच पाते। उन्हें पढ़ाई-लिखाई या हिसाब-किताब या अपराध आदि के कचरे में लपेटकर ऊपर ही रोक लिया जाता। क्या ये सारे प्रावधान अब भी इसीलिए तो नहीं थोपे जा रहे हैं ? यही असली दुविधा है ! पाकिस्तानी जनता खुद नहीं समझ पा रही है कि आखिर मुशर्रफ के इन दाँव-पेंचों का मकसद क्या है ? अगर इन सब इन्कलाबी तौर-तरीक़ों का मकसद फरिश्तों की मजलिस है तो क्या वजह है कि मुशर्रफ को अपने फरिश्तों पर रत्ती भर भी भरोसा नहीं है ? उन्होंने संसद के सारे अधिकार छीनकर इन फरिश्तों के पर क्यों काट दिए ? उन्हें नख-दंतविहीन क्यों कर दिया ? वे इन्हें अपना राज-पाट क्यों नहीं सौंप देते ? उन्होंने दो बार गद्दी पर बैठे प्रधानमंत्रियों का जो रास्ता रोका है, वह कोई गलत कदम नहीं है लेकिन क्या उसके पीछे भी कूटचाल यही नहीं है कि सारी सत्ता का निर्विवाद केंद्र उन्हीं को होना है ? उनकी इसी सत्ता-लोलुपता ने उनके सारे सुधारों पर पानी फेर दिया है। पाकिस्तान की जनता का स्पष्ट फैसला तो अक्तूबर में आएगा लेकिन दुनिया की नज़र में मुशर्रफ लोकतंत्र के झंडाबरदार नहीं, फौज के डंडाबरदार की तरह देखे जा रहे हैं। असलियत तो यह है कि जनरल अयूब, याह्या और ज़िया में जो सकुचाहट थी, मुशर्रफ ने उससे अपना पिंड छुड़ा लिया है। उन्होंने फौज को बाक़ायदा सुरक्षा परिषद् का सदस्य बना दिया है। पाकिस्तानी लोकतंत्र के ताबूत में मुशर्रफ ने चार मजबूत खीले ठोंक दिए हैं।

कमाल की बात यह है कि इधर पाकिस्तानी लोकतंत्र की हत्या हो रही है और उधर अमेरिका तालियाँ बजा रहा है। वह जनरल साहब की पीठ ठोक रहा है। अमेरिका को चिंता नहीं कि उसका लोकतंत्र-प्रेम निर्वसन हो रहा है। उसे चिंता क्यों हो ? उसका पुराना रोग है, फौजतंत्र के साथ हमबिस्तरी करना ! जनरल अयूब के ज़माने में शीतयुद्ध का बहाना था, ज़िया के ज़माने में अफगानिस्तान में रूसी कब्जे का बहाना था और अब मुशर्रफ के ज़माने में आतंकवाद से लड़ने का बहाना है। अमेरिका के इन रोगों का खामियाज़ा सबसे ज्यादा कौन भुगतता है ? पाकिस्तान की जनता और भारत ! इस्लामाबाद के जनरल इन दोनों को अपना शिकार बनाते हैं। इन दोनों पर वे एक साथ हमला करते हैं लेकिन अमेरिकी प्रशासनों को न भारत से कोई सहानुभूति होती है, जो दुनिया का सबसे बड़ा लोकतंत्र है और न ही पाकिस्तान की नंगी-भूखी जनता से, जो लोकतंत्र का सबसे घिनौना रूप देखने के लिए मजबूर है। अमेरिका को फुसलाए रखने की जैसी तरकीब मुशर्रफ ने लगाई है, वैसी तो ज़िया भी नहीं लगा सके। मुशर्रफ पर अमेरिका इस क़दर फिदा है कि वह पाकिस्तानी चुनावों के असली मकसद पर उँगली उठाने की हिम्मत भी नहीं कर रहा है जबकि वह कश्मीरी चुनावों पर रोज़ उपदेश झाड़ रहा है। मुशर्रफ ने अमेरिकी नीति-निर्माताओं को यह समझा रखा है कि यदि उसामा बिन लादेन और अल-क़ायदा को नेस्तनाबूद करना है तो उन्हें मुशर्रफ को मजबूत करते रहना पड़ेगा। इसके अलावा अफगानिस्तान के अमेरिका-विरोधी तत्त्वों पर नज़र रखने तथा मध्य एशिया के खनिज-भंडारों से कराची बन्दरगाह तक पहुँचने के लिए भी अमेरिका पाकिस्तान पर निर्भर है। अमेरिका की यह मजबूरी ही उसे पाकिस्तानी जनता और भारत के हितों के प्रति उपेक्षापूर्ण बनाती है। ऐसी स्थिति में लोकशाही का झंडा गिरे और तानाशाही का डंडा उठे तो हमें आश्चर्य क्यों होना चाहिए ?

कश्मीर चुनाव : सोने की सीढ़ी

जम्मू-कश्मीर के चुनाव में पाकिस्तान साफ़-साफ़ हार गया। कैसे हार गया ? न तो उसने खुद चुनाव लड़ा और न ही पाकिस्तानपरस्त संगठनों ने। फिर भी वह इसलिए हार गया कि जम्मू-कश्मीर में न सिर्फ चुनाव सम्पन्न हो गए बल्कि निष्पक्ष और विधिवत हुए। यहाँ तक कि भारत-विरोधी तत्त्वों ने भी कोई गम्भीर आरोप नहीं लगाए। पाकिस्तान ने इन चुनावों को ढोंग बताया था और कोशिश की थी कि ये सम्पन्न ही न हों। इसीलिए इस चुनाव के दौरान लगभग 850 लोग मारे गए। इतनी बड़ी हिंसा कश्मीर के किसी चुनाव में पहले नहीं हुई। इसके बावज़ूद लगभग 45 प्रतिशत मतदान आखिर किस तथ्य का सूचक है ? इतना मतदान पाकिस्तान के चुनाव में भी नहीं हुआ। भारत के आम चुनाव में भी मतदान का प्रतिशत प्रायः 50 के आस-पास ही रहता है और अमेरिका जैसे देशों में तो वह कभी-कभी 35-36 प्रतिशत तक नीचे चला जाता है। ऐसी स्थिति में कश्मीरियों की बहादुरी को कौन दाद नहीं देगा कि आतंकवादी बन्दूकों के साये में भी वे मतदान-केन्द्रों पर डटे रहे। न सिर्फ अमेरिका बल्कि संपूर्ण अन्तरराष्ट्रीय समुदाय ने कश्मीर के इस चुनाव की भूरि-भूरि प्रशंसा की है। यह प्रशंसा कश्मीरियों की पीठ पर जहाँ शाबाशी की थपकी है, वहाँ वह पाकिस्तान के गाल पर चपत भी है। जरा सोचिए कि चुनाव के बाद जश्न मनाते कश्मीरियों के हुजूम को टी.वी. पर्दों पर देखकर पाकिस्तानियों के दिल पर क्या गुजर रही होगी ? पाकिस्तानी टी.वी. चीखते-चिल्लाते कश्मीरियों को रोज़ाना दिखाता है लेकिन अब उसे साँप सूँघ गया है। इस्लामी देशों के संगठन को भी यह संदेश मिल गया है कि पाकिस्तान से बेहतर चुनाव कश्मीर में हुए हैं। जनरल मुशर्रफ ने अपने हर बड़े विरोधी को अखाड़े से बाहर करने की सारी तिकड़में भिड़ाईं जबकि भारत ने हर रंग के कश्मीरी को चुनाव की जाजम पर बैठने की दावत दी।

हुर्रियत तथा आतंकवादी संगठनों ने चुनाव बहिष्कार की अपील की थी। इस अपील का असर जरूर हुआ, लेकिन कितना ? घाटी के मुश्किल से दर्जन-भर मतदान केन्द्रों पर ! अब चुनाव के बाद क्या बहिष्कारवादियों का पानी उतर नहीं जाएगा ? अब वे किस मुँह से कहेंगे कि कश्मीर के जनता के एक मात्र प्रतिनिधि वे ही हैं ? इन चुनावों और इनके परिणामों में जैसे पाकिस्तान की दाल पतली कर दी है, वैसे ही भारत-विरोधी तत्त्वों की ज़ुबान में भी हकलाहट पैदा कर दी है। पता नहीं अगर हुर्रियत लड़ती तो क्या होता ? शायद बँधी मुट्ठी ही खुल जाती। यह कम बड़ी बात

नहीं कि कांग्रेस को 20 सीटें मिल गईं। कांग्रेस याने एक अखिल भारतीय पार्टी को इतनी बढ़त देकर कश्मीरी क्या बता रहे हैं ? क्या यह नहीं वे शांति और खुशहाली के लिए बेताब हैं, वे आतंकवाद से निजात पाना चाहते हैं और वे अखिल भारतीय मुख्यधारा से जुड़ना चाहते हैं। यह ठीक है कि गुलाम नबी आज़ाद जम्मू के हैं और जम्मू में भाजपा और नेशनल कॉन्फ्रेंस को धकियाकर कांग्रेस आगे बढ़ी है लेकिन जम्मू के लोगों के लिए केवल कांग्रेस का ही विकल्प नहीं था। भाजपा का भी था, उस भाजपा का, जिसका एक मोर्चा जम्मू को पृथक् राज्य का ताज पहनाने को तैयार था। भाजपा आठ में से सात सीटें हार गई। भाजपा और नेशनल कॉन्फ्रेंस की दिल्लीवाली जुगलबन्दी दोनों दलों को महँगी पड़ गई। भाजपा को इसका खामियाजा जम्मू में और नेशनल कॉन्फ्रेंस को घाटी में भुगतना पड़ा। जम्मू राज्य मोर्चा और भाजपा की साँठ-गाँठ का भी लाभ किसी को नहीं मिला। जम्मू-कश्मीर में एक अखिल भारतीय पार्टी का क्षीण चंद्रमा अस्त हुआ तो दूसरी अखिल भारतीय पार्टी का तेजस्वी सूर्य उदय हुआ। यह शुभ-संकेत है।

कश्मीर की जनता चाहती तो नेशनल कॉन्फ्रेंस की जगह मुफ्ती सईद की पीपल्स डेमोक्रेटिक पार्टी के माथे पर टीका काढ़ सकती थी लेकिन वह तीसरे पायदान पर है। पहले पायदान पर नेशनल कॉन्फ्रेंस और दूसरे पर कांग्रेस है। चौथे पायदान पर लगभग दर्जन भर छोटे-मोटे दलों के 20 जीते हुए उम्मीदवार हैं। इस उलझे हुए चुनाव-परिणाम का आखिर मतलब क्या है ? इसका मतलब साफ है कि कश्मीर की जनता आतंकवाद के खिलाफ है और लोकतंत्र के पक्ष में है। उमर अब्दुल्ला का हारना वंशवाद का निषेध है लेकिन एक सीट पर हारना और 28 सीटों पर जीतना किस बात का सबूत है ? क्या इसका नहीं कि आतंकवाद पर सबसे ज्यादा बलि चढ़नेवाली पार्टी को कश्मीरी जनता ने पूरी तरह रद्द नहीं किया है ? भ्रष्टाचार, कुशासन और लापरवाही की सज़ा नेशनल कॉन्फ्रेंस को जरूर मिली है (वह 1996 की तुलना में आधी रह गई है) लेकिन कश्मीर की राजनीति में यह सबसे बड़ी पार्टी के तौर पर प्रभावी भूमिका अदा करेगी। उमर अब्दुल्ला का हारना उनके लिए शुभंकर सिद्ध होगा। वे बाप-कमाई की बजाय अब आप-कमाई पर जिन्दा रहना सीखेंगे। फारुक अब्दुल्ला को अब दिल्ली की बजाय श्रीनगर की तरफ रुख करना होगा। भीमसिंह की पार्टी और तारीगामी की मार्क्सवादी पार्टी की शक्ति का बढ़ना भी अखिल भारतीयता को बलिष्ठ बनाएगा लेकिन अन्य कुछ उम्मीदवारों का जीतना इस तथ्य का सूचक है कि जो लोग बुलेट से कश्मीर हल करना चाहते थे, वे अब बैलेट की राह पर चलने को तैयार हो गए हैं।

तो क्या यह माना जाए कि चुनाव की सफलता और कश्मीर का समाधान एक-दूसरे के पर्याय हैं ? यदि यह मान्यता सही होती तो 1978 और उसके पहले के कुछ चुनाव भी काफी संतोषजनक हुए थे। वे समाधान क्यों सिद्ध नहीं हुए ? यह चुनाव भी कश्मीर का समाधान नहीं है। कश्मीर की जनता ने आतंकवाद के विरुद्ध

और लोकतंत्र के पक्ष में वोट दिया है, यथास्थिति के पक्ष में नहीं। वास्तव में आतंकवाद, भ्रष्टाचार और वंशवाद यथास्थिति का आधा हिस्सा है और शेष आधा हिस्सा वह है, जिसे कश्मीरी लोग आज़ादी या स्वायत्तता या यथापूर्व स्थिति (1953 के पहले की) कहते हैं। आधी यथास्थिति कश्मीर की जनता ने स्वयं रद्द कर दी, अब शेष यथास्थिति विचार-विमर्श, सौदेबाज़ी और समाधान की मोहताज़ है। यह खुश खबर है कि उप-प्रधानमंत्री आडवाणी और गृह राज्य-मंत्री स्वामी ने स्पष्ट कह दिया है कि केन्द्र के द्वार अब सबके लिए खुले हैं। अर्थात् जनता के चुने हुए प्रतिनिधि, श्रीनगर-सरकार, चुनाव-बहिष्कारवादी तथा भारत-विरोधी तत्त्वों से भी भारत सरकार बात करने के लिए तैयार है। जाहिर है कि यदि सरकार इतने आगे तक गई तो वह पाकिस्तान से भी बात करने को तैयार हो जाएगी। यह जरूरी नहीं कि वह पाकिस्तान से सीधे बात करे और खुले में बात करे। यह दुर्भाग्य है कि भाजपा-गठबंधन सरकार पर्याप्त अनुभवहीन है, वरना यह बात वह कई स्तरों पर एक साथ चला सकती है। हर बार लाहौर और आगरा में मात खाना जरूरी नहीं है। जेठमलानी कमेटी की जैसी फजीहत हुई, उससे भी बचा जा सकता था।

केन्द्र सरकार और श्रीनगर-सरकार याने कांग्रेस-मुफ्ती गठबंधन सरकार के सम्बन्ध काफी सहज और पारदर्शी होंगे, इसमें सन्देह नहीं लेकिन फारुक और उमर को नाराज़ करके कोई समाधान ढूँढना असम्भव ही होगा। यह अहसान-फरामोशी भी होगी। कश्मीर के समाधान का जैसा अवसर इस चुनाव के बाद पैदा हुआ है, वैसा 1975 में शेख अब्दुल्ला और इंदिरा समझौते के वक्त भी नहीं हुआ था। इस समय विश्व-जनमत भारत के विरुद्ध नहीं है और आतंकवाद के विरुद्ध है। यदि वाजपेयी-सरकार कुछ चतुराई दिखाए तो इस चुनाव को वह समाधान के स्वर्ग के लिए सोने की सीढ़ी बना सकती है। यदि कश्मीर का समाधान निकालने में यह सरकार सफल हो जाए तो भारत और पाकिस्तान के सम्बन्धों में क्रांतिकारी परिवर्तन होंगे, अटल और मुशर्रफ नेहरू और जिन्ना से आगे निकल जाएँगे और सम्पूर्ण दक्षिण एशिया शक्ति और सम्पन्नता का विश्व-विलोक्य क्षेत्र बन जाएगा। भाजपा का 300 सीटों का सपना भी पूरा हो जाएगा। ये कश्मीरी चुनाव भारतीय आम चुनाव के भी भाग्य-विधाता बन सकते हैं।

चुनाव पाकिस्तान का और नुकसान भारत का !

चुनाव पाकिस्तान का हुआ और नुकसान भारत का ! पाकिस्तान का यह पहला चुनाव है, जिसमें मज़हबी पार्टियों को इतनी जबर्दस्त सफलता मिली है। पिछले पचपन साल में मज़हबी पार्टियों ने हज़ार पापड़ बेले लेकिन संसद में वे कभी दस-पाँच सीटों से ज्यादा नहीं जीत पाईं। इस बार संसद में उन्हें 272 में से 51 सीटें मिली हैं याने वे तीसरी सबसे बड़ी पार्टी हैं। पहली पार्टी पाकिस्तान मुस्लिम लीग (क़ायदे-आज़म) है, जिसे 77 और दूसरी है पीपल्स पार्टी, जिसे 63 सीटें मिली हैं। नवाज़ शरीफ की मुस्लिम लीग को सिर्फ 14 सीटें मिली हैं। 51 सीटोंवाली वाली 'मुत्तहिदा मज़लिसे-अमल' पार्टी के धमाके से सिर्फ अमेरिका-प्रेमी चिंतित हैं लेकिन उन्हें पता नहीं कि इन मज़हबी पार्टियों का पहला और स्थायी निशाना भारत है, अमेरिका नहीं।

यह वही पार्टी है, जिसके नेतागण कहा करते थे कि अगर हम भारत जाएँगे तो पैटन टेंक पर बैठ कर जाएँगे। एक पाकिस्तानी जवान तीन हिंदुस्तानियों के बराबर है। भारत 'दारुल-हरब' (काफिरों का देश) है। हिन्दू और मुसलमान दो राष्ट्र ही नहीं हैं। भारत नामक इस दूसरे राष्ट्र पर, काफिरों के देश पर उन्हें हुकूमत का अधिकार है। और अपने इस सारे शेखचिल्लीपन का आधार वे कुरान और हदीस के वचनों को बनाते हैं। अब से लगभग 20 साल पहले काज़ी हुसैन अहमद ने लाहौर में मुझसे कहा था कि वे जब तक लाल किले पर हरा झंडा नहीं फहरा लेंगे, चैन से नहीं बैठेंगे। उनके भाषण सुनने के लिए हजारों की भीड़ जमा होती थी, लेकिन वोट उन्हें सैकड़ों में भी नहीं मिलते थे। फरवरी 1998 में अटलजी की लाहौर-यात्रा का भी उन्होंने डटकर विरोध किया था। मीनारे-पाकिस्तान को उन्होंने पानी से धोया था, क्योंकि हिन्दुस्तानी प्रधानमंत्री के पाँव पड़ने से वह नापाक हो गई थी। इन तत्त्वों को पाकिस्तानी फौज का 'पालतू कुत्ता' कहा जाता था। जो काम फौज और सरकार खुद नहीं करना चाहती थी, वह 'गंदा काम' इन तत्त्वों से करवाती थीं। ये ही वे मज़हबी तत्त्व हैं, जिन्होंने कश्मीर में जिहाद का बीड़ा उठा रखा था। कश्मीरी आतंकवादियों के लिए घर-घर से चंदा इकठ्ठा करना, सीमांत से हथियार लाकर देना और विदेशी आतंकवादियों को कश्मीर में झोंकना—ये प्रमुख कार्य रहे हैं, इन तत्त्वों के ! तालिबान और कश्मीरी आतंकवादियों के बीच ये ही तत्त्व सबसे सशक्त सेतु का कार्य करते रहे हैं। ये तत्त्व भारत-विरोध की रीढ़ रहे हैं।

इन्हें सिर्फ अमेरिका-विरोधी के तौर पर देखना एकांगी होगा। अमेरिका महत्तम

शक्ति है, इसलिए विश्लेषकों का ध्यान भारत पर नहीं जाता। इसमें शक नहीं है कि अमेरिका ने जैसे ही तालिबान पर हमला बोला, इन मज़हबी तत्त्वों ने पाकिस्तान में बवाल खड़ा कर दिया। ज़रा याद करें, साल भर पहले सरहदी सूबे और बलूचिस्तान में कितने बड़े-बड़े जुलूस निकाले गए थे। अमेरिका ही नहीं, उसके 'दलाल' मुशर्रफ पर भी बेपनाह लानत मारी गई थी। इन तत्त्वों ने मुशर्रफ को दंडित करने की भी धमकी दी थी और मुशर्रफ ने इन तत्त्वों के खिलाफ़ जिहाद की घोषणा की थी।

अब ये तत्त्व सिर्फ संसद में ही शक्तिशाली नहीं हो गए हैं, सरहदी सूबा और बलूचिस्तान भी उनकी झोली में चले गए हैं। पश्तून नेताओं की पश्तूनिस्तान-क्षेत्र में जैसी फजीहत इस बार हुई, पहले कभी नहीं हुई। बादशाह खान की बहू नसीम और पोते असफन्दरयार ने अपनी अवामी पार्टी के पदों से इस्तीफे दे दिए हैं। पश्तून नेतृत्व का सफाया भारत और अफगानिस्तान के मित्रों का सफाया है। यह पाकिस्तान में विवेक ही आवाज़ का सफाया है। इसका मूल कारण क्या है ? इस क्षेत्र के पठान और बलूच विदेशी हस्तक्षेप से घोर घृणा करते हैं। जैसे 22 साल पहले उन्होंने रूसी हस्तक्षेप का विरोध किया था, पिछले साल उन्होंने अमेरिकी हस्तक्षेप का विरोध किया। अमेरिकी हस्तक्षेप चाहे अफगानिस्तान में हुआ, लेकिन इन लोगों ने उसे अपने क्षेत्र में हुआ, ऐसा माना। इन लोगों के लिए राजनीतिक-भौगोलिक सीमा कहीं आड़े नहीं आती। पश्तून जहाँ भी रहें, वह अपना ही क्षेत्र है, ऐसा माननेवाले पठानों ने 'मुत्तहिदा' को जिताकर अमेरिका के मुँह पर तमाचा जड़ दिया है। अब यह माना जा सकता है कि तालिबान शासन काबुल से खिसककर पेशावर और क्वेटा में आ बैठा है। अब आप आसानी से समझ सकते हैं कि अमेरिकी सरकार और उसके शिष्य मुशर्रफ तालिबान नेताओं और उसामा बिन लादेन को क्यों नहीं पकड़ पा रहे हैं। इन चुनावों में सांप्रदायिक तत्त्वों की इज़्ज़त इसलिए भी बुलंद हुई है कि पाकिस्तान में अमेरिकी हस्तक्षेप को इस्लाम-विरोधी माना जा रहा है। पहले यासर अराफात और अब सद्दाम हुसैन के खिलाफ चल रहे अमेरिकी अभियान के कारण भी 'मुत्तहिदा' के वोट बँटे हैं। क्या यह आश्यर्चजनक नहीं कि पेशावर के अलावा कराची, लाहौर और यहाँ तक कि इस्लामाबाद से भी 'मुत्तहिदा' उम्मीदवार जीत गए हैं। दूसरे शब्दों में 'मुत्तहिदा' की विजय अफगानिस्तान की हामिद करज़ई सरकार, अमेरिका और भारत तीनों के लिए सिरदर्द साबित होगी।

जहाँ तक मुशर्रफ का सवाल है, उनके लिए 'मुत्तहिदा' अभिशाप और वरदान, दोनों ही सिद्ध होगी। अभिशाप इसलिए कि 'मुत्तहिदा' सरकार में शामिल हो या विरोध में बैठे, वह लगातार यह माँग करती रहेगी कि पाकिस्तान से अमेरिकी अड्डे हटाओ, कश्मीर को आज़ाद कराओ तथा पाकिस्तान को 'निज़ामे-मुस्तफा' बनाओ। पाकिस्तान के आंतरिक आतंकवादियों को अब खुला जन समर्थन देने में भी इन तत्त्वों को कोई संतोष नहीं होगा। यह ठीक है कि सत्ता में आने पर इन तत्त्वों का मिजाज़ कुछ न कुछ हद तक जरूर बदलेगा लेकिन ये मुशर्रफ के लिए खतरा बने रहेंगे। यही

तथ्य मुशर्रफ के लिए वरदान साबित होगा। मुशर्रफ अमेरिका और पश्चिमी जगत को बताएँगे कि उनके आड़े वक्त काम आनेवाला यह मित्र अब कितने बड़े खतरे का सामना कर रहा है। यदि मुशर्रफ उलट गए तो पाकिस्तान की छाती पर जिहादी चढ़ बैठेंगे। अमेरिकियों को डराए रखने के लिए मुशर्रफ ने स्थायी 'एलार्म बेल' का इन्तज़ाम कर लिया है। बेनज़ीर भुट्टो ने इसीलिए आरोप लगाया है कि पश्तूनिस्तान और बलूचिस्तान में मज़हबी तत्त्वों को खुद मुशर्रफ ने हवा दी है। 'मुत्तहिदा' अब मुशर्रफ के कवच का काम करेगी। याने 'मुत्तहिदा' बढ़ी तो अब मुशर्रफ की कीमत भी दुगुनी हो गई।

अमेरिकी नज़र में मुशर्रफ की क़ीमत बढ़ जाने से पाकिस्तान को आर्थिक लाभ तो होगा लेकिन उसकी आंतरिक राजनीति में विग्रह फैल जाएगा। मुशर्रफ-समर्थक पार्टी याने मुस्लिम लीग (क़ायदे-आज़म) को संसद में 77 सीटें जरूर मिली हैं। वह सबसे बड़ी पार्टी भी है लेकिन वह बेनज़ीर की पीपल्स पार्टी या 'मुत्तहिदा' से गठबंधन किए बिना सरकार नहीं बना सकती। यदि पीपल्स पार्टी से उसका गठबंधन हुआ तो उसका भारत-विरोध मुखर नहीं हो सकता और 'मुत्तहिदा' के साथ हुआ तो वह अमेरिका का स्पष्ट समर्थन नहीं कर पाएगी। उसकी यूँ भी मरण है और यूँ भी मरण है। मुशर्रफ की कश्ती कभी साहिल और कभी तूफान से टकराती रहेगी। यदि उनकी सरकारी पार्टी को बहुमत मिल जाता तो उनके हाथ बहुत मजबूत हो जाते। सबसे पहले वे अमेरिकियों की खुशामद करते याने मज़हबी तत्त्वों पर टूट पड़ते और फिर भारत के साथ सीना तानकर बात करते। उन्हें कश्मीर के किसी हल की शायद उम्मीद बँध जाती लेकिन पाकिस्तान की आंतरिक राजनीति का जैसा कचूमर बन गया है, उसे देखते हुए अब लगता है कि कश्मीर का मसला भी लम्बा खिंच जाएगा। इस गड़बड़झाले में आशा की एक किरण जरूर है। वह यह कि कमजोर प्रधानमंत्री और बँटी हुई संसद के चलते मुशर्रफ अपने आप मजबूत बने रहेंगे। संविधान में 29 संशोधन करके तथा राष्ट्रीय सुरक्षा परिषद् बनाकर सारे सर्वोच्च अधिकार उन्होंने अपनी जेब में पहले से डाल लिये हैं। यह लँगड़ी संसद उनमें संशोधन कैसे कर पाएगी ? दूसरे शब्दों में भारत सरकार को मूलत: राष्ट्रपति मुशर्रफ से ही निपटना होगा। किसी भी पाकिस्तानी प्रधानमंत्री की यह हैसियत नहीं होगी कि वह अपनी मर्जी से कोई पहल कर सके। बैसाखियों पर घिसटते हुए पाकिस्तानी प्रधानमंत्री से भारत क्या बात करेगा। ये चुनाव उसे यह बहाना भी न दे पाए कि वह फौजी से नहीं, किसी लोकतांत्रिक सरकार से ही बात करेगा। 'मुत्तहिदा' की जल्वागिरी के कारण अब सीमा-पार आतंकवाद के घटने की संभावना भी कम हो गई है।

ऐसी स्थिति में हमारी जड़भरत विदेश नीति पर तुरन्त पुनर्विचार की जरूरत है। सिर्फ मुशर्रफ से ही नहीं, पाकिस्तानी राजनीति के हर महत्त्वपूर्ण तत्त्व से सीधा सम्वाद होना चाहिए। यह सम्वाद अकेली सरकार के बस की बात नहीं। लेकिन यह रहस्य हमारी सरकार को समझाना किसके बस की बात है ? इस्लामाबाद में हमारे

दूतावास की हालत किसी पाँचसितारा कैदखाने की तरह होती है। वहाँ आने-जानेवाले पाकिस्तानियों पर कड़ी नज़र रखी जाती है और हमारे राजनयिक पाकिस्तानियों से खुलकर मिल नहीं पाते। इसके अलावा सियासी मज़हबी नेतागण भारतीय दूतावास से सम्पर्क खुलकर रखना उचित नहीं समझते। इसीलिए उनके दिल में बोए गए ज़हर की कभी काट नहीं होती। वही हजारगुना होकर जनता में फैलता रहता है। जब तक पाकिस्तानी जनता के मन से गलतफहमियाँ दूर नहीं होंगी, नेता लोगों के गलबहियाँ डालने से यह ज़हर नहीं उतरेगा। इस ज़हर के लिए भारत के प्रचारतंत्र ही नहीं, पाक-विशेषज्ञों, पत्रकारों, विद्वानों, कलाकारों और वैज्ञानिकों का भी सदुपयोग बड़े पैमाने पर किया जा सकता है। लेकिन यह सब तभी हो सकता है, जबकि भारत सरकार की अपनी कोई सुविचारित रणनीति हो।

सीमा पर फौजें तैनात कर देने से क्या होता है ? कुछ नहीं। अगर होता है तो यही कि करोड़ों रुपए रोज़ का नया खर्च देश के मत्थे मढ़ जाता है और सीमापार आतंकवाद से मरनेवालों की संख्या बढ़ती चली जाती है। सिर्फ गीदड़भभकियाँ देने से भी काम नहीं चलता। इधर से भभकी जाती है तो उधर से गुर्राहट आती है। हम समझते हैं कि बुश या ब्लेयर टेका लगा देंगे। वे भी रामाय स्वस्ति, रावणाय स्वस्ति कहकर पिण्ड छुड़ा लेते हैं। उनका कुछ नहीं बिगड़ता, हमारा कम्बल गीला होता जाता हैं। हमें यह भली-भाँति समझ लेना चाहिए कि कश्मीर पर पाकिस्तान कोई पहल नहीं कर सकता। कश्मीर का तवा गरम रहता है तो उसकी दुकान चलती रहती है। 'उम्मा' याने जगतव्यापी इस्लाम की सामुदायिक भावना के नाम पर वह मालदार इस्लामी देशों को दुहता रहता है। उसे आतंकवाद बढ़ाने के लिए इस्लामी देश पैसा देते हैं तो आतंकवाद घटाने के लिए पश्चिमी देश देते हैं। वह दोनों हाथों से उलीच रहा है। ऐसी स्थिति में पहल तो भारत को ही करनी होगी। कश्मीरी चुनावों ने वह स्वर्णिम अवसर उत्पन्न कर दिया है। कश्मीरियों के साथ-साथ पाकिस्तानियों से भी बात की जाए और बातों से बात न बने तो आपकी लात तो सही-सलामत है ही ! लेकिन इससे बड़ी जड़ता क्या होगी कि आप न तो लात चलाएँ और न ही बात चलाएँ।

फिर से हथेली बना तना हुआ मुक्का

फौज की वापसी का कौन स्वागत नहीं करेगा ? वे भी करेंगे, जो उसकी तैनाती को शुरू से गलत बता रहे हैं और वे भी करेंगे, जिन्होंने उसकी तैनाती को सही बताया था। घर का बेटा, चाहे कितना ही बुद्धू हो, जब घर लौटता है तो खुशी होती ही है। यहाँ फौज नहीं लौट रही है, सरकार लौट रही है। फौज तो सरकार के हाथ का खिलौना है। निर्णय सरकार को करना होता है, फौज को नहीं। सरकार ने वापसी का निर्णय किया, इसलिए बधाई उसी को दी जा सकती है लेकिन हमें उसी से यह पूछना होगा कि आपने पाकिस्तानी सीमांत पर आखिर फौज तैनात किसलिए की थी ? फौज की इतनी बड़ी और इतनी लम्बी तैनाती दुनिया के सैनिक इतिहास में पहले कभी नहीं हुई। हम कई बार पढ़ चुके हैं कि कभी मित्र-राष्ट्रों और ध्रुव-राष्ट्रों की फौज बर्लिन में आमने-सामने डटी थी। कभी अमेरिका-क्यूबा, कभी चीन-वियतनाम, कभी कोरिया-कोरिया, कभी इस्राइल-अरब और कभी एराक़-ईरान की फौजों की तैनाती ने दुनिया में लहरें जरूर उठाई थीं लेकिन बिना कुछ किए-धरे वे दस-दस माह तक पड़ी नहीं रही थीं। या तो उन्होंने युद्ध किया था या दोनों तरफ का राजनीतिक बुखार उतरते ही वापसी की थी।

आखिर भारतीय फौज की वापसी का कारण क्या है ? कौन-सा राजनीतिक बुखार उतरा है ? क्या सीमा-पार आतंकवाद खत्म हो गया है ? स्वयं प्रधानमंत्री ने स्वीकार किया है कि पिछले कुछ माह में आतंकवाद बढ़ा है। क्या पाकिस्तान के आतंकवाद-समर्थकों की कमर टूट चुकी है ? नहीं, उल्टा हुआ है। मज़हबी पार्टियों के संगठन 'मुत्तहिदा' को संसद में 51 सीटें और सरहदी सूबा तथा बलूचिस्तान हाथ लग गए हैं। 'मुत्तहिदा', आतंकवाद के समर्थन और अमेरिका के विरोध की रीढ़ है। पाकिस्तान के इतिहास में पहली बार मज़हबी तत्त्व इस बुलंदी पर पहुँचे हैं। कश्मीर को 'आजाद' कराने पर वे आमादा हैं। ऐसी स्थिति में भारतीय फौजों को हटना चाहिए कि डटना चाहिए ? क्या कश्मीरी चुनावों के कारण वहाँ इतनी स्थिरता हो गई है कि अब भारत को कोई खतरा भी नहीं रहा ? यह सोचना भी गलत है। कश्मीर में अभी तक कोई सरकार तक नहीं बन सकी है और जो बनेगी, वह आतंकवाद से लड़ने में कितनी समर्थ होगी, कौन जाने ? याने खतरा पूरी तरह बरकरार है। तो क्या ये फौजें सिर्फ कश्मीर में चुनाव सम्पन्न करवाने के लिए डटाई गई थीं ? यदि कश्मीरी चुनाव के लिए ये फौजें तैनात की गई थीं तो पंजाब, राजस्थान

और गुजरात की सीमा पर फौज क्यों भेजी गई थीं और जहाँ तक कश्मीर के चुनाव का सवाल है, वहाँ तो पहले से ही लाखों जवान तैनात थे। फौज की तैनाती के बावजूद इस चुनाव में जितने लोग मारे गए, पहले कभी नहीं मारे गए। 850 लोगों की हत्या अपने आपमें अपूर्व थी। इसीलिए फौज को हटाने का जो बहाना अब सरकार ने ढूँढा है, वह किसी के गले नहीं उतर रहा। इसका अर्थ यह है कि 10 माह से तना हुआ मुक्का अपने आप ढीला पड़ गया। कश्मीर का चुनाव सफल नहीं होता तो भी इस मुक्के का हथेली में बदल जाना अवश्यंभावी था।

मुक्का तो हथेली बन गया लेकिन इसकी भारी क़ीमत चुकानी पड़ी है। रक्षा मंत्री ने अपने होंठ सिल रखे हैं। वे यह नहीं बताते कि 10 माह में कुल कितना खर्च हुआ। एक अनुमान के अनुसार 10 से 15 हजार करोड़ रु. खर्च हो गए। इतना मोटा खर्च किसी बड़े युद्ध में भी नहीं होता याने हमारी बहादुर सरकार ने युद्धों से भी बड़ा युद्ध लड़ डाला लेकिन उसका लाभ क्या मिला ? पाकिस्तान कहता है कि एक ढोंग खत्म हुआ। उसके रक्षा-विश्लेषक कहते हैं कि ब्लेकमेल बन्द हुआ। उसके पत्रकार कहते हैं कि गीदड़भभकी का पर्दा उठ गया। सीमा-पार से नकली तनाव खत्म हुआ। तनाव जिसने पैदा किया था, उसने ही अब खत्म किया। भारत को बधाई ! यह है, पाकिस्तान की प्रतिक्रिया ! जाहिर है कि अब पाकिस्तान भी अपनी फौजें हटाएगा। दोनों तरफ से फौजें हटेंगी तो दुनिया के चिंतित देश खुशी ही प्रकट करेंगे, क्योंकि उन्हें डर लग रहा था कि दोनों पड़ोसियों के बीच कहीं परमाणु-युद्ध न छिड़ जाए। असलियत तो यह है कि भारत की फौजी तैनाती ने आतंकवाद के सवाल को तो दरकिनार कर दिया और परमाणु-युद्ध के सवाल को मुख्य मुद्दा बना दिया। इसमें असली फायदा किसे हुआ ? भारत को या पाकिस्तान को ? पाकिस्तान ने भारत की फौजी जमावट का जबर्दस्त कूटनीतिक फायदा उठाया। पश्चिमी राष्ट्रों ने युद्ध का पारा नीचे लाने की गुहार लगाई और आतंकवाद का काँटा निकालने की बात वे भूल गए। फौजी तैनाती के फायदे गिनानेवाले यह कह रहे हैं कि भारत के फौजी जमावड़े से डरकर ही मुशर्रफ ने मदरसों, मज़हबियों और मुल्लों के खिलाफ़ अभियान छेड़ा और आतंकवादियों पर प्रतिबंध लगाए। अगर यह सही होता तो पाकिस्तानी आकाश पर आज क्या 'मुत्तहिदा' का सूर्य चमक रहा होता और कश्मीरी चुनाव में 850 लोगों की हत्या होती ? असलियत तो यह है कि भारत के फौजी जमावड़े के कारण एक तरफ पाकिस्तान के मज़हबी तत्त्वों को हवा मिली और दूसरी तरफ़ मुशर्रफ के प्रति अमेरिकियों की सहानुभूति बढ़ गई। इतना ही नहीं, इस फौजी दिखावे से चौतरफ़ा नुकसान हुआ। हमारे बहादुर जवानों ने राजस्थान की भयंकर गर्मी और हिमालय की भयंकर सर्दी में अपना कर्तव्य निभाया लेकिन उनका मनोबल भी टूटा। और अब फौजों की वापसी पर लगभग दो हजार करोड़ रु. खर्च होंगे।

ज़रा याद करें कि 10 माह पहले यह कार्रवाई क्यों की गई थी ? इसीलिए न कि 13 दिसम्बर को भारत की संसद पर हमला हुआ था। हक्की-बक्की सरकार उस

वक़्त कुछ नहीं कर सकी थी। सारा देश सदमे में था। बैठे-ठाले क्या करें ? इस कोठी का माल उस कोठी में ! 10 माह तक यह सरकार फौजों को इधर से उधर करती रही। क्या उस समय पाकिस्तानी फौज ने संसद पर हमला किया था या उसने हमारे सीमांत पर फौज जमा की थी ? ऐसा तो कुछ नहीं हुआ था तो फिर हमने लाखों फौजी जवान क्यों अड़ाए ? क्या उन हजार-पाँच सौ आतंकवादियों को पकड़ने के लिए ? जैसी बेतुकी हमारी फौजी तैनाती थी, वैसी ही बेतुकी हमारी फौजी वापसी है। न तैनाती का बहाना उस समय तर्कसंगत था और न वापसी का अब है।

लेकिन वापसी स्वागत योग्य है। देर आयद, दुरुस्त आयद ! वापसी पहला कदम है। दूसरा कदम है, बातचीत शुरू करना। बातचीत के लिए भी जल्द ही कोई न कोई बहाना तलाशना चाहिए। जैसे फौजी वापसी से नाक नहीं कट रही, वैसे ही बातचीत से भी नहीं कटेगी। सारी दुनिया बातचीत का स्वागत करेगी। सीमा-पार आतंकवाद के तर्क का पानी उतर चुका है। अब यह ज्यादा नहीं चलेगा। अगर यह कोई ठोस तर्क होता तो मुशर्रफ को आगरा क्यों बुलवाया जाता और आगरा के पहले उन्हें राष्ट्रपति का पद क्यों दिलवाया जाता ? क्या उस समय सीमा-पार आतंकवाद बन्द हो गया था ? वास्तव में उन दिनों और आगरा में भी मुशर्रफ ने इस आतंकवाद को स्वाधीनता संग्राम कहा था। इसके पहले कि हम अमेरिकी धुन पर थिरकते नज़र आएँ, हमें अपने आप बातचीत का सम्मानजनक रास्ता खोज निकालना चाहिए। लाहौर और आगरा में हम सिर के बल चलने लगे थे, इस बार आशा है, हम पाँव के बल चलने की कोशिश करेंगे। हमारा तना हुआ मुक्का अब थक गया है। वह अपने आप हथेली बन चुका है। अब क्या हम दुबारा इस हथेली पर सरसों उगाने की कोशिश करेंगे ? सरसों उगाने की बजाय अगर इस हथेली का इस्तेमाल कश्मीर पर मरहम और पाकिस्तान पर चपत (यदि जरूरी हो तो) लगाने के लिए करें तो कहीं बेहतर होगा। खाली-पीली मुक्का तानने और बोम मारने से क्या फायदा है ?

बुरे फँसे मुशर्रफ चुनाव के दाँव में

ज़रा तुलना करें, दो चुनावों की! एक तो जो पाकिस्तान में हुआ और दूसरा, जो कश्मीर में हुआ। कश्मीरी चुनाव पर किसी ने भी उँगली नहीं उठाई। भारत-विरोधी तत्त्वों ने भी नहीं। उन्होंने केवल इतना ही कहा कि कई चुनाव-केन्द्रों पर मतदान लगभग शून्य रहा। यह तथ्य है। इस तथ्य के स्वीकार का अर्थ क्या है ? यही है कि जैसे लोगों को वोट देने की आज़ादी थी, वैसे ही नहीं देने की भी आज़ादी थी। कश्मीर में जो यह मानते थे कि ये चुनाव ढोंग हैं या जो लोग चुनाव को ही गलत मानते हैं याने बेलेट की बजाय बुलेट की सत्ता को मानते हैं, उन्हें पूरी छूट थी कि वे वोट न डालें। यदि वोट डालने के लिए उन्हें मजबूर किया जाता या उनकी जगह फर्जी मतदाता खड़े करके मतदान करवा दिया जाता तो कश्मीर का चुनाव बड़ा पाखंड होता लेकिन 45 प्रतिशत से अधिक मतदान होना, आखिर किस बात का सूचक है ? क्या इसका नहीं कि कुछ दर्जन निर्जन मतदान-केन्द्रों की तुलना में हजारों मतदान-केन्द्र मतदाताओं से पटे रहे, खास तौर से तब जबकि मतदान के दिन ही गोलियों की बरसात हुई हो। यदि कश्मीर में आतंकवाद का साया नहीं होता तो मतदान शायद 70 प्रतिशत तक हो जाता याने अखिल भारतीय औसत से भी बेहतर रहता। इसका कारण है। कारण यह कि कश्मीर के मतदाता का जितना जबर्दस्त राजनीतिकरण हो गया है, उतना भारत के किसी भी प्रांत के मतदाताओं का नहीं हुआ। जिस छोटे-से प्रांत में 80 हजार लोग बलि चढ़ चुके हों, बड़े-बड़े नेताओं की हत्या हो गई हो, जो रोज़ अखबारों की सुर्खियों में छाया रहता हो, उस प्रांत का ऐसा कौन-सा परिवार होगा, जिसकी अपनी कोई राजनीतिक राय नहीं है, इसके बावजूद 45 प्रतिशत का मतदान इसीलिए हुआ कि सारे कश्मीर में आतंकवाद का साया था।

लेकिन पाकिस्तान में तो कश्मीर-जैसा आतंकवाद कहीं नहीं है। कोई सीमा-पार दुश्मन लोगों को मतदान के विरुद्ध नहीं उकसा रहा था। किन्हीं आंतरिक संगठनों ने मतदान के बहिष्कार का आह्वान भी नहीं किया था। फिर क्या वजह है कि कश्मीर के मुकाबले पाकिस्तान का मतदान लगभग 30 प्रतिशत कम रहा ? जाहिर है कि आम लोगों ने इस संसदीय मतदान में वैसी रुचि नहीं दिखाई जैसी कि कुछ माह पहले हुए जनमत-संग्रह में दिखाई थी। राष्ट्रपति के जनमत-संग्रह में लगभग 90 प्रतिशत मतदान हुआ। मुशर्रफ एक मात्र उम्मीदवार थे। किसी प्रकार का कोई बंधन नहीं

था। कोई कहीं भी वोट डाल सकता था। जाहिर है कि संसदीय चुनाव में विभिन्न दलों ने एक-दूसरे पर लगाम लगाई, मतदान पर कड़ी नज़र रखी और सरकारी तंत्र को बड़े पैमाने पर धाँधली नहीं करने दी। फिर भी यूरोपीय समुदाय के पर्यवेक्षक मंडल ने पाकिस्तानी चुनाव की जितनी कठोर निंदा की तथा राष्ट्रकुल पर्यवेक्षकों ने जितनी दबी ज़ुबान सराहना की, उसकी तुलना जरा कश्मीर से कीजिए। कश्मीर के चुनावों की स्वच्छता ने सारी दुनिया पर अपनी छाप छोड़ी जबकि पाकिस्तानी चुनाव अपनी प्रक्रिया और अपने परिणामों, दोनों के लिए निराशाजनक साबित हुए।

प्रक्रिया की दृष्टि से वाकई पाकिस्तानी चुनाव विचित्र थे। उम्मीदवारों पर बी.ए. पास की पाबन्दी लगाकर मुशर्रफ ने पाकिस्तान के 96 प्रतिशत नागरिकों को चुनाव लड़ने के अधिकार से वंचित कर दिया। पाकिस्तान में चार प्रतिशत लोग भी स्नातक नहीं हैं। इतना ही नहीं, जिन लोगों ने सरकारी बैंकों और वित्तीय संस्थाओं से ऋण लेकर न चुकाया हो, उन्हें भी उम्मीदवारी से बाहर कर दिया गया। इसी प्रकार दो बार पहले प्रधानमंत्री रहे लोगों के तीसरी बार प्रधानमंत्री बनने पर प्रतिबंध लगाकर तथा अनेक छोटी-मोटी रुकावटें खड़ी करके मुशर्रफ-सरकार ने चुनावों के पलड़ों को पहले से अपने पक्ष में झुका लिया था। दंगल के पहले ही मुशर्रफ ने बड़े पहलवानों को अखाड़े से बाहर कर दिया। ऐसे में उनके आशीर्वाद से अखाड़े में कूदी मुस्लिम लीग (क़ायदे-आज़म) अगर सबसे बड़ी पार्टी बनकर उभर आई तो उन्होंने कौन-सा तीर मार लिया ? मान लीजिए कि बेनज़ीर भुट्टो, नवाज़ शरीफ और अल्ताफ हुसैन चुनाव-मैदान में सीधे उतरे होते तो मुशर्रफ समर्थित लीग का अन्जाम क्या हुआ होता ? यह ठीक है कि मुशर्रफ ने अपने जनमत-संग्रह की तरह थोक में वोट नहीं डलवाए लेकिन चुनावी अखाड़े से बड़े पहलवानों को बाहर करके क्या उन्होंने मज़हबी पार्टियों के संगठन 'मुत्तहिदा-मजलिसे-अमल' के लिए मैदान खाली नहीं करवा लिया ? अपने दाँव से वे ख़ुद ही मारे गए। 'मुत्तहिदा' अब उनके गले की हड्डी बन गई है। वह मुशर्रफ की अमेरिकापरस्त नीतियों का डटकर विरोध करेगी और उन्हें भारत से कोई ढंग की बात नहीं करने देगी। कश्मीर का मसला अब लम्बा खिंचेगा और पाकिस्तान में चल रहा मज़हबी आतंकवाद पहले से ज्यादा बढ़ेगा। 'मुत्तहिदा' का डर दिखाकर पश्चिम से मुशर्रफ फायदा जरूर उठा सकते हैं लेकिन 'मुत्तहिदा' की राजनीतिक ताकत इतनी अधिक बढ़ गई है कि वह पाकिस्तान के माहौल को मज़हबी उन्माद से भर देगी। यह मज़हबी उन्माद मुशर्रफ के लिए जानलेवा भी सिद्ध हो सकता हैं। मुशर्रफ और अमेरिका का सारा खेल ही चौपट हो सकता है। सरहदी सूबे और बलूचिस्तान में 'मुत्तहिदा' का राज काबुल के तालिबानी शासन का विस्तार-जैसा ही होगा। यह तालिबान का पुनर्जन्म है। पाकिस्तान के सर्वोच्च सेनापति, स्वयंभू राष्ट्रपति और राष्ट्रीय सुरक्षा परिषद् के अध्यक्ष होने के नाते पाकिस्तान की सत्ता के असली सूत्रधार मुशर्रफ ही होंगे और गठबंधन की बैसाखियों पर लँगड़ाते प्रधानमंत्री से उन्हें कोई भय नहीं होगा लेकिन मज़हबी

तत्त्वों का मुकाबला करते-करते मुशर्रफ का दम फूलने लगेगा। जैसे बांग्लादेश की संसद और सरकार में जमाते-इस्लामी और इस्लामी जातीय एक्य पार्टी के प्रभाव के कारण प्रधानमंत्री खालिदा ज़िया को कई मज़हबी मामलों पर चुप्पी खींचनी पड़ती है और 'अल-कायदा' के बढ़ते हुए नागफन की अनदेखी करनी पड़ती है, वैसे ही मुशर्रफ भी कई मज़बूरियों में घिरते नज़र आएँगे। इसके अलावा संसद और सिंध में 'पीपल्स पार्टी' इतनी ताकतवर हो गई है कि अब बेनज़ीर भुट्टो या उनके पति आसिफ ज़रदारी को तंग करने के पहले उन्हें दस बार सोचना पड़ेगा। उम्मीद यह भी है कि 'पीपल्स पार्टी', मौका पकड़ने पर, नवाज़ शरीफ की भी तरफदारी करेगी। पाकिस्तान की संसद और मुशर्रफ को आपस में टकराने से कोई कब तक रोक सकेगा ?

मुशर्रफ पाकिस्तान में तो फँस ही गए, कश्मीर में भी धँस गए हैं ? वे अब किस मुँह से भारत पर कूटनीतिक हमला बोलेंगे ? अगर वे कहेंगे कि चुनाव ढोंग थे तो उनकी इस बात पर कौन भरोसा करेगा ? ढोंग शब्द पलटकर उन पर ही आ गिरेगा। यदि कश्मीरी चुनाव ढोंग होते तो नेशनल कॉन्फ्रेंस आधी क्यों रह जाती ? उनके अपने जनमत-संग्रह की तरह 90 प्रतिशत सीटें जीत ले जाती या उसकी जगह कांग्रेस या भाजपा को जड़ दिया जाता। कश्मीर का तड़का हुआ चुनाव-परिणाम उसकी प्रामाणिकता का प्रमाण है। पाकिस्तान की तरह कश्मीर में भी किसी एक पार्टी को बहुमत नहीं मिला है लेकिन सर्वमत यह उभरा है कि आम कश्मीरी आतंकवाद के खिलाफ है और वह शांति चाहता है। यद्यपि उसने अपने मनपसंद उम्मीदवार को वोट दिया है लेकिन याद रहे कि हर उम्मीदवार ने भारत के संविधान के प्रति निष्ठा की शपथ ली है। यही पाकिस्तान की पराजय है और मुशर्रफ की हार है। कश्मीर के पाकिस्तानपरस्त तत्त्व हक्के-बक्के रह गए हैं। उन्हें पल्ले नहीं पड़ रहा कि अब वे क्या करें ? यह हालत उन्हें काफी निराश कर सकती हैं। यह निराशा उन्हें एक बार फिर आतंकवाद की गुफा में ढकेल सकती है। श्रीनगर की नई सरकार को आतंकवाद के नए पैंतरों और नए उठानों का मुकाबला करना पड़ सकता है। उसे खिसियाई हुई 'नेशनल कॉन्फ्रेंस' पर भी कड़ी नजर रखनी पड़ सकती है। 'मुत्तहिदा' के लोग 'अल-कायदा' से साँठ-गाँठ करके जैसे हामिद करज़ई सरकार को उधर काबुल में तंग करेंगे, वैसे ही वे जम्मू-कश्मीर सरकार को श्रीनगर में तंग करेंगे। इस कारस्तानी से मुशर्रफ को खुश होना चाहिए, क्योंकि इसी तरह का काम खुद मुशर्रफ साल भर पहले तक काबुल में और अब तक श्रीनगर में करते रहे हैं लेकिन वे खुश नहीं होंगे। 'मुत्तहिदा' का सक्रिय होना अमेरिका को नाराज करेगा और आंतरिक राजनीति में मुशर्रफ को कमज़ोर करेगा। मुशर्रफ की चिंताएँ इस हद तक बढ़ सकती हैं कि वे इस दिखावटी लोकतंत्र का गला घोंटने पर आमादा हो जाएँ तो कोई आश्चर्य नहीं होगा। सर्वोच्च न्यायालय के आदेश और अमेरिका के निर्देश के कारण मुशर्रफ को चुनाव तो करवाने पड़े लेकिन चुनाव करवाकर वे बुरे फँसे !

ब्लेड की धार पर जमाली

जनरल परवेज़ मुशर्रफ ने अपने फौजी चेहरे पर लोकतंत्र का मुखौटा जमा लिया है। जमाली के ज़रिए जमा लिया है। मुस्लिम लीग (क़ायदे-आज़म) के नेता मीर जफरुल्ला खान जमाली को आखिरकार उन्होंने प्रधानमंत्री बनवा ही दिया। वे बनवाते, इसकी बिलकुल भी जरूरत नहीं थी। कोई भी प्रधानमंत्री अपने आप बन जाना चाहिए था। लेकिन कोई कैसे बनता ? किसी भी पार्टी को बहुमत नहीं मिला था। तीन मुख्य पार्टियाँ थीं–मुस्लिम लीग, मुत्तहिदा मजलिसे-अमल और पीपल्स पार्टी। तीन में से अगर कोई दो मिल जातीं तो यह सरकार पिछले माह ही बन जाती लेकिन तीन पार्टियाँ त्रिभुज के तीन कोण बनी रहीं। इसका फायदा मुशर्रफ को मिला। पहले उन्होंने बेनज़ीर भुट्टो की पीपल्स पार्टी के दस सांसद तोड़े। उनका अलग गुट बना। दल-बदल विरोधी कानून को मुशर्रफ ने ताक पर रख दिया। फिर उन्होंने छोटी-मोटी लगभग डेढ़ दर्जन पार्टियों से तरह-तरह के समझौते किए और पिछले शनिवार जमाली को प्रधानमंत्री पद का खिलौना थमा दिया। जमाली की हालत अटलबिहारी वाजपेयी से बदतर है। अटलजी की पिछली सरकार सिर्फ एक वोट से गिर गई थी, जमाली की सरकार सिर्फ एक वोट से बनी है। 342 सदस्यों के सदन में 172 वोट का क्या मतलब है ? यदि आज ही एक वोट भी इधर से उधर हो जाए तो जमाली धराशायी हो जाएँगे। पाकिस्तान का यह प्रधानमंत्री तलवार की धार पर नहीं, रेज़र की पतली पत्ती की धार पर चल रहा है। उसका दिन का चैन और रात की नींद हराम है।

मुशर्रफ को ऐसा ही प्रधानमंत्री चाहिए था। जमाली न तो पंजाबी हैं और न ही सिंधी। वे हैं, बलूच। पहले बलूच प्रधानमंत्री और बलूच भी ऐसे कि एक बार किसी तरह मुख्यमंत्री बने तो महीने भर में ही गुड़क गए। यह ठीक है कि उनकी पार्टी 'मुस्लिम लीग' (क़ायदे-आज़म) पंजाब में सरकार बनाएगी लेकिन पंजाबियों का नेतृत्व खुर्शीद महमूद कसूरी और कुछ दूसरे प्रांतीय नेता करेंगे, न कि जमाली। दूसरे शब्दों में जमाली का जनाधार पाकिस्तान के किसी भी प्रांत में मजबूत नहीं है, उनके अपने बलूचिस्तान में भी नहीं। वहाँ 'मुत्तहिदा' मजबूत है। ऐसी स्थिति में जमाली कठपुतली प्रधानमंत्री के अलावा क्या हो सकते हैं ? अगर उनकी राजनीतिक जीवनी पर गौर किया जाए तो मालूम पड़ेगा कि वे जन्मजात कठपुतली ही हैं। फातिमा जिन्ना के निजी सहायक के तौर पर प्रकट हुए जमाली, पहले ज़ुल्फिकार अली भुट्टो

की पीपल्स पार्टी में गए, फिर भुट्टो के उलटते ही जनरल ज़िया-उल-हक के कृपा-पात्र बने, उसके बाद नवाज़ शरीफ़ के नज़दीक आए और अब मुशर्रफ की नाक के बाल हैं। पानी तेरा रंग कैसा ? जिसमें मिलाएँ वैसा ! अब जमाली पाकिस्तानी फौज के नागरिक मुखौटे की भूमिका निभाएँगे।

मुशर्रफ और जमाली के बीच हमें वैसी तकरार की उम्मीद नहीं करनी चाहिए, जैसी कभी ज़िया-उल-हक और जुनेजो, गुलाम इजहाक खान और नवाज़ शरीफ तथा फारुक लघारी और बेनज़ीर की बीच हुई थी। प्रधानमंत्री को राष्ट्रपति बर्खास्त कर दे, ऐसी नौबत नहीं आएगी लेकिन अगर जमाली ने 'मुत्तहिदा' या पीपल्स पार्टी को पटाकर अपनी स्वायत्त सत्ता बनाने की कोशिश की तो उन्हें बर्खास्त करने में मुशर्रफ एक मिनट भी नहीं लगाएँगे। 'मुत्तहिदा' से साँठ-गाँठ का मतलब है, इस्लामवादियों का बोलबाला याने अमेरिका-विरोध ! मुशर्रफ तो आजकल बुशर्रफ बने हुए हैं। बुशर्रफ जमाली को कच्चा नहीं चबा जाएँगे ? यदि जमाली ने पीपल्स पार्टी से साँठ-गाँठ की तो फौज उसे हज़म नहीं कर पाएगी। ऐसी स्थिति में जमाली को हर कदम उसी पगडंडी पर रखना होगा और फूँक-फूँककर रखना होगा, जो जनरल साहब ने अपनी तलवार से खींच दी है।

वास्तविकता तो यह है कि मुशर्रफ अब पाकिस्तान के राष्ट्रपति और प्रधानमंत्री दोनों ही हैं। सर्वोच्च सेनापति तो वे पहले से ही हैं। याने जब वे कहें कि आप लोकतांत्रिक सरकार के प्रधानमंत्री से वार्तालाप कीजिए तो इसका मतलब है–फौज और जनरल साहब से बात कीजिए। यह तेवर चाहे भारत को न जँचे लेकिन अमेरिका और पश्चिमी जगत के लिए यह पर्याप्त अनुकूल है। यों भी जमाली ने पहले दिन ही कह दिया है कि विदेश नीति और अर्थ नीति तो जनरल साहब ही चलाएँगे। यहाँ ध्यान देने लायक तथ्य यह है कि रक्षा और गृह मंत्रालय बागी पीपल्स पार्टी को दिए गए हैं और विदेश मंत्रालय खुर्शीद महमूद क़सूरी को दिया गया है, जो कभी नवाज़ शरीफ़ के जरिए फौज के बहुत नज़दीक हुआ करते थे। इससे भी बड़ी बात यह है कि जमाली के चार सलाहकार नियुक्त किए गए हैं। उनमें से दो मुशर्रफ के मंत्रिमंडल के सदस्य रहे हैं। कहने की जरूरत नहीं कि ये चार सलाहकार किन्हीं भी मंत्रियों से अधिक प्रभावशाली होंगे। ये चारों सलाहकार जमाली की सरकार के चार स्तम्भ होंगे। वे जमाली नहीं, मुशर्रफ के प्रति जवाबदेह होंगे। जमाली को अगले साठ दिन में संसद में विश्वास-मत प्राप्त करना है। मुशर्रफ का विश्वास कायम रखे बिना जमाली को संसद का विश्वास-मत कैसे मिलेगा। सभी सांसद जानते हैं कि अगर जमाली हार गए तो मुशर्रफ संसद भंग कर देंगे। दूसरे शब्दों में मुशर्रफ प्रधानमंत्री तो प्रधानमंत्री, संसद को भी कठपुतली की तरह नचाना चाहेंगे।

मुशर्रफ का मनोरथ पूरा होगा, इसमें बड़ा संदेह है। मुत्तहिदा और पीपल्स पार्टी दोनों ही जमाली याने मुशर्रफ का विरोध करने में कोई कसर नहीं छोड़ेंगे। जमाली की सरकार चाहे कुछ दिनों चलती रहे लेकिन विपक्ष उसे लूला-लँगड़ा बनाए बिना

नहीं मानेगा। संसद में जबर्दस्त हंगामे होंगे। वह खूँखार नाट्यशाला बन जाएगी। जमाली के हर कदम पर प्रश्न-चिन्ह लगाए जाएँगे। अगर वे घरेलू या विदेशी मामले में कोई संयत रवैया भी अपनाएँगे तो उनकी टाँग खिंचाई होगी। मुत्तहिदा-नेता फज़लुर रहमान ने तो यह भविष्यवाणी भी कर दी है कि अब 1971 दोहराया जाएगा याने बलूचिस्तान, सरहदी सूबा और सिंध मिलकर पंजाब के विरुद्ध बगावत का झंडा खड़ा कर देंगे। यह क्रोध की वाणी है। खयाली पुलाव है लेकिन यह सच है कि पाकिस्तान में अब उग्रवाद बढ़ेगा। इसका खमियाज़ा भारत और अफगानिस्तान, दोनों को भुगतना पड़ेगा। विपक्ष इस आधार पर काम करेगा कि यदि जनरल मुशर्रफ 1973 के संविधान को तोड़-मरोड़कर अपनी कुर्सी पक्की कर रहे हैं तो उसे लोकतांत्रिक मर्यादा के कठघरे में कैद होने की क्या विवशता है। दूसरे शब्दों में चुनाव के बावजूद पाकिस्तानी राज्य तानाशाही अराजकतावाद का शिकार होता रहेगा। पाकिस्तान की नई सरकार की शक्ति मुख्यत: अन्दरूनी राजनीतिक मुठभेड़ों में खर्च हो जाएगी और पाकिस्तान की अभिशप्त जनता को न लोकतंत्र नसीब होगा और न ही आर्थिक खुशहाली!

अमेरिकी सरकार इस पाकिस्तानी लोकतंत्र का दिल खोलकर स्वागत करेगी। उसने राष्ट्रपति-पद के लिए मुशर्रफ के जनमत-संग्रह की भी सराहना की थी। वह भूल गई कि 1973 के संविधान के अनुसार राष्ट्रपति के चुनाव की प्रक्रिया कुछ दूसरी ही है। यदि उस विधिवत प्रक्रिया के आधार पर आज चुनाव हों तो मुशर्रफ बुरी तरह हार जाएँगे। न उन्हें राष्ट्रीय संसद में बहुमत मिलेगा और न ही प्रांतीय विधानसभाओं में। इसीलिए संसद समवेत होने के पहले ही उन्होंने पाँच साल के लिए राष्ट्रपति-पद की शपथ ले ली है। पिछले तीन वर्षों में उन्होंने 1973 के संविधान का जो कचूमर निकाला है, उसे दुरुस्त करना आसान नहीं है। वे आसानी से मानेंगे भी नहीं। इस मुद्दे को लेकर संसद और राष्ट्रपति के बीच बराबर तनाव बना रहेगा। जहाँ तक न्यायपालिका का सवाल है, उसने तख्ता-पलट को पहले ही जायज़ ठहरा दिया था और मुशर्रफ ने सम्पूर्ण न्यायपालिका का कार्यकाल तीन साल बढ़ा दिया था। ऐसी स्थिति में पाकिस्तान में कैसा लोकतंत्र चलेगा, यह बताने की जरूरत नहीं है। पाकिस्तान की आम जनता में उत्साह का संचार करनेवाली कोई सूरत अभी तक उभरी नहीं है। पत्ती की धार पर चल रही जमाली सरकार कब उखड़ जाएगी, कुछ पता नहीं।

ठोस पहल या कोरी भावुकता ?

इसमें शक नहीं कि प्रधानमंत्री वाजपेयी ने कश्मीर में जो पहल की है, वह ऐतिहासिक है। कोई यह नहीं कह सकता कि यह पहल डर के मारे हुई है। यदि डर होता तो यह पहल दिल्ली से होती, श्रीनगर से नहीं होती और श्रीनगर में भी उसके राजभवन से होती, शेरे-कश्मीर स्टेडियम की जनसभा से नहीं होती। इसीलिए इसका अन्तरराष्ट्रीय महत्त्व है। पिछले पन्द्रह वर्ष में कई प्रधानमंत्री श्रीनगर तो गए लेकिन किसी की हिम्मत नहीं पड़ी कि वह जन-सभा को सम्बोधित करे। समस्या सिर्फ सुरक्षा की ही नहीं थी, यह भी थी कि ऐसी सभा आयोजित कौन करेगा और उसमें लोगों को कैसे लाया जाएगा। सभा सफल हुई, इसका श्रेय मुफ्ती सरकार को तो है ही, उससे भी ज्यादा प्रधानमंत्री को है, जिन्होंने अपने घावों को छिपाया और कश्मीरियों के घावों पर मरहम लगाया। उन्होंने पाकिस्तान की तरफ दोस्ती का हाथ फिर से बढ़ाया। जन-सभा में उन्होंने कोई शर्त भी नहीं रखी लेकिन दूसरे दिन उन्होंने सीमा-पार आतंकवाद की शर्त दुबारा दोहराई। प्रधानमंत्री की पहल से भारत में लगभग सभी पक्ष गद्‌गद हैं लेकिन यह पहल जिनसे मुखातिब है, वे चक्कर में पड़ गए हैं। पाकिस्तान के प्रधानमंत्री और विदेश मंत्री ने अटलजी के भाषण का स्वागत पहले दिन एक दम कर दिया लेकिन अब वे असमंजस में हैं। वे कह रहे हैं, हम बातचीत के लिए तैयार हैं लेकिन यह जरूरी है कि उसके पहले कोई शर्त न हो।

प्रधानमंत्री की इस पहल का जैसा स्वागत पाकिस्तान में हुआ है, शायद पिछले 15-20 साल में किसी अन्य भारतीय पहल का नहीं हुआ। उनकी लाहौर-यात्रा भी ऐतिहासिक थी लेकिन जमाते-इस्लामी के नेता काज़ी हुसैन अहमद ने उसका डटकर विरोध किया था। इस पहल का कोई विरोध नहीं कर रहा है और शायद इसलिए भी नहीं कर रहा है कि इसे पाकिस्तान की विजय की तौर पर देखा जा रहा है। भारत वही करने को मजबूर हो रहा है, जो पाकिस्तान पिछले दो साल से कह रहा है। शायद यही कारण रहा कि प्रधानमंत्री की पहल का पहले दिन ही भाजपा-अध्यक्ष और विहिप ने विरोध किया। अपने परिवार का मर्म आहत न हो और भारत शीर्षासन की मुद्रा में दिखाई न पड़े, शायद इसीलिए दूसरे दिन प्रधानमंत्री को अपना पैंतरा बदलना पड़ा। उनके पैंतरा-बदल के बावज़ूद पाकिस्तान को आस बँध गई है कि अब बातचीत जरूर शुरू होगी। अगर भारत ने बातचीत शुरू नहीं कि और सुई सीमा-पार आतंकवाद पर फिर अटक गई तो प्रधानमंत्री की बहुत खिल्ली उड़ेगी। माना यह

जाएगा कि प्रधानमंत्री कोरे कवि हैं, भावुकता में बह जाते हैं और जो कहते हैं, उसे अमली जामा पहनाने की सामर्थ्य उनमें नहीं है।

ऐसा इसलिए भी माना जाएगा कि अब तक प्रधानमंत्री ने इस तरह की जितनी भी पहल की हैं, वे किसी कवि की कोरी भावुकता ही सिद्ध हुई हैं। भावुकता कोई बुरी बात नहीं है। इस तरह की भावुक पहलों ने अनेक बार अन्तरराष्ट्रीय राजनीति की दिशाएँ बदल दी हैं, लेकिन उन पहलों के पीछे काफी गम्भीर सोच-विचार हमेशा रहा है लेकिन क्या यह बात हमारी पहलों पर लागू होती है ? दुर्भाग्य है कि हर पहल पर हमने मात खाई है। प्रधानमंत्री की लाहौर यात्रा, कंधार अपहरण के सिलसिले में तीन आतंकवादियों को रिहा करके विदेशमंत्री के साथ कंधार भेजना, रमज़ान में शस्त्र-विराम घोषित करना, मुशर्रफ को आगरा बुलवाना और फौजों को दस माह तक सीमा पर डटाए रखना-ये सब पहलें भारत के लिए हानिकर सिद्ध हुई हैं। इन पहलों के बावजूद भारत को करगिल-युद्ध लड़ना पड़ा, संसद पर हमला सहना पड़ा, कश्मीर में बढ़ते हुए आतंकवाद का मुकाबला करना पड़ा और सीमाओं पर हजारों करोड़ रुपये बर्बाद करने पड़े। हमने पहाड़ तो खोदा लेकिन उसमें से चुहिया भी नहीं निकली बल्कि साँप निकले। मुशर्रफ जनरल से राष्ट्रपति बन गए। भारत के मंझे हुए नेताओं को पटकनी मारकर अपने देश में ऊँचे चढ़ गए। सारी दुनिया भारत को यही सलाह देती रही कि आप पाकिस्तान से बात कीजिए। महारानीजी, जरा अपने कोप भवन से बाहर निकलिए। पाकिस्तान से बात नहीं करेंगे, यह भी कोरी भावुकता ही है। बात क्यों नहीं करेंगे ? अभी तो दोनों देशों के बीच कोई युद्ध भी नहीं चल रहा है लेकिन जब महाभारत का युद्ध चल रहा था, तब भी दिन भर लड़ने के बाद सूर्यास्त की वेला में कौरव और पांडव रोज बात करते थे। जन-सभा में आपने बात करने की बात कही और दूसरे दिन छात्र-सभा में आप फिर पलटा खा गए! ये भी कोई बात हुई ?

यह शक होता है कि श्रीनगर-भाषण या तो कोरी भावुकता था या फिर बुश के बगलबच्चों को थमाई गई चूसनी है। विदेश मंत्री और रक्षा मंत्री के खरे-खरे बयानों से उपजी अमेरिकी खाज को सहलाने के लिए इससे बढ़िया मरहम क्या हो सकता है ? यदि प्रधानमंत्री चाहें तो इसी पैंतरे को भारत अपनी पाकिस्तान-नीति का मुख्य स्तम्भ भी बना सकता है बशर्ते कि प्रधानमंत्री अपनी भावुकता के बादलों में तैरने के साथ-साथ यथार्थ की जमीन पर भी चलना शुरू करें। जो कुछ जॉर्ज और यशवंत सिन्हा ने कहा, अग्रवार (प्रिएम्पटिव एक्शन) के बारे में, उसे भी सही कहा जाए और श्रीनगर-पहल के तहत पाकिस्तान से बातचीत भी शुरू की जाए तो निश्चय ही बर्फ के पिघलने की आशा बनेगी। बात और लात, दोनों साथ-साथ चलें, यह जरूरी है। भारत को पाकिस्तान के साथ वह नहीं करना है, जो अमेरिका ने एराक़ के साथ किया है। हमें न तो मुर्शरफ को हटाना है और न ही पाकिस्तान पर कब्जा करना है लेकिन आतंकवाद की जड़ तक जरूर पहुँचना है। जब भी आतंकवादी हमला

हो, हमें बगलें नहीं झाँकनी हैं। उसके स्रोत पर हमला बोलना है और साथ-साथ कूटनीतिक बात भी चलानी है।

इसमें शक नहीं कि वाजपेयी सरकार के पास योग्य लोगों का बड़ा टोटा है, जो कश्मीर और पाकिस्तान को ठीक से समझते हों और इन क्षेत्रों के महत्त्वपूर्ण लोगों से जिनके व्यक्तिगत संपर्क हों। इसीलिए कभी वह कृष्णचंद्र पंत, कभी जेटली, कभी जेठमलानी और कभी वोहरा की नाव पर सवार होती है और बार-बार गच्चा खा जाती है। गर्ज सरकार की है लेकिन वह उम्मीद करती है कि इन मामलों के विशेषज्ञ आएँ और उसके अनुभवहीन विदेशमंत्रियों के आगे अपनी नाक रगड़ें। इस सरकार ने अपने विशेषज्ञों की जितनी उपेक्षा की है, पिछले 55 साल में किसी अन्य सरकार ने नहीं की। नौकरशाहों की गिरफ्त में फँसी यह सरकार अब कोई पहल नहीं करेगी तो कब करेगी? पहल का वह तरीका बिलकुल गलत था जो मुशर्रफ को अचानक आगरा बुलवाकर किया गया था। शक होता है कि इस तरह की पहलें क़हीं बाहरी दबाव के तहत तो नहीं होती हैं? यदि पहल अपनी हो, मौलिक हो, और पूरी तैयारी के साथ हो तो अटलजी की भावुकता दक्षिण एशिया के इतिहास को नयी दिशा दे सकती है।

जमाली आगे-आगे और हम पीछे-पीछे

प्रधानमंत्री अटलबिहारी वाजपेयी के साथ किसकी सहानुभूति नहीं होगी ? उन्होंने पाकिस्तान की तरफ दोस्ती का हाथ क्या बढ़ाया, कई कान खड़े हो गए और कई भौंहें तन गईं। कुछ सांसद पूछ रहे हैं कि आखिर दोनों देशों के बीच ऐसा क्या हुआ है कि आपने दोस्ती का हाथ बढ़ा दिया ? क्या सीमा-पार आतंकवाद थमा है या घटा है या उसे खत्म करने का कोई गुपचुप आश्वासन मिला है ? जब हालात पहले जैसे ही हैं तो इस पहल का मतलब क्या है ? उधर संघ परिवार पूछ रहा है कि आप दुबारा मात खाने की तैयारी क्यों कर रहे हैं ? राज्यों के चुनाव के वक्त यह खतरा क्यों मोल ले रहें है ? इन प्रश्नों का प्रधानमंत्रीजी क्या जवाब दे सकते हैं ? क्या कोई जवाब उनके पास है, जो वे दे सकते हों ?

सच्चाई तो यह है कि वे पतंग उड़ाकर फँस गए। उन्हें क्या पता था कि शेरे-कश्मीर स्टेडियम में इतनी ऊँची उड़ाई गई यह पतंग वापस वहीं नहीं उतरेगी और उड़ती हुई इस्लामाबाद के झाड़े में फँस जाएगी। उन्हें एहसास भी नहीं होगा कि कश्मीरियों को थमाए गए लॉलीपॉप को जमाली और मुशर्रफ रसगुल्ले की तरह लपक लेंगे। जमाली कमाली हो गए हैं। उन्होंने अटलजी को फोन भी खड़का दिया। अपने संसदीय दल के सामने अटलजी को कहना पड़ा कि उन्होंने जमाली का निमंत्रण स्वीकार नहीं किया है लेकिन दूसरे ही दिन विदेश मंत्रालय के प्रवक्ता ने अखबारों को बोल दिया कि प्रधानमंत्री ने पाकिस्तानी निमंत्रण रद्द नहीं किया। स्वीकार भी नहीं किया और रद्द भी नहीं किया, इसका क्या मतलब है ? क्या यह नहीं कि अधर में ही लटके हुए हैं। कुछ समझ में नहीं आ रहा कि क्या करें ? फिसल तो पड़े हैं लेकिन मुँह से हरगंगा भी नहीं निकल रहा।

हरगंगा तो प्रधानमंत्री जमाली बोल रहे हैं। हरगंगा नहीं, हर-हर गंगा ! जय-गंगा, जय गंगा ! ! वे फोन भी कर रहे हैं और रोज़ बढ़-चढ़कर घोषणाएँ भी कर रहे हैं। बकरी अटलजी की है, उसे चरा रहे हैं, जमाली ! जमाली आगे-आगे हैं और हम पीछे-पीछे ! वे कह रहे हैं, आपने खटखटाया, हम दरवाज़ा खोल रहे हैं। हम उच्चायुक्त भी भेजते हैं, बस और रेल भी चलाते हैं। हवाई मार्गों से आपको ज्यादा फायदा है। लेकिन चलिए, वह भी खोल देते हैं। वीजा की पाबंदी ढीली करते हैं और कुछ बताइए तो वह भी करें। बात तो शुरू हो। मुशर्रफ ने अपने फौजियों के सामने यह तक कह दिया कि पाकिस्तान की रक्षा के लिए फौज काफी है। उसका

नास तो यह आतंकवादी पिटवाकर रहेंगे। बताइए, अब इससे ज्यादा वे क्या कर सकते हैं ? यदि भारतीय प्रधानमंत्री इस्लामाबाद जाने की घोषणा करें तो मुशर्रफ उन नए आतंकवादी संगठनों पर भी प्रतिबंध लगा सकते हैं, जो नाम बदलकर मैदान में आ गए हैं। इतना सब करने पर भी यदि भारत के प्रधानमंत्री चुप्पी लगाए रहेंगे तो उसका नतीजा क्या होगा ?

सबसे पहला परिणाम यह होगा कि अमेरिका पाकिस्तान की तरफ झुकेगा। अमेरिका ही नहीं, दुनिया के अन्य देश भी यह मानेंगे कि पाकिस्तान आगे की सुध लेना चाहता है लेकिन भारत बीती नहीं बिसार रहा है जबकि वास्तविकता यह है कि पाकिस्तान नया कुछ भी नहीं कर रहा। वे डेढ़ साल पहले भी वही कह रहा था जो आज कह रहा है। दूसरा परिणाम यह होगा कि भारत की जनता मान बैठेगी कि वाजपेयी सरकार दिशाहीन है। वह बोलती पहले है और सोचती बाद में है और उसका सोच भी बड़ा शोधहीन होता है। वह जो बोलती है, वह करती नहीं। किसी भी सरकार के लिए इससे खराब छवि क्या हो सकती है।

तीसरा परिणाम यह होगा कि संघ परिवार प्रधानमंत्री को (खरगोशदिल) घोषित कर देगा। यों उनकी सत्ता को फिलहाल कोई चुनौती देने की स्थिति में नहीं है लेकिन ज्यों-ज्यों आम-चुनाव नज़दीक आएँगे, उनकी अनुर्वर पाकिस्तान-नीति उनके दामन का बोझ बनती चली जाएगी। चौथा, कांग्रेस चाहे उनकी पहल का सैद्धांतिक समर्थन करती रहे लेकिन अन्य-विरोधी दल उनकी पाकिस्तान-नीति के परखचे उड़ा देंगे। सबसे पहले तो वे अमेरिकी दबाव के आगे घुटने टेकने का आरोप लगाएँगे और यदि पाकिस्तान की तरफ भारत ने दोस्ती का कोई ठोस कदम बढ़ा दिया तो पूछेंगे कि सीमा-पार आतंकवाद का क्या हुआ ? आपने उसके बहाने 20 हजार करोड़ रुपए का चूना देश को क्यों लगाया और 2000 जवान क्यों मरवा दिए ? युद्ध लड़े बिना युद्ध से भी अधिक नुकसान क्यों कर दिया ? ये ऐसे बेढब सवाल हैं कि इनका कोई क्या जवाब दे सकता है। इसीलिए बेचारे प्रधानमंत्री के साथ सहानुभूति होती है। उन्होंने एक अच्छी पहल की और फँस गए।

फँस तो गए लेकिन बाहर निकलने के रास्तों की भी कमी नही हैं। अब बार-बार मरे घोड़े पर चाबुक चलाने से कोई फायदा नहीं। सीमा-पार आतंकवाद का बहाना बहुत ज्यादा घिस-पिट गया है। पाकिस्तान की जैसी सीमाएँ भारत और अफगानिस्तान के साथ हैं, उन्हें देखते हुए एक मुशर्रफ क्या, दर्जन भर मुशर्रफ भी सीमा को सील नहीं कर सकते। यदि भारत की फौज, जिसकी ताकत पाकिस्तानी फौज से कई गुना है, वह भारत-पाक सीमा को सील नहीं कर सकती तो यही काम पाकिस्तानी फौज कैसे कर सकती है। इसके अलावा पाकिस्तान की फौज तो कश्मीरी आतंकवाद की अम्मा है। आतंकवाद का खात्मा अनुनय-विनय से नहीं, भारत की सीधी कार्रवाई से होगा। इसलिए पुरानी लीक छोड़कर अब भारत की पाकिस्तान-नीति को तुरन्त नई लीक पर चलाना जरूरी है। नयी पर ही नहीं, बड़ी लीक पर भी।

बड़ी लीक जमाली खींचे, यह शोभाजनक नहीं। यह लीक उसी दिलदार प्रधानमंत्री को खींचनी चाहिए, जिसने दोस्ती का हाथ पहले बढ़ाया।

वे सब दरवाज़े और खिड़कियाँ खोलिए, जो आपने गुस्से में आकर बन्द कर दिए थे लेकिन यहाँ सावधानी की एक बात ! खुद धसेंगे तो उबर नहीं पाएँगे। लाहौर और आगरा की तरह मात खाएँगे। दूसरों को, विशेषज्ञों को, पत्रकारों को, कूटनीतिज्ञों को पहले जाने दीजिए ताकि वे जमीन टटोलें और उसे ज़रा ठोस और साफ़-सुथरी पाएँ तो आप आगे बढ़ें और पाँव जमाएँ। भारत-पाक सम्बन्ध गाँव की बोली नहीं है कि मुँह खोला कि बोलने लगे। यह उर्दू जबाँ की तरह है, जो आते-आते आती है।

लाहौर और आगरा में हम इसलिए पिट गए कि न कोई आते-आते आया और न कोई जाते-जाते गया। वे अचानक आए और हम अचानक गए। इतना बड़ा विदेश मंत्रालय और इतना लम्बा-चौड़ा गुप्तचर विभाग ! करोड़ों रुपए रोज़ का खर्च। ज़रा इनसे भी कुछ काम लिया होता। उन लोगों को भी पूछा होता जिन्होंने पड़ोसी देशों को समझने में और समझाने में अपना पूरा जीवन खपा दिया। अब जबकि एक हवाई पहल अपनी क़िस्मत से जमीन पर उतरने को बेताब है, यह जरूरी है कि हम अपनी भूलों से सीखें और दक्षिण एशिया के नए सूर्योदय को घटित होने से न रोकें।

अब झिझकना कैसा

लोकसभा में प्रधानमंत्री वाजपेयी ने पाकिस्तान के अ-परमाणुकरण के प्रस्ताव को रद्द कर दिया। क्यों किया, समझ में नहीं आया। न प्रस्ताव नया था और न उसका खंडन! घिसी-पिटी बात को प्रधानमंत्री ने क्यों दोहराया ? शायद इसलिए कि यह भी मालूम पड़े कि भारत की लार नहीं टपक रही है। बात करने की गरज़ पाकिस्तान को है, भारत को नहीं। बातचीत की पहल करके भारत का इस तरह नखरे दिखाना अजीब-सा लगता है। झिझक और असमंजस का यह माहौल जितनी जल्दी खत्म हो, उतना अच्छा। पिछले सप्ताह राज्य-सभा में भाव-भीना बयान देकर प्रधानमंत्री वाजपेयी ने भारत का असमंजस तो दूर कर दिया था लेकिन अब भी यह मानना कठिन है कि पहल भारत के हाथ में है। पहल अटलजी ने ही की थी। सूत उन्होंने ही काता था लेकिन धोती जमाली बुन रहे हैं। उन्होंने इस्लामाबाद में पत्रकार-परिषद् की और अटलजी की हर बात मान ली। अब विदेश मंत्रालय कह रहा है कि पाकिस्तान की प्रतिक्रिया अधूरी है। अपर्याप्त है। क्यों है ? क्योंकि पाकिस्तान ने केवल 78 भारतीय चीजों के लिए अपने व्यापार का दरवाज़ा खोला है, शेष 146 चीजों पर तो अब भी उसका रवैया नकारात्मक है। क्या ये चीजें इतना बड़ा मुद्दा हैं कि इनके कारण बात ही शुरू न करें ? अगर अटलजी अपने पत्र में यह माँग भी रख देते तो क्या पता पाकिस्तान इसे भी मान लेता।

इसी प्रकार विदेश मंत्रालय का यह कहना कुछ समझ में नहीं आता कि प्रधानमंत्री जमाली ने पाकिस्तान के ऊपर से उड़ान भरने की सुविधा के बारे में कुछ क्यों नहीं कहा। वास्तव में जमाली ने कहा है कि "श्री वाजपेयी द्वारा प्रस्तावित हवाई-मार्ग को दुबारा खोलेंगे।" इसमें पाकिस्तान के ऊपर से उड़ान भरने की बात शामिल हो सकती है और नहीं भी हो सकती है लेकिन असली सवाल यह है कि क्या यह इतना बड़ा मुद्दा है कि इसके बहाने हम इस ऐतिहासिक अवसर को अपने हाथ से गवाँ दें, जो कि प्रधानमंत्री के श्रीनगर-भाषण ने अचानक तिलिस्म की तरह खड़ा कर दिया है ?

ये तो वे मुद्दे हैं, जो अखबारों में छप रहे हैं लेकिन एक मुद्दा और भी है, जिस पर भारत सरकार का रवैया गौर करने लायक हो गया है। वह है-भारत-पाक फोरम के दर्जन भर पाकिस्तानी सांसदों का भारत आना ! ये सांसद पाकिस्तान सरकार की तरफ से नहीं आए हैं। फोरम की तरफ से आए हैं। उन्हें भारत लाने की योजना

फोरम के नेता डॉ. मुबशर हसन ने काफी पहले से बना रखी थी। अटलजी के भाषण के पहले से बना रखी थी। भारत सरकार को यह समझ नहीं पड़ रहा कि इन सांसदों के साथ वह क्या बर्ताव करे। सरकारी नेतागण उनसे मिलें या न मिलें, पूर्व-प्रधानमंत्री उनसे बात करें या न करें, वे लोग संसद-भवन में जाएँ या न जाएँ।

यह पसोपेश किस तथ्य का सूचक है? क्या इसका नहीं कि प्रधानमंत्री का श्रीनगर-भाषण एक दिलदार नेता का उदार उच्छ्‌वास मात्र था? उसके पीछे कोई गहरा सोच या रणनीति नहीं थी? इसीलिए पाकिस्तान अब भी भारत से आगे-आगे चल रहा है। भारत को यह समझ नहीं पड़ रहा है कि सीमा-पार आतंकवाद और कश्मीर पर पाकिस्तानी रवैया कुछ बदला है या नहीं? हमारे वयोवृद्ध और महान नेतागण इन सूक्ष्म बातों को अखबार पढ़कर या टीवी देखकर समझने की कोशिश करते हैं। उनके कूटनीतिक तरकस में दूसरे तीर हैं ही नहीं। उनकी शतरंज पर केवल प्यादे हैं और बादशाह हैं। दूसरे मोहरे हैं ही नहीं। प्यादे अर्थात इस्लामाबाद के हमारे दूतावास में बैठे हमारे राजनयिक और अन्य कर्मचारी! उनकी हैसियत क्या है? उन्हें भयंकर निगरानियों और प्रताड़नाओं के बीच काम करना पड़ता है। उन्हें यह तक पता नहीं चलता कि पाकिस्तानी सांसद भारत आ रहे हैं या नहीं। सांसदों को वीज़ा की जरूरत नहीं होती। यदि वे वीज़ा माँगते तो दूतावास को जरूर पता चलता। लेकिन ऐसी खबरें भी उन्हें स्थानीय अखबार पढ़कर पता चलती हैं। इन प्यादों की सूचनाओं के दम पर हमारी विदेश नीति बनती है। इसीलिए हम गच्चा खा जाते हैं। बादशाह लाहौर और आगरा में मात खा जाते हैं। इसके विपरीत पाकिस्तान की शतरंज पर तरह-तरह के मोहरे हैं। उसने सांसदों के रूप में अपने हाथी-घोड़े आगे बढ़ा दिए हैं। उसके पास डॉ. मुबशर हसन जैसे उच्च कोटि के राजनीतिज्ञ हैं जो भारत आकर यहाँ के भद्रलोक से सीधा सम्पर्क करते हैं और जान लेते हैं कि भारत में हवा किस दिशा में बह रही है। इसीलिए पाकिस्तानी विदेश मंत्रालय अपना हर कदम हाथी की तरह उठाता है जबकि हमारा विदेश मंत्रालय घबराई हुई बुलबुल की तरह बगलें झाँकता है।

जहाँ तक सीमा-पार आतंकवाद और कश्मीर का सवाल है, पाकिस्तान का रवैया अपने आपमें एक पहेली है। यह नहीं कहा जा सकता है कि इन मुद्‌दों पर पाकिस्तान ने अपनी पटरी बदल ली है लेकिन यह भी सत्य है कि वह उसी लीक पर नहीं चल रहा है, जिस पर वह आगरा में चल रहा था। सीमा-पार आतंकवाद को वह अब स्वाधीनता-संग्राम की संज्ञा नहीं दे रहा है। इसी मुद्‌दे पर आगरा-वार्ता टूटी थी। अब तो जमाली ने साफ़-साफ़ कहा है कि वे आतंकवाद के हर रूप, हर क़िस्म की निंदा करते हैं। उनके विदेश मंत्री कसूरी ने यहाँ तक कहा है कि भारत चाहे तो अन्तरराष्ट्रीय पर्यवेक्षकों को नियंत्रण-रेखा पर नियुक्त करवा दिया जाए और उनसे पूछा जाए कि पाकिस्तानी ज़मीन से कोई घुसपैठ हो रही है या नहीं? यह पैंतरा भारत-विरोधी जरूर है। इसमें कश्मीर के अन्तरराष्ट्रीयकरण की छिपी हुई इच्छा भी

है लेकिन यह आगरा के आगे बढ़ा हुआ कदम भी है। इसी प्रकार कश्मीर के सवाल पर जमाली ने अपनी पत्रकार-परिषद् में कोई भी उत्तेजक बात नहीं कही। उत्तेजक प्रश्नों के जवाब में उन्होंने यही कहा कि पाकिस्तान कश्मीर को भूला नहीं है। उन्होंने संयुक्तराष्ट्र संघ के प्रस्ताव सम्बन्धी प्रश्न को भी टाल दिया। उन्होंने ऐसे प्रश्नों की भी अनदेखी कर दी, जिनके सीधे जवाबों के कारण उप-प्रधानमंत्री आडवाणी जैसे लोगों पर आक्षेप लगते। इससे क्या जाहिर होता है ? यही कि पाकिस्तान भारत से बात करने के लिए उत्सुक है। यह उत्सुकता इसलिए भी बढ़ गई है कि कश्मीर का नारा लगानेवाले जमात के अमीर काज़ी हुसैन अहमद ने यहाँ तक कह दिया है कि अमेरिका के दबाव में आने से बेहतर है, भारत का दबाव सहना ! अभी तक पाकिस्तान की फौज और अखबारों ने भी जमाली की पहल का विरोध नहीं किया है। मुशर्रफ और जमाली के बीच भी पूर्ण समन्वय मालूम पड़ रहा है। पाकिस्तान की इस सरल स्थिति को समझना ही भारत के लिए कठिन हो रहा है। उसे डर लग रहा है कि इस बार पाकिस्तान कहीं लाहौर और आगरा से भी बड़ा दाँव न मार दे।

भारत का यह डर जायज़ है लेकिन डर के मारे डगमगाना कोई अच्छी राजनीति नहीं है। यदि भारत के दूरगामी लक्ष्य स्पष्ट हों तो वह बिना डगमगाए अपने कदम आगे बढ़ा सकता है। अमेरिकी विदेश मंत्री, रूसी और फ्रांसीसी राष्ट्रपति, ब्रिटिश और चीनी प्रधानमंत्रियों ने जिस गर्मजोशी से अटलजी की पहल का स्वागत किया है, उसके कारण भारतीय विदेश मंत्रालय का हौसला बुलंद होना चाहिए। अमेरिका की प्रमुख चिंता कश्मीर नहीं है, परमाणु बम है। वह नहीं चाहता कि भारत और पाकिस्तान के पास परमाणु बम रहें। अगर कश्मीर के कारण परमाणु-युद्ध का खतरा है तो कश्मीर अमेरिका के लिए समस्या है, वरना यह भारत और पाक का अपना मसला है। इसीलिए कश्मीर पर भारत और पाकिस्तान को खुलकर बात करनी होगी और अपने निर्णय खुद करने पड़ेंगे। यह लम्बी प्रक्रिया है। यह चलती रहे लेकिन सीमा-पार आतंकवाद का खात्मा तुरंत होना चाहिए। जैसे अमेरिका की प्राथमिकता परमाणु हथियार हैं, भारत की प्राथमिकता सीमा-पार आतंकवाद होना चाहिए। भारत और अमेरिका दोनों के लिए कश्मीर दोयम दर्जे का मुद्दा बन सकता है। इसी आधार पर उसे दोयम दर्जे पर खिसकाना पाकिस्तान के लिए भी जरूरी हो जाएगा। भारत बातचीत के साथ-साथ सीधी कार्रवाई का विकल्प भी खुला रखे तो बातचीत जल्दी सिरे चढ़ेगी। आतंकवाद के विरुद्ध सीधी कार्रवाई, कश्मीर पर बातचीत और शेष मुद्दों पर खुले दरवाज़े की नीति-सब साथ-साथ चल सकते हैं। यदि भारत का सोच स्पष्ट हो तो उसकी नीतिगत झिझक अपने आप दूर हो जाएगी।

या तो प्यादे या बादशाह !

क्या प्रधानमंत्री अटलबिहारी वाजपेयी इस बार भी विफल होंगे ? क्या लाहौर और आगरा दुबारा दोहराया जाएगा ? अचेतन मन में घुसा यह डर ही भारत को हौले-हौलें चलने के लिए मजबूर कर रहा है। पहल तो अटलजी ने की थी लेकिन पाकिस्तान आगे-आगे दौड़ रहा है और भारत पीछे-पीछे चलता हुआ दिखाई पड़ रहा है। पाकिस्तानी प्रधानमंत्री ने उच्चायुक्तों की अदला-बदली, यातायात और आवागमन की बहाली और प्रधानमंत्रियों की पारस्परिक यात्रा के प्रस्ताव रख दिए तो विदेश मंत्री कसूरी ने बी.बी.सी. को यहाँ तक कह दिया कि कश्मीर हल न हो तो न सही। उस पर बात चलती रहे लेकिन बाकी सारे बन्द दरवाज़े और खिड़कियाँ खोल दी जाएँ। जनरल मुशर्रफ ने जनरल ज़िया की तरह अ-युद्ध संधि भी प्रस्तावित कर दी है और परमाणु-नियंत्रण के प्रस्ताव भी रख दिए हैं। जमाली ने अपने सभी दलों से भी हरी झंडी ले ली है। इतना ही नहीं, भारत-पाक फोरम के कर्णधार डॉ. मुबशर हसन दिल्ली आ चुके हैं और वे शीघ्र ही दर्जन भर पाक-सांसदों को लेकर भारतीय नेताओं से मिल रहे हैं। अटलजी की पहल पर पाकिस्तान ने एकदम अपना सर्चलाइट खोल दिया है जबकि भारत की प्रतिक्रियाएँ ट्यूब-लाइट की तरह हैं। धीरे-धीरे और रुक-रुककर !

भारत के इस रवैये को शिथिलतापूर्ण भी कहा जा सकता है और सावधानीपूर्ण भी ! ऐसा लगता है कि लाहौर और आगरा के गर्म दूध ने जो छाले उपाड़ दिए थे, करगिल युद्ध और संसद पर हमले के, उनके कारण अब उधर से बिलोई जा रही छाछ को भी हमारी सरकार फूँक-फूँककर पीना चाहती है। इसीलिए उसने अभी तक यह स्पष्ट नहीं किया है कि पाकिस्तानी सांसदों से वह बात करेगी या नहीं। उसने प्रधानमंत्रियों की यात्रा के बारे में भी ठोस कुछ नहीं कहा है। यह रवैया सर्वथा उचित है, क्योंकि दोनों तरफ के शासनाध्यक्षों ने एक-दूसरे के यहाँ जाकर देख लिया है कि शिखर से नीचे गुड़कना कितना आसान होता है। लगता है, पाकिस्तान ने अपना सबक हमसे बेहतर सीखा है। उसने गलती की। वह भी बन्द गली में घुस गया था। लेकिन उसने नई पगडंडी तलाश ली है। हम अँधेरे में ही गोते लगा रहे हैं। वह अपने सांसदों और डॉ. मुबशर हसन जैसे उच्चकोटि के राजनीतिज्ञों को भारत भेज रहा है याने भारत-पाक शतरंज पर उसने अपने हाथी, घोड़े और ऊँट जैसे मोहरे चल दिए हैं जबकि भारत के पास केवल अपने दूतावास के प्यादे-भर हैं। ये प्यादे बेचारे क्या

कर सकते हैं ? उन्हें तो इस्लामाबाद में कैदियों की तरह काम करना पड़ता है। उनके चारों तरफ भयंकर निगरानी होती है। उन्हें पहले से यह भी पता नहीं चलता कि पाकिस्तानी सांसद भारत आ रहे हैं या नहीं। दक्षेस-देशों के सांसदों को पड़ोसी देशों में जाने के लिए वीज़ा नहीं लेना पड़ता है। यदि वे वीज़ा लेने दूतावास जाते तो हमारे अधिकारियों को पता चल सकता था कि वे आ रहे हैं या नहीं। ऐसे प्यादों की सूचनाओं के आधार पर हमारी सरकार अपनी विदेश नीति बनाती है। बार-बार गच्चा खाने का कारण यही है।

तात्पर्य यह कि पाकिस्तानी हाथी-घोड़ों के मुकाबले हमारे पास या तो केवल प्यादे हैं या बादशाह सलामत हैं याने प्रधानमंत्री हैं। हम लाहौर और आगरा में दो बार अपना सबसे बड़ा मोहरा चल चुके हैं और मात खा चुके हैं। इसीलिए सहमे हुए हैं। हमने सबक सीखा है, लेकिन आधा! अब भी इस अभागी सरकार के पास ऐसे लोग नहीं हैं, जिन्हें वह पाकिस्तान भेजे और बातचीत के लिए सही जमीन तैयार करे! यह सरकार सिर्फ प्यादों पर भरोसा करती है या बादशाह पर! अगर अब भी वह इसी लीक पर चलती रही तो उसे मात खाने से भगवान भी नहीं रोक सकता। अटलजी ने राज्यसभा में बहुत ही भावुकताभरा बयान दिया है याने यह उनकी जिंदगी की आखिरी पहल है। उनकी बात का असर पाकिस्तान में जमकर हुआ है। पाकिस्तान के समझदार लोग उनकी इज्जत भी काफी करते हैं लेकिन कूटनीति सिर्फ भावुकता नहीं है। इसका अर्थ यह भी नहीं कि वह सिर्फ छल-कपट है। कूटनीति तरण-ताल की जल-क्रीड़ा नहीं है, वह हिमालय का आरोहण है। समुचित तैयारी और अनुकूल परिस्थितियाँ, शिखर तक पहुँचने के लिए दोनों ही बहुत जरूरी हैं।

अनुकूल परिस्थितियाँ इस समय जितनी हैं, पहले कभी नहीं थीं। एराक़ की घटनाओं ने यह सिद्ध कर दिया है कि अमेरिका पाकिस्तान और भारत दोनों को बख्शनेवाला नहीं है। दोनों परमाणु देश हैं। वह दोनों को निरस्त्र करना चाहता है। कश्मीर उसका पहला मुद्दा नहीं है, परमाणु हथियार हैं। इसीलिए एराक़ के बाद वह अब भारत-पाक पर पिल पड़ा है। एराक़ के गवर्नर गार्नर को कश्मीर पर बयान देने की जरूरत आखिर क्यों पड़ी ? अमेरिकी वरिष्ठ अधिकारी आर्मिटेज़ और रोक्का आखिर भारत और पाक क्यों आए हैं ? पाकिस्तानी गुप्तचर विभाग के मुखिया एहसान-उल-हक और हमारे प्रधानमंत्री के मुख्य सचिव ब्रजेश मिश्र इस समय वाशिंगटन डी.सी. में क्यों बैठे हुए हैं ? अमेरिका का यह दबाव भारत से कहीं ज्यादा पाकिस्तान पर आ रहा है, क्योंकि वह स्वयं आतंकवाद का अड्डा है। अफगानिस्तान भी उससे त्रस्त है। इसके अलावा भारत-पाक वार्ता का माहौल इसलिए भी बन रहा है कि दोनों देशों में कोई भी ताकतवर तबका इसका विरोध नहीं कर रहा है। भारत के लिए संतोष का एक अतिरिक्त कारण भी है। पहली बार पाकिस्तान सीमा-पार आतंकवाद को आतंकवाद कह रहा है। स्वाधीनता संग्राम नहीं। आगरा-वार्ता के टूटने का बिन्दु यही था।

पिछली वार्ता में कमान जिस बिन्दु पर टूटी थी, उसी बिन्दु से अब शुरू करने का मौका है लेकिन यह बस शुरूआत भर होगी। गनीमत है कि दुबारा शुरूआत हो सकती है। इस बिन्दु पर किरन है, उजाला है, खनक है लेकिन इसके आगे काँटे ही काँटे हैं, खाइयाँ और खंदकें हैं। उन्हें न प्यादे लाँघ सकते हैं और न ही बादशाह! उनके लिए जबर्दस्त तैयारी चाहिए, होमवर्क चाहिए और धीरज चाहिए! मामला कश्मीर पर तो अटकेगा ही, दूसरे अनेक मुद्दे भी हैं। अमेरिकी झाड़ू काम जरूर करेगी लेकिन वह इतनी तेज नहीं है कि उन सबको वह एक ही झटके में बुहार दे। दोस्ती का घोंसला हजारों तिनकों से बुना जाता है। वह हथेली पर उगाई जानेवाली सरसों नहीं है।

कश्मीर तथा अन्य छोटे-मोटे मुद्दे पलक झपकते ही हल होनेवाले नहीं हैं। उन पर बातचीत चलती रहे और सहज सम्बन्धों की बूँदें जरा उछलें, फैलें और लहर बनती चली जाएँ, यह ज्यादा जरूरी है। यदि सम्बन्धों में सहजता आएगी तो कश्मीरियों को साथ लेना भी आसान हो जाएगा और दोनों देशों की जनता, जो पचास साल से कटुता के छज्जों पर जा बैठी है, उसे भी नीचे उतारना ज्यादा कठिन नहीं होगा। सफलता का मार्ग ज़रा टेढ़ा जरूर है लेकिन वह है ही नहीं, यह नहीं कहा जा सकता।

भारत-अमेरिका

कसोवो में अमेरिकी अतिक्रमण

इसमें शक नहीं कि कसोवो पर बरस रहे नाटो बम का भारत, रूस और चीन ने डटकर विरोध किया है लेकिन क्या यह जबानी जमा-खर्च नहीं है? राष्ट्रपति येल्तसिन की धमकी कि विश्वयुद्ध छिड़ सकता है, क्या कोरी गीदड़भभकी नहीं है? सारी दुनिया में फैले गुट-निरपेक्ष आंदोलन को क्या लकवा मार गया है? उसकी ज़ुबान तक नहीं हिल रही। सुरक्षा-परिषद् में बम-वर्षा के खिलाफ जब रूसी प्रस्ताव आया तो सिर्फ नामीबिया ने उसका समर्थन किया। अन्य गुट-निरपेक्ष राष्ट्र मुँह पर पट्टी बाँधे रहे। संयुक्तराष्ट्र महासचिव कोफी अन्नान भी पत्थर की मूरत बने बैठे हैं। कुछ बोलते नहीं, कुछ करते नहीं। अगर सुरक्षा-परिषद् पर बस नहीं चलता, वीटो का अड़ंगा है तो कम से कम सारे मामले को संयुक्तराष्ट्र महासभा में ही ले आएँ ताकि अमरीका और नाटो के कान खींचे जा सकें।

आखिर कसोवो पर नाटो गठबंधन के देश बम क्यों बरसा रहे हैं? कसोवो क्षेत्र सर्बिया नामक प्रान्त का हिस्सा है और सर्बिया यूगोस्लाविया का एक प्रान्त है। नाटो का कहना है कि कसोवो में रहनेवाले 18 लाख अल्बानियाई मूल के लोगों का नर-संहार हो रहा है और यह नर-संहार सर्बियाई लोग कर रहे हैं, जो कसोवो में तो अल्पसंख्यक हैं लेकिन सर्बिया प्रान्त में बहुसंख्यक हैं। यूगोस्लाविया के राष्ट्रपति स्वबोदन मिलोशेविच स्वयं सर्बियाई हैं। वे कसोवो क्षेत्र के रहनेवाले हैं। पड़ोसी देश अल्बानिया से आकर कसोवो में बसे इन अल्बानियाइयों के विरोध की लहर पर सवार होकर ही मिलोशेविच शिखर पर पहुँचे हैं। अब उन्हें मौका मिला है तो अल्बानियाइयों को मार रहे हैं। उनके अत्याचारों की तुलना हिटलर से की जा रही है और आरोप लगाया जा रहा है कि वे कसोवो को अल्बानियाइयों से खाली करा लेना चाहते हैं ताकि वहाँ सर्बों की बहुसंख्या कायम हो जाए। राष्ट्रपति क्लिंटन का तर्क है कि ये बेलग्राद, प्रीस्तिना और कसोवो पर इसलिए बम बरसा रहे हैं कि मिलोशेविच के घुटने टूट जाएँ, कसोवो के अल्बानियाई सुरक्षित रहें और बाद में चाहें तो उन्हें सर्बिया से अलग होने का अधिकार भी मिल जाए। उनका कहना है कि ये बम अल्बानियाइयों के मानव अधिकारों की रक्षा के लिए बरसाए जा रहे हैं।

मानव अधिकार तो बहाना है, बम इसलिए बरसाए जा रहे हैं कि सारी दुनिया पर अमेरिका की एकछत्र चौधराहट कायम हो जाए। यदि मानव अधिकार की अमेरिका को इतनी चिन्ता है तो उसने तिब्बत, बांग्लादेश, सोमालिया, कम्पूचिया,

कांगो, चेचन्या आदि में होनेवाले नृशंस कृत्यों के विरुद्ध बम क्यों नहीं बरसाए ? इन देशों में अपूर्व तबाही मची, लाखों लोग मारे गए, लाखों शरणार्थी बने लेकिन अमेरिका के सिर पर जूँ तक नहीं रेंगी। उसकी नजर में मानव अधिकारों को वहाँ खरोंच तक नहीं आई। उसकी चौधराहट को वहाँ कोई चुनौती नहीं थी लेकिन यहाँ है। सद्दाम का जो बाल भी बाँका नहीं कर पाया, उस अमेरिका को लग रहा है कि क्या यूरोप में भी वह नपुंसक सिद्ध होगा ? यदि हाँ तो नाटो के रक्षा-कवच की इससे ज्यादा भद्द क्या पिटेगी ? नाटो के फौजी-पुंसत्व की परीक्षा का इससे बेहतर अवसर क्या हो सकता है ? लूले-लँगड़े यूगोस्लाविया से भिड़ना है, जिसका सबसे बड़ा हिमायती रूस खुद लहूलुहान, पस्तहिम्मत और खंड-बंड हुआ पड़ा है। पिछले पचास साल में नाटो ने एक बार भी पूर्वी यूरोप पर हमला नहीं किया लेकिन अब जबकि हंगरी, चेक गणराज्य, और पौलेंड जैसे देश उसकी सदस्यता ग्रहण कर रहे हैं, एक कमजोर देश पर किया गया, यह हवाई हमला किस बात का सूचक है ? क्या यह अमेरिका के घटते हुए आत्मविश्वास और बढ़ती हुई उद्दंडता का प्रतीक नहीं है ?

अमेरिका की इस उद्दंडता के परिणामस्वरूप सीटीबीटी और स्टार्ट वार्ता खतरे में पड़े बिना नहीं रहेगी। भारत जैसे देशों को अमेरिका के खोखले आश्वासनों से सावधान रहना होगा। कश्मीर आदि पर उसे ब्लैकमेल न किया जा सके, इसलिए उसे न केवल मध्यम मार अपितु अन्तर्महाद्वीपीय प्रक्षेपास्त्र भी बनाने होंगे। कसोवो पर की जा रही बम-वर्षा संयुक्तराष्ट्र घोषणा-पत्र का तो सरासर उल्लंघन करती ही है, यह नाटो की मूल संधि के भी विरुद्ध है। सुरक्षा परिषद् ने नाटो को बल-प्रयोग के लिए अधिकृत नहीं किया है। फिर भी नाटो ने कानून अपने हाथों में ले लिया। उधर नाटो की मूल संधि कहती है कि वह तब तक बल-प्रयोग नहीं करेगा जब तक कि उस पर हमला न हो यानी वह बना है, केवल रक्षात्मक युद्ध के लिए ही। क्या कोसोवा-युद्ध रक्षात्मक युद्ध है ? क्या नाटो के किसी सदस्य देश पर यूगोस्लाविया ने हमला किया है ? वास्तव में अमेरिका नाटो को ठग रहा है। अपनी बंदूक के लिए उसके कंधे का इस्तेमाल कर रहा है। आश्चर्य है कि यूरोप के देश कठपुतलियों की तरह नाच रहे हैं और अमेरिकियों को अपने आँगन में आग लगाने दे रहे हैं।

यूरोपीय देश यह भूल रहे हैं अमेरिका उन्हें अपनी तोप का भूसा बना रहा है। अमेरिका कसोवो में अपने फौजियों को भेजना नहीं चाहता। जब गुत्थमगुत्था लड़ने की नौबत आएगी तो अमेरिका पीछे हट जाएगा, वह यूरोपीय सैनिकों को आगे करेगा। यानी बारूद फोड़ना अमेरिका का काम है और खून बहाना यूरोपीयों का। यदि नाटो के सैनिक कसोवो जाकर दो-दो हाथ नहीं लड़ेंगे तो यह निश्चित है कि सद्दाम की तरह मिलोशेविच भी क्लिंटन को पटखनी मार देंगे। नाटो के मुँह पर कालिख पुत जाएगी। अमेरिका का यह गणित सही नहीं निकला कि बमों के धमाकों से वे मिलोशेविच को चित कर लेंगे। हीरोशिमा और नागासाकी से अधिक मात्रा के बम वे गिरा चुके हैं लेकिन सर्बों का मनोबल गिराने में सफल नहीं हुए। इस युद्ध

का खामियाज़ा अमेरिका को नहीं, यूरोपीय राष्ट्रों को भुगतना पड़ेगा। अमेरिका तो इसी से खुश है कि उसे अपने अधुनातन शस्त्रास्त्रों के परीक्षण का अवसर मिल रहा है।

यूरोपीय राष्ट्र यह भी नहीं समझ पा रहे हैं कि अगर कसोवो का कैंसर फैल गया तो सबसे ज्यादा खतरा उन्हीं को है, अमेरिका का तो बाल भी बाँका नहीं होने वाला है। अभी लगभग पाँच लाख शरणार्थियों में से अमेरिका ने कितनों को शरण दी है ? उसका बस चलेगा तो वह एक भी शरणार्थी को अमेरिकी जमीन पर पाँव नहीं रखने देगा जबकि अमेरिका के पास आबादी के हिसाब से भारत के मुकाबले लगभग दस गुना जमीन है। सारे शरणार्थी अल्बानिया या यूरोप या केनाडा की तरफ मुखातिब हैं। इसके अलावा अगर कभी कसोवो स्वतन्त्र देश बन गया तो यूरोप के कई देशों के इतिहास और भूगोल पर सीधा असर पड़ेगा। बोस्निया के साथ-साथ कसोवो भी ईसाइयत की छाती पर एक और इस्लामी देश की तरह चढ़ बैठेगा। मकदूनिया का नक्शा भी बदल सकता है। उसकी राजधानी, स्कोप्ये में, अल्बानिया की राजधानी तिराना, से भी ज्यादा अल्बानियाई रहते हैं। अगर इस इलाके के सारे अल्बानियाई किसी बृहत्तर अल्बानिया की आवाज उठाएँगे तो सर्ब चुप क्यों बैठेंगे ? पूर्व-यूगोस्लाविया एक बार फिर बड़े गृह-युद्ध की चपेट में आ जाएगा। बुल्गारिया, ग्रीस और तुर्की पर भी सीधा असर पड़े बिना नहीं रहेगा। बॉल्कान की इस उथल-पुथल ने यदि पश्चिमी यूरोप को 50 लाख शरणार्थी भेंट कर दिए तो उसका सामाजिक-आर्थिक मानचित्र भी प्रभावित हुए बिना नहीं रहेगा।

दरअसल नाटो की बम-वर्षा का पासा उल्टा पड़ गया है। कसोवो खाली हो रहा है। अल्बानियाई भाग रहे हैं। पता नहीं वे लौटेंगे भी या नहीं ? दूसरे शब्दों में कसोवो में शायद पहले की तरह फिर से सर्ब बहुसंख्यक हो जाएँगे। जितने अल्बानियाई मिलोशेविच ने भगाए, उससे कई गुना ज्यादा क्लिंटन ने भगा दिए। कसोवो का नाश कौन कर रहा है, बेलग्राद या वाशिंगटन ? जहाँ तक बमों का सवाल है, देखिए सर्ब क्या कर रहे हैं ? पुलों, फैक्ट्रियों, रेलवे स्टेशनों, अस्पतालों पर मानव-छतों का रूप धारण कर चौबीसों घंटों पहरा दे रहे हैं ताकि अमेरिकी बम-वर्षा न कर सकें। राष्ट्रीय सम्पत्ति की रक्षा वे अपनी जान देकर कर रहे हैं। ये वही सर्ब हैं, जिन्होंने मार्शल टीटो के नेतृत्व में नाज़ियों के दाँत खट्टे कर दिए थे। जो अमेरिकी अपनी चमड़ी पर आँच भी नहीं आने देते, वे क्या खाकर सर्बों से लड़ेंगे ? क्या क्लिंटन में हिम्मत है कि वह अमेरिका को दूसरे वियतनाम में ले जाए। आसमान से तो कोई भी बम बरसा सकता है, कोई बच्चा भी, कोई अपंग भी या कोई मरीज़ भी। मर्दानगी की परीक्षा तो मैदान में होती है। नाटो के योद्धा, दुर्योधन के योद्धाओं से भी आगे निकल गए। वहाँ शिखंडी आगे जरूर होता था लेकिन योद्धा पीछे तैयार रहते थे, लड़ने के लिए। कसोवो में योद्धा हैं ही नहीं। सिर्फ शिखंडी है और वह भी पीछे खड़ा है। जहाज से आता है और बम डालकर वापस भाग जाता है। इसे ही ब्रिटेन

के प्रधानमंत्री नैतिक युद्ध की संज्ञा देते हैं।

इस अनैतिक युद्ध को उचित ठहराने के लिए अब यह तर्क भी दिया जाने लगा है कि जैसे भारत ने बांग्लादेश को आजाद कराया, वैसे ही अमेरिका कसोवो को करा रहा है। यह तुलना बिलकुल गलत है। सर्वप्रथम, भारत ने बांग्लादेश में हस्तक्षेप किया, उसके पहले लगभग एक करोड़ शरणार्थी भारत पहुँच चुके थे और अन्य कई करोड़ आने को तैयार थे। क्या कसोवो के शरणार्थी इतनी बड़ी संख्या में किसी नाटो देश में पहुँच गए थे ? यदि कुछ हजार अल्बानिया पहुँचे भी थे तो उनका नाटो-देशों से क्या लेना-देना था। क्या अल्बानिया नाटो का सदस्य है ? वास्तव में शरणार्थियों के कारण हस्तक्षेप नहीं बढ़ा, हस्तक्षेप के कारण शरणार्थी बढ़ गए हैं। दूसरा, बांग्लादेश के विधिवत चुने हुए लोकप्रिय नेता मुजीब और सत्तारूढ़ दल ने भारत से हस्तक्षेप का स्पष्ट और खुला अनुरोध किया था। क्या कसोवो में से इस तरह का अनुरोध किसी ने किया ? नहीं, फिर भी अमेरिका और नाटो देश दूसरे के फटे में अपना पाँव फँसा रहे हैं। तीसरा, बांग्लादेश और भारत एक-दूसरे से सटे हुए देश हैं जबकि कसोवो से अमेरिका हजारों मील दूर है और नाटो देश भी सैकड़ों मील।

यह ठीक है कि आज के कसोवो में 70 प्रतिशत लोग अल्बानियाई मुसलमान हैं लेकिन प्रथम युद्ध के पहले तक वे वहाँ अल्पसंख्यक थे। 1939 तक कसोवो में सर्बों और मोन्टेनेगरिनों की संख्या 61 प्रतिशत थी। पिछली अनेक सदियों में कसोवो सर्बों का देश रहा है। जरा-से कसोवो में सैकड़ों साल पुराने 200 गिरजाघर हैं, जिन्हें यूनेस्को की देख-रेख में रखा जा रहा है। धाकड़ अल्बानियाइयों ने पिछले सौ साल में सर्बों को कसोवो से बाहर खदेड़ दिया जबकि सर्बिया ने सारे यूगोस्लाविया में सर्बों के बहुमत के बावजूद कसोवो के अल्बानियाइयों को पर्याप्त स्वायत्तता दे रखी है। ऐसे कसोवो क्षेत्र में पृथक राष्ट्र का विष-बीज बोना कहाँ तक उचित है ? मिलोशेविच 'अल्बानियाई राष्ट्रभक्तों' के साथ काफी निर्ममता बरत रहे थे लेकिन इसका मतलब यह तो नहीं कि अमेरिका उनके देश के टुकड़े करने पर ही उतारू हो जाए। अगर यह तोड़क वृत्ति सही है तो बर्मा, श्रीलंका, नेपाल, तुर्की, ईरान, स्पेन जैसे कई देशों को अमेरिका अपनी बम-वर्षा का पात्र बनाना चाहेगा, क्योंकि वहाँ अनेक विघटनकारी आंदोलन चल रहे हैं। आश्चर्य है कि पाकिस्तान ने नाटो का समर्थन किया। यदि यह समर्थन ठीक है तो उसामा बिन लादेन को पकड़ने के लिए जब अमेरिकियों ने अफगानिस्तान पर मिसाइल मारे थे तो वह गलत कैसे था ? किसी देश की सम्प्रभुता के उल्लंघन का कोई भी सम्प्रभु राष्ट्र समर्थन कैसे कर सकता है ? पाकिस्तान शायद सपना देख रहा है कि कसोवो की तरह कश्मीर में भी कभी नाटो हस्तक्षेप करेगा। पाकिस्तानियों को शायद यह पता नहीं है कि कसोवो में अल्बानियाई भाषा को वह हैसियत मिली हुई है, जो पाकिस्तान में पंजाबी भाषा को भी नहीं है।

इस समय जरूरत इस बात की है कि भारत, रूस और चीन सिर्फ जबानी जमा-खर्च करके चुप न हो जाएँ। कसोवो के सवाल पर तीनों महत्त्वपूर्ण राष्ट्रों की

एकता अन्तरराष्ट्रीय राजनीति की उल्लेखनीय घटना है। बाद में इस एकता के अनेक आयाम हो सकते हैं लेकिन फिलहाल ये तीनों राष्ट्र चाहें तो कसोवो में संयुक्तराष्ट्र शान्तिसेना भिजवाने का प्रस्ताव ला सकते हैं या गुट-निरपेक्ष आंदोलन से अनुरोध कर सकते हैं कि वह संयुक्त शान्ति-सेना कसोवो भेजे और नाटो को मैदानी युद्ध में फँसने से बचाए। अगर अमेरिका और नाटो के सैनिक कसोवो के दलदल में फँस गए तो उन्हें बाहर निकलने में बरसों लग जाएँगे और कोई आश्चर्य नहीं कि उनके अंदर रहते हुए यूरोप के गर्भ से ऐसी-ऐसी विषैली चीजें बाहर आ सकती हैं जो सारी मानवता के लिए पश्चात्ताप का कारण बनें। शरणार्थियों की सहायता के लिए ये तीनों राष्ट्र अपनी ओर से जोरदार पहल कर सकते हैं। पश्चिमी राष्ट्रों को कुछ तो शर्म आएगी।

क्लिंटन यात्रा : भारत को गुलाब, पाक को काँटे

पाकिस्तान को जैसा जुलाब क्लिंटन ने दिया, वैसा पहले कभी किसी अमेरिकी राष्ट्रपति ने नहीं दिया और वह भी वाशिंगटन में नहीं, इस्लामाबाद में। बिल क्लिंटन चाहते तो जनरल परवेज़ मुशर्रफ को वाशिंगटन बुलवा लेते और वहीं लताड़ते। मुशर्रफ खुशी-खुशी जाते क्योंकि उन्हें वैधता मिलती और लौटकर अपनी जनता को पता नहीं क्या-क्या लन्तरानियाँ सुनाते। लेकिन अपनी जान खतरे में डालकर क्लिंटन खुद पाकिस्तान गए और वहाँ जाकर उन्होंने पाकिस्तानी जनता से टीवी के जरिए सीधी बात की।

'जान खतरे में,' यह बात इसी से सिद्ध होती है कि वे अपने राष्ट्रपतीय विमान में जाने की बजाय वायुसेना के विमानों में गए। उनमें भी ऐसी लुका-छिपी से गए कि कहीं उन पर कोई हमला न हो जाए। न उन्होंने कोई जनसभा की, न नेताओं को सम्बोधित किया और न ही वे कहीं लोगों से मिले। पाकिस्तान के 'बड़े मुनीम' (चीफ एग्जीक्यूटिव) को उन्होंने कुछ खरी-खरी सुनाई और टीवी पर ऐसा भाषण दे दिया जिसने पाकिस्तान की नसों को झनझना दिया है। इस तरह यात्रा करके क्लिंटन ने क्या दुनिया को यह सन्देश नहीं दिया कि पाकिस्तान ऐसा राष्ट्र है, जो आतंकवादियों की गिरफ्त में है।

पाकिस्तान के साथ अमेरिकी रिश्ते कैसे हैं, इसकी झलक इसी बात से मिल जाती है कि क्लिंटन वहाँ कैसे गए। यदि वे भारत में पाँच दिन रहे तो पाकिस्तान में पाँच-छह घंटे। उन्होंने पाकिस्तान को उतना वक़्त भी नहीं दिया, जितना बांग्लादेश को दिया। दूसरे शब्दों में उन्होंने इस्लामाबाद को भारत की किसी प्रान्तीय राजधानी के स्तर पर उतार दिया। जयपुर, हैदराबाद और बंबई के स्तर पर। शायद उससे भी नीचे। अमेरिका के सबसे बड़े 'गंडाबंद मित्र' के लिए इससे अधिक शर्मनाक बात क्या हो सकती थी ? क्लिंटन ने इस्लामाबाद जाने के पहले ही उसे उसकी हैसियत बता दी। इसके पहले जब-जब अमेरिकी राष्ट्रपति भारत और पाकिस्तान साथ-साथ आए तो उनकी नज़र में पाकिस्तान का मुकाम भारत से ऊँचा रहा। 1969 में राष्ट्रपति निक्सन भारत भी आए और पाकिस्तान भी। उनकी भारत-यात्रा बिलकुल नरम रही जबकि पाकिस्तान में उन्होंने यह महसूस कराया कि तब तक के राष्ट्रपतियों में वे पाकिस्तान के सबसे बड़े दोस्त थे। याद करें कि उन्होंने चीन से नया रिश्ता गाँठने के लिए पाकिस्तान को अपना डाकिया बनाया था और 1971 में भारत-पाक युद्ध के

दौरान भारत को धमकाने के लिए बंगाल की खाड़ी में अपना जंगी बेड़ा भी भेजा था।

क्लिटन की पाँच घंटे की यात्रा ने 50 साल के इस पाक-अमेरिकी समीकरण को उलट दिया है। अगर अफगानिस्तान में रूसी फौजें नहीं आतीं तो यह समीकरण बहुत पहले ही उलट जाता। पाकिस्तान के गिरते हुए महत्त्व की झलक इसी बात से मिल जाती है कि निक्सन के बाद पिछले 31 साल में कोई भी अमेरिकी राष्ट्रपति पाकिस्तान नहीं गया जबकि राष्ट्रपति जिमी कार्टर 1978 में भारत आए थे। क्लिंटन की इस दक्षिण-एशिया यात्रा और पिछले अमेरिकी राष्ट्रपति की यात्रा के बीच दुनिया बहुत बदल चुकी है। एक तो शीतयुद्ध समाप्त हो गया और, दूसरा, अफगानिस्तान से रूस की वापसी हो गई, तीसरा, सोवियत संघ विसर्जित हो गया, चौथा, भारत और पाकिस्तान के पास परमाणु बम आ गए, पाँचवाँ, परमाणु बमधारी दो पड़ोसियों के बीच पारम्परिक युद्ध हो गया, छठा, चीन के विशाल बाजार के मुकाबले दक्षिण एशिया में उससे भी बड़े बाजार की संभावना उभर आई और सातवाँ, अमेरिका में बसे भारतीय वैज्ञानिकों ने चमत्कार कर दिखाया। इसके अलावा दुनिया के सभी महत्त्वपूर्ण इलाकों की यात्रा करनेवाले घूमन्तू राष्ट्रपति भारत जैसे महान लोकतांत्रिक और प्राचीन राष्ट्र की यात्रा से कैसे चूक जाते? पाँच दिन में ही क्लिंटन भारत पर लट्टू हो गए। कोई आश्चर्य नहीं कि राष्ट्रपति न रहने के बाद भी वे बराबर भारत आते रहेंगे।

अच्छा हुआ कि क्लिंटन अपनी अवधि के आखिरी दौर में दक्षिण एशिया आए। उन्हें अरब-इस्राइल और ब्रिटेन-आयरलैंड विवादों ने कुशल मध्यस्थ बना दिया है। वे मध्यस्थता को बार-बार रद्द करते रहे लेकिन उन्होंने मध्यस्थ की भूमिका इतनी नज़ाकत से निभाई है कि उस पर न तो भारत आपत्ति कर सकता है और न ही पाकिस्तान। भारत के प्रधानमंत्री ने तो उन्हें खुले-आम कहा कि आप मुशर्रफ से अपनी बात कहें और मुशर्रफ हैं कि 'गालियाँ खाके भी बेमज़ा न हुए।' क्लिंटन ने पाकिस्तान सरकार के कुछ तत्त्वों को आतंकवाद के लिए सीधे जिम्मेदार ठहराया। दक्षिण एशिया में क्लिंटन के दो मुख्य उद्देश्य थे। एक तो सीटीबीटी पर हस्ताक्षर के लिए भारत और पाकिस्तान को पटाना तथा कश्मीर सम्बन्धी आतंकवाद पर लगाम लगाना। इन दोनों उद्देश्यों में क्लिंटन को सफलता नहीं मिली है लेकिन फिर भी उनकी यात्रा बेहद सार्थक और सफल रही है।

इसके कई कारण हैं। सबसे बड़ी बात तो यह हुई है कि 50 साल से चला आ रहा अमेरिका का दृष्टिदोष पहली बार शुद्ध हुआ है। भारत और पाकिस्तान के बीच कृत्रिम संतुलन बनाए रखने की नीति ने पहली बार खुला झटका खाया है। पहला झटका पाँच दिन और पाँच घंटे ने ही दे दिया। दूसरा, नियंत्रण-रेखा पर मुहर लग गई। नियंत्रण-रेखा की पवित्रता पर क्लिंटन ने पाकिस्तान में भी पूरा जोर दिया। करगिल और कुछ नहीं था, मूल रूप से नियंत्रण-रेखा का उल्लंघन ही था। तीसरा,

कश्मीर का सवाल दरी के नीचे सरक गया। क्लिंटन ने कह दिया कि संयुक्तराष्ट्र प्रस्ताव पुराना पड़ गया है। स्थितियाँ बहुत बदल गई हैं। याने जनमत-संग्रह अप्रासंगिक हो गया है। चौथा, दोनों देशों में बातचीत जरूरी है। लेकिन बातचीत के पहले सीमा-पार का आतंकवाद बंद किया जाए। कश्मीर किसका है, यह क्लिंटन ने नहीं बताया लेकिन यह बता दिया है कि हथियारों के दम पर कश्मीर का फैसला नहीं हो सकता। पाँचवाँ, इतना ही नहीं, क्लिंटन ने पाकिस्तान को दो-टूक शब्दों में यह भी कह दिया है कि वह खून की लकीरों से सीमाएँ खींचने की कोशिश करेगा तो सारी दुनिया से अलग-थलग पड़ जाएगा (जैसा कि करगिल के वक्त पड़ गया था)। छठा, क्लिंटन ने यह भी बता दिया कि अब अगर पाकिस्तान ने युद्ध छेड़ा तो अमेरिका उसकी पीठ पर हाथ धरनेवाला नहीं है। सातवाँ, क्लिंटन ने जहाँ पाकिस्तानी अर्थ-व्यवस्था की संगीन हालत पर उँगली रख दी, वहाँ भारत के विशाल बाजार, उसकी तकनीकी क्षमता और उसके संचार-महाशक्ति बनने की सामर्थ्य को भी रेखांकित किया। आठवाँ, पहली बार किसी अमेरिकी राष्ट्रपति ने लोकतंत्र को अपना पैमाना बनाया। लोकतंत्र की दुहाई देनेवाले अमेरिकी राष्ट्रपति फौजी पाकिस्तान को सदा पानी पर चढ़ाते रहे और दुनिया के सबसे बड़े लोकतंत्र भारत को टँगड़ी मारते रहे। क्लिंटन ने पहली बार भारत और पाकिस्तान को लोकतंत्र की कसौटी पर कसा तथा खोटे की घोषणा खुलेआम कर दी। एक अर्थ में उन्होंने दक्षिण एशिया में अमेरिकी विदेश नीति को स्वयं के प्रति सच्चा बनाया।

जाहिर है कि क्लिंटन की इस यात्रा ने पाकिस्तान को झकझोर दिया है। आक्रामक या अमर्यादित भाषा का इस्तेमाल किए बिना क्लिंटन ने पाकिस्तान को ऐसी बात कह दी है कि जो कोई सच्चा दोस्त ही कह सकता है। वहाँ का फौजतंत्र रुष्ट हो सकता है, उसका मनोबल गिर सकता है, वह अधिक आक्रामक भी हो सकता है लेकिन पाकिस्तान की जनता अब गहन आत्म-मंथन किए बिना नहीं रहेगी। यदि क्लिंटन की पाक-यात्रा से यह प्रक्रिया सचमुच आरम्भ हो जाए तो पाकिस्तान के दिन फिरे बिना नहीं रहेंगे। वहाँ शान्ति, लोकतंत्र और समृद्धि--सबका एक साथ पदार्पण होगा।

जहाँ तक भारत का सवाल है, क्लिंटन की यात्रा अमेरिका के पिछले सभी राष्ट्रपतियों की यात्रा के मुकाबले बेहतर रही है। इसमें शक नहीं है कि ड्वाइट आइज़नहावर की 1959 की यात्रा में जोशो-खरोश बहुत था लेकिन ख्रुश्चौफ बुल्गानिन की यात्रा के मुकाबले वह फीकी ही थी और 1969 की निक्सन यात्रा ने तो कुछ न कुछ बदमज़गी बढ़ाई ही थी। 1978 की कार्टर-यात्रा रामलीला मैदान में लीक हुई मोरारजी-विरोधी टिप्पणी के कारण अर्थहीन हो गई थी। इन यात्राओं के मुकाबले क्लिंटन की यात्रा में कहीं कोई अप्रियता नहीं हुई। न सैद्धान्तिक स्तर पर और न ही व्यक्तिगत स्तर पर! यदि क्लिंटन का भाषण प्रभावशाली था तो वाजपेयी का भाषण भी कम आकर्षक नहीं था। अटलजी हिन्दी में बोले और उन्होंने

बाज़ी मार ली। अंग्रेजी में बोलते तो फिसड्डी हो जाते। क्लिंटन हिन्दी नहीं समझते। फिर भी ताल दे रहे थे। कहीं कोई आंतरिक लय जरूर गमक रही थी।

प्रधानमंत्री अटलबिहारी वाजपेयी और क्लिंटन के बीच जैसा सद्‌भाव और माधुर्य उत्पन्न हुआ है, वैसा भारत के किसी प्रधानमंत्री और अमेरिकी राष्ट्रपति के बीच कभी नहीं हुआ। इंदिरा-जॉनसन सम्बन्ध कुछ ठीक-ठाक थे लेकिन निक्सन के साथ उनके खंजर हमेशा खिंचे रहे। नेहरू के साथ ट्रूमेन और आइज़नहावर की बात जाने दीजिए, भारतप्रेमी केनेडी की भी नहीं पटी। नेहरू के उपदेशों से केनेडी चिढ़ गए थे और इंदिरा को निक्सन नकचढ़ी कहते थे। रेगन और राजीव के सम्बन्ध भी वैसे दिल-खोल नहीं बन सके, जैसे कि क्लिंटन-अटल सम्बन्ध बन रहे हैं। इसका निर्धारण नेताओं की परस्पर पसंदगी-नापसंदगी से उतना नहीं होता जितना कि दोनों देशों के राष्ट्रहितों के आधार पर होता है। इसीलिए आशा है कि क्लिंटन के बाद की सरकार से भी भारत के सम्बन्ध सुधरते जाएँगे।

आज भारत और अमेरिका के राष्ट्रहितों में अपूर्व जुगलबंदी का समाँ बँधा हुआ है। वरना राष्ट्रपति नारायणन का कटु सत्य इस यात्रा में जहर घोल सकता था। 22 साल में कोई अमेरिकी राष्ट्रपति भारत नहीं आया। लेकिन भारत-अमेरिकी सम्बन्ध छलाँगें मारकर आगे बढ़ रहे हैं। बम नहीं होता तो शायद क्लिंटन भी नहीं आते। भारत के 15 लाख प्रवासियों ने अमेरिका के अनेक क्षेत्रों में झंडे गाड़ दिए हैं। भारत का 25 प्रतिशत व्यापार अकेले अमेरिका के साथ है। इसमें संदेह नहीं कि भारतीय अध्यात्म और अमेरिकी भौतिकवाद, दोनों का सुन्दर समन्वय हो सके तो 21वीं सदी की दुनिया का कायाकल्प हो सकता है। दोनों देशों द्वारा जारी किया हुआ 'भविष्यदृष्टि' दस्तावेज़ इसी दिशा में किया गया सार्थक प्रयास है। स्पष्ट है कि क्लिंटन की इस यात्रा से सारी दुनिया में भारत का विशेष प्रचार हुआ है, खास तौर से अमेरिका में। क्लिंटन भारत के सबसे बड़े विज्ञापन बन गए। निश्चय ही विदेशी विनियोग और पर्यटन को बढ़ावा मिलेगा लेकिन यह मानना गलत होगा कि भारत के साथ अमेरिका के सम्बन्ध वैसे ही हो जाएँगे जैसे कि वे कभी पाकिस्तान के साथ थे या अब इस्राइल या सउदी अरब या जर्मनी के साथ हैं। भारत कभी भी किसी देश का दुमछल्ला नहीं बन सकता। प्रगाढ़ मैत्री के बावजूद भारत अपनी स्वायत्तता बनाए रखेगा। इसीलिए क्लिंटन के लिए पलक पाँवड़े बिछाने के बावजूद भारत सीटीबीटी पर अडिग रहा। इसी प्रकार डालरों के लालच में वह 'स्वदेशी' के पाँव भी नहीं उखड़ने देगा। इसमें कोई शक नहीं कि दोनों देशों के बीच प्रति वर्ष शिखर-सम्मेलन होंगे, विदेश मंत्रियों में विचार-विनिमय होगा और आर्थिक सहकार बढ़ेगा तो राजनैतिक घनिष्ठता भी बढ़ेगी ही।

लगता है कि क्लिंटन की यह यात्रा भारत के लिए गुलाब ही गुलाब है और पाकिस्तान के लिए काँटे ही काँटे! इसमें शक नहीं कि इस समय पाकिस्तान पर बहुत बुरी बीत रही है। अगर जनरल मुशर्रफ क्लिंटन की मानें तो फौज और मुल्ले उन्हें

खा जाएँगे और नहीं मानें तो अब कटोरा लेकर वे कहाँ जाएँगे ? चीन से वे कुछ और बम, कुछ और मिसाइल ले सकते हैं लेकिन ढहती हुई अर्थव्यवस्था को चीन कैसे थामेगा ? चीन उसे दाँत तो दे सकता है लेकिन दाना नहीं दे सकता। वह दाने-दाने को मोहताज़ हो रहा है। इस हाल पर भारतीयों को लारा-लप्पा करने की जरूरत नहीं है। अमेरिका के भरोसे हम पाकिस्तान की समस्या हल नहीं कर सकते। अमेरिका जैसे 50 साल से पाकिस्तान के साथ था, इसके बावजूद दक्षिण एशिया में शान्ति नहीं हुई तो अगर अब वह 10 साल भारत के साथ रहेगा तो क्या शान्ति हो जाएगी ? दक्षिण एशिया में शान्ति उसी दिन होगी, जिस दिन पाकिस्तान भारत के साथ होगा और भारत पाकिस्तान के साथ होगा। इन दोनों राष्ट्रों का साथ होना कल तक अमेरिका को पसंद नहीं था। अब शायद चीन और रूस को भी नापसंद होने लगे, खास तौर से अमेरिका के बदले हुए रवैये के कारण। इस नापसंदगी की संभावनाओं का निषेध करने का सबसे अच्छा तरीका यही है कि भारत और पाकिस्तान आपस में सीधे बात करें।

अमेरिका में बज रहा भारत का डंका

अमेरिका कितना बदल गया है। अब से तीस साल पहले यहाँ गिने-चुने शहरों में कभी-कभार कोई भारतीय दिख जाता था लेकिन अब न्यूयॉर्क, वाशिंगटन, शिकागो, लॉस एंजलिस, मयामी जैसे शहरों के क्या कहने, छोटे-छोटे कस्बों में भी भारतीय लोग दनदना रहे हैं। इस समय हवाई से लेकर मयामी तक फैले विशाल अमेरिका में लगभग 13 लाख भारतीय रहते हैं। इनमें से कुछ ने यहाँ की नागरिकता ले ली है, कुछ को स्थायी निवास की सुविधा मिल गई है और कुछ अभी असमंजस में ही पड़े हैं कि यहाँ ही रहा जाए या भारत लौट जाएँ ?

जो असमंजस में पड़े हैं, ऐसा नहीं है कि उन्हें डॉलर प्रिय नहीं हैं। वे भी यह मानते हैं कि डॉलरानंद ही ब्रह्मानंद हैं। लेकिन उन्हें अब डॉलरों से अधिक चिन्ता अपने बच्चों की पड़ गई है। जिनके बच्चे 10-15 साल के हो गए हैं, वे महसूस करते हैं कि डॉलर तो आया लेकिन बच्चे गए। बच्चे अमेरिकी चाल में ढलते जा रहे हैं। उनका खान-पान तो बदल ही रहा है, वे अपनी मातृभाषा भी नहीं बोलते। कुल मिलाकर उनका चाल-चलन ऐसा बनता जा रहा है कि उनके माता-पिता को लगता है कि यह तो 'आत्महत्या' की स्थिति है। उनकी सन्तान की पहचान ही नष्ट होनेवाली है। क्या बूढ़े होने पर उन्हें भी अमेरिकी बुजुर्गों की तरह 'ओल्ड एज होम' या 'नर्सिंग होम' में धकिया दिया जाएगा ? भारतीय अभिभावक इस संभावना से आक्रांत हैं कि बुढ़ापे में वे कहीं अनाथ न हो जाएँ।

यों मैं अमेरिका आया था, केवल तीन दिन के लिए। विस्कोन्सिन युनिवर्सिटी द्वारा आयोजित 'दक्षिण एशियाई विश्व सम्मेलन' का उद्घाटन करने लेकिन प्रधानमंत्रीजी का आदेश हुआ कि मुझे संयुक्तराष्ट्र संघ में भी जाना है। विस्कोन्सिन और संयुक्तराष्ट्र के भाषणों के बाद इतने निमंत्रण मिले कि तीन दिन का यह प्रवास 70 दिन लम्बा हो गया। पिछले 70 दिन के प्रवास में मुझे लगभग 40 शहरों और कस्बों में जाने का अवसर मिला। मैं मुश्किल से आधा दर्जन अमेरिकी घरों में रहा, ज्यादातर तो अपने भारतीय भाइयों के साथ ही रहा। कुछ भारतीयों ने यह भी बताया कि उनके लौटने का कारण यह भी है कि वे अमेरिका आकर बुरी तरह फँस गए हैं। ये लोग छोटे-मोटे कामों में अटके हुए हैं, जैसे ड्राइवरी, सेल्समैनी, घरेलू नौकरी याने वे धंधे जो मूलत: हाड़तोड़ हैं लेकिन जिनमें डॉलर बहुत कम मिलते हैं। ये लोग अमेरिकियों के यहाँ नहीं, भारतीयों के यहाँ काम करते हैं। हजार-डेढ़ हजार डॉलर में भला

न्यूयॉर्क जैसे शहर में पूरे परिवार का गुजारा कैसे हो सकता है ? कई लोग तो इससे भी कम कमाते हैं और उनकी समस्या यह है कि यहाँ उनका कोई समाज नहीं है। किसी को आपसे बात करने की फुरसत नहीं है। अपना सुख-दुख आदमी किससे बाँटे ? जो लोग अविवाहित हैं, उन्हें और ज्यादा परेशानी है, खासतौर से तब जबकि वे अपना आचरण भारतीय मर्यादा के अनुसार रखना चाहते हैं।

जो लोग यहाँ जमकर टिक गए हैं, वे महसूस करते हैं कि वे व्यस्तता की चक्की में पिस रहे हैं। व्यस्तता का मतलब यही नहीं कि मदाम क्यूरी की तरह दिन-रात अपनी प्रयोगशाला याने दफ्तर या दुकान या कारखाने में भिड़े रहते हों। शनिवार और रविवार की तो पूरी छुट्टी यहाँ होती ही है, काम के घंटे भी तय होते हैं। कोई मालिक किसी नौकर से एक मिनिट भी ज्यादा काम नहीं ले सकता। इसके बावज़ूद लोगों को एक मिनिट की भी फुरसत नहीं है। हर आदमी बदहवास भागा जा रहा है। चूहे की तरह दौड़ रहा है। कारण क्या है ? यही कि यहाँ लगभग हर काम खुद करना पड़ता है। करोड़पति भी अपने बर्तन खुद माँजता है, खुद झाड़ू लगाता है, खुद खाना बनाता है, खुद अपनी कार चलाता है। नौकर रखना बहुत ही टेढ़ी खीर है। कानूनन अगर आप नौकर रखें तो उसे न्यूनतम 5-6 डॉलर प्रति घंटा देना होता है। दूसरे शब्दों में अगर अमेरिकी हिसाब से भुगतान किया जाए तो मालिक के वेतन और नौकर के वेतन में उतना फर्क नहीं रह जाता, जितना कि भारत में होता है।

ऐसी हालत में भारतीय क्या, अमेरिकी लोगों को भी साँस लेने की फुरसत नहीं मिलती। पूँजीवाद अपने उत्कर्ष की चरम अवस्था में भी मनुष्य को इतना आज़ाद नहीं कर पाया कि वह कह सके कि "बैठे रहें तसव्वुरे-जाना किए हुए।" हर्बर्ट मारकूज़ ने अब से 40 साल पहले कहा था कि पूँजीवाद मनुष्य को साधनों के निकट लाता है लेकिन साध्य से दूर हटाता है। यह बात अमेरिकी समाज पर पूरी तरह से लागू हो रही है। हर आदमी के लिए हर काम बेहद सरल हो जाए, इसकी जैसी व्यवस्था अमेरिकी समाज ने कर रखी है, वैसी मानव जाति के इतिहास में पहले कभी नहीं हुई लेकिन फिर भी आज का अमेरिकी मनुष्य बेहद त्रस्त है। सारे उपकरणों, यंत्रों और सुविधाओं के बावज़ूद अमेरिकी मनुष्य के पास फुरसत (लेज़र टाइम) नहीं है। इसी फुरसत की चाह में बहुत-से भारतीय असमंजस में पड़े हुए हैं। वे चाहते हैं कि भारत लौट जाएँ लेकिन मैं जानता हूँ कि वे लौटेंगे नहीं।

जो लौटे नहीं, उन्होंने, उनमें से ज्यादातर ने अमेरिका में भारत के झंडे गाड़ दिए हैं। आज अमेरिकी परिवारों की जो औसत आय है, उससे ज्यादा आय अमेरिका के भारतीय परिवारों की है। जो लोग पिछले 15-20 साल में अमेरिका आए हैं, उनमें डॉक्टर, इंजीनियर, व्यापारी, वकील, प्रोफेसर आदि लोग अधिक हैं। ये भारतीय समाज के नवनीत हैं। ये लोग दिन-रात मेहनत करते हैं, जमकर बचत करते हैं और ठाठ से रहते हैं। दूसरे दर्जे के नागरिक ये अब भी हैं, गोरों के मुकाबले लेकिन अब

ये दया के नहीं, ईर्ष्या के पात्र हैं। भारतीय लोग यहाँ बड़े-बड़े मकानों में रहते हैं, शानदार इलाकों में रहते हैं, लगभग हर घर में कई कारें हैं और कई भारतीय परिवारों में प्रत्येक रविवार को सफाई और सहायता के लिए गोरे लोग मज़दूरी पर भी आते हैं। अब से 30 साल पहले जब मैं कुछ भारतीय परिवारों में जाता था तो उनके रहन-सहन और अमेरिकी मित्रों के रहन-सहन में बहुत अन्तर पाता था लेकिन अब औसतन भारतीय परिवार का स्तर निश्चित रूप से गोरे अमेरिकी परिवारों से बेहतर है। भारतीय डॉक्टर लोगों के पास सबसे बड़े मकान और सबसे बड़ी कारें होती हैं। शिकागो के पास कन्काकी में डॉ. राहुल दीपंकर तथा पिट्सबर्ग में डॉ. राधेश्याम अग्रवाल के यहाँ मैं जब भोजन करने गया तो यह ही समझ में नहीं आया कि मैं जहाँ बैठा हूँ, वह घर है या महल है। हमारे डॉक्टरों की समृद्धि को देखते हुए कुछ महत्त्वपूर्ण अमेरिकियों ने मुझसे पूछा कि 'क्या भारत में डॉक्टरों की जरूरत नहीं है ? ये लोग यहाँ इतनी बड़ी संख्या में क्यों आते जा रहे हैं ?' वास्तव में भारतीय डॉक्टर अपनी योग्यता, विनम्रता और सेवा के कारण यहाँ लोकप्रिय हो गए हैं। लॉस एंजलिस के लेंकास्टर और पोमोना में ग्वालियर के डॉ. अनिलकुमार और डॉ. चन्द्रहास की लोकप्रियता देखकर मैं दंग रह गया। कई अमेरिकी डॉक्टर और नर्सें उनके साथ काम करते हैं और अगर वे भारत लौटना भी चाहें तो स्थानीय नागरिक उन्हें अमेरिका छोड़ने नहीं देंगे। हमारे कई कम्प्यूटर इंजीनियरों और डॉक्टरों ने अपने निजी हवाई जहाज खरीद रखे हैं। ओसवीगो के डॉक्टर रवि शाह ने मुझे दो घंटे अपने जहाज में घुमाया और उनके बारे में यह भी पता चला कि वे अमेरिका की सेना में ब्रिगेडियर-जनरल के पद पर हैं। अब तक इतना ऊँचा पद किसी भी भारतीय को अमेरिकी फौज में नहीं मिला था। अनेक नोबेल पुरस्कार विजेताओं की जननी 'ल्यूसेंट लेबोरेटरीज़' की अध्यक्षता का गौरव हाल ही में डॉ. अरुण नेत्रवाली को मिला है।

सिर्फ नौकरियों में ही नहीं, व्यवसायों में भी भारतीय आगे बढ़ रहे हैं। श्री हँसमुख रामा 1969 में सिर्फ दो डॉलर जेब में डाले केलिफोर्निया पहुँचे थे। आज वे अमेरिका के होटल-मालिक संघ के अध्यक्ष हैं। उन्होंने अभी-अभी दस लाख डॉलर दान किए हैं, गोरेतर छात्रों के लिए। एटलान्टा के अमेरिकी समाज में हँसमुखजी और उनके छोटे भाई रमन रामाजी की बड़ी इज्ज़त है। इसी प्रकार कम्प्यूटर सॉफ्टवेयर, भवन-निर्माण व्यापार आदि क्षेत्रों में अनेक भारतीयों की गिनती अमेरिकी करोड़पतियों में होने लगी है। भारतीयों ने यहाँ अपने पैसों से कई विश्वविद्यालय, कई शोध-संस्थान और कई सार्वजनिक संस्थाएँ खड़ी कर दी हैं। नॉर्थ केरोलाइना के विल्सन शहर में श्रीमती रश्मि नाखरे को लोग वहाँ की मदर तेरेसा की तरह मानते हैं। इंदौर की रश्मि नाखरे ने नीग्रो बच्चों के लिए जो पाठशाला चला रखी है, वह सेवा का आदर्श मानी जाती है। श्रीमती रश्मि नाखरे को अनेक प्रान्तीय और राष्ट्रीय स्तर के सम्मान मिल चुके हैं। वाशिंगटन में श्री अप्पू कुट्टन नामक मलयाली सज्जन मिले। उनका बेटा अमेरिका का सबसे प्रतिभाशाली बालक चुना गया।

कौन-सा ऐसा बड़ा शहर है, जहाँ मन्दिर नहीं हैं ? लोगों ने अब मन्दिर भी अपने-अपने सम्प्रदाय और प्रान्त के अनुसार बनाने शुरू कर दिए हैं। शिकागो, ह्यूस्टन और न्यूयॉर्क के भव्य आर्यसमाज मन्दिर भी देखने लायक हैं। अफगानिस्तान से आए हिन्दुओं ने न्यूयॉर्क में काबुल की तरह अपना अलग 'आसामाई' मन्दिर बना लिया है। लेकिन भारत के साथ वे उत्कट रूप से जुड़ना चाहते हैं। यहाँ बसे भारतीयों में भारत के प्रति आग्रह कुछ अधिक ही दिखाई पड़ता है। उनकी दूसरी पीढ़ी पर छा रहे अमेरिकी प्रभाव के बावजूद वे अपनी परम्पराओं, तीज-त्योहारों और मर्यादाओं को 'हारिल की लकरी' की तरह पकड़े हुए हैं, इसीलिए एक अमेरिकी प्रोफेसर ने मज़ाक में मुझसे कहा कि अमेरिका में रहनेवाले पाकिस्तानी तो मुस्लिम लीगी हो जाते हैं और भारतीय 'जनसंघी' बन जाते हैं। वैसे अमेरिका में रहनेवाले भारतीय और पाकिस्तानियों में कहीं-कहीं अत्यधिक सद्भाव दिखाई पड़ता है। शिकागो की 'सागर' नामक संस्था का संचालन जनरल परवेज़ मुशर्रफ के भाई डॉ. नावेद मुशर्रफ और डॉ. हरिन्दर लांबा मिलकर करते हैं। शिकागो के भारतीय और पाकिस्तानियों ने मिलकर मेरे लिए दो व्याख्यान और चार प्रीतिभोज आयोजित किए। यों ट्रिनिडाड और गयाना के जो भारतवंशी न्यूयॉर्क और टोरेंटो में बस गए हैं, उनके घरों पर फहराते हुए लाल और भगवा झंडे हमारे 'सेक्यूलर दिमाग' पर फब्ती कसते हुए-से लगते हैं। अमेरिका के कई शहरों के मोहल्लों के नाम भारतीय शहरों के नाम पर भी रखे जाने लगे हैं। तीस साल पहले न्यूयॉर्क जैसे बड़े शहर में सिर्फ एक भारतीय रेस्तराँ था, वह भी बड़ा महँगा। आज अनेक शहरों की गली-गली में भारतीय रेस्तराँ हैं और वे खचाखच भरे रहते हैं। भारतीय भोजन ने अमेरिकी जुबान पर अपना सिक्का बिठा दिया है।

यहाँ रह रहे भारतीयों का प्रथम लक्ष्य यद्यपि डॉलर कमाना ही है, लेकिन भारत के बारे में वे बहुत सजग हैं। कई भारतीयों ने सभाओं में मुझसे पूछा कि 'आखिर करगिल के वक्त हमने पूरा कश्मीर क्यों नहीं ले लिया ? हम पाकिस्तान को सबक क्यों नहीं सिखाते ?' जिन सभाओं में लोग इस तरह के प्रश्न पूछते, उनसे मैं यह भी जानना चाहता कि 'यहाँ बसे 13 लाख भारतीयों ने करगिल-युद्ध के समय क्या किया ? क्या कुछ पैसा भेजा ? उन्होंने कम से कम 10 डॉलर प्रति व्यक्ति के हिसाब से तो भेजा होता।' जाहिर है कि यहाँ रहनेवाले भारतीय अपने परिवारवालों के लिए तो थोड़ी-बहुत सहायता जरूर पहुँचाते हैं लेकिन राष्ट्र-सेवा के लिए वैसे उद्यत दिखाई नहीं पड़ते, जैसे कि चीनी लोग दिखाई पड़ते हैं। आज चीन के शंगघाए, नानचिंग और पेइचिंग जैसे शहरों में समृद्धि की जो चकाचौंध दिखाई पड़ती है, उसके मूल में प्रवासी चीनियों का पैसा प्रमुख है। अमेरिका में बसे भारतीयों का भारत-प्रेम तो निर्विवाद है लेकिन उनकी कृतज्ञता अब भी ठोस रूप में दिखाई नहीं देती। यह तो असम्भव है कि यहाँ बसे भारतीयों को भारत लौटने के लिए मजबूर कर दिया जाए लेकिन कोई ऐसा विराट प्रयत्न तो शीघ्र होना चाहिए कि वे अपने मोटी कमाई

का कुछ हिस्सा भारत के विकास और सेवा में लगाएँ। वे भी यही चाहते हैं लेकिन अब तक अनुकूल मार्ग तैयार नहीं हो पाया है। भारत का डंका वे अमेरिका में बजा रहे हैं, यह खुशी की बात है लेकिन भारत के लिए चिन्ता का विषय यह भी है कि भारत के आम पकते ही अमेरिकी आँगन में गिरना चाहते हैं। वर्षों के प्रशिक्षण और लाखों के खर्च के बाद भारत को क्या मिलता है ? क्या कोरे पत्ते और सूखी टहनियाँ ही भारत के खाते में लिखी जाती रहेंगी ?

अमेरिका के भारतीय अपनी सजगता कायम रखने के लिए निरंतर प्रयत्नशील रहते हैं। 'इंडिया एब्रॉड' जैसी बड़े प्रसारवाली पत्रिका के अलावा हिन्दी, मराठी, गुजराती, कन्नड़ आदि अनेक भाषाओं की छोटी-मोटी पत्रिकाएँ यहाँ से प्रकाशित होती हैं। भारतीय घरों में 'टी.वी. एशिया', 'नमस्ते अमेरिका' और 'जी टी.वी.' के कार्यक्रम प्राय: नियमित देखे जाते हैं। अनेक भारतीय लोग विभिन्न शहरों में अपने-अपने निजी रेडियो स्टेशन भी चलाते हैं या उनमें काम करते हैं। अमेरिका के प्रमुख अखबारों और टी.वी. चैनलों में भी धीरे-धीरे भारतीय पत्रकार अपना स्थान बनाते जा रहे हैं। सीएनएन की एक वरिष्ठ अमेरिकी महिला संपादिका ने जब मुझसे इंटरव्यू की स्वीकृति ले ली तो स्थान और समय तय करने के लिए बाद में जो स्वर सुनाई पड़ा, वह हिन्दी में था और किसी युवती का था। मालूम पड़ा कि वह मुम्बई की थी। कोई आश्चर्य नहीं कि कुछ ही वर्षों में कुछ मालदार भारतीय, अमेरिका के सबसे बड़े अखबारों और टी.वी. चैनलों के मालिक बन जाएँ।

अनेक भारतीयों ने बेहद सस्ती फोन-सुविधाएँ ले रखी हैं, जिनके द्वारा वे घंटों बात करते हैं। लोग दिन में कई बार 'इंटरनेट' पर भारत के अखबारों की खबरें देखते हैं और प्रो. अमृत नाखरे ने तो कम्प्यूटर पर दूरदर्शन और आकाशवाणी के बुलेटिन भी मुझे सुनवाए। म.प्र. और उ.प्र. के हजारों हिन्दीभाषी लोग 'नई दुनिया' और 'जागरण' रोज अपने कम्प्यूटर के पर्दे पर पढ़ते हैं। कई मित्रों ने कहा कि 'नवभारत टाइम्स' और 'भास्कर' जैसे प्रभावशाली अखबार भी उन्हें इंटरनेट पर उपलब्ध होना चाहिए। वे 'धर्मयुग' और 'दिनमान' जैसी सामग्री भी अपने पर्दे पर चाहते हैं। इंदौर के श्री विनय छजलानी द्वारा स्थापित 'वेब दुनिया' ने एक हद तक इस कमी की पूर्ति की है। अब आप इस 'ई-पत्र' के जरिए सीधे हिन्दी में संदेश प्राप्त कर सकते हैं और भेज सकते हैं। 'वेब दुनिया' ने हिन्दी को विश्व-सम्पर्क की भाषा बना दिया है। अमेरिका में रह रहे भारतीयों के लिए यह वरदान सिद्ध हो रहा है। संयुक्तराष्ट्र संघ में हुए मेरे भाषणों पर एक साथ सैकड़ों भारतीयों ने जब ई-मेल संदेश भेजे तो इंटरनेट का चमत्कार मुझे भली-भाँति समझ में आ गया। यों भी 'इंटरनेट' की सुविधा नहीं होती तो अमेरिका के 40 विश्वविद्यालयों और शहरों में मेरे भाषण आयोजित हो ही नहीं सकते थे। अब से 30 साल पहले जब मैं न्यूयॉर्क के कोलम्बिया विश्वविद्यालय में शोध करने आया था तो हफ्तों हमें पता ही नहीं चलता था कि भारत में क्या हो रहा है लेकिन इस बार अपने पुराने विश्वविद्यालय में हुए भाषण

के दौरान दो बार छात्रों ने बीच में रोककर मुझे बताया कि अभी-अभी दिल्ली में क्या हुआ और लखनऊ में क्या हुआ ? (संदर्भ–उ.प्र. के मुख्यमंत्री कल्याण सिंह का इस्तीफा)।

विभिन्न अमेरिकी विश्वविद्यालयों में हुए भाषणों के दौरान अमेरिकी अध्यापक और छात्र तो सीटीबीटी, 21वीं सदी में भारत की भूमिका, अमेरिकी समाज के प्रति हमारी दृष्टि आदि पर सवाल पूछते लेकिन ज्यादातर भारतीय यह जानना चाहते थे कि यह सरकार जमकर चलेगी या नहीं ? वे पिछली सरकार के गिरने से काफी नाराज़ दिखाई पड़े। श्री अटलबिहारी वाजपेयी की लोकप्रियता जितनी भारत में है, उससे कहीं अधिक यहाँ है। अनेक युवा भारतीयों ने जानना चाहा कि भ्रष्टाचार, प्रदूषण और फिजूलखर्ची को रोकने के लिए भारत सरकार क्या कर रही है ? भारत-अमेरिका और भारत-पाक सम्बन्धों पर भी हर सभा में सवालों और टिप्पणियों की झड़ी लगी रहती है। अनेक लोगों ने यह कहा कि जिस सीटीबीटी को सीनेट ने रद्द कर दिया, उस पर भारत सरकार हस्ताक्षर क्यों करना चाहती है ? यह कैसे हो सकता था कि लोग मुझसे अफगानिस्तान पर सवाल न पूछें ? यहाँ अफगान राजदूत और पुराने विदेश मंत्रियों आदि ने तो यह पूछा ही कि अफगानिस्तान के मामले में भारत इतना तटस्थ क्यों है, भारतीयों ने भी जानना चाहा कि यदि अफगानिस्तान पूरी तरह बिखर गया तो क्या पाकिस्तान नहीं टूटेगा और पाकिस्तान टूट गया तो क्या भारत की सुरक्षा पर सीधा प्रभाव नहीं पड़ेगा ?

अनेक जनसभाओं में भारतीय महिलाओं ने पूछा कि हमारे बच्चों को बिगड़ने से कैसे रोकें ? मैंने तीन उपाय बताए ! एक तो उन्हें हिन्दी या मातृभाषा अवश्य सिखाएँ। दूसरा, शैशव-काल से ही उन्हें अध्यात्म में प्रवृत्त करें और तीसरा, छोटी आयु में पढ़ने के लिए उन्हें कुछ वर्ष भारत भेजें। ये सुझाव यहाँ के भारतीय समाज को काफी पसंद आए। यों भी आर्य समाज और स्वाध्याय परिवार की गतिविधियाँ प्रायः हिन्दी में ही चलती हैं। अनेक शहरों में काव्य-पाठ और साहित्यिक समारोह भी आयोजित होते हैं। वाशिंगटन में श्रीमती मधु माहेश्वरी और श्री धनंजय कुमार ने अपने घर पर काव्य-पाठ का विशेष आयोजन किया। डॉ. राम चौधरी की हिम्मत को दाद देनी पड़ेगी। वे अब भी 'हिन्दी-जगत' नामक पत्रिका निकाल रहे हैं। न्यूयॉर्क की हिन्दी-संस्था अच्छा कार्य कर रही थी लेकिन आपसी विवादों के कारण शिथिलता छा गई है। वह विश्व हिन्दी सम्मेलन भी नहीं कर सकी। लेकिन मयामी में भारतीयों ने तुलसीदास पर नवम्बर के अन्त में विश्व-सम्मेलन कर डाला। बिना किसी सरकारी सहायता के इतना सार्थक और इतना व्यवस्थित सम्मेलन 'हिन्दीवाले' क्यों नहीं कर पाते हैं। तुलसीवाले भी तो हिन्दीवाले ही हैं ? लेकिन ये हिन्दी के कवि, लेखक, समालोचक या मठाधीश नहीं हैं। ये तुलसी के भक्त हैं और इनमें से ज्यादातर गणित और भौतिकशास्त्र के प्राध्यापक हैं। इनकी कार्य-शैली में भारत का भक्ति-भाव और अमेरिका की दक्षता का सुंदर सामंजस्य हुआ है। डॉ. भूदेव शर्मा की अध्यक्षता में 'वर्ल्ड

एसोसियेशन ऑफ वैदिक स्टडीज़' (विव्ज़) नामक संस्था सराहनीय कार्य कर रही है। डॉ. शर्मा के संपादकत्व में 'विश्व-विवेक' नामक पत्रिका का नियमित प्रकाशन भी हो रहा है।

भारतीयों की सफलताओं को देखकर अमेरिकी लोग चकित होते हैं। उनके लिए यह एक पहेली है कि भारतीय लोग एक-दूसरे की इतनी अधिक सहायता क्यों करते हैं। भारतीयों को आगे बढ़ता देखकर उन्हें ईर्ष्या तो होती है लेकिन उनके जीवन पर भारत का असर भी पड़ रहा है। वे भारतीयों के स्वस्थ दाम्पत्य-जीवन और संतान की आज्ञाकारिता को अनुकरणीय मानने लगे हैं। भारत का दार्शनिक और आध्यात्मिक साहित्य भी पुस्तकों की दुकानों में काफी दिखाई पड़ता है। योगासन, प्राणायाम और शाकाहार अब लगभग फैशन का रूप धारण करते जा रहे हैं। गोरे अमेरिकी मोटी रकम खर्च करके इन भारतीय प्रवृत्तियों में निष्णात होना चाहते हैं। भारत को जानने की ललक अमेरिका में दिनोंदिन बढ़ती जा रही है। विस्कोन्सिन विश्वविद्यालय द्वारा आयोजित दक्षिण एशियाई सम्मेलन में लगभग 400 अमेरिकी विशेषज्ञ आए थे। यदि अमेरिकी भौतिकता और भारतीय आध्यात्मिकता का सुंदर समन्वय हो सके तो 21वीं सदी एक नई सभ्यता का सूत्रपात कर सकती है।

मेरा सोचना है कि जिस दिन अमेरिका में भारतीयों की संख्या 50 लाख के लगभग होगी, अमेरिकी जीवन पर भारत का प्रभाव साफ़-साफ़ दिखाई देने लगेगा। कोई आश्चर्य नहीं कि अगले 30-35 साल में भारतीय मूल की तीसरी पीढ़ी का कोई अमेरिकी नागरिक अमेरिका का राष्ट्रपति बन जाए। अमेरिकी अर्थव्यवस्था और समाज-व्यवस्था में बढ़ता हुआ भारतीय प्रभाव क्या अमेरिकी राजनीति में प्रतिबिम्बित नहीं होगा ? अब भी अनेक शहरों में भारतीयों के वोट का महत्त्व काफी बढ़ गया है। अमेरिकी नेतागण आजकल राजनैतिक चन्दे के लिए भारतीय डॉक्टरों और अन्य व्यवसायियों से सीधी अपील करने लगे हैं। मीडिया पर भी भारतीयों की पकड़ बढ़ती जा रही है। यदि किसी कारण 13 लाख भारतीय अमेरिका छोड़ने का निश्चय कर लें तो अमेरिकी जीवन के अनेक अंग बिलकुल सुन्न पड़ जाएँगे। भारतीयों को आज अमेरिका की जितनी जरूरत है, उससे ज्यादा अमेरिका को भारतीयों की है। यहूदियों की तरह अल्पसंख्या में होते हुए भी भारतीय अमेरिका पर छाए जा रहे हैं।

भारत-अमेरिकी सम्बन्ध : अपूर्व आयाम

भारत के लगभग सभी प्रधानमंत्री अमेरिका गए लेकिन जैसी यात्रा श्री अटलबिहारी वाजपेयी की हुई, क्या किसी अन्य प्रधानमंत्री की भी हुई ? जाहिर है कि नहीं हुई। क्यों नहीं हुई ? क्या इसलिए कि वे सारे प्रधानमंत्री अमेरिका के दुश्मन थे और श्री वाजपेयी अमेरिका के दोस्त हैं ? क्या इसलिए कि अमेरिका के सारे राष्ट्रपतियों के लिए भारत अछूत था और श्री बिल क्लिंटन के लिए भारत परमप्रिय है ?

इसमें शक नहीं कि श्री वाजपेयी और श्री क्लिंटन को व्यक्तिगत श्रेय मिलना ही चाहिए लेकिन इस तरह की यात्राएँ सिर्फ व्यक्तिगत सद्‌भाव के कारण ही सफल नहीं होतीं। यदि ऐसा होता तो 1966 में श्रीमती इंदिरा गांधी और 1985 में श्री राजीव गांधी की अमेरिका-यात्राएँ भारत-अमेरिका सम्बन्धों को सातवें आसमान पर पहुँचा सकती थीं। राष्ट्रपति लिण्डन जॉनसन श्रीमती इंदिरा गांधी के नेतृत्व पर इस कदर फिदा थे कि उन्हें प्रधानमंत्री बनने के तीन महीने के अन्दर ही अमेरिका आमंत्रित किया गया जबकि लाख कोशिशों के बावजूद श्री लालबहादुर शास्त्री की यात्रा सम्पन्न ही नहीं हो सकी। अमेरिका गद्‌गद था कि भारत की नई सरकार ने भारतीय रुपए को डॉलर के चरणों में लिटा दिया था और भारत प्रसन्न था कि चीन अमेरिकी आँखों की किरकिरी बन गया है। दोनों नेताओं में असाधारण सद्‌भाव था। इंदिराजी जब अमेरिका गईं तो लगा कि लाल गलीचे की जगह खुद जॉनसन-प्रशासन ही बिछ गया है। अमेरिका भारत को गरीबी, बेकारी, भुखमरी से उबारने का ठेका ले सकता था बशर्ते कि भारत कश्मीर, वियतनाम, अरब-इस्राइल समस्या, रंगभेद आदि पर अमेरिका का अंधानुकरण करता। लेकिन हुआ क्या ? न नौ मन तेल हुआ, न राधा नाची। राधा तो राजीव के वक्त भी नाचना चाहती थी। राष्ट्रपति रोनाल्ड रेगन ने राजीव को रिझाने के लिए क्या-क्या नहीं किया ? पैसा, हथियार, नई तकनीक और राजनीतिक समर्थन तक देने की पेशकश की लेकिन बात कुछ बनी नहीं। व्यक्तिगत सद्‌भाव और पारस्परिक आकर्षण के बावजूद श्री राजीव गांधी की 1985 की अमेरिका-यात्रा सफल नहीं हो पाई। यह संयोग नहीं है कि नेहरू की हर यात्रा के बाद भारत और अमेरिका की खाई थोड़ी और चौड़ी हो गई। यही हाल प्रधानमंत्री मोरारजी देसाई और राष्ट्रपति जिमी कार्टर की यात्राओं का हुआ था। प्रधानमंत्री नरसिंहराव की यात्रा कुछ सफल जरूर हुई लेकिन कश्मीर, परमाणु बम और उदारीकरण आदि मुद्‌दों पर दोनों देशों के बीच काफी कशमकश चलती रही।

सम्बन्धों का जो बुनियादी ढाँचा जवाहरलाल नेहरू के ज़माने से चला आ रहा था, वह कमोबेश बना ही रहा लेकिन लगता है कि पहले क्लिंटन और अब वाजपेयी की यात्रा ने शीतयुद्ध के उस जर्जर ढाँचे को ढहा दिया है।

जो राष्ट्रपति क्लिंटन श्री नरसिंहराव के ज़माने में थे, वे ही अब श्री वाजपेयी के ज़माने में भी हैं। उनके दीए की लौ उस समय ताजा और तेज थी। अब बिलकुल मद्धिम पड़ गई है। फिर भी अपने तीन-चार माह के इस अन्तिम दौर में ही उन्होंने अपने भारतीय अतिथि की यात्रा को ऐसे मुकाम पर पहुँचा दिया है कि वह भारत-अमेरिका सम्बन्धों के इतिहास में शायद अपूर्व कहलाएगी। अपूर्व इसलिए कि जिस वातावरण में यह यात्रा सम्पन्न हुई है, वह अपूर्व है। क्लिंटन का सपना तो यह भी है कि यदि भारत और अमेरिका कदम से कदम मिलाकर चलें तो ये दोनों राष्ट्र सारी दुनिया की शक्ल ही बदल सकते हैं। कदम से कदम मिलाकर चलने की बात सुनने में अच्छी लगती है लेकिन उसे अमली जामा पहनाना ज़रा कठिन होता है। भारत को अपनी संस्कृति तथा अपनी विशालता पर गर्व है और अमेरिका को अपनी शक्ति पर! जब एक ही सैनिक गठबंधन के दो राष्ट्र—अमेरिका और फ्रांस—कई मुद्दों पर कदम से कदम मिलाकर नहीं चल पाए तो भारत और अमेरिका हर महत्त्वपूर्ण मुद्दे पर एक राय कैसे हो पाएँगे ? भारत और सोवियत संघ लगभग 40 साल 'स्वाभाविक मित्र' बनकर रहे लेकिन दर्जनों मुद्दों पर उनकी राय अलग-अलग रही। क्या भारत-अमेरिका, भारत-सोवियत सम्बन्धों से भी अधिक घनिष्ट और अधिक स्निग्ध बन सकते हैं? अच्छा हुआ कि मिलन के इस माहौल में उभरी फिसलपट्टी पर अटलजी ज्यादा नहीं फिसले।

अटलजी नौसिखिए नहीं हैं। उन्हें पता है कि अब तक भारत-अमेरिका सम्बन्ध पटरी से उतरे क्यों रहे ? अमेरिका ने हमेशा चाहा है कि भारत दुनिया को अमेरिकी चश्मे से देखे। यदि अमेरिका रूस और चीन को अछूत मानता है तो भारत उनकी सोहबत को हराम घोषित करे। यदि रूस हंगेरी और चेकोस्लोवाकिया में घुसता है तो भारत उसकी निन्दा करे और अमेरिका सान्ता दोमिन्गो और ग्रेनाडा में घुसता है तो भारत उसकी सराहना करे। भारत की गुट-निरपेक्षता को अमेरिका कोढ़ कहे और अमेरिका के सैनिक गुटों को भारत विश्व-शान्ति की गारंटी कहे। जिस डंडे से अमेरिका फिलीपीन्स, ईरान, पाकिस्तान जैसे देशों को हाँकता रहा है, उसी से वह दुनिया के इस सबसे बड़े लोकतंत्र को भी हाँकने की कोशिश करता रहा है। क्या यह आश्चर्य नहीं कि अमेरिका के उस प्रस्ताव पर भी भारत आनाकानी कर रहा है, जिसके द्वारा वह एक सौ लोकतांत्रिक राष्ट्रों का एकछत्र नेता बन सकता है? इन एक सौ लोकतांत्रिक राष्ट्रों का जून में पौलेंड में एक सम्मेलन हुआ था, जिसके संयोजकों में से भारत भी एक था। भारत को अभी भी अमेरिका के लोकतंत्र-प्रेम पर शक है। दोनों लोकतांत्रिक देश हैं, इसलिए उनके सम्बन्ध सुधर जाएँ, यह तर्क पचास साल से सुन्न हुआ पड़ा है। अगर यह तर्क ठीक होता तो रूस और चीन तथा

यूगोस्लाविया और अल्बानिया के सम्बन्ध कभी खराब ही नहीं होते। ये सभी देश समाजवादी थे। इसके अलावा क्या वजह थी कि अमेरिका ने अब्दुल जमाल नासिर के मिस्र की बजाय फैज़ल के सउदी अरब को और नेहरू के भारत की बजाय अयूब के पाकिस्तान को पसंद किया ? लोकतंत्रों को उसने धता क्यों बताई और तानाशाहियों को वह दुग्धपान क्यों कराता रहा ?

इन सब प्रश्नों के जवाब में हमें क्लिंटन और अटलजी के सद्भाव में नहीं, भारत और अमेरिका के राष्ट्रहितों में खोजने होंगे। अन्तरराष्ट्रीय राजनीति में न मित्र स्थायी होते हैं, न शत्रु ! स्थायी होते हैं, राष्ट्रहित ! आज दोनों राष्ट्रों के राष्ट्रहितों में जैसी गज़ब की जुगलबन्दी चल रही है, वैसी पहले कभी नहीं चली। भारत आज उतना ही विशाल और लोकतांत्रिक है, जितना कि पहले था लेकिन तब उसके पास परमाणु बम नहीं था, क्रय शक्ति नहीं थी और उसकी सन्तानों ने अमेरिकियों को अपना जलवा भी नहीं दिखाया था। अमेरिका सदा शक्ति और सफलता को सलाम करता है। भारत ने आज खुद को इस लायक बना लिया है। इसीलिए अटलजी की अमेरिका-यात्रा अन्य सभी प्रधानमंत्रियों की यात्रा से कहीं अधिक सार्थक, कहीं अधिक जीवंत, कहीं अधिक संभावनाओं से परिपूर्ण दिखाई पड़ रही है।

इसके कारण स्पष्ट हैं। पहला तो यही कि यह जवाबी यात्रा है। अगर क्लिंटन भारत से अभिभूत होकर नहीं गए होते तो वे अटलजी से अमेरिका आने का आग्रह क्यों करते और व्हाइट हाउस के इतिहास का सबसे बड़ा 'डिनर' क्यों करते ? भारत के अनेक विघ्न-संतोषियों ने प्रधानमंत्री से यह भी कहा था कि अमेरिका में नवम्बर में नए राष्ट्रपति का चुनाव है। जो खुद एक-डेढ़ माह का मेहमान है, उसके मेहमान बनकर आप भारत का क्या भला करेंगे ? लेकिन इस यात्रा में एक पत्थर से कई शिकार हुए। क्लिंटन और डेमोक्रेटिक पार्टी तो प्रसन्न हुए ही, राष्ट्रपति के दोनों उम्मीदवारों-अल गोर और बुश-से बात भी हो गई। स्वयं क्लिंटन ने कहा कि यह यात्रा सिर्फ दो नेताओं के सौहार्द की प्रतीक ही नहीं है, दो राष्ट्रीय प्रवाहों के मिलन की प्रतीक भी है।

यात्रा सफल होने का दूसरा कारण था, अमेरिका की सौत का अभाव। सोवियत संघ का अभाव। सोवियत संघ के साथ अमेरिका का सौतिया डाह था। उस समय तर्क यह था कि जो भारत सोवियत रूस के प्रेम-पाश में 'आबद्ध' है, वह अमेरिका का प्रेम-भाजन कैसे बन सकता है ? शीतयुद्ध की समाप्ति और सोवियत संघ के विघटन ने इस 'बाहरी प्रेत-बाधा' को समाप्त कर दिया। जो 'बाहरी प्रेत-बाधा' क्लिंटन के पहले चार साल में भारत को तंग कर रही थी, वह थी–पाकिस्तान ! क्लिंटन के दूसरे कार्यकाल में यह प्रेत-बाधा अत्यंत लघुता को प्राप्त हुई है, आतंकवाद के कारण, करगिल के कारण, फौजी शासन के कारण ! स्वयं जनरल मुशर्रफ ने न्यूयॉर्क से दिए अपने एक इंटरव्यू में स्वीकार किया है कि अब अमेरिका की प्राथमिकताएँ बदल गई हैं। प्रधानमंत्री ने अपने तीनों प्रमुख भाषणों में इसी लघु प्रेत-बाधा पर

मारक-मंत्र बरसाए। बिलकुल ठीक किया। एशिया सोसायटी, संयुक्तराष्ट्र और अमेरिकी कांग्रेस तीनों ऐसे मंच थे, जहाँ से पाकिस्तानी प्रचार के ज़हर को धोना जरूरी था। भारत को न केवल आतंकवाद-विरोध पर अमेरिका का पूरा समर्थन मिला बल्कि इस मुद्दे पर भी सहमति हुई कि दोनों अफगानिस्तान में मिलकर काम करेंगे। यदि यह हो गया तो पाकिस्तान को जल्दी ही अपनी हैसियत का पता चल जाएगा। वास्तव में इससे भारत और अमेरिका के बीच वैश्विक सामरिक सहयोग के नए युग का सूत्रपात होगा। यह चीन के लिए चिन्ता का विषय होगा लेकिन दुनिया के लिए यह अत्यन्त शुभ घटना होगी। भारत और सोवियत संघ के सामरिक सहयोग के पचास वर्षों का जो भी योगदान रहा, भारत और अमेरिका का सामरिक सहयोग सचमुच इक्कीसवीं सदी की शक्ल बदल देगा।

भारत-अमेरिकी सम्बन्धों को सर्वोच्च धरातल पर ले जानेवाला तीसरा तत्त्व है-अमेरिका में उपस्थित लगभग वे तेरह लाख भारतीय लोग, जिन्होंने पिछले बीस वर्षों में अमेरिकी अर्थव्यवस्था में नए पंख उगा दिए हैं। इन गरुड़-पंखों पर सवार होकर आज अमेरिका सूचना महाशक्ति बन गया है और भारत भी उसी कोटि में पहुँच रहा है। ये भारतीय अमेरिका के सबसे अधिक सुसंस्कृत, सुशिक्षित और सुसम्पन्न वर्ग का प्रतिनिधित्व करते हैं। वे नोट और वोट दोनों के धनी हैं। अटलजी की उपस्थिति ने इस 'भारतीय तत्त्व' की महत्ता पर मुहर लगाई है। यह तत्त्व भारत-अमेरिकी सम्बन्धों का सबसे सुदृढ़ सेतु है। क्लिंटन और अल गोर ने इस 'महद् तत्त्व' को अटलजी की उपस्थिति में कई बार प्रणाम किया है। अगले दस वर्षों में इन उद्यमशील भारतीयों की संख्या अगर तीस लाख तक पहुँच गई तो ये लोग सचमुच अमेरिका पर राज करेंगे। दूसरी या तीसरी पीढ़ी का कोई भारतीय अमेरिका का राष्ट्रपति बन जाए तो आश्चर्य नहीं होगा। ये चाहेंगे तो अपनी पूँजी से भारत का आर्थिक कायाकल्प भी कर देंगे।

भारतीय प्रधानमंत्री की इस यात्रा का चौथा किन्तु महत्त्वपूर्ण पहलू आर्थिक और वित्तीय है। चीन के बाद भारत दुनिया का सबसे बड़ा संभावित बाजार है, इसे कौन नहीं जानता ? यह भी सब जानते हैं कि भारत का सबसे बड़ा व्यापारिक पार्टनर अमेरिका ही है। इस समय भारत दुनिया की दस सबसे तेज़ बढ़ती हुई आर्थिक शक्तियों में से है। वह आज दुनिया की चौथी आर्थिक शक्ति है। लेकिन पिछले दस वर्षों में भारत में अमेरिका ने सिर्फ ढाई अरब डॉलर का विनियोग किया है जबकि उसे 14 अरब का करना था। प्रधानमंत्री ने दोनों देशों के उद्यमियों से कहा है कि वे अब कम से कम पाँच अरब डॉलर का विनियोग प्रति वर्ष करें और ग्यारह अरब डॉलर के व्यापार की राशि को दुगुनी कर दें। अमेरिका के साथ इस यात्रा के दौरान छह अरब डॉलर के समझौते भी हुए हैं। प्रश्न यही है कि ये बढ़ते हुए आर्थिक सम्बन्ध कहीं भारतीय उद्योग-व्यापार को चौपट न कर दें। चिन्ता का विषय यह भी है कि अमेरिका में बसे भारतीय लोग चीनियों की तरह प्रचुर धनराशि स्वदेश नहीं भेजते।

आर्थिक मोर्चे पर भारतीय संसद और अखबारों को जहाँ कड़ी निगरानी रखनी होगी, वहाँ यह संतोष का विषय है कि प्रधानमंत्री ने सीटीबीटी, निरस्त्रीकरण, फिसाइल मटेरियल संधि आदि विषयों पर भारत की चतुर नीति को बार-बार दोहराया। यह ठीक है कि कश्मीर के सवाल पर अमेरिका ने भारतीय रवैये को पूरी तरह स्वीकार नहीं किया लेकिन यह तो माना ही कि कश्मीर मसले को हल करने का पाकिस्तानी तरीका उचित नहीं है। अमेरिका ने अभी तक लीब्या और अफगानिस्तान की तरह पाकिस्तान को आतंकवादी राष्ट्र भी घोषित नहीं किया है लेकिन अगर भारत और अमेरिका का सामरिक सहकार बढ़ गया तो वैसी घोषणा की संभावनाएँ भी बढ़ जाएँगी।

घुटने के दर्द और बढ़ती हुई उम्र के बावजूद अटलजी ने अपने वाक्-चातुर्य, हाजिर-जवाबी, शिष्ट और संयत व्यवहार से अमेरिकी नीति-निर्माताओं का दिल जीत लिया। उनके घुटने के कारण विरोधी दलों में जो घुटन फैल गई थी, वह अब दूर हो गई लगती है। यह अजीब है कि अमेरिकी प्रचार-तंत्र पर अटलजी को उतना ही नगण्य स्थान मिला, जितना कि भारत के अन्य प्रधानमंत्रियों को मिलता रहा। प्रधानमंत्री द्वारा स्वयंसेवकाई के सवाल पर सफाई की कोई जरूरत नहीं थी। जो सच है, वह सच है। अंग्रेजी में लिखे भाषणों में 'अटल-स्पर्श' की कमी बराबर खटकती रही। प्रधानमंत्री संयुक्तराष्ट्र में हिन्दी में बोले। बधाई ! अब जरा स्वराष्ट्र में भी हिन्दी में बोलने का व्रत लें।

अमेरिका को सिर्फ अपनी चिन्ता है

जैसे विंस्टन चर्चिल के लोह-आवरण वाले भाषण ने 55 साल पहले दुनिया की राजनीति बदल दी थी, बिलकुल वैसे ही अमेरिकी राष्ट्रपति जॉर्ज बुश के भाषण ने 21वीं सदी की विश्व राजनीति को नई लीक पर चला दिया है। यह मामला सिर्फ राष्ट्रीय प्रक्षेपास्त्र प्रतिरक्षा (एनएमडी) का ही नहीं है, इसका सीधा सम्बन्ध विश्व राजनीति के नए ढाँचे से है। विश्व राजनीति का पुराना ढाँचा शीतयुद्ध के दो खम्भों पर खड़ा था। सोवियत संघ नामक दूसरा खम्भा दस साल पहले ढह गया। अब सिर्फ पहला खम्भा खड़ा है और उसका नाम है—अमेरिका। अब विश्व राजनीति इस एक खम्भे के चारों तरफ चक्कर लगाएगी, इस कटु सत्य की घोषणा का दूसरा नाम ही बुश का भाषण है।

पिछले दस वर्षों में यह तय नहीं हो पा रहा था कि शीतयुद्ध के बाद की दुनिया का स्वरूप क्या होगा? वह एकध्रुवीय होगी या बहुध्रुवीय या कई राष्ट्रों के समूह मिलकर कुछ ध्रुव बनाएँगे। ध्रुवों के रूप में शक्ति के कई केन्द्र उभर रहे थे। यूरोपीय समुदाय, खाड़ी-देश, जापानी पूर्व एशिया, रूसी यूरोप, चीन आदि। इन ध्रुवों के साथ महाध्रुव अमेरिका का सम्बन्ध क्या होगा, यह भी तय नहीं हो पा रहा था। इस बीच अमेरिका को यह चिन्ता भी सताने लगी थी कि बिखरे हुए सोवियत संघ के परमाणु शस्त्रास्त्रों का दुरुपयोग कोई अवांछित तत्त्व न करने लगें। इसके अलावा इस्लामी आतंकवादी तत्त्वों ने भी परमाणु खतरे को बढ़ा दिया है और ईरान, एराक़, उत्तर कोरिया जैसे राष्ट्रों ने 'परमाणु ब्लेकमेल और आतंकवाद को अपनी जीवन-पद्धति बना लिया है।' इतना ही नहीं, समग्र परमाणु प्रतिबन्ध संधि (सीटीबीटी) भी परवान नहीं चढ़ पाई और भारत जैसे राष्ट्र परमाणु अप्रसार संधि (एनपीटी) का भी विरोध कर रहे थे। दूसरे शब्दों में शीतयुद्धोत्तर दुनिया में परमाणु-परीक्षणों ने यह सिद्ध कर दिया कि अब परमाणु सामन्तवाद का जमाना लद गया। अगर पाँच की बजाय परमाणु शक्तियों की संख्या सात हो सकती है तो सतरह क्यों नहीं हो सकती? अब कोई भी संधि विभिन्न 'दहलीज़ राष्ट्रों' को परमाणु राष्ट्र होने से नहीं रोक सकती। यदि दर्जनों छोटे-मोटे, नए-पुराने, स्थिर-अस्थिर राष्ट्रों के पास परमाणु बम होंगे तो दुनिया की शक्ल कैसी होगी? वैसी दुनिया न तो आतंक के संतुलन पर टिक पाएगी, न परमाणु प्रक्षेपास्त्रों की संख्या पर कोई नियंत्रण हो पाएगा और न ही किसी राष्ट्र को परमाणु-क्लब का सदस्य बनने से रोका जा सकेगा। याने एबीएम, एनपीटी, साल्ट

और सीटीबीटी आदि संधियाँ लगभग निरर्थक हो जाएँगी। बुश के भाषण ने इसी निरर्थकता को रेखांकित करते हुए कहा है कि विश्व राजनीति के रथ को अब पुराने पहियों पर चलाना असम्भव है। बीती ताहि बिसार दे, आगे की सुध लेय।

यह आगे की सुध क्या है ? यह आगे से भी ज्यादा, खुद की सुध है। अमेरिका को खुद की जितनी चिन्ता है, उतनी किसी की भी नहीं। यदि अमेरिका की रक्षा हो गई तो दुनिया की रक्षा तो अपने आप ही हो जाएगी। अमेरिका ही दुनिया है। जो जितना मालदार होता है, उसकी सुरक्षा की चिन्ता भी उतनी ही गहरी होती है। क्या गरीबों के दरवाज़ों पर कभी किसी ने दरबान देखे हैं ? अमेरिका को लगता है कि वह मानव सभ्यता की अपूर्व उपलब्धि है। इसीलिए उसकी रक्षा येन-केन-प्रकारेण होनी ही चाहिए। बुश के भाषण में अमेरिका की रक्षा के उपाय ही प्रतिपादित किए गए हैं। इसीलिए उस भाषण में किसी विश्व-संधि या विश्व-सुरक्षा आदि की बात नहीं कही गई है। उसमें तो स्पष्ट कहा गया है 'राष्ट्रीय प्रक्षेपास्त्र प्रतिरक्षा' (नेशनल मिसाइल डिफेंस) का आयोजन करने के लिए अमेरिका कटिबद्ध है। ध्यान दीजिए, यह शब्द राष्ट्रीय प्रतिरक्षा है, विश्व प्रतिरक्षा नहीं। याने अमेरिका नामक राष्ट्र की प्रतिरक्षा ! परमाणु प्रक्षेपास्त्र कोई भी बना ले, कितने ही बना ले, फिर भी अमेरिका का बाल भी बाँका न हो, यह जरूरी है। यदि ईरान, एराक़, क्यूबा या लीब्या जैसा कोई राष्ट्र या उसामा बिन लादेन जैसा कोई आतंकवादी अमेरिका पर परमाणु प्रक्षेपास्त्र चला दे तो क्या होगा ? अभी तक तो सारी दुनिया यह सोचती थी कि अमेरिका जवाबी हमला करेगा और हमलावर को नेस्तनाबूद कर देगा। छोटे-मोटे 'उद्दंड राष्ट्र' ही नहीं, इस तरह के हमले अगर प्रतिद्वंद्वी परमाणु राष्ट्र करें तो भी जवाबी हमले के अलावा कोई विकल्प नहीं था। जवाबी हमला अन्य परमाणु राष्ट्र भी कर सकते थे। जवाबी हमले का मतलब है, दोनों तरफ जमकर तबाही बल्कि सारी दुनिया के समूल नाश की तैयारी !

इस समूल नाश की तैयारी के विकल्प का नाम है–एनएमडी ! एनएमडी में क्या होगा ? इस प्रतिरक्षा व्यवस्था के अन्तर्गत पूरे अमेरिका पर ऐसे प्रक्षेपास्त्र तैनात होंगे जो बाहर से आनेवाले हमलावर प्रक्षेपास्त्र को अमेरिकी सीमा में घुसने के पहले ही मार गिराएँगे। हमलावर प्रक्षेपास्त्र जहाँ से उड़ेगा, उस मूल स्रोत पर ही अमेरिकी प्रक्षेपास्त्र वार करेंगे। बाहर से आनेवाले प्रक्षेपास्त्रों को आसमान में ही काट डाला जाएगा। दूसरे शब्दों में एनएमडी का जोर रोग की चिकित्सा करने पर नहीं, रोग को होने ही नहीं देने पर है। दुनिया में कौन-कौन से देशों ने कहाँ-कहाँ प्रक्षेपास्त्र छिपा रखे हैं और वे कहाँ-कहाँ से प्रहार कर सकते हैं, इसकी जानकारी अमेरिका के वे उपग्रह इकट्ठी करेंगे जो अन्तरिक्ष में टिके हुए हैं। ये जानकारियाँ समुद्र-तल और पृथ्वी-तल से भी जुटाई जाती हैं। राष्ट्रपति बुश को अपनी इस राष्ट्रीय प्रक्षेपास्त्र प्रतिरक्षा व्यवस्था पर इतना भरोसा है कि उन्होंने अपने चुनाव के दौरान बार-बार घोषणा की थी कि इस पर चाहे जितना खर्च आए, अगर वे राष्ट्रपति बने तो वे इसे

लागू करेंगे। इसका अनुमानित खर्च 60 अरब डॉलर से 300 अरब डॉलर है। अमेरिकी अर्थव्यवस्था के शिथिलता के दौर में वे इतनी बड़ी राशि कहाँ से निकालेंगे, वे ही जानें। इसके अलावा प्रक्षेपास्त्रों को काटनेवाले प्रक्षेपास्त्रों की विद्या अभी तक उस मुकाम पर नहीं पहुँची है कि कोई भी शत प्रतिशत आश्वस्त हो सके। वास्तव में प्रक्षेपास्त्र काट के चार प्रयोगों में से तीन तो हाल ही में असफल हुए हैं। कुवैत को लेकर दस साल पहले जब अमेरिका और एराक़ में युद्ध छिड़ा था तब भी 'पेट्रियट' प्रक्षेपास्त्रों को पूरी सफलता नहीं मिली थी। यदि अमेरिका आगत प्रक्षेपास्त्रों की काट में पारंगत होना चाहता है तो क्या प्रक्षेपास्त्र फेंकनेवाले राष्ट्र और आतंकवादी उन्हें छिपाने और फेंकने की नई-नई तरकीबें नहीं निकालेंगे ? क्या चीन और पाकिस्तान चुप बैठ जाएँगे ? वास्तव में यह बहुत बड़ा जुआ है। इसके अलावा जहाँ तक परमाणु आयुधों का प्रश्न है, वे सिर्फ प्रक्षेपास्त्रों पर ही नहीं चढ़ाए जाते। उन्हें बैलगाड़ी पर लादकर भी ले जाया जा सकता है और सूटकेस में भरकर भी किसी मुकाम पर पहुँचाया जा सकता है। उनकी काट प्रक्षेपास्त्र कैसे करेंगे ?

जो भी हो, अमेरिका अपनी रक्षा के लिए फिलहाल इसे सर्वश्रेष्ठ व्यवस्था मानता है और वह इसे लागू किए बिना नहीं मानेगा। ऐसी स्थिति में दूसरे राष्ट्रों को क्या आपत्ति हो सकती है ? सामान्यतया, उन्हें कोई आपत्ति नहीं होनी चाहिए! अमेरिका अपनी सुरक्षा कैसे करता है, इससे दूसरों को क्या मतलब है ? लेकिन मतलब है और बहुत ज्यादा है। पहला तो यही कि अगर दुनिया का कोई राष्ट्र अमेरिका पर हमला करना चाहेगा तो वह खुद हमले का शिकार हो जाएगा, क्योंकि अपने माथे पर वह वैसी परमाणु छतरी तो नहीं तान पाएगा, जैसी कि अमेरिका ताननेवाला है जबकि अगर अमेरिका किसी राष्ट्र पर हमला करना चाहे तो वह राष्ट्र अमेरिका का बाल भी बाँका नहीं कर पाएगा। दूसरे शब्दों में सारी दुनिया अमेरिका की दया पर निर्भर हो जाएगी। अमेरिका दुनिया की एकछत्र महत्तम शक्ति होगी। अमेरिका के पास दुनिया का सबसे बड़ा परमाणु छाता होगा और वह अपने दोस्तों को भी छोटी-मोटी छतरियाँ बाँट देगा। यूरोप, पश्चिम एशिया, जापान और ताइवान आदि के अलावा ये छतरियाँ भारत जैसे देशों को भी बाँटी जा सकती हैं। इसका नतीजा क्या होगा ? यह होगा कि ताइवान जैसा पिद्दी-सा राष्ट्र चीन जैसे कद्दावर राष्ट्र पर आँखें तरेरेगा। चीन उसको धमकी तक नहीं दे सकेगा। अमेरिकी परमाणु छतरी के नीचे जो भी राष्ट्र आ जाएगा, वह चैन की बंसी बजाएगा।

कौन-सा राष्ट्र है, जो चैन की बंसी नहीं बजाना चाहता ? इसीलिए भारत ने बुश के भाषण का पाँच घंटे में ही स्वागत कर दिया। ज़रा याद करें, 1969 में जब सोवियत राष्ट्रपति ब्रेज़नेव ने 'एशियाई सुरक्षा' का प्रस्ताव रखा था और मित्र-देश भारत ने उस पर प्रतिक्रिया व्यक्त करने में कितने दिन लगाए थे ? आनन-फानन स्वागत का मतलब साफ़ है। अगर भारत को भी एक परमाणु छतरी मिल जाए तो क्या बुराई है ? पाकिस्तान और चीन, दोनों के खतरे से एकसाथ छुट्टी का दिलासा

तो मिलेगा। हींग लगे न फिटकरी, रंग चोखा आय! भारत ही नहीं, रूस भी नहीं जानता कि वह किस आधार पर बुश की छतरी को रद्द करे। कोई आश्चर्य नहीं कि रूस भी थोड़ी बड़ी छतरी माँग ले। अगर अमेरिकी राष्ट्रीय सलाहकार कंदोलीज़ा राइस ने हमारे विदेश मंत्री जसवंत सिंह को फोन किया तो बुश ने रूसी राष्ट्रपति पूतिन से बात की। भारत की यात्रा कर रहे रूसी विदेश मंत्री इगोर इवानोफ की हकलाहट देखने लायक थी। वे न तो एनएमडी को ठीक बता पा रहे थे और न ही गलत! वे सिर्फ 1972 की 'आग्नेय-प्रक्षेपास्त्र रोधी संधि' (एबीएम) की ढपली बजाए जा रहे थे। हमारे विदेश मंत्री ने एक तरफ बुश के एबीएम-विरोधी भाषण का स्वागत किया तो दूसरी तरफ उन्होंने इवानोफ के एबीएम पोषक बयान का समर्थन कर दिया। रामाय स्वस्ति, रावणाय स्वस्ति। ये भी खुश और वो भी खुश! अगर रूस और भारत को इन परमाणु छतरियों से आपत्ति नहीं तो फिर रह ही कौन जाता है? यूरोपीय राष्ट्र तो साथ हैं ही, सिर्फ चीन एक मात्र विरोधी रह जाता है। वह आक्रामक प्रक्षेपास्त्रों की संख्या और भंयकरता बढ़ाने के अलावा क्या कर सकता है? वह न तो अपने सिर पर परमाणु छतरी तान सकता है और न ही पाकिस्तान और उत्तरी कोरिया जैसे बगलबच्चों को छतरियाँ उधार दे सकता है। याने बुश के भाषण के बाद अब जो दुनिया बनेगी, वह एकध्रुवीय होगी और जो भी इस ध्रुव के प्रभा-मंडल से बाहर होगा, उसे अन्तरराष्ट्रीय अछूत ही माना जाएगा।

दुनिया की राजनीति की शक्ल आगे क्या होगी, इसका कुछ अन्दाज़ अभी से लगाया जा सकता है लेकिन यह मान लेना कठिन है कि राष्ट्रीय प्रक्षेपास्त्र प्रतिरक्षा व्यवस्था के बाद दुनिया युद्धविहीन बन जाएगी । यह असम्भव नहीं कि चीन जैसे कुछ राष्ट्र छतरी-तोड़ आयुधों का आविष्कार करें और आत्मरक्षा के नाम पर अनेक राष्ट्र नए-नए प्रक्षेपास्त्रों के अम्बार लगा लें। खुद अमेरिका इस दौड़ में सबसे आगे निकल सकता है। नतीजा यह भी हो सकता है कि यह दुनिया पहले से भी ज्यादा खतरनाक स्थान बन जाए। एबीएम, एनपीटी, सीटीबीटी आदि सभी संधियाँ कचराकोट में चली जाएँ और परमाणु उद्दंडता के स्थान पर परमाणु अराजकता का बोलबाला हो जाए। डर यह है कि परमाणु अराजकता की आशंका के कारण जिस एनएमडी की घोषणा हुई है, वह स्वयं कहीं परमाणु अराजकता को बढ़ाने का सर्वोच्च साधन न बन जाए। जैसे इस योजना में अमेरिका को अपनी सुदृढ़ सुरक्षा दिखाई पड़ रही है, वैसे ही भारत को भी दिखाई पड़ सकती है लेकिन संपूर्ण और सार्वभौम निरस्त्रीकरण के सपने का क्या होगा ? सबको अपनी चिन्ता है। किसी को दुनिया की भी चिन्ता है ?

अगर अमेरिका को दुनिया की चिन्ता होती तो एनएमडी के साथ-साथ कोई ऐसी विश्व-संधि का प्रारूप भी पेश किया जाता, जो अगले पाँच वर्ष में समस्त परमाणु शस्त्रास्त्रों को समाप्त करने का प्रावधान करती। एनएमडी के कारण परमाणु प्रक्षेपास्त्रों में कटौती कैसे होगी, समझ में नहीं आता। यदि अलग-अलग महाद्वीपों

पर अमेरिका परमाणु छतरियाँ तान दे याने क्षेत्रीय प्रक्षेपास्त्र प्रतिरक्षा व्यवस्था (थियेटर मिसाइल डिफेंस) बना दे तो भी उसे नए प्रक्षेपास्त्रों का निर्माण तो करना ही पड़ेगा। इसके अलावा यदि वर्तमान 50 हजार प्रक्षेपास्त्रों में से 40 हजार भी नष्ट कर दिए जाएँ या पुराने पड़ जाएँ तो भी हमारी इस दुनिया को नष्ट करने के लिए क्या 10 हजार प्रक्षेपास्त्र काफी नहीं हैं ? क्या इस सम्बन्ध में भारत का कोई दायित्व नहीं है ? अमेरिका से भारत की घनिष्ठता बढ़े और भारत की क्षेत्रीय सुरक्षा सुदृढ़ हो, यह तो परम वांछनीय है लेकिन क्या भारत भी छोटा अमेरिका बनना चाहता है ? क्या विश्व-निरस्त्रीकरण के लिए वह कोई आवाज़ नहीं उठाएगा ?

शीतयुद्ध की वापसी का कैसा डर ?

बुश और चर्चिल, दोनों के भाषणों में पचास साल का अन्तर है लेकिन लगते हैं, दोनों एक-जैसे ! यदि राष्ट्रपति बुश ने 'बुराई की जड़' पर उँगली उठाई है तो विन्स्टन चर्चिल ने 'बुराई के साम्राज्य' की नब्ज़ पकड़ी थी। उन्होंने साम्यवादी लोह-आवरण की बात कही थी और बुश ने ईरान, एराक और उत्तर कोरिया को आतंकवाद की जड़ बताया है। एक भाषण द्वितीय महायुद्ध के बाद दिया गया था और दूसरा इक्कीसवीं सदी के पहले युद्ध के बाद दिया गया है। लेकिन अभी यह कहना तो वैचारिक पतंगबाज़ी ही होगा कि जैसे चर्चिल के 'फुल्टन भाषण' के बाद शीत युद्ध शुरू हो गया था, अब बुश के 30 जनवरी के भाषण के बाद भी कोई नया शीत युद्ध शुरू हो जाएगा। नया शीतयुद्ध शुरू न हो, इसकी चिन्ता बुश को भी है। इसीलिए उन्होंने नए विश्व के निर्माण में रूस, चीन और भारत का सहयोग लेने की बात भी कही है। इधर बुश ने इन तीनों देशों के नाम लिए और उधर फरवरी के पहले सप्ताह में ही सारी दुनिया में कल्पना के घोड़े दौड़ने लगे कि कहीं रूस, चीन और भारत अपना अलग गुट तो नहीं बना रहे। रूसी विदेश मंत्री इगोर इवानोफ और उप-प्रधानमंत्री इल्या क्लेबानोफ की दिल्ली-यात्रा और पिछले माह हुई चीनी प्रधानमंत्री रोंग ची की भारत-यात्रा के कारण कल्पना के ये घोड़े बिलकुल बेलगाम हो गए हैं। कुछ अमेरिकी विशेषज्ञों ने यहाँ तक कह दिया है कि यह विश्व-राजनीति के एक खतरनाक खेल की शुरुआत है। उन्हें डर है कि कहीं शीत-युद्ध का दैत्य दुबारा दुनिया के दरवाज़े पर न आ धमके !

जो विशेषज्ञ यह मानकर चल रहे हैं कि रूस, चीन और भारत मिलकर नया गुट बना रहे हैं और यह गुट नए शीतयुद्ध को जन्म दे रहा है, वे वास्तव में इस इलाके की राजनीति को ठीक से समझ नहीं पा रहे हैं और गलत तर्कों के आधार पर ऐसे निष्कर्षों पर पहुँच रहे हैं कि जिन्हें अगर अमेरिकी नीति-निर्माता स्वीकार कर लेंगे तो सचमुच विश्व में खतरनाक राजनीति का नया दौर शुरू हो सकता है। इस सम्बन्ध में स्वागत योग्य सबसे पहली बात यह है कि रूसी विदेश मंत्री से बात करने के बाद भारतीय विदेश मंत्री जसवंत सिंह ने यह बिलकुल स्पष्ट कर दिया है कि त्रिकोणात्मक गठबन्धन जैसी कोई बात है ही नहीं। विदेश मंत्रालय की प्रवक्ता ने भी कहा है कि तीनों राष्ट्रों का घनिष्ट सहयोग अनौपचारिक रूप से धीरे-धीरे आगे बढ़ेगा। रूसी पक्ष का यह कहना कि त्रिकोणात्मक सहयोग पर भारत का रवैया थोड़ा

नरम पड़ा है, अपने आप में ठीक है लेकिन उससे यह गलतफहमी पैदा नहीं होनी चाहिए कि तीनों राष्ट्र मिलकर अमेरिका के मुकाबले कोई खेमा खड़ा कर रहे हैं। यहाँ समझने लायक बात यह है कि जब लगभग चार साल पहले रूसी प्रधानमंत्री प्रीमाकोफ ने यह विचार उछाला था तब भारत ने अधिक उत्साह नहीं दिखाया था, क्योंकि एक तो पहली बार क्लिंटन के ज़माने में भारत-अमेरिका घनिष्टता नए आकार ले रही थी। दूसरा, अमेरिका के साथ रूस और चीन की कई मुद्दों पर तनातनी चल रही थी, तीसरा, पाकिस्तान के साथ चीन की घनिष्टता में कोई मर्यादा नहीं दीख पड़ रही थी। चौथा, 11 सितम्बर जैसी कोई घटना नहीं हुई थी, जो सारी दुनिया को हिला सके। पाँचवाँ, चीन और भारत भी अपने नए रिश्तों की नींव को अभी टटोल रहे थे। ऐसी स्थिति में प्रीमाकोफ के प्रस्ताव पर अगर भारत उछलने लगता तो वह जल्दबाज़ी होती और उसका बुरा असर अमेरिका पर भी पड़ता। वास्तव में लगभग सात साल पहले विदेश मंत्री दिनेशसिंह की यात्रा के दौरान यही प्रस्ताव ईरान ने भी रखा था लेकिन उसमें अपना नाम भी जोड़ दिया था। उन दिनों ईरान अफगानिस्तान में पाकिस्तान के विरुद्ध लड़ रहा था। तालिबान का विरोध कर रहा था तथा भारत-ईरान नीतियाँ एक-दूसरे के साथ कदम से कदम मिलाकर चल रही थीं। भारत ने उन दिनों भी ईरान के प्रस्ताव को ध्यानपूर्वक सुना तो सही लेकिन उसका कुछ जवाब नहीं दिया। अब यदि रूसी-प्रस्ताव पर भारत में थोड़ी हलचल दिखाई पड़ रही है तो इसका कारण बदली हुई अन्तरराष्ट्रीय परिस्थितियाँ हैं और भारतीय विदेशी नीति की चतुराई भी है।

ये बदली हुई परिस्थितियाँ क्या हैं ? सबसे पहले, तो अफगानिस्तान का तालिबान से आज़ाद होना है। अब आज़ाद अफगानिस्तान दुबारा महाशक्तियों की प्रतिस्पर्धा का केन्द्र बन गया है। पिछले डेढ़ माह में महत्त्वपूर्ण राष्ट्रों के जितने विदेश मंत्री अफगानिस्तान गए हैं, उसके इतिहास में पहले कभी नहीं गए। रूस और चीन को यह डर है कि अगर अफगानिस्तान पूरी तरह से अमेरिका के प्रभाव में चला गया तो मध्य एशियाई राष्ट्रों के गैस, तेल और खनिज की चाबी भी उसी के हाथ चली जाएगी। यदि रूस और चीन जैसे राष्ट्र इन देशों में पैसा लगाकर गैस और तेल पैदा भी कर लें तो उसे बेचने के लिए समुद्र-तट तक कैसे लाएँगे। अफगानिस्तान के रास्तों का इस्तेमाल अगर अमेरिका नहीं करने देगा तो अन्य राष्ट्रों की सारी योजनाएँ धरी रह जाएँगी, बिलकुल वैसे ही जैसे कि अर्जेन्टिना की प्रसिद्ध कम्पनी 'ब्रिदास' की योजनाएँ धरी रह गईं। तालिबान के आने के पहले 'ब्रिदास' ने तुर्कमेनी गैस के उत्खनन का समझौता कर लिया था लेकिन बाद में अमेरिकियों ने दबाव डालकर उसे खत्म करवाया और उसकी जगह 'युनोकल' नामक अमेरिकी कम्पनी को दिलवा दिया। दूसरा, आतंकवाद के विरुद्ध युद्ध करने के नाम पर अमेरिका ने पाकिस्तान, उज़बेकिस्तान, ताज़िकिस्तान, किरगिजिस्तान और खाड़ी-क्षेत्रों में डेढ़ दर्जन से भी अधिक सैनिक अड्डे स्थापित कर लिए हैं। ये जल्दी खत्म होनेवाले नहीं हैं और इसका

कोई भरोसा नहीं कि इनका इस्तेमाल आतंकवाद के विरुद्ध ही हो। इनका इस्तेमाल रूस और चीन जैसे क्षेत्रीय राष्ट्रों के विरुद्ध हो सकता है बकि आतंकवाद की रक्षा के लिए भी हो सकता है। जैसे कि 13 दिसम्बर के मौके पर पाकिस्तान के विरुद्ध सैन्य-कार्रवाई नहीं करने के पक्ष में यह तर्क दिया गया कि वहाँ अमेरिकी सेनाएँ टिकी हुई थीं। यदि भारत हवाई हमला करता तो अमेरिकी भी आहत होते। इन अमेरिकी अड्डों ने क्षेत्रीय राष्ट्रों को भविष्य की आशंकाओं से आक्रांत कर दिया है। तीसरा, राष्ट्रपति बुश द्वारा नामित तीनों 'बुराई की जड़' वाले राष्ट्र एशिया में हैं–एराक़, ईरान और उत्तर कोरिया ! इन तीनों राष्ट्रों से भारत, चीन और रूस के सम्बन्ध मधुर हैं। इन तीनों राष्ट्रों की कोई सामरिक मिलीभगत नहीं है, फिर भी अमेरिका उन पर अपने स्वार्थों के कारण हमला करेगा तो यह एशिया के लिए बहुत खतरनाक होगा। यह असम्भव नहीं कि परमाणु-युद्ध छिड़ जाए। मरता क्या न करता ? ये तीनों राष्ट्र 'परमाणु देहलीज' पर खड़े हैं। ये राष्ट्र तालिबान की तरह असहाय, निरूपाय और अलोकप्रिय नहीं हैं। उनकी जनता उनके साथ है। वे डटकर लड़ेंगे। बुश को तालिबान की पराजय से जो शक्ति मिली है, उसका वे दुरुपयोग कर सकते हैं, जिसके परिणाम विश्व-शांति के लिए भयंकर हो सकते हैं। जैसे बिना प्रमाण के अमेरिका ने तालिबान पर हमला कर दिया, वे 'बुराई की जड़ों' पर भी कर सकते हैं। इसका संकेत अभी म्युनिख़ में हुए सुरक्षा सम्मेलन में तब मिला जबकि अमेरिका के उप-रक्षामंत्री पॉल वोल्फोविट्ज़ ने यह कह दिया कि आतंकवाद के खिलाफ़ हमला बोलने के लिए अब अमेरिका को संयुक्तराष्ट्र की अनुज्ञा नहीं चाहिए।

इन सब कारणों के बावजूद भारत, चीन और रूस मिलकर अमेरिका के विरुद्ध कोई गुट खड़ा नहीं कर रहे हैं और न ही किसी शीतयुद्ध का आह्वान कर रहे हैं, लेकिन यदि तीनों देश मिलकर समान दृष्टि का प्रतिपादन करें तो ढाई अरब लोगों की राय की उपेक्षा कौन कर सकता है ? आधी दुनिया का प्रतिनिधित्व करनेवाले ये राष्ट्र अगर अमेरिकी कार्रवाई का समर्थन न करें या उसका विरोध करें तो क्या विश्व जनमत प्रभावित नहीं होगा ? एराक़, ईरान और उत्तरी कोरिया ने किसी दौर में कहीं कुछ आतंकवादियों को प्रत्यक्ष और अप्रत्यक्ष सहायता अवश्य दी है लेकिन ऐसी सहायता के प्रमाण अमेरिका समेत अनेक राष्ट्रों के विरुद्ध भी जुटाए जा सकते हैं। अमेरिका इन राष्ट्रों के विरुद्ध इसलिए आँखें नहीं दिखा रहा है कि वे आतंकवादी हैं बल्कि इन राष्ट्रों के विरुद्ध अमेरिका के पुराने घाव फिर से हरे हो रहे हैं। सद्दाम हुसैन ने बुश के पिताजी को नीचा दिखाया था, आयतुल्लाह खुमैनी ने 'बड़े शैतान' के दूतावास (जासूसखाने) पर कब्ज़ा कर लिया था और एराक़ को उत्तर कोरिया ने स्कड मिसाइल सप्लाय किए थे। जाहिर है कि यदि अमेरिका अपनी निजी खुंदकें निकालने के लिए दुनिया के अन्य राष्ट्रों का सहयोग माँगेगा तो वे अब उसी तरह तत्पर नहीं होंगे जैसे कि उसामा बिन लादेन और तालिबान के खिलाफ हो गए थे। नई दिल्ली में रूसी नेताओं की यात्राओं के दौरान उभर रहा परिदृश्य इसी प्रवृत्ति का पूर्व-संकेत है।

इसके अलावा रूस, चीन और भारत कदम से कदम मिलाकर इसलिए भी चलना चाहते हैं कि अनेक अन्तरों के बावजूद तीनों का अन्तरराष्ट्रीय दर्जा लगभग एक-जैसा हो गया है। तीनों मध्यम शक्तियाँ हैं और तीनों ही उभरती हुई विश्व-शक्तियाँ हैं। दूसरा, तीनों ही आतंकवाद से पीड़ित हैं। इनका आतंकवाद नित्य-नियमित है और पुराना है जबकि अमेरिका का आतंकवाद आकस्मिक है और नया है। दोनों की पीड़ा अलग-अलग है। ये तीनों राष्ट्र आतंकवाद के मुहाने पर बैठे हैं जबकि अमेरिका सुदूर परिधि पर स्थित है। जैसे भारत में कश्मीर, रूस में चेचेन्या और चीन में सिंक्यांग जैसे आतंकवाद के रिसते हुए घाव हैं, वैसे अमेरिका में नहीं हैं। इसीलिए अगर तीनों मिलकर कोई साझा रणनीति बनाते हैं तो उसमें गलत क्या है ? तीसरा, तीनों राष्ट्र अफगानिस्तान के आस-पास स्थित हैं। यदि उनका प्रभाव शून्य हो जाए और अमेरिका का शत-प्रतिशत बढ़ जाए तो इससे बढ़कर घाटे का सौदा क्या हो सकता है ? यों भी शंघाई-समूह में रूस और चीन मध्य एशिया के राष्ट्रों के साथ मिलकर पहले से काम कर रहे हैं। इसका मतलब यह कतई नहीं कि कोई अमेरिका-विरोधी गठबंधन बन रहा है। भारत ऐसे किसी भी गठबंधन का शीतयुद्ध में ही सदस्य नहीं बना तो अब जबकि भारत-अमेरिकी सामरिक सहकार चरमोत्कर्ष पर है, क्यों बनेगा ? अमेरिका-विरोधी गठबंधन में शामिल होकर भारत पाकिस्तान को अमेरिका का दक्षिण एशियाई चौकीदार दुबारा क्यों बनने देगा ? रूस, चीन और भारत का कोई ऐसा साझा शत्रु भी दिखाई नहीं पड़ रहा जिसके कारण तीनों मिलकर एक गुट बनाएँ और शीतयुद्ध को दुबारा एशिया के दरवाज़े पर ले आएँ।

जरूरी है विदेश नीति में लचीलापन

पिछले कुछ हफ्ते भारतीय विदेश नीति के लिए बहुत चुनौती-भरे रहे हैं। इस तरह की चुनौती का समय अब से ठीक 22 साल पहले भी आया था। अफगानिसतान पर रूसी कब्ज़े के बाद जनवरी-फरवरी 1980 में दुनिया के महत्त्वपूर्ण देश यह जानना चाहते थे कि भारत किधर है, रूस की तरफ या अमेरिका की तरफ ? नए शीतयुद्ध का समारंभ हो चुका था। रूस और अमेरिका की रणभेरियाँ दुबारा बजने लगी थीं। दुनिया दुबारा दो खेमों में बँटने लगी थीं। इस बार अमेरिका और नाटो देशों के साथ चीन भी खड़ा हुआ था लेकिन भारत की दशा अजीब थी। वह अमेरिका के साथ बिलकुल नहीं था लेकिन रूस का साथ न देते हुए भी रूस के साथ था। उस समय भारत के नीति-निर्माताओं ने जो निर्णय किया, वह कहाँ तक सही था, इस मुद्दे पर लम्बी बहस की जरूरत है लेकिन वह कहीं और की जाएगी। फिलहाल असली सवाल यह है कि अब अफगानिस्तान पर 'अमेरिकी कब्जे' के बाद भारत क्या करे ? क्या भारत पूरी तरह अमेरिका की हाँ में हाँ मिलाए या अमेरिका अगर दादागिरी करे तो क्या उसके मुकाबले रूस, चीन और भारत का संयुक्त मोर्चा खड़ा करे ? भारत अपने हितों की रक्षा कैसे करे ?

यहाँ सबसे पहली बात तो यह स्पष्ट होनी चाहिए कि रूसी कब्जे और अमेरिकी कब्ज़े में क्या अंतर है ? अफगानिस्तान में जो रूसी कब्ज़ा हुआ था, उसका मूल कारण अफगान कम्युनिस्ट पार्टी की अंदरूनी लड़ाइयाँ थीं और उसके साथ-साथ यह भय भी था कि हफीज़ुल्लाह अमीन का अफगानिस्तान कहीं अमेरिकी खेमे में न चला जाए। तालिबान के बारे में इस तरह का कोई भय नहीं था। तालिबान का कोई बाहरी ठौर न था। पाकिस्तान उसका ठौर बन सकता था लेकिन पाकिस्तान अमेरिका के इशारे पर अपने ही बच्चे का गला दबाने को राजी हो गया। इसीलिए अमेरिकी हमला किसी प्रतिद्वंद्वी शक्ति के संभावित कब्ज़े को रोकने के लिए नहीं हुआ था। वह हुआ था, आतंकवाद का मुकाबला करने के नाम पर ! इस हमले का सभी राष्ट्रों ने समर्थन किया। भारत ने भी स्पष्ट समर्थन किया। यह हमला अफगानिस्तान पर नहीं, तालिबान पर था। ऐसी स्थिति में भारत अब भी अमेरिका का समर्थन करे तो इसमें एकाएक कोई बुराई दिखाई नहीं पड़ती। अमेरिका ने अफगानिस्तान पर उस तरह कब्ज़ा नहीं कर रखा है, जैसे कि सोवियत संघ ने किया था। अफगानिस्तान की वर्तमान व्यवस्था संयुक्तराष्ट्र की देख-रेख में चल रही है। हामिद करज़ई कोई बबरक

कारमल नहीं हैं। लेकिन इसमें क्या सन्देह है कि आनेवाले कुछ वर्षों में अफगानिस्तान पर अमेरिका का प्रभाव बना रहेगा। जब तक अफगानिस्तान अपने पाँव पर खड़ा नहीं हो जाता, उसे अमेरिका की सख्त जरूरत रहेगी। अभी तोक्यो में अफगान मित्र-राष्ट्रों की जो बैठक हुई, उसमें अमेरिका और उसके साथी राष्ट्रों ने उदारतापूर्वक दान दिया जबकि रूस ने कुछ भी नहीं दिया। अमेरिका के प्रभाव को संतुलित करने के लिए यदि रूस, चीन और भारत मिलकर कोई संयुक्त मोर्चा भी बना लें तो वह सफल नहीं हो पाएगा। इसीलिए भारत को अफगानिस्तान में अमेरिका की प्रमुखता स्वीकार करने में फिलहाल कोई संकोच नहीं होना चाहिए।

लेकिन यहाँ सबसे जटिल समस्या यह है कि अमेरिका किसे प्रमुखता देगा? भारत को या पाकिस्तान को? जाहिर है कि अफगानिस्तान में वह पाकिस्तान के मुकाबले भारत को प्रमुख नहीं मान सकता। इसके चार खास कारण हैं। पहला, तालिबान की धुनाई में पाकिस्तान ने अमेरिका की मदद की है। दूसरा, मध्य एशिया के गैस और तेल को अफगानिस्तान के ज़रिए हिंद महासागर तक पहुँचाने में जो मदद पाकिस्तान कर सकता है, वह भारत नहीं कर सकता। तीसरा, कमज़ोर राष्ट्र होने के नाते पाकिस्तान अमेरिका के इशारों पर जिस तरह नाच सकता है, भारत नहीं नाच सकता। चौथा, अफगानिस्तान और पाकिस्तान लगभग जुड़वाँ भाइयों की तरह हैं और उनके राग-द्वेष इतने गहरे हैं कि उन्हें अपने सम्बन्ध सहज बनाने के लिए अभी कुछ समय तक अमेरिका जैसे मध्यस्थ की काफी जरूरत रहेगी। और मध्यस्थ कें तौर पर अमेरिका पाकिस्तान को दरकिनार नहीं कर पाएगा। ऐसी स्थिति में भारत को जलन न हो, यह जरूरी है। अगर हो भी तो वह क्या कर सकता है? रूस और चीन के ज़रिए वह अफगानिस्तान में तुरंत अपना कोई खेल नहीं खेल सकता लेकिन इसका मतलब यह नहीं कि वह अफगानिस्तान के बाहर भी अमेरिका से दबने लगे। यह ठीक है कि अमेरिका के साथ पहली बार उसका सामरिक सम्वाद शुरू हुआ है और अपनी विश्व-राजनीति में अमेरिका जिस स्तर पर भारत को रखता है, उस पर पाकिस्तान को नहीं रखता लेकिन इसकी फलश्रुति यह नहीं होनी चाहिए कि भारत कश्मीर पर हकलाने लगे, ईरान पर अमेरिकी हमला हो तो भारत चुप्पी खींच जाए, पाकिस्तान अगर मध्य एशिया में दादागीरी शुरू करे तो भारत मूक-बधिर की तरह देखता रहे और अमेरिका भारत की अर्थ-व्यवस्था और समाज-व्यवस्था पर भी हावी हो जाए। अफगानिस्तान में भी भारत के जायज़ हितों को मान्यता देने में अगर अमेरिका कोताही करेगा तो भारत को अपनी कूटनीतिक कलाबाज़ी दिखानी होगी। भारत को यह भी देखना होगा कि कहीं अमेरिका, पाकिस्तान और अफ़गानिस्तान मिलकर अपनी खिचड़ी अलग न पकाने लगें। यह भी असम्भव नहीं कि मध्य एशिया और अफगानिस्तान को लेकर अमेरिका, चीन, पाकिस्तान और अफगानिस्तान में कोई चतुष्कोणी समझ पैदा हो जाए। यदि वैसा होने लगे तो इस क्षेत्र में भारत को वैकल्पिक कूटनीतिक व्यवस्था करनी ही होगी।

अभी जो भारत, रूस और चीन के त्रिकोण की बात चल पड़ी है, यह भारत के लिए हितकर ही है। भारत अपने सारे सिक्के एक ही गुल्लक में क्यों रखे ? भारत के लिए बिलकुल शोभा नहीं देता कि वह अमेरिका का पिछलग्गू-सा लगने लगे। वह दक्षिण एशिया की क्षेत्रीय महाशक्ति है, परमाणु-शक्ति है, गुट-निरपेक्ष समूह का नेता है और दुनिया का सबसे बड़ा लोकतंत्र है। उसका अपना भवितव्य है। अगर वह रूस और चीन जैसी अन्य क्षेत्रीय महाशक्तियों के साथ आर्थिक और सामरिक सहयोग के नए आयाम खोलता है तो इससे अमेरिका को कौन-सा खतरा है ? यदि त्रिपक्षीय सहयोग ठोस रूप धारण करेगा तो उसका पहला परिणाम तो यही होगा कि क्षेत्रीय विवादों में कुछ पक्षों को जो शह मिल जाती है, वह घट जाएगी। जैसे कश्मीर पर पाकिस्तान को चीनी समर्थन पहले से कम तो हो ही चुका है, अगर बिलकुल बन्द हो जाए तो दक्षिण एशिया की क्षेत्रीय शांति लगभग मुकम्मल हो जाएगी, जो कि अमेरिकी विदेशी-नीति का सबसे प्रमुख घोषित लक्ष्य है। इसके अलावा रूस, चीन और भारत में सहकार बढ़ेगा तो तीनों देश अपेक्षाकृत अधिक समृद्ध और खुशहाल होंगे। स्थिरता और लोकतंत्र के लिए इससे बढ़िया नुस्खा कौन-सा है ? ये तीनों महाशक्तियाँ जब परस्पर सहकार की मुद्रा में होंगी तो क्या पाकिस्तान का बर्ताव गली के उद्दंड छोकरे की तरह ही बना रहेगा ? क्या ये शक्तियाँ उसके व्यवहार को बिलकुल भी प्रभावित नहीं करेंगी ? जनरल मुशर्रफ की ताज़ा घोषणाओं से यह तो मालूम पड़ता है कि पाकिस्तान 'राग कश्मीर' का अलापना अभी बन्द नहीं करेगा लेकिन उसने अब अपने अन्दर झाँकना शुरू कर दिया है। अगर पाकिस्तान कुछ समय तक आत्म-विश्लेषण करेगा तो उसका समाज जरूर बदलेगा। यह भावना की बजाय तर्क, प्रचार की बजाय तथ्य और संघर्ष की बजाय समन्वय की बोली अपने आप बोलने लगेगा।

ऐसा नहीं है कि भारत, रूस और चीन के त्रिकोण में तीनों कोने खूब घिसे हुए, चिकने और एक-दूसरे के साथ पूरी तरह फिट हैं। यदि मध्य एशिया में रूसी और चीनी हितों में प्रतिस्पर्धा है तो भारत-चीन सीमा-विवाद अब भी अधर में लटका हुआ है। तिब्बत की समस्या अपनी जगह खड़ी हुई है ही ! इसके अलावा पाकिस्तान के साथ चीन के सम्बन्ध अब भी बहुत गहरे हैं। पाकिस्तान अमेरिका से भी ज्यादा चीन पर निर्भर है। वह भारत के विरुद्ध चीनी कार्ड सदा ही खेलता रहा है। उसने 1963 के समझौते में चीन को भारत की हजारों वर्गमील की कश्मीरी ज़मीन भेंट कर रखी है। चीन इस अहसान के नीचे तो दबा ही हुआ है, उसे सातवें दशक में अमेरिका के नज़दीक लाने में पाकिस्तान ने बहुत सार्थक भूमिका भी निभाई थी। आज पाकिस्तान की सैन्य और परमाणु शक्ति की रीढ़ चीन ही है। ऐसी स्थिति में भारत-चीन-रूस का त्रिकोण एकदम दौड़ने लगेगा, यह सम्भव नहीं है लेकिन धीरे-धीरे वह आगे तो बढ़ ही सकता है। रूस और भारत की दोस्ती में शैथिल्य के जो दस साल बीच में आ गए थे, वे अब इतिहास के संग्रहालय में चले गए हैं। दोस्ती

का पुराना जलवा जोरों से लौट रहा है और उधर चीन के साथ भी अब रूस की न तो सैद्धांतिक उठापटक होती है और न ही उसूरी नदी के सीमांत पर तोपें गड़गड़ाती हैं। रूस-चीन आर्थिक और सैन्य सहयोग के अनेक नए आयाम खुल रहे हैं। दोनों राष्ट्रों की हजारों मील लम्बी सीमाएँ सहयोग के नए-नए द्वार खोल रही हैं। ऐसी स्थिति में भारत केवल अमेरिका के साथ सटा रहे, यह सम्भव ही नहीं है।

भारत, रूस, चीन सहकार का सबसे सकारात्मक राजनीतिक पहलू यह है कि यदि अमेरिका अपनी ताकत के धमंड में चूर होकर मध्य एशिया या दक्षिण एशिया में कोई अन्यायकारी कदम उठाएगा तो दुनिया की लगभग आधी आबादी का प्रतिनिधित्व करनेवाले ये तीनों राष्ट्र एक साथ ईमान की आवाज़ उठाएँगे। अमेरिका सही रास्ते पर चलता रहे, इसके लिए भी यह जरूरी है कि यूरेशिया की इन तीनों महाशक्तियों में गहरा सहकार बना रहे। तीनों शक्तियाँ मिलकर कोई गुट नहीं बना रही हैं, यह भारत पहले ही कह चुका है लेकिन यदि भारत चाहे तो वह अपनी विदेश नीति में ऐसा लचीलापन ला सकता है कि उसके हितों पर चोट होते ही वह पैंतरा बदल सके और मध्यम शक्ति होते हुए भी महाशक्तियों को नाकों चने चबवा सके। इस दृष्टि से हमारी विदेश नीति फिलहाल सही पटरी पर चल रही है। भारत चाहे तो ऐसी परिस्थितियाँ उत्पन्न कर सकता है कि दक्षिण और मध्य एशिया में चारों महाशक्तियाँ एक-दूसरे के साथ सहयोग करने लगें। किसी भी गुट में शामिल हुए बिना और किसी का पिछलग्गू बने बिना भारत यह कार्य अधिक आसानी से कर सकता है।

अपने ही घर में किरायेदार भारत !

कुछ दिन पहले राष्ट्रपति बुश के सलाहकार डॉ. जलमई खलीलजाद भारत आए थे। वे भारत के कुछ विशेषज्ञों से अफगानिस्तान पर बात कर रहे थे। बात चलते-चलते यहाँ तक पहुँच गई कि नई दिल्ली में अमेरिका के राजदूत प्रो. ब्लेकविल ने सारे विशेषज्ञों से पूछा कि "यह बताइए, मध्य एशिया और अफगानिस्तान में भारत और अमेरिका के हित एक-जैसे हैं या नहीं ? उस इलाके में भारत और अमेरिका की जुगलबन्दी हो सकती है या नहीं ?" इस सवाल पर तत्काल साँप-सा सूँघ गया। एक को छोड़कर, जो भी बोले, सबकी राय थी कि दोनों राष्ट्रों के हितों में विलक्षण समानता है। अब लगभग दो सप्ताह बाद यह फुसफुसाहट भौंपू की आवाज़ बन गई है। विदेश नीति क्षेत्र में यह चर्चा चल पड़ी है कि भारत, अमेरिका को अपने स्थायी और नये पड़ोसी के रूप में स्वीकार क्यों नहीं कर लेता ? यहाँ पड़ोसी का मतलब सिर्फ पड़ोसी नहीं, महाप्रभु है, बड़े मियाँ है, दादा है, संरक्षक है। भारत, अमेरिका को उसी तरह दक्षिण एशिया का दादा क्यों नहीं मान लेता जैसे कि वह लातीन अमेरिका में माना जाता है। जैसे अमेरिकी महाद्वीप में 'मुनरो सिद्धान्त' दो सौ साल से काम कर रहा है, अब इक्कीसवीं सदी में दक्षिण एशिया में भी क्यों नहीं लागू कर दिया जाए ? भारतीय विदेश नीति कब तक गुट-निरपेक्षता के शव को अपने कन्धे पर ढोती रहेगी ? यह है, हमारे विशेषज्ञों का मौलिक चिन्तन !

पहले यह समझें कि अमेरिका हमारा पड़ोसी कैसे बन गया है ? 11 सितम्बर के बाद अमेरिका ने अफगानिस्तान में सैन्य-कार्रवाई की। इस कार्रवाई के दौरान उसने भारत के पड़ोसी देशों में लगभग डेढ़ दर्जन सैनिक अड्डे बना लिये हैं या सैन्य-सुविधाएँ प्राप्त कर ली हैं। खाड़ी में पहले से उसकी सेनाएँ टिकी हुई थीं। अब उसने रूस के नर्म नाभि-क्षेत्र में भी अड्डे बना लिये हैं। उज़्बेकिस्तान, ताजिकिस्तान और किरगिजिस्तान में पहली बार अमेरिका ने अपने पाँव जमा लिये हैं। द्वितीय महायुद्ध के बाद 56 साल तक लगातार कोशिश करने के बावजूद जिस लक्ष्य को प्राप्त करने में अमेरिका असफल हो गया था, वह उसे पलक झपकते ही प्राप्त हो गया। अफगानिस्तान तो उसकी जेब में है ही, पाकिस्तान भी उसकी कठपुतली बन चुका है। नेपाल को माओवादियों और श्रीलंका सरकार को तमिल छापामारों के खिलाफ सहायता की पेशकश करके अमेरिका ने भारत के चारों तरफ अपने वर्चस्व का घेरा डाल दिया है। अमेरिकी राष्ट्रपति और विदेश मंत्री कई बार यह कह चुके हैं कि जब

तक वे आतंकवाद का पूर्ण उन्मूलन नहीं कर लेंगे, वे दक्षिण एशिया से नहीं लौटेंगे याने अमेरिका की यह सैन्य उपस्थिति बेमियादी है। इस बेमियादी बुखार के उतरने की कोई संभावना फिलहाल दिखाई नहीं देती, क्योंकि अभी तो अफगानिस्तान के मुख्य खलनायकों को ही अमेरिकी नहीं छू पाए हैं, जबकि उज़्बेकिस्तान और नेपाल में भी आतंकवाद का बुखार फैलता जा रहा है। ऐसी स्थिति में अमेरिका से नाक-भौं सिकोड़ने का क्या लाभ है ? उसे अब अपना स्थायी पड़ोसी मानकर उससे लाभ क्यों नहीं उठाया जाए ?

यों भी अमेरिका वे सब काम कर रहा है, जो भारत के हित में हैं या जिन्हें करना भारत का कर्तव्य है लेकिन भारत कर नहीं पाता। जैसे अफगानिस्तान से तालिबान और अल क़ायदा का सफाया भारत के हित में था या नहीं ? था, लेकिन भारत कुछ नहीं कर पाया। यह क्षेत्र कश्मीरी आतंकवाद का सप्लाय डिपो बना हुआ था। उस पर बम बरसाने की बजाय भारत ने आतंकवादी वापस ले जाकर उनके हवाले कर दिए। ऐसे मजबूर भारत को अमेरिकी कार्रवाई ने मजबूत भारत बनाया या नहीं ? यही काम नेपाल के माओवादियों और श्रीलंका के तमिल छापामारों से लड़कर सम्पन्न किया जाएगा। करगिल के खलनायक मुशर्रफ को आखिर किसने प्रेरित किया है कि वह जिहाद के विरुद्ध जिहाद बोले ? पाकिस्तान को नई लीक पर चलाने का काम आखिर कौन कर रहा है ? मुशर्रफ के साथ अमेरिका की साँठ-गाँठ तात्कालिक है। उसका स्थायी हित तो भारत के साथ ही सधेगा। उसका जो रिश्ता भारत के साथ गठ सकता है, किसी के साथ नहीं गठेगा, क्योंकि एक तो भारत दुनिया का सबसे बड़ा लोकतंत्र है, दूसरा, चीन के बाद वह एशिया का सबसे बड़ा बाज़ार है, तीसरा, भारतीय भद्रलोक में जैसी गुलाम मानसिकता की परंपरा है, किसी अन्य देश में नहीं है, चौथा, अब भारत-रूस की अघोषित गुटबाजी खत्म हो चुकी है और एशिया में चीन के मुकाबले भारत को अपना मोहरा बनाया जा सकता है तथा छठा, भारत के न चाहने पर भी जब दूसरी महाशक्तियाँ उसके पड़ोसियों से साँठ-गाँठ करती रहती हैं, जैसे चीन पाकिस्तान से और नॉर्वे श्रीलंका से तो भारत, अमेरिका से खुद आगे बढ़कर साँठ-गाँठ क्यों नहीं करता ? अन्य महाशक्तियों को दक्षिण एशिया में घुसने से रोकने में भी अमेरिका भारत की मदद करेगा। सातवाँ, आतंकवाद-विरोध की बहती हुई अमेरिकी गंगा में भारत डुबकी क्यों नहीं लगाता ? अब तक वह 70 हजार लोग और 45 हजार करोड़ रुपए खो चुका है। आतंकवाद खत्म होगा तो न केवल प्रचुर धनराशि बचेगी बल्कि अमेरिका से अपूर्व आर्थिक सहायता भी मिलेगी, जो दक्षिण एशिया को हरा-भरा कर देगी।

कितने मोहक, मादक और मारक तर्क हैं, ये। इन पर कौन फिदा न हो जाएगा ? इन पर कौन फिसल न जाएगा ? कुछ हद तक तो हम फिसल चुके हैं। वरना एन.एम.डी. (राष्ट्रीय प्रक्षेपास्त्र सुरक्षा) जैसी अमेरिकी योजना का हम तत्काल समर्थन क्यों करते ? अमेरिका की सुरक्षा की इस स्वार्थी योजना का रूस, चीन और फ्रांस ने

ही नहीं, अनेक अन्य यूरोपीय देशों ने भी विरोध किया है लेकिन भारत ने समर्थन किया, जिसके कारण अमेरिका की बाँछें खिल गईं। इसी प्रकार पर्यावरण के क्योतो प्रोटोकॉल पर भी भारत ने अपनी ज़ुबान को फिसलने दिया है। भारत की इस हकलाहट पर अमेरिका को बहुत प्यार आ रहा है। जब अमेरिका ने अल-कायदा पर हमले की घोषणा की तो भारत ने पाकिस्तान से भी पहले सम्पूर्ण सहयोग की बाँग लगा दी और अब अमेरिका के रखैला जनरल मुशर्रफ को भी भारत केवल दूर से मुक्का दिखा रहा है ताकि अमेरिका नाराज़ न हो और भारत की जनता के क्रोध को भी थोड़ी गली-सी मिल जाए।

इसमें शक नहीं कि काबुल से तालिबान को अपदस्थ करके अमेरिका ने दक्षिण एशिया में अंगद का पाँव गाड़ दिया है लेकिन अभी तो खुद अफगानिस्तान ही खदबदा रहा है। यदि काबुल सरकार नहीं चल पाई तो अफगानिस्तान अमेरिका की इज़्ज़त का कब्रगाह बन जाएगा। न केवल अमेरिकी सिपाही बड़ी संख्या में वहाँ मारे जाएँगे बल्कि सारे एशिया में अमेरिकी छवि चूर-चूर हो जाएगी। जब अमेरिकी सिपाहियों की शव-पेटिकाएँ वाशिंगटन लौटेंगी तो सारे अमेरिका में हड़कम्प मच जाएगा और जैसे दर्जन भर सिपाहियों के मरने पर सोमालिया से अमेरिकी फौजें भाग खड़ी हुई थीं, वैसे ही अफगानिस्तान से भी भागने लगेंगी तो क्या आश्चर्य होगा। अफगानिस्तान में पश्चिमी देशों के गोरे जवानों को तैनात करने की जो भूल अमेरिका कर रहा है, उसका खामियाज़ा उसे भुगतना ही पड़ेगा। यदि अफगानिस्तान में अस्थिरता फैलेगी तो ईरान, रूस और भारत चुप नहीं बैठेंगे। वे अमेरिका का साथ नहीं दे पाएँगे। इन पड़ोसी राष्ट्रों और अन्दरूनी अफगान तत्त्वों के समीकरण बदलेंगे। एक तरफ अमेरिका और पाकिस्तान होंगे और दूसरी तरफ अन्य पड़ोसी राष्ट्र!

यह तर्क बिलकुल बोदा है कि अमेरिका इसलिए मुशर्रफ का साथ दे रहा है कि वह आतंकवाद को जड़मूल से उखाड़ने के लिए कटिबद्ध है। वास्तव में मुशर्रफ को स्वामिभक्ति के बदले मलाईदार टोस्ट के कुछ टुकड़े प्राप्त हो रहे हैं, जिनका इस्तेमाल सैनिक तानाशाही को बरकरार रखने और भारत-विरोधी आतंकवाद पर पर्दा डाले रखने के लिए किया जा रहा है। तालिबानी आतंकवाद से कहीं अधिक खतरनाक पाकिस्तानी आतंकवाद है। वह सारी दुनिया के आतंकवाद की जड़ है लेकिन अमेरिका उस पर कोई सीधा प्रहार नहीं कर रहा है बल्कि उसकी सैन्य उपस्थिति के कारण भारत के दिल में झिझक पैदा हो गई है। वरना 13 दिसम्बर के दिन स्वयं भारत आतंक की जड़ पर प्रहार कर सकता था। याने हर पड़ोसी देश में कोई भी कार्रवाई करते समय अब भारत को झिझकना पड़ेगा। जिसे हम 'इंदिरा सिद्धान्त' के नाम से जानते हैं याने पड़ोसी देशों में उचित हस्तक्षेप का सिद्धान्त, उसे अब हमें शीर्षासन कराना होगा। यदि कल पाकिस्तान विखंडित होने लगे और लाखों शरणार्थी भागकर भारत आने लगें तो अमेरिका की मर्ज़ी के बिना भारत कुछ नहीं कर सकेगा। दूसरे शब्दों में दक्षिण एशिया में अब 'इंदिरा सिद्धान्त' की जगह 'मुनरो सिद्धान्त' चलेगा।

याने भारत अपने ही घर में किरायेदार होकर रहेगा।

अमेरिकी नीति-निर्माता और उनके भारतीय समर्थक यह भी नहीं देख पा रहे हैं कि मध्य और दक्षिण एशियाई देशों में अमेरिका की उपस्थिति स्थिरता और शांति का कारण बनने की बजाय गहन असंतोष और बगावत का कारण बनेगी। अभी अकेले ईरान को ही राष्ट्रपति बुश 'बुराई की जड़' कह रहे हैं। कुछ वर्षों में यह जड़ अन्य देशों में भी फैल जाएगी। यह ठीक है कि अमेरिका इस समय विश्व की एक मात्र महत्तम शक्ति है लेकिन अपनी इस हैसियत का इस्तेमाल यदि वह इन राष्ट्रों की स्वाभाविक राजनीतिक प्रतिक्रियाओं में हस्तक्षेप के लिए करेगा, जैसा कि वह हमेशा करता है तो वह घृणा का केन्द्र बन जाएगा। मानो पाकिस्तान के लोग लोकतंत्र लाना चाहें और अमेरिका मुशर्रफ को डटाए रखे तो क्या होगा ? बम बरसाकर तालिबान को भगाना आसान है लेकिन करोड़ों आम आदमियों को अमेरिका कहाँ भगाएगा ?

दक्षिण एशिया में अमेरिका अपने हितों की रक्षा करेगा या भारत के हितों की ? भारत के लिए वह चीन या पाकिस्तान से क्यों लड़ेगा ? मध्य एशियाई तेल और गैस में अमेरिका की अत्यंत गहरी रुचि है। यदि पाकिस्तान का भारत से झगड़ा जारी रहे और भारत तथा अमेरिका में गहरी दोस्ती न हो तो भी अमेरिका को क्या नुकसान है ? उसे मध्य-एशिया की खनिज सम्पदा को अफगानिस्तान और पाकिस्तान के जरिए कराची और ग्वादर तक पहुँचने के सीधे और सस्ते रास्ते मिल जाएँगे। उस मुनाफे का इस्तेमाल अफगान-खर्च को भुगताने में भी होता रहेगा। इस गणित में भारत का क्या काम है ?

इसीलिए भारत को विचार करना होगा कि वह खुद को अमेरिका के हवाले करे या न करे। घनिष्ट सम्बन्ध बनाना एक बात है और गतानुगतिक बनना बिलकुल दूसरी बात। एक तरफ भारत महाशक्ति बनना चाहता है और दूसरी तरफ वह अपने ही घर में सिकुड़कर बैठ जाए, यह कैसे सम्भव है।

बिलोएँ पानी और निकालें मक्खन

अमेरिकी विदेश मंत्री कोलिन पॉविल खाली हाथ वापस जाएँगें, यह किसे पता नहीं था। विदेश नीति की जिसे थोड़ी-बहुत समझ है, उसे भी पता है कि अमेरिका का लक्ष्य भारत-पाक विवाद सुलझाना नहीं है बल्कि अपने राष्ट्रहितों का संपादन करना है। अमेरिका का राष्ट्रहित क्या है सिर्फ यह कि भारत और पाक में परमाणु-युद्ध न छिड़ जाए और मध्य एशिया के मुस्लिम गणतंत्रों का माल-ताल (गैस और तेल) उसे मिट्‌टी के मोल मिल जाएँ। आतंकवाद को खत्म करने के बहाने अफगानिस्तान उसकी जेब में पहुँच ही चुका है लेकिन अगर पाकिस्तान पूरी तरह उसके अनुकूल नहीं हुआ तो उसका उल्लू सीधा कैसे होगा ? यदि पाकिस्तान रुठा रहे तो अमेरिका द्वारा हथियाया गया मध्य एशियाई माल-ताल कराची या ग्वादर के बन्दरगाह तक कैसे पहुँचेगा ? दूसरे शब्दों में अमेरिका की वैश्विक रणनीति में पाकिस्तान का महत्त्व ज्यादा है या भारत का, यह बताने की जरूरत नहीं है। वह स्वत: स्पष्ट है।

इसके अलावा अमेरिका की अफगान-कार्रवाई में पाकिस्तान ने जो सक्रिय सहयोग दिया है, उसने मुशर्रफ को बुश-प्रशासन का कण्ठहार बना दिया है। इसीलिए पाकिस्तान इतने आत्म-विश्वास से भरा हुआ है। वह जानता है कि अमेरिका किसी भी कीमत पर उसका नुकसान नहीं होने देगा। वह चाहता है कि कश्मीर पर अमेरिका हस्तक्षेप करे। पाकिस्तान खुश है कि पहले ब्रिटिश और अब अमेरिकी विदेश मंत्री भारत को चंग पर से उतारने के लिए दक्षिण एशिया पधारे हैं। कोलिन पॉविल ने साफ-साफ कह भी दिया है कि कश्मीर की गिनती विश्व-समस्याओं की सूची में होगी। हम जिस कश्मीर को शुद्ध द्विपक्षीय मामला मानते हैं और जिसमें हमें तीसरा पक्ष तक बर्दाश्त नहीं है, उसे अमेरिका सारी दुनिया का मामला बना रहा है। यह ऐसा ही है, जैसे कि मियाँ-बीवी के विवाद में जहाँ काज़ी भी बर्दाश्त न हो, वहाँ सारा शहर पंचायत करने लगे। पाकिस्तान के लिए इससे ज्यादा संतोष की बात क्या हो सकती है। बिना कुछ किए ही कश्मीर का अन्तरराष्ट्रीयकरण हो रहा है। पाकिस्तान को गलतफहमी है कि अमेरिकी मध्यस्थता या हस्तक्षेप या दबाव से उसका कुछ फायदा हो जाएगा।

इसमें शक नहीं है कि जब अमेरिकी नेता भारत आते हैं तो वे बराबर दावा करते हैं कि वे मध्यस्थ नहीं हैं, वे तीसरी पार्टी नहीं है, वे कोई न्यायाधीश नहीं हैं लेकिन वे ऐसी बातें कहने से नहीं चूकते, जो पाकिस्तानी हितों का प्रतिनिधित्व करती

हैं। उदाहरण के लिए कश्मीर के अन्तरराष्ट्रीयकरण की बात तो है ही, कोलिन पॉविल ने यह भी कह दिया कि कश्मीर के चुनाव मुक्त और निष्पक्ष होने चाहिए, अन्तरराष्ट्रीय पर्यवेक्षक नियुक्त किए जाने चाहिए, चुनाव कोई अन्तिम समाधान नहीं है, राजनीतिक बंदियों को रिहा किया जाना चाहिए, तथा भारत को पाकिस्तान से बात करनी चाहिए। ये सब बातें पाकिस्तान के पक्ष में जाती हैं। भारत नाराज़ न हो जाए, इसलिए कुछ मीठी-मीठी बातें नई दिल्ली में भी करनी पड़ती हैं। इसीलिए कोलिन पॉविल ने भारत में कह दिया कि कश्मीरी चुनावों को शांतिपूर्ण ढंग से निपटाने में पाकिस्तान मदद करे, सीमा-पार आतंकवाद घटा है, भारत का संयम काबिले-तारीफ़ है, पाकिस्तान को आतंकवाद के विरुद्ध पूरी तरह से कमर कसनी होगी ताकि दक्षिण एशिया में शांति का स्थायी प्रबंध हो सके आदि-आदि। कोलिन पॉविल या श्रीमान जॉर्ज बुश से कोई पूछे कि आखिर वे ये मीठी गोलियाँ किन्हें दे रहे हैं? ये लॉलीपॉप यहाँ नहीं चल पाएँगे। वे पानी बिलोकर मक्खन निकालना चाहते हैं। भारत और पाकिस्तान, दोनों जानते हैं कि कोलिन पॉविल दोनों पक्षों को जितना सार्वजनिक तौर पर खुश करते हैं, उससे ज्यादा निजी बातचीतों में करते होंगे। दोनों पक्षों को पता है कि अमेरिकी मध्यस्थता बाँझ साबित होगी लेकिन भारत से ज्यादा पाकिस्तान को पता है कि इस बाँझपन में से भी वह अपने लिए कोई रंगत निकाल ले जाएगा।

भारत को अमेरिका दबा नहीं पाएगा, यह पॉविल की यात्रा से स्पष्ट हो गया है। उप-प्रधानमंत्री श्री लालकृष्ण आडवाणी ने जिस दो-टूक लहज़े में अन्तरराष्ट्रीय पर्यवक्षकों के प्रस्ताव को रद्द किया है, उसके कारण ही शायद पॉविल ने राजनीतिक बंदियों की रिहाई का मसला उठाया ही नहीं। अमेरिकियों से कोई पूछे कि अन्तरराष्ट्रीय पर्यवेक्षक किन चुनावों के लिए भेजे जाते हैं? क्या कश्मीर कोई उपनिवेश है, क्या वह कोई विदेशी क्षेत्र है, क्या वह कोई युद्धगत अपरिभाषित क्षेत्र है? क्या वह कांगो या ईस्ट तिमोर है? भारत सरकार का यह दृष्टिकोण काफी तर्कसंगत है कि भारत स्थित विदेशी राजनयिक पत्रकार या कोई भी विदेशी कश्मीर जाकर अपनी आँखों से चुनावों का मुआइना कर सकता है लेकिन बाकायदा अन्तरराष्ट्रीय पर्यवेक्षक नियुक्त करना तो भारत की सरासर बेइज़्जती है। इसी प्रकार राजनीतिक बंदियों का सवाल कोलिन पॉविल ने पत्रकार-परिषद् में तो उठाया लेकिन प्रधानमंत्री और उप-प्रधानमंत्री के साथ नहीं उठाया। उन्हें भारतीय मूड का पता पहले से ही चल गया। यह कैसा मज़ाक है कि पाकिस्तान के पश्चिमी (अफगान) आतंकवादियों को गिरफ्तार करने के लिए अमेरिका ने जमीन-आसमान एक कर रखा है और उसके पूर्वी (कश्मीरी) आतंकवादियों को भारतीय जेलों में से रिहा करने के लिए वह खुले-आम बयान दे रहा है। यह कोई छोटा-मोटा प्रहसन नहीं है कि कश्मीर की जनता के लिए अमेरिका निष्पक्ष और मुक्त चुनाव कराना चाहता है लेकिन पाकिस्तान की जनता को वही अधिकार दिलाने के बारे में उसने चुप्पी खींच

रखी है। जनरल मुशर्रफ जो चुनाव करवा रहे हैं, क्या उसका एकमात्र लक्ष्य उनके विरोधियों का सफाया करना नहीं है ? लोकतंत्र की नाक में नकेल डालने के इन प्रयासों पर अमेरिका की चुप्पी किस तथ्य की द्योतक है ? क्या इसकी नहीं कि यदि कोई उसके स्वार्थों को सिद्ध करता रहे तो उसे लोकतंत्र की हत्या का लायसेंस दे देने में भी अमेरिका को कोई झिझक नहीं होती। कश्मीर के आतंकवादियों की रिहाई की बजाय अमेरिका को पहले नारा लगाना चाहिए—पाकिस्तान के विरोधी नेताओं पर से प्रतिबन्ध उठाने का, ताकि वहाँ स्वतन्त्र चुनाव हो सकें। अमेरिका, पता नहीं, किस मोह-पाश में फँसा हुआ है ? वह उसी पाकिस्तान पर तकिया लगाए हुए है, जिसने उसके आशियाने को आग दी थी। जब तक पाकिस्तान के साथ अमेरिका दो-टूक बात नहीं करेगा, पाकिस्तान की गाड़ी सही पटरी पर कभी नहीं चलेगी। पाकिस्तान के प्रति भारत का जो रवैया है, उससे भी सख्त रवैया जब तक अमेरिका अख्तियार नहीं करेगा, पाकिस्तान उसे बुद्धू बनाता रहेगा और अपने लिए फायदे दुहता रहेगा। मध्य-एशिया के माल-ताल के कारण अमेरिका पाकिस्तान की खुशामद करता रहे, यह जरूरी नहीं है। उस माल-ताल को समुद्र तक पहुँचाने के कुछ और रास्ते भी हैं। अमेरिका की दक्षिण-एशिया कूटनीति पाकिस्तान को सहज राष्ट्र बनाने में कोई सहायता नहीं कर रही है बल्कि उसके कुटिल इरादों को बलवान बना रही है। यही वजह है कि पाकिस्तान में कोलिन पॉवेल की उपस्थिति के बावतूद जनरल मुशर्रफ ने कश्मीरी चुनावों को मज़ाक की संज्ञा दी है और भारत पर कुटिल कूटनीतिक प्रहार किए हैं। ऐसी स्थिति में भारत क्या करे, इसकी चर्चा कभी और करेंगे।

पाकिस्तानी प्रेत-बाधा और भारत-अमेरिकी संवाद

वह दिन पता नहीं कब आएगा, जब भारत और अमेरिका के बीच कोई तीसरा न होगा। दोनों महान लोकतंत्र सदा तीसरे की बाधा से ग्रस्त रहे हैं। भारत और अमेरिका जब भी मिलते हैं, पाकिस्तान या तो सशरीर उपस्थित होता है या मिलन-मंडप पर प्रेत की तरह मँडराता रहता है। ऐसा नहीं है कि सिर्फ बुश और वाजपेयी की मिलन-वेला में ऐसा हुआ है। चाहे नेहरू और केनेडी हों, चाहे इंदिरा और जॉन्सन हो, चाहे मोरारजी या कार्टर हों, चाहे राजीव और रेगन हों, चाहे नरसिंहराव और क्लिंटन हों, चाहें अटल और बुश हों, उनके बीच कभी कोई अयूब, कोई भुट्टो, कोई ज़िया, कोई बेनज़ीर, कोई नवाज़ और कोई मुशर्रफ सदा आ धमकता है। इस बार जब प्रधानमंत्री अटलबिहारी वाजपेयी अमेरिका गए तो पिछले साल की तरह पाकिस्तान के 'राष्ट्रपति' परवेज़ मुशर्रफ वहाँ पहले से ही आसन जमाए हुए थे। दोनों को संयुक्तराष्ट्र महासभा में बोलना था और दोनों को 11 सितम्बरी शोक-सभा में शामिल होना था। इसीलिए ये यात्राएँ शुद्ध रूप से द्विपक्षीय नहीं हो सकती थीं। जिन सन्दर्भों में ये यात्राएँ हुईं, उनका फलितार्थ त्रिकोणात्मक ही होना था, जैसा कि वह हुआ है।

जाहिर है कि इस बार जनरल मुशर्रफ को अमेरिका ने अपनी पलकों पर नहीं बैठाया। गत वर्ष की तरह इस साल उसे अफगानिस्तान फतेह नहीं करना था लेकिन अब भी अल-क़ायदा के तम्बू को उखाड़ने का काम बाक़ी है और मध्य एशिया की सम्पदा को पाकिस्तान के सहारे ही हिंद महासागर तक लाने का सपना उसे पूरा करना है। ऐसी स्थिति में भला बुश पाकिस्तान को भला-बुरा कैसे कह सकते थे? प्रधानमंत्री के प्रधान सचिव ब्रजेश मिश्र ने यह दावा जरूर किया कि बुश ने मुशर्रफ को फटकार लगाई लेकिन पाकिस्तान ने तुरंत इस दावे का खंडन कर दिया। बुश ने मुशर्रफ को यह जरूर कहा है कि वह सीमा-पार आतंकवाद पर लगाम लगाएँ और कश्मीरी चुनावों में टाँग न अड़ाएँ। उन्होंने प्राथमिक शाला के माट्साब की तरह मुशर्रफ को लोकतंत्र का महत्त्व भी समझाया लेकिन असली सवाल यह है कि इससे भारत को क्या मिला? कुछ भी नहीं। ये सब बातें मुशर्रफ को बुश न कहते तो भी क्या फर्क पड़ता? मिलने पर भी वे ही बातें हुई, जो न मिलने पर भी कही जाती रही हैं। अमेरिकी प्रशासन पर भारत के कहे का कोई असर दिखाई नहीं पड़ा।

भारत चाहता था कि मुशर्रफ को सद्दाम का दर्जा दिया जाए। आतंकवाद का

फंदा सद्दाम नहीं, मुशर्रफ के गले में डाला जाए। पाकिस्तान को आतंकवादी राष्ट्र घोषित किया जाए। उसे एफ-16 लड़ाकू विमान न दिए जाएँ और उसका हुक्का-पानी बन्द किया जाए। लेकिन अमेरिका ने क्या किया ? भारत की बात ध्यान से सुनी और अपना वार्षिक कर्मकांड सम्पन्न कर दिया याने अमेरिकी सीनेटरों और काँग्रेसमैनों को खुश करने के लिए लोकतंत्र-समर्थक बयान दे दिए और अपना पल्ला झाड़ लिया। यहाँ संतोष की बात यही है कि कश्मीरी चुनावों के बारे में इस बार अमेरिकी प्रशासन ने पाकिस्तान की हाँ में हाँ नहीं मिलाई। सबसे पहले तो उसने हुर्रियत के इस सुझाव को गलत बताया कि चुनाव स्थगित कर दिए जाएँ और दूसरा, अमेरिका ने कश्मीर में हुए पहले मतदान को प्रामाणिक और आशाजनक बताया। उसने इस पाकिस्तानी दावे को रद्द कर दिया कि कश्मीरी चुनाव ढोंग है। तीसरा, भारत स्थित अमेरिकी राजदूत रॉबर्ट ब्लेकविल ने दिल्ली में साफ़-साफ़ कह दिया कि चुनाव के दौरान आतंकवादी घुसपैठ में बढ़ोतरी हुई है। इससे पाकिस्तान को धक्का जरूर लगा है लेकिन अमेरिका साथ-साथ यह भी कहता जा रहा है कि चुनाव अन्तिम समाधान नहीं है। याने कश्मीर के बारे में अमेरिका का कुछ अपना सोच है, जो शायद भारत और पाकिस्तान, दोनों के सोच से अलग हो। दूसरे शब्दों में फिलहाल भारत को अपनी छाछ भी फूँक-फूँककर पीनी होगी।

यों भी भारत कोई लार नहीं टपका रहा है। पिछले साल की बात ही कुछ और थी। 11 सितम्बर की वजह से पाकिस्तान अचानक लपका और अमेरिका के कंधे पर जा बैठा। वह पाकिस्तान, जिससे करगिल और नवाज़ शरीफ के बाद अमेरिका हाथ मिलाने में भी संकोच कर रहा था। याद करें, क्लिंटन की पाकिस्तान-यात्रा और बुश के प्रारंभिक बयान ! पचास साल में पहली बार पाकिस्तान अनाथ-सा महसूस करने लगा था लेकिन इन्हीं दिनों अमेरिका पर अफगानिस्तान फतेह करने का ऐसा बुख़ार चढ़ा कि पाकिस्तान रातों-रात कम्पाउण्डर से डॉक्टर बन बैठा। भारत को डर लगा कि वह कहीं पीछे छूटा जा रहा है इसीलिए उसने अमेरिका को लुभाने के लिए 'नेशनल मिसाइल डिफेंस' योजना का तत्काल और पूर्ण समर्थन कर दिया, जबकि उसके यूरोपीय मित्र हकलाते रहे। भारत की चिंता यही थी कि आतंकवाद की लड़ाई में जहाँ भारत को खड़ा होना था, वहाँ पाकिस्तान जा पहुँचा है और इसका नतीजा यह होगा कि भारत-विरोधी आतंकवाद पर कोई ध्यान नहीं देगा। एक सीमा तक यही हुआ लेकिन अब ज्यों-ज्यों अफगानिस्तान का बुखार उतरता जा रहा है, अमेरिका और यूरोप की नज़रें कश्मीर की तरफ फिर से मुड़ने लगी हैं।

इसका एक नतीजा यह भी है कि भारत भी अब थोड़ा खुल रहा है। उसने इस बार एराक़ पर अमेरिका का वैसा समर्थन नहीं किया, जैसा कि 'नेशनल मिसाइल डिफेंस' पर कर दिया था। प्रधानमंत्री वाजपेयी ने यह स्पष्ट कर दिया कि एराक़ ही नहीं, 'बुराई की दूसरी जड़' ईरान से भी भारत का घनिष्ट सम्बन्ध है और अपने आयातित तेल की ही नहीं, पश्चिम एशिया में रह रहे लगभग 30 लाख भारतीय

नागरिकों की भी उसे चिंता है। इसीलिए अमेरिका युद्ध छेड़ने के पहले सुरक्षा परिषद् की अनुमति ले और एराक़ संयुक्तराष्ट्र पर्यवेक्षकों को खुली छूट दे ताकि वे परमाणु या जैविक या रासायनिक हथियारों की खोज-पड़ताल कर सकें। इतना ही नहीं, भारतीय विदेश मंत्री यशवंत सिन्हा की यह पहल काबिले-तारीफ है कि रूस, चीन और भारत के विदेश मंत्रियों ने अमेरिका की नाक के नीचे ही संयुक्त प्रीति-भोज किया। यह प्रीति-भोज नहीं, विकल्प-भोज था। इस भोज में से ठोस क्या निकला, कुछ पता नहीं लेकिन यह संदेश जरूर उभरा कि विश्व की एकमात्र महत्तम शक्ति अमेरिका के चारों तरफ गणेश-परिक्रमा करने के अलावा भी कुछ विकल्प हैं। इस त्रिपक्षीय भोज में पाकिस्तान का शामिल न किया जाना भी पर्याप्त अर्थगर्भित है। भारत, एशिया के तीन बड़ों में से एक है। वह पाकिस्तान की तरह किसी महाशक्ति का दुमछल्ला नहीं बन सकता। पाकिस्तान अपने शस्त्रास्त्रों के लिए अमेरिका पर निर्भर है, भारत नहीं। यदि भारत को मिलनेवाले इस्राइली हथियारों के रास्ते में अमेरिका टाँग अड़ाएगा तो भारत के पास रूस और अन्य यूरोपीय राष्ट्रों के विकल्प भी हैं। भारत के इस खुद्दार रवैये का असर अमेरिका पर पड़े बिना नहीं रहेगा।

इसीलिए दोनों तरफ से इस बार एक नया सुर भी उभरा है। वह यह कि पाकिस्तान की छाया नहीं मँडराने देंगे याने भारत-अमेरिका सम्बन्धों पर तीसरे की बाधा का प्रकोप नहीं होगा। यह सुर जितना नया है, उतना ही क्षीण भी है। आशा की किरण बुश का यह बयान भी है कि आतंकवाद को 'स्वाधीनता संग्राम' कहना गलत है। बुश का यह बयान मुशर्रफ के भाषण की सीधी काट करता है। अटलजी ने भी यही कहा लेकिन जब बुश ने उसे दोहराया तो उन शब्दों में पंख लग गए। कुछ जादुई असर पैदा हो गया। अगर दोनों देशों के बीच यही जुगलबन्दी बनी रहे और बढ़ती रहे तो पाकिस्तान को शीघ्र ही अपनी कश्मीर नीति पर पुनर्विचार करना पड़ सकता है। यह पता नहीं कि कश्मीर के हल के बाद भी पाकिस्तानी प्रेत अपनी माँद में लौटेगा या नहीं, लेकिन यह निश्चित है कि दुनिया के ये दोनों महान लोकतंत्र अब एक ऐसे आकाश में विचरण के संकेत दे रहे हैं, जो तीसरे की बाधा से मुक्त हो। इसीलिए इस बार अंतरिक्ष, विज्ञान, ऊर्जा, व्यापार और सामरिक क्षेत्रों में द्विपक्षीय सहयोग के अनेक नए आयामों की खोज चलती रही। अमेरिकी विदेश मंत्री कोलिन पॉवेल और भारतीय विदेश मंत्री यशवंत सिन्हा के बीच उभरे मधुर समीकरणों ने न केवल श्री जसवंत सिंह की कमी को पूरा किया बल्कि यह भी सिद्ध किया कि पात्रों के बदल जाने के बावजूद नाटक जारी रहता है, और कभी-कभी बेहतर भी हो जाता है।

अनेक एकांकी नाटकों का रस इस बार भी दर्शकों को लबालब मिला। मुशर्रफ और वाजपेयी ने हवा में जमकर घूँसे चलाए। गत्ते की तलवारें और कागज के मुगदर दोनों ने खूब घुमाए। एक ने कहा, 'ब्लेकमेल करते हो' तो दूसरे ने कहा 'झूठ बोलने में हद पार करते हो'। पहले शब्द था–'सीमा-पार आतंकवाद' और अब नया शब्द

उभरा, 'सीमा-पार झूठ' याने सीमा के पार से आया झूठ और सीमा को पार करनेवाला झूठ भी ! अटल जी हिन्दी में बोले तो खुद भी हँसे और लोगों को भी हँसाया। अपने राजदूत और अपने विदेशमंत्री पर भी फब्तियाँ कसीं। जब भारत-पाक सीमाओं पर फौजी मुक्का तना हुआ हो तो नेताओं की ये प्रहसनात्मक मुद्राएँ तनाव-शैथिल्य में सहायक होती हैं। चीखों-चिल्लाहटों से भरे प्रेत-बाधाओं के आकाश में खिलखिलाहट, गुनगुनाहट और ठहाकों का कौन स्वागत नहीं करेगा ?

निर्गुटता को चाहिए नई लीक

कैसा विचित्र संयोग है कि गुट-निरपेक्षता जितनी अप्रासंगिक हो गई है, उसका सम्मेलन उतना ही सफल हुआ है। याने क्या अप्रासंगिकता सफल हुई है ? जी हाँ, मलेशिया की राजधानी क्वालालम्पुर में यही हुआ है। 116 राष्ट्रों के गुट-निरपेक्ष सम्मेलन में इतने राष्ट्रपति और प्रधानमंत्री एक साथ पहुँच गए कि जितने संयुक्तराष्ट्र संघ में भी नहीं पहुँचते। 63 राष्ट्रपतियों और प्रधानमंत्रियों ने इस 13वें सम्मेलन में क्या किया ? अगर उनके राष्ट्रों की संसदें और अखबार तेज़-तर्रार हों तो वे उनका दम निकाल देंगे। वे अपने नेताओं से पूछ सकते हैं कि गरीब जनता के लाखों रुपए खर्च करके आपने अपने देश का कौन-सा भला किया ? यह सम्मेलन इस दृष्टि से सफल हुआ कि इसका जमावड़ा अपूर्व रहा, नेताओं और अफसरों को एक-दूसरे से मिलने का मौका मिला, कुछ मौज-मजा और खाना-पीना हुआ लेकिन ठोस निष्पत्ति क्या हुई ? कुछ भी नहीं।

बुनियादी मुद्दों की बात बाद में करेंगे। पहले तात्कालिक मुद्दे लें। जिन तात्कालिक मुद्दों पर सम्मेलन ने सबसे अधिक ध्यान दिया, वे थे, एराक़ और आतंकवाद ! एराक़ पर सम्मेलन ने कोई ऐसी बात नहीं कही, जिससे बुश या सद्दाम पर रत्ती भर भी असर हुआ हो। संयुक्तराष्ट्र संघ प्रस्ताव को ज्यों का त्यों दोहरा दिया गया और यह भी कह दिया गया कि एराक़ का निरस्त्रीकरण और प्रतिबंधों की वापसी साथ-साथ हो। यह बात अच्छी है। एराक़ी जनता के प्रति सहानुभूति दर्शानेवाली है लेकिन इससे फर्क क्या पड़ा ? यदि 116 राष्ट्रों के प्रतिनिधि कोई ऐसी बात कहते, जो 15 सदस्योंवाली सुरक्षा परिषद् की बात से सवाई होती तो माना जाता कि गुट-निरपेक्ष आन्दोलन का अपना कोई योगदान है। इतने बड़े आन्दोलन की इतनी-सी हैसियत भी नहीं कि वह सद्दाम या बुश को अपनी-अपनी हठधर्मी छोड़ने के लिए प्रेरित कर सके। 63 राष्ट्रों के सर्वोच्च नेतागण कम से कम एक-एक प्रतिनिधि-मंडल तो दोनों महामल्लों के पास भेजते और उनसे पूछते कि आपने दुनिया को युद्ध के कगार पर क्यों ठेल दिया है ? लगभग चार अरब लोगों के प्रतिनिधियों में इतनी हिम्मत भी नहीं कि वे अमेरिका को नाम लेकर फटकारें और उससे कहें कि वह हमला करने से बाज़ आए।

यह अलग बात है कि सम्मेलन के नए अध्यक्ष मलेशिया के नेता महाथिर मुहम्मद ने अपने भाषण में अमेरिका को खरी-खरी सुनाई। उन्होंने यहाँ तक कह दिया कि

अमेरिका की हालत उस भयाक्रांत रोगी की तरह हो गई है, जो दाढ़ी से, बुर्के से, चमड़ी के गेहुँआँ रंग से और इस्लामी नाम से भी डरने लगा है और लोगों की जेबों, ब्रीफ-केसों और जूतों में भी बम खोजने लगा है। उन्होंने यह भी कहा कि आतंकवाद का खात्मा तो बहाना है। असली निशाना इस्लाम है। यदि आतंकवाद के खात्मे के नाम पर हजारों अफगानों और लाखों एराकियों की जान ली जा सकती है तो फलिस्तीनियों को न्याय दिलाने के नाम पर 11 सितम्बर की मौतों को भी अनदेखा क्यों नहीं किया जा सकता ? इसी तरह जिम्बाब्वे के राष्ट्रपति मुगाबे ने भी अपने भाषण में जॉर्ज बुश पर आग बरसाई। उन्होंने पूछा कि उनके चुनाव को अलोकतांत्रिक बतानेवाले जॉर्ज बुश को कौन-सा बहुमत मिला था ? रिपब्लिकन जजों के फैसले के दम पर राष्ट्रपति चुने जानेवाले बुश को क्या अधिकार है कि वह दूसरे राष्ट्रों के नेताओं को तानाशाह कहे। महाथिर और मुगाबे की तरह फिदेल कास्त्रो ने भी अमेरिका की खिंचाई में कोई कसर नहीं छोड़ी लेकिन इस तरह की कटु आलोचनाएँ तो ये नेतागण अपने देश में भी करते रहते हैं। गुट-निरपेक्ष आन्दोलन के जरिए उन्होंने क्या किया ? क्या उनकी राय सम्मेलन के प्रस्ताव में कोई जगह पा सकी ? क्या सम्मेलन ने बुश के विरुद्ध कोई तेवर दिखाया ?

इन अतिवादी बयानों के मुकाबले तो भारतीय प्रधानमंत्री वाजपेयी और विदेश मंत्री यशवंत सिन्हा की राय कम से कम संयत और तर्कसंगत तो रही। बुश उन्हें, सुनें या सुनें, संसार को तो यह पता चल रहा है कि ठीक बात क्या है। अटलजी ने कविताई की शैली में ठीक ही कहा है कि बुश पर विशाल जन प्रदर्शनों का क्या कोई असर नहीं होगा और जो बात एराक़ पर लागू की जा रही है, वह उत्तर कोरिया पर क्यों नहीं लागू की जा रही है ? क्या एराक़ के अलावा किसी अन्य देश के पास सर्वनाशकारी हथियार नहीं हैं ? उन्होंने यह भी कहा कि अमेरिका की युद्ध-मुद्रा का समर्थन करना कठिन है। भारत का यह रुख गुट-निरपेक्ष आन्दोलन के घोषणा-पत्र में प्रकट क्यों नहीं हुआ ? इसी लीक पर सर्वसम्मत प्रस्ताव पारित क्यों नहीं हुआ ? राष्ट्रों के निजी बयान कितने ही उचित और निर्भीक हों, जब तक वे गुट-निरपेक्ष आन्दोलन के प्रस्ताव नहीं बनते, उनकी कीमत क्या है ?

यही बात आतंकवाद के सवाल पर लागू हुई। भारत चाहता था कि सम्मेलन की क्वालालम्पुर घोषणा में राज्यों द्वारा प्रोत्साहित आतंकवाद याने पाकिस्तान-जैसे राष्ट्रों की भूमिका की आलोचना की जाए लेकिन 'राजकीय आतंकवाद' शब्द का उल्लेख-मात्र भी उस घोषणा में नहीं है। गुट-निरपेक्ष आन्दोलन में लगभग 50 मुस्लिम राष्ट्र हैं। वे पाकिस्तान पर भारत को सीधी उँगली कैसे उठाने देंगे। लेकिन हमें यह भी मानना होगा कि ये राष्ट्र पाकिस्तान के हाथ में भी नहीं खेले। उन्होंने पाकिस्तान द्वारा उठाए गए 'मूल कारण' और 'स्वतंत्रता संग्राम' शब्दों को भी रद् कर दिया। पाकिस्तान का कहना था कि आतंकवाद के मूल कारण क्या हैं, यह प्रश्न इसलिए उठाया जाना चाहिए कि कश्मीर, चेचन्या, फलस्तीन आदि में लोगों पर पहले

राज्य जुल्म करते हैं और उनके जवाब में लोग आतंकवाद का सहारा लेते हैं और ये 'जुल्मी राज्य' जिसे आतंकवाद कहते हैं, वह वास्तव में 'स्वतंत्रता-संग्राम' है। दूसरे शब्दों में इन अवधारणाओं के आधार पर पाकिस्तान अपने कश्मीर मुद्दे को पुनर्जीवित करना चाहता था और सीमा-पार आतंकवाद को जायज़ ठहराना चाहता था लेकिन गुट-निरपेक्ष राष्ट्रों ने पाकिस्तानी तिकड़म को दरकिनार कर दिया और अपना ध्यान कश्मीर नहीं, फलिस्तीन पर केंद्रित किया। फलस्तीन पर गुट-निरपेक्ष घोषणा में दो-टूक बात कही गई, इस्राइल की निंदा की गई और यह भी कहा गया कि आत्म-निर्णय के अधिकार को आतंकवाद कहना गलत है। इस आखरी जुमले पर पाकिस्तान रीझा हुआ है। वह मानकर चल रहा है कि यह उसकी विजय है। उसके लिए आत्म-निर्णय का मतलब है, कश्मीर!

कश्मीर के सवाल पर मुशर्रफ ने अपनी खूब जगहँसाई करवाई! कोई भी मंच हो और कोई भी माहौल हो, पाकिस्तानी नेता राग कश्मीर अलापने से बाज़ नहीं आते। क्वालालम्पुर में भी उन्होंने कश्मीर का 'रेकार्ड' बजा दिया। भारतीय प्रधानमंत्री ने तो करारा जवाब दिया ही, अध्यक्ष महाथिर मुहम्मद ने भी कह दिया कि यह राग बेसुरा है। यह आपसी मामला है। इसे सम्मेलन में क्यों घसीटा जा रहा है। यह सम्मेलन राष्ट्रों को जोड़ने के लिए है, तोड़ने के लिए नहीं। राष्ट्रपति मुशर्रफ ने एक भेंट-वार्ता में खुले-आम स्वीकार किया है कि कोई भी पाकिस्तानी नेता कश्मीर पर शोर मचाए बिना जिन्दा नहीं रह सकता। दुर्भाग्य यही है कि गुटनिरपेक्ष आन्दोलन और दक्षेस जैसे मंचों को भी पाकिस्तानी नेता नहीं बख्शते! इस 13वें गुट-निरपेक्ष सम्मेलन में भारत-पाक लत्तम-धत्ता ही बड़ी खबर बनी रही। अगर दोनों राष्ट्र चाहते तो इस मौके का फायदा उठाकर कुछ गुपचुप संपर्क करते और जैसा कि पाकिस्तानी विदेश मंत्री कसूरी ने कहा इस उप-महाद्वीप में नए युग का सूत्रपात करते। वास्तव में भारत और पाकिस्तान मिलकर गुट-निरपेक्ष आन्दोलन को ही नई दिशा और नया जीवन प्रदान करते। तात्कालिक मुद्दों पर गुट-निरपेक्ष आन्दोलन पते की कोई बात नहीं कह पाया और जो बुनियादी मुद्दे हैं, उन पर तो किसी ने ध्यान दिया ही नहीं।

सबसे पहला प्रश्न तो यह है कि जब दुनिया से सैन्य-गुट-नाटो,सीटो,सेन्टो,वारसा पेक्ट ही खत्म हो गए तो अब गुट-निरपेक्ष आन्दोलन की ही क्या जरूरत रह गई? गुट-निरपेक्ष शब्द का आज उतना ही महत्त्व है, जितना किसी गंजे के लिए कंघे का होता है। जरुरत तो यह है कि इस संगठन का नाम बदला जाए। इसे अब विश्व विकास और शांति सम्मेलन कहा जाए। अब से 40-45 साल पहले जब नेहरु, नासिर और टीटो ने इस सम्मेलन की नींव डाली थी, तब रूस और अमेरिका के दो खेमों में दुनिया बँटी हुई थी, दोनों प्रतिद्वंद्वी परमाणु शस्त्रों से लैस थे और तीसरी दुनिया के देश नए-नए आज़ाद हुए थे। इनके नेता ऐसे लोग थे, जो चुनावों के कारण नहीं, स्वाधीनता संग्रामों के कारण शीर्ष पर पहुँचे थे। लाखों-करोड़ों लोग उनके अनुयायी

थे और नेतागण समझते थे कि उनकी हैसियत किसी रूजवेल्ट, किसी खुश्चौफ, किसी मेकमिलन से कम नहीं है। उनकी आवाज़ अपने देश में ही नहीं, सारे संसार में भी सुनी जाती थी। इसी नैतिक शक्ति के सहारे उन्होंने अन्तरराष्ट्रीय जलवा खड़ा कर लिया था लेकिन तब भी महाशक्तियाँ अपने राष्ट्रीय स्वार्थों के मुताबिक काम करती थीं। उस समय इतना दिलासा तो था कि दुनिया के करोड़ों निष्पक्ष लोगों के विवेक का प्रतिनिधित्व करनेवाली एक निर्गुट आवाज़ विश्व-पटल पर गूँज रही है लेकिन आज स्थिति क्या है ? आज तो फिदेल कास्त्रो के अलावा कोई भी विश्व-विख्यात नेता गुट-निरपेक्ष आन्दोलन में नहीं बचा है ? मिस्त्र, यूगोस्लाविया और इंडोनीशिया के वर्तमान नेताओं का मुकाबला क्या नासिर, टीटो और सुकर्ण से हो सकता है ? भारत और उसके नेता, दोनों की कुछ विश्व-हैसियत जरूर है लेकिन उन्हें भी वह नाटकीय प्रचार उपलब्ध नहीं है, जो कभी नेहरू को उपलब्ध था।

जो प्रचार कभी गुट-निरपेक्ष नेताओं को प्राप्त था, वह आजकल फ्रांस और जर्मनी को मिल रहा है। उनका बर्ताव गुट-निरपेक्षता की सभी शर्तें पूरी कर रहा है। अमेरिका के साथी होते हुए भी वे अमेरिका का साथ नहीं दे रहे हैं। रूस और चीन भी उनके अनुयायी के समान मालूम पड़ रहे हैं। एराक़ को लेकर तीसरी दुनिया में आज वैसी हलचल नहीं है, जैसी की पहली और दूसरी दुनिया में है। इस हलचल के महानायक फ्रांस और जर्मनी हैं, भारत, मिस्त्र और इंडोनीशिया नहीं ! ऐसा क्यों ? इसलिए कि आज गुट नहीं रहे और जब गुट ही नहीं हैं तो फिर निर्गुट का क्या काम ? मध्यस्थ की अब कौन-सी भूमिका रह गई है ? ऐसी स्थिति में गुट-निरपेक्ष सम्मेलन सिर्फ मेले के अलावा क्या रह गया है ?

तो क्या इस मेले को विसर्जित कर दिया जाए ? नहीं, इसे विसर्जित करना ठीक नहीं होगा। लगभग पाँच दशक तक इतने बड़े संगठन का चलते रहना अपने आप में अत्यंत महत्त्वपूर्ण घटना है। इस शिवजी की बारात का एक ही बस में यात्रा करना एक चमत्कार-सा है। तरह-तरह की विचारधाराओं, विविध शासन पद्धतियों, विचित्र जीवन-पद्धतियों और यहाँ तक कि एक-दूसरे के जानी दुश्मन राष्ट्रों का एक ही मंच पर नियमित मिलन विश्व-समुदाय के रूपान्तरण में अद्वितीय भूमिका अदा कर सकता है। इस भूमिका की ओर भारत के प्रधानमंत्री ने स्पष्ट संकेत भी किया है। श्री वाजपेयी ने अपने भाषण में एक 'गरीबी उन्मूलन कोष' का प्रस्ताव प्रस्तुत किया है, जिसके अन्तर्गत यदि पूँजी के अन्तरराष्ट्रीय आवागमन पर एक प्रतिशत का एक-चौथाई टैक्स भी लगा दिया जाए तो लगभग 300 अरब डॉलर का कोष तैयार हो सकता है। इस तरह का एक छोटा कोष भारत की पहल पर अफ्रीका के लिए तैयार किया गया था। दुनिया के लगभग दो अरब लोगों को पेट भर रोटी नहीं मिलती, उनके सिर पर छत नहीं है, उनकी शिक्षा और चिकित्सा का ठीक प्रबंध नहीं है। इनमें से ज्यादातर लोग गुट-निरपेक्ष देशों में ही रहते हैं। ये देश आपस में सहयोग का कोई जबर्दस्त अभियान क्यों नहीं चलाते ? सम्पन्न राष्ट्रों का अंधानुकरण

करते हुए ये राष्ट्र भी उपभोक्तावाद की खाई में क्यों जा पड़ना चाहते हैं ?

इसी तरह गुट-निरपेक्ष आन्दोलन के राष्ट्र परमाणु खतरे को समाप्त करने के लिए क्या कर रहे हैं ? कुछ नहीं ! कम से कम वे ऐसा प्रस्ताव तो पारित कर सकते थे कि महाशक्तियाँ अपने परमाणु शस्त्रास्त्रों को खत्म करने का टाइम-टेबल पेश करें। भारत और पाकिस्तान मिलकर इस विचार की अगुवाई कर सकते थे। यदि जैविक और रासायनिक हथियारों पर अन्तरराष्ट्रीय प्रतिबंध लग सकता है तो परमाणु हथियारों पर क्यों नहीं ? क्या इसलिए नहीं कि पाँचों महाशक्तियों के गले में घंटी कौन बाँधे ?

भारत जैसे राष्ट्रों का दायित्व है कि वे संयुक्तराष्ट्र संघ के बुनियादी ढाँचे में भी परिवर्तन की माँग उठाएँ। सुरक्षा परिषद् के वीटोधारी स्थायी सदस्यों में अफ्रीका, एशिया और लातीनी अमेरिका का उचित प्रतिनिधित्व क्यों नहीं है ? यह भी कम आश्चर्य की बात नहीं कि आज तक गुट-निरपेक्ष आन्दोलन का कोई स्थायी सचिवालय नहीं बन पाया है। यदि अगले कुछ वर्षों में इस आन्दोलन की कार्यपद्धति में आमूल-चूल परिवर्तन नहीं किया गया तो इसका मेले-ठेले का रूप भी खतरे में पड़ सकता है। यदि 21वीं सदी के इस नए मोड़ पर कोई दूरदृष्टि सम्पन्न नेता इस आन्दोलन को मिल जाएँ तो वे विश्व राजनीति को नई दिशा दे सकते हैं। यह ठीक है कि दुनिया अब दो-ध्रुवीय नहीं रही लेकिन अमेरिका का यह एक ध्रुव भी कब तक कायम रहेगा ? एराक़ी संकट ने इस एक ध्रुवीय दुनिया में कुछ तड़कन तो पैदा कर दी है। आश्चर्य नहीं कि आनेवाले कुछ वर्षों में यह दुनिया एकध्रुवीय या दो ध्रुवीय की बजाय बहुध्रुवीय बन जाए। हर महाद्वीप पर कई-कई छोटे-मोटे ध्रुव काम करने लगें। ऐसी स्थिति में गुट-निरपेक्ष आन्दोलन दुनिया के लिए वरदान सिद्ध हो सकता है। अब भी लगभग सवा सौ राष्ट्र जब कुछ मुद्दों पर सर्वसम्मति का निर्माण कर सकते हैं तो वे इसी प्रक्रिया को आगे क्यों नहीं बढ़ा सकते हैं और उसे नखदन्तमय भी क्यों नहीं बना सकते है ? गुट-निरपेक्ष आन्दोलन चाहे तो अपने दरवाजे अब उन गोरे राष्ट्रों के लिए भी खोल सकता है, जो कभी सैन्य-गुटों के सक्रिय सदस्य रहे हैं। ऐसा करके वह अपना यह दाग भी धो सकता है कि वह तीसरी दुनिया के गरीब देशों का धोबीघाट है। वह स्वयं वीटोविहीन समानान्तर संयुक्तराष्ट्र संघ भी बन सकता है। यदि गुट-निरपेक्ष आन्दोलन इस नई लीक पर चल पड़े तो विश्व संसद और विश्व सरकार की बातें कोरा सपना-भर नहीं रह जाएँगी।

भारत-रूस

भारत-रूस : वही लहर फिर लौटे

कैसा सुन्दर संयोग है कि गांधी जयन्ती के दिन रूस के राष्ट्रपति ब्लादिमीर पूतिन भारत में होंगे। यह वही रूस है, जिसे दुनिया कभी सोवियत संघ कहा करती थी और सोवियत संघ कोई मामूली राज्य नहीं था। उस पर मार्क्सवाद का नशा सवार था, वह पूँजीवादी अमेरिका को सदा के लिए दफनाने पर तुला हुआ था और सारी दुनिया को लाल रंग में रँगने के लिए बेताब था। अब न वह बेताबी है, न वह नशा है और न ही वह गुस्सा है। अब न तो पूँजीवाद से उसकी दुश्मनी है और न ही गांधीवाद से उसका कुछ झगड़ा है। अब तो रूस की एक ही आकांक्षा है। किसी तरह वह जिन्दा रहे। बिखरे नहीं, टूटे नहीं और हो सके तो अपने खोए हुए गौरव को फिर से पा ले।

इस लक्ष्य की प्राप्ति में आज भारत उसी तरह रूस की सहायता कर सकता है, जैसी कि उसने कभी शीतयुद्ध के ज़माने में की थी। सहायता तो अमेरिका भी कर रहा है लेकिन उसकी कीमत बहुत ज्यादा है। बोरिस येल्तसिन के दस वर्षों में रूस ने क्या-क्या नहीं देखा ? प्रथम और द्वितीय महायुद्ध में रूसियों ने जो जिल्लतें उठाई हैं, वैसी ही उन्हें अब भी उठानी पड़ रही हैं। लगभग पाँच करोड़ रूसी ऐसे हैं, जिन्हें पेट भर भोजन भी नहीं मिलता। दो करोड़ ऐसे हैं, जिनके पास आमदनी का कोई जरिया नहीं है। एक करोड़ से ज्यादा रूसी लोग अपना वतन छोड़कर रोजगार की तलाश में दर-दर भटक रहे हैं। लाखों मजदूरों को समय पर वेतन नहीं मिलता। बड़े-बड़े कारखाने या तो ठप्प हो गए हैं या उन्हें मिट्टी के मोल बेच दिया गया है। आम आदमियों की आमदनी पहले के मुकाबले सिर्फ 20 प्रतिशत रह गई है जबकि उत्पादन के साधन पर जबरन कब्ज़ा जमानेवाले माफिया-गिरोह लाखों-करोड़ों रूबल रोज़ कमा रहे हैं। येल्तसिन ने अमेरिकी दबाव में आकर अर्थव्यवस्था को ऐसा खोला कि पिछले दस साल में रूस पर 160 अरब डॉलर का कर्ज़ चढ़ गया। 180 अरब डॉलर का मुनाफा विदेश चला गया और केवल 10 अरब डॉलर की आमदनी हुई। जिसे कभी शान्ति और व्यवस्था का स्वर्ग समझा जाता था, वह रूस येल्तसिन-दशक में हताशा और अपराध का घर बन गया।

येल्तसिन के सत्तारूढ़ होते ही भारत-रूस सम्बन्ध भी शिथिल होने लगे। अमेरिकियों के दबाव में आकर रूस ने भारत को क्रायोजेनिक एंजिन देने से मना कर दिया। भारत-रूस व्यापार में लगभग 80 प्रतिशत की कमी आ गई । 1993 में रूसी

विदेश मंत्रालय ने अपनी प्राथमिकताओं में भारत को सातवें स्थान पर डाल दिया और उस सातवें स्थान में भी भारत का नाम नहीं लिया गया। केवल कहा गया 'पश्चिम एशिया और दक्षिण एशिय।' अर्थात् रूस की नज़रों में भारत का उतना ही महत्त्व रह गया, जितना पाकिस्तान या मालदीव का था। नवम्बर 1991 में मास्को ने पहली बार संयुक्तराष्ट्र में उस पाकिस्तानी प्रस्ताव का समर्थन किया, जिसके जरिए वह दक्षिण-एशिया को 'परमाणु-मुक्त क्षेत्र' बनाना चाहता था। इस प्रस्ताव का भारत सदा विरोध करता रहा है। दिसम्बर 1991 में उप-राष्ट्रपति अलेक्सान्द्र रूत्सकोई ने पाकिस्तान की यात्रा की और प्रयत्न यह किया गया कि मध्य एशिया के पाँचों मुस्लिम राज्यों तथा पाकिस्तान, ईरान और तुर्की से सम्बन्ध बढ़ाए जाएँ ताकि उसका फायदा अफगानिस्तान में भी उठाया जाए। इस नई भारत-नीति के सूत्रधार थे, नए रूसी विदेशी मंत्री आन्द्रेई कोज़ीरेव। वे अपने छह साल के कार्यकाल में विदेश मंत्री के तौर पर भारत ही नहीं आए। उन्होंने काबुल में नजीबुल्लाह का टेंटुआ कसा और पेशावर के मुजाहिदीन से सीधी बात शुरू कर दी।

कुल मिलाकर नक्शा यह बन रहा था कि येल्तसिन का रूस भारत से विमुख हो रहा है और भारत भी अब चाहे जहाँ से अपने शस्त्रास्त्र खरीद सकता है। यदि यही लहर चल रही होती तो अक्तूबर 2000 में राष्ट्रपति पूतिन के भारत आने का कोई खास अर्थ नहीं रह जाता। शायद वे भारत आते ही नहीं लेकिन पूतिन रूस के क्षितिज पर उभरे, उसके बहुत पहले ही भारत के प्रति रूसी नीति ने करवट लेनी शुरू कर दी थी। स्वयं बोरिस येल्तसिन समझ गए थे कि भारत के बिना रूस का गुजारा नहीं है। दुनिया की तीसरी बड़ी थल-सेना, चौथी बड़ी वायु-सेना और सातवीं बड़ी जल-सेना का साठ प्रतिशत से भी अधिक सैनिक साज-ओ-सामान रूस से ही आता है। अगर भारत अपने शस्त्रास्त्रों के लिए रूस पर निर्भर है तो रूस अपनी मोटी और पक्की आमदनी के लिए भारत पर निर्भर है। यदि दो अरब डॉलर का भारत-रूस व्यापार सदा के लिए शिथिल हो जाता तो रूस की लड़खड़ाती हुई अर्थव्यवस्था को तगड़ा धक्का लगता। इसके अलावा दस अरब रूबल का रूसी कर्ज़ भी खटाई में पड़ जाता। रूबल-रुपए के विनिमय पर आधारित इस व्यापार में, जो कि 7783 करोड़ रु. से घटकर 1570 करोड़ रह गया था, फिर से प्राण-प्रतिष्ठा करना भी जरूरी था। इसके अलावा येल्तसिन को यह भी समझ में आ गया था कि अगर रूस सिर्फ अमेरिका की गोद में बैठेगा तो वह रूस को हज़म कर जाएगा और रूस भी अन्ततोगत्वा पोलैंड, हंगरी और चेक गणतंत्र की तरह हाथ बाँधे नाटो की शरण में चला जाएगा।

इसी प्रकार पहले दो-तीन साल में ही येल्तसिन-राज यह भी जान गया कि मध्य-एशिया की राजनीति पर काबिज़ होने के लिए इस्लाम का तत्त्व बहुत फायदेमंद साबित नहीं हो रहा है। खुद पाकिस्तान का पव्वा हल्का पड़ता जा रहा है। ऐसे में येल्तसिन भारत आए और 1993 में उन्होंने भारत के साथ एक बीस-वर्षीय संधि की, जो 1971 की संधि से भिन्न तो थी ही, उसने एक अर्थ में पहली बार रूस को भारत

की तरह गुट-निरपेक्ष राष्ट्र भी घोषित किया। इस संधि में तीसरे पक्ष से खतरे और पारस्परिक सुरक्षा का उल्लेख तक नहीं था। इसके अलावा राष्ट्रपति येल्तसिन ने यह भी स्पष्ट कहा कि 'हम एशिया में किसी भी राष्ट्र को अपना सम्भावित प्रतिद्वंद्वी भी नहीं मानते' और 'न ही हम किसी सैनिक गठबन्धन में विश्वास करते हैं।' राष्ट्रपति येल्तसिन ने सुरक्षा परिषद् में भारत की सदस्यता का समर्थन किया, कश्मीर पर भारत के रवैये को सही बताया, पाकिस्तान को हथियार नहीं देने की बात कही और भारत के साथ एक दीर्घकालीन समझौता किया, जिसके अनुसार रूस ने भारत को प्रतिरक्षा सम्बन्धी शस्त्रास्त्र, अतिरिक्त कल-पुर्जे, रख-रखाव आदि के बारे में आश्वस्त किया। येल्तसिन की भारत-यात्रा के पश्चात् भारतीय नेताओं की भी रूस-यात्राएँ हुईं और कुल मिलाकर दोनों देशों के सम्बन्ध लगभग सहज हो गए।

सहज हो गए, इसका मतलब यह नहीं कि जैसे पहले थे, वैसे हो गए। वैसे हो भी नहीं सकते, क्योंकि अब वह दो खेमों में बँटी दुनिया ही नहीं रही। लेकिन इतनी लम्बी-चौड़ी दुनिया एक खेमे में समा नहीं सकती, यह बात जितनी अच्छी तरह भारत और रूस समझते हैं, शायद ही दूसरे देश समझते हों। इसीलिए अब जबकि राष्ट्रपति पूतिन भारत में होंगे तो दोनों राष्ट्रों के शीर्ष नेताओं को इस मसले पर जमकर बात करनी होगी। भारत और अमेरिका 'सामरिक सहभागी' बन पाएँगे या नहीं, यह भविष्य ही बताएगा लेकिन भारत और रूस तो कई दशकों से सामरिक सहभागी रहे हैं। अब शीतयुद्धोत्तर काल में यह सहभागिता किसी तीसरे देश के विरुद्ध भी नहीं होगी। अमेरिका को भी इस पर आपत्ति नहीं हो सकती। भारत अब वह भारत नहीं रहा, जो चालीस साल पहले था। अब अनाज के लिए उसे कटोरा नहीं फैलाना पड़ता। अब उसे आर्थिक सहायता की जरूरत नहीं और अब वह स्वयं बमधारी महाशक्ति है। उसकी सन्तानों की वजह से अमेरिका सूचना महाशक्ति बना हुआ है। भारत स्वयं शक्ति का केन्द्र है। इसी शृंखला में यूरोप, जापान और चीन के नाम भी हैं। रूस और चीन ने पहले ही एक ध्रुवीय विश्व-व्यवस्था को नकार दिया है। यह बात भारत और रूस को भी दोहरानो चाहिए। ये दोनों राष्ट्र अमेरिका का सम्मान करें और चाहे अपनी विदेश नीति में उसे पहला दर्जा दें लेकिन ये उसके दुमछल्ले तो नहीं बन सकते। इस मामले में चीन भी भारत और रूस के साथ होगा। अगर राष्ट्रपति पूतिन हिम्मत करें तो वे सीटीबीटी, एफ.एम.सी.टी. और नेशनल मिसाइल डिफेंस आदि मुद्दों पर अमेरिकी बोली बोलने की बजाय कुछ ऐसी बात कहें, जो किसी सच्चे गुट-निरपेक्ष राष्ट्र के मुँह से सुनी जानी चाहिए। वे भारत की तरह सम्पूर्ण और व्यापक निरस्त्रीकरण की बात क्यों नहीं करते और परमाणु हथियारों को समाप्त करने का टाइम-टेबल पेश क्यों नहीं करते ?

रूस को यह भी सोचना होगा कि कल तक जो मध्य एशियाई राष्ट्र उसके प्रान्त थे, क्या उनकी असीम सम्पदा का दोहन अकेला अमेरिका ही करेगा? अकेले तुर्कमेनिस्तान में डेढ़ से तीन ट्रिलियन क्यूबिक मीटर गैस का भण्डार है और अन्य

राज्यों में इतना तेल है कि वे 30 लाख बैरल तेल प्रतिदिन पैदा कर सकते हैं। यूरेनियम तथा अन्य दुर्लभ खनिज के भण्डार भी वहाँ छिपे पड़े हैं। अगर इस इलाके के सबसे बड़े राष्ट्र–भारत और रूस निष्क्रिय रहेंगे तो क्या अमेरिकी बहुराष्ट्रीय निगम इस सारे माल-मत्ते को चट नहीं कर जाएँगे ? ये बहुराष्ट्रीय कम्पनियाँ हिन्द महासागर के रास्ते सारे माल–मत्ते को बाहर ले जाना चाहती थीं लेकिन अफगानिस्तान की अराजकता के कारण अभी 'यूनोकल' और 'ब्रिदास' जैसी कम्पनियों का दम फूल गया है लेकिन वे फिर आएँगी, फिर कोशिश करेंगी और उन पर अमेरिकी वरद्-हस्त बराबर बना रहेगा।

जब तक अफगानिस्तान और पाकिस्तान वाला रास्ता नहीं खुलता, ईरानवाले रास्ते से काम चलाया जा सकता है। पूतिन की यात्रा भारत-रूस सहयोग के अनन्त आयाम खोल सकती है। उप-प्रधानमंत्री इल्या क्लेबानोफ़ भारत आ चुके हैं। दर्जन भर से अधिक द्विपक्षीय समझौते होनेवाले हैं। भारत टी–90 टेंक, मिग 29 के, तथा विमानवाहक पोत खरीदनेवाला है। वह रूस से परमाणु शक्ति के शान्तिपूर्ण उपयोगों की तकनीक भी चाहता है। रूस हीरों का सबसे बड़ा उत्पादक है और भारत सबसे बड़ा हीरातराश। दोनों सहयोग करें तो वे विश्व बाजार पर छा सकते हैं। यह बात कम्प्यूटर-क्षेत्र पर भी लागू होती है। भारत की दवाइयाँ, चाय और तम्बाकू भी रूस को बड़े पैमाने पर चाहिए। पूतिन की यात्रा के दौरान दोनों देशों के बीच व्यापार को कई गुना बढ़ाने की योजनाएँ तय हो सकती हैं।

यदि श्री पूतिन की यात्रा के दौरान मध्य एशिया और दक्षिण एशिया की राजनीति पर दोनों देशों की एक राय बन जाए तो इस इलाके को अकेले अमेरिका के चंगुल में फँसने से बचाया जा सकता है। कम से कम तीन मुद्दे हैं, जिन पर एक राय बननी चाहिए। पहला है, आतंकवाद ! आतंकवाद से लड़ने के लिए भारत और रूस की एक संधि होनी चाहिए। मध्य एशिया और दक्षिण एशिया में किसी भी राष्ट्र की सीमा के अन्दर से या सीमा-पार से पैदा हो रहे आतंकवाद को दबाने के लिए भारत और रूस की ओर से संयुक्त कार्रवाई होनी चाहिए। फौजी तरीकों से किसी भी देश के इतिहास और भूगोल को बदलने का भी संयुक्त विरोध होना चाहिए। इसका एक पहलू यह भी है कि भारत और रूस किसी भी देश में फौजी तख्ता-पलट का भी विरोध करेंगे और लोकतांत्रिक प्रक्रिया का पूर्ण समर्थन करेंगे। दूसरा मुद्दा है, अफगानिस्तान ! भारत और रूस–दोनों की यह नैतिक जिम्मेदारी है कि वे अफगानिस्तान में शान्ति और व्यवस्था बहाल करवाएँ। किसी एक पक्ष के साथ नत्थी होने की बजाय वे समस्त अफगान पक्षों से बात करें और समस्या का समाधान करें। अफगान-संकट पर बात कर रहे 6+2 के समूह में भारत को भी सम्मिलित किया जाए। इसका विरोध अमेरिका भी नहीं करेगा, क्योंकि प्रधानमंत्री की अमेरिका-यात्रा के दौरान दोनों देशों ने अफगान-समस्या के समाधान के लिए विधिवत विचार-विमर्श का प्रस्ताव रखा है। यदि अफगानिस्तान शांत हो गया तो मध्य एशिया की सम्पदा

हिंद महासागर तक आसानीं से पहुँचने लगेगी। तीसरा मुद्दा है, कश्मीर! कश्मीर के सवाल पर अमेरिका का रुख थोड़ा बदला है लेकिन राष्ट्रपति पूतिन से यह उम्मीद की जाती है कि कश्मीर पर उनका समर्थन ख्रुश्चौफ और बुल्गानिन के समर्थन से भी अधिक तीव्र होगा। पूतिन वह लहर फिर क्यों नहीं लौटा सकते जो कभी ख्रुश्चौफ और बुल्गानिन ने उठाई थी? जब ख्रुश्चौफ और बुल्गानिन ने (1955 और 1961 में) भारत का समर्थन किया था तब कश्मीर की समस्या इतनी गम्भीर नहीं थी। तब से अब तक कश्मीर को लेकर दो बड़े युद्ध हो चुके हैं और उसी के कारण परमाणु युद्ध का खतरा भी मुँह बाये खड़ा है। इसके अलावा जो इस्लामी कठमुल्लावाद कश्मीर में सबको तंग कर रहा है, वही चेचन्या में रूस के गले की हड्डी बना हुआ है। भारत आने से पहले चेचन्या को लेकर पूतिन ने जनरल मुशर्रफ को कड़ा पत्र लिखा है। यह पत्र लेकर क्रेमलिन के आला अफसर सर्गेई यास्त्झेम्बस्की इस्लामाबाद गए हैं। चेचन्या में अपना पराक्रम प्रकट करने के कारण ही पूतिन रूस के राष्ट्रपति बने हैं। क्या वे कश्मीर के सवाल पर खुलकर सामने नहीं आएँगे?

फिर हुआ हरा दोस्ती का दरख्त

यह सही है कि रूसी राष्ट्रपति की भारत-यात्रा के दौरान वैसी फुलझड़ियाँ और पटाखे नहीं छूटे जैसे कि मार्च में अमेरिकी राष्ट्रपति की यात्रा के दौरान छूटे थे। लेकिन दोस्ती के दीपक की लौ पहले से कुछ तेज हुई है, इससे इनकार कैसे किया जाए? इसीलिए यह कहना गलत नहीं होगा कि क्लिंटन की यात्रा के बाद पिछले दस वर्षों में कोई अन्य यात्रा इतनी महत्त्वपूर्ण नहीं हुई। इस बीच चीन, फ्रांस, ब्रिटेन, जर्मनी, जापान तथा अन्य अनेक महत्त्वपूर्ण देशों के सर्वोच्च नेता भारत आ चुके हैं लेकिन व्लादिमीर पूतिन की यात्रा का अपना महत्त्व है। जनवरी 1993 में राष्ट्रपति बोरिस येल्तसिन भारत जरूर आए लेकिन उस समय वे स्वयं और उनका रूस भी लड़खड़ा रहा था और उनके विदेश मंत्री कोजीरेव के नेतृत्व में पाकिस्तानपरस्त लॉबी अत्यंत सक्रिय हो गई थी। उनकी यात्रा ने एक मृग-मरीचिका अवश्य उत्पन्न की लेकिन पिछले सात वर्षों में भारत और रूस के बीच सम्बन्धों का रेगिस्तान फैलता ही रहा। दोस्ती का बरगद सूखता नज़र आने लगा। लेकिन अब पूतिन की यात्रा ने भारत-रूस सम्बन्धों के इस दरख्त को फिर से हरा-भरा कर दिया है।

एक दृष्टि से देखें तो क्लिंटन और पूतिन की यात्राएँ एक ही सिक्के के दो पहलू हैं। दोनों यात्राओं ने सबसे पहले तो यह सिद्ध किया कि शीतयुद्ध समाप्त हो गया। छह माह के अन्दर एक ही देश में दोनों नेताओं का आना और एक-दूसरे के विरुद्ध एक शब्द भी नहीं बोलना, आखिर किस बात का सूचक है? क्या इस तथ्य का नहीं कि महाशक्तियों के आपसी सम्बन्ध भी पहले की तरह प्रतिद्वंद्विता के नहीं रह गए हैं? उनमें प्रतिस्पर्धा और प्रतियोगिता तो हो सकती है लेकिन शत्रुता का अब अवसान हो चुका है। अगर ऐसा नहीं होता तो अमेरिकी दस्तावेज़ 'भविष्य दृष्टि-2000' और रूसी दस्तावेज़ 'सामरिक भागीदारी' लगभग एक-सी भाषा नहीं बोल रहे होते। क्या यह सुखद संयोग नहीं कि जैसे अफगानिस्तान पर भारत और अमेरिका का संयुक्त-दल बन गया है, वैसा ही अब भारत और रूस का बनेगा? जैसे क्लिंटन ने कश्मीर की नियंत्रण रेखा के सम्मान की बात कही, बिलकुल वही बात पूतिन ने कही। जैसे आतंकवाद की कड़ी भर्त्सना क्लिंटन ने की थी, वैसी ही पूतिन ने भी की और उन्होंने सूचना के कुछ नए बिन्दु भी जोड़ दिए। उन्होंने बताया कि रूस के पास ठोस जानकारी है कि आतंकवाद फैलाने में जो व्यक्ति और संगठन चेचन्या और कसोवो में सक्रिय हैं, वे ही फिलीपीन्स, कश्मीर, अफगानिस्तान और रूस में भी सक्रिय हैं।

यदि दोनों देशों के गुप्तचर विभाग इस मुद्दे पर सक्रिय सहयोग करेंगे तो आतंकवादियों का मुकाबला करना अधिक आसान होगा। कोई आश्चर्य नहीं कि अमेरिका भी सहयोग का हाथ बढ़ा दे। सी.आई.ए. के साथ मिलकर अगर के.जी.बी. और रॉ भी काम करें तो वह सूचना का ऐसा फौलादी शिकंजा बन जाएगा, जो इस्लामी आतंकवाद में भूसा भर देगा। आतंकवाद पर अमेरिका का समर्थन उसके विश्व शक्ति होने का एक आयाम है जबकि रूस तो स्वयं भुक्तभोगी है और उसका घर आतंकवाद के सबसे बड़े अड्डे के पास ही बसा हुआ है।

भारत, रूस और अमेरिका के त्रिकोणात्मक सम्बन्धों की दृष्टि से सबसे महत्त्वपूर्ण घोषणा 'सामरिक भागीदारी' दस्तावेज़ के चौथे मुद्दे में हुई है। उसमें साफ़-साफ़ कहा गया है कि यह 'सामरिक भागीदारी किसी भी अन्य राज्य या राज्यों के समूह के विरुद्ध नहीं है तथा यह कोई सैनिक-राजनैतिक गठबन्धन का निर्माण नहीं करती है।' क्या यह वाक्य इस बात का प्रमाण नहीं है कि अब रूस भी भारत की तरह गुट-निरपेक्ष राष्ट्र हो गया है ? यह नया तत्त्व है, जो दोनों को जोड़ता है। नए रूस को भारत से जोड़नेवाले और भी कई तत्त्व हैं, जिनका उल्लेख उक्त दस्तावेज़ में है, जैसे धर्म-निरपेक्षता, लोकतन्त्र, अहिंसा, बहुधर्मी, बहुभाषी, बहुवंशीय समाज आदि लेकिन उक्त चौथा प्रावधान भारत और रूस दोनों के लिए काफी फायदेमंद है। रूस उधर अमेरिकी आर्थिक कृपा पर निर्भर है और भारत इधर अमेरिका के साथ प्रेम की नई पींगें भर रहा है। दूसरे अर्थों में विश्व-समुदाय के बदले हुए चरित्र को भी यह दस्तावेज़ रेखांकित कर रहा है। अब दुनिया दो-ध्रुवीय नहीं रही। बहुध्रुवीय हो गई है। इसीलिए सभी अपने-अपने ध्रुवों की, ध्रुव-मित्रों की तलाश में हैं। एक ही महाध्रुव के साथ कई छोटे-मोटे ध्रुव जुड़ सकते हैं और कई छोटे-मोटे ध्रुव आपस में जुड़ते हुए भी अलग-अलग महाध्रुवों से अपनी जरूरत के मुताबिक कम-ज्यादा जुड़ सकते हैं।

इसी बदली हुई अन्तरराष्ट्रीय फिजा का एक नमूना पूतिन की यात्रा के दौरान भी पेश आया। चीन ने भारत और क्षेत्रीय राष्ट्रों से सम्बन्ध बढ़ाने की पूतिन की पहल का खुलेआम स्वागत किया। यद्यपि भारत के मुकाबले चीन का अब भी पाकिस्तान के प्रति ज्यादा झुकाव है लेकिन भारत-रूस सम्बन्धों की बढ़ती हुई घनिष्टता उसे अपने लिए अनिष्टकारी नहीं लगती है। इसके कई कारण हैं। एक तो रूस के साथ उसके सम्बन्ध लगभग सहज हो गए हैं, दूसरा, दोनों अमेरिकी दृष्टि से असहमत होकर दुनिया को बहुध्रुवीय मान रहे हैं, तीसरा, चीन रूस से जमकर हथियार खरीद रहा है और चौथा, अपने सिंक्यांग के उत्तरी प्रान्त में वह भी उइगर मुसलमानों के आतंकवाद से बहुत त्रस्त है। इसके अलावा भारत और चीन के बीच भी इधर कुछ वर्षों में राजनैतिक सम्वाद और व्यापार भी बढ़ रहा है।

दूसरे शब्दों में पूतिन की भारत-यात्रा इस तरह हो रही है कि उसे मानो हम अजातशत्रु कह दें। अजातशत्रु बनने की गुप्त कामना रूसियों के बयानों में से कहीं

न कहीं जरूर रिसती रही है। उन्होंने कश्मीरी संकट के लिए पाकिस्तान पर खुल्लमखुल्ला कोई आरोप नहीं लगाया। सीमा-पार के आतंकवाद के लिए उन्होंने पाकिस्तान पर नाम लेकर कोई दोष नहीं मढ़ा। वे उस हद तक भी नहीं गए, जिस हद तक क्लिंटन गए या बाद में अमेरिकी अफसर गए। उनसे उम्मीदें बहुत ज्यादा थीं। उम्मीद तो यह थी कि वे क्लिंटन क्या, बुल्गानिन और ख्रुश्चौफ से भी आगे निकल जाएँगे। उन रूसी नेताओं ने न केवल सुरक्षा परिषद् में भारत का डटकर साथ दिया था, कश्मीर पर 'निषेधाधिकार' का प्रयोग किया था बल्कि 1955 और 1961 में भारत आकर पाकिस्तान को कश्मीर पर ललकारा भी था। उस समय तक कश्मीर को लेकर न तो 1965 का युद्ध हुआ था और न ही करगिल युद्ध हुआ था। कश्मीर समस्या तब उतनी गम्भीर भी नहीं थी जितनी कि अब है। क्या इस मौके पर राष्ट्रपति पूतिन को कश्मीर पर कोई ऐसा महावाक्य नहीं बोलना चाहिए था, जिसके कारण पाकिस्तान के पसीने छूट जाते ? वे नहीं बोले, इससे प्रकट होता है कि पूतिन का रूस, ख्रुश्चौफ और ब्रेझनेव का रूस नहीं है। आन्तरिक समस्याओं ने उसे इतना हिला दिया है कि वह अब पाकिस्तान जैसे छोटे देश को भी नाराज़ नहीं करना चाहता। हालाँकि पूतिन ने भारतीय संसद के अपने भाषण में यह स्पष्ट कर दिया है कि भारत के साथ रूस के सम्बन्ध इतने प्रगाढ़ और आत्मीय हैं कि उन्हें ठेस पहुँचाकर किसी अन्य राष्ट्र से सम्बन्ध बढ़ाने का प्रश्न ही नहीं उठता। उन्होंने यह भी बता दिया कि वे स्वयं पाकिस्तान नहीं जाएँगे लेकिन यह भी सत्य है कि उनके विदेश मंत्री दिसम्बर तक इस्लामाबाद जाएँगे। प्रधानमंत्री द्वारा श्री पूतिन को दिए गए राज-भोज में जो दो रूसी मंत्री मेरे अगल-बगल बैठे थे, उन्होंने दो-टूक शब्दों में मुझे आश्वस्त किया कि रूस पाकिस्तान को किसी भी कीमत पर हथियार नहीं देगा लेकिन वे इस प्रश्न पर बेबस दिखाई पड़े कि चीन द्वारा खरीदे जा रहे रूसी हथियार गुप-चुप तरीके से पाकिस्तान जरूर पहुँचेंगे। पूतिन की भारत-यात्रा के ठीक पहले इस्लामाबाद भेजे गए दूत के बारे में भी उनकी सफाई यही थी कि पाकिस्तान को तालिबान पर चेताने की कोशिश की जा रही है। रूस के इस ढुलमुल रवैये का कारण यही माना जा रहा है कि फिलहाल वह पाकिस्तान या तालिबानी अफगानिस्तान के विरुद्ध कोई ठोस कार्रवाई करने की स्थिति में नहीं है। वह उन पर कूटनीतिक दबाव डालना चाहता है और अगर वह बिलकुल विफल हो गया तो फिर जैसे उसामा बिन लादेन पर अमेरिका ने मिसाइल बरसाए थे, रूस भी काबुल, कन्धार और मजारे-शरीफ पर कुछ सीधी कार्रवाई कर सकता है। कुछ माह पहले रूस ने यह धमकी भी दी थी कि अगर चेचन्या की 'प्रवासी सरकार' को काबुल में शरण दी गई तो वह प्रक्षेपास्त्र चलाएगा। शायद यह नौबत न आए।

पूतिन-यात्रा के दौरान रूस की इस झिझक को देखकर, खासतौर से बयान में, दस्तावेज़ में और भाषण में, यह आश्चर्य होता है कि अफगानिस्तान पर बनी भारत-रूस सहमति कहीं कोरा जबानी जमा-खर्च तो सिद्ध नहीं होगी। अब जबकि

अफगानिस्तान की प्रवासी सरकार के राष्ट्रपति बुरहानुद्दीन रब्बानी शस्त्रास्त्रों की गुहार लगा रहे हैं और कमांडर अहमद मसूद भी वही बात दोहरा रहे हैं, रूस और भारत का सिर्फ बयान जारी कर देना कहाँ तक सार्थक है। तालिबानी फौजें अफगानिस्तान के सबसे उत्तरी प्रान्त बदख्शाँ में घुस गई हैं और उन्होंने पंजशीर में मसूद को भी हिला दिया है। यदि उत्तरी गठबन्धन को शीघ्र सहारा नहीं मिला तो पूरे अफगानिस्तान पर नवम्बर के अन्त तक तालिबान का कब्जा हो सकता है। भारत के लिए वह जितना खतरनाक होगा, उससे कहीं ज्यादा वह रूस के लिए होगा। रूस के पुराने पाँचों इस्लामी गणतन्त्रों में खतरे की घण्टियाँ इतने ज़ोर से बजने लगेंगी कि क्रेमलिन की नींद हराम हो जाएगी।

अफगानिस्तान, कश्मीर और आतंकवाद के सवाल पर दोनों राष्ट्र कहीं अधिक कठोर और सगुण रवैया अपना सकते थे। अगर वे ऐसा करते तो भारत-अमेरिका सम्बन्धों की तुलना में भारत-रूस सम्बन्ध कुछ अधिक ऊँचा धरातल छू लेते लेकिन जहाँ तक शुद्ध द्विपक्षीय सम्बन्धों का प्रश्न है, दोनों राष्ट्रों ने 'सामरिक भागीदारी' दस्तावेज़ में नए धरातलों को छूने का सिर्फ संकल्प ही नहीं किया है, इस यात्रा के दौरान छुए भी हैं। दोनों पक्षों ने प्रति वर्ष शिखर-सम्मेलन करने की घोषणा की है। संयुक्तराष्ट्र में बहुविध सहयोग करने का संकल्प किया है। दोनों पक्षों ने 'व्यापक' और 'सम्पूर्ण' निरस्त्रीकरण में विश्वास व्यक्त किया है। सुरक्षा परिषद् की स्थायी सदस्यता पर भारत की दावेदारी को रूस ने उचित बताया है। दोनों राष्ट्रों में शान्तिपूर्ण परमाणु सहयोग का समझौता हुआ है। ये सब तथ्य रूस को अमेरिका के मुकाबले अलग धरातल पर ले जाते हैं लेकिन कहाँ डेढ़ अरब डॉलर का रूसी व्यापार और कहाँ ग्यारह अरब डॉलर का अमेरिकी व्यापार! इसके अलावा अमेरिका में बसे शक्तिशाली भारतीय समुदाय जैसा भी कोई सेतु भारत और रूस के बीच नहीं है। यह खुशी की बात है कि इस यात्रा के दौरान रूस से तीन अरब डॉलर के हथियार खरीदने के समझौते हुए हैं। अनेक क्षेत्रों में सामान्य व्यापार बढ़कर अब ढाई अरब डॉलर प्रति वर्ष तक पहुँचेगा। यह कम बड़ी उपलब्धि नहीं है।

रूस अब पहले की तरह दूसरे नम्बर की महाशक्ति नहीं रह गया है। उसकी जनसंख्या अब सिर्फ 15 करोड़ है, और उत्तर प्रदेश की 17 करोड़ है। उसकी अर्थव्यवस्था यूरोप के छोटे-मोटे राष्ट्रों की तरह सिकुड़ गई है लेकिन आज भी वह दुनिया की दूसरे नम्बर की परमाणु शक्ति है और यूरोप से लेकर एशिया तक फैला हुआ विशाल राष्ट्र है, जिसकी खनिज सम्पदा अकूत है। ऐसे पारम्परिक मित्र के साथ भारत के सम्बन्ध शिथिल होते-होते बच गए और अब प्रगाढ़ता के नए दौर में प्रवेश कर रहे हैं तो उसका श्रेय रूस के राष्ट्रपति व्लादिमीर पूतिन और भारत के प्रधानमंत्री अटलबिहारी वाजपेयी को मिलना ही चाहिए।

पूतिन की यात्रा : असली मुद्दा पाकिस्तान है !

रूस के राष्ट्रपति व्लादिमीर पूतिन दूसरी बार भारत आए हैं। पिछली बार आने में और इस बार आने में काफी फर्क है। जब अक्तूबर 2000 में वे भारत आए थे, तब तक न न्यूयॉर्क का ट्रेड टॉवर गिरा था, न भारत की संसद पर आतंकवादी हमला हुआ था और न ही मास्को के थियेटर ने रक्त-स्नान किया था। पिछले दो वर्ष के अन्तराल में घटी इन तीन घटनाओं ने सारी दुनिया का परिदृश्य तो बदला ही है, असली प्रश्न यह है कि उन्होंने भारत-रूस सम्बन्धों को भी नए धरातल पर पहुँचाया है या नहीं।

अपनी पिछली यात्रा के दौरान पूतिन ने बोरिस येल्तसिन से एक कदम आगे बढ़ाया लेकिन वे बुल्गानिन और ख्रुश्चौफ की हद तक नहीं जा सके। उन्होंने भारत-रूस मैत्री का गुणगान जमकर किया लेकिन कश्मीर, पाकिस्तान और सीमा-पार आतंकवाद पर वे दबी ज़ुबान से बात करते रहे। वे उस हद को भी नहीं छू पाए, जिस हद पर खड़े होकर क्लिंटन ने पाकिस्तान को आड़े हाथों लिया था। पूतिन के छह माह पहले ही क्लिंटन भारत आए थे। पूतिन ने सीमा-पार के आतंकवाद के लिए पाकिस्तान का नामोल्लेख तक नहीं किया। जैसे भारतीय पत्नियाँ अपने पति का नाम बोलने में सकुचाती हैं, उसी तरह पूतिन इशारों में बात करते रहे और कश्मीर के सवाल पर उन्होंने वह जवाँमर्दी नहीं दिखाई, जो अब से चालीस साल पहले ख्रुश्चौफ और बुल्गानिन ने दिखाई थी। कश्मीर के सवाल पर पूतिन के रूस का रवैया यही रहा है कि भारत और पाकिस्तान मिलकर उसे हल करें। जहाँ तक आतंकवाद के मुकाबले का सवाल है, क्लिंटन के मुकाबले पूतिन ने कुछ बेहतर सूचनाएँ दीं और उसके संगीन पहलुओं को उजागर किया लेकिन इस बार पूतिन ने जरा ज्यादा स्पष्टवादिता से काम लिया है।

भारत आने के पहले ही उन्होंने अखबारों और टी.वी. को दी गई भेंटवार्ताओं में इस बार पाकिस्तान का नामोल्लेख कर दिया है। पूतिन के बयानों पर पाकिस्तान सरकार बौखलाई हुई है। पूतिन ने मुशर्रफ के कुछ आतंकवाद-विरोधी कदमों की सराहना तो की लेकिन यह भी कह दिया कि पाकिस्तान में जो सर्वनाशी हथियार हैं, वे 'गुण्डों और आतंकवादियों' के हाथों में पहुँच सकते हैं। कुछ दिन पहले उन्होंने उसामा बिन लादेन के जिन्दा होने और पाकिस्तानी जमीन पर ही होने का संदेह भी व्यक्त किया था। उन्होंने उसामा को तालिबान और पाकिस्तान से जुड़ा हुआ भी

बताया था। जाहिर है कि इस बार भारत आने के पहले पूतिन ने जो बातें कही हैं, वे उनके अनुभव से उपजी हैं, कोरी विदेश-नीति विश्लेषण से नहीं। जो बात भारत कल कह रहा था, वह रूस आज कह रहा है। मास्को के थिएटर में पूतिन की सरकार ने जबर्दस्त हिम्मत का परिचय दिया। उसने आतंकवादियों के आगे घुटने टेकने की बजाय उनकी कमर तोड़ दी लेकिन इस संघर्ष से यह संकल्प भी क्रेमलिन में उभरा है कि आतंकवाद का मुकाबला करने के लिए हर राष्ट्र को अपनी कमर खुद कसनी होगी। अगर वे अमेरिका की बाट जोहते रहे तो उनके पास घुटने टेकने के अलावा कुछ रास्ता नहीं रह जाएगा। क्या भारत भी लगभग यही नहीं सोच रहा है? आतंकवादियों से निपटने के लिए भारत और रूस को संयुक्त रणनीति बनानी होगी। भारत और रूस दोनों ही जिस तरह आतंकवाद के शिकार रहे हैं, अमेरिका और चीन नहीं रहे हैं। अमेरिका में तो एक अकेला बड़ा हादसा होकर रह गया और चीन के सिंक्यांग प्रांत में थोड़ा-बहुत इस्लामी आतंकवाद का उत्पात होता रहता है लेकिन भारत और रूस तो उस आतंकवाद के सीधे निशाने पर हैं, जिसकी पौधशाला पाकिस्तान में है और जिसकी शाखाएँ फिलीपीन्स से इण्डोनेशिया होती हुई अफगानिस्तान और अरब देशों तक फैली हुई हैं। पाकिस्तान के प्रति भारत और रूस का रवैया न सिर्फ कठोर होना चाहिए बल्कि इन दोनों राष्ट्रों को मिलकर आतंकवाद के स्रोत पर प्रहार करने के लिए कोई दो-टूक सिद्धान्त प्रतिपादित करना चाहिए। यदि इस मुहिम में वे चीन को भी जोड़ सकें तो सोने में सुहागा होगा।

जहाँ तक भारत, रूस और चीन के त्रिकोण का प्रश्न है, यह शुद्ध खयाली पुलाव है। यदि पूतिन ने तीनों देशों के आपसी सम्बन्धों को अच्छा बता दिया और भावी सहयोग के नए आयामों पर उँगली रख दी तो इसका मतलब यह नहीं कि तीनों मिलकर किसी नए गुट का निर्माण करने की दिशा में कदम बढ़ा रहे हैं। यह गलतफहमी इसलिए भी हो सकती है कि पूतिन चीन और भारत की यात्रा साथ-साथ कर रहे हैं। पूतिन ने अपनी पिछली भारत-यात्रा के दौरान इस आशंका का निराकरण स्पष्ट रूप से कर दिया था और इस बार भी कर रहे हैं। जो राष्ट्र पाकिस्तान जैसे छोटे-से देश की नाराज़गी मोल नहीं लेना चाहता, वह अमेरिका को अपना दुश्मन कैसे बना सकता है? सितम्बर में भारत, रूस और चीन के विदेशमंत्रियों की जो बैठक न्यूयॉर्क में हो गई थी, उसे लेकर भी तरह-तरह के अनुमान लगाए जाने लगे थे। ऐसी बैठकें भविष्य में भी होंगी और इतना ही नहीं, अगर इन तीनों देशों के शीर्ष नेता एक संयुक्त बैठक भी बुला लें तो भी वह कोई अमेरिका-विरोधी गुट बनाने की साजिश नहीं हो सकती। यदि ये तीनों राष्ट्र कोई अमेरिका-विरोधी गुट बनाएँगे तो उन्हें निजी तौर पर तो नुकसान होगा ही, संयुक्त हानि भी होगी। तीनों राष्ट्र मध्यम शक्ति हैं, जबकि अमेरिका महत्तम शक्ति है। यदि अमेरिका केवल महाशक्ति होता जैसा कि ब्रिटेन या फ्रांस हैं तो निश्यच ही भारत, रूस और चीन उस पर भारी पड़ते। वास्तविकता तो यह है कि इन तीनों राष्ट्रों ने विपक्षीय स्तर पर अमेरिका से इतने

गहरे आर्थिक सम्बन्ध बना रखे हैं कि वे इन्हें किसी भी क़ीमत पर आहत नहीं होने देंगे। इन तीनों राष्ट्रों के आपसी सम्बन्ध भी इतने गहरे नहीं हैं कि वे उनके अमेरिका के साथ जो सम्बन्ध हैं, उनका मुकाबला कर सकें। इसके अलावा अगर भारत, रूस और चीन मिलकर गुट बनाएँगे तो पाकिस्तान का क्या होगा ? तब शायद पाकिस्तान इस क्षेत्र का सबसे खतरनाक राष्ट्र बन जाएगा। अमेरिका की सारी ताकत पाकिस्तान की रक्षा में लग जाएगी और अमेरिका चाहेगा कि पाकिस्तान उसका ऐसा गुर्गा बन जाए जो तीनों राष्ट्रों की नाक में दम किए रखे। ज़रा याद करें, अब से 40-50 साल पुराना ज़माना। उस समय रूस और चीन एक ही खेमे में थे और भारत गुट-निरपेक्ष होते हुए भी लगभग उन्हीं के साथ था। इन तीनों राष्ट्रों ने मिलकर पाकिस्तान का क्या बिगाड़ लिया ? अब तो पाकिस्तान अमेरिका की नाक का बाल बना हुआ है। मुशर्रफ को अमेरिका में बुशर्रफ कहा जाता है। अमेरिका मानता है कि आतंकवाद-विरोधी लड़ाई में पाकिस्तान उसका सबसे बड़ा सिपहसालार है। यदि पाकिस्तान उसका साथ नहीं देता तो वह तालिबान और उसामा बिन लादेन को अफगानिस्तान से खदेड़ ही नहीं पाता। ऐसी स्थिति में अमेरिका-विरोधी गुट खड़ा करने का अर्थ है, पाकिस्तान को इस क्षेत्र का सबसे मजबूत राष्ट्र बनाना याने भारत के लिए सबसे बड़ा सिरदर्द पैदा करना! पाकिस्तान जितना भारत को नुकसान पहुँचाएगा, क्या रूस और चीन को पहुँचाएगा ? क्यों पहुँचाएगा ? इसलिए यदि रूस और चीन मिलकर कोई अमेरिका-विरोधी गुट बनाना चाहें तो भारत को उसमें शामिल नहीं होना चाहिए।

भारत चाहे तो इससे भी आगे जा सकता है। उसका प्रयत्न यह होना चाहिए कि ये तीनों राष्ट्र मिलकर अमेरिका के नज़दीक जाएँ और उसे समझाएँ कि जब तक वह पाकिस्तान की इस पौधशाला में मट्ठा नहीं डालेगा, आतंकवाद की जड़ें सदा हरी रहेंगी। भारत कश्मीर में, रूस चेचन्या में और चीन सिंक्यांग में आतंकवाद को दबाना चाहता है। अगर ये तीनों मिलकर पाकिस्तान को दबाएँ तो क्या अमेरिका उसका विरोध करेगा ? पेइचिंग में चीनी राष्ट्रपति च्यांग चे मिन और पूतिन ने आतंकवाद के विरुद्ध जो घोषणा की है, क्या अमेरिका उसका स्वागत नहीं करेगा ?

जहाँ तक भारत और रूस के द्विपक्षीय सम्बन्धों का सवाल है, उनमें कोई चमत्कारी प्रगति हुई हो, ऐसा नहीं लगता। गत वर्ष प्रधानमंत्री अटलबिहारी वाजपेयी मास्को गए थे। उस समय आतंकवाद पर संयुक्त घोषणा हुई थी और संयुक्त सुरक्षा-व्यवस्था बनाने की बात भी हुई थी लेकिन उसका कोई ठोस परिणाम सामने नहीं आया। उसके बाद मास्को थियेटर और अक्षरधाम-रघुनाथ मन्दिर आदि घटनाएँ हो गईं लेकिन क्या कोई संयुक्त कार्रवाई हुई ? इधर भारत के साथ संयुक्त कार्रवाई की घोषणा है और उधर रूस ने पाकिस्तान के साथ आतंकवाद-विरोध के लिए संयुक्त कार्यदल का भी निर्माण कर रखा है। अगर पूतिन इधर आए हुए हैं तो वह कार्यदल उधर गया हुआ है। उनकी पिछली भारत-यात्रा के समय भी लगभग यही हुआ था।

क्या रूस की इस तरह की दोमुँही नीति भारत को अपना परम मित्र बना सकती है ? बल्कि यों कहा जाए तो बेहतर होगा कि पाकिस्तान के प्रति अमेरिका जो बड़े पैमाने पर कर रहा है, रूस वही छोटे पैमाने पर कर रहा है। चीन का हाल तो बदतर है। उसने पाकिस्तान को परमाणु शक्ति बनाने में अग्रणी भूमिका निभाई है। उसे वह निरन्तर हथियार देता रहता है, जो भारत के विरुद्ध प्रयुक्त होते हैं। इसके अलावा चीन की कोशिश रहती है कि पाकिस्तान भारत के पाँव में फाँस की तरह गड़ा रहे। चीन कभी नहीं चाहेगा कि रूस पाकिस्तान का स्पष्ट विरोध करे। ऐसे में रूस और चीन की खातिर भारत अमेरिका के साथ अपने सम्बन्ध क्यों बिगाड़े ?

आज रूस के लिए जितना महत्त्व चीन का है, उतना भारत का नहीं है। भारत के साथ उसका व्यापार मुश्किल से सात-आठ हजार करोड़ रु. का है जबकि चीन के साथ 65-70 हजार करोड़ रु. का है। चीन के साथ रूस की हजारों मील की सीमा है और उसके विवाद भी हल हो चुके हैं। चीनी राष्ट्रपति ने रूस के साथ अनंत मैत्री की घोषणा की है। स्वयं रूस चाहता है कि अफगानिस्तान होकर जानेवाला उसका माल कराची बन्दरगाह तक पहुँचे। पाकिस्तान को खुश रखे बिना यह कैसे सम्भव है ? इसीलिए भारत रूस से विमानवाहक गोर्शकोव पोत खरीदे या अपना व्यापार 25 हजार करोड़ तक बढ़ाए या आतंकवाद-विरोधी खाली-पीली घोषणाएँ करें, भारत-रूस सम्बन्धों में कोई बुनियादी परिवर्तन की संभावनाएँ कम ही दिखाई पड़ती हैं।

भारत रूस : जबानी जमा-खर्च

दो साल पहले रूस के राष्ट्रपति व्लादिमीर पूतिन जब भारत आए थे, तब भी उन्होंने आतंकवाद की भर्त्सना तो की थी लेकिन तब वे जरा ठिठके हुए दिखाई पड़ रहे थे। उन्होंने पाकिस्तान नामक शब्द को अपने होंठों या कलम पर नहीं आने दिया था लेकिन इस बार संयुक्त वक्तव्य और पत्रकार-परिषद, दोनों में ही पाकिस्तान का खुलकर ज़िक्र हुआ। इसीलिए पूतिन की इस भारत-यात्रा का मुख्य मुद्दा पाकिस्तान बना। इस बार पूतिन ने साफ़-साफ़ कहा कि यदि भारत-पाक वार्ता शुरू होनी है तो पहले आतंकवाद बन्द किया जाए। न केवल जम्मू-कश्मीर की नियंत्रण-रेखा का पाकिस्तान सम्मान करे बल्कि उसके क्षेत्र में चल रही समस्त आतंकवादी गतिविधियों का भी वह उन्मूलन करे। इतना ही नहीं, उन्होंने यह भी माना कि आतंकवाद की जड़ें भारत और रूस के 'आपसी पड़ौस' में हैं और यह दोनों की सुरक्षा के लिए खतरनाक है। ये दोनों मिलकर इस आतंकवाद की रोकथाम और दमन के लिए कटिबद्ध होंगे।

दो साल पहले और अब के पूतिन में क्या फर्क है ? पूतिन तो वही हैं लेकिन परिस्थितियाँ बदल गई हैं। दो साल पहले आतंकवाद का अन्तरराष्ट्रीय और क्षेत्रीय रूप इतना विकराल नहीं था, जितना कि अब है। दो साल पहले अमेरिका आतंकवाद का जानी दुश्मन नहीं बना था, हालाँकि उसने तालिबानी अफगानिस्तान के विरुद्ध संयुक्तराष्ट्र संघ से प्रस्ताव पारित करवा लिया था। न्यूयॉर्क के ट्रेड टॉवरों के गिरते ही आतंकवाद विश्व-मुद्दा बन गया। अमेरिका भुक्तभोगी बना। इसी प्रकार दो माह पहले जब मास्को-थियेटर में रक्त-स्नान हुआ तो रूस को पता चला कि आतंकवाद अब दूर चेचेन्या के किसी कोने की पटाखेबाजी नहीं है। वह क्रेमलिन के दरवाज़े पर पागल हाथी की चिंघाड़ है। याने रूस भी भुक्तभोगी बना, बिलकुल वैसे ही, जैसे कि पिछले 12 साल से भारत था। इसीलिए आज भारत की आवाज़ में आवाज़ मिलाकर रूस भी पाकिस्तान के विरुद्ध बोल पड़ा है। इस रूसी रवैये पर पाकिस्तान बौखलाए बिना नहीं रहेगा।

पाकिस्तानी विदेश मंत्रालय इस बात पर पहले से ही खफ़ा है कि भारत आने के पहले पूतिन ने पाकिस्तान-विरोधी बयान दे दिया था। पूतिन ने एक भेंट-वार्ता में यह चिन्ता जता दी थी कि पाकिस्तानी परमाणु हथियार कहीं आतंकवादियों के हाथ न पड़ जाएँ। इसका एक अभिप्राय यह भी हुआ कि राज्य के तौर पर पाकिस्तान

की दाल पतली हो रही है। वहाँ की कानून-व्यवस्था विश्वसनीय नहीं है। यह डर अमेरिकियों को भी है लेकिन वे यह बात खुलेआम नहीं कहते। अमेरिकियों ने अल-क़ायदा के लोगों को खोजने और पकड़ने का काम अपने हाथों में ले रखा है। सरहदी सूबे की नई सरकार ने इसे पाकिस्तानी संप्रभुता का उल्लंघन कहा है। इस सच्चाई को पूतिन ने मान्यता देकर भारतीय दृष्टिकोण को पुष्ट बनाया है। पिछले कुछ वर्षों से भारत अन्तरराष्ट्रीय समुदाय को यह समझाने की कोशिश कर रहा है कि पाकिस्तान न केवल अन्तरराष्ट्रीय आतंकवाद की धर्मशाला है बल्कि वह स्वयं आतंकवादी राष्ट्र है। पूतिन ने पाकिस्तान को आतंकवादी राष्ट्र नहीं कहा। वे कह भी नहीं सकते, क्योंकि वे उससे दुश्मनी मोल क्यों लें ? उन्हें पाकिस्तान की जरूरत है। मध्य एशिया और अफगानिस्तान को पार करता हुआ रूसी माल आखिर कराची कैसे पहुँचेगा ? चेचेन्या ने रूस-यूरोप मार्ग में बड़ा रोड़ा अटका रखा है। हिन्द महासागर के जरिए रूसी माल दुनिया के ज्यादातर हिस्सों में पहुँच सकता है। इसीलिए रूसी सरकार तालिबान की विरोधी होते भी दो साल पहले तालिबान से और उनके आश्रयदाता पाकिस्तान से भी गुपचुप बात कर रही थी। पिछली बार जब पूतिन दिल्ली में थे तो एक रूसी प्रतिनिधि मंडल पाकिस्तान में था। इस बार भी कुछ ऐसा ही है। इस बार पूतिन भारत के साथ एक आतंकवाद-विरोधी संयुक्त कार्यदल बनाने की सिर्फ घोषणा कर रहे हैं जबकि वैसा ही कार्यदल पहले से ही इस्लामाबाद पहुँचा हुआ है। पाकिस्तान के प्रति रूस का रवैया वही नहीं हो सकता, जो कि भारत का है, क्योंकि रूस के प्रति पाकिस्तान का वही रवैया नहीं है, जो कि उसका भारत के प्रति है। इसीलिए पाकिस्तान के विरुद्ध रूस ने बयान तो दे दिया ताकि भारत खुश हो जाए लेकिन कोरे बयान से क्या होता है ? भारत को खुश करना इसलिए भी जरूरी हो सकता है कि 10 हजार करोड़ रु. की लागत का अपना पुराना विमानवाहक पोत, गोर्शकोव, भारत के मत्थे मढ़ना है।

भारत-रूस संयुक्त विज्ञप्ति में कहा गया है कि आतंकवाद का संयुक्त सामना करेंगे जिसकी जड़ें 'आपसी पड़ौस' (कॉमन नेबरहुड) में हैं। यह आपसी पड़ौस, यह कॉमन नेबरहुड क्या बला है ? क्या इशारा पाकिस्तान की तरफ है ? पाकिस्तान भारत का पड़ोसी तो है लेकिन रूस का पड़ोसी वह कैसे है ? रूस से उसका पड़ोस छूटे तो 11 साल हो गए। जब से सोवियत संघ टूटा, पाकिस्तान और रूस के बीच चार-पाँच हजार किलोमीटर का फासला आ गया है। तो क्या आपसी पड़ोस का मतलब अपना-अपना पड़ोस है ? याने आतंकवाद का मुकाबला रूस चेचेन्या में करे और भारत कश्मीर में करे। अगर मतलब यही है तो रूस का पाकिस्तान-विरोध कोरा रामरोला है। खाली झुनझुना है। आतंकवाद-विरोधी घोषणा-पत्र तो पिछले साल भारतीय प्रधानमंत्री की मास्को-यात्रा के दौरान जारी हुआ था लेकिन उसके बाद मास्को थियेटर और अक्षरधाम-रघुनाथ मन्दिर आदि कांड हो गए। कौन-सी संयुक्त कार्रवाई हुई ? क्या रूस और भारत को पता नहीं कि चेचेन्या और कश्मीर के

आतंकवाद की जड़ें कहाँ है ? अब तक जड़ों पर प्रहार क्यों नहीं हुआ ? पहले नहीं हुआ लेकिन अब होगा, इसमें बड़ा संदेह है। यदि वाजपेयी और पूतिन मिलकर कोई ऐसा नया सिद्धान्त घड़ते, जो आतंकवाद के मूल स्रोत पर उन्हें सीधा हमला करने की क्षमता देता तो माना जाता कि कोई बड़ी अन्तरराष्ट्रीय घटना घटी है। यदि रूस और भारत मिलकर इस दिशा में कुछ कर सकते होते तो तालिबान को काबुल से वे ही भगाते। अमेरिकियों का इंतजार नहीं करते। जो तालिबान के खिलाफ उँगली भी नहीं उठा सके, वे पाकिस्तान के विरुद्ध तलवार क्या उठाएँगे ? आतंकवाद की पूतना का वध पूतिन के बस की बात नहीं है।

पाकिस्तान के विरुद्ध रूस और भारत की जो सीमित शाब्दिक सहमति हुई, उसमें अभी तक चीन शामिल नहीं हुआ है। ऐसी स्थिति में पूतिन के बयानों को किसी दिलजले की भडाँस और जबानी जमा-खर्च के अलावा क्या समझा जाए। इसी प्रकार अमेरिका के मुकाबले में भारत, रूस और चीन का त्रिगुट बनाने की बात भी हवाई किले के अलावा क्या है। दुनिया बहुध्रुवीय बने, यह सन्त-भाव अपनी जगह ठीक है लेकिन क्या हमें पता नहीं कि रूस और चीन ने अमेरिका के साथ गहरी विपक्षीय आर्थिक साँठ-गाँठ पहले से ही कर रखी है। यदि भारत त्रिगुट के झाँसे में आ गया तो सबसे अधिक नुकसान उसी का होगा, क्योंकि तब पाकिस्तान दक्षिण एशिया में अमेरिकी हितों का एकमात्र प्रतिनिधि बन जाएगा। यों भी चीन पाकिस्तान के हितों पर आँच क्यों आने देगा ? 1963 से पाकिस्तान ने उसे कब्जाए हुए कश्मीर की हजारों वर्गमील जमीन भेंट कर रखी है। यदि आतंकवाद के मूल स्रोत पर प्रहार होगा तो वह ज़मीन चीन के हाथ से क्या निकल नहीं जाएगी ? अफगानिस्तान, एराक़ और आतंकवाद के सवालों पर भारत, रूस और चीन की राय एक हो सकती है लेकिन इसका अर्थ यह नहीं कि वह पाकिस्तान पर भी एक ही है।

पाक के प्रति नरम होता रूस

जनरल परवेज़ मुशर्रफ की मास्को-यात्रा पर भारतीय अखबारों में ज्यादा शोर नहीं मचा, इसका मतलब यह नहीं कि वह ध्यान देने लायक नहीं है। ज्यादा शोर न मचे, इसका ध्यान रूस और पाकिस्तान, दोनों ने पहले से ही रखा हुआ था। राष्ट्रपति व्लादिमीर पूतिन ने मुशर्रफ के मास्को पहुँचने के पहले और चले जाने के बाद, दोनों बार भारतीय प्रधानमंत्री को फोन किए। उधर मुशर्रफ ने मास्को में ही कई बार कहा कि यह यात्रा किसी तीसरे देश के विरुद्ध नहीं है। यही बात पूतिन ने संयुक्त वक्तव्य में भी दोहरा दी। जो कुछ रूस और पाकिस्तान के अखबारों में छपा है, उसके आधार पर माना जा रहा है कि इस यात्रा के दौरान भारत-विरोधी कुछ भी नहीं हुआ है।

लेकिन क्या यह मानना ठीक है ? इसमें शक नहीं कि भारत के विरुद्ध कोई सैनिक या कूटनीतिक साजिश नहीं हुई है लेकिन रूस और पाकिस्तान ने मिलकर भारत सरकार को कम से कम दो चपत अवश्य लगा दी हैं। एक तो यह कि कश्मीर पर सम्वाद शुरू करना जरूरी बताया गया है जो कि भारत सरकार की वर्तमान-नीति का स्पष्ट विरोध है। दूसरा, रूस ने पाकिस्तान को आतंकवाद-विरोधी राष्ट्र की मान्यता दे दी है, जबकि भारत उसे आतंकवादी राष्ट्र कहलवाना चाहता है। याने मुशर्रफ की शीरींजुबानी कारगर हो गई है और भारत की गुहार को ताक पर रख दिया गया है। भारत को सिर्फ इतना ही फायदा हुआ कि कश्मीर-वार्ता में दोनों पक्षों ने 'शिमला समझौते' और 'लाहौर घोषणा' को आधार बनाने की बात कही है। पाकिस्तान ने संयुक्तराष्ट्र संघ के प्रस्तावों को आधार बनाने का आग्रह नहीं किया। मज़े की बात है कि 'सीमा-पार आतंकवाद' शब्द न तो संयुक्त वक्तव्य में दिखाई पड़ रहा है और न ही रूसी नेताओं के भाषणों में। ऐसा लगता है कि मुशर्रफ की मास्को-यात्रा के दौरान इस अप्रिय शब्द को दरी के नीचे दबा दिया गया है। याद कीजिए कि यह वही शब्द है, जिस पर दिसम्बर में भारत आने के पहले पूतिन बार-बार जोर दे रहे थे और इतना ही नहीं, उन्होंने पाकिस्तानी परमाणु बम की असुरक्षा और उसामा बिन लादेन के बारे में भी ऐसी बातें कह दी थीं, जिनसे पाकिस्तानी विदेश मंत्रालय भड़क उठा था। क्या वजह है कि आतंकवाद के इस मुद्दे पर अब रूस की ज़ुबान लड़खड़ा रही है ? रूस, पाकिस्तान की तरफ नरम पड़ता हुआ क्यों दिखाई दे रहा है ?

असली बात यह है कि रूस 'अपने' आतंकवाद पर ध्यान केंद्रित कर रहा है, भारत

के आतंकवाद पर नहीं। रूस का आतंकवाद कौन-सा है ? उसका पाकिस्तान से क्या सम्बन्ध है ? चेचन्या में चल रहा इस्लामी आतंकवाद हमारे कश्मीरी आतंकवाद से कहीं अधिक गम्भीर है। रूस के इस पश्चिमी इलाके में रूसी फौजें इस्लामी छापामारों के विरुद्ध बाकायदा युद्ध लड़ती हैं। इन आतंकवादियों ने लगभग छह माह पहले मास्को के एक थिएटर पर कब्जा भी कर लिया था, जिसे खत्म करने में सैकड़ों लोग मारे गए थे। इसी चेचन्याई आतंकवाद के विरुद्ध लौह-पुरुष के रूप में पूतिन ने काफी नाम कमाया है। पूतिन को यह शक है कि चेचन्या के मुस्लिम आतंकवादियों और अल क़ायदा में गहरा सम्बन्ध है और यह गुप्त सम्बन्ध पाकिस्तान की धरती पर फल-फूल रहा है। पाकिस्तानी परमाणु बमों को चुराकर ये आतंकवादी रूस और मध्य एशियाई राष्ट्रों में धमाका भी कर सकते हैं। इस मामले में पूतिन इतने चिंतित थे कि अब से तीन साल पहले वे पाकिस्तान ही नहीं, तालिबान से भी बात करने की जुगत भिड़ा रहे थे। अगस्त 2000 में पाकिस्तान की गुप्तचर सेवा के मुखिया जनरल महमूद अहमद मास्को गए थे और उन्होंने रूसी गृह मंत्रालय को आश्वस्त किया था कि वे चेचन्या के आतंकवादियों को पकड़ने में रूस की मदद करेंगे। वास्तव में इसी वर्ष फ़रवरी माह में पाकिस्तान सरकार ने रूस के अनुरोध पर चेचन्या के पूर्व राष्ट्रपति सलीमखान यांदरबिएव को पाकिस्तान से निकाल बाहर किया था और कुछ अन्य संदेहास्पद ठिकानों की जानकारी भी रूसियों को दे दी थी। अहमद की मास्को-यात्रा इतनी सफल रही कि अगले माह न्यूयॉर्क में खुद पूतिन ने आगे होकर जनरल मुशर्रफ से हाथ मिलाया और दोनों थोड़ी देर के लिए मिले भी। अपनी पहली भारत-यात्रा के पहले पूतिन ने अपने विशेष दूत सर्गेई यास्त्रझेंबस्की को इस्लामाबाद भेजा था। रूसी विशेष दूत ने पाकिस्तानियों को यह अच्छी तरह समझा दिया था कि यदि वे रूस के साथ अच्छे सम्बन्ध बनाना चाहते हैं तो उन्हें चेचन्याई आतंकवाद के विरुद्ध रूस की सहायता करनी पड़ेगी।

रूस और पाकिस्तान के बीच यह खिचड़ी उस समय पक रही थी, जब अफगानिस्तान में अहमद शाह मसूद पिट रहा था और तालिबान का सितारा बुलंद हो रहा था। तालिबान के आगे अमेरिका भी थका-थका-सा लग रहा था। रूस यह समझ गया था कि पाकिस्तान को पटाए बिना तालिबान से कुछ भी रियायत प्राप्त करना असम्भव है और पाकिस्तान यह मान रहा था कि अगर रूसी खिड़की खुलेगी तो उसे दमघोंटू अन्तरराष्ट्रीय अकेलेपन से कुछ राहत मिलेगी। पाकिस्तान यह भी नहीं भूला था कि मध्य एशिया के मुस्लिम राष्ट्र आज़ाद तो हो गए हैं लेकिन अब भी वे रूस के प्रभाव से मुक्त नहीं हुए हैं। यदि रूस से रिश्ते सुधरें तो उसका लाभ उसे सीधे मध्य एशिया में भी मिलेगा। अब उसे रूसी भालू से वैसा डर नहीं है, जैसा कि कभी ब्रिटिश शेर को हुआ करता था। अब वह खुद कराची और ग्वादर के बन्दरगाह रूस, चीन और मध्य एशिया के लिए खोलना चाहता है। मुशर्रफ पूतिन को भारत-पाक मामलों में उसी तरह खींचना चाहते हैं, जैसे कि अयूब ने कोसिगिन

को खींचकर ताशकंद समझौता करवाया था। मुशर्रफ ने मास्को में बार-बार यह कहा है कि उन्होंने पूतिन से मध्यस्थता करने का अनुरोध नहीं किया है, क्योंकि भारत किसी की मध्यस्थता नहीं चाहता लेकिन पूतिन से बढ़िया मध्यस्थ और कौन हो सकता है। अर्थात् मुशर्रफ ने अपनी मास्को-यात्रा को भारत के विरुद्ध इस्तेमाल करने की भरसक कोशिश की है।

पाकिस्तान का गणित यह है कि यदि चेचन्या पर रूस को खुश किया जा सके और बदले में उसे 'सीमा-पार आतंकवाद' पर नरम किया जा सके तो यह सौदा क्या बुरा है ? इस सौदे में मुशर्रफ सफल हुए हैं। अपनी सफलता का वे जमकर प्रचार कर रहे हैं। वे कह सकते हैं कि जिन चोटियों पर लियाकत अली, अयूब, भुट्टो और ज़िया नहीं चढ़ पाए, उन पर वे झंडा गाड़ आए हैं लेकिन वास्तव में इसका श्रेय मुशर्रफ को उतना नहीं है, जितना कि आज की बदली हुई दुनिया को है। जब विश्व की महत्तम शक्ति अमेरिका ने पाकिस्तान को आतंकवाद-विरोधी विश्व-अभियान में अपना सहयोगी बना लिया है तो रूस की क्या हैसियत है कि वह उसे भारत की तरह आतंकवादी राष्ट्र कहे ? भारत की खातिर वह पाकिस्तान से दुश्मनी क्यों मोल ले ? शीतयुद्ध के वे दिन गए, जब ख्रुश्चौफ और बुल्गानिन कश्मीर पर पाकिस्तान को लताड़ते थे और पख्तूनिस्तान को आज़ाद करवाने की धमकी देते थे। अब तो इतना ही काफी है कि कश्मीर पर रूस वहीं खड़ा रहे, जहाँ तक अमेरिका आ गया है। यह कम बड़ा संयोग नहीं है कि आज कश्मीर पर अमेरिका और रूस की राय लगभग एक-जैसी हो गई है। क्या भारत इससे कुछ सबक लेगा ?

यदि भारत-अमेरिका सम्बन्ध नए धरातल ढूँढ़ सकते हैं तो रूस-पाक सम्बन्ध भी सहज क्यों नहीं हो सकते हैं ? दस करोड़ रुपए पर ठिठका हुआ पाक-रूस व्यापार अब दस गुना बढ़ा चाहता है। रूस के मिग-17 नामक 16 हेलिकॉप्टरों का सौदा जुलाई 2001 में हुआ ही था। लगभग 30 साल पहले रूस ने कराची में जो स्टील-मिल बनाई थी, अब उसकी क्षमता बढ़ाने पर भी रूस कटिबद्ध हो गया है। पाकिस्तान को रूस न केवल हथियारों की सप्लाय बढ़ाना चाहता है बल्कि मध्य एशियाई तेल और गैस की पाइप-लाइन के दंगल में भी पटकनी नहीं खाना चाहता। रूस और पाकिस्तान, दोनों को अपने-अपने हितों की चिन्ता है और वे उन्हें साधने में जुटे हुए हैं लेकिन भारत है कि उसकी सुई असम्वाद और अकर्म पर अटक गई है। वह न तो पाकिस्तान से संवाद खोल रहा है और न ही अपनी सैन्य-शक्ति का प्रयोग कर रहा है। उल्टे कूटनीतिज्ञों के परस्पर निष्कासन ने तनाव में वृद्धि कर दी है। डर यह है कि अफगानिस्तान में फायदों की जो भी फसल उगनेवाली है, उसे अमेरिका, रूस तथा पाकिस्तान काट ले जाएँगे और अपने आपको इस क्षेत्र की महाशक्ति घोषित करनेवाला भारत टापता रह जाएगा।

भारत-अफगान सम्बन्ध

बामियान के बुद्ध पर प्रहार

हताश तालिबान के पास अब तुरुप का कोई पत्ता नहीं रह गया था। वे बामियान के बुद्ध पर प्रहार नहीं करते तो क्या करते? इस समय वही सबसे ऊँचा निशाना रह गया था। पिछले चार साल में अफगानिस्तान के सारे बेहतरीन पंख उन्होंने अपनी पगड़ी में खोंस लिए हैं। पहले कन्धार, फिर काबुल, उसके बाद मज़ारे-शरीफ, हज़ाराज़ात–लगभग पूरे अफगांनिस्तान पर वे कब्जा कर चुके हैं। अब तो सिर्फ अहमदशाह मसूद की पंजशेर घाटी ही बची हुई है। अगर वे मसूद को हरा देते तो सारी दुनिया में एक बार फिर उनके परचम फहराने लगते। वे अपनी गिनती सिकन्दर, अतीला और चंगेज़ जैसे विश्व-विजेताओं में करते और संयुक्तराष्ट्र आदि को धता बताते लेकिन मसूद का वे बाल भी बाँका नहीं कर पा रहे हैं! ऐसे में मसूंद नहीं तो बुद्ध ही सही। बुद्ध के पास न तो तोप-तुफंग है और न ही मसूद की तरह रण-बांकुरे! हाँ, बुद्ध का नाम मसूद से भी बड़ा है, अफगानिस्तान से भी बड़ा है और दुनिया में ऐसा कौन है, जो बुद्ध को नहीं जानता। इसीलिए अगर खुद को बड़ा कहलवाना है तो सबसे बड़े पर प्रहार करो। बुद्ध पर तालिबान ने प्रहार किया, सारी दुनिया में उनका नाम हो गया। बदनाम होंगे तो क्या नाम न होगा?

तालिबान की इतनी निन्दा और इतनी मिन्नतें, उस समय भी नहीं हुईं थीं, जब उन्होंने पूर्व राष्ट्रपति नजीबुल्लाह को फाँसी के फन्दे पर लटका दिया था। दुनिया के सिर्फ बौद्ध और हिन्दू देशों ने ही नहीं, ईसाई और मुसलमान राष्ट्रों ने भी तालिबान की कार्रवाई को इस्लाम-विरोधी और बर्बरतापूर्ण बताया है। अगर तालिबान ने बुतशिकनी (मूर्ति-भंजन) का यह अभियान यह सोचकर चलाया है कि इस्लामी जगत में उनकी इज्जत बढ़ेगी तो मानना पड़ेगा कि वे चारों खाने चित हो गए हैं। जिन तीन राष्ट्रों–सउदी अरब, पाकिस्तान और संयुक्त अरब अमारात–ने तालिबान सरकार को मान्यता दे रखी है, उन्होंने भी उसका विरोध किया है। शायद इसी बंहाने तालिबान सोच रहे हों कि संयुक्तराष्ट्र संघ उन पर लगाए प्रतिबन्धों को उठा ले। संयुक्तराष्ट्र के प्रतिबन्धों से विकृत हो रही छवि को मुस्लिम जगत में चमकाने का तालिबान-फार्मूला बिलकुल फेल हो गया है। इतना ही नहीं, जेरूसलम के मुफ्ती, सदरूद्दीन आगा खान, इण्डोनेशिया, बर्मा, भारत तथा अरब देशों के अनेक इस्लामी विद्वानों ने भी तालिबान की भर्त्सना की है। सुरक्षा परिषद् ने भी कड़ी निन्दा की है। आज तालिबान की हालत यह हो गई है कि अगर कुछ राष्ट्र मिलकर उन पर

संयुक्त आक्रमण कर दें तो उन्हें बचानेवालों को खोजना भी मुश्किल हो जाएगा। उसामा बिन लादेन को लेकर तीन साल पहले जब अमेरिका ने अफगानिस्तान में प्रक्षेपास्त्र फेंका था तो भारत जैसे देश ने उसका विरोध किया था। अगर आज मुल्ला उमर और मुल्ला रब्बानी की सम्पूर्ण सर्वोच्च परिषद् को ही प्रक्षेपास्त्रों से उड़ा दिया जाए तो उसका विरोध कौन करेगा ?

तालिबान ने एक ओर तो सारी दुनिया को अपने खिलाफ खड़ा कर लिया है और दूसरी ओर उसने अफगानिस्तान की जनता को भी अपना दुश्मन बना लिया है। दुनिया के किसी भी देश में अगर कोई अफगान बसा हुआ है तो आज उसका माथा शर्म से नीचे झुका हुआ है, क्योंकि तालिबान जो कुछ कर रहे हैं, वह अफगान-परम्परा के सर्वथा विरुद्ध है। अफगानों को अपने इतिहास पर बड़ा गर्व है। काबुल-संग्रहालय में अफगान सरकारों ने न केवल हजारों मूर्तियाँ और मुद्राएँ सुरक्षित रखी हुई थीं बल्कि अफगानिस्तान के दूर-दराज़ इलाकों में पाए जानेवाले वेदकालीन और बौद्धकालीन अवशेषों को भी सहेजकर रखा हुआ था। बामियान के बुद्ध ही नहीं, जलालाबाद के पास 'हद्दा' का संघाराम भी विश्व के आश्चर्यों में से एक रहा है। मैंने स्वयं उसे अब से 32 साल पहले देखा था। अब वह बिलकुल नष्ट हो चुका है। चीन में सियान के मिट्टी के सिपाही, जैसे विश्व के आठवें आश्चर्य माने जाते हैं, वैसे ही 'हद्दा' के मृण्मय भिक्षुगण भी माने जाते हैं। इस विश्व-सम्पदा को नष्ट करनेवाले तालिबान अन्तरराष्ट्रीय कानून का स्पष्ट उल्लंघन कर रहे हैं। उन्हें जितनी कठोर सज़ा दी जाए, कम है।

तालिबान ने यह मुहिम अगर इसलिए चलाई है कि वह अफगानिस्तान के मुसलमानों का दिल जीत लेंगे तो यह भी उनकी बड़ी गलतफहमी है। आज अफगान जनता को रोटी, कपड़ा, मकान चाहिए। दवा, शिक्षा और मनोरंजन चाहिए। लाखों लोग भूखे-प्यासे मर रहे हैं। अकाल, अव्यवस्था और अत्याचार के कारण लोग तालिबान विरोधी हो गए हैं लेकिन वे असहाय हैं, निहत्थे हैं, असंगठित हैं। क्या उनका ध्यान बँटाने का यही सर्वश्रेष्ठ तरीका तालिबान को सूझा है ? तालिबान दावा करते हैं कि 95 प्रतिशत अफगानिस्तान पर उनका कब्ज़ा है, फिर भी उन्हें अन्तरराष्ट्रीय मान्यता क्यों नहीं हैं ? उनका कब्ज़ा 95 प्रतिशत ज़मीन पर जरूर है लेकिन क्या ज़मीन ही राष्ट्र होता है ? क्या लोग राष्ट्र नहीं हैं ? क्या अफगान लोग तालिबान के साथ हैं ? क्या आज काबुल की सरकार लोगों की मर्ज़ी से चल रही है ? सच्चाई तो यह है कि अफगानिस्तान के 50 प्रतिशत लोग भी तालिबान के साथ नहीं हैं। तालिबान संगठन और सरकार पर पठानों का पूरा कब्जा है, जो कि पूरे देश की आधी आबादी भी नहीं है। गैर-पठानों में ताज़िक, उज़बेक, किरगिज, तुर्कमेन, हजारा, हिन्दू, सिख आदि अनेक जातियाँ हैं, जो कुल मिलाकर बहुमत में हैं और सारे अफगानिस्तान में फैली हुई हैं। इनमें से कोई भी तालिबान के साथ नहीं है। चार साल के कुराज के बाद अब लगता है कि तालिबान के पाँव उखड़ने लगे हैं। अगर मसूद के ताज़िक,

दोस्तम के उज़बेक और खलीली के हज़ारा लोग इन गर्मियों में एकजुट होकर हमला बोल दें तो कोई आश्चर्य नहीं कि पाकिस्तान की बैसाखी पर टिके तालिबान के पाँव इस बार उखड़ जाएँ। किसी आसन्न तूफान की आशंका के कारण तो कहीं तालिबान ने मूर्ति-भंजन का यह शिगूफा नहीं छोड़ा है ?

यों भी बामियान का इलाका तालिबान का सबसे भयंकर सिरदर्द रहा है। इस इलाके के ज्यादातर निवासी शिया हैं और हजारा हैं। याने वे तालिबान की तरह न तो पठान हैं और न ही सुन्नी ! पठानों और हजारा में सदियों से बैर चला आ रहा है। हजारा लोगों को मंगोलों का वंशज माना जाता है और उनसे गुलामों और मज़दूरों का काम लिया जाता है लेकिन साम्यवादी ज़माने में सुल्तानअली किस्तमंद जैसे लोग प्रधानमंत्री के पद तक पहुँचे और अनेक हजारा लोगों ने अन्य क्षेत्रों में भी सर्वोच्च पद प्राप्त किए। उन्होंने सत्ता पर पश्तून (पठान) एकाधिकार को चुनौती दी। बदकिस्मती यह हुई कि शिया होने के कारण उन्हें ईरान का भरपूर समर्थन मिला जबकि पठानों को सुन्नी होने के कारण सउदी अरब और पाकिस्तान का समर्थन मिला। बुद्ध की प्रतिमाएँ जिन पहाड़ों में खुदी हुई हैं, वे इलाके हजारा और शिया लोगों के हैं। उनसे तालिबान को क्या मोह हो सकता है ? बल्कि उन्हें नष्ट करने से शिया लोगों को बहुत नुकसान होगा। पर्यटकों से होनेवाली आय का स्रोत बंद हो जाएगा, बुद्ध-प्रतिमाओं के कारण जो अन्तरराष्ट्रीय महत्त्व मिलता था, वह समाप्त हो जाएगा और वे सब बौद्ध-कन्दराएँ भी चूर-चूर हो जाएँगी, जिनका आश्रय लेकर हजारा छापामारों ने तालिबान सेना की नाक में दम किया हुआ है।

बुद्ध की प्रतिमाओं पर ही नहीं, तालिबान अन्य सभी मूर्तियों, चित्रों और अवशेषों पर प्रहार करेंगे। इस प्रहार को वे यह कहकर धार्मिक कृत्य बता रहे हैं कि इस्लाम मूर्ति-पूजा के विरुद्ध है। और वे इस्लाम के सबसे सच्चे अनुयायी हैं। सबसे पहली बात तो यह कि स्वयं महात्मा बुद्ध मूर्ति-पूजा के समर्थक नहीं थे। बुद्ध के समय में मूर्ति-पूजा भारत में प्रचलित ही नहीं थी। इसके अलावा बुद्ध ईश्वरवादी भी नहीं थे। जब ईश्वर ही नहीं है तो उसकी मूर्ति कैसे होगी ? बुद्ध की प्रतिमा को ईश्वर की मूर्ति कैसे माना जा सकता है ? मूर्ति का मतलब है मूर्त्त रूप याने साक्षात रूप ! इस रूप में तो सभी पौराणिक हिन्दू भी मूर्ति-पूजा नहीं करते। सर्व-व्यापक भगवान की मूर्ति कोई कैसे घड़ सकता है ? सगुण-साकार महापुरुषों की जो मूर्तियाँ बनती हैं, राम, कृष्ण, शिव गणेश आदि की, वे भी वास्तव में प्रतिमाएँ होती हैं, स्वयं भगवान नहीं होतीं। यह ठीक है कि मुहम्मद साहब के ज़माने में अरब लोगों में इतनी जहालत फैली हुई थी कि मूर्तियाँ बनाकर उन्हें ही वे सर्वशक्तिमान भगवान मानने लगते थे। मुहम्मद साहब ने इस तरह की बुतपरस्ती का ही विरोध किया था। अगर तालिबान इस तरह का विरोध करना चाहें तो जरूर करें लेकिन बुद्ध की प्रतिमाओं को तोड़ने से इस्लाम की कौन-सी सेवा होगी ? जड़-पूजा का विरोध करना एक बात है और प्रतिमाओं को तोड़ना दूसरी बात है। जड़-पूजा का विरोध तो आर्यसमाजी भी करते

हैं और मुसलमानों से ज्यादा करते हैं लेकिन प्रतिमाओं को ध्वस्त करना ध्येय बन जाए तो पाकिस्तान में तो कोहराम मच जाएगा। मुहम्मद अली जिन्ना के लाखों चित्रों की होली जलानी पड़ेगी, हजारों दरगाहों, कब्रों और मज़ारों को उखाड़ फेंकना होगा, क्योंकि वहाँ जाकर लोग धूप-बत्ती जलाते हैं और सिर नवाते हैं; अखबारों, किताबों और टेलीविज़न पर पाबंदी लगानी पड़ेगी, क्योंकि वे तस्वीरें पेश करते हैं; पेशावर और लाहौर के पुरातत्त्व संग्रहालयों को आग के हवाले करना होगा, क्योंकि वहाँ हजारों साल पुरानी मूर्तियाँ, चित्रोंवाले सिक्के और अन्य कलाकृतियाँ सुरक्षित हैं और क्या मिस्र के पिरामिडों, बेबीलोन के बागीचों, फारस की कलाकृतियों, यूनानी और रूसी भव्य प्रतिमाओं तथा मरियम और ईसा की मूर्तियोंवाले विशाल गिरजाघरों को इसीलिए नष्ट करना होगा कि उनमें से कई इस्लामी देशों में पाए जाते हैं ? आखिर तालिबान चाहते क्या हैं ? क्या वे अफगानिस्तान के चालू मन्दिरों, गुरुद्वारों और अन्य पूजा-स्थलों को भी नष्ट करने पर उतारू हैं ? यदि हाँ तो वे बुनियादी मानव अधिकारों का उल्लंघन तो करेंगे ही, इस्लाम को भी चोट पहुँचाएँगे। दुनिया के सैकड़ों देशों में बसे अल्पसंख्यक मुसलमानों की जिन्दगी में तालिबान ज़हर क्यों घोलना चाहते हैं ? क्या वे यह चाहते हैं कि इस्लामी स्थलों के साथ वही बर्ताव किया जाए जो बर्ताव वे गैर-इस्लामी स्थलों के साथ कर रहे हैं ? उम्मीद की जानी चाहिए कि 21वीं सदी की दुनिया इतनी सभ्य हो गई है कि वह दुनिया के मुसलमानों के साथ वह बर्ताव कभी नहीं करेगी, जो कई सदियों पहले स्पेन के ईसाइयों ने किया था। अफगानिस्तान के मुसलमान शासकों ने तो इस मामले में अनेक अनुपम उदाहरण उपस्थित किए हैं। उन्होंने भारतीय हिन्दुओं को न केवल अपना सर्वथा विश्वसनीय अंगरक्षक नियुक्त किया बल्कि उन्हें अपने मंत्रिमंडलों और सलाहकार मंडलों में भी रखा। उन्होंने अफगानिस्तान की वित्त-व्यवस्था हिन्दू-व्यापारियों को ही नहीं सौंपी, उन्हें फौज और प्रशासन में भी अच्छे पद प्रदान किए। ज़ाहिरशाह और सरदार दाऊद के ज़माने में काबुल के आसामाई मन्दिर का जीर्णोद्वार ही नहीं हुआ, हेरात, कंधार, गज़नी तथा छोटे-मोटे कस्बों में भी हिन्दुओं को यथेष्ट प्रोत्साहन मिला। अफगान एयरलाइंस का नाम 'आर्याना' और 'आर्याना' नामक होटलों की एक शृंखला सारे बड़े शहरों में खोली गई। बबरक कारमल और नजीब शासन ने इस मामले में विशेष दरियादिली दिखाई। यहाँ तक कि मुजाहिदीन की इस्लामी सरकार ने भी गैर-मुसलमानों को खुश रखने और गैर-इस्लामी भूतकाल को सुरक्षित रखने का दावा किया था।

आखिर तालिबान अपने भूतकाल को नष्ट क्यों करना चाहते हैं ? अफगानिस्तान में इस्लाम का इतिहास हजार साल से ज्यादा पुराना नहीं है। क्या एक हजार साल को जिन्दा रखने के लिए कई हजार सालों को मौत के घाट उतारना जरूरी है ? अशोक, कनिष्ट, हुविष्क, जयपाल और अनंगपाल जैसे बहादुर राजा लोग तथा पाणिनी जैसे महान वैयाकरण अफगानों के पूर्वज हैं, इस तथ्य से तालिबान कैसे इनकार कर पाएँगे ? वे इनकार भी करें तो भी क्या होगा ? वे अपने चेहरे-मोहरे, भाषा-भूषा,

भोजन-भजन को कैसे बदलेंगे ? इस्लाम के आने के बहुत पहले ही अफगान लोग संस्कृति के एक विलक्षण साँचे में ढल चुके थे। क्या तालिबान में इतनी हिम्मत है कि वे इस साँचे को तोड़ सकें ?* चंगेज खान ने 13वीं सदी के शुरू में इस तरह की बहुत कोशिशें की लेकिन वह नाकाम रहा। उसने बल्ख जैसे महान शहरों को खाक में मिला दिया, एक-एक आदमी और औरत को मौत के घाट उतार दिया, सारे विलक्षण स्मारकों को भ्रष्ट किया लेकिन नतीजा क्या हुआ ? चंगेज कभी का ऊपर चला गया और अफगानिस्तान अब भी टिका हुआ है। अफगानिस्तान आगे भी टिका रहेगा और इस्लाम के नाम पर उसको तबाह करने की कोशिशें नाकाम हो जाएँगी।

---

* लगभग एक हजार साल पहले तक अफगानिस्तान भारत का अभिन्न अंग रहा है और स्वतन्त्रता के बाद अफगानिस्तान, पाकिस्तान और भारत के त्रिकोणात्मक सम्बन्ध अत्यन्त रोचक रहे हैं। इन दोनों विषयों पर शोधपरक विश्लेषण के लिए देखिए : वेदप्रताप वैदिक, *अफगानिस्तान : कल, आज और कल* (राजकमल प्रकाशन, 2002)

अफगानिस्तान में ज़रा आहिस्ता-आहिस्ता

श्री हामिद करज़ई की भारत-यात्रा जितनी फ़ीकी रही, उतनी फीकी शायद किसी भी राज्याध्यक्ष की नहीं रही। कोई राज्याध्यक्ष पहली बार भारत आए और अखबारों के मुखपृष्ठों पर उसके चित्र न छपें, संपादकीय न लिखे जाएँ और खबरें भी कोने में दुबकी रहें तो क्या कहा जाएगा ? यही न, कि यात्रा विफल हो गई। यदि यह यात्रा सचमुच विफल रहती तो वह बड़ी खबर बनती। यह यात्रा विफल नहीं हुई बल्कि यह कहा जाना चाहिए कि यह विचित्र संयोगों में उलझ गई। इसीलिए उस पर प्रचारतंत्र का ध्यान नहीं गया। जिस दिन करज़ई आए, रेल-बजट पेश हुआ और जिस दिन गए, गोधरा में हत्याकांड हो गया और उनके जाने के दूसरे दिन मुख्य बजट आ गया। इस बीच ब्रिटिश विदेश मंत्री भी भारत आकर चले गए। ऐसी स्थिति में करज़ई की यात्रा का सुप्रचारित नहीं होना स्वाभाविक था। यों भी करज़ई अफगानिस्तान के अन्तरिम राज्याध्यक्ष हैं। 22 मई को छह माह पूरे होंगे और उनका कार्यकाल समाप्त हो जाएगा। उसके पहले पूर्व बादशाह ज़ाहिरशाह की देखरेख में लोया जिरगा (पारम्परिक महासंसद) समवेत होगी और वह तय करेगी कि अगले डेढ़ साल तक लड़खड़ाते अफगानिस्तान की उँगली पकड़कर उसे पुनर्निर्माण के पथ पर कौन चलाएगा !

श्री करज़ई शिमला में पढ़े हैं। भारत में रहे हैं। इस दृष्टि से उनकी भारत-यात्रा में जो गर्मजोशी दिखाई पड़नी चाहिए थी, वह भी दिखाई नहीं पड़ी। यद्यपि हमारे नौकरशाहों की इस बात के लिए तारीफ करनी पड़ेगी कि करज़ई को ख़ुश करने के लिए उन्होंने शिमला से उनके उन अध्यापकों को भी बुलवाया, जो उन्हें राजनीतिशास्त्र पढ़ाते थे लेकिन प्रधानमंत्री वाजपेयी द्वारा हैदराबाद हाउस में दिए गए मध्यान्ह-भोज में सारी चमक-दमक के बावज़ूद अजीब-सा ठंडापन और फीकापन था। पिछले पैंतीस साल में आयोजित प्रत्येक अफगान राज्याध्यक्ष के राज-भोज का मैं साक्षी रहा हूँ लेकिन किसी भी राज-भोज में दोनों ओर से इतने संक्षिप्त, नीरस और यांत्रिक भाषण नहीं हुए, जैसे कि इस राजभोज में हुए। हमारे प्रधानमंत्री ने अपने अंग्रेजी भाषण में अपनी हिन्दी कविता जड़कर उसे सरस बनाने की कोशिश अवश्य की लेकिन भारत-अफगान सम्बन्धों के बारे में हमारे अफसरों का सतही ज्ञान प्रधानमंत्री के भाषण की सतह पर तेल की परत की तरह जमा हुआ था। करज़ई के जवाबी भाषण का स्तर भी वही रहा, जो हमारे प्रधानमंत्री का था। जैसे को तैसा मिला।

लेकिन इस आधार पर यह मान लेना ठीक नहीं होगा कि करज़ई की भारत-यात्रा विफल हो गई। नेतागण बात करना नहीं जानते, इसका मतलब यह नहीं कि वे काम करना भी नहीं जानते। पिछले दो माह में अफगानिस्तान के लिए भारत ने जो कुछ किया, वह कम नहीं है। काबुल में अपना दूतावास दुबारा स्थापित करनेवाले देशों में भारत का नाम अग्रणी है। हमारा दूतावास शहरे-नव के बीचोबीच है और राजदूत का घर रेडियो स्टेशन के सामने! दोनों ही उजड़े पड़े थे लेकिन हमारे साहसी और अध्यवसायी कूटनीतिज्ञों ने एक होटल के टूटे-फूटे कमरों में अपना डेरा जमाया और दिसम्बर-जनवरी की कड़कड़ाती ठंड में ही भारतीय दूतावास दुबारा खोल दिया। अब भी जो नए राजदूत जा रहे हैं, वे किसी किराए के मकान में रहेंगे और अपना काम चलाएँगे। इसके विपरीत पाकिस्तान जैसे पड़ोसी देश का दूतावास अभी तक उतना सक्रिय नहीं हुआ है। 22 दिसम्बर को नई अंतरिम सरकार के शपथ-ग्रहण में हमारे विदेश मंत्री श्री जसवंत सिंह का काबुल में उपस्थित होना भी उल्लेखनीय घटना थी। उनके पहले किसी भी अफगान प्रधानमंत्री या राष्ट्रपति के शपथ-ग्रहण में भारत का कोई भी मंत्री काबुल नहीं गया। वर्तमान अफगानिस्तान में भारत के प्रति शत्रुतापूर्ण भाव का अभाव इसलिए भी है कि उसकी सरकार पर अभी उस्ताद बुरहानुद्दीन रब्बानी की पार्टी का वर्चस्व है। रब्बानी अपने शासन के अन्तिम वर्षों में भारत के निकट आ गए थे और पाकिस्तान से दूर हो गए थे। इसके अलावा पाकिस्तान तालिबान का ब्रह्मा, विष्णु और महेश भी रहा है। तालिबान-विरोधी भावना का लाभ भी भारत को मिल रहा है।

यद्यपि भारत दुनिया के मालदार देशों की तरह अफगानिस्तान को करोड़ों-अरबों डॉलर देने की घोषणा नहीं कर रहा है लेकिन तालिबान के भागने के पहले ही उसने दस करोड़ रुपए देने की घोषणा कर दी थी। इस दस करोड़ की राशि का भुगतान किस तरह होगा, यह अभी पता नहीं चला है। यह ऊँट के मुँह में जीरा है। जहाँ पाँच अरब डॉलर पहुँच रहे हों, वहाँ दस करोड़ रुपए की क्या कीमत है ? लेकिन भारत ने इधर अफगानों की जेब भरने की बजाय दिल भरने का काम किया है। काबुल स्थित इंदिरा गांधी अस्पताल में हमारे डॉक्टरों ने सैकड़ों अपंग अफगानों को 'जयपुर पाँव' लगाकर जो प्रशंसनीय कार्य किया है, वह कई पीढ़ियों तक साभार याद किया जाएगा। अब भी हजारों अफगानों को कृत्रिम अंगों की जरूरत है। यदि भारतीय डॉक्टर काबुल के अलावा कन्धार, कुन्दूज, मज़ार, हेरात और लश्करगाह जैसे इलाकों में जा बैठें तो वे अफगान-राष्ट्र के साथ सच्ची और गहरी मैत्री के राजदूत सिद्ध होंगे। भारत की फिल्मों और गानों ने अफगान दिलों पर फिर से अपनी हुकूमत जमा ली है।

अफगानिस्तान के पुनर्निर्माण में भारत असाधारण भूमिका निभा सकता है। अफगान फौज और पुलिस को प्रशिक्षित करना भारत के लिए जितना सहज है, किसी अन्य देश के लिए नहीं है। भारत और अफगानिस्तान का सामाजिक वातावरण

लगभग एक-जैसा है। पुलिस की भूमिका वहाँ भी लगभग समान ही होती है। इसी प्रकार अफगान फौजी लंबे समय से भारत में प्रशिक्षण लेते रहे हैं। यद्यपि तुर्की और ईरान ने अफगान फौज के पुनर्गठन में पहलकदमी की है लेकिन भारत के साथ फौजी सहयोग करना अफगानिस्तान के लिए अधिक फायदेमंद है, क्योंकि अन्य देशों की तरह अफगानिस्तान में भारत का निहित स्वार्थ नहीं है। इसका मतलब यह नहीं कि स्वयं भारतीय फौजें ही अफगानिस्तान में भेज दी जाएँ। सुरक्षा-परिषद् ने जो विदेशी सैनिक अफगानिस्तान में अभी तैनात किए हैं, उनमें अफगानिस्तान के पड़ोसी देशों के सैनिकों को जान-बूझकर नहीं रखा गया है, क्योंकि वे उन राष्ट्रों के राजनीतिक उपकरण भी बन सकते हैं। भारतीय फौजों को भी कुछ सोच-समझकर ही बाहर रखा गया है। प्रधानमंत्री वाजपेयी ने अपनी सहज सदाशयता में बहकर चाहे यह कह दिया हो कि यदि काबुल माँगे तो हमें भारतीय सैनिकों को भेजने में कोई आपत्ति नहीं है। लेकिन यह नीति भारत के लिए अहितकर होगी। 1981 में बबरक कारमल ने जब रूसी फौजों की जगह भारतीय फौज भिजवाने का आग्रह किया था तो मैंने उन्हें तत्काल उसके नुकसान बताए और बाद में श्रीमती इंदिरा गांधी ने भी आधिकारिक तौर पर उन्हें भारत के दृष्टिकोण से अवगत करवा दिया। यह अच्छा हुआ कि हामिद करज़ई ने तुरंत यह कहकर बात टाल दी कि विदेशी फौजों को बुलाने का अधिकार तो सुरक्षा परिषद् के पास है। उनकी सरकार इस सम्बन्ध में खास कुछ नहीं कर सकती।

वस्तुस्थिति यह है कि अफगान फौज का पुनर्निर्माण बिलकुल घोंघा-गति से हो रहा है। जो नए रंगरूट भर्ती किए जा रहे हैं, उनके लिए वर्दी और वेतन तक उपलब्ध नहीं है। हथियार और प्रशिक्षण तो आगे की बात है। सेना और पुलिस का जो खंड-बंड ढाँचा अभी करज़ई को उपलब्ध है, उसका विदेशी फौजियों से कोई खास तालमेल नहीं है। अगर तालमेल होता तो क्या केन्द्रीय मंत्री अब्दुर रहमान की दिन-दहाड़े हत्या हो सकती थी, वह भी जहाज से खींचकर हवाई अड्डे पर ? इसके अलावा चार-पाँच हजार विदेशी फौजी, खासकर गोरे फौजी, अफगानिस्तान को कैसे सँभाल पाएँगे, यह शंका हम दिसम्बर से ही व्यक्त करते आ रहे हैं। सिर्फ काबुल ही अफगानिस्तान नहीं है। पिछले दिनों हेरात में इतना दंगा भड़क गया कि खुद करज़ई को वहाँ जाना पड़ा। इसी प्रकार करज़ई-सरकार द्वारा नियुक्त कंधार के राज्यपाल को स्थानीय प्रशासन और लोगों ने लगभग रद्द कर दिया। अन्य इलाकों में जब-तब मारकाट और खून-खराबे का सिलसिला चल पड़ता है। करज़ई-सरकार ने अब्दुर रहमान की हत्या के लिए कुछ ऊँचे अफसरों को जिम्मेदार ठहरा दिया लेकिन हाजियों ने अपने मंत्री की हत्या में जिस दुस्साहस का प्रदर्शन किया है, उससे सिद्ध होता है कि अंतरिम सरकार श्रीविहीन है। काबुल में ही उसका सिक्का नहीं चल रहा तो सारे देश में क्या चलेगा ? जिस अफगानिस्तान में लाखों आदमियों को दो वक़्त का खाना मयस्सर नहीं, वहाँ एक-एक लाख रुपए खर्च करके हज करनेवालों की भीड़

क्या साबित करती है ? यही कि अफगानिस्तान की स्थिति अत्यंत विकट है। अपराधी तत्त्वों को पैसा, हथियार और गुप्त संगठनों का समर्थन अब भी उपलब्ध है। करज़ई के पास अब यही विकल्प बचा है कि या तो विदेशी फौजियों की संख्या बढ़ाकर 40-50 हजार करवाए या उससे भी बड़ी संख्या में अपनी फौज खड़ी करे। भारत दूसरे काम में मदद कर सकता है, पहले में नहीं। इस काम में भी अभी बाधा यह है कि पाकिस्तान होकर जानेवाले हवाई और थल मार्ग भारत के लिए बन्द हैं। भारत-पाक तनाव भारत-अफगान रिश्तों को सीधा प्रभावित कर रहा है।

अफगान महासंसद : महाचुनौतियों का दौर

काबुल में जुड़ी बृहत्सभा; लोया जिरगा को महासंसद न कहें तो क्या कहें ? इस महासंसद ने अपने फैसले बड़ी बुद्धिमानी से किए हैं। यहाँ अमेरिका में सरकार, विशेषज्ञगण और अफगान लोग काफी संतुष्ट दिखाई पड़ रहे हैं। पूर्व बादशाह ज़ाहिरशाह को लेकर कुछ बदमज़गी जरूर पैदा हुई है लेकिन श्री हामिद करज़ई के 'रईस-ए-दौलत'; राष्ट्राध्यक्ष चुने जाने का सर्वत्र स्वागत हो रहा है। ज़ाहिरशाह को लेकर विवाद इसलिए पैदा हो गया था कि उन्होंने कह दिया था कि महासंसद जो भी दायित्व सौंपेगी, उसे वे निभाएँगे। अमेरिकी प्रतिनिधि डॉ. ज़लमई खलीलज़ाद के बारे में कहा जा रहा है कि उन्होंने ज़ाहिरशाह के सपनों पर पानी फेर दिया। खलीलज़ाद ने अपनी तरफ से यह घोषणा पहले से ही कर दी कि ज़ाहिरशाह राष्ट्राध्यक्ष नहीं बनना चाहते। उन्होंने महासंसद को मौका ही नहीं दिया। अगर यह आरोप सत्य हो, तब भी यह नहीं माना जा सकता कि महासंसद विफल हो गई है। वास्तव में ज़ाहिरशाह को पश्तोभाषी पठानों का जबर्दस्त समर्थन प्राप्त है और वे काफी सफल तथा लोकप्रिय बादशाह के रूप में लगभग चार दशक तक राज करते रहे हैं लेकिन अगर उन्हें डेढ़ वर्ष की इस तदर्थ सरकार का राष्ट्रपति चुन लिया जाता तो उनकी काफी फज़ीहत हो सकती थी। इस नाजुक दौर में उनकी 'बाबा-ए-कौम' राष्ट्रपिता की छवि भी ध्वस्त हो सकती थी और जो महान भूमिका वे अभी अदा कर रहे हैं, वह भी दरकिनार हो सकती थी। इस समय जैसे महात्मा गांधी कांग्रेस के औपचारिक सदस्य रहे बिना भी उसका संचालन करते रहे, वैसे ही ज़ाहिरशाह भी अफगान राष्ट्र का मार्गदर्शन करते रह सकते हैं।

ज़ाहिरशाह के राष्ट्राध्यक्ष न बनने का दोष खलीलजाद के माथे पर मढ़ना मुझे उचित नहीं दिखाई पड़ता। यह कहना भी कोरी भावुकता है कि ज़ाहिरशाह के मार्ग में रोड़ा लगाकर अमेरिका अपनी पठान-विरोधी राजनीति को आगे बढ़ा रहा है या वह रब्बानी के ताज़िकों के साथ पक्षपात कर रहा है। अगर यही सही होता तो वह शुरू से हामिद करज़ई का समर्थन क्यों करता ? क्या करज़ई ताज़िक हैं ? करज़ई न केवल पक्के पठान हैं बल्कि ज़ाहिरशाह के चहेते भी हैं। करज़ई को महासंसद; लोया जिरगा के 80 प्रतिशत से अधिक वोट मिलना इस बात का सबूत है कि वे पठानों में ही नहीं, ताज़िकों, उज़बेकों, हजारा तथा अन्य जातियों में भी लोकप्रिय हैं। राष्ट्राध्यक्ष के लिए तीन उम्मीदवारों का होना और उनमें एक महिला का भी होना

आखिर क्या सिद्ध करता है ? क्या यह नहीं कि अफगानिस्तान सचमुच अब लोकतंत्र और प्रगतिशीलता के दौर में प्रवेश कर रहा है। अब से पहले तक किसी भी लोया जिरगा में किसी महिला ने राष्ट्राध्यक्ष बनने का सपना भी नहीं देखा था, हालाँकि 1964 और 1977 की लोया जिरगाओं में कुछ महिलाएँ सदस्य अवश्य बनी थीं। इस ऐतिहासिक लोया जिरगा में महिला सदस्यों ने जैसे धुआँधार भाषण दिए और जिस तरह क्षत्रपों की खिंचाई की, वह बदलते हुए अफगानिस्तान का स्पष्ट संकेत है।

अफगानों की इस महासंसद में जो शोरगुल मचा, जो छीनाझपटी हुई, जो कहासुनी चलती रही, वह भी अफगान-समाज की जीवंतता की प्रतीक है। अफगान-लोग यों भी स्वभाव से निर्भीक होते हैं। बोलते वक्त उनमें से कइयों ने ज़ाहिरशाह और करज़ई को भी आड़े हाथों लिया। अमेरिकी प्रतिनिधि, जो कि अब अमेरिकी हैं लेकिन मूलत: अफगानवंशीय हैं, उन्होंने भी जमकर गालियाँ खाईं। महिला प्रतिनिधियों ने कट्टरपंथियों और युद्धक क्षत्रपों को लोया जिरगा से निकालने की माँग तक रख दी। यह सुखद आश्चर्य है कि महासंसद में तलवारें और गोलियाँ नहीं चलीं। गोलियों से गालियाँ कहीं बेहतर हैं। कोई बम भी नहीं फूटे। डर यह था कि हिकमतयार जैसे लोग महासंसद को ही उड़ा देंगे। इसी प्रकार खतरा यह भी था कि कुछ भी तय किए बिना महासंसद भंग हो सकती है। कई खेमों में बंट सकती है। लेकिन देर आयद, दुरुस्त आयद! तीन-चार दिन की मगज़पच्ची के बाद लोया जिरगा ने आखिरकार एक निश्चित फैसला किया और समस्त अटकलपच्चुओं को धराशायी कर दिया।

इसका मतलब यह नहीं कि लोया जिरगा में और उसके पहले जो हुआ, वह पूर्णत: लोकतांत्रिक हुआ। लगभग चार सौ निर्वाचन-क्षेत्रों से चुने गए लगभग 1600 प्रतिनिधियों में से सभी दूध के धुले हुए हों, ऐसा नहीं है। दर्जनों प्रतिनिधि ऐसे भी चले गए हैं, जिनके विरुद्ध मानव अधिकार तथा युद्ध-नियमों के उल्लंघन के ठोस प्रमाण हैं। कुछ प्रतिनिधि प्रान्तीय राज्यपालों ने थोप दिए हैं और कुछ प्रतिनिधि ऐसे भी हैं जो शुद्ध कट्टरपंथी हैं और जो लोकतंत्र के सर्वथा विरुद्ध हैं लेकिन यही अफगानिस्तान है। यह महासंसद शिवजी की बारात थी। इसमें सभी तरह के लोग थे। अफगान समाज की वर्तमान वास्तविकताएँ इसी महासंसद में जमकर प्रतिबिम्बित हुई हैं।

यही कारण है कि अब जो नई तदर्थ सरकार बनी है, उसके नाम के साथ 'इस्लामी' शब्द जोड़ना पड़ा है। 'इस्लामी' शब्द अफगान सरकारों या राज्य के साथ हमेशा ही जुड़ा रहा हो, ऐसा भी नहीं है। न तो ज़ाहिरशाह, न दाउद और न ही खल्क और परचम ज़माने में अफगानिस्तान को कभी इस्लामी राज्य कहा गया। केवल तालिबान के ज़माने में अफगानिस्तान को 'इस्लामी अमारात' और मुजाहिदीन के जमाने में उसे 'इस्लामी राज्य' कहा गया था। अब जबकि शिया नेता आयतुल्लाह मोहसिनी ने जैसे ही 'इस्लामी तदर्थ सरकार' नाम सुझाया, करज़ई समेत सभी नेताओं

को समर्थन में हाथ उठाने पड़े। हालाँकि यह बात पश्चिमी राष्ट्रों को काफी खलेगी लेकिन इस समय अफगानिस्तान जिस नाज़ुक दौर से गुजर रहा है, उसे देखते हुए इस बात का बतंगड़ बनाना ठीक मालूम नहीं पड़ता। इसी प्रकार इस महासंसद (लोया जिरगा) ने भाषा के सवाल को भी धैर्यपूर्वक संभाल लिया। लोया जिरगा के ज्यादातर सदस्यों ने अपने भाषण फारसी में किए, हामिद करज़ई ने भी। फारसी और पश्तो के बीच सैकड़ों वर्षों से खींचतान चल रही है। दोनों राष्ट्रभाषाएँ हैं। दोनों संविधानसम्मत हैं लेकिन फारसी का प्रयोग ज्यादातर लोग करते हैं। पश्तो पठानों की भाषा है। पठानों की संख्या लगभग 40 प्रतिशत है लेकिन शहरों के पठान भी फारसी ही बोलते हैं। लोया जिरगा में कई पठानों ने फारसी के वर्चस्व पर आपत्ति जताई। ऐसे मे श्री हामिद करज़ई ने बीच-बीच में पश्तो का प्रयोग भी किया। करज़ई को यह गलतफहमी भी दूर करनी थी कि उन्होंने ज़ाहिरशाह और रब्बानी को पछाड़ने के लिए फारसीभाषी ताज़िकों के साथ साँठ-गाँठ कर रखी है। लोया जिरगा में राष्ट्रगीत को लेकर भी विवाद उठा। रब्बानी के ज़माने में बना फारसीवाला राष्ट्रगीत गाया जाए या दाउद के ज़माने में बना पश्तोवाला गाया जाए? तय हुआ कि फारसीवाला ही गाया जाए। उसमें इस्लाम का पलड़ा भी भारी था। तात्पर्य यह कि सारी खींचतान के बावजूद अफगानों ने अपने लिए एक माकूल रास्ता निकाल ही लिया।

श्री करज़ई ने पिछले छह माह तो जैसे-तैसे निकाल दिए लेकिन अब ये अगले 18 माह उनके लिए बड़े कठिन साबित होंगे। इस बीच उन्हें नया संविधान बनाना है और संसद के विधिवत चुनाव करवाने हैं। इसके अलावा सम्पूर्ण अफगानिस्तान का आधारभूत ढाँचा खड़ा करना है। उन्होंने शिकायत की है कि सम्पन्न राष्ट्रों ने 4 अरब डॉलर देने का वादा तो कर दिया लेकिन उस पर वे अमल नहीं कर रहे। पिछले पाँच-छह माह में 15 लाख से अधिक शरणार्थी स्वदेश लौट चुके हैं। युद्धक क्षत्रप जगह-जगह सिर उठा रहे हैं। अल-क़ायदा का जिन्न भी अभी तक बोतल में बन्द नहीं हुआ है। उनके मंत्रिमंडल में सभी प्रमुख जातियों के लोग अधिक से अधिक कुर्सियाँ हथियाना चाहते हैं। पड़ोसी देशों का हस्तक्षेप अब भी जारी है। ऐसी स्थिति में करज़ई सरकार को हर कदम फूँक-फूँककर रखना होगा। इसलिए वयोवृद्ध ज़ाहिरशाह का बाहर रहना और युवा करज़ई का मैदान में कूद पड़ना स्वागत योग्य है। महासंसद ने करज़ई को महाचुनौतियों का मुकाबला करने के लिए पूरी तरह लैस कर दिया है।

इस बाधा के बावजूद भारत अफगानिस्तान की काफी सहायता कर सकता है। उसके विदेश मंत्रालय के अफसरों का प्रशिक्षण भारत में शुरू हो चुका है। प्रशासकीय अधिकारी भी अब मसूरी की अकादमी में आएँगे। अफगान छात्र-छात्राओं को बड़े पैमाने पर छात्रवृत्तियाँ देकर भारत बुलाया जा सकता है। भारत के विभिन्न विशेषज्ञों को सैकड़ों की संख्या में अफगानिस्तान भेजकर उनके रेडियो, टी.वी., अखबारों,

प्रशासकीय विभागों, विश्वविद्यालयों और कारखानों को शुरू किया जा सकता है लेकिन यह योजना तभी सफल होगी जबकि पाँच अरब डॉलर की जो थैली करज़ई को तोक्यो में थमाई गई है, उसका मुँह खुलना शुरू हो। शायद अन्तरराष्ट्रीय समुदाय ज़ाहिरशाह के लौटने और लोया जिरगा के भरने का इंतजार कर रहा है। भारत की भूमिका में भी तब ही चार चाँद लगेंगे। इन बातों से निराश होने की जरूरत नहीं है कि करज़ई पहले पाकिस्तान क्यों गए, भारत क्यों नहीं आए ? यह हम बहुत पहले ही कह चुके हैं कि काबुल में पाकिस्तान को मात करने की कोई कोशिश हमें नहीं करनी चाहिए, खास तौर से तब जबकि अफगानिस्तान और पाकिस्तान दोनों के सिर पर अमेरिका का हाथ है। अगर हम कोशिश करेंगे तो मात खाएँगे। पाकिस्तान को तो अफगानिस्तान खुद ही सँभाल लेगा। हमारा लक्ष्य तो यह हो कि क्षेत्रीय महाशक्ति होने के नाते हम अफगानिस्तान में विधेयात्मक काम करते चले जाएँ ताकि अगर पाकिस्तान से हमारे सम्बन्ध सहज हो जाएँ तो हमारे लिए मध्य-एशिया के खज़ानों के मार्ग खुल जाएँ।

अफगान पहेली का भारतीय हल

अफगान लोया जिरगा (महासंसद) को लेकर लगता था कि हाथी तो निकल गया लेकिन पूँछ अटक गई याने मंत्रिमंडल को लेकर कहीं लोया जिरगा ही भंग न हो जाए, यह डर सबसे ज्यादा अमेरिका को सताने लगा था। वाशिंगटन डी.सी. में कहा जा रहा था कि बॉन सम्मेलन तो अमेरिका ने पार लगा दिया लेकिन काबुल में उसका बेड़ा गर्क हो सकता है। अमेरिकी प्रतिनिधि को लोया जिरगा के कुछ सदस्यों द्वारा उन्हीं गालियों से सम्बोधित किया जा रहा था, जिनसे कभी सोवियत सैनिकों को किया जाता था लेकिन हफ्ते भर की मशक्कत के बाद हामिद करज़ई सारे चक्र-व्यूह को भेदकर सही सलामत बाहर निकल आए। ऐसा लगता था कि ज़ाहिरशाह के समर्थक, रब्बानी के शिष्यगण, युद्धप्रभुगण आदि सभी विघ्नसंतोषी लोग लोया जिरगा को भंग करवाकर ही दम लेंगे और अल-कायदा तथा तालिबान के हाथ मजबूत करेंगे लेकिन लगता है कि शिमला विश्वविद्यालय में राजनीतिशास्त्र पढ़े हुए हामिद करज़ई ने अफगान पहेली को सुलझाने में भारतीय सूत्रों का इस्तेमाल किया है।

सबसे पहले तो उन्होंने चार उप-राष्ट्रपति बनाए याने अफगानिस्तान की चारों बड़ी जातियों का प्रतिनिधित्व हो गया। पठान, ताजिक, हजारा और उजबेक जाति का प्रतिनिधित्व क्रमश: अब्दुल कादिर, मुहम्मद फहीम, करीम खलीली और नेमतुल्लाह शहरानी ने किया। करज़ई ने सबके मुँह में लड्डू रख दिया। इसी प्रकार उन्होंने रब्बानी के शिष्य यूनुस कानूनी को जो कि ताजिक है, गृहमंत्री पद से हटाकर पठानों को खुश किया तो रूठे हुए कानूनी को राष्ट्रीय सुरक्षा सलाहकार का लॉलीपॉप देकर पटा लिया। कानूनी को गृहमंत्री पद न देने पर कड़ी प्रतिक्रिया हुई थी। काबुल के अनेक पुलिस अफसरों ने बगावत के तेवर अपना लिये थे। स्वयं कानूनी शिक्षा मंत्री के पद से संतुष्ट नहीं थे। वे कोई विरोधी दल खड़ा करने का प्रयत्न करने लगे थे लेकिन उन्हें बताया गया कि राष्ट्रीय सुरक्षा सलाहकार का पद गृहमंत्री के पद से अधिक महत्त्वपूर्ण है और वे मान गए। इसी प्रकार महिला मामलों की मंत्री का पद उन्होंने सीमा समर से ले लिया, क्योंकि वे बड़बोली थीं और उन्होंने शरीयत के विरुद्ध टिप्पणी कर दी थी। उनका पद प्रो. महबूब हकूकमल को दिया जा रहा है। स्वास्थ्य मंत्री के पद पर श्रीमती सुहैला सिद्दीक पहले से काम कर ही रही हैं। कहने का मतलब यह कि हामिद करज़ई ने सभी तबकों का उचित ध्यान रखा है लेकिन वे किसी खास गुट या जाति के दबाव में नहीं आए।

इसका प्रमाण यह भी है कि ज़ाहिरशाह समर्थक लगभग आधा दर्जन मंत्रियों को उन्होंने दरवाजा दिखा दिया। उनमें हिदायत अमीन-अर्सला प्रमुख हैं। अमीन-अर्सला केवल ज़ाहिरशाह के ही प्रिय नहीं हैं, वे अमेरिकी सरकार के भी चहेते हैं। वर्ल्ड बैंक का अनुभव और अमेरिकी महिला के पति होने के कारण उनका पलड़ा औरों से अधिक भारी था लेकिन करज़ई के तीव्र प्रतिद्वंद्वी के तौर पर उभर रहे इस पठान को अब कुछ समय तक घर बैठना होगा। करज़ई ने अपने नए मंत्रिमंडल के लिए जो भी कतर-ब्यौंत की है, उसे अमेरिका का समर्थन मिला है। स्वयं ज़ाहिरशाह ने प्रकट तौर पर उसका विरोध नहीं किया है। इसी आधार पर कहा जा सकता है कि करज़ई के नेतृत्व को अफगानिस्तान ने कमोबेश स्वीकार कर लिया है। यह मान लेने के बावजूद इस तथ्य की उपेक्षा नहीं की जा सकती कि अगले डेढ़ साल में करज़ई के विरुद्ध अनेक तत्त्व सक्रिय हो जाएँगे। डेढ़ साल बाद होनेवाले संसद के चुनावों में रब्बानी की पार्टी 'शूरा-ए-नजर' अपने उम्मीदवार तो खड़े करेगी ही, पीर गैलानी, हिकमतयार, सय्याफ और मजद्ददी जैसे नेतागण भी मैदान में उतरे बिना नहीं रहेंगे। खल्की और परचमी तत्त्व भी सक्रिय हो गए हैं। ये सर्वाधिक संगठित पार्टियाँ भी किसी न किसी नाम से अफगान अखाड़े में खम अवश्य ठोकेंगी। अफगानिस्तान के पूर्व प्रधानमंत्री बबरक कारमल के छोटे भाई और पूर्व उप-प्रधानमंत्री महमूद बरयलाई आजकल यूरोप और एशिया के परचमियों को एकजुट करने में संलग्न हैं। इसी प्रकार 'वॉइस ऑफ अमेरिका' में काम कर रहे 'अफगान सोशलिस्ट पार्टी' के अध्यक्ष डॉ. अमीन वाकमन भी संसदीय राजनीति में कोई भूमिका अदा करने को बेताब हैं। कोई आश्चर्य नहीं कि पाकिस्तान अपने हितों की रक्षा के लिए शीघ्र ही या तो कोई नया संगठन खड़ा कर देगा या पहले से सक्रिय किसी संगठन को गोद ले लेगा। हामिद करज़ई को इस बात पर भी ध्यान देना होगा कि स्वस्थ राजनीतिक दलों के बिना संसदीय चुनाव कैसे सम्पन्न करवाए जाएँगे। यह बहुत सम्भव है कि स्वयं अपना अलग राजनीतिक दल खड़ा कर लें।

बॉन-घोषणा के मुताबिक अगले डेढ़ वर्ष में करज़ई की अन्तरिम सरकार को तीन प्रमुख कार्य करने हैं। एक तो संविधान बनाना, दूसरा चुनाव कराना, तीसरा संसद का निर्माण। जहाँ तक संविधान का प्रश्न है, 1964 में बना जाहिरशाही संविधान मोटे तौर पर स्वीकार कर लिया जाएगा बशर्ते कि उसमें से राजशाही का अंश निकाल दिया जाए। आश्चर्य नहीं कि अफगान-संविधान भारतीय संविधान की तर्ज पर बनाया जाए। अफगान संविधान के निर्माण में कोई विशेष कठिनाई दिखाई नहीं पड़ती। लेकिन अभी तक यह पता नहीं चला है कि इस संविधान का निर्माण करने के लिए क्या लोया जिरगा के सत्र लगातार बुलाए जाते रहेंगे या संविधान बनाकर केवल उसे पास कराने के लिए लोया जिरगा बुला ली जाएगी। चुनाव और संसद का गठन उतनी बड़ी समस्या नहीं है, जितनी यह कि अगले डेढ़ वर्ष में फौज और प्रशासन का गठन कैसे होगा, अल-कायदा और तालिबान का समूलोच्छेद कैसे होगा,

अर्थ-व्यवस्था को पटरी पर कैसे लाया जाएगा, शरणार्थियों का पुनर्वास कैसे किया जाएगा, मादक-द्रव्यों की उपज और तस्करी को कैसे रोका जाएगा और उजड़े हुए अफगानिस्तान को फिर से कैसे बसाया जाएगा ?

यदि पश्चिमी राष्ट्रों ने सहायता देने में कोताही दिखाई तो करज़ई सरकार ही नहीं, सारे अफगानिस्तान का ही शीराजा बिखर जाएगा। डॉलर वह सबसे सशक्त गोंद है, जो सारे ताने-बाने को जोड़े हुएं है। फौज में लोग इसीलिए भर्ती होंगे कि अब उन्हें नियमित वेतन मिलेगा। यही बात प्रशासन पर लागू होगी। पिछले अनेक वर्षों से फौज और प्रशासन के कर्मचारी अपना वेतन शासन से नहीं पाते थे, जनता से वसूलते थे। 'इसाफ' (इंटरनेशनल सिक्योरिटी एसिस्टेंस फोर्स) को भी तभी सफलता मिलेगी, जबकि राष्ट्रीय सेना का साथ-साथ निर्माण होता चला जाएगा। यह बात हम पहले दिन से ही कह रहे थे कि चार-पाँच हजार गोरे सिपाहियों के दम पर अफगानिस्तान को काबू नहीं किया जा सकता। अब ब्रिटेन के बजाय तुर्की के हाथ में कमान का आ जाना स्वागत योग्य है। अब भी लगभग 40 हजार फौजियों के बिना पूरे अफगानिस्तान में शांति और व्यवस्था बनाए रखना कठिन होगा। गोरे सिपाहियों की बजाय एशियाई देशों के जवानों को तैनात करना अधिक मुफीद होगा। यदि सेना का इंतजाम ठीक से नहीं हुआ तो युद्धपिपासु क्षत्रप करज़ई सरकार को लंगड़ा कर देंगे। इसी प्रकार प्रशासन को मुस्तैदी से चलाने के लिए डॉलरों के साथ-साथ सलाहकारों की भी भारी जरूरत है। इस क्षेत्र में भारत का योगदान काफी उल्लेखनीय रहा है। भारत न केवल फौजी और प्रशासनिक प्रशिक्षण उपलब्ध करवा सकता है बल्कि अफगानिस्तान के औद्योगिक और व्यावसायिक पुनर्निर्माण में अग्रणी भूमिका भी निभा सकता है। इस मामले में पश्चिमी राष्ट्रों की यह टेक युक्तिसंगत नहीं है कि वे अगर डॉलर दे रहे हैं तो तकनीशियन भी वे ही देंगे। पश्चिमी राष्ट्र एक डॉलर के बदले अनेक डॉलर की वापसी की मृग-मरीचिका में न फँसें और अफगानिस्तान का पुनर्निर्माण सहज भाव से होने दें तो वे वास्तव में आतंकवाद को दफनाने का लक्ष्य प्राप्त कर सकते हैं।

एक अर्से बाद दुबारा काबुल में

अफगानिस्तान से सोवियत फौजों की वापसी 1988 में शुरू हुई। तब से पिछले साल तक यह देश गृह-युद्ध की लपटों में झुलसता रहा। कुछ वर्ष तक काबुल का हमारा दूतावास बन्द भी रहा। इस बीच जब-जब मैंने काबुल आने का मन बनाया, हमारे प्रधानमंत्रियों और विदेश मंत्रियों ने मुझे हतोत्साहित किया। अफगान नेताओं से मेरी भेंट दिल्ली, पेशावर, लंदन, जिनीवा, रोम और न्यूयार्क में होती रही। विदेश मंत्री जसवंत सिंह और यशवंत सिन्हा पिछले साल एक-एक दिन के लिए काबुल आए, लेकिन मैं उनके साथ नहीं आ सका, क्योंकि मेरे कुछ सार्वजनिक कार्यक्रम पहले से बने हुए थे और फिर जिस काबुल में मैं पिछले 35 वर्ष से बराबर आता रहा हूँ, वहाँ केवल एक-दो दिन के लिए आना तो नहीं आने से भी बदतर था। अब यहाँ दस दिन के लिए आया हूँ और जैसे ही काबुल हवाई अड्डे पर उतरा, मेरी दोनों आँखें आँसुओं से भीग गईं। एक आँख में खुशी के आँसू और दूसरी आँख में गम के आँसू!

खुशी के आँसू इसलिए कि 10-12 साल पहले मुझे ऐसा लगने लगा था कि अब अफगानिस्तान लौटना शायद कभी सम्भव नहीं होगा, लेकिन मैं लौट पाया, यह अजूबा था। दर्जनों पूर्व मंत्री, सांसद, राजदूत और पत्रकार बंधु स्वागत के लिए जहाज के पायदान पर खड़े मिले। हमारे दूतावास के अफसर जहाज तक नहीं आ सकते थे। वे बाद में वीआइपी लाउंज में मिले। यह लाउंज कभी खचाखच भरा रहता था। आज हम लोगों के अलावा यहाँ कोई नहीं था, लेकिन इसका मतलब यह नहीं कि लोग अफगानिस्तान आने से डरते हैं। इस बोइंग में पूरे डेढ़ सौ यात्री थे। पाँच-सात भारतीयों के अलावा सभी अफगान थे। मुम्बई के कुछ इंजीनियर थे, जो काबुल होटल की मरम्मत कर रहे हैं। कई अफगान 20 साल में पहली बार स्वदेश जा रहे थे। कुछ अकेले थे और कुछ 10-15 परिजन के साथ थे। छोटे-छोटे अफगान बच्चों के मुँह से शुद्ध हिन्दी के वाक्य सुनकर मैं चकित था। ये बच्चे भारत में पैदा हुए, पले, पढ़े और बढ़े। ये हजारों बच्चे बड़े होकर भारत-अफगान सेतु का काम करेंगे। अपनी मातृभूमि के दर्शन की उत्सुकता इन बच्चों में भी तो थी ही, बुजुर्ग स्त्री-पुरुष भी काबुल पहुँचने के लिए बेताब थे। इंदिरा गांधी हवाई अड्डे पर जब 'आर्याना एयरलाइंस' का जहाज सात घंटे लेट हो गया तो अफगान यात्रियों ने कोई हुड़दंग नहीं मचाया। सब अपने-अपने थैले में से सेंडविच निकालकर खाने लगे और ढेरों बच्चे खेल-कूद में व्यस्त हो गए। जब जहाज में खाना दिया गया तो एयर होस्टेस

ने कहा कि आपके लिए यह विशेष भोजन (नान-ए-खुसूसी) है। मैंने कहा–'इसमें चिकन है' तो वह बोली, 'क्या चिकन भी मीट होता है ?'

जहाज में पास की सीटों पर बैठे थे–दिल्ली में अफगान राजदूत के बेटे महमूद और काबुल के जाने-माने व्यापारी सरदार हरिन्दर सिंह ग्रोवर। महमूद के पितामह खलीलुल्लाह खलीली प्रसिद्ध अफगान कवि थे। उन्होंने सोवियत हस्तक्षेप के विरुद्ध जबर्दस्त कविताएँ लिखी थीं। उनसे काबुल और दिल्ली में कई बार भेंट हुई थी। उनके बेटे यानी मसूद खलीली आजकल दिल्ली में अफगान राजदूत हैं। जिस दिन महान योद्धा अहमद शाह मसूद की हत्या हुई, खलीली उनके पास ही बैठे थे। खलीली को भी भयंकर चोट लगी थी। अभी तक वे ठीक से चल-फिर नहीं पाते। सरदार ग्रोवर 30 साल पहले अफगानिस्तान के क़पड़े के सबसे बड़े व्यापारी थे। उन्होंने जापानी कपड़ा काबुल लाने के लिए रूसी बन्दरगाह ब्लादीवस्तोक से तरमेज का रास्ता खोला था। पाकिस्तान के लिए यह बड़ा धक्का था, क्योंकि करोड़ों रुपये का माल सारी दुनिया से रोज काबुल पहुँचाने का एक मात्र महापथ कराची होकर ही जाता था। ब्लादीवस्तोक का रास्ता हालाँकि पाँच हजार कि.मी. लम्बा था, लेकिन कराची के रास्ते से छोटा था। ग्रोवरजी आजकल दिल्ली में रहते हैं और यह टटोलने आए हैं कि क्या वे काबुल में दुबारा अपने पाँव जमा सकते हैं। यदि सरदार ग्रोवर लौटेंगे तो निश्चय ही हजारों हिन्दू और सिख व्यापारी भी वापस आएँगे।

काबुल पहुँचकर दूसरी आँख में दुख के आँसू इसलिए आए कि ज्यों ही जहाज उतरने के लिए झुका तो जगह-जगह खँडहर दिखाई देने लगे। जिन क्षेत्रों में कभी हरियाली थी, वे ऊपर से सूखे और उजाड़ दिखायी पड़े। जहाज ज्यों ही हवाई पट्‌टी पर उतरी तो कई जहाजों और हेलिकाप्टरों का मलबा दिखाई देने लगा। भारत द्वारा दिए गए दो जहाज भी वहीं खड़े थे, लेकिन सारा हवाई अड्डा उलट-पुलट-सा दिखाई पड़ रहा था। पिछले 15 वर्षों में उसका आकार तो बड़ा हो गया है, लेकिन लगता था कि यह किसी युद्ध की चपेट से अभी-अभी उबरा है। हवाई अड्डे का खास केन्द्रीय भवन हाल ही में बना है। इसलिए वह जरा ठीक लग रहा था। यों भी अब वहाँ वैसी कठोर सुरक्षा-व्यवस्था नहीं है, जैसी कभी बबरक कारमल और नजीबुल्लाह के जमाने में थी। पहले टैक्सियाँ और कारें भी हवाई अड्डे से एक फर्लांग दूर रखी जाती थीं। अब तो वे वी.आई.पी. लाउंज के साथ ही खड़ी थीं। हवाई अड्डे से निकलते ही युद्ध की विभीषिका नजर आने लगी। यूरोपीय शैली में बने संगमरमर के भवन काले खँडहरों में बदल चुके थे। पुराना शहर तो अब भी बड़ा डरावना है। डेढ़ साल की शांति और स्थिरता के बावजूद पूरी की पूरी बस्तियाँ उजाड़ पड़ी हैं। मकानों की छतें और दीवारें ढह चुकी हैं। कहीं-कहीं सिर्फ ईंट-चूने के खम्भे खड़े हैं। पघमान के रास्ते में अंगूर के जो सुन्दर बगीचे थे, वे अब उजाड़ मैदानों में बदल चुके हैं। कई स्थानों पर टूटी हुई छतें जमीन को छू रही हैं तो कहीं मुड़े हुए सरिए भवनों की पीठ में खोंपे हुए खंजरों की तरह पसरे हुए हैं। अफगान लोग कितने हिम्मती

हैं कि इन्हीं खँडहरों में वे सर्दी और बरसात काट रहे हैं। शहर के बीचोंबीच बना काबुल होटल राजधानी की धड़कन हुआ करता था। उस पर इतने बम बरसे हैं कि वह किसी गाँव की कच्ची धर्मशाला से भी बदतर हो गया है। 30 साल पहले जिस भवन में इंडियन एयरलाइंस का दफ्तर हुआ करता था, वह अपनी जगह से गायब मिला। अपना दूतावास शहरे-नव में था। रात को उसके सामने से निकले तो वह पहचान में नहीं आया। तालिबान ने उसे तबाह करने की कौन-सी कोशिश नहीं की। उसकी मुँडेरों पर लोहे की चद्दरें और छत देखकर मन खिन्न हुआ। इसी तरह रेडियो स्टेशन के सामने भारतीय राजदूत के शानदार घर को बर्बाद करने में तालिबान ने कोई कसर नहीं छोड़ी। शुद्ध शाकहारी भोजन कराने और चार घंटे का वार्ता सत्र चलाने के पहले राजदूत विवेक काटजू ने अपने घर के साथ की गई छेड़छाड़ से परिचित कराया। विवेक काटजू काफी लंबे समय से हमारे विदेश मंत्रालय में अफगान मामलों को सँभाल रहे थे। अहमदशाह मसूद से उनका सीधा परिचय था। वे जावरा के श्री कैलाशनाथ जी काटजू के पौत्र हैं। काटजू साहब नेहरू जी के साथ केन्द्रीय मंत्री रह चुके हैं। उनसे 40 साल पहले कभी-कभी इंदौर में निर्मला रानी पोद्दार के घर भेंट हुआ करती थी। विवेक काटजू के साथ युवा कूटनीतिज्ञों की सक्षम टीम सारे खतरे उठाकर भी उत्तम कार्य कर रही है। अफगान लोगों को जो मदद भारत दे सकता है, वह कोई अन्य देश नहीं दे सकता। इसीलिए राष्ट्रपति करज़ई को भारत ने पिछले हफ्ते सात करोड़ डालर का अनुदान दिया है ताकि ईरान के जरिये उसे वैकल्पिक अंतरराष्ट्रीय मार्ग मिल जाए। यदि अमेरिका अपना वादा पूरा करे और अफगानिस्तान को चार अरब डालर दे दे तो भारत के वैज्ञानिकों, इंजीनियरों और विशेषज्ञों की फौज इस देश का कायाकल्प कर सकती है।

अफगानिस्तान का नया साल

21 मार्च को हर साल अफगानिस्तान में 'नवरोज़' (नया साल) मनाया जाता है। वास्तव में यह पारसियों का त्यौहार है। महात्मा जरथुष्ट्र के जमाने से चला आ रहा है। 'नवरोज़' मतलब नया दिन। भारतीय त्यौहारों की तरह मजहब से इसका कुछ लेना-देना नहीं है लेकिन मौसम से है। आज से वास्तव में यहाँ मौसम बदल रहा है। सर्दी और बरसात की मार हल्की पड़ गई है। दिन भर स्वेटर और शेरवानी लादे रखने का मन नहीं करता। सुबह-सुबह रजाई छोड़ते ही हीटर चलाने का मन नहीं हुआ। सूरज जरा तेज़ चमक रहा है। पघमान की पहाड़ियों पर जमी बर्फ की चादर के कारण दिन ज्यादा रोशन मालूम पड़ता है। सभी लोग नये-नये कपड़े पहनते हैं और सुबह 'हफ्त मेवा' यानी सात मेवों को पानी में गलाकर खाते हैं। कटोरे में भरे सात प्रकार के मेवे इंद्रधनुषी छटा बिखेरते हैं। आज़ सारा अफगानिस्तान छुट्टी मना रहा है। कोई भी महत्त्वपूर्ण व्यक्ति काबुल में नहीं है। पूर्व बादशाह ज़ाहिरशाह मज़ारे-शरीफ में गए है, पूर्व राष्ट्रपति प्रो॰ बुरहानुददीन रब्बानी पंजशेर घाटी में अहमदशाह मसूद की समाधि पर जलसा करने गए हैं। मैं भी इन दोनों निमंत्रणों को छोड़कर (क्योंकि ये देर से आए) अपने मित्रों के साथ जबुल सिराज और सालंग दर्रा देखने गया। रात को लौटा तो मालूम पड़ा कि राष्ट्रपति हामिद करज़ई काबुल में ही थे। वे पूर्वाह्न में मिलना चाहते थे लेकिन तब तक हम अहमदशाह मसूद के घर पर पहुँच चुके थे, जहाँ से उन्होंने जबर्दस्त छापामार युद्ध चलाया था और सोवियत संघ का गला घोट दिया था। मसूद का विदेश मंत्रालय भी देखा, जो सालंग दर्रे के मुहाने पर एक झोंपड़ानुमा मकान में था और वह जेल भी देखी, जिसमें उन्होंने तालिबाँ और पाकिस्तानियों को पकड़कर (अमेरिकी कार्रवाई) के पहले बन्द कर दिया था। 80 कि.मी. के पूरे रास्ते में मसूद के बड़े-बड़े चित्र लगे हुए थे। उनकी हत्या 9 सितम्बर, 2001 को हुई याने वर्ल्ड ट्रेड टावर कांड के दो दिन पहले। 49 वर्ष के मसूद अब राष्ट्रीय महानायक बन चुके हैं। उनकी गणना विश्व के महान छापामार योद्धाओं में होने लगी है।

मसूद के छोटे भाई अहमद वली मसूद यों तो लंदन में अफगानिस्तान के राजदूत हैं, लेकिन अपना ज्यादा समय काबुल में ही बिताते हैं। उनसे तीन साल पहले लंदन

में ही परिचय हुआ था। 40 वर्षीय वली मसूद अफगान राजनीति की मजबूत धुरी हैं। हालाँकि उन्होंने अपनी 'नहजत-ए-मिल्ली' पार्टी से अपना सरोकार एकदम कम कर दिया है लेकिन 'मसूद फाउंडेशन' को शक्ति और सेवा का केन्द्र बना दिया है। इस संस्था को संसार के हर कोने से करोड़ों रुपए का अनुदान मिल रहा है। यह गाँव में बिजली, पानी, भोजन, मकान आदि का इंतजाम कर रही है। मसूद चाहते हैं कि काबुल में एक ऐसे अंतरराष्ट्रीय विश्वविद्यालय की स्थापना करें, जो सारे एशिया में विद्या का केन्द्र बन जाए। वली मसूद इस क्षेत्र की राजनीति पर भी गहरा असर डालना चाहते हैं, जो अंततोगत्वा भारत के लिए बहुत फायदेमंद हो सकती है। उनसे कल लगभग चार घंटे बात हुई। राजनीति से बाहर रहते हुए भी उनका इतना असर है कि यदि वे लोया जिरगा के 800 सदस्यों का समर्थन-पत्र नहीं देते तो हामिद करज़ई राष्ट्रपति नहीं बन पाते। वली मसूद जब मुझसे बात कर रहे थे तो उस समय अनेक मंत्री उनके दूसरे कमरे में इन्तज़ार कर रहे थे। विदेश मंत्री डॉ. अब्दुल्ला दो बार अन्दर आए लेकिन हमें बात करता देख वापस चले गए। वली मसूद मानते हैं कि जैसे पूर्व बादशाह ज़ाहिरशाह अफगानिस्तान मे एकता की कड़ी हैं, वैसे ही उनके भाई मसूद को भी एकता की नई कड़ी बनाया जा सकता है।

पूर्व-बादशाह ज़ाहिरशाह आजकल काबुल में ही हैं। उनकी आयु अब 90 को छू रही है। अपने राजमहल में ही रहते हैं। लगभग 40 साल तक उन्होंने अफगानिस्तान पर राज किया है। इतना लम्बा राज एशिया में शायद किसी भी बादशाह का नहीं रहा। लगभग 30 साल का बनवास (रोम में) भुगतने के बाद वे वापस लौटे हैं। उन्हें राष्ट्रपिता (बाबा-ए-कौम) का रुतबा दिया गया है। उनसे मेरी भेंट 34 साल बाद हुई। इस बीच में उनसे मिलने दो बार रोम भी गया था लेकिन एक बार उन्हें अचानक बाहर जाना पड़ा और दूसरी बार वे सख्त बीमार थे। उनकी बेटी राजकुमारी मरियम और उनके पति अजीज नईम मेरे घनिष्ट मित्र रहे हैं। इस भेंट के दौरान सबसे छोटे राजकुमार मीर वाइज और सबसे बड़े पोते मुस्तफा भी साथ थे। लगभग घंटे भर की भेंट में ज़ाहिरशाह बराबर बोलते रहे। भारत के प्रति उनका प्रेम उनके मुख से टपक रहा था। उनके पिता, चाचा, ताऊ सभी देहरादून में पैदा हुए थे। उन्होंने बताया कि उनके पिता नादिरखान फारसी से बेहतर हिन्दी बोलते थे। ज़ाहिरशाह को भारत आए 40 साल से ज्यादा हो गए। वे भारत आना चाहते हैं। देहरादून, ताज़महल और मुम्बई की फिल्मी दुनिया देखना चाहते हैं। उन्होंने अफगानिस्तान पर लिखी मेरी ताज़ा किताब के चित्र देखे तो पुरानी यादों में डूब गए। उन्होंने मेरे साथ जो बर्ताव किया, वह आशातीत था। जब फोटो खिंचवाने की बारी आई तो उन्होंने मुझसे कहा कि आप खड़े मत रहिए, मेरे सोफे के हत्थे पर बैठ जाइए। आप में और मरियमजान में क्या फर्क है ? उनके पोते मुस्तफा (38 साल)

बेहद सुंदर और सुशिक्षित व्यक्ति हैं। आजकल इटली में राजदूत हैं लेकिन राष्ट्रीय राजनीति में विशेष भूमिका अदा करना चाहते हैं।

प्रिंस मुस्तफा यों तो हैं राजदूत, किसी भी अन्य राजदूत की तरह लेकिन पूर्व-राष्ट्रपति रब्बानी की दावत में उन्हें बैठने का ऊँचा स्थान मिला था। अफगान राजदूतों के काबुल सम्मेलन के बाद रब्बानी ने सभी राजदूतों को संबोधित किया था। रब्बानी साहब लगभग 10 साल तक अफगानिस्तान के राष्ट्रपति रह चुके हैं। वे काबुल विश्वविद्यालय में 35 साल पहले इस्लामी कानून पढ़ाते थे और मैं उस समय राजनीति शास्त्र विभाग में शोध कार्य कर रहा था। यद्यपि 1996 में तालिबान ने काबुल पर कब्जा कर लिया था लेकिन संयुक्त राष्ट्र, भारत, अमेरिका आदि सभी प्रमुख देश रब्बानी सरकार को ही वैध सरकार मानते रहे। बर्लिन की लोया जिरगा में रब्बानी की बजाय हामिद करज़ई को राष्ट्रपति घोषित कर दिया गया। रब्बानी के लिए यह धक्का था। उनके अपने शिष्यों, फहीम (रक्षा मंत्री), अब्दुला (विदेश मंत्री), कानूनी (शिक्षा मंत्री) ने उनका साथ नहीं दिया। वे सरकार में नहीं हैं लेकिन उनका यहाँ बड़ा रुतबा है। उनकी पार्टी 'जमीयत-ए-इस्लामी' सबसे मजबूत पार्टी है। यदि अगले साल निष्पक्ष चुनाव हुए तो वे फिर राष्ट्रपति बन सकते हैं। रब्बानी ताजिक हैं, विद्वान हैं और बड़े मित्रवत्सल हैं। पिछले 25 वर्षों में उनके साथ पेशावर में कई बार लम्बी भेंटें और भोजन आदि हुए हैं। काबुल पहुँचते ही सबसे पहले उनसे ही भेंट हुई। वे भी भारत आना चाहते हैं।

अफगानिस्तान से वापसी

दस दिन की यात्रा के बाद जब अफगानिस्तान से लौटने की वेला आई तो अजीब-सी परेशानी सताने लगी। सैकड़ों लोगों से मिलना और दर्जनों स्थानों पर जाना शेष रह गया। किसी भी दिन चार घंटों से ज्यादा नहीं सो पाया। हमारे राजदूत विवेक काटजू का विशेष आग्रह था कि भारत रवाना होने से पहले उनके घर नाश्ता होना चाहिए लेकिन उनसे भी नहीं मिल सके, क्योंकि ठीक उसी समय अफगानिस्तान के राष्ट्रपति हामिद करज़ई ने मिलने के लिए बुला लिया। हमेशा की तरह करज़ई चकाचक सलवार-कमीज और नीले रंग की धारीदार जैकेट पहने हुए थे। मैंने पूछा : 'क्या यह आडवाणीजी का तोहफा है ?' उन्होंने कहा, 'उन्होंने मुझे कई दिए हैं।' मैंने पूछा, 'कौन-से दिए हैं, क्या नेहरू कट ?' करज़ई तपाक से बोले : 'भला वे नेहरू कट क्यों देंगे ? नहीं-नहीं, वे तो आडवाणी-कट ही देंगे।' श्री करज़ई धारा-प्रवाह हिन्दी बोल रहे थे। उनसे लगभग एक घंटे की बातचीत हिन्दी, अंग्रेजी और फारसी में होती रही।

करज़ई ने भारतीय अखबारों की जमकर तारीफ की। उन्होंने कहा : 'आपके यहाँ अखबार बड़े परिपक्व हैं। वे राजनीति से ज्यादा महत्त्व मानवीय सम्बन्धों को देते हैं। उन्होंने मेरी दिल्ली यात्रा को भी कोने में सरका दिया और शिमला यात्रा को मुखपृष्ठों पर उछाला।' 45 वर्षीय करज़ई बहुत ही आकर्षक व्यक्तित्व के धनी हैं। वे लगभग 5 साल तक शिमला में पढ़े हैं। उनके पिता अब से 35 साल पहले अफगान संसद के उपाध्यक्ष थे। जब मैं संसद अध्यक्ष उमर वरदक से पहली बार मिलने गया तो करज़ई के पिताजी और उनके साथ तत्कालीन सांसद सरदार जयसिंह मुझे लेने संसद के द्वार पर आए थे। 1988 में जब मैं मुजाहिदीन नेता हजरत मुजद्ददी से मिलने पेशावर गया तो हामिद करज़ई दो बार मुझसे मिले थे। यद्यपि आजकल वे राष्ट्रपति हैं, लेकिन उनमें छात्रोचित विनम्रता अब भी बरकरार है। मेरे संग्रह के कई पुराने चित्रों को देखकर वे कहने लगे, 'आप स्वयं हमारे इतिहास के एक अंग बन गये हैं।'

राष्ट्रपति करज़ई से मिलकर ज्यों ही राजमहल के बाहर कदम रखा, पूर्व-राष्ट्रपति

उस्ताद बुरहानुद्दीन रब्बानी का संदेश आया कि वे इंतजार कर रहे हैं। यानी 'आर्याना एयरलाइंस' की उड़ान लेट हो गयी है। रब्बानी साहब के साथ यह दूसरी मुलाकात थी। उन्होंने अफगानिस्तान के नए संविधान के बारे में विस्तार से बात की। मैंने उन्हें अपने दृष्टिकोण से अवगत कराया। वे सहमत हुए कि अफगानिस्तान का संविधान भारत जैसा हो तो बेहतर रहेगा। राष्ट्रपति के अधिकार भारत से भी कम यानी ब्रिटिश राजा की तरह हो तो तख्ता-पलट की संभावना कम से कम होगी। यदि प्रधानमंत्री शक्तिशाली होगा तो भी तख्ता-पलट की जरूरत नहीं होगी, क्योंकि उसे संसद जब चाहेगी, हटा देगी। इस बार रब्बानी साहब मुझे विदा करने बाहर के दरवाजे तक आए और हाथ पर हाथ रखकर बोले : 'आपने बदख्शाँ (उनका प्रांत) नहीं देखा। गर्मी में आइए तो आपको बदख्शाँ ले चलूँगा।' बदख्शाँ बहुत ठंडा इलाका है और अफगानिस्तान के एकदम उत्तर में है। इसे दुनिया की छत भी कहा जाता है। जब रब्बानी साहब पाकिस्तान में अड्डा बनाकर रूसियों के खिलाफ सैन्य अभियान चला रहे थे, तब भी उन्होंने मुझे कई बार कहा था कि उनके साथ मैं बदख्शाँ और पंजशेर घाटी चलूँ, जहाँ से उनके शिष्य अहमदशाह मसूद ने रूसियों और तालिबान के दाँत खट्टे कर दिए थे।

अफगानिस्तान के उपराष्ट्रपति हिदायत अमीन अर्सला से भी मुलाकात हुई। 1992 से 96 तक वे रब्बानी सरकार के विदेश मंत्री थे। हामिद करज़ई इन्हीं के साथ उपविदेश मंत्री थे। पहले अमीन-अर्सला हामिद के बॉस थे, अब हामिद अमीन अर्सला के बॉस हैं। भाग्य का फेर है। उन दिनों अमीन-अर्सला निजी यात्रा पर जब भी भारत आए, मेरे घर पर ही अक्सर उनका भोजन हुआ करता था। अमीन-अर्सला गिलजई पठान हैं। उनके कबीले का नाम जब्बारखेल है। उनके पूर्वज अर्सला खान का इतिहास में खूब जिक्र आता है। अर्सला का अर्थ है—शेर। अमीन-अर्सला की बेटी न्यूयार्क में रहती हैं और पत्रकार हैं। उसकी सगाई बादशाह ज़ाहिरशाह के सबसे छोटे राजकुमार (46 साल) मीर वाइज से हो गई थी लेकिन टूट गई। अर्सला की बेटी को क्या पता था कि ज़ाहिरशाह के दिन इतनी जल्दी फिरेंगे और वे फिर से काबुल के राजमहल में जा बिराजेंगे।

अफगानिस्तान से वापसी का वक्त पास आया तो बाबा-ए-मिल्लत (बादशाह ज़ाहिरशाह) ने मुझे खुद याद किया। पहली बार मैंने समय माँगा था। इस बार उन्होंने प्रिंस मुस्तफा (अपने पोते) को मेरे पास भेजा। प्रिंस मीर वाइज और प्रिंस मुस्तफा (38 साल) दोनों ही कुँवारे हैं। चाचा-भतीजा, दोनों को वधू की तलाश है। बादशाह के सामने जब मैंने कहा कि ये दोनों राजकुमार इतने सुन्दर और सुकुमार हैं कि कोई भी श्रेष्ठ भारतीय मुस्लिम परिवार इन्हें अपनी बेटी देना चाहेगा। इस पर दोनों राजकुमारों ने अपने होंठ सिल लिए। उन्हें सकपकाया देखकर 89 वर्षीय

ज़ाहिरशाह मुझसे बोले 'अगर यह प्रस्ताव आप मेरे सामने रखते तो मैं तुरन्त स्वीकार कर लेता।' शाह की इस बात पर वहाँ उपस्थित पूरा खानदान ठहाके लगाने लगा। शाह ने कहा : 'हिन्दी' लड़कियों में सूरत और सीरत दोनों होती हैं। क्या तुम लोग हिन्दी फिल्में नहीं देखते ? 'हिन्दी' औरतों के साथ जो शादी होती है, वह कई-कई जनम तक चलती है।' जब मैं चलने लगा तो दोनों राजकुमारों की आँखों में खुशी थिरक रही थी। वे कहने लगे कि आप हमारे मुल्ला होंगे। बादशाह के सचिव ने कहा कि मैं दोनों का बायोडेटा आपके पास भिजवा रहा हूँ।

तेईस मार्च को आनेवाली 'आर्याना एयरलाइंस' की उड़ान लगभग पाँच घंटे लेट हो गई। प्रसिद्ध मुजाहिद नेता पीर गैलानी की बेटी और रिजर्व बैंक के गवर्नर डॉ. अहदी की पत्नी फातिमा गैलानी मेरे साथ ही दिल्ली आनेवाली थीं। दिल्ली से उन्हें लंदन का जहाज पकड़ना था। वे नहीं आईं, क्योंकि उन्हें शक था कि उन्हें अगली उड़ान नहीं मिल पाएगी। मुझे भी कहा गया कि मैं 23 मार्च को यात्रा टाल दूँ। राष्ट्रपति करज़ई भी चाहते थे कि दो दिन बाद दुबारा मिलें। लेकिन मैं अड़ा रहा और दिल्ली आ गया। दिल्ली आने पर पता चला कि अभी तीन-चार घंटे पहले ही अपनी माताजी ने अन्तिम साँस ली। उसी वक्त इंदौर रवाना हुए। समय पर पहुँच गए। इंदौर जैसे शहर में सैकड़ों लोग किसी के शव के पीछे चलें, यह बड़ी बात नहीं लेकिन अजूबा यह हुआ कि अंत्येष्टि के समय पिताजी ने मुझे और भाई श्वेतकेतु से नहीं, छोटी बहन डॉ. सुभद्रा सिंघल से कहा कि वह हमारी माता को मुखाग्नि दें। स्त्री अधिकार की नयी मिसाल क़ायम हुई। घृत, हवन सामग्री और चंदन की प्रचुर आहुतियों तथा वेदमंत्रों के साथ अन्तिम संस्कार संपन्न हुआ।

आँखों-देखा अफगानिस्तान

आज का अफगानिस्तान कोई सैर करने की जगह नहीं है। मैं सैर करने के लिए वहाँ गया भी नहीं था। कोई विदेशी वहाँ सैर क्या करेगा, वहाँ के निवासी भी अपने शहर से और कभी-कभी अपने मोहल्ले या घर से बाहर नहीं निकल पाते। बीस-बीस पच्चीस-पच्चीस साल के कई ऐसे अफगान युवक भी आपको मिल जाएँगे, जो काबुल में पैदा जरूर हुए हैं, लेकिन उन्होंने अभी तक पूरा काबुल शहर ही नहीं देखा है। पिछले पच्चीस साल में ऐसा वक्त भी गुजरा है कि अकेले काबुल शहर में कई राष्ट्र-राज्य बन गए। कुछ मोहल्लों पर पठानों का कब्जा है तो कुछ पर ताज़िकों का और कुछ पर हजाराओं का और कुछ पर तख्तनशीन सरकार का! लेकिन आज का काबुल ऐसा नहीं है। अब आप काबुल के किसी भी मोहल्ले में जा सकते हैं और किसी भी वक्त जा सकते हैं। रात का कर्फ्यू खत्म हो चुका है और दिन के कर्फ्यू को तो अब कोई याद भी नहीं करता। कहीं भी जाने की पूरी छूट है लेकिन विदेशी लोग बतौर एहतियात शहरे-नव और वज़ीर अकबर खान के इलाकों तक ही सीमित रहते हैं। वे सिर्फ एक किलोमीटर दूर स्थित सराय शाहज़ादा तक नहीं जाते। यह वह स्थान है, जहाँ हर विदेशी काबुल पहुँचते ही सबसे पहले दौड़ता था। यह विदेशी मुद्रा की मंडी है। कभी यहाँ भारतीय हिन्दुओं का एकछत्र वर्चस्व था। अफगानिस्तान में विदेशी मुद्राओं के लेन-देन पर न पहले कोई रोक-टोक थी और न अब है। जैसे भारत में सब्जी दुकानों, ठेलों और साइकिलों पर बिकती है, वैसे ही डॉलर, पौंड, येन, रूबल, मार्क, फ्रैंक और रुपए काबुल की सड़कों पर बिकते हैं। फटे और मैले कपड़े पहने नौजवान फारसी में ज़ोर-ज़ोर से आवाज़ लगाते हैं, हर मुद्रा का ताज़ा भाव बोलते हैं और मिनिटों में लाखों अफगानी रुपयों का लेन-देन करते हैं। न कोई लिखा-पढ़ी और न चोर-उच्चकों का डर! इतने देशों की मुद्राएँ और इतना भीड़-भड़क्का, मैंने अफगानिस्तान के अलावा किसी देश में नहीं देखा। जिस देश में लाखों रुपए की विदेशी मुद्रा कंधों पर लादे लोग निर्भय घूमते हों, उस देश में क्या इतना भय भी हो सकता है कि आप एक मोहल्ले से दूसरे मोहल्ले में न जा सकते हों।

यह भय अब घट रहा है। ऐसा नहीं है कि काबुल के चप्पे-चप्पे में पुलिस तैनात है। सच्चाई तो यह है कि आजकल जितने पुलिसवाले दिखाई पड़े, उसके मुकाबले पिछली सरकारों के दौरान ज्यादा पुलिसवाले दिखाई पड़ते थे। काबुल में जो शांति

और व्यवस्था अब दिखाई पड़ती है, उसका असली कारण है, लोगों की थकान। मार-काट, रक्तपात और लूटपाट से अब लोग थक चुके हैं। लगातार तीस साल से युद्ध की लपटों में झुलसते लोग अब शांति के लिए बेताब हैं। यदि काबुल में शांति नहीं होती और टैंकों व बन्दूकों का खेल चल रहा होता तो भी मेरे मन में यह लालसा तो बनी ही रहती कि उन सब मोहल्लों को देखूँ, जिनमें मैं कई-कई बार रहा हूँ या मेरे प्रिय मित्र लोग रहे हैं। पिछले 30 वर्षों में ऐसा दो बार हुआ कि मैं मौत के मुँह में जाने से बचा। एक बार क़िला-ए-फताउल्लाह खान में चल रही गोलीबारी में फँस गया और दूसरी बार एक रूसी फौजी टैंक शहरे-नव में मेरा कचूमर निकालते-निकालते रह गया। यदि मैं उस दिन फारसी में चिल्लाकर यह नहीं बताता कि 'मैं भारतीय हूँ' तो मुझे कोई नहीं बचा सकता था। पाकिस्तानी मुजाहिद समझकर रूसी टैंक मुझे पीस डालता। इस बार पूरे दस दिन के प्रवास में पैदल चलने के मौके बहुत कम आए लेकिन काबुल का शायद ही कोई ऐसा मोहल्ला हो, जिसमें मैं न गया होऊँ !

काबुल के लगभग हर मोहल्ले में शांति है। यों तो ज्यादातर बस्तियाँ मिली-जुली हैं याने उनमें सभी जातियों के लोग रहते हैं। फिर भी कुछ इलाकों में कुछ जातियों का प्रभुत्व है। इस समय काबुल की जनसंख्या लगभग 25 लाख है जबकि कई दशकों तक वह तीन से चार लाख के बीच रही है। शहर इतना फैल गया है कि पघमान और बगराम तक लगातार बस्तियाँ बन गई हैं। छोटे-से शहर में इस समय 58 हजार कारें हैं। सड़कों पर कारों की कतार का दृश्य कभी-कभी वैसा ही हो जाता है, जैसा कि न्यूयॉर्क के मेनहट्टन में होता है। शहर में शोर और धुआँ भी बढ़ गया है। इस बार काबुल में जितनी धूल दिखाई पड़ी, पहले कभी नहीं देखी। इसका मूल कारण यह है कि युद्ध के दौरान इतने अधिक मकान टूटे हैं कि उनके मलबे की धूल अब भी सड़कों पर बिखरी पड़ी रहती है।

काबुल और उसके बाहर लगभग सौ कि.मी. के क्षेत्र में घूमते हुए कभी-कभी ऐसा लगता है कि जितने बने हुए मकान दिख रहे हैं, उनसे ज्यादा टूटे हुए दिखाई पड़ रहे हैं। कुछ मोहल्लों में तो लगातार हर मकान टूटा हुआ है। कुछ इलाकों में बड़ी-बड़ी इमारतें प्लास्टिक के खिलौनों की तरह चकनाचूर पड़ी हैं और उनके साये में कई झोंपड़े सही-सलामत हैं। लगता है हवाई जहाजों से बरसनेवाले बम इन झोंपड़ों तक पहुँच नहीं पाए। कभी-कभी छोटा होना भी कितना अच्छा होता है ? यों भी 20 -25 साल पहले तक काबुल में एक या दो मंजिल से ज्यादा ऊँचे मकान प्राय: नहीं होते थे और मालदार लोगों के मकान भी बाहर गोबर से पुते होते थे। पिछले तीन दशकों में अफगानिस्तान के मालदार और सुशिक्षित लोग देश छोड़कर भाग गए। उनके आलीशान मकानों में या तो उनके गरीब रिश्तेदार रह रहे हैं या उन पर बड़े-बड़े नेताओं, अफसरों और फौजियों ने कब्जा कर लिया है। आजकल मकानों की मिल्कियत को लेकर जितने विवाद काबुल में चल रहे हैं, पहले कभी नहीं

चले। हमारे राजदूत के मकान पर भी तालिबान ने कब्जा कर लिया था। उसके अहाते में बम भी गिराए थे। काबुल पहुँचने के पहले दिन ही जब मैं राजदूत विवेक काटजू के घर भोजन करने गया तो उन्होंने एक-एक कमरा मुझे दिखाया और बताया कि उस शानदार मकान की कैसी दुर्दशा हो गई थी। अफगानिस्तान के राज़महल का हाल भी कोई अच्छा नहीं था। जब पूर्व बादशाह ज़ाहिरशाह से मिलने मैं गुलखाना महल में गया तो राजकुमार मीर वाइज़ और उनके भतीजे प्रिन्स मुस्तफा ने वे कई हिस्से दिखाए, जिन्हें तालिबान ने विकृत कर दिया था। उन्होंने कलात्मक गलीचे, चित्र, फोटो, फर्नीचर आदि को गोदामों में डाल दिया था और भित्ति-चित्रों के उन स्थानों को घिस दिया था, जहाँ खुले मुँह स्त्रियाँ या पशु-पक्षियों के प्रेम-प्रसंग अंकित थे। काबुल से लगभग सौ कि.मी. उत्तर में एक गाँव के लोगों ने मुझे बताया कि तालिबान मूर्ति-पूजा के इतने विरुद्ध थे कि वे लोगों को अपने घरों में अपने चित्र भी टाँगने नहीं देते थे। एक ब्रिगेडियर ने बताया कि उनके एक मात्र चित्र को बचाने के लिए उन्होंने एक दीवाल खोदी और मोटे प्लास्टिक से ढककर अपने चित्र को उसमें गोबर से चिन दिया। चित्र रहेगा तो उसका सम्मान भी होगा। यह इस्लाम का उल्लंघन होता। तालिबानों के इस कठमुल्लापन के कारण दुनिया आज तक यह नहीं जानती कि उनके सर्वोच्च नेता मुल्ला उमर का चेहरा कैसा था। उनका कभी कोई फ़ोटो ही न ले पाया। लेकिन अब तो माहौल बदला हुआ है। न केवल मंत्रियों और अफसरों के कमरों और मेजों पर राष्ट्रपति हामिद करज़ई और आला हजरत ज़ाहिरशाह के चित्र लगे हुए हैं बल्कि बाज़ारों में भारतीय सिने-कलाकारों के बड़े-बड़े पोस्टर भी दिखाई पड़ते हैं। रूसियों और तालिबान के दाँत खट्टे करनेवाले वीर योद्धा अहमदशाह मसूद के आदमकद चित्रों से पूरा अफगानिस्तान पटा पड़ा है। अफगानिस्तान धीरे-धीरे फिर सहज हो रहा है।

इस्लाम के नाम पर सिनेमा, संगीत, नृत्य, खेल-कूद और यहाँ तक कि वेश-भूषा पर लगे प्रतिबंध अब ढीले पड़ रहे हैं। चौराहे-तुराबाज़ खान और पश्तून चौक के पीछेवाले बाज़ार में आप जैसे ही घुसें, आपको संगीत की स्वर-लहरियाँ सुनाई पड़ेंगी। भारतीय और पाकिस्तानी कैसेट आपके कानों में अनवरत संगीत उँडेलते रहेंगे। उस्ताद सर-अहंग के देश से संगीत का निर्वासन कौन कर सकता है। सितार, (से-तीन और तार-तार) तीन तारोंवाले इस वाद्ययंत्र को जन्म देनेवाले देश से यदि आप संगीत का निर्वासन करेंगे तो उसकी आत्मा ही निर्वासित हो जाएगी। अब न केवल काबुल के टी.वी. पर संगीत सुना जा सकता है बल्कि अभी-अभी स्थापित ईरानी, इतालवी और चीनी रेस्तराँ में भी संगीत की धूम मची होती है। काबुल के सिनेमाघर तो भरे ही रहते हैं, घरों में भी लोग अपनी मनपसंद फिल्मों के वीडियो टेप चलाते रहते हैं। एक ईरानी रेस्तराँ के बड़े टी.वी. पर्दे पर फारसी में जो चित्रमय संगीत आ रहा था, वह इतना अमर्यादित था कि मेरी बगल में बैठे एक मंत्रीजी और एक उदार मुल्ला को भी परेशानी हो रही थी लेकिन अन्य मेज़ों पर बैठे नौजवान उसका मज़ा ले रहे थे।

काबुल और उत्तर के छोटे-मोटे कस्बों में मैंने औरतों को पहले की तरह मुक्त रूप में घूमते हुए नहीं पाया। अफगानिस्तान में बादशाह अमानुल्लाह (1919-29) के ज़माने से जो सामाजिक क्रांति चली तो उसने औरतों को इतना प्रगतिशील बना दिया था कि अफगानिस्तान के भद्रलोक का महिला-समाज यूरोपीय महिलाओं जैसा लगने लगा था। उनका पहनावा, चाल-ढाल, बातचीत, आत्म-विश्वास दक्षिण एशियाई देशों में किसी से कम नहीं था। अफगान महिलाएँ प्रधानमंत्री के अलावा सभी पदों पर रह चुकी हैं। हामिद करज़ई ने जब राष्ट्रपति का चुनाव लड़ा तो उनके खिलाफ बाक़ायदा एक महिला ने चुनाव लड़ा। अफगान-मंत्रिमंडल में अभी महिला मंत्री भी हैं लेकिन तालिबान और उनके पहले मुजाहिदीन राज के आठ-नौ वर्षों में कुछ ऐसा माहौल बन गया है कि सार्वजनिक जीवन से महिलाओं ने लगभग किनारा कर लिया है। इसका एक बड़ा कारण यह भी है कि जिन सुशिक्षित और सम्पन्न परिवारों की महिलाएँ सार्वजनिक जीवन में आ सकती थीं, वे सब देश छोड़कर भाग खड़े हुए। आजकल वे ही मुट्ठीभर महिलाएँ सक्रिय हैं, जो विदेशों से अफगानिस्तान लौटी हैं। किसी ज़माने में अफगान स्कूल-शिक्षक वर्ग पर महिलाओं का आधिपत्य था। अब भी युवा महिलाएँ बच्चों को पढ़ा रही हैं। लंदन में रहनेवाली एक प्रसिद्ध महिला ने मुझे बताया कि उन्हीं की तरह उनकी अत्यंत प्रगतिशील सहेलियाँ कहती हैं कि बुर्का कितनी अच्छी चीज़ है ? मैंने पूछा, 'वे ऐसा क्यों कहती हैं ?' तो उन्होंने बताया कि वे सहेलियाँ युद्ध के दौरान भी अफगानिस्तान में रह गईं और बच्चों को पढ़ाती रहीं लेकिन तालिबान-काल में वे बेकार हो गईं। उस समय बुर्के ने ही उनके बच्चों का पेट भरा। वे बुर्का पहनकर चौराहों पर जातीं और भीख माँगती। उन्हें कोई पहचान नहीं पाता और उनका काम भी बन जाता।

अब भी अफगानिस्तान के शहरों में भिखारियों की भरमार है। मैंने इतने लोगों को अफगानिस्तान में भीख माँगते कभी नहीं देखा। एक दिन चौराहे-हाजी याकूब पर हम आधा घंटे रुक गए। पूर्व-राष्ट्रपति रब्बानी साहब के साथ मध्यान्ह-भोज था। आधा घंटा बचा हुआ था। साथियों ने कहा, चलिए, ताज़ा अनार का जूस पिएँ। वह पहला दिन था, जब किसी बाज़ार में कदम रखा। कार से उतरना था कि भीख माँगनेवाली महिलाओं और बच्चों ने घेर लिया। उनकी हालत देखकर दिल सहम गया। सबको जो कुछ दिया जा सकता था, दिया लेकिन वहाँ खड़े होकर अनार का रस पीना मुझे ऐसा लग रहा था, जैसे ज़हर का घूँट पी रहे हों। तीस साल के गृह-युद्ध ने अफगानिस्तान की अर्थ-व्यवस्था को जर्जर कर दिया है। आज भी लोगों को दो वक्त की रोटी नसीब नहीं है। अच्छे-अच्छे घरों की महिलाएँ बुर्का पहनकर भीख माँगती हैं। दुकानों में माल भरा हुआ है लेकिन खरीदार नहीं हैं। तीन रुपए की मोटी और लम्बी अफगान रोटी (तंदूरी नान) मिलती है और ढाई रुपए की उज़्बेक (गोल और मोटी) रोटी ! ये रोटियाँ इतनी बड़ी होती हैं कि हम लोगों का पेट एक-चौथाई या आधी रोटी में ही भर जाता है लेकिन अफगान लोग इसी रोटी

को चाय के पानी में भिगो-भिगोकर अपना पेट भरते हैं। अफगान आदमी इतना बहादुर और इतना सहनशील भी इसीलिए है कि उसकी जरूरतें बहुत कम हैं। बदकि़स्मती यह है कि इतनी कम जरूरतें भी आज पूरी नहीं हो रही हैं। पिछले डेढ़ साल में हालात बहुत सुधरे हैं। लोगों को रोटी और चाय तो कम से कम मयस्सर हैं। फल और गोश्त वगैरह अफगानिस्तान में इस समय उतने ही महँगे हैं, जितने कि भारत में। ये चीजें आम आदमी की पहुँच के बाहर हैं। अफगानिस्तान के लोग इतने अधिक मेहमाननवाज़ और दिलदार हैं कि यदि आप साधारण आदमी के घर भी जाएँ तो वह आपको मेवों और फलों से लाद देगा लेकिन इस वक्त उसका अपना गुजारा चलना ही मुश्किल हो रहा है।

चौराहे-हाजी याकूब के वाकए ने इतना दिल दुखा दिया कि रब्बानी साहब के लंच में मैंने सूखी रोटी के दो-चार कौर ही मुँह में रखे होंगे। होटल जाकर भी अगले तीन वक्त तक मुझसे खाना नहीं खाया गया। मेरे मेज़बान मित्र यह समझ बैठे कि मैं शाकाहारी होने के कारण शायद होटल में नहीं खा रहा हूँ। उन्होंने दस-बारह तरह के सूखे मेवे, ताजा कीनू और कुछ पाकिस्तानी केले लाकर मेरे कमरे में रख दिए। मैं इंदौर की सेंव-धानी से ही गुजारा करता रहा। इस प्रवास के दौरान चार-पाँच अफगान घरों में भोजन हुआ। हमेशा की तरह दर्जनों पकवानों से दस्तरखान भरा रहता था। पीर गैलानी की बेटी फातिमा गैलानी और हाजी अयामुद्दीन के घरों में शुद्ध शाकाहारी भोजन बना था। ज़ाहिरशाह से मिलने दो बार राजमहल गए तो वहाँ भी सभी चीज़ें शाकाहारी थीं। वैसे जो अफगान कभी भारत नहीं आए या भारतीयों के तौर-तरीकों से परिचित नहीं होते थे, ये समझ ही नहीं पाते कि किसी शाकाहारी की परेशानियाँ क्या-क्या हो सकती हैं। वे कह देते हैं, पुलाव में से गोश्त हटा देता हूँ, बाकी चावल आप खा लीजिए। यह चिकन का सूप है, इसमें गोश्त नहीं है, यह आपके लिए मुफीद है। 1969 में बादशाह खान ने मुझे अपने एक रिश्तेदार के घर काबुल में खाने पर बुलाया था। लवंगीन नामक उस नौजवान ने मुझसे ये ही बातें कहीं थीं। बादशाह खान उससे बहुत नाराज़ हो गए थे लेकिन उस बेचारे का क्या दोष था ? उसे पता ही नहीं था कि भारतीय शाकाहारी का क्या मतलब होता है। इसी तरह का अनुभव इस बार भी हुआ। जबल सिराज़ के एक गाँव में डगरवाल हमीदी के घर हम 15-20 लोग पहुँच गए। उन्होंने बताया कि उनके गाँव के घर में भोजन करनेवाला मैं पहला हिन्दू हूँ। उन्होंने बहुत सावधानी बरती, फिर भी लगभग हर सब्जी में गोश्त या अंडा था। इसके बावजूद उनके भोजन में जितना रस आया, शायद अफगानिस्तान में पहले कभी नहीं आया। मैंने सिर्फ आलू, मूली, गंदना और गोभी की नान के दो-दो चार-चार कौर खाए और जमकर तृप्त हुआ। घर के तंदूर में बनी गर्मागर्म भरवाँ नान के स्वाद से किस पकवान की तुलना की जाए ? डगरवाल साहब ने बताया कि गेहूँ और सब्जियाँ भी उन्हीं के खेत की थीं। बाद में वे अपना खेत दिखाने भी ले गए, जिसमें अंगूर की बेलें और बादाम

के पेड़ भी थे। बादाम के नीले-नीले फूल बहुत ही सुंदर लग रहे थे। आपको लगे हाथ गंदना के बारे में भी बता दूँ। यह पालक की तरह हरी सब्जी होती है। इसे अलग से भी बनाया जाता है और रोटी और पराँठों में भी भरकर खाया जाता है। इसी तरह की एक सब्जी है, रवाश, जो भारत में नहीं मिलती। वह दिखती है, कमलनाल की तरह लेकिन काफी कोमल और हल्की खट्टी होती है। गंदना और रवाश के पराँठे मैंने स्विटजरलैंड में उप-प्रधानमंत्री सय्यद क़ासिम रिश्तिया, जर्मनी में प्रधानमंत्री डॉ. यूसुफ और अमेरिका में बादशाह के भाई सुलतान महमूद गाजी के घर भी खाए हैं। दुनिया के किसी भी देश में अफगान लोग चले जाएँ, वे खाने-पीने की अफगानी चीजों का जुगाड़ कैसे भी भिड़ा ही लेते हैं। इस बार मैंने काबुल में 'किचड़ी-कुरूद' भी खाया। यह और कुछ नहीं, हमारी खिचड़ी और उसमें सुखाया हुआ पनीर (कुरूद) ही है।

यह आर्यों का प्राचीनतम भोजन है। इस खिचड़ी को बड़ी थाली में जिस तरह सजाया जाता है और उसके बीचोंबीच गड्ढा करके जिस तरह मक्खन भरा जाता है और जिस प्रेम और आदर के साथ खाया जाता है, वह हमारी बेचारी हिन्दुस्तानी खिचड़ी को कहाँ नसीब है। यों तो अफगान लोग डायनिंग टेबल का इस्तेमाल करते हैं लेकिन अगर कोई अतिथि आया हो तो फिर लम्बा-चौड़ा दस्तरखान बिछाया जाता है। लाल गलीचे पर दस्तरखान और उसके चारों तरफ गद्दियाँ और गद्दियों के बाद दीवाल से सटे हुए ऊँचे-ऊँचे तकिए! दस्तरखान के चारों तरफ 15-20 लोग बैठ जाते हैं और बीच में दर्जनों पकवान सजा दिए जाते हैं। इतना सामान साधारण डाइनिंग टेबल पर रखा ही नहीं जा सकता। खाना शुरू हो, उसके पहले सभी लोग एक बर्तन में हाथ धोते हैं। वह बर्तन बारी-बारी से हर मेहमान के सामने लाया जाता है। इस बर्तन को आफतावा-लगन कहते हैं। वह ऐसा बना होता है कि उसमें हाथ धोएँ तो छींटें नहीं उड़ते। पानी दिखाई नहीं पड़ता। उसमें कुल्ला भी कर सकते हैं। हाथ धोने के बाद जब भोजन और बातचीत का दौर शुरू होता है तो आनंद का अद्भुत समाँ बँधता है। एक-दूसरे के साथ सटकर बैठना और घेरा बनाकर भोजन करना विलक्षण तादात्म्य की सृष्टि करता है। भारतीयों की तरह अफगान लोग भी जबर्दस्त मनुहार करते हैं।

पाक से क्यों खफा है अफगान

अन्तरराष्ट्रीय मामलों में जिनकी गहरी रुचि है, उन्हें भी यह समझ नहीं पड़ रहा कि आखिर अफगानों ने काबुल स्थित पाकिस्तानी दूतावास को ध्वस्त क्यों किया ? जिस पाकिस्तान ने लगभग 20 साल तक 30 लाख अफगानों को शरण दी और काबुल के कम्युनिस्ट शासन को उखाड़ फेंकने में सक्रिय फौजी सहायता की, उस पाकिस्तान की साख आज इतनी क्यों गिर गई है कि उसके राजनयिकों को अपना दूतावास छोड़कर पाकिस्तान भागना पड़ा है। आज तो ऐसा भी नहीं है, जैसा कि कभी सरदार दाऊद और जनरल अयूब के ज़माने में था। याने अफगानिस्तान और पाकिस्तान अलग-अलग खेमों में हों। दोनों राष्ट्र अपनी रोजी-रोटी के लिए अमेरिका पर निर्भर हैं। दोनों एक ही डोर से बंधे हुए हैं लेकिन दोनों एक-दूसरे की टाँग-खिंचाई करते हुए दिखाई पड़ रहे हैं। इसके अलावा दोनों राष्ट्र एक-दूसरे पर इस क़दर निर्भर हैं कि अगर उनमें सद्भाव नहीं होगा तो दोनों का बड़ा नुकसान हो सकता है। यदि पाक-अफगान तनाव बना रहेगा तो मध्य एशिया की गैस और तेल की पाइप लाइन कराची तक कैसे पहुँचेंगी और पाकिस्तान रास्ता नहीं देगा तो चारों तरफ जमीन से घिरे अफगानिस्तान के व्यापार और आवागमन का दम घुट जाएगा।

इन मजबूरियों के बावज़ूद अफगानिस्तान में पाकिस्तान-विरोधी माहौल क्यों बना हुआ है ? मज़हब का पव्वा भी किसी काम क्यों नहीं आ रहा है ? इसके पीछे दो तरह के कारण हैं। एक तो तात्कालिक और दूसरे ऐतिहासिक ! तात्कालिक कारण क्या-क्या हैं ? सबसे पहला तो यह कि तालिबान का मूलोच्छेद नहीं हो पा रहा। अमेरिकी आका बड़ा नाखुश है। इस नाखुशी का ठीकरा दोनों देश एक-दूसरे के मत्थे फोड़ रहे हैं। अफगानिस्तान का कहना है कि पाक सरकार ने तालिबान और अल-कायदा के छापामारों को अपने सीमांत के इलाकों में छिपा रखा है। उन्हें पकड़ने के बजाय वह उनके बहाने अफगान सीमा का उल्लंघन करती है और उसके फौजी 40-50 कि.मी. तक अन्दर घुस आते हैं। वे अन्तरराष्ट्रीय सेना और अफगान सेना को उन छापामारों का पीछा करने से रोकते हैं। पाकिस्तान छापामारों को जिन्दा रखे हुए हैं ताकि आतंक-विरोध के नाम पर उसकी अंटी गरम होती रहे। उधर जनरल मुशर्रफ ने अपनी यूरोप-यात्रा के दौरान तीन हफ्ते पहले आरोप लगाया कि हामिद करज़ई की सरकार केवल काबुल में है। उसके बाहर उनका सिक्का नहीं चलता। वे सीमांत में छिपे आतंकवादियों को पकड़ ही नहीं सकते। आतंकवादियों का पीछा

करने के नाम पर अफगान सरकार डूरेंड लाइन का उल्लंघन करती है और पाकिस्तान के पठानों को भड़काती रहती है। मुशर्रफ और पाक सरकार के इस रवैये से नाराज़ अफगान राष्ट्रपति करज़ई ज्यों ही आक्रामक मुद्रा धारण करते, उसके पहले ही काबुल के अफगानों ने पाकिस्तानी दूतावास को तहस-नहस कर दिया। लेने के देने पड़ गए। अमेरिका और यूरोप से लौटे मुशर्रफ के हाथ मजबूत हो गए। करज़ई को फोन करके माफ़ी माँगनी पड़ी और 56 हजार डॉलर का हर्जाना चुकाना पड़ा। गरीबी में आटा गीला हुआ।

पाकिस्तान को संदेह है कि काबुल में पाक-विरोधी लहर उठाने का काम दो तत्त्व कर रहे हैं। एक तो तथाकथित उत्तरी गठबंधन के मंत्रिगण जैसे रक्षा मंत्री फहीम और विदेश मंत्री डॉ. अब्दुल्ला अब्दुल्ला आदि और दूसरा भारत! यह सही है कि करज़ई के मंत्रिमंडल में गैर-पठानों की बहुलता है और प्रो. बुरहानुद्दीन रब्बानी के नेतृत्ववाला संगठन पाकिस्तान के प्रति मैत्रीपूर्ण नहीं है। इस गठबंधन ने सत्ता में रहते हुए और तालिबान के ज़माने में भी पाकिस्तान का खुल्लमखुल्ला विरोध किया था। पाकिस्तान का आरोप है कि गठबंधन के नेतागण अफगानिस्तान में पश्तोभाषी पठानों पर फारसीवान गैर-पठानों का प्रभुत्व कायम करना चाहते हैं। वे करज़ई और मुशर्रफ में भी भेद डालना चाहते हैं। करज़ई पठान हैं लेकिन पाकिस्तानी मानते हैं कि वे फारसीवानों की कठपुतली हैं। पाकिस्तानियों को यह संदेह भी है कि जनरल फहीम नई अफगान फौज में ताज़िकों, उज़्बेकों और हजाराओं को भर देंगे जबकि अब तक की अफगान फौज में पठानों का वर्चस्व रहा है। पठानों के प्रति पाकिस्तान का झुकाव स्वाभाविक है, क्योंकि जितने पठान अफगानिस्तान में रहते हैं, उनसे ज्यादा पाकिस्तान में रहते हैं। पठानों के प्रभुत्व का मतलब काबुल में पाकिस्तान का मजबूत होना है। इतिहास में इससे उल्टा भी हुआ है। काबुल के पठानों ने पेशावर पर कब्जा करने की कोशिश भी की है लेकिन वर्तमान में पाकिस्तान को यही दृष्टिकोण सही मालूम पड़ता है, क्योंकि उसने तालिबान के रूप में गिलज़ई पठानों को काबुल में बिठाकर चार-पाँच साल अपनी हुकूमत चलाने का मज़ा लूटा है। हामिद करज़ई पठान हैं। उनके नेतृत्व के बावजूद अब अफगानिस्तान का राजनीतिक परिदृश्य काफी बदल गया है। नए अफगानिस्तान में कोई भी जाति अपना एकछत्र वर्चस्व नहीं चला सकती। पाकिस्तान अभी तक इस नए सामाजिक और राजनीति प्रपंच को हृदयंगम नहीं कर पाया है। इसीलिए उसे हर पाक-विरोधी घटना के पीछे गैर-पठानों का हाथ मालूम पड़ता है जबकि सच्चाई यह है कि काबुल के पाक-विरोधी प्रदर्शन का नेतृत्व जाने-माने पठान नेतागण कर रहे थे। स्वयं पाकिस्तान दिग्भ्रमित है कि क्वेटा की शिया मस्जिद में हुए नर-संहार का ठीकरा वह किसके माथे फोड़े? यह मस्जिद अफगानिस्तान से लगभग सौ साल पहले भागकर आए फारसीवान हजाराओं ने बनाई थी। वे शिया हैं। क्या इन फारसीवान शिया लोगों का खून गठबंधन के फारसीवान नेता बहवाएँगे? यह आरोप हास्यास्पद है। जाहिर है कि इस शिया मस्ज़िद पर उन

तालिबानी तत्त्वों ने हमला किया है, जो पश्तोभाषी हैं और जिनके प्रति अब भी पाकिस्तान में गहरी सहानुभूति है। अब पाकिस्तान क्या करे?

उसके तरकस का जो आखिरी तीर है, उसने अब वह भी छोड़ दिया है। वह है, भारत की टाँग-खिंचाई! उसका आरोप है कि यह सब खुराफात भारत करवा रहा है याने क्वेटा की शिया मस्जिद पर हमला और काबुल के पाकिस्तानी दूतावास की तोड़-फोड़ की जिम्मेदारी भारत पर है। भारत को अफगानिस्तान में पाकिस्तान का बोलबाला पसंद नहीं है। इसीलिए वह पाक-अफगान सीमांत पर अपने जासूसों का जाल बिछा रहा है। अभी-अभी कंधार और जलालाबाद में उसने अपने वाणिज्य दूतावास खोलकर पाक-विरोधी गतिविधियाँ शुरू कर दी हैं। पाकिस्तान से कोई पूछे कि क्या भारत ने ये वाणिज्य दूतावास पहली बार खोले हैं? इसके अलावा मज़ारे-शरीफ और हेरात भी क्या पाकिस्तान की सीमा पर हैं? इन स्थानों पर दूतावास खोलने का मुख्य कारण है, आम लोगों को वीज़ा, व्यापार और सम्पर्क की सुविधाएँ देना। अफगानिस्तान में भारत की लोकप्रियता का इससे बड़ा प्रमाण क्या होगा कि अफगान जनता ने भारतीय दूतावासों पर कभी हमला नहीं किया, उन दिनों भी नहीं जबकि भारत को सोवियत हमले का समर्थक बताने की कोशिश की गई थी।

इसके विपरीत पाकिस्तान की इज़्जत का हाल यह है कि तालिबान-राज में भी उसके दूतावास पर हमला हुआ और उसके राजनयिकों को पकड़कर लोगों ने उस्तरे से मूँड दिया। पाक-अफगान विवाद की जड़ें इतिहास में बहुत गहरी हैं। संयुक्तराष्ट्र में पाकिस्तान के प्रवेश का विरोध करनेवाला एकमात्र राष्ट्र अफगानिस्तान ही था। सन् 1950, 1955 और 1961-63 में पाक-अफगान विवाद इतना बढ़ा कि तीनों बार सीमा बन्द हो गई और युध्द की नौबत आ गई। पाक ध्वज और दूतावास को जला दिया गया। डूरेंड लाइन नामक पाक-अफगान सीमा को अफगानिस्तान मान्यता नहीं देता है और पाकिस्तान के सरहदी सूबे को अपना हिस्सा मानता है। वह वहाँ पख्तूनिस्तान कायम करने का समर्थक है। अफगानिस्तान का सोच यह भी है कि पहले अफगान जिहाद और अब आतंकवाद-विरोध के नाम पर पाकिस्तान जमकर हथियार और पैसा पाता रहा है। अफगान अहसान का बोझ उसकी छाती पर लदा हुआ है। इसीलिए अफगानिस्तान पर आँखें तरेरने का कोई अधिकार पाकिस्तान को नहीं है।

काबुल में भारत का भूत देखता है पाकिस्तान

अविश्वास प्रस्ताव की बहस के दौरान अफगानिस्तान का अनायास उल्लेख अपने आप में अजूबा था। प्रधानमंत्री ने आखिर अफगानिस्तान की स्थिति पर चिन्ता क्यों व्यक्त की ? शायद इसीलिए कि आजकल भारत और पाकिस्तान के बीच अफगानिस्तान भी विवाद का मुद्दा बनता जा रहा है। अफगानिस्तान में यदि कोई भी पाकिस्तान-विरोधी गतिविधि होती है तो पाकिस्तानी सरकार पलक झपकाए बिना ही उसे भारत के मत्थे मढ़ देती है। पिछले माह अफगानों ने पाक दूतावास पर हमला कर दिया। जबर्दस्त तोड़-फोड़ की। राजदूत और अन्य कूटनीतिज्ञ अपनी जान बचाने की खातिर पाकिस्तान भाग गए। पाकिस्तान सरकार ने तुरन्त कह दिया कि वह प्रदर्शन भारत ने भड़काया था।

इसी तरह क्वेटा की एक शिया मस्जिद में लगभग सौ लोग हताहत हुए। उसकी जिम्मेदारी भी भारत पर डाल दी गई। यह मस्जिद अमीर अब्दुर रहमान के जमाने में अफगानिस्तान से भागकर आए हजारा जाति के लोगों ने बनाई थी। उनकी भाषा फारसी है और वे शिया हैं। पाकिस्तान सरकार और अखबारों ने आरोप लगाया कि इस अफगान मस्जिद पर हमला करवाने के पीछे भारत का इरादा यह था कि पाकिस्तान को सारी दुनिया में बदनाम किया जाए। अफगानिस्तान और पाकिस्तान के बीच कटुता बढ़वाई जाए और मुशर्रफ तथा करज़ई को एक-दूसरे के खिलाफ कर दिया जाए।

यदि भारत जलालाबाद और कंधार में अपने वाणिज्य दूतावास खोलता है तो पाकिस्तान आरोप लगाता है कि यह भारतीय जासूसी जाल के अलावा क्या है ? ये दोनों अफगान शहर पाक-सीमा के निकट हैं। इन शहरों के रहनेवाले कुछ पठान पख्तूनिस्तान के पुराने समर्थक हैं। पाकिस्तान का इल्ज़ाम है कि भारत उन्हें भड़का रहा है। पाकिस्तान से कोई पूछे कि कंधार और जलालाबाद में भारतीय दूतावास क्या पहली बार खोले गए हैं और क्या हेरात और मजारे-शरीफ भी उसकी सीमा पर हैं, जहाँ हमारे दूतावास खोले जाते रहे हैं ?

यदि काबुल के टी.वी. और रेडियो पर मनोरंजन कार्यक्रमों की बढ़त होती है और सिनेमा घरों में भारतीय फिल्में दिखाई जाती हैं तो पाकिस्तान सख्त ऐतराज़ करता है। वह कठमुल्लों को समझाता है कि यह हिन्दुआना हरकत है। काफिराना काम है। इस्लामी तत्त्व इन पर प्रतिबंध लगवाएँ। पाकिस्तान यह भूल जाता है कि हर

पाकिस्तानी घर में भारतीय फिल्में खुले-आम नियमित देखी जाती हैं और वहाँ की स्त्रियों ने भारतीय टी.वी. चैनलों पर प्रतिबंध का कड़ा विरोध किया है।

पाकिस्तान को अफसोस है कि उसने लगभग बीस साल तक तीस लाख अफगानों को अपने यहाँ शरण दी लेकिन अब वे काबुल पहुँचकर उसका धन्यवाद तक नहीं करते। वे भारत की माला जपते रहते हैं। भारत ने उन्हें क्या दिया है ? सिर्फ दस करोड़ रुपये, कुछ दवाइयाँ, तीन जहाज, कुछ बसें और थोड़ी-बहुत तकनीकी सहायता। चंद चाँदी के टुकड़ों पर अफगानी अपना ईमान क्यों बेच रहे हैं ? अपने आपको वे मुसलमान क्यों कहते हैं ? यह कैसा इस्लामी देश है ? यह कैसा पड़ोसी है ?

पाकिस्तान का एक आरोप यह भी है कि अफगानिस्तान उस भारत का बगलगीर हो रहा है,, जो कश्मीरी मुसलमानों की रोज़ हत्या कर रहा है। कश्मीरी मुसलमान इस्लाम के लिए लड़ रहे हैं और अफगानिस्तान इस्लामी देश है। अफगानिस्तान के ही मुजाहिदीन और तालिबान ने ''कश्मीरी स्वातन्त्र्य-संग्राम'' में प्राण फूँके थे और अब अफगानिस्तान उसकी तरफ से बेखबर हो गया है। इस महान अफगान-भूमिका के लिए ही इस्लामी देशों ने अफगान छापामारों को कभी मालामाल कर दिया था। अब अफगानिस्तान इतना एहसान-फरामोश कैसे हो गया है ? क्या इसका कारण भारत नहीं है ?

पाकिस्तान को यह डर भी है कि अगर नंए अफगानिस्तान में भारत के डाक्टरों, अध्यापकों, सलाहकारों और विशेषज्ञों की संख्या बढ़ती गई तो किसी दिन यही पंजा पाकिस्तान को तोड़ने के काम आएगा। अफगान फौज में भारत का बढ़ता हुआ असर पाकिस्तान की हड्डियों में कँपकँपी दौड़ा देता है। उसे लगता है कि भारत ने उसके पिछवाड़े एक स्थायी सैनिक मोर्चा खोल दिया है। यदि कभी फिर से युद्ध की नौबत आई तो आश्चर्य नहीं कि अफगानिस्तान से भी हमला बोलवा दिया जाए।

पाकिस्तान को सबसे ज्यादा तकलीफ इस बात से है कि भारत ने ईरान के जरिए अफगानिस्तान के लिए नया रास्ता खोल दिया है। भारत की सहायता से अब जो नया रास्ता बन रहा है, उसके कारण पाकिस्तान की दादागीरी खत्म हो जाएगी। जब से पाकिस्तान बना है, अफगानिस्तान की सबसे बड़ी समस्या यह है कि वह हिन्द महासागर तक कैसे पहुँचे ? अफगानिस्तान अपने अन्तरराष्ट्रीय यातायात और आवागमन के लिए पाकिस्तान पर निर्भर है। अगर पाकिस्तान रास्ता न दे तो अफगानिस्तान का हुक्का-पानी बन्द हो जाता है। अफगानिस्तान चारों तरफ से जमीन से घिरा हुआ है। उसकी सीमा को समुद्र कहीं भी नहीं छूता। जो जमीनी सीमाएँ ईरान, तुर्कमेनिस्तान, उज़्बेकिस्तान, चीन और ताज़िकिस्तान को छूती हैं, उनसे होकर कई रास्ते बाहर जाते हैं और अन्दर आते हैं लेकिन वे यूरोप, अमेरिका, चीन और भारत जैसे देशों के लिए बहुत लंबे पड़ते हैं और बड़े खर्चीले हैं। यदि उन रास्तों से अफगानिस्तान अपना अन्तरराष्ट्रीय व्यापार करे तो उसका दीवाला पिट जाए।

पाकिस्तान होकर जानेवाले रास्तों का इस्तेमाल हजारों वर्षों से हो रहा है। वे सबसे छोटे और सस्ते हैं। अफगान लोग उन पर अपना प्राकृतिक अधिकार जताते हैं। इसी कारण पाकिस्तान अफगानों को ब्लेकमेल करता रहता है। 1950, 1955 और 1961 में दोनों देशों की सीमाएँ सील हो गई थीं। युद्ध की नौबत आ गई थी। सोवियत संघ ने ताशकंद और काबुल के बीच हवाई पुल का निर्माण कर दिया था। अफगानिस्तान का दाना-पानी बन्द न हो जाए, इसलिए उसने हवाई जहाजों का ताँता लगा दिया था। अब जबकि भारत की सहायता से अफगानिस्तान के पश्चिमी क्षेत्र में जो सड़क बन रही है, वह पाकिस्तान पर अफगानिस्तान की निर्भरता सदा के लिए समाप्त कर देगी। अफगान यातायात और परिवहन के लिए कराची का स्थान बन्दरे-अब्बास ले लेगा और उसका माल अब हिन्द महासागर की बजाय फारस की खाड़ी से सारी दुनिया में पहुँचेगा।

कुल मिलाकर पाकिस्तान को यह लगता है कि भारत की कुचालों के कारण अब काबुल में पाकिस्तान का पव्वा काफी फीका पड़ जाएगा। इस प्रक्रिया को मजबूत बनाने का काम वे लोग कर रहे हैं, जिन्हें कल तक मुजाहिदीन के नाम से जाना जाता था और जो आजकल काबुल में काफी प्रभावशाली हैं। ये लोग पिछले दस साल में भारत के मित्र बन गए हैं। हालाँकि इन्होंने बरसों-बरस पेशावर में अपना घर और मुख्यालय बनाए रखा। वे पाकिस्तान की सहायता पाकर रूसियों और कम्युनिस्टों से लड़े और 1992 में सत्तारूढ़ भी हुए। लेकिन आज ये लोग पाकिस्तान-विरोधी इसलिए हो गए है कि इन्हें गिराने के लिए ही पाकिस्तान ने तालिबान को उठाया था। पूर्व राष्ट्रपति बुरहानुद्दीन रब्बानी, वर्तमान रक्षामंत्री फहीम, विदेश मंत्री अब्दुल्ला और इस्लामी जमायत के नेता कानूनी को पाकिस्तान अपना दुश्मन इसलिए भी समझता है कि ये लोग फारसीभाषी अफगानों के नेता माने जाते हैं। इन्हें पाकिस्तानी लोग उत्तरी-गठबंधन के नेता कहकर पुकारते हैं। 'उत्तरी' इसलिए कि अफगानिस्तान के उत्तरी हिस्सों में रहनेवाले ज्यादातर लोगों की भाषा फारसी है जबकि पूर्वी और दक्षिणी हिस्सों में रहनेवाले पश्तोभाषी हैं। ये हिस्से पाकिस्तान के निकट हैं और उत्तरी हिस्से दूर हैं। पाकिस्तान के पड़ोसी हिस्सों में प्राय: पठान रहते हैं और उत्तर हिस्सों में ताज़िक, उज़बेक, हजारा, किरगीज़ आदि लोग रहते हैं। यद्यपि हामिद करज़ई स्वयं पोपलजई पठान हैं लेकिन उनके मंत्रिमंडल में गैर-पठानों का बहुमत है। पाकिस्तान की मान्यता है कि रक्षा मंत्री फहीम के दबाव में आकर करज़ई अफगान सेना में गैर-पठानों को भर जाने देंगे। यदि ऐसा होगा तो अफगान राजनीति और फौज, दोनों में से पठानों की प्रभुता समाप्त हो जाएगी। पठानों की प्रभुता काबुल में बनी रहे, यह पाकिस्तान के लिए इसलिए जरूरी है कि खुद पाकिस्तान में अफगानिस्तान से ज्यादा पठान रहते हैं। पठान-डोर का इस्तेमाल करके पाकिस्तान काबुल में अपनी कठपुतलियाँ नचाना चाहता है। इस मनोरथ को भंग करने का कार्य फारसीवान नेता कर रहे हैं। उन्हें भारत के साथ नत्थी करने में पाकिस्तान को एक

मिनिट की भी देर नहीं लगती लेकिन पाकिस्तान यह समझने की कोशिश नहीं करता कि पिछले 30 वर्षों के झंझावात ने अफगानिस्तान का राजनीतिक परिदृश्य ही बदल दिया है। 1747 में अहमदशाह अब्दाली ने जैसा अफगानिस्तान बनाया था, अब ढाई सौ साल बाद भी उसे इतिहास के मर्तबान में मुरब्बे की तरह सुरक्षित नहीं रखा जा सकता। अफगानिस्तान में अब कोई एक जाति अपना एकछत्र वर्चस्व बनाकर नहीं रख सकती। यदि ताज़िक, उज़बेक, हजारा आगे आ रहे हैं तो वे भारत के उकसावे के कारण नहीं बल्कि पिछले 30 वर्षों की उथल-पुथल के कारण आ रहे हैं। यदि आज औसत अफगान कहता है कि हम पाकिस्तान का अहसान क्यों मानें तो इसके पीछे भारत का दुष्प्रचार नहीं, उनका अपना अनुभव है। वे कहते हैं कि अफगान-प्रतिरोध के ज़माने में पाकिस्तान ने पश्चिम से जितना पैसा बनाया और हथियार कबाड़े उतने उसने शीतयुद्ध में भी नहीं पाए। जैसे आज वह आतंकवाद को भुना रहा है, वैसे ही उसने बीस साल तक अफगान-संकट को भुनाया। पाकिस्तान ने अफगानिस्तान की जितनी मदद की, उससे ज्यादा अफगानिस्तान ने पाकिस्तान की मदद की है। क्या यह भारत के उकसावे पर कहा जा रहा है? लेकिन क्या किया जाए? काबुल में हर जगह पाकिस्तान को भारत का भूत दिखाई पड़ रहा है।

भारत-ईरान : नया दौर

ईरान-यात्रा के फलितार्थ

प्रधानमंत्री अटलबिहारी वाजपेयी की ईरान-यात्रा का महत्त्व क्या है, इसका अनुमान इसी बात से लगाया जा सकता है कि पाकिस्तानी सरकार और अखबार कितनी बुरी तरह बौखला गए हैं। उन्हें अचम्भा है कि न तो इस्लामी कार्ड काम आ रहा है और न ही जनरल परवेज़ मुशर्रफ की दो तेहरान-यात्राएँ कोई असर दिखा पा रही हैं। तेहरान के अखबारों में भारतीय मेहमानों को ज्यादा जगह नहीं मिल जाए, इसलिए पाकिस्तानी दूतावास ने लम्बे-चौड़े विज्ञापनों से उन्हें पाटने की कोशिश की है। पाकिस्तानी शासक अपनी जनता को यह नहीं समझा पा रहे हैं कि आखिर भारत और ईरान के इतने नज़दीक आने की वज़ह क्या है ? भारत और ईरान का नज़दीक आना तो पाकिस्तान के जिन्दा रहने को चुनौती है। दो इस्लामी देश दोस्त बनकर नहीं रह सकते और एक क़ाफिर और एक मुसलमान देश एक-दूसरे के 'सामरिक मित्र' बन जाएँ, इसका मतलब क्या हुआ ? क्या यह नहीं कि मजहब का पत्ता मात खा गया ? पाकिस्तान बना ही मज़हब के दम पर है। भारत, ईरान, पाकिस्तान के तिकोने खेल में मज़हब के तुरुप का फेल हो जाना वैसा ही है, जैसा कि डॉलर का दीवाला पिट जाना। भारत और ईरान के बीच दुश्मनी का कभी कोई कारण नहीं रहा, फिर भी मज़हब के नाम पर 1971 में पाकिस्तान ने भारत पर हमला करने के लिए अपने जहाज ईरान से रवाना किए थे। मज़हब के नाम पर कश्मीरी आतंकवाद को हवा देनेवाला पाकिस्तान भौंचक्का है कि अगर भारत और ईरान ने मिलकर 'स्वाभाविक मित्रता' का झंडा फहरा दिया तो सम्पूर्ण इस्लामी जगत में पाकिस्तान की इज्जत क्या रह जाएगी। कहीं ऐसा तो नहीं कि ईरान का 'स्वाभाविक मित्र' भारत, अमेरिका और ईरान के बीच वैसा ही मैत्री-सेतु बन जाए जैसा कि कभी पाकिस्तान था।

अगर आचार्य कौटिल्य के 'मंडल सिद्धान्त' को लागू करें तो भारत और ईरान को एक-दूसरे का 'स्वाभाविक मित्र' अपने आप ही बनना होगा क्योंकि ईरान भारत के पड़ोसी का पड़ोसी हो गया है। पहले पाकिस्तान भारत का पड़ोसी था, इसके बाद अफगानिस्तान था और अफगानिस्तान के बाद ईरान था। अब राष्ट्र के तौर पर अफगानिस्तान खत्म हो चुका है। जिसे दुनिया कभी अफगानिस्तान के नाम से जानती थी, वह इलाका अब तालिबान का अराजक तांडव-क्षेत्र बन गया है। वह पाकिस्तान का लगभग उपनिवेश ही है। इसलिए माना जा सकता है कि भारत और ईरान के बीच अगर अब कोई राष्ट्र है तो वह 'बृहत्तर पाकिस्तान' ही है। यह 'बृहत्तर

पाकिस्तान' (अराजक अफगानिस्तान) ही सारे झगड़े की जड़ है। यह 'बृहत्तर पाकिस्तान' ही भारत और ईरान को स्वाभाविक मित्र बनवा रहा है। 'बृहत्तर पाकिस्तान' भारत को जितना तंग करता है, उससे ज्यादा ईरान को करता है। 'बृहत्तर पाकिस्तान' की कृपा से ही लाखों अफगान शरणार्थी ईरान में बरसों से डेरा डाले हुए हैं। भारत के लिए सिर्फ इतना सिरदर्द है कि वह कश्मीर में थोड़े बहुत आतंकवादी बराबर भेजता रहता है लेकिन ईरान के साथ तो उसकी मैदानी लड़ाई चलती रहती है। न सिर्फ ईरानी कूटनीतिज्ञों को क़त्ल किया जाता है बल्कि अफगान-क्षेत्रों में रहनेवाले समस्त शिया तथा फारसी भाषी सुन्नी लोगों को भी देशद्रोही और ईरान का एजेन्ट बताया जाता है। मज़ार-ए-शरीफ और शिबरगान में तीन साल पहले शिया लोगों को खोज-खोजकर कत्ल किया गया था। अफगानिस्तान के शिया लोग, जो कि 'हजारा' जाति के हैं, अपने पोषण और रक्षण के लिए ईरान पर टकटकी लगाए रहते हैं। वे फारसी भाषा बोलते हैं जबकि तालिबान पठान हैं और पश्तो बोलते हैं। हजारा लोगों पर अफगानिस्तान के तालिबान ने पिछले चार साल में इतना अत्याचार किया है कि ईरान ने एक बार तो अपने हजारों फौजियों को अफगान-सीमा पर जमा करके युद्ध की धमकी भी दे दी थी। ईरान ने बामियान की बुद्ध-प्रतिमाओं को तोड़ने का भी कड़ा विरोध किया था। बामियान के 'बुद्धों' को तहस-नहस करने के पीछे एक कारण यह भी था कि ये प्रतिमाएँ हजारा-क्षेत्र में थीं। शिया पंथ के अनुयायी इन हजारा लोगों ने इन्हीं प्रतिमाओं के आस-पास बनी गुफाओं में छिपकर फौजियों पर छापामार हमले भी किए थे। इन विश्व-प्रसिद्ध प्रतिमाओं के कारण हज़ाराजात के शिया लोगों को पर्यटन-आमदनी होती थी और अन्तरराष्ट्रीय प्रचार भी मिलता था। ईरान शिया-बहुल राष्ट्र है। बुद्ध की प्रतिमाओं पर हुआ हमला शियाओं पर किया गया हमला भी माना गया। पाकिस्तान कितनी ही इस्लाम की माला जपे, ईरान उसे अपने सुन्नी प्रतिद्वंद्वी की तरह देखने लगा है। यह प्रतिद्वंद्विता अफगानिस्तान तक ही सीमित नहीं है। मध्य एशिया के पाँचों मुस्लिम गणतंत्रों में भी ईरान और पाकिस्तान अनेक बिन्दुओं पर एक-दूसरे को काटते हुए ही आगे बढ़ते हैं। वह ज़माना गया जब ईरान के शहंशाह और पाकिस्तान के तानाशाह अमेरिकी सिंहासन के दोनों तरफ दो चोबदार-बंधुओं की तरह खड़े रहते थे, उनके हाथ-पाँव 'सेन्टो' की रेशमी रस्सियों में बँधे होते थे और दोनों के बीच इस्लाम, दोस्ती के गोंद का काम करता था। इस्लामी क्रान्ति के बाद 1979 में आयतुल्लाह खुमैनी ने अमेरिका को 'बड़ा शैतान' और रूस को 'छोटा शैतान' घोषित किया और ईरान को उस ऊँचे धरातल पर पहुँचा दिया, जिसे सच्ची गुट-निरपेक्षता कहा जाता है। ईरान की नज़र में पाकिस्तान इस्लामी देश होने के कारण महत्त्वपूर्ण तो था लेकिन अपने मुकाबले उसे वे पश्चिम का दुमछल्ला ही मानते थे, हालाँकि पाकिस्तान ईरान से दुगुना बड़ा है। ईरान भारत से दोस्ती बढ़ा रहा है, इसका मतलब यह नहीं कि वह पाकिस्तान से अपने सम्बन्ध खराब करने को तैयार है। ऐसा इशारा श्री वाजपेयी ने तेहरान से

लौटते समय खुद भी किया है। इसका मतलब सिर्फ इतना ही है कि ईरान अब अपनी पुरानी कैंचुल को छोड़कर नया बाना पहन रहा है। वह अब मज़हब के बजाय अपने राष्ट्रहितों को अधिक महत्त्वपूर्ण मान रहा है। 'तेहरान घोषणा' ईरान की विदेश नीति की नई करवट का दस्तावेज़ है।

इसीलिए ईरान के राष्ट्रपति मुहम्मद खातमी ने भारतीय प्रधानमंत्री की पंथ-निरपेक्षता की नीति को सही बताया और बाबरी मस्जिद का वह मुद्दा दरी के नीचे सरका दिया, जिसके कारण 1992 में दोनों देशों के बीच तनाव पैदा हो गया था और प्रधानमंत्री नरसिंहराव को 1993 में तेहरान जाकर ईरानी नेताओं को समझाना पड़ा था। स्वयं खातमी अटलजी की तरह नरमपंथी और सुधारवादी माने जाते हैं। उन्होंने 'सभ्यताओं के बीच संघर्ष' की बजाय 'सभ्यताओं में संवाद' का नारा दिया है। इसीलिए प्रधानमंत्री वाजपेयी ने 'सर्वधर्म समभाव' की भारतीय नीति को ईरानी संसद के सामने काफी ज़ोर देकर स्पष्ट किया है ताकि सम्पूर्ण मुस्लिम जगत को यह पता चल जाए कि भारत ही नहीं, 'हिन्दुत्ववादी' कही जानेवाली वाजपेयी सरकार भी इस्लाम-विरोधी नहीं है। वास्तव में प्रधानमंत्री की ईरान-यात्रा विदेशमंत्री जसवंत सिंह द्वारा मुस्लिम देशों के साथ खोले गए नए अध्याय को गहरे अर्थ प्रदान कर रही है। सउदी अरब, मिस्र, इण्डोनीशिया, तुर्की, सीरिया, मलेशिया आदि देशों के साथ अपने सम्बन्धों को नए आयाम देने की जो पहल भारत ने की है, वह एक ओर तो पाकिस्तान को अलग-थलग करेगी और दूसरी ओर दुनिया के सभी मुस्लिम राष्ट्रों को भारत से सम्बन्ध बढ़ाने का न्यौता देगी। इस पहल का असर कश्मीर और अफगानिस्तान जैसे मसलों पर पड़े बिना नहीं रहेगा।

जहाँ तक कश्मीर का सवाल है, भारतीय प्रधानमंत्री ने अपने भाषण में स्पष्ट कहा है कि इस्लाम के नाम पर आतंकवाद फैलाना सर्वथा अनुचित है। ईरान ने इस भारतीय दृष्टिकोण का समर्थन किया है। इधर पिछले कुछ वर्षों से ईरान ने चीम की तरह कश्मीर के राजनीतिक पहलू पर लगभग चुप्पी साध ली है और वह केवल इस्लामी बंधुओं पर 'जुल्म' रोकने की बात करता रहता है। अफगानिस्तान के सवाल पर दोनों देशों की गहरी सहमति बनी है। यदि भारतीय प्रधानमंत्री ने 'पड़ोस में उत्पन्न हुई हिंसा, आतंकवाद और कठमुल्लापन की 'तामसिक शक्तियों' पर हमला बोला तो ईरानी राष्ट्रपति ने भी दो-टूक शब्दों में तालिबान द्वारा तोड़ी गई बुद्ध प्रतिमाओं के अपराध की भर्त्सना की। वास्तव में अफगान-प्रश्न पर केवल भारत और ईरान ही नहीं, भारत, अमेरिका, रूस, सऊदी अरब, ईरान और मध्य एशिया के इस्लामी गणतंत्रों की समान राय बनती जा रही है। ये सारे राष्ट्र अफगानिस्तान के तालिबान ढाँचे को आतंकवाद का शरण-स्थल मानकर किसी संयुक्त रणनीति की तलाश कर रहे हैं। अफगानिस्तान की अराजकता के कारण न्यूयार्क से लेकर चेचन्या, कश्मीर और फिलीपीन्स तक आतंकवादी तत्त्वों को तो शह मिलती ही है, मध्य एशिया के तेल, गैस तथा अन्य खनिज पदार्थ भी दुनिया के देशों तक नहीं पहुँच पा रहे हैं।

अफगानिस्तान होकर हिन्द महासागर तक पहुँचनेवाले सभी रास्ते बंद हैं। इसीलिए अब यह असम्भव नहीं कि तालिबान को टक्कर देनेवाले पंजशीर घाटी के शेर अहमद शाह मसूद को उक्त सभी देश ठोस मदद दें और आनेवाली गर्मियों में वे तालिबान आधिपत्य को खत्म करने की कोशिश भी करें। यों भी मसूद आजकल यूरोपीय देशों की यात्रा कर रहे हैं और उन्हें जोरदार समर्थन मिल रहा है। मसूद के साथ गठबंधन करनेवाले उज़बेक नेता दोस्तम भी अब दुबारा अफगानिस्तान पहुँच गए हैं। अगर मसूद और दोस्तम तालिबान पर मिलकर हमला करें तो कोई आश्चर्य नहीं कि बुरहानुद्दीन रब्बानी के नेतृत्ववाला 'उत्तरी गठबंधन' काबुल में फिर काबिज़ हो जाए। रब्बानी भारतपरस्त हैं और उनकी प्रवासी सरकार को संयुक्तराष्ट्र संघ ने भी मान्यता दे रखी है जबकि तालिबान सरकार को मान्यता देनेवाला पाकिस्तान अब अलग-थलग पड़ता जा रहा है। भारतीय प्रधानमंत्री की ईरान-यात्रा से पाकिस्तान इसलिए भी बौखला गया है कि 'बृहत्तर पाकिस्तान' (अराजक अफगानिस्तान) उसके हाथ से निकलता-सा नज़र आ रहा है। कश्मीर के सवाल पर पाकिस्तान भारत का जितना नुकसान कर रहा है, उसका जवाब भारत चाहे तो अफगानिस्तान में दे सकता है। भारतीय जहाज के अपहरण और बुद्ध प्रतिमा भंजन के बाद भारत के दिल में तालिबान को सबक सिखाने का कठोर संकल्प पैदा होना चाहिए। फिलहाल उसे इस मोह से मुक्त हो जाना चाहिए कि अफगानिस्तान में किसी का भी राज हो, हमें तो सिर्फ मध्य एशिया तक रास्ता मिलना चाहिए। अमेरिका ने इसी लोभ में तालिबान को आगे बढ़ाया था। अगर भारत को अफगानिस्तान रास्ता दे भी दे तो भारत उसका फायदा नहीं उठा सकता, क्योंकि जब तक पाकिस्तान उसके आगे का रास्ता नहीं खोले, मध्य एशियाई माल भारत तक नहीं पहुँच सकता और भारतीय माल अपनी सीमा से एक इंच आगे नहीं सरक सकता। यही बाधा ईरानी गैस के भारत पहुँचने में आड़े आ रही हैं।

पिछले दस वर्षों से भारत और ईरान प्रयत्न कर रहे हैं कि ईरानी गैस भारतीय उपभोक्ताओं तक पहुँच जाए। ईरानी गैस इतनी सस्ती है कि वह भारत का कायाकल्प कर सकती है। उसकी मात्रा इतनी अधिक है कि 500 साल तक उसके भण्डार खत्म नहीं होंगे लेकिन वह भारत पहुँचे तो कैसे पहुँचे ? सबसे सरल मार्ग यह है कि गैस की पाइप लाइन ईरान से बलूचिस्तान (पाकिस्तानी प्रान्त) होती हुई राजस्थान तक आ जाए। स्वयं पाकिस्तान इस पाइप-लाइन के लिए बहुत उत्सुक है, क्योंकि उसे 80 करोड़ डॉलर प्रतिवर्ष तो सिर्फ किराए के तौर पर ही मिलते रहेंगे। लेकिन भारत इतना बड़ा खतरा मोल नहीं ले सकता कि अपनी गर्दन पाकिस्तान के हाथ में दे दे। पाकिस्तान जब चाहे गैस-पाइप की टोंटी बंद कर सकता है और वह न भी करे तो भी वहाँ के भारत-विरोधी तत्त्व पाइप-लाइन को कभी भी तोड़ सकते हैं। ऐसी स्थिति में भारत और ईरान यह भी विचार कर रहे हैं कि वह पाइप-लाइन खुले समुद्र में डाली जाए या ईरानी गैस को तरलीकृत रूप में जहाजों से लाया जाए। खरबों रुपये

के खर्चे की यह योजना प्रधानमंत्री की ईरान-यात्रा के बावजूद फिलहाल कागजों से उतरकर जमीन पर नहीं चल पाएगी। जिस दिन यह योजना कारगर होगी, दक्षिण एशिया की शक्ल बदल जाएगी। यह सत्य है लेकिन उस दिन के इंतजार में भारत और ईरान हाथ पर हाथ धरे नहीं बैठे रह सकते इसलिए दोनों देशों ने तय किया है कि रूस तथा मध्य एशिया से भारत का सीधा सम्पर्क अब ईरानी सड़कों और रेल मार्गों के जरिए होगा। यह रास्ता थोड़ा लम्बा है लेकिन जब तक अफगान-पाक रास्ता नहीं खुलता, इससे बेहतर विकल्प क्या हो सकता है ? पाकिस्तान का महत्त्व घटाने में इस विकल्प का विशेष योगदान होगा। इसके इलावा भारत ने इस बार 20 करोड़ डॉलर का ऋण भी ईरान को दिया है ताकि भारत-ईरान व्यापार में ज़रा तेज़ी आए। इस समय ईरान से भारत 102 करोड़ डॉलर का माल आता है जब कि भारत से ईरान सिर्फ 17 करोड़ डॉलर का माल जाता है। यह असंतुलन घटाना है और आपसी व्यापार को कई गुना बढ़ाना है। भारत और ईरान की सामरिक साझेदारी आपसी आर्थिक सहयोग को दिन दूना रात चौगुना बढ़ाएगी, इसमें ज़रा भी शक नहीं।

ईरानी राष्ट्रपति की भारत-यात्रा

भारत का गणतंत्र-दिवस हो और उसके मुख्य अतिथि ईरान के राष्ट्रपति हों, इस घटना को पाकिस्तान में किस तरह देखा जाएगा ? पाकिस्तान की तरह ईरान भी मुस्लिम राष्ट्र है और पाकिस्तान का पड़ोसी है। ईरान का इस्लामीपन पाकिस्तान से अधिक गहन और प्रामाणिक है। फिर भी ईरान के राष्ट्रपति भारत जैसे 'काफिर मुल्क' के मेहमान-ए-खासमखास बनकर क्यों आ रहे हैं ? शायद इसलिए कि भारत-ईरान और पाकिस्तान के बीच इस्लामी कार्ड नहीं चल रहा बल्कि आचार्य कौटिल्य का 'मंडल सिद्धान्त' काम कर रहा है याने 'पड़ोसी का पड़ोसी मित्र' है, यह सिद्धान्त !

भारत और ईरान के बीच में पाकिस्तान है। मंडल सिद्धान्त के अनुसार पाकिस्तान को न तो भारत का मित्र होना चाहिए और न ही ईरान का क्योंकि ये दोनों ही उसके पड़ोसी हैं जबकि भारत और ईरान को सदा ही एक-दूसरे का मित्र रहना चाहिए, क्योंकि वे एक-दूसरे के निकट पड़ोसी नहीं हैं और उनमें अनगिनत समानताएँ और आपसी बंधन हैं लेकिन हमेशा ऐसा नहीं रहा। बल्कि इसका उल्टा हुआ। ईरान और पाकिस्तान एक समय बेहद नज़दीक आ गए और भारत के विरुद्ध हो गए। 1965 और 1971 के युद्धों में ईरान के शाह ने अयूब और याह्या के पीछे अपनी पूरी ताकत लगा दी थी। इसका कारण यह भी हो सकता है कि दोनों राष्ट्र अमेरिकी सैन्य-गुट 'सेन्टो' के सदस्य थे और भारत को दबाना उसका लक्ष्य था, क्योंकि भारत सोवियत संघ का मित्र था। लेकिन ईरान का रवैया करगिल-युद्ध के समय वह नहीं था, जो 1965 या 1971 में था। बल्कि पाक-ईरान सम्बन्धों का यह दौर अजूबा था। यह वह समय था, जबकि पाक-ईरान सम्बन्ध कटुता के दौर से गुजर रहे थे। अफगानिस्तान के तालिबान पूरी तरह पाकिस्तान के गुर्गों की तरह काम कर रहे थे और उनके साथ ईरान के सम्बन्ध इतने खराब हो गए थे कि ईरान ने अफगान सीमाओं पर युद्ध के लिए अपनी फौजें डटा दी थीं। तालिबान के आगमन के पहले भी अफगानिस्तान में ईरान और पाकिस्तान के हितों में टकराहट शुरू हो गई थी। ईरान का समर्थन वहदत पार्टी के 'हजारा' लोगों को मिलता था, जो मंगोलवंशी और शिया थे जबकि पाकिस्तान पठानों और ताज़िकों का पक्षधर था, जो कि प्राय: सुन्नी थे। इन जातियों की आपसी लड़ाइयों में ईरान और पाकिस्तान कई बार आमने-सामने खड़े हो जाते थे। 'हजारा' लोग ईरानियों की तरह फारसी बोलते हैं और तालिबान

पश्तो बोलते थे। शिया-सुन्नी प्रतिद्वंद्विता केवल अफगानिस्तान में ही नहीं, पाकिस्तान के अन्दर तथा मध्य-एशिया के पाँचों मुस्लिम राष्ट्रों के अन्दर भी चल पड़ी थी। ईरान और पाकिस्तान के हित वहाँ भी टकराते हुए दिखाई पड़ते थे। लेकिन भारत और ईरान के हितों में धीरे-धीरे ऐसी संगति बैठने लगी कि जब बामियान के बुद्ध पर तालिबान ने प्रहार किया तो ईरान ने उसी स्वर में उनकी भर्त्सना की, जिसमें कि भारत ने की थी। अफगानिस्तान की घटनाओं ने भारत और ईरान को इतना निकट ला दिया कि दोनों राष्ट्र अब सामरिक सहकार की बात सोचने लगे हैं। विदेश मंत्री राजा दिनेश सिंह की यात्रा के दौरान चीन, रूस, भारत और ईरान के एक चौगुटे की बात भी जोरों में उठने लगी थी और आतंकवाद को प्रश्रय देनेवाले पाकिस्तान को इस क्षेत्र के सभी राष्ट्र अपनी दोस्ती के पायदान से एक पग नीचे उतारने को तैयार होने लगे थे।

लेकिन तालिबान के अपदस्थ होने से इस क्षेत्र का परिदृश्य बदल गया है। पाकिस्तान खुद को आतंकवाद का विरोधी बताने की कोशिश कर रहा है। ईरान के दिल में अब पाकिस्तान के लिए वह कटुता नहीं रह गई है, जो लगभग दस साल तक बनी रही। इसीलिए मुशर्रफ कई बार ईरान हो आए और खातमी भी अभी दो हफ्ते पहले पाकिस्तान गए थे। यद्यपि खातमी ने वहाँ भी आतंकवाद की भर्त्सना की लेकिन वे कश्मीर पर गोलमोल बात करते रहे। उन्हें मुसलमान होने के नाते कश्मीरियों से सहानुभूति जताई और आशा की कि शीघ्र ही उन्हें उनकी मंजिले-मकसूद मिल जाएगी। यह तथ्य भारत के लिए अप्रिय हो सकता है लेकिन ज़रा खातमी के इस गोलमोल रवैये की तुलना आयतुल्लाह खुमैनी और रफसंजानी के पुराने बयानों से करें। कश्मीर, बाबरी मस्जिद और सांप्रदायिक दंगों को लेकर दस साल पहले ईरान ने इतनी हाय-तौबा मचा दी थी कि प्रधानमंत्री नरसिंहराव को तेहरान में ईरानी नेताओं को शांत करने में अपना पूरा कूटनीतिक कौशल दाँव पर लगाना पड़ा। दो साल पहले जब प्रधानमंत्री अटलबिहारी वाजपेयी तेहरान गए तो राष्ट्रपति खातमी ने न केवल भारतीय पंथ-निरपेक्षता को उचित और व्यावहारिक बताया और सभ्यताओं के बीच संघर्ष की बजाय संवाद की बात भी कही। स्वयं खातमी न तो खुमैनी, खलखली या बहिश्ती की तरह कठोर इस्लामवादी हैं और न ही रफसंजानी की तरह परम्परावादी! वे आयतुल्लाह नहीं हैं। वे हुज्जतुल्लाह हैं। फारसी में 'हुज्जत' का मतलब होता है, तर्क। खातमी तर्कशास्त्री हैं। तर्क का असर उनकी राजनीति पर भी है। वे उदार हैं और अन्ध-मज़हबी नहीं हैं। वे पूरब और पश्चिम के मेल से ईरान को आगे बढ़ाना चाहते हैं। ऐसे मध्यममार्गी ईरानी नेता का भारत आना सर्वथा स्वागत योग्य है।

अपनी भारत-यात्रा के दौरान खातमी पाइप-लाइन के बारे में बात जरूर करेंगे। मध्य-एशिया के सभी तेल और गैस सम्पन्न राष्ट्र चाहते हैं कि उनकी पाइप-लाइन भारत तक चली जाए। तैल और गैस के लिए जैसी भूख भारत में है, दुनिया के किसी

राष्ट्र में नहीं है। यदि एक अरब लोगों का बाज़ार तुर्कमेनिस्तान और ईरान को हाथ लग जाए तो न सिर्फ वे मालामाल हो जाएँगे बल्कि अनेकानेक अन्तरराष्ट्रीय दबावों से मुक्त हो जाएँगे लेकिन ये पाइप-लाइन हवा में तो बन नहीं सकती। उसे बनना है या तो जमीन पर या पानी में याने समुद्र में ! समुद्र में बनाने का खर्च अरबों-खरबों डॉलर है और वहाँ उसकी सुरक्षा भी बड़ी नाज़ुक होती है। यदि ज़मीन पर बनना है तो उसे अफगानिस्तान और पाकिस्तान होकर भारत आना होगा लेकिन जब तक अफगानिस्तान में शांति और व्यवस्था नहीं होती तथा भारत-पाक सम्बन्ध ठीक नहीं होते, पाइप-लाइन 'पाइप-ड्रीम' ही बनी रहेगी, हालाँकि पाक और अफगानिस्तान, दोनों राष्ट्रों को किराए की कमाई ही लगभग एक-एक अरब डॉलर की हो सकती है। जब तक यह संभावना नहीं बनती, भारत और ईरान मिलकर ऐसी रेलवे लाइन डाल सकते हैं कि भारत का माल ईरान होते हुए अफगानिस्तान और मध्य-एशिया के राष्ट्रों तक पहुँच जाए तथा मध्य-एशिया का माल अफगानिस्तान और ईरान होते हुए समुद्री मार्ग से भारत पहुँच जाए। जाहिर है कि थल-जल मार्ग की यह कूटनीति इस यात्रा का मुख्य विषय होगी।

एराक़ के सवाल पर भारत और ईरान का रवैया लगभग एक-जैसा है। ईरान अमेरिका का कट्टर विरोधी रहा है और राष्ट्रपति बुश ने ईरान को भी एराक़ और उत्तर कोरिया की तरह 'बुराई की जड़' कहा है लेकिन सद्दाम का तख्ता उलट जाए तो ईरान अन्दर ही अन्दर खुश हुए बिना नहीं रहेगा। एराक़ की जनसंख्या में शिया लोग बहुमत में हैं। उन्हें ईरान-भक्त माना जाता है। ईरान की इस आंतरिक दुविधा के बावजूद एराक़ के प्रश्न पर ईरान और भारत का रवैया एक-जैसा ही होगा, क्योंकि खुमैनी का ईरान स्वयं को भारत से भी अधिक गुट-निरपेक्ष मानता रहा है।

भारत-ईरान : एशिया का नवोदय

भारत और ईरान चाहें तो एशिया का नक्शा बदल सकते हैं। यों तो भारत के मुकाबले ईरान छोटा-सा देश है लेकिन ईरान की विश्व-दृष्टि किसी महाशक्ति से कम नहीं है। यह ईरान की ही हिम्मत है कि एक तरफ वह अरबों से टक्कर ले रहा था और दूसरी तरफ उसने अमेरिका और सोवियत संघ जैसी दो महत्तम शक्तियों को भी चुनौती दे दी थी। ईरान की इस्लामी क्रांति के प्रणेता आयतुल्लाह खुमैनी कहा करते थे कि अमेरिका शैताने-बुज़ुर्ग (बड़ा शैतान) है और सोवियत संघ 'शैताने-कूचक' (छोटा शैतान) है। वह कहते थे कि दुनिया में अगर कोई सच्चा गुट-निरपेक्ष राष्ट्र है तो वह ईरान है। इसी प्रकार ईरान का दावा रहा है कि इस्लाम का जैसा प्रामाणिक पुरोधा ईरान है, वैसा दुनिया में कोई और देश नहीं है। ईरान के ये तेवर उसे बड़ा बनाते हैं। ईरान की विदेश नीति के इन तेवरों को तेज-तर्रार बनाने में उसकी ऐतिहासिक चेतना का जबर्दस्त योगदान है। पिछली कई शताब्दियों से ईरान स्वयं को इस क्षेत्र का असाधारण राष्ट्र मानता रहा है। उसके विजेताओं ने आस-पास के लगभग सभी राष्ट्रों पर बरसों हुकूमत की है, उसकी भाषा फारसी दर्जनों राष्ट्रों की राष्ट्रभाषा और संपर्क भाषा रही है, वह संगीत, कला, व्यवसाय, शिक्षा और समृद्धि का केन्द्र रहा है। 'आर्यों का देश' होने के नाते वह न केवल स्वयं को सर्वश्रेष्ठ समझता है बल्कि अपनी श्रेष्ठता सारे विश्व में फैलाना चाहता है।

ऐसा ईरान जब भारत की दोस्ती का हाथ थामना चाहता है तो यह साधारण बात नहीं है। ईरान के राष्ट्रपति मुहम्मद खातमी भारत आए और पाँच समझौतों पर दोनों राष्ट्रों ने दस्तखत किए, यह उल्लेखनीय घटना है लेकिन जो कुछ ऊपर दिखाई पड़ रहा है, उसके अनेक गहरे और भीतरी अभिप्राय हैं। सबसे पहला तो यह कि खातमी ने अपनी भारत-यात्रा के दौरान इस्लाम के बारे में जो कहा है, वह चमत्कारी बात है। खातमी की बात को अगर दक्षिण एशिया के लोग ठीक से समझ लें तो न सिर्फ इस क्षेत्र के लगभग 50 करोड़ मुसलमानों की जिन्दगी में नई रोशनी पैदा हो जाएगी बल्कि मध्य-एशिया और दक्षिण एशिया मिलकर विश्व के सम्पन्नतम क्षेत्र बन जाएँगे।

राष्ट्रपति खातमी ने भारत की पंथ-निरपेक्षता पर मुहर लगाई है। उन्होंने इस्लाम के भारतीयकरण को उत्तम बताया है और मुसलमानों को सलाह दी है कि वे मज़हबी विवादों में उलझने की बजाय अपने राष्ट्र के विकास पर ध्यान दें। उन्होंने

इस्लाम की अन्दरूनी समस्याओं पर भी खुलकर विचार किया है। उनकी राय है कि इस्लामी जीवन-पद्धति में नए-नए विचारों का समावेश होना चाहिए। यदि इस्लाम को जिन्दा रहना है तो उसे नए जमाने के साथ कदम से कदम मिलाकर चलना होगा। उन्होंने तानाशाही के मुकाबले लोकतंत्र की सराहना की है। खातमी ने इतिहास के बारे में भी साहसिक बात कह दी। उन्होंने कहा कि हमलावर मुसलमान जरूर थे लेकिन उनका इस्लाम से क्या लेना-देना था। भारत पर जो हमले हुए, उनमें यदि हिन्दू मरे तो मुसलमान भी मरे। नुकसान सबका ही हुआ। दूसरे शब्दों में खातमी ने वह बात कही है, जो भारत का कोई भी राष्ट्रवादी इतिहासकार कहेगा। इसका ठोस अभिप्राय यही है कि भारत के मुसलमान उन हमलावरों पर गर्व करना और उन्हें अपना पुरखा मानना बन्द करें, जिन्होंने कभी भारत पर हमला किया था। किसी इस्लामी देश के सर्वोच्च नेता ने क्या इतनी साहसिक बात कभी भारत आकर कही ? पाकिस्तानी नेताओं के कान में यह बात गर्म लावे की तरह गिरेगी। पाकिस्तान तो बना ही मज़हब की नींव पर है। मज़हब का जितना राजनीतिक दुरुपयोग पाकिस्तान कर रहा है, दुनिया के किसी राष्ट्र ने नहीं किया और उसका नज़रिया भी वही है, जो इतिहास के हमलावरों और लुटेरों का था। खातमी ने आतंकवाद और तानाशाही, दोनों को भी रद्द किया। यह इशारा भी पाकिस्तान की तरफ ही था।

उन्होंने अमेरिका को भी आड़े हाथों लिया। उनके अनुसार अमेरिका को अब एक तगड़े दुश्मन की तलाश है। शीत-युद्ध की समाप्ति और सोवियत संघ के विसर्जन ने अमेरिका को निठल्ला बना दिया था। पहले पूँजीवाद का प्रतिद्वंद्वी साम्यवाद था, अब इस्लामवाद है। इस्लामवाद से टक्कर लेने के नाम पर अमेरिका इस्लाम को ही बदनाम कर रहा है। कुछ मुसलमानों से 'भूलें' जरूर हुई हैं लेकिन इसका मतलब यह नहीं कि आप इस्लाम के ही पीछे पड़ जाएँ। अगर ईरान का राष्ट्रपति अमेरिका की इतनी आलोचना भी नहीं करेगा तो क्या करेगा ? जो अमेरिका ईरान को भी एराक़ और उत्तर कोरिया की तरह 'बुराई की जड़' या शैतान की आँत कहता है, उसे ईरानी राष्ट्रपति के मुँह से कुछ खरी-खरी सुनने को तैयार रहना पड़ेगा। यों भी खातमी 'सभ्यताओं के बीच संवाद' के पक्षधर हैं, 'सभ्यताओं के बीच संघर्ष' के नहीं। यदि उन्हें हंटिंगटन की मान्यता को रद्द करना है तो उनका यह कहना बिलकुल सही है कि अमेरिका दुश्मन की तलाश बन्द करे और पश्चिम के बाहर भी जो अच्छाइयाँ हैं, उनकी अनदेखी न करे। दूसरे शब्दों में ईरानी राष्ट्रपति भारत-जैसे गैर-इस्लामी देश में आकर इस्लाम के चेहरे को चमकाने की कोशिश कर रहे हैं।

ईरानी विदेश नीति का यह पहलू उसे इस्लामी जगत का स्वाभाविक नेता बनाता है। यदि ईरान को अरब देश अपना नेता स्वीकार न करें तो भी क्या हुआ ? मध्य एशिया, दक्षिण एशिया और आग्नेय एशिया का इस्लामी जगत अरब देशों के इस्लामी जगत से काफी बड़ा है। इस्लाम के इस पुनरोद्धार में यदि भारत ईरान की मदद कर सके तो विश्व-राजनीति पर उसका असर पड़े बिना नहीं रहेगा। यों भी राष्ट्रों के बीच

उनके सम्बन्धों के निर्धारण में इस्लाम की भूमिका घटती जा रही है। यदि इस्लाम ही जोड़क तत्त्व होता तो बांग्लादेश क्यों टूटता, ईरान और एराक़ के युद्ध में लाखों जवानों का खून क्यों बहता, अफगानिस्तान और पाकिस्तान के बीच रह-रहकर युद्धों की नौबत क्यों आती, एराक़ कुवैत पर हमला क्यों बोलता और मिस्र तथा सउदी अरब दो अलग-अलग खेमों में क्यों रहते ? यदि इस्लाम इतना महत्त्वपूर्ण है तो ईरान के राष्ट्रपति को भारत-जैसे 'काफिर' देश का मुख्य अतिथि क्यों बनना चाहिए था ? वह भी, गणतंत्र-दिवस के अवसर पर, जबकि भारत की फौजी-शक्ति का प्रदर्शन होता है। वह शक्ति जिसका इस्तेमाल अगर होना है तो एक अन्य इस्लामी राष्ट्र याने पाकिस्तान के खिलाफ ही होना है। 1971 के पहले तक ईरान और पाकिस्तान के बीच ज़ो साँठ-गाँठ थी, उसके मूल में भी मज़हब नहीं, राष्ट्रीय स्वार्थ थे। ईरान के दिल में यह दहशत बैठी हुई थी कि भारत पाकिस्तान को तोड़े बिना नहीं मानेगा। यदि पाकिस्तान टूटता है तो बलूचिस्तान आज़ाद हो जाएगा। यदि पाकिस्तान के छह लाख बलूच आज़ाद होंगे तो ईरान के पन्द्रह लाख बलूच बगावत क्यों नहीं कर देंगे ? इसके अलावा भारत की शक्ति इतनी बढ़ जाएगी कि वह ईरान को भी अपने वर्चस्व में लेने की कोशिश करेगा। ईरान के इस काल्पनिक भय को तत्कालीन भारत-सोवियत सहकार ने भी जमकर हवा दी। इसीलिए अमेरिकी सैन्य-गठबंधन के सदस्य होने के नाते 1965 और 1971 में ईरान ने भारत के विरुद्ध पाकिस्तान की खुलकर मदद की। लेकिन 1971 में पाकिस्तान के टूटने के बाद ईरान को यह समझ में आ गया कि भारत पाकिस्तान को भंग करने पर आमादा नहीं है। ईरान को भारत से कोई खतरा नहीं है। उधर ईरान ने यह भी महसूस किया कि अरब देशों के साथ अपने सम्बन्ध बढ़ाते वक़्त पाकिस्तान ईरान का खास ध्यान नहीं रखता। इसके अलावा भारत और पाकिस्तान का विवाद लम्बा खिंचेगा। इसीलिए भारत और ईरान अब एक-दूसरे को पाकिस्तानी चश्मे से नहीं, अपनी आँखों से देखने लगे।

भारत और ईरान को पास लाने में सबसे बड़ा योगदान अफगानिस्तान की घटनाओं का है। 1992 में नजीबुल्लाह सरकार का ज्यों ही पतन हुआ, अफगानिस्तान में अपना वर्चस्व जमाने के लिए ईरान और पाकिस्तान में होड़ लग गई। ईरान ने फारसीभाषी और मंगोलवंशी 'हजारा' लोगों का समर्थन किया। अफगानिस्तान के 'हजारा' ईरानियों की तरह शिया हैं जबकि पठान, ताजिक, उज़बेक आदि सुन्नी हैं। पाकिस्तान ने इन सुन्नियों का समर्थन किया। अफगानों की इस आपसी लड़ाई में कभी-कभी ईरान और पाकिस्तान मुख्य योद्धाओं की पीठ पर दिखाई देते। ईरान और पाकिस्तान की यह प्रतिद्वंद्विता केवल अफगानिस्तान तक ही सीमित नहीं रही। वह मध्य एशिया के पाँचों मुस्लिम गणतंत्रों तक भी जा पहुँची। पाकिस्तान के अन्दर जो शिया-सुन्नी तनाव बना रहता था, उसकी झाँई भी दोनों राष्ट्रों के सम्बन्धों पर पड़ने लगी। इस तनाव को तूल दिया तालिबान के उत्थान ने। तालिबान ने न सिर्फ अफगानिस्तान के शिया लोगों को मज़हबी तौर पर तंग करना शुरू कर दिया बल्कि

उनके विरुद्ध जातीय प्रतिशोध की नीति भी अपनाई। तालिबान का मतलब था, अफगानिस्तान पर पाकिस्तान की हुकूमत ! तालिबान और ईरान के बीच इतना तनाव बढ़ गया कि दोनों देशों के बीच युद्ध के नगाड़े बजने लगे। अफगानिस्तान और ईरान के बीच युद्ध का मतलब होता—पाकिस्तान और ईरान के बीच लड़ाई ! दोनों मुस्लिम राष्ट्रों के बीच कटुता का यह दौर लगभग दस साल तक चलता रहा। इस बीच भारत और ईरान के आपसी आर्थिक सम्बन्ध ही नहीं बढ़े, वे राजनीतिक और सामरिक दृष्टि से भी एक-दूसरे के नज़दीक आने लगे। विदेश मंत्री दिनेशसिंह, प्रधानमंत्री नरसिंहराव और अटलबिहारी वाजपेयी ईरान गए और ईरान के विदेशमंत्रिगण तथा राष्ट्रपति रफसंजानी भी भारत आए। तालिबान भारत और ईरान के साझा शत्रु बन गए। अफगानिस्तान के अन्दर जिन तत्त्वों की मदद ईरान ने की, भारत ने भी उन्हीं तत्त्वों की पीठ ठोकी। यदि पाकिस्तान, सउदी अरब और संयुक्त अरब अमारात ने तालिबान को मान्यता दी तो ईरान और भारत की सरकारों ने रब्बानी की प्रवासी सरकार को मान्य किया। तालिबान ने बामियान के बुद्ध पर प्रहार किया तो इस्लामी ईरान ने वैसी ही कड़ी निंदा की, जैसी कि 'काफिर' भारत ने की। भारत और ईरान मिलकर मध्य एशिया के तेल और गैस के भंडारों तक पहुँचने के लिए जल और थल-मार्ग भी तलाशने लगे। वे यह जान गए कि न तो अफगानिस्तान में शीघ्र शांति होनेवाली है और न ही भारत-पाक सम्बन्ध आसानी से सुधरनेवाले हैं।

राष्ट्रपति खातमी की इस यात्रा के दौरान गैस और तेल की पाइप लाइन बिछाने पर विचार जरूर हुआ लेकिन 2500 कि.मी. लम्बी और 15 हजार करोड़ रु. की यह पाइप लाइन अब भी एक सपना ही है, क्योंकि भारत-पाक मार्ग बन्द हैं और अफगानिस्तान अभी तक पूरी तरह शांत नहीं हुआ है। बलूचिस्तान से पाकिस्तान के अन्य शहरों तक जानेवाली सुई गैस की पाइप लाइन में हाल ही में दो विस्फोट हुए हैं। असुरक्षा के इस माहौल में कौन कम्पनी अरबों डॉलर खर्च करना चाहेगी। लगभग दस साल पहले ब्रिदास, यूनोकल, डेल्टा और शेवरान जैसी कम्पनियों ने तुर्कमेनिस्तान, तालिबान और पाकिस्तान के नेताओं से कई समझौते किए, उनके लाखों डॉलर तैयारी में और रिश्वतों में खर्च हुए लेकिन नतीजा कुछ भी नहीं निकला। अब भी कई रूपरेखाएँ और प्रायोजनाएँ तैयार हैं लेकिन ईरान का हित इसी में है कि मध्य एशिया को जानेवाला और वहाँ से आनेवाल सारा माल ईरान की सड़कों और रेलों से आए और जाए। ईरानी रास्ता लम्बा है और अभी तैयार नहीं है। अफगान रास्ते के मुकाबले वह महँगा है लेकिन अगर वह चल पड़ा तो अफगानिस्तान और पाकिस्तान सामरिक दृष्टि से निचले पायदान पर खिसक जाएँगे। पाकिस्तान को ज्यादा नुकसान होगा। राष्ट्रपति खातमी की यात्रा ने इसी नुकसान की भूमिका तैयार कर दी है। अब भारत का माल रूस पहुँचने के लिए बाल्टिक समुद्र की हवा नहीं खाएगा। उसे सेंट पीटर्सबर्ग और कोत्का का चक्कर नहीं लगाना पड़ेगा। जब तक वैकल्पिक रास्ते नहीं बन जाते, वह ईरान के बन्दरे-अब्बास से मध्य एशिया और वहाँ से रूस तक

पहुँचेगा। अब जो नए समझौते हुए हैं, उनके तहत ईरान के चाहबहार बन्दरगाह से जाहिदान और वहाँ से ज़राँज और दिलाराम तक मजबूत और आधुनिक सड़क बन जाएगी। यह सड़क जाकर सीधी जुड़ेगी, अफगानिस्तान के उस महापथ से जो अब से लगभग चालीस वर्ष पहले रूस और अमेरिका ने मिलकर बनाया था। भारत का माल अफगानिस्तान के गाँव-गाँव तक सीधा पहुँचने लगेगा। यही मार्ग उत्तर दिशा में बढ़ता हुआ मध्य एशिया के गणतंत्रों को सीधा खाड़ी और हिन्द महासागर से जोड़ देगा। चाहबहार से ईरान की उत्तरी सीमा तक पहुँचनेवाली रेल-प्रायोजना पर भी समझौता हुआ है। अर्थात् भारत और ईरान ने मिलकर पाइप-लाइन का विकल्प खोज लिया है और उस पर काम करना शुरू कर दिया है। यदि कुछ समय बाद भारत-पाक मार्ग खुल गया तो भारत को फायदा होगा और ईरान को कुछ नुकसान। मध्य एशिया तक जानेवाला पाक-अफगान मार्ग छोटा और सस्ता है लेकिन इस मार्ग में राजनीति के काँटे बिछे हुए हैं। यह असम्भव नहीं कि ईरानी रास्ता शुरू होते ही पाकिस्तान को अपनी कमअक्ली का भान होने लगे और वह भारत से अपने सम्बन्धों को सहज बनाने की कोशिश करे। यदि पाकिस्तानी रास्ता खुल जाए तो अफगानिस्तान और पाकिस्तान को पाइप लाइन के किराए से ही अरबों रुपए की आमदनी होने लगेगी। मध्य एशिया के सस्ते तेल और गैस से भारत की अर्थ-व्यवस्था का मौलिक रूपान्तरण हो जाएगा। फिलहाल इस क्षेत्र की अर्थ-व्यवस्थाएँ आपसी राजनीति का शिकार बनी हुई हैं लेकिन खातमी की भारत-यात्रा के बाद यह आशा की जाती है कि अब दोनों देशों की यह आर्थिक पहल इस क्षेत्र की राजनीति में भी कुछ बुनियादी परिवर्तनों को प्रेरित करेगी। तालिबान के खात्मे के बाद उधर ईरान और पाकिस्तान में भी प्रेमालाप बढ़ा है और इधर ईरान ने कश्मीर, आतंकवाद, इस्लामवाद, पंथ-निरपेक्षता और लोकतंत्र आदि पर भी अपनी राय में काफी सुधार किया है। ऐसी स्थिति में ईरान की भूमिका उसके आकार और शक्ति के मुकाबले कहीं अधिक बड़ी हो सकती है। यदि ईरान के प्रयत्नों से भारत-पाक सम्बन्ध सहज हो जाएँ और मध्य-एशिया के मार्ग खुल जाएँ तो सम्पूर्ण एशिया के नवोदय को कौन रोक सकता है।

पड़ोसी देश

भारत और नेपाल में नई भाव-भूमि

भारत और नेपाल की तरह पड़ोसी राष्ट्रों के कई जोड़े और भी हैं। जैसे अमेरिका और केनाडा, पाकिस्तान और अफगानिस्तान, एराक और कुवैत, इंडोनेशिया और मलेशिया, जर्मनी और आस्ट्रिया आदि लेकिन भारत और नेपाल के बीच जो सम्बन्ध हैं, दुनिया के अन्य किन्हीं भी दो राष्ट्रों के बीच नहीं हैं। भारत और नेपाल की बात ही कुछ और है। दोनों राष्ट्रों की सीमाएँ उसी तरह खुली हुई हैं, जैसे एक राष्ट्र के दो प्रान्तों की सीमाएँ खुली रहती हैं। दोनों राष्ट्रों के लाखों नागरिक एक-दूसरे के यहाँ ठाठ से रहते हैं, काम करते हैं, अधिकार और सुविधाएँ पाते हैं। दोनों राष्ट्रों के अधिकांश नागरिकों के धर्म, संस्कृति, परम्परा, लिपि, भाषा आदि में अद्‌भुत समानता है। दोनों देशों के आर्थिक और सामरिक हितों में भी विलक्षण समन्वय है। यदि नेपाल के लोग भारत को अपना पूण्यभू समझते हैं तो भारत के लोग भी नेपाल को अपना पूण्यभू मानते हैं।

अगर ये दो राष्ट्र चाहें तो दुनिया के उन सभी राष्ट्रों के लिए आदर्श सम्बन्धों का नमूना पेश कर सकते हैं, जो पड़ोसी हैं लेकिन जिनके बीच सदा खटपट चलती रहती है। नेपाल के प्रधानमंत्री श्री गिरिजाप्रसाद कोइराला की भारत-यात्रा ने ऐसी आशा तो जरूर जगाई है लेकिन आशा की इस किरण को सच्चाई के सूर्य में बदल देने के लिए दोनों पक्षों को बड़ा परिश्रम करना पड़ेगा। इनके मार्ग में कई बाधाएँ आती रही हैं। पहली बाधा तो यही थी कि दोनों देशों के वर्तमान नेताओं के बीच खुला खाता नहीं था, वैसा ही जैसा कि नेपाल कांग्रेस का भारत के समाजवादियों और काँग्रेसियों के साथ रहा करता था। नेपाली कांग्रेस के नेताओं का भाजपा और संघ परिवार के नेताओं के साथ कभी विशेष सम्पर्क नहीं रहा जबकि वर्तमान नेपाली प्रधानमंत्री गिरिजा बाबू के बड़े भाई विशेश्वरप्रसाद कोइराला और मातृकाप्रसाद कोइराला के साथ राममनोहर लोहिया, जयप्रकाश नारायण, कर्पूरी ठाकुर, चन्द्रशेखर, राजनारायण, मधुलिमये आदि का कई दशकों तक गहरा सम्बन्ध रहा है। यदि नेपाली कांग्रेस के नेता भारतीय कांग्रेस के नेताओं के साथ कन्धे से कन्धा मिलाकर अंग्रेजों के विरुद्ध लड़ते रहे तो नेपाल में राणा परिवार और नरेश के वर्चस्व के विरुद्ध चल रहे संघर्ष में भारत के समाजवादियों और काँग्रेसियों ने नेपाली कांग्रेस के नेताओं का जमकर साथ दिया।

जबसे श्री अटलबिहारी वाजपेयी प्रधानमंत्री बने हैं, संयोग की बात है कि नेपाली

कांग्रेस का कोई बड़ा नेता भारत ही नहीं आया। प्रधानमंत्री कृष्णप्रसाद भट्टराई भारत आते लेकिन काठमांडो से जहाज-अपहरण कांड के कारण सम्बन्ध एकदम बिगड़ गए और फिर कुछ सप्ताह बाद भट्टराईजी की जगह गिरिजा बाबू प्रधानमंत्री बन गए। श्री गिरिजाप्रसाद कोइराला के भारत आने का कार्यक्रम कई बार बना और बिगड़ा लेकिन आखिरकार बन ही गया। उनके पहले, मई में विदेश मंत्री श्री चक्रप्रसाद बास्तोला भारत आए। उनकी यात्रा के दौरान सबसे कठिन मामला सुलझ गया याने इंडियन एयरलाइन्स की उड़ानें फिर शुरू हो गईं। अपहरण कांड के बाद वे बन्द कर दी गई थीं। नेपाल के पर्यटन-उद्योग की कमर लगभग टूटने लगी थी और नेपाल की जनता में भारत के विरुद्ध कटुता फैलने लग गई थी। कोइरालाजी की भारत-यात्रा ने इस कटुता को दूर किया है और उस भाव-भूमि को तैयार कर दिया है जिसके आधार पर दोनों राष्ट्रों के बीच पिछले कुछ वर्षों में पनपीं गलतफहमियाँ दूर हो सकती हैं और दोनों राष्ट्र आदर्श पड़ोसियों का दर्जा हासिल कर सकते हैं।

पिछले चार साल में किसी नेपाली प्रधानमंत्री की यह पहली यात्रा है। इस बीच दोनों देशों में सरकारें बनती और बिगड़ती रहीं। इसके अलावा दोनों देशों के नेताओं के बीच संकोच की झीनी चादर भी खिंची हुई थी। मई में जब प्रधानमंत्री कोइराला से मैं उनके निवास पर मिला तो उन्होंने कई छोटी-मोटी समस्याओं का ज़िक्र किया। मैंने उनसे कहा कि अगर आप इन्हें अटलजी को फोन पर बता दें तो ही ये सब सुलझ जाएँगी तो उन्होंने मुझसे कहा कि 'उनसे फोन पर बात कहाँ होती है?' आशा की जानी चाहिए कि अब काठमांडो को दिल्ली से बात करने में कोई संकोच नहीं होगा। बल्कि होना तो यह चाहिए कि दिल्ली और दक्षेस-राष्ट्रों की राजधानियों के बीच 'हॉट-लाइन' लगी हो और भारत के प्रधानमंत्री महीने में कम से कम एक बार सभी पड़ोसी प्रधानमंत्रियों से खुद बात करें। क्या यह आश्चर्य की बात नहीं कि सात समुन्दर पार बैठे अमेरिकी राष्ट्रपति से और अमैत्रीपूर्ण पाकिस्तान के प्रधानमंत्री से तो फोन पर बात हो सकती है लेकिन भारत से जुड़े हुए राष्ट्रों के नेताओं से नहीं?

यह प्रसन्नता की बात है कि प्रधानमंत्री वाजपेयी के उदार और विनोदप्रिय स्वभाव ने गिरिजा बाबू के मन पर अनुकूल छाप छोड़ी है। भारत और नेपाल के नेताओं की संकोच की पहली परत तो टूट गई है लेकिन इससे भी बड़ी समस्या यह है कि जब भी नेपाल की कोई सत्तारूढ़ पार्टी भारत के साथ कोई समझौता करती है तो सारे विपक्षी दल उस पर टूट पड़ते हैं। 'राष्ट्रवाद' की लहर-सी उठती है, उसमें राजतंत्रवादियों के साथ-साथ साम्यवादी भी बह जाते हैं। आरोप लगाए जाते हैं कि नेपाल को भारत के हाथों बेचा जा रहा है। यह आरोप दस साल पहले उस समय भी लगा था, जब नेपाली कांग्रेस के प्रधानमंत्री श्री भट्टराई और श्री कोइराला भारत आए थे, और भारत व नेपाल के बीच कोसी समझौता हुआ

था। नेपाल के कम्युनिस्टों और नरेशवादियों ने संसद में हंगामा खड़ा कर दिया था। जब 1995 में कम्युनिस्ट प्रधानमंत्री मनमोहन अधिकारी ने टनकपुर मुद्दे को महाकाली प्रोजेक्ट के साथ जोड़ा और सर्वसम्मति की बात कही तो उन पर भी विरोधी दल बरस पड़े। लेकिन संयुक्त सरकार के प्रधानमंत्री शेर बहादुर देउबा ने महाकाली प्रोजेक्ट पर संसद की सर्वसम्मति प्राप्त की और हस्ताक्षर किए। यह और बात है कि संधि का पुष्टिकरण करते हुए संसद ने कई अगर-मगर भी लगा दिए थे। दूसरे शब्दों में भारत-नेपाल सम्बन्धों में किसी भी नए पायदान पर पाँव रखते वक्त सर्वसम्मति तैयार करना जरूरी है। यह खुशी की बात है कि कोइरालाजी की इस यात्रा के दौरान कोई ऐसी संधि या समझौता नहीं हुआ है, जिस पर विपक्ष टूट पड़े। फिर भी काठमांडो लौटते ही विपक्ष ने उन पर यह आरोप जड़ दिया है कि वे खाली हाथ लौटे हैं। उन्होंने टनकपुर, कालापानी, 1950 की संधि आदि मसले क्यों नहीं हल किए और भारत की सुरक्षा पर इतनी अधिक चिन्ता क्यों दिखाई ? अगर नेपाल का विपक्ष इतना भी नहीं बोलेगा तो उसे विपक्ष कहलाने का हक कैसे रह जाएगा ?

इसमें सन्देह नहीं कि नेपाल के विपक्ष ने कोइराला सरकार को गिराने पर कमर कस रखी है। नेपाली कांग्रेस के आन्तरिक मतभेदों का वह लाभ उठाना चाहता है। इसके अलावा नेपाल के लगभग आधा दर्जन ज़िलों पर माओवादियों के अधिकार के कारण भी कोइराला-सरकार साँसत में फँसी हुई है। कुछ वामपन्थी बौद्धिकों ने मुझे काठमांडो में यह भी कहा कि कुछ ही माह में माओवादी राजधानी को घेर लेंगे और ऐसे में भारतीय सेना के बिना नेपाल के शासक-वर्ग को बचाना असम्भव होगा। यह बड़बोलापन मालूम पड़ता है। फिर भी इन सब तथ्यों के प्रकाश में यह जरूरी हो गया है कि नेपाली प्रधानमंत्री 1950 की संधि पर पुनर्विचार करते समय बहुत सावधानी बरतें, क्योंकि यह संधि नेपाल की सुरक्षा का अभेद्य कवच है। अगर यह संधि नहीं होती तो नेपाल की गति कहीं तिब्बत जैसी तो नहीं हो जाती ? उसके 60 लाख लोग भारत में नौकरियाँ नहीं पाते, दार्जिलिंग और सिक्किम में उनका बहुमत नहीं हो पाता और चारों तरफ जमीन से घिरे नेपाल को आवागमन और परिवहन का मोहताज़ हो जाना पड़ जाता। इस संधि में दोनों देशों ने एक-दूसरे को बराबर की रियायतें दी हुई हैं लेकिन फायदा नेपाल को ज्यादा हुआ है, क्योंकि उसकी जरूरतें ज्यादा हैं। फिर भी 1962 के चीनी हमले के बाद नेपाली राजतन्त्र ने 1950 की संधि को खोखला करने की पूरी कोशिश की। इस संधि के प्रावधानों की अवहेलना करते हुए उसने आठवें दशक में चीन से सीधे ही शस्त्र-आयात का प्रयत्न किया था और नेपाल को 'शान्ति-क्षेत्र' घोषित करने की आड़ में भारत और चीन को समान पलड़ों पर रखने की कोशिश की थी। लेकिन अप्रैल 1990 में नेपाल के लोकतन्त्रीकरण, शीतयुद्ध की क्षीणता, भारत-चीन सम्बन्धों में सुधार और भारत के कठोर रवैये के कारण भारत-नेपाल सम्बन्धों पर छाई चीनी प्रेत-बाधा लगभग

छँट गई। इसके बावजूद अनेक नेपाली बुद्धिजीवी अब भी चाहते हैं कि दोनों देशों के सम्बन्धों की आधार-शिला बनी हुई इस संधि को फिर से लिखा जाए। श्री कोइराला की इस यात्रा के दौरान तय हुआ है कि इस संधि का पुनरावलोकन करने के लिए अगले छह माह में दोनों देशों के विदेश सचिवों की भेंट होगी। इसमें संदेह नहीं कि नेपाल की सम्प्रभुता और स्वतन्त्रता का पूर्ण सम्मान किया जाना चाहिए लेकिन भारत की सक्रिय सहायता के बिना क्या नेपाल की न्यूनतम सुरक्षा भी सम्भव है ? यह संधि इस सक्रिय सहायता का मूलाधार है।

श्री कोइराला की इस यात्रा के दौरान अनेक परस्पर लाभकारी निर्णय हुए हैं। जैसे विविध क्षेत्रों में भारत-नेपाल सहयोग तीव्र गति से बढ़े, इस दृष्टि से संयुक्त आयोग की नियमित बैठकें होंगी। विदेश मंत्री श्री जसवंत सिंह शीघ्र ही नेपाल-यात्रा करेंगे और वे अन्य मंत्रालयों को भी सक्रिय करेंगे ताकि अनेकानेक क्षेत्रों में नेपाल के नव-निर्माण के कार्यों को तेजी से बढ़ाया जा सके। इस समय नेपाल केवल 300 मेगावाट बिजली पैदा करता है जबकि उसकी क्षमता 83000 मेगावाट की है। नेपाल की क्षमता का अगर पूरा उपयोग हो सके तो दक्षिण एशिया के सभी देशों के प्रत्येक घर में बिजली पहुँच सकती है और इस विशाल क्षेत्र का पूर्ण औद्योगीकरण हो सकता है। नेपाल के तीव्र औद्योगीकरण के लिए अब भारतीय पूँजी पहले से अधिक सक्रिय होगी। यों भी नेपाल में इस समय लगभग 150 संयुक्त प्रायोजनाएँ चल रही हैं। 500 करोड़ रुपए से भी ज्यादा की मदद भारत दे रहा है। दोनों देशों के बीच सवा सौ अरब रुपए का व्यापार होता है। 1760 कि.मी. की सम्पूर्ण सीमा व्यापार के लिए खुली हुई है। भारत और नेपाल की सीमा-निर्धारण समिति को भी अपना काम 2003 तक पूरा करने के लिए कहा गया है ताकि कालापानी क्षेत्र के विवाद को भी हल किया जा सके। नेपाल को यह आश्वासन भी दिया गया है कि उसके बाँके जिले में आनेवाली बाढ़ पर काबू पाने में भारत पूरी सहायता करेगा। भारतीय बाँध की ऊँची दीवारों के कारण बाँके जिले को डूबने नहीं दिया जाएगा। भारत में पढ़नेवाले नेपाली छात्रों और नेपाल में पढ़ानेवाले भारतीय अध्यापकों की समस्याओं को भी हल किया जाएगा।

इन सब छोटे-मोटे सवालों पर सहमति के साथ-साथ जिस सबसे नाजुक मुद्दे पर दोनों पक्षों की सहमति हुई है, वह था, भारत-विरोधी तत्त्वों की हरकतें। पिछले कुछ वर्षों से पाकिस्तान तथा अन्य मुस्लिम राष्ट्रों ने नेपाल को भारत-विरोधी षड्यंत्रों का अड्डा बना लिया है। खुली सीमा का फायदा उठाकर ये तत्त्व आतंकवाद को खुल्लमखुल्ला हवा देते हैं। नेपाल के अनेक प्रभावशाली लोगों के नाम भी इस कीचड़ में घसीटे गए थे। नेपाली प्रधानमंत्री के इस आश्वासन का स्वागत किया गया है कि नेपाली सरकार भारत-विरोधी तत्त्वों को कठोरतापूर्वक दबाएगी। अगर वह सचमुच ऐसा करेगी तो जहाज-अपहरण की नौबत दुबारा नहीं आएगी। श्री कोइराला ने अमरनाथ-यात्रियों पर हुए हमले की दो-टूक निन्दा करके यह सिद्ध

कर दिया है कि वे आतंकवाद के कट्टर विरोधी हैं और उनके आश्वासन पर भरोसा किया जा सकता है। नेपाल के लिए यह समझना जरूरी है कि आज जो सिर्फ भारत-विरोधी दिखाई पड़ता है, कल वह नेपाल के लिए सबसे बड़ा खतरा बन जाएगा। भारत तो अपने सैन्य-बल के दम पर किसी भी खतरे से निपट सकता है, मगर नेपाल क्या करेगा ? नेपाली पक्ष ने माओवादी खतरे से भी भारतीय पक्ष को अवगत कराया है। माओवादी हिंसा, इस्लामी कट्टरवाद, ईसाई मिश्नरियों का फैलता हुआ जाल, बढ़ती हुई गरीबी और बेरोजगारी–ये सब वे खतरे हैं, जो 1950 की संधि को कमजोर नहीं, मजबूत बनाने की माँग करते हैं।

नेपाल का नाज़ुक समय

नेपाल के राज-परिवार की हत्या के लिए जिम्मेदार कौन है, यह अब शाही आयोग तय करेगा। ऐसी स्थिति में किसी व्यक्ति या समूह-विशेष को जिम्मेदार बताकर इस घटना की मीमांसा करना फिलहाल उचित नहीं होगा लेकिन अब तक काठमांडो से जितने भी संकेत आए हैं, उनका अर्थ यही है कि नेपाली नेतागण इस अपूर्व शोक और संकट की बेला में भी राजनीति करने से बाज़ नहीं आना चाहते। वरना क्या कारण है कि कम्युनिस्ट नेता माधव नेपाल ने जाँच आयोग से इस्तीफा दे दिया। नेपाल के वामपंथियों ने ही यह भ्रम फैलाया है कि नेपाल नरेश की हत्या अचानक नहीं हुई, उसके पीछे कुछ षड्यंत्र है। माओवादी नेता बाबूराम भट्टराई ने 'कांतिपुर' नामक लोकप्रिय नेपाली अखबार में जो लेख लिखा है, उसमें षड्यंत्र का आरोप खुल्लमखुल्ला लगाया गया है। इस षड्यंत्र की जाँच के लिए नए नेपाल-नरेश ज्ञानेन्द्र ने तीन व्यक्तियों की समिति बनाई, जिसमें नेपाल के मुख्य न्यायाधीश, संसद के अध्यक्ष और प्रतिपक्ष के नेता को रखा गया है। इस समिति को अपनी रपट तीन दिन में पेश कर देनी थी। प्रतिपक्ष के नेता माधव नेपाल यह कहकर भाग खड़े हुए कि यह समिति संविधानसम्मत नहीं है और इसमें व्यापक प्रतिनिधित्व होना चाहिए। व्यापक प्रतिनिधित्व के नाम पर सत्तारूढ़ दल आदि के एक-दो लोग और जोड़े जा सकते थे लेकिन यह असंवैधानिक कैसे हैं, वे यह नहीं बता सके। आखिर माधव नेपाल ने यह पासा क्यों फेंका ?

कारण स्पष्ट है। नेपाल के वामपंथी इस मौके का लाभ उठाकर नेपाल में अराजकता फैलाना चाहते हैं ताकि एक पत्थर से तीन शिकार एकसाथ हो सकें। सबसे पहले तो वे नेपाल से राजतंत्र को खत्म करना चाहते हैं। राज-परिवार की हत्या ने उन्हें सुनहरा मौका दे दिया है। ज्ञानेन्द्र पहले से लोकप्रिय नहीं रहे हैं और अब इस हत्याकांड के लिए अगर उन्हें जिम्मेदार ठहरा दिया गया तो वामपंथियों का मन्सूबा अपने आप पूरा हो जाएगा। ज्ञानेन्द्र के पुत्र राजकुमार पारस पहले से ही बदनाम हैं। ऐसी स्थिति में दिवंगत नेपाल-नरेश के किसी दूर-दराज़ के रिश्तेदार को नरेश मानने की बजाय नेपाली जनता पूर्ण लोकतंत्र के नारे में बहकर माओवादियों का साथ देने के लिए मजबूर हो सकती है। नेपाल का राजतंत्र अब भी नेपाल की सम्पूर्ण जनता को बाँधनेवाली कड़ी का काम करता रहा है। जैसा कि अफगान राजतंत्र कभी अफगानिस्तान में करता था। 1990 में अपनी सत्ता जनता में बाँट देने के

बावजूद नेपाल-नरेश बीरेन्द्र नेपाल की एकता और व्यवस्था की निरंतरता के सशक्त प्रतीक बन गए थे। पिछले एक दशक में हर साल गिरनेवाली सरकारों के बीच वे ही स्थिरता और लोकतंत्र के पर्याय रहे हैं। इस प्रतीक और पर्याय के समाप्त होने का मतलब है, नेपाल में लोकतंत्र का निरर्थक हो जाना। अर्थात् लोकतंत्र और व्यवस्था को उखाड़ने में विश्वास करनेवालों की बन आई है। इसीलिए राज-परिवार की हत्या को लेकर भ्रम फैलाना और उससे फायदा उठाकर राजतंत्र की विश्वसनीयता को शून्य तक पहुँचा देना साम्यवादियों और माओवादियों के लिए बहुत ही हितकर है।

वामपंथियों का दूसरा निशाना वर्तमान सरकार है। कोइराला सरकार यों भी काफी कमजोर हो गई है। सत्तारूढ़ दल में पहले से ही फूट पड़ी हुई है। और इधर हवाई जहाज कांड आदि कुछ ऐसे घपले हुए हैं, जिनके कारण प्रधानमंत्री गिरिजाप्रसाद कोइराला कुछ हफ्ते पहले इस्तीफा देने की तैयारी करते दिखाई पड़ रहे थे। उनके तथाकथित उत्तराधिकारियों में भी तलवारें खिंच रही थीं। ऐसी नाजुक स्थिति में राज-परिवार की हत्या के कारण जनता का ध्यान कोइराला सरकार से जरूर हट गया लेकिन अगर अराजकता फैल जाए, दंगे हो जाएँ, लूट-पाट मच जाए, कुछ बड़े लोगों की हत्या हो जाए या नेपाल-नरेश की हत्या में इस सरकार को भी घसीट लिया जाए तो वामपंथियों का लक्ष्य स्वत: सिद्ध हो जाएगा। या तो नए चुनाव होंगे या राजप्रासाद पर ही उनका कब्जा हो जाएगा। नेपाल पर जबरन कब्जा करने का अभियान अभी कुछ ही जिलों में सफल हुआ है लेकिन उसकी जड़ें काठमांडो के आस-पास भी फैल गई हैं। यदि इस हत्याकांड के कारण अराजकता फैल जाए तो काठमांडो पर कब्जे की बिसात बिछाने में वामपंथी एड़ी-चोटी का जोर लगा देंगे।

इसीलिए वामपंथियों का तीसरा निशाना भारत बन गया है। वे जानते हैं कि अगर माओवादियों ने काठमांडो पर जबरन कब्जे की कोशिश की तो नेपाल-नरेश, नेपाल सरकार और नेपाल की फौज भारत से सहायता माँगने के लिए मजबूर हो जाएँगे। भारत मना नहीं कर पाएगा। नेपाल के हित में तो भारत को हस्तक्षेप करना ही होगा, वह अपने हित की उपेक्षा भी नहीं कर सकता। यह कैसे सम्भव है कि पाकिस्तान और चीन के साथ गहरी सहानुभूति और सम्बन्ध रखनेवाले माओवादियों का परचम नेपाल के राजप्रासादों पर फहराने लगे और भारत किसी दूरस्थ देश की तरह तटस्थ हो जाए। भारत-विरोध भड़काने पर हमेशा आमादा रहनेवाले वामपंथियों ने पिछले दिनों एक भारतीय फिल्मी कलाकार के बयान को लेकर (जो दिया ही नहीं गया) काठमांडो में जो दंगल किया था, वह इस बात की आशंका उत्पन्न करता है कि आज की विकट परिस्थिति में राज-परिवार की हत्या का घड़ा भारत के माथे फोड़ा जा सकता है। पाकिस्तानी अखबारों ने इस दुराशय का प्रचार भी शुरू कर दिया है। वे कह रहे हैं कि नेपाल के राज-परिवार की हत्या में भारत की गुप्तचर संस्था 'रॉ' का हाथ है। नेपाल में रहनेवाले भारतीयों और भारतवंशियों को डराने-सताने की

उत्तेजक कार्रवाइयाँ भी शुरू हो जाएँ तो कोई आश्चर्य नहीं। ऐसी स्थिति में भारत सरकार को किसी भी संकट का सामना करने के लिए तैयार रहना होगा।

नेपाल के घटना-चक्र पर भारत सरकार की अब तक की प्रतिक्रिया उचित ही है। राज-परिषद् ने जिसे नरेश बनाया, उसे भारत के राष्ट्रपति और प्रधानमंत्री औपचारिक बधाई नहीं देंगे तो क्या करेंगे। भारत के पास दूसरा कोई भी विकल्प नहीं है। ये तो ज्ञानेन्द्र हैं, अगर कोई घोषित भारत-विरोधी भी नरेश बन जाए या प्रधानमंत्री बन जाए तो उसे भी बधाई देनी पड़ेगी। नेपाल के ऐसे अनेक प्रधानमंत्रियों के लिए नई दिल्ली ने लाल गलीचे बिछाए हैं, जो भारत-विरोधी रहे हैं। दुर्भाग्य यही है कि इस समय नेपाल के वामपंथियों ने जो ज्ञानेन्द्र-विरोधी हवा बहा दी है, उसमें वे भारत को भी लपेटना चाहते हैं। उनका तर्क यह है कि जिस ज्ञानेन्द्र को नेपाल की जनता नहीं चाहती, उसे भारत चाहता है। दूसरे शब्दों में नेपालियों पर भारत की मर्ज़ी का नरेश थोपा जा रहा है और ऐसा करने के लिए ही शायद राज-परिवार के उन्मूलन का षड्यंत्र रचा गया है। यह तर्क बिलकुल थोथा और गर्हित है लेकिन इसे मजबूत बनाने के लिए प्रधानमंत्री अटलबिहारी वाजपेयी की इस मासूम टिप्पणी का भी इस्तेमाल किया जा सकता है कि उन्हें नेपाल के घटना-चक्र में कोई षड्यंत्र नज़र नहीं आता। इसका अर्थ यह लगाया जाएगा कि वे राज-परिवार की हत्या की जिम्मेदारी दीपेन्द्र की ही मानते हैं, ज्ञानेन्द्र की नहीं। ज्ञानेन्द्र और भारत को एक ही सिक्के के दो पहलू बताकर भारत-विरोधी भावना भड़काने से वामपंथी बाज़ नहीं आएँगे। माओवादी नेता बाबूराम भट्टराई ने तो सारी हदें पार कर दी हैं। उनका स्पष्ट आरोप है कि यह हत्याकांड अमेरिका की सी.आई.ए. और भारत की 'रॉ' ने मिलकर आयोजित किया है। ये दोनों राष्ट्र ज्ञानेन्द्र जैसे नरम आदमी को नेपाल के सिंहासन पर बिठाना चाहते हैं। वामपंथी अखबारों और नेताओं ने घुमा-फिराकर यह कहने की कोशिश की है कि हत्याकांड के पीछे ज्ञानेन्द्र और उनके पुत्र पारस का ही हाथ है। ज्ञानेन्द्र उस समय चाहे पोखरा में रहे हों लेकिन पारस भोज-कक्ष में उपस्थित थे और वे सही-सलामत कैसे बच निकले ? पारस के बारे में इस तरह की कई कहानियाँ फैलाई जा रही हैं ताकि उन्हें षड्यंत्र के लिए जिम्मेदार ठहराया जा सके। यह नहीं बताया जा रहा कि पारस के अलावा अन्य चार लोग भी बच गए हैं। अगर किन्हीं बाहरी हत्यारों ने सबको मार दिया होता और सिर्फ ज्ञानेन्द्र की पत्नी और पुत्र को बचा लिया होता तो भी शक की सुई नए नरेश की तरफ़ घूम सकती थी। अगर गोलियाँ बरसानेवाले दीपेन्द्र की पीठ में गोलियाँ लगी हैं तो उससे क्या यह सिद्ध होता है कि वे गोलियाँ पारस ने चलाई थीं या ज्ञानेन्द्र के आदमियों ने चलाई थीं और इन्हीं आदमियों ने कुछ क्षण पहले सारे राज-परिवार को खत्म कर दिया था ? यह असम्भव नहीं कि नेपाल-नरेश के निजी अंगरक्षकों ने गोलियाँ बरसानेवाले दीपेन्द्र पर प्रहार किया हो लेकिन अभी तो मोटे-मोटे तथ्यों के बारे में ही कोई अधिकृत जानकारी नहीं है। पहले दिन नेपाल के सेनापति प्रज्ज्वल शमशेर राणा का

नाम भी घसीटा गया था। कोइराला सरकार का यह कर्तव्य है कि उसके पास जो भी जानकारी है, उसे वह शीघ्रातिशीघ्र जनता के सामने पेश करें। जाँच वगैरह बाद में होती रहेगी। नेपाली जनता का भ्रम बढ़ाने में कार्यवाहक नरेश ज्ञानेन्द्र तथा प्रधानमंत्री कोइराला के इस बयान का भी कम योगदान नहीं है कि गोलियाँ अचानक चल पड़ीं। हो सकता है कि वे दो-दिवसीय मरणासन्न नरेश दीपेन्द्र की प्रतिष्ठा की रक्षा करना चाहते हों। राजतंत्र की प्रतिष्ठा को धूमिल न होने देना चाहते हों। हिन्दू राष्ट्र के राजवंश को रोमन और मुगलिया राजवंशों की पितृहंता और मातृहंता परम्परा से पृथक बताना चाहते हों। कार्यवाहक नरेश ज्ञानेन्द्र के इस रेडियो-बयान ने सम्पूर्ण घटना-चक्र को रहस्यमय तो बना ही दिया, उनके राज्यारोहण को भी विवादास्पद बना दिया। नेपाल नरेश ज्ञानेन्द्र और प्रधानमंत्री कोइराला के विरुद्ध हुए प्रदर्शन इस बात का प्रमाण हैं कि इस संकट की घड़ी में नेपाल की जनता का मिजाज़ कितना नाज़ुक हो गया है।

यों तो ज्ञानेन्द्र बड़े भाग्यशाली हैं। वे दो-दो बार नरेश बन चुके हैं। एक बार 1951 में, जब उनके दादा, पिता और बड़े भाई भागकर भारत आ गए थे और वे, चारवर्षीय राजकुमार, गलती से राजमहल में ही छूट गए थे, उन्हें मजबूरी में अस्थायी नरेश बनाया गया और अब जबकि उनके नरेश बनने की दूर-दूर तक कोई संभावना नहीं थी, नेपाल का ताज खुद ही लुढ़कता हुआ आकर उनके सिर पर बैठ गया है। अब वे नेपाल-नरेश हैं, राजकुमार ज्ञानेन्द्र नहीं। लेकिन नेपाल की जनता उन्हें 53 साल से जिस रूप में जानती रही है, उस रूप को क्या वह रातोंरात भूल सकती है ? ज्ञानेन्द्र अपने बड़े भाई बीरेन्द्र की ओर से नेपाल के वित्त और व्यापार का काम देखते रहे हैं। वे स्वयं व्यापार आदि करते रहे हैं। व्यापार में ऊँच-नीच, काला-धौला होता ही रहता है। ज्ञानेन्द्र को लेकर भी नेपाल में विवाद और अफवाहें गर्म रही हैं लेकिन नेपाल की जनता को भी अब इस मुद्‌दे पर ध्यान देना होगा कि विष्णु का अवतार माने जानेवाले नरेश के बारे में उसे अपने सोचने का ढंग कैसा रखना है और जनता से ज्यादा स्वयं नरेश ज्ञानेन्द्र को सोचना होगा कि नेपाल की अस्मिता के प्रतीक के तौर पर उनका आचरण कैसा होना चाहिए।

नरेश ज्ञानेन्द्र को तंग करने में वामपंथी कोई कसर नहीं छोड़ेंगे। वे उन्हें जन-विरोधी राजा भी घोषित करने की कोशिश कर सकते हैं। वे उनके खिलाफ़ उसी तरह का जन-आंदोलन भी छेड़ सकते हैं, जैसा कि कभी ईरान के शाह के खिलाफ़ आयतुल्लाह खुमैनी ने छेड़ा था। नेपाल के खबरतंत्र और शिक्षित मध्यवर्ग के अनेक प्रभावशाली तबकों पर वामपंथियों का इतना असर है कि उन्होंने इस संकट के दौरान नरेश ज्ञानेन्द्र के ही नहीं, भारतीय अखबारों और टी.वी. चैनलों के विरुद्ध भी वातावरण को विषाक्त कर दिया है। यदि इन हरकतों से तंग आकर नरेश ज्ञानेन्द्र फौज की शरण में चले गए और उन्होंने नेपाली जनता पर हिंसक प्रहार किए तो सचमुच राजशाही को बचाना कठिन हो जाएगा। उनके लिए सबसे सुरक्षित मार्ग यही

है कि वे समस्त लोकतंत्रवादी शक्तियों को अपने साथ लें, जनाभिमुख कार्यक्रमों का समारंभ करें और राजमुकुट की शक्तियों का विसर्जन करते चले जाएँ ताकि नेपाली जनता उन्हें उनके रामतुल्य बड़े भाई के पदचिन्हों पर चलनेवाले लक्ष्मण की तरह देखने लगे। यदि इस लक्ष्य की पूर्ति के लिए उन्हें अपने बेटे पारस को, जो बहुत बदनाम है, अपने उत्तराधिकार से वंचित करना पड़े तो जरूर करना चाहिए और जल्दी करना चाहिए, जैसे कि उनके छोटे भाई धीरेन्द्र को कभी राज-मर्यादा से अलग किया गया था। स्वयं ज्ञानेन्द्र असाधारण तौर पर सुपठित व्यक्ति हैं, पर्यावरण-रक्षा आदि के लिए अन्तरराष्ट्रीय तौर पर प्रतिष्ठित हैं और भारत समेत दुनिया के अनेक राष्ट्रों में उनके निजी मित्रों का संसार फैला हुआ है। नेपाल के इतिहास में संकट की यह सबसे विकट घड़ी है। यदि नरेश ज्ञानेन्द्र फूँक-फूँककर कदम रखेंगे तो वे नेपाल के इस दुर्भाग्य को सौभाग्य में बदल सकते हैं। नेपाल का शक्ति-संभाव्य असीम है। उसकी जनता का शौर्य और धैर्य अप्रतिम है। इसके अलावा भारत जैसा शक्तिशाली राष्ट्र उसकी पीठ पर है। भारत के बच्चे-बच्चे की सहानुभूति नेपाल के साथ है।

श्रीलंकाई चुनाव : नए दिशा-संकेत

श्रीलंका में अगर सत्तारूढ़ गठबन्धन को दो-तिहाई बहुमत मिल जाता तो दक्षिण एशिया एक भयंकर भूकम्प के कगार पर पहुँच जाता। राष्ट्रपति चन्द्रिका कुमारतुंग किसी भी सैनिक तानाशाह से अधिक शक्तिशाली बन जातीं और वे श्रीलंका पर एक ऐसा संविधान थोप देतीं, जिसे तमिल लोग तो रद्द कर ही देते, उसे सिंहलों का प्रमुख विरोधी दल (यू.एन.पी.) भी अस्वीकार कर देता। वह संविधान अब तक के सभी संविधानों से बेहतर होता लेकिन उसकी वजह से श्रीलंका में खून की नदियाँ बहतीं और उनकी लाल लहरें भारत के तटों को भी भिगोए बिना नहीं रहतीं। क्या संयोग है कि सत्तारूढ़ गठबन्धन को दो-तिहाई बहुमत तो क्या, साधारण बहुमत भी नहीं मिला। चुनाव परिणाम के इस धुँधलके में से ही शायद शान्ति का सूर्योदय हो जाए।

इसीलिए श्रीलंका का चुनाव परिणाम निराशाजनक होते हुए भी स्वागत योग्य है। 225 सदस्यों की संसद में सत्तारूढ़ गठबन्धन को केवल 107 सीटें मिलीं याने साधारण बहुमत के लिए भी छह सीटें कम पड़ गईं। 113 सीटों का यह जादुई आँकड़ा विरोधी दल के लिए तो एक सपना ही है। उसे सिर्फ 89 सीटें मिली हैं। याने उसे कम से कम 24 सीटें और मिलतीं तभी वह सरकार बना सकती थी। यह खुशी की बात है कि 'ईलम जन लोकतान्त्रिक पार्टी' (ई. पी. .डी. पी.) तथा मुस्लिम संगठन 'राष्ट्रीय एकता गठबन्धन' (एन. यू. ए.) के सहयोग से कोलम्बो में नई सरकार बन गई है। 116 सदस्यों की इस सरकार ने श्री रत्नश्री विक्रमनायक को फिर से अपना प्रधानमंत्री बनाया है। अब राष्ट्रपति और प्रधानमंत्री दोनों एक ही पार्टी के हैं, इसीलिए सरकार चलाना ज्यादा कठिन नहीं होगा। वह चलेगी जरूर लेकिन वह कोई भी काम धड़ल्ले से नहीं कर सकेगी। मुस्लिमबहुल पार्टियों को इस बार काफी सीटें मिली हैं। नौ सीटें तो 'श्रीलंका मुस्लिम कांग्रेस' को ही मिली हैं, जिसने सत्तारूढ़ गठबन्धन के साथ मिलकर चुनाव लड़ा है। चार सीटें 'राष्ट्रीय एकता गठबन्धन' (एन. यू. ए.) को मिली हैं लेकिन उसके नेता रउफ हकीम कहते हैं कि वह चन्द्रिका सरकार में तभी शामिल होंगे जबकि उन तत्त्वों को कड़ी सजा मिले, जिन्होंने उनकी पार्टी के विरुद्ध चुनावों में हिंसा की है। चन्द्रिका-सरकार को 'ईलम जन लोकतान्त्रिक पार्टी' (ई. पी. डी. पी.) के चार सांसदों का समर्थन तो मिल गया लेकिन तमिलों की दूसरी प्रसिद्ध पार्टी 'तमिल संयुक्त वाम मोर्चा' (टी.यू.एल.एफ.) अपने पाँच सदस्यों का समर्थन देने पर तभी सोचेगी जबकि चन्द्रिका यह आश्वासन दे कि वह तमिल

टाइगर्स (एल. टी. टी. ई.) से सीधी बात करेंगी। चन्द्रिका इस सीधी बातचीत के प्रस्ताव को कई बार रद्द कर चुकी हैं और यह घोषणा भी कर चुकी हैं कि वह टाइगरों को युद्ध लड़कर कुचल डालेंगी। इसी प्रकार सिंहल उग्रवाद का प्रतिनिधित्व करनेवाली 'जातीय विमुक्ति पेरामून' को इस बार दस सीटें मिली हैं। फुटकर पार्टियों में यह सबसे बड़ी पार्टी है। इस पार्टी की नज़र में चन्द्रिका का नेतृत्व बहुत ही पिलपिला है और तमिलों के आगे घुटनेटेकू है। यह पार्टी किसी भी हालत में सरकार में शामिल नहीं होगी। अगर समर्थन भी देगी तो बाहर से देगी। यह पार्टी संसद में ऐसा रुख अपनाएगी, जो सत्तारूढ़ गठबन्धन और विरोधी दल, दोनों को समय-समय पर दुविधा में डालता रहेगा।

दूसरे शब्दों में चन्द्रिका सरकार जो भी कदम उठाएगी, बहुत फूँक-फूँककर उठाएगी। उसे सिर्फ बौद्ध सिंहल जनता ही नहीं, हिन्दू तमिलों और मुसलमानों का भी पूरा-पूरा ध्यान रखना पड़ेगा। वह किसी भी तबके के प्रति उदासीन नहीं रह सकती। किसी को भी नाराज़ करने की हिमाकत नहीं कर सकती। इसका एक अर्थ यह भी है कि श्रीलंका की सरकार सिर्फ साधारण बहुमत से नहीं, लगभग सर्वसम्मति से चलेगी। जिन मुद्दों पर सर्वसम्मति नहीं होगी, उन पर सरकार लड़खड़ाती रहेगी और जिन पर हो जाएगी, उन्हें आनन-फानन लागू किया जा सकेगा लेकिन सर्वसम्मति होगी कैसे ? सर्वसम्मति के मार्ग का सबसे बड़ा रोड़ा तो विरोधी दल ही हैं। जिस नए संविधान पर पिछले पाँच साल से लगातार बहस हो रही थी और लगभग सर्वसम्मति बन चुकी थी, जब उसी संविधान को विधेयक के तौर पर संसद में पेश किया गया तो 'संयुक्त राष्ट्रीय पार्टी' (यू. एन. पी.) ने ही उसका विरोध कर दिया। तीन अगस्त को संसद में प्रस्तुत इस विधेयक का जब 'यू. एन. पी.' ने विरोध किया और इस विरोध को बौद्ध भिक्षुओं ने भी हवा दी तो चन्द्रिका ने संसद भंग कर दी और श्रीलंका की जनता से अनुरोध किया कि वह सत्तारूढ़ गठबन्धन को चुनाव में दो-तिहाई बहुमत दे और वर्तमान राष्ट्रपति (याने चन्द्रिका) को अगले पाँच साल तक राष्ट्रपति और प्रधानमंत्री दोनों के अधिकार दे दे ताकि वे नए संविधान को लागू कर सकें। चन्द्रिका वह ऐतिहासिक काम कर दिखाए, जो अन्य महाप्रतापी नेता—सोलोमन बंडारनायक, सिरिमावो, जयवर्दन और प्रेमदास आदि नहीं कर सके। चुनाव में प्रचण्ड बहुमत पाने के लिए चन्द्रिका ने प्रधानमंत्री पद से अपनी वृद्धा माता सिरिमावो को भी हटाया और उनकी जगह रत्नश्री विक्रमनायक को बैठाया, क्योंकि सिंहल मतदाताओं में वे बहुत लोकप्रिय रहे हैं। लेकिन कोई भी कलाबाज़ी काम नहीं आई। चुनाव-परिणामों ने सत्तारूढ़ गठबन्धन को एक अर्थ में फिर से सिंहासन पर तो बैठा दिया लेकिन उसके हाथ-पाँव मजबूत रस्सों से बाँध दिए।

अब असली प्रश्न यह है कि श्रीलंका का भविष्य क्या होगा ? क्या इस छोटे-से देश के दो टुकड़े हो जाएँगे ? सिंहलों की छाती पर क्या 'तमिल ईलम' खड़ा हो जाएगा ? क्या भारत-विभाजन के समान श्रीलंका में भी विभाजन के दौरान खून की

नदियाँ बहेंगी और हमारा तमिलनाडु फिर से लाखों शरणार्थियों की शरण-स्थली बन जाएगा ? क्या सिंहलों और तमिलों के बीच कोई सीधी बातचीत नहीं होगी ? क्या युद्ध ही अन्तिम फैसला करेगा ? क्या श्रीलंका का नया संविधान ताक पर ही धरा रह जाएगा ? क्या संसद लकवाग्रस्त मरीज़ की तरह असहाय-निरुपाय होकर बैठी रहेगी ?

इन सभी प्रश्नों के उत्तर निराशाजनक हो सकते हैं बशर्ते कि श्रीलंका की सम्पूर्ण राजनीतिक प्रक्रिया को चुनावों की चौखट में ही कस दिया जाए। चन्द्रिका सरकार अगर चुनाव की चौखट में ही अटक गई तो अगले पाँच वर्ष में वह पाँच कदम भी आगे नहीं बढ़ पाएगी। उसे चुनाव के पार जाना होगा। संविधान के पार जाना होगा। फिलहाल वह अगर नया संविधान लाने और दो-तिहाई बहुमत का जुगाड़ बिठाने की बात दरी के नीचे सरका दे तो बेहतर होगा। संसद और संविधान अभी जिस मुकाम पर हैं, उन्हें वहीं रहने दिया जाए और सरकार सीधे उन तत्त्वों से बात करे, जो तमिल-समस्या को हल करने में निर्णायक भूमिका निभा सकते हैं तो उसके सफल होने की पूरी उम्मीद है। वे तत्त्व कौन-से हैं ? यह वे तत्त्व हैं, जो श्रीलंका की संसदीय राजनीति की चौखट के बाहर जमे हुए हैं। उन्हें चुनाव और संसद से कोई सीधा मतलब नहीं है। तमिल टाइगर्स (एल.टी.टी.ई.) ने चुनाव नहीं लड़ा लेकिन सभी राजनीतिक दलों के ध्यान की धुरी वे ही थे और ठीक उनके विपरीत श्रीलंका के चारों बौद्ध सम्प्रदाय हैं, जिनके इशारे पर श्रीलंका के बहुसंख्यक सिंहल लोग अपनी राय बनाते हैं। ये बौद्ध मठाधीश जिस नेता या पार्टी के विरुद्ध हो जाएँ, उसका कोलम्बो में सत्तारूढ़ रहना कठिन हो जाता है। चन्द्रिका के पिता प्रधानमंत्री सोलोमन बन्डारनायक की हत्या एक बौद्ध भिक्षु ने ही की थी और उनकी माता प्रधानमंत्री सिरिमावो के विरुद्ध 1971 की कुख्यात बगावत में भी उनका ही हाथ था। कटुनायक हवाई अड्डे में प्रधानमंत्री राजीव गांधी पर हुए हमले के पीछे भी यह ही तत्त्व सक्रिय थे। संसदीय राजनीति में उनका चाहे कोई सीधा स्थान न हो लेकिन राष्ट्रीय राजनीति के असली सूत्रधार ये ही तत्त्व हैं। श्रीलंका की मुख्यधारा की पार्टियाँ इन्हीं तत्त्वों के समर्थन और विरोध के आधार पर अपनी राजनीति चलाती हैं।

ऐसी स्थिति में राष्ट्रपति चन्द्रिका कुमारतुंग और प्रधानमंत्री रत्नश्री विक्रमनायक को एक साथ दो मोर्चे खोलने होंगे। एक तरफ तमिल उग्रवादियों से बात करनी होगी और दूसरी तरफ सिंहल उग्रवादियों से ! जाहिर है कि यह रणनीति विरोधी दल को रास नहीं आएगी। उसके नेता रनिल विक्रमसिंघ की कोशिश होगी कि सत्तारूढ़ गठबन्धन दोनों तरफ से मार खाए। इसीलिए पिछली संसद के दौरान जब भी चन्द्रिका ने तमिल समस्या हल करने के लिए कोई भी तर्कसंगत और व्यावहारिक प्रस्ताव रखा, रनिल ने नहले पर दहला मारने की कोशिश की। अगर चन्द्रिका ने कहा कि श्रीलंका 'एकात्मक राज्य' की बजाय 'विभिन्न क्षेत्रों का संघ' होगा तो रनिल ने कहा कि इससे श्रीलंका कमजोर पड़ जाएगा। उसे 'एकात्मक राज्य' ही कहा जाए।

ऐसा कहकर रनिल ने सिंहल उग्रवादियों को खुश कर दिया। जब चन्द्रिका ने कहा कि नए संविधान में राष्ट्रपति की बजाय प्रधानमंत्री को प्रमुखता दी जाएगी तो रनिल ने कह दिया कि राष्ट्रपति के साथ दो उपराष्ट्रपति—एक तमिल और एक मुसलमान—भी नियुक्त किए जाएँ। याने एक तरफ वे सिंहलों को खुश करने में लगे हैं और दूसरी तरफ़ तमिलों और मुसलमानों को पटाने में। यदि चन्द्रिका कहती हैं कि वह तमिल टाइगरों को युद्ध में परास्त करेंगी तो रनिल कहते हैं कि उनसे लड़ो मत, बात करो। यदि जफना पर तमिल टाइगर्स के कब्जे की नौबत आ जाती है तो विरोधी दल के ये ही नेता कहते हैं कि ये कैसी मुर्दार सरकार है ? यह देश की रक्षा भी नहीं कर सकती ?

इस प्रकार की संसदीय दुविधा से बाहर निकलने का एक ही तरीका है कि जैसे अगस्त 1994 में प्रधानमंत्री बनते ही चन्द्रिका ने सीधे वेलुपिल्लई प्रभाकरन से बात शुरू कर दी थी, बिलकुल वैसी ही पहल एक बार वे फिर कर दें। याद कीजिए कि नवम्बर 1994 आते-आते श्रीलंका सरकार और तमिल टाइगरों के बीच न केवल युद्ध-विराम घोषित हो गया था बल्कि टाइगरों के विचार-पुरुष एन्टन बालसिंघम ने यहाँ तक घोषणा कर दी थी कि वे स्वतन्त्र तमिल राष्ट्र (ईलम) की माँग छोड़ने के लिए तैयार हैं और यदि सत्ता का विकेन्द्रीयकरण ढंग से हो तो उसे स्वीकार करने के लिए भी तैयार हैं। दोनों पक्षों के बीच कई सीधी बैठकें हुईं और युद्ध-विराम भी जारी रहा लेकिन कई कारणों से बात टूट गई और फिर तलवारें खिंच गईं। चन्द्रिका पर जानलेवा हमले हुए, कई सिंहल और मुस्लिम नेता शहीद हुए और इस साल गर्मियों में एक बार फिर जफना टाइगरों के हाथ में जाते-जाते बचा। चन्द्रिका के सामने यह दुविधा जरूर है कि वह टाइगरों के विरुद्ध युद्ध-विराम कैसे घोषित करे ? और उसे घोषित किए बिना उनसे सीधे बात कैसे करे ? शायद नॉर्वे की मध्यस्थता के कारण कोई गली निकल आए और कुछ ऐसा समाँ बँध जाए, जैसा कि महाभारत के ज़माने में होता था याने दिन में युद्ध चले और सूर्यास्त के बाद वार्ता !

तमिल टाइगरों से वार्ता करना बच्चों का खेल नहीं है। वे संविधान में तमिल भाषा की दुर्दशा, राष्ट्रध्वज में तमिल प्रतिनिधित्व के अभाव, बौद्ध धर्म की वरीयता, आदि मुद्दों पर तो प्रश्न-चिन्ह लगाते ही हैं, वे यह संवैधानिक आश्वासन भी चाहते हैं कि तमिलों को आत्मनिर्णय का अधिकार मिलना चाहिए, उन्हें अलग 'राष्ट्र' भी माना जाना चाहिए, समस्त तमिल क्षेत्रों को एक ईकाई में भी परिणत किया जाना चाहिए आदि। याने वे चाहें तो भविष्य में श्रीलंका से अलग भी हो सकें। इन माँगों को सिंहल जनता, जिसकी जनसंख्या 75 प्रतिशत है, राष्ट्र-विरोधी और विभाजनकारी मानती है। वास्तव में सिंहल और तमिल लोगों के बीच इन मार्मिक मुद्दों पर कभी खुलकर सीधी बात होती ही नहीं है। चन्द्रिका सरकार की सफलता इसी में है कि वह दोनों पक्षों के प्रामाणिक प्रतिनिधियों के बीच बातचीत के बन्द कपाटों को खुलवा दे। बातचीत के सफल होने के जैसे आसार अभी हैं, पहले कभी नहीं

थे। ठिठके हुए चुनाव-परिणामों का सन्देश भी यही है।

तमिल टाइगर भी अब युद्ध की बजाय बातचीत को ज्यादा पसंद करेंगे। गर्मियों मे हुई जफना की लड़ाई ने यह सिद्ध कर दिया है कि श्रीलंकाई फौज अब वैसी नहीं है, जैसी कि वह 1983 में थी। दस-बारह हजार की संख्या अब बढ़कर सवा लाख तक पहुँच गई है। इसके अलावा दुनिया की लगभग सभी महाशक्तियाँ श्रीलंकाई फौजों की मदद को तैयार हैं। वे बन्दूक के जोर पर यथास्थिति को भंग करने के विरुद्ध हैं। तमिल माँगों के प्रति भारत की सहानुभूति अवश्य है लेकिन वह भी श्रीलंका को टूटने नहीं देगा। श्रीलंका के सिंहल और तमिल, दोनों ही पिछले 17 साल में 60 हजार लोगों का बलिदान देकर अब थक चुके हैं। दक्षिण एशिया के इस सबसे अधिक सुशिक्षित, सुसम्पन्न और सुसंस्कृत राष्ट्र को शान्ति की राह पर लाने का यह अन्तिम अवसर है। आशा की जानी चाहिए कि चन्द्रिका, जिन्होंने अपने पति (विजय कुमारतुंग), पिता (सोलोमन बन्डारनायक) और माता (सिरिमावो) को राष्ट्र की बलिवेदी पर कुर्बान होते देखा है, वे इस भग्नमना राष्ट्र के ऐक्य के लिए कोई कसर उठा न रखेंगी।

शेर का बर्ताव बकरी जैसा क्यों ?

अगर मुद्दा यह है कि हसीना वाजिद रहेंगी या भारत की इज्जत, तो मुद्दा यही सही ! ढाका में हसीना का प्रधानमंत्री पद खटाई में पड़ जाएगा, इसलिए हम अपने 15 जवानों की मौत पर चुप खींच जाएँ, इससे बढ़कर मरियल तर्क क्या होगा ? भारत की सम्प्रभुता बड़ी चीज़ है या हसीना का प्रधानमंत्री बने रहना ? भारतीय अकर्मण्यता के पक्ष में तर्क यह दिया जाता है कि हसीना मुजीब की बेटी है और भारत की दोस्त है। अगर भारत ने जवाबी कार्रवाई की तो बांग्लादेश के कट्टरपंथी हसीना को जिन्दा नहीं रहने देंगे। इस वर्ष होनेवाले चुनावों में वे हार जाएँगी। इसीलिए इतनी संगीन घटना के बावजूद हमें फूँक-फूँककर कदम रखना चाहिए। इस तर्क का जवाब यह है कि हसीना क्या, अटलबिहारी वाजपेयी का पद भी खतरे में पड़ जाए तो पड़ जाए, भारत को 'पिरदिवाह' का मुँहतोड़ जवाब देना चाहिए। भारत ने क्या पड़ोसी प्रधानमंत्रियों–हसीना या नवाज़ शरीफ या कोइराला या चंद्रिका कुमारतुंग को बचाने का ठेका ले रखा है ? उसका सिर्फ एक ही ठेका है कि वह भारत की सम्प्रभुता की रक्षा करे। इस कर्तव्य के निर्वाह में यदि किसी भारतीय या पड़ोसी प्रधानमंत्री की भी कुर्बानी होती है तो हो जाए। इसमें डर की बात क्या है ? जो प्रधानमंत्री भारत की दोस्ती का दम भरता है और अपने भारतविरोधी गुंडों पर डंडे बरसाने से घबराता है, वह हमारे किस काम का है ? इससे तो वह प्रधानमंत्री अच्छा, जो खुल्लमखुल्ला भारत का विरोध करता है। हसीना के ज़माने में भारत के साथ जो कुछ हो रहा है, क्या वैसा कभी इरशाद या जिया या खालिदा के ज़माने में हुआ ? इन नेताओं को पता था कि अगर भारत के साथ बदसलूकी हुई तो वह खाल खींच लेगा। आज भारत की खाल खींची जा रही है और भारत हकला रहा है।

समझ में नहीं आता कि बांग्लादेश रायफल्स के मुखिया जनरल फजलुर रहमान को हसीना ने अभी तक चलता क्यों नहीं किया ? अगर यह मान भी लें कि पिरदिवाह की घटनाओं के लिए हसीना खुद जिम्मेदार नहीं हैं तो फिर सीधी जिम्मेदारी जनरल रहमान पर आती है या नहीं ? रहमान ने तो यह नहीं कहा कि मुझे कुछ पता नहीं था। अगर कुछ पता नहीं था तो ऐसे निकम्मे जनरल को तो एक मिनिट भी उसकी कुर्सी में नहीं रहने देना चाहिए। और अगर उसे पता था तो यह उसका दुगुना अपराध है। उसने बांग्लादेश को तो अपराधी राष्ट्र बना ही दिया, भारत के साथ उसकी दोस्ती को भी चौपट कर दिया। पाकिस्तानी कार्ड खेलनेवाले रहमान को क्या पता नहीं कि

पहला विश्वयुद्ध क्यों छिड़ा और दूसरा विश्वयुद्ध क्यों भड़का ? इन दोनों विश्वयुद्धों के भड़कने के तात्कालिक कारण तो पिरदिवाह से भी हल्के थे, कमतर थे, सतही थे। प्रथम युद्ध इसलिए भड़का कि सरायेवा में किसी आतंकवादी ने राजकुमार फर्डीनेंड की हत्या कर दी थी और दूसरा युद्ध इसलिए भड़का कि हिटलर को पोलिश बरामदा चाहिए था। क्या भारत-बांग्ला सीमांत पर बने डेढ़ सौ भू-प्रकोष्ठों पर बांग्लादेश बंदूक के जोर पर अपना कब्जा जमाना चाहता है ? हमारी सीमा सुरक्षा फौज के 15 जवानों की हत्या जिस नृशंसता से हुई है, वह फर्डीनेंड की हत्या से कहीं अधिक जघन्य और मर्मान्तक घटना है। जवानों की लाशों के चित्रों ने पूरे भारत का खून खौला दिया है। मरे हुए जवानों को हिरणों की तरह डंडों पर उल्टा टाँग रखा था। चित्र देखकर ऐसा लगा कि उस जवान को नहीं, भारत को ही उल्टा टाँग दिया गया है। क्या बांग्लादेशियों ने भारतीय जवानों की आँखें उसी तरह से नहीं नोंची हैं, जैसे कि करगिल युद्ध के समय पाकिस्तानियों ने नोंची थीं ? बर्बरता में पाकिस्तानी आगे हैं या बांग्लादेशी, यह बताना कठिन हो गया है। सरकारी दोस्ती के पुल के नीचे दुश्मनी का जो दरिया बांग्लादेश में बह रहा है, हमारे धृतराष्ट्र उसे देख रहे हैं या नहीं ? 1959 में चीनियों ने हमारे 13 जवानों की लाशें लाकर खुर्नाक के किले पर पटकी थीं, तब भी हमारी सरकार की आँखें नहीं खुली थीं। वह हिन्दी-चीनी भाई-भाई के नशे में धुत्त थी। तीन साल में ही चीन भारत पर चढ़ बैठा। उस समय सरकार सोई हुई थी लेकिन जनता जाग रही थी। आज जनता भी सो रही है। कोई विरोध नहीं, कोई प्रदर्शन नहीं, कोई बयान नहीं। प्रतिपक्ष तो बिलकुल पंगु हो चुका है। वह अपने जख्म सहलाने में ही मशगूल है, उसे राष्ट्र के घाव धोने की फुरसत कहाँ है ? क्या राष्ट्रवादी आकांक्षाओं को गुँजाने का काम केवल विश्व हिन्दू-परिषद् के जिम्मे लगा दिया गया है, जिसकी सही राय पर भी सम्प्रदायवाद का मुलम्मा चढ़ा दिया जाता है।

सारे मामले पर भारत सरकार की प्रतिक्रिया कुछ इस तरह की है जैसे कि पिरदिवाह गाँव में बांग्ला फौजियों ने मानो कुछ किया ही नहीं। बस हमारे पेड़ों से जैसे कुछ आम तोड़ लिए हों। निहत्थे जवानों के साथ ऐसी क्रूरता का नतीज़ा क्या हो सकता है, उसकी भयंकरता का बोध अगर भारत सरकार बांग्लादेश को नहीं करा सकती तो उसे सरकार कहलाने का कोई हक नहीं है। सरकार जैसे करगिल में गच्चा खा गई थी, पिरदिवाह में भी खा गई है। उसका खुफियातंत्र उसकी आदेश-व्यवस्था, उसकी कूटनीति–सबका कचूमर निकल गया है। कहाँ भारत और कहाँ बांग्लादेश, कोई तुलना है ? चीन के मुकाबले अमेरिका कितना ताकतवर है लेकिन चीन ने उसके छक्के छुड़ा रखे हैं। जिस अमेरिकी जासूसी जहाज ने चीनी जहाज को गिराया था, उसे अभी चीन ने छोड़ा नहीं है। चीन अमेरिका से नाक रगड़वा रहा है। चीन ने अपने मृत जहाजी को राष्ट्रीय सम्मान प्रदान किया है। वह राष्ट्रीय शौर्य और श्रद्धा का प्रतीक बन गया है। इसके मुकाबले हम क्या कर रहे हैं ? हमने अपने जवानों

की अंत्येष्टि कर दी है और जाँच बैठाकर यह पता कर रहे हैं कि ऐसी दुर्घटना क्यों हो गई ? ऐसा करके क्या हम अन्य पड़ोसी राष्ट्रों को दावत नहीं दे रहे हैं कि वे जब चाहें हमारी इज़्ज़त से खिलवाड़ करें। जबकि इस मौके पर संदेश यह जाना चाहिए कि अगर किसी ने भारत को छेड़ा तो वह उसे छोड़ेगा नहीं।

इसका मतलब यह कतई नहीं कि भारत बांग्लादेश के विरुद्ध युद्ध की घोषणा कर दे। बांग्ला सरकार ने अभी तक कोई ऐसी बात नहीं कही है, जिसे शत्रुतापूर्ण माना जा सके और न ही कहीं भी उसका दुराशय प्रकट होता है। उसने सारी घटना पर खेद व्यक्त किया है और जाँच भी बैठा दी है। विदेश सचिव सय्यद मुअज़्ज़म अली ने हमारे जवानों के साथ किए गए बर्बरतापूर्ण बर्ताव की भर्त्सना भी की है। लेकिन क्या यह काफी है ? भारत के सीने पर जो फफोले उपड़ आए हैं, क्या उनके लिए किसी मरहम की जरूरत नहीं है ? क्या यह मामला इतना मामूली है कि सिर्फ विदेश सचिवों के बयानों से ही निपट जाएगा ? बयान तो प्रधानमंत्री हसीना वाजिद का भी नाकाफी होगा। (रविवार की सुबह तक उनका कोई बयान नहीं आया था)। फिलहाल यह प्रस्ताव तो हास्यास्पद है कि विदेश मंत्री जसवंत सिंह ढाका जाएँ और मामला सुलझाएँ। वहाँ जाकर वे क्या सुलझाएँगे ? क्या बांग्लादेश की जनता से वे माफी माँगेंगे ? फिलहाल न्यूनतम आवश्यकता तो यह है कि प्रधानमंत्री हसीना वाजिद तुरन्त भारत आएँ, भारतीय संसद में अपनी सफाई पेश करें और दो-टूक शब्दों में माफी माँगें। बांग्लादेश में उनके विरोधी उनकी मज़ाक जरूर उड़ाएँगे लेकिन उनके देश में ही नहीं, सारे दक्षिण एशिया में उनका कद एक बालिश्त ऊँचा हो जाएगा। वे ज़रा याद करें कि 12-13 साल पहले जब बांग्लादेश में भयंकर तूफान आया था, राजीव गांधी अचानक ढाका पहुँच गए थे। उस घटना का बांग्ला जनता के मन पर कितना जबर्दस्त असर हुआ था ? आज औसत भारतीय अपने आपसे पूछ रहा है कि बांग्लादेश को आज़ाद करवाने का क्या यही प्रतिफल हमें मिलना था ? छोटे-मोटे पड़ोसियों से सदा अपमानित होते रहना ही क्या भारत की नियति नहीं बन गई है ? विशाल होने के बावजूद क्या भारत पिलपिला नहीं होता जा रहा है ? क्या फीजी में हुई भारतीयों की पिटाई ने इसी निष्कर्ष को सही सिद्ध नहीं किया है ? किसी अभिनेता के बयान को लेकर नेपाल में जो ऊधम मचा था, वह किस तथ्य का प्रतीक था ? क्या इसका नहीं कि भारत के पड़ोसियों ने उसे आलसी अजगर समझ रखा है ? जो बर्ताव आज भारत के साथ हो रहा है, वह इस्राइल के साथ अगर उसके किसी पड़ोसी ने किया होता तो क्या होता ? एक के बदले कम-से-कम सौ मारे जाते। हम भूल गए कि उसामा बिन लादेन को पकड़ने के लिए अमेरिका ने क्या-क्या नहीं किया ? लादेन के बम की वजह से दो-तीन अमेरिकी मारे गए थे लेकिन उसका बदला लेने के लिए अमेरिका ने अफगानिस्तान पर प्रक्षेपास्त्र चला दिए और अफगानिस्तान को आतंकवादी राष्ट्र घोषित करवा दिया। इसी प्रकार अगर लातीनी अमेरिका का कोई राष्ट्र यदि किसी अमेरिकी नागरिक की हत्या करना तो दूर, अगर उसे तंग भी

करता है तो अमेरिका रौद्र रूप धारण कर लेता है ? अपने सीमांतों पर फौजों का अम्बार लगा देता है। भारत खुद को महाशक्ति कहलवाना चाहता है, शेर कहलवाना चाहता है लेकिन उसका बर्ताव तो बकरी जैसा है। यह सरकार खुद को राष्ट्रवादी कहती है लेकिन अपने बर्ताव में यह परराष्ट्रवादी मालूम पड़ती है।

अगर यह मान भी लें कि हसीना वाजिद की सरकार भारत के प्रति बहुत ही सदाशयतापूर्ण है तो भी यह प्रश्न उठता है कि आखिर भारत-बांग्ला सीमान्त के बांग्ला नागरिकों में भारत-विरोधी दुस्साहस आया कहाँ से ? क्या उन्हें इस बात का भय नहीं कि भारत ईंट का जवाब पत्थर से दे सकता है ? क्या वे यह नहीं जानते कि उनके लाखों भाई-बहन भारत में अवैध रूप से रह रहे हैं ? यह असम्भव नहीं कि कुछ धर्मान्ध और पाकिस्तान-परस्त तत्त्वों ने फौज और कुछ नागरिकों को पानी पर चढ़ा दिया हो लेकिन यह हसीना वाजिद का सिरदर्द है, भारत का नहीं। हसीना का फर्ज है कि वह उन तत्त्वों को कुचल डाले। वरना अगर भारत ने सीधी कार्रवाई कर दी तो उन तत्त्वों के साथ-साथ हसीना को भी चोटें लगेंगी। गेहूँ के साथ घुन भी पिसेगी। हसीना के लिहाज़ में अगर भारत सिर्फ जबानी जमा-खर्च करता रहा तो भारतीय विदेश नीति की यह गहरी क्षति होगी।

तिब्बत कश्मीर नहीं है

परम-पवित्र दलाई लामाजी को हुआ क्या है ? चेन्नई के किसी सम्मेलन में वे फिसल पड़े। इसके पहले कि उन पर गाज़ गिरती, वे अपना चीवर झाड़-पोंछकर उठ खड़े हुए हैं। अब वे यह कह रहे हैं कि उन्होंने जो कुछ कहा था, उसका गलत मतलब लगाया जा रहा है। अपनी सफाई में वे नई और अच्छी-अच्छी बातें कह रहे हैं लेकिन वे वह नहीं दोहरा रहे हैं, जो उन्होंने चेन्नई में कहा था। चेन्नई में उन्होंने कहा था कि कश्मीरियों को सच्चे स्वशासन (सेल्फ रूल) का अधिकार मिलना चाहिए, भारतीय कश्मीरियों को और पाकिस्तानी कश्मीरियों को भी। उन्होंने तिब्बत और कश्मीर की भी तुलना कर डाली। अब उनका दफ्तर सफाइयाँ देता फिर रहा है कि भारत में कश्मीर के विलय को दलाई लामा पूर्ण एवं विधिसम्मत मानते हैं। वे तो सिर्फ भारत-पाक सम्बन्धों को सुधारने की दृष्टि से कश्मीर के सवाल पर बोले थे। उनके पहले बोलनेवाले वक्ताओं ने कश्मीर का मुद्दा उठाया, इसीलिए उन्हें भी कश्मीर पर बोलना पड़ा। वे तो भारत और पाकिस्तान को बुद्ध के मध्यम मार्ग पर चलने का उपदेश कर रहे थे।

धन्य हैं, दलाई लामाजी ! आप अतिथि की मर्यादा खूब निभा रहे हैं। भारत में रहते हुए चीन के विरुद्ध खुलेआम बोलने में आपकी ज़ुबान हकलाने लगती है। अतिथि की मर्यादा आड़े आती है। न आप इस मर्यादा को तोड़ना चाहते हैं और न ही भारत इसे तोड़ने देना चाहता है लेकिन भारत के खिलाफ बोलने में कोई मर्यादा भंग नहीं हो रही है। इस मर्यादा-भंग पर भारत अचम्भे में है लेकिन वह मेज़बान की मर्यादा के नीचे दबा हुआ है। वह दबी ज़ुबान से भी यह नहीं कह पा रहा है कि दलाई लामाजी आप गलत हैं और बिलकुल गलत हैं। भारत आपका बहुत आदर करता है लेकिन आप यहाँ किसी राजनीतिक शरणागत की तरह नहीं, अतिथि धर्मगुरु की तरह रहते हैं। सबसे पहला प्रश्न तो यह है कि आप जैसे महामहिम और परम पूज्य व्यक्ति को राजनीतिक ढकोसलेबाज़ी में पड़ने की जरूरत ही क्या है ? क्या आप यह नहीं जानते कि आपके पास ज्यादातर निमंत्रण इसीलिए आते हैं कि आपके नाम को भुनाना काफी आसान होता है ? आपके बहाने आयोजकों के नाम और चित्र मुखपृष्ठों पर दिखाई पड़ने लगते हैं। आपको वे लोग भी बुलाते हैं, जिनके पास खुद कहने के लिए कुछ नहीं है या उनका कहा लगभग बेमतलब है लेकिन अगर वे अपनी खाली बन्दूक आपके कन्धे पर रख दें तो उसके भी चल पड़ने की सम्भावना हो जाती

है। चेन्नई में जुटे लोगों का काम बख़ूबी सध गया है। अब आप अपना बयान कितनी ही बार वापस लें, सारी दुनिया में यह संदेश चला गया है कि आपकी नज़र में कश्मीर और तिब्बत लगभग एक-जैसे मामले हैं और कश्मीर के सवाल पर भारत उतना ही गुनहगार है जितना कि पाकिस्तान ! दोनों को अब बीच का कोई रास्ता (मध्यम मार्ग) अपनाना चाहिए। यह सफाई अब किस काम की है कि आपसे हुर्रियत के कुछ नेता वहाँ मिले और आपने कुछ पाकिस्तानियों के भाषण वहाँ सुने तो आप पर कुछ असर हो गया। असर हो गया या मगज़ फिर गया, यह कहना कठिन है लेकिन दलाई लामाजी के बयान ने उनके मेज़बान भारत को भारी असमंजस में डाल दिया है।

दलाई लामाजी भारत की आँखों के तारे हैं। उनकी आलोचना करना किसी को नहीं सुहाएगा लेकिन उन्होंने जो मुद्दे उठाए हैं, उनकी अनदेखी नहीं की जा सकती ! पहला मुद्दा तो यही है कि क्या तिब्बत और कश्मीर एक ही सिक्के के दो पहलू हैं, क्या ये एक ही जात के दो पंछी हैं ? इसका जवाब यह है कि हाँ, हैं और नहीं भी। दोनों में पहली एकरूपता यह है कि जैसे चीन ने डंडे के जोर पर तिब्बत दबा लिया, वैसे ही पाकिस्तान ने बंदूक के जोर पर आधा कश्मीर दबा रखा है। दोनों ने स्वतन्त्र राज्यों के विलय के लिए हिंसा का प्रयोग किया। दोनों ने अन्तरराष्ट्रीय कानून का उल्लंघन किया है। दूसरा, जैसे चीन ने तिब्बत का चीनीकरण कर दिया है, वैसे ही पाकिस्तान ने अपने कब्जाए हुए कश्मीर का पंजाबीकरण कर दिया है। पाकिस्तान के एक कश्मीरी लेखक ने हाल ही में प्रकाशित अपनी पुस्तक में लिखा है कि 'आज़ाद कश्मीर' मालदार पाकिस्तानियों की यौन-आज़ादी (अय्याशी) का मुकम्मिल अड्डा है। जैसे तिब्बतियों को अपने ही देश में प्रवासियों की तरह रहना पड़ता है, वैसे ही कश्मीरियों को पाकिस्तानी बूटों तले बेगानों की तरह गुजर करना पड़ता है। पिछले हफ्ते ही इस्लामाबाद ने कब्जाए हुए कश्मीर में एक फौजी जनरल को 'राष्ट्रपति' के रूप में थोप दिया है। तीसरा, जैसे चीन तिब्बत को अपना प्रान्त नहीं कहता, पाकिस्तान भी कब्जाए हुए कश्मीर को अपना हिस्सा नहीं बताता। पाकिस्तान उसे 'आज़ाद कश्मीर' कहता है तो चीन तिब्बत को 'स्वायत्त क्षेत्र' कहता है। दोनों अपने-अपने उपनिवेशों को आज़ाद बताते हैं लेकिन दोनों ने उन्हें गुलाम बना रखा है। चौथा, पाँच दशकों के कब्ज़े के बावजूद दोनों, तिब्बत और पाकिस्तानी कश्मीर, दरिद्रता और पिछड़ेपन के नमूने बने हुए हैं। चीन और पाकिस्तान में अन्य कई इलाके भी पिछड़े हुए हैं लेकिन जैसी दुर्दशा तिब्बत और कश्मीर की है, वैसी किन्हीं अन्य क्षेत्रों की नहीं है। इन इलाकों को वे परदेसी उपनिवेशों की तरह मानते हैं और उन्हें यह भरोसा भी नहीं है कि वे हमेशा उनके कब्ज़े में रह पाएँगे। पाँचवाँ, मानव अधिकारों का उल्लंघन जैसा तिब्बत में होता है लगभग वैसा ही पाकिस्तानी कश्मीर में भी हो रहा है। जैसे तिब्बत की कोई सुननेवाला नहीं है, वैसे ही पाकिस्तानी कश्मीर भी अनाथ है। छठा, जैसे तिब्बत का इस्तेमाल भारत पर हमले के लिए किया गया, वैसे ही कब्जाए हुए कश्मीर का भी किया जाता है और बार-बार किया जाता है।

सातवाँ, जैसे तिब्बत की आज़ादी के सवाल पर चीन की सरकार एकदम बौखला जाती है और तिब्बतियों की प्रवासी सरकार से बिलकुल बात नहीं करना चाहती, ठीक उसी प्रकार पाकिस्तान ने अपने कश्मीरियों को इतना दबा रखा है कि वे आज़ादी के पक्ष में चूँ तक नहीं कर सकते। उसने गिलगित और स्कर्दू के इलाके कश्मीर से छीन लिए और हजारों वर्गमील भूमि चीन की भेंट चढ़ा दी, इसके बावजूद कश्मीरी अपने होंठ सिए रहते हैं। आठवाँ, तिब्बत और पाकिस्तानी कश्मीर, दोनों ही अभागे हैं। दोनों के करम फूटे हुए हैं। उनकी आज़ादी के लिए न तो कोई विश्व लोकमत दिखाई पड़ता है और न ही कोई जबर्दस्त अन्दरूनी संग्राम चल रहा है।

तिब्बत और पाकिस्तानी कश्मीर में ये सब समानताएँ स्पष्ट हैं। पता नहीं, परम पवित्र दलाई लामाजी को ये सब तथ्य कोई बतलाता है या नहीं? तिब्बत और कश्मीर में जो अन्तर है, वे भी 'परम पवित्रजी' को अवश्य जानना चाहिए। उसे ठीक से नहीं जानने का ही यह नतीजा है कि उन्होंने चेन्नई में ऐसा भाषण दे दिया जो तिब्बत के लिए भी भविष्य में काफी अहितकारी सिद्ध हो सकता है। तर्क यह दिया जा सकता है कि यदि तिब्बत और कश्मीर एक-जैसी समस्याएँ हैं तो फिर तिब्बत को पूरी तरह चीन का अंग ही क्यों नहीं बनने दिया जाए? तिब्बत के लिए वैसा नकली स्वतन्त्रता-संग्राम क्यों छेड़ा जाए, जैसा कि कश्मीर के लिए पिछले कुछ वर्षों में छेड़ा गया है? वास्तव में तिब्बत और कश्मीर की समस्याओं में आकाश-पाताल का अन्तर है। तिब्बत शुद्ध रूप से द्विपक्षीय समस्या है याने यह चीन और तिब्बत की समस्या है, भारत की नहीं। इस समस्या से भारत का कुछ भी सीधा लेना-देना नहीं है, जैसा कि पाकिस्तान का कश्मीर से है। भारत ने तिब्बत से घनिष्टतम सम्बन्ध होने के बावजूद उस पर या उसके क्षेत्रों पर अपने कब्जे की घोषणा या उसका प्रयत्न कभी नहीं किया जबकि कश्मीर की समस्या पैदा ही इसलिए हुई कि एक तीसरा देश याने पाकिस्तान उस पर कब्जा करना चाहता था और अपने इस ख्वाब को अमली जामा पहनाने के लिए पहले उसने घुसपैठिए भेजे और फिर फौज भी भेज दी। इसके विपरीत भारत ने तिब्बत की सीमा और ल्हासा में पहले से स्थित अपनी चौकियाँ और व्यापारिक गुमटियाँ भी हटा लीं। उसने शताब्दियों से तिब्बत में चले आ रहे अपने अधिकारों और सुविधाओं को भी तिलांजलि दे दी। भारत की आज़ादी अगस्त 1947 में आई और चीन में साम्यवादी शासन अक्तूबर 1949 में आया। 26 माह के इस तूफानी माहौल का फायदा उठाकर भारत चाहता तो तिब्बत पर कब्ज़ा कर सकता था लेकिन भारत ने सदा उत्तम पड़ोसी की मर्यादा का पालन किया जबकि पाकिस्तान कश्मीर के साथ बलात्कार करने से नहीं चूका। कश्मीर की आज़ादी या कश्मीर की स्वायत्तता या कश्मीर में स्वशासन या कश्मीर में सुशासन से पाकिस्तान को ज़रा भी मतलब नहीं है। उसका तो केवल एकसूत्री कार्यक्रम है। वह है, कश्मीर को हड़पना और अपनी इस हवस की पूर्ति के लिए अगर इस्लाम का भी भुर्ता बन जाए तो उसे कुछ परवाह नहीं है। बांग्लादेश ने जिस द्विराष्ट्रवाद को दफ़न कर दिया,

पाकिस्तान उसे कश्मीर के कन्धे पर दुबारा खड़ा करना चाहता है। उसे इस बात की ज़रा भी चिन्ता नहीं है कि उसकी करतूतों के कारण इस्लाम के माथे पर सारी दुनिया में खूनी बिल्ला चिपक गया है। कश्मीर को आतंकवाद का अड्डा बनाकर पाकिस्तान ने दुनिया को बता दिया है कि कश्मीर कश्मीरियों की समस्या नहीं है बल्कि पाकिस्तान की समस्या है। पाकिस्तानी आतंकवाद इतना पगला चुका है कि 70 हजार से अधिक कश्मीरी मुसलमान उसके शिकार हो चुके हैं, फिर भी वह दावा करता है कि कश्मीर में जो चल रहा है, वह स्वतन्त्रता-संग्राम है। क्या स्वतन्त्रता-संग्राम के सेनानी अपने ही देश के नागरिकों की हत्या करते हैं ? जिस इस्लाम के नाम पर पाकिस्तान कश्मीर को हड़पना चाहता है, उसी के बंदों को, मुसलमानों को मारने के पहले तो उसे कुछ सोचना चाहिए। कश्मीर में दुनिया भर के आतंकवादियों और गुण्डों को जमा करना और उनसे पहले कश्मीरियत का अपमान करवाना और फिर उन्हें भारत को तोड़ने के लिए इस्तेमाल करना, कौन-सा स्वतन्त्रता-संग्राम है ? क्या इस तरह का कोई स्वतन्त्रता-संग्राम तिब्बत में भी चल रहा है ? क्या तिब्बत में चीनी हिंसा का मुकाबला किसी प्रतिहिंसा से हो रहा है ? क्या तिब्बत या चीन में भारत कोई आतंकवाद फैला रहा है ? क्या भारत तिब्बत पर अपना दावा ठोक रहा है ? क्या तिब्बत को लेकर भारत ने कभी कोई करगिल रचाया ? भारत के लोग तिब्बत को आज़ाद हुआ देखना चाहते हैं और तिब्बती शरणार्थियों को अपने आदरणीय मेहमान की तरह मानते हैं लेकिन उन्होंने ऐसा कुछ नहीं किया, जिसकी वजह से भारत को 'उद्दण्ड राष्ट्र' (रोग स्टेट) कहा जाए या आतंकवादी राष्ट्र माना जाए। तिब्बत तिब्बतियों की स्वाधीनता का प्रश्न है जबकि कश्मीर पाकिस्तान के विस्तारवाद की हवस है।

यदि पाकिस्तानियों को कश्मीर से जरा भी प्रेम होता तो वे उधर के कश्मीर में कुछ बेहतर कदम उठाते ताकि इधर के कश्मीरवालों को कुछ शर्म आती। दोनों कश्मीरों में दुर्दशा ही है लेकिन दोनों का कारण पाकिस्तान है। अपने कश्मीर में उसने कुशासन फैला रखा है और हमारे कश्मीर में उसने आतंकवाद सुलगा रखा है। दोनों कश्मीरों को स्वशासन नहीं, सुशासन चाहिए। भारतीय कश्मीर में तो प्रारंभ से स्वशासन है, स्वशासक चुनने की पूर्ण स्वतन्त्रता है लेकिन स्वशासन को पाकिस्तान कभी भी सुशासन नहीं बनने देगा क्योंकि सुशासन उसके हस्तक्षेप का सबसे तगड़ा जवाब है। दलाई लामाजी जिस 'सच्चे स्वशासन' की बात कर रहे हैं, वह सिर्फ कश्मीरियों को क्यों, सारे पाकिस्तानियों को क्यों नहीं मिलना चाहिए ? क्या पाकिस्तान का शासन जनता के चुने हुए नुमाइन्दे चला रहे हैं ? वहाँ तो चुने हुए प्रधानमंत्री भी फौज की कठपुतली होते हैं। लियाक़त अली और जुल्फिकार अली भुट्टो के कुछ अपवाद-वर्षों को छोड़ दें तो कह सकते हैं कि पाकिस्तान ने अपना सारा समय फौज की गुलामी में ही काट दिया।

दलाई लामाजी ने यह नहीं बताया कि सच्चे स्वशासन से उनका मतलब क्या है ? उन्होंने जो ताजा स्पष्टीकरण दिया है, उससे यह तो ध्वनित होता है कि कश्मीर

को वे भारत से अलग करने के समर्थक नहीं हैं लेकिन कश्मीर के कारण कहीं वे तिब्बत के भविष्य को, अनजाने ही, चोट न पहुँचा दें ? कहीं वे यह तो नहीं कहना चाहते कि तिब्बत उसी तरह चीन का अंग बना रहे, जैसे कि कश्मीर भारत का है। जहाँ तक कश्मीर का सवाल है, उसका तो भारत के साथ कानूनी विलय हुआ है और उस पर बाद में वहाँ के चुनावों, विधानसभाओं और संविधान ने भी मुहर लगाई है जबकि चीन ने तिब्बत को सीधे ही हड़प लिया है। तिब्बत के शासक और तिब्बती जनता को चार दशकों से विदेशों में शरण लेनी पड़ रही है जबकि कश्मीर के नेता और उसकी जनता अपनी ज़मीन पर टिके हुए हैं और आतंकवादियों के वार झेल रहे हैं। क्या दलाई लामाजी तिब्बत को सदा के लिए चीन के हवाले कर देना चाहते हैं ? क्या यही उनका मध्यम मार्ग है ? मध्यम मार्ग तो दो अतियों के बीच निकाला जाता है। कश्मीर में भी एक ही अति है और तिब्बत में भी एक ही अति है। एक जगह पाकिस्तान की अति है और दूसरी जगह चीन की अति है। ये दोनों अतियाँ एकांतिक हैं। सर्वथा अधम हैं। इनमें मध्यम मार्ग नहीं, केवल उत्तम मार्ग ही खोजा जा सकता है याने पाकिस्तान कश्मीर खाली करे और चीन तिब्बत खाली करे।

फीजी-संकट

उपांत-लिपि

फीजी में फौज तुरन्त भेजें

फीजी में उसी तरह की गुण्डागर्दी हो रही है, जैसी बारह-तेरह साल पहले मालदीव में हुई थी। सिंगापुर में जमे हुए एक मालदीवी व्यापारी ने कुछ गुण्डों की मदद से प्रधानमंत्री गय्यूम की सरकार उलट दी थी। राजीव गांधी की सरकार ने कुछ ही घंटे लगाए और गुण्डे मार भगाए। रक्षामंत्री कृष्णचन्द्र पंत ने गजब की फुर्ती दिखाई। अमेरिका और श्रीलंका से तुरन्त बात की और फौजी कार्रवाई कर दी। आज बिलकुल इसी तरह की कार्रवाई फीजी में भी होनी चाहिए।

यह ठीक है कि फीजी भारत से बहुत दूर है, मालदीव की तरह बगल में नहीं है। लेकिन मालदीव में हमें किन्हीं भारतीयों की रक्षा नहीं करनी थी, फीजी में करनी है। फीजी के लगभग आठ लाख लोगों में से साढ़े तीन लाख लोग भारतवंशीय हैं और इस सरकार के नेता रोहतक मूल के महेन्द्रपाल चौधरी हैं। अगर गय्यूम को बचाने के लिए हम मालदीव में घुस सकते हैं तो महेन्द्र चौधरी को बचाने के लिए हम फीजी क्यों नहीं पहुँच सकते ? महेन्द्र चौधरी हमारे अपने हैं, इससे भी बड़ा तर्क यह है कि वे जनता द्वारा चुने गए हैं। भारत दुनिया का सबसे बड़ा लोकतांत्रिक देश है। क्या वह फीजी में लोकतंत्र का गला घुटने देगा ?

1987 में कर्नल सितीवेनी राम्बुका ने जब फौजी तख्ता-पलट किया तो सारी दुनिया सिर्फ बयान जारी करती रही, कागज के गोले फेंकती रही, फीजी सरकार को गीदड़ भभकियाँ देती रही। नतीजा क्या हुआ ? बारह साल तक राम्बुका भारतीयों के सीने पर मूँग दलता रहा। हजारों भारतीय फीजी छोड़कर आस्ट्रेलिया, न्यूजीलैंड, कनाडा आदि देशों में बस गए। फीजी की कुल जनसंख्या में से भारतीयों का अनुपात गिर गया।

उन दिनों महेन्द्र चौधरी, भांबजी, रेड्डी आदि अनेक फीजी नेता भारत आकर हम लोगों से मिले। तत्कालीन विदेश मंत्री नरसिंहराव के घर पर हमारी अनेक बैठकें हुईं लेकिन उन दिनों और उनके बाद आनेवाली कोई भी सरकार फीजी के भारतवंशियों को किसी भी प्रकार की सैन्य-सहायता देने की हिम्मत नहीं कर सकी। राम्बुका के फीजी को राष्ट्रकुल से निकाला गया, संयुक्त-राष्ट्र में उसकी कड़ी भर्त्सना हुई और अनेक देशों ने उसकी सहायता रोक दी। भारत ने इस अभियान में सक्रिय कूटनीतिक भूमिका निभाई लेकिन फिर भी अत्याचारी राम्बुका टस से मस नहीं हुआ। फीजी के अनेक नेताओं ने उस समय हमसे कहा था कि आस्ट्रेलिया में अगर कोई फौजी

शिविर कायम कर दिया जाए और फीजी के भारतवंशियों को वहाँ प्रशिक्षण और हथियार मिल जाएँ तो वे राम्बुका को सिर्फ छह माह में गिरा सकते हैं।

गुण्डों का सरगना जॉर्ज स्पैट राम्बुका का चेला है। स्पैट को चंग पर चढ़ानेवाला राम्बुका ही है लेकिन राम्बुका जानता है कि महेन्द्र चौधरी की सरकार प्रचंड बहुमत से चुनी गई है और उसे भारतवंशियों के साथ-साथ स्थानीय मेलानेशियाई फीजियों का समर्थन भी प्राप्त है। राम्बुका की लोकप्रियता का हाल यह है कि उसके साथ गठबंधन करनेवाली भारतीयों की पार्टी को संसद में एक भी सीट नहीं मिली। स्वयं राम्बुका इस्तीफा देकर आदिवासी मुखियाओं की परिषद् के प्रमुख नेता बन गए। जिस बावान्द्रा की सरकार को राम्बुका ने गिराया था, महेन्द्र चौधरी की सरकार उससे भी अधिक लोकप्रिय है। मई 1999 के आम चुनाव में महेन्द्र चौधरी की 'फीजियन लेबर पार्टी' ने अन्य दो पार्टियों के सहयोग से लगभग 70 प्रतिशत सीटें जीत ली थीं। इन दोनों पार्टियों में स्थानीय मेलानेशियाई लोगों का प्रभुत्व है।

इसके अलावा गन्ने की खेती और व्यापार करनेवाले भारतीयों तथा फीजी के आदिवासी जमींदारों के बीच सद्भाव पैदा करने का नया अभियान चौधरी ने छेड़ रखा है। फीजी के भारतवंशियों और आदिवासियों में लेंड-लीज़ के सवाल पर तनाव जरूर है लेकिन जॉर्ज स्पैट उस दूसरे समुदाय का प्रतिनिधि नहीं है। वह शुद्ध धन-पशु है। वह व्यापार करता है और उसे पिछले साल प्रधानमंत्री चौधरी ने सरकारी पदों से बर्खास्त किया था, भ्रष्टाचार के आरोप में। उसका पिता विरोधी दल का सांसद और नेता रहा है। यह एक बिगड़ैल बेटे का दुस्साहस है। जॉर्ज स्पैट राम्बुका की तरह फौज का भी प्रतिनिधित्व नहीं करता। 1987 में फौज राम्बुका के साथ थी। आज फौज लगभग तटस्थ है और अगर वह किसी के कहने में है तो राष्ट्रपति कमीसेसे मारा के कहने में है। राष्ट्रपति मारा ने फौज और पुलिस से शान्ति स्थापित करने को कहा है। इन दोनों संगठनों में गैर-भारतवंशी समुदाय की प्रधानता है। जाहिर है कि भारतवंशियों की रक्षा के लिए वे अपनी जाति के लोगों का खून बहाने को तैयार नहीं होंगे। इसीलिए भारतीयों की दुकानें, रेस्तराँ, दफ्तरों और घरों को गुण्डों ने बेखौफ लूटा है। गाँवों में बसे भारतीयों के दिलों में गहरी दहशत बैठ गई होगी। उन्हें जमकर सताया जाएगा।

प्रधानमंत्री महेन्द्र चौधरी और उनके साथियों के साथ जो बर्ताव स्पैट के गुण्डों ने किया है, वह सर्वथा निन्दनीय है। हालाँकि राष्ट्रपति मारा का बयान और बर्ताव काबिले-तारीफ है लेकिन यह समझ में नहीं आ रहा है कि वे फौज और पुलिस को कहकर स्पैट और राम्बुका जैसे लोगों को गिरफ्तार क्यों नहीं करते और उन्हें कठोरतम सज़ा क्यों नहीं देते ? फीजी के विरोधी दल ने राष्ट्रपति मारा को धमकी जरूर दी है और कहा है कि अगर उन्होंने फौज को झोंका तो गृह-युद्ध छिड़ जाएगा लेकिन आशा की किरण यह भी है कि फीजी के मेथोडिस्ट चर्च ने महेन्द्र चौधरी और वर्तमान संविधान का समर्थन किया है। फीजी की बहुसंख्या मेथोडिस्ट ईसाई ही हैं। उनकी

गठबंधन सरकार में दो ईसाई पार्टियाँ भी शामिल हैं।

महेन्द्र चौधरी का तो इतना भी दोष नहीं है, जितना कि नवाज़ शरीफ का जनरल मुशर्रफ के बारे में था। चौधरी ने न तो किसी जनरल को बर्खास्त किया, न गैर-भारतवंशियों पर जुल्म ढाए, न राष्ट्रपति और न्यायालय की बेइज्जती की और न ही भ्रष्टाचार से पैसा कमाया। एक निर्दोष प्रधानमंत्री का सिर्फ इसलिए तख्ता-पलट कर दिया गया कि एक भ्रष्ट दुस्साहसी व्यापारी उससे नाराज़ था। यह शुद्ध आतंकवाद नहीं तो क्या है ? यदि संयुक्तराष्ट्र संघ, राष्ट्रकुल और भारत सिर्फ इसकी निन्दा करके रह जाते हैं तो यह आतंकवाद के आगे घुटने टेकने से कम नहीं है। यह प्रसन्नता की बात है कि वियतनाम की यात्रा कर रहे आस्ट्रेलियाई विदेश मंत्री ने फीजी को 'व्यावहारिक सहायता' देने की घोषणा की है। अमेरिका ने दुनिया-भर में आतंकवादियों से निपटने के लिए कमर कस रखी है। उसने उसामा बिन लादेन जैसे आतंकवादी को लेकर संयुक्तराष्ट्र में हंगामा खड़ा कर रखा है। अफगानिस्तान के विरुद्ध संयुक्तराष्ट्र से अनेक प्रतिबन्ध लगवा दिए हैं। क्या जॉर्ज स्पैट का अपराध लादेन से भी हल्का है ? यदि लादेन को पकड़ने के लिए अमेरिका अफगानिस्तान पर प्रक्षेपास्त्र बरसा सकता है तो वह फीजी के गुण्डों को क्यों नहीं रौंद सकता ? फीजी के गुण्डों को एक दिन की मोहलत भी नहीं मिलनी चाहिए। उनके खिलाफ फौजी कार्रवाई में जितनी देर लगेगी, फीजी की जनता दो परस्पर विरोधी खेमों में बँटती चली जाएगी।

प्रशांत महासागर के राष्ट्रों की यह विशेष जिम्मेदारी है कि फीजी के गुण्डों को वे तुरन्त सबक सिखाएँ। आज जैसा फीजी में हुआ, वैसा उस इलाके के कई राष्ट्रों में हो सकता है। वनातुआ जैसे बहुत छोटे-छोटे राष्ट्र प्रशांत और हिन्द महासागर में हैं। मोरिशस के दक्षिण में स्थित सेशेल्स बिलकुल फीजी जैसी गुण्डई भुगत चुका है। आस्ट्रेलिया, न्यूजीलैंड, जापान, इंडोनेशिया जैसे समर्थ राष्ट्रों को चुप नहीं बैठना चाहिए। वे सुरक्षा परिषद् से सहमति लें। वे सब मिलकर अमेरिका, ब्रिटेन और भारत की सहायता से सीधा सैन्य हस्तक्षेप करें। यह आदर्श स्थिति है। अगर ये राष्ट्र चुप रहते हैं तो भारत का धर्म है कि वह पहल करे। सिर्फ जबानी जमा-खर्च से काम नहीं चलेगा। सीधा हस्तक्षेप करने के पहले प्रधानमंत्री वाजपेयी को चाहिए कि वे राष्ट्रपति मारा से कहें कि वे स्वयं सैन्य हस्तक्षेप करें और अगर मारा दुविधा में हों तो उनसे कहें कि वे भारत से हस्तक्षेप का औपचारिक अनुरोध करें। उस स्थिति में हमने जैसे बांग्लादेश और मालदीव में फौज भेजी थी, वैसे ही फीजी में भी भेज सकते हैं। (श्रीलंका में फौज का मामला अलग तरह का था)

याद रहे फीजी का अनुभव अब तक के सभी फौजी अनुभवों से अलग होगा। हालाँकि श्रीलंका की तरह दो प्रतिद्वंद्वी समुदाय फीजी में भी हैं लेकिन तमिलों की तरह मेलानेशियाई हथियारबंद नहीं हैं और उनकी संख्या भी भारतीयों के मुकाबले बहुत ज्यादा नहीं है। फीजी में भारत की फौज को तलवार की धार पर चलना होगा।

अपनी निष्पक्षता बनाए रखने के साथ-साथ उसे देखना होगा कि वह कितनी जल्दी वापस लौटती है। फीजी को लेबनान नहीं बनने देना है। जैसे लेबनान मेरोनाइट ईसाई, सुन्नी मुसलमान और द्रूजे लोगों में बँट गया है, वैसे फीजी को भारतवंशियों और मेलानेशियाइयों में नहीं बँटने देना है।

यह ठीक है कि फीजी भारत से हजारों मील दूर है लेकिन वह है कितना बड़ा ? वह श्रीलंका का बीसवाँ हिस्सा भी नहीं है। अगर उसकी फौज तटस्थ रहे तो कुल दो-तीन घंटे का मामला है। हमारी फौज के पहुँचने की खबरें मिलते ही गुण्डे भाग खड़े होंगे और अगर फीजी की फौज के कुछ सिरफिरे लोग लड़ना चाहें तो उन्हें मज़ा चखाने में कोई बुराई नहीं है। भारत की वायु-सेना के सैकड़ों जहाज आखिर कब काम आएँगे और अपने आपको महाशक्ति कहलानेवाला भारत आखिर कब तक भारतवंशियों के विनाश को टुकुर-टुकुर देखता रहेगा ? क्या उसे याद नहीं कि अब से लगभग 20 साल पहले ब्रिटेन की मार्गेरेट थैचर ने सात समुंदर पार जाकर मालविनास (फॉकलैंड्स) को खड़का दिया था। अगर अमेरिका धुँधले तर्कों के दम पर वियतनाम पहुँच सकता है, अगर सोवियत रूस मित्र-रक्षा के नाम पर क्यूबा पर नगाड़े बजा सकता है और संयुक्तराष्ट्र सेनाएँ कोरिया पहुँच सकती हैं तो भारतवंशियों और लोकतंत्र दानों की रक्षा के लिए भारत फीजी क्यों नहीं पहुँच सकता ? अगर वह सिर्फ जबानी जमा-खर्च करता रहा तो महाशक्ति के तौर पर उसकी छवि विकृत होगी, अन्य देशों में बसे करोड़ों भारतवंशियों का मनोबल गिरेगा और उसे आतंकवाद के आगे घुटनेटेकू राष्ट्र की तरह जाना जाएगा।

श्रीलंका और फीजी : जड़ता की महामुद्रा

भारत के सामने दो चुनौतियाँ मुँह बाये खड़ी हैं। पहली श्रीलंका की और दूसरी फीजी की। लगता है, दोनों के बारे में उसका रवैया एक-जैसा है। याने कोई हस्तक्षेप नहीं करेंगे। द्रौपदी का चीर-हरण होने देंगे। कोई पुकार नहीं सुनेंगे। न श्रीलंका के सिंहलों की, न तमिलों की और न ही फीजी के 'भारतीयों' की। कोई डूबता है, डूबे, कोई मरता है, मरे, कोई सड़ता है, सड़े। हम मौन साधे बैठे हुए हैं। हमारी समाधि कोई भंग नहीं करे। यह महामुद्रा है। हम दक्षिण एशिया के महामुनि हैं।

अगर सच्चाई यही है तो यह न महामुद्रा है, न महामौन है। यह शुद्ध जड़ता है, अकर्मण्यता है। इसके नतीजे उस भूल से भी भारी होंगे जो राजीव गांधी ने श्रीलंका में की थी। उन्होंने पहले तमिल आतंकवादियों को हथियार, प्रशिक्षण और पैसे से लैस किया और फिर उन्हीं को मारने के लिए दमन-सेना (नाम शान्ति सेना) भेज दी। पहले सिंहल दुश्मन बनाए और फिर तमिल! सिंहल-तमिल विवाद में भारत तीसरा पक्ष था। वह प्रथम पक्ष बन गया। बाकी दोनों पक्षों से भारत ने बैर बाँधा और युवा राजीव की कुर्बानी भी हुई।

नासमझी और जल्दबाजी के कारण हमने राजीव को खोया। अब अनिश्चय और अकर्मण्यता के कारण हम अपने राष्ट्रहितों को खो सकते हैं। उम्मीद करनी चाहिए कि श्री अटलबिहारी वाजपेयी जैसे अनुभवी व्यक्ति के नेतृत्व में ऐसा नहीं होगा। यदि वाजपेयी-सरकार श्रीलंका में हस्तक्षेप इसलिए नहीं कर रही है कि वह तमिलों और सिंहलों, दोनों को सबक सिखाना चाहती है, तो उसकी यह नीति बिलकुल ठीक है। श्रीलंका के तमिलों और सिंहलों, दोनों ने भारत के साथ गद्दारी की है, उसके नेताओं को बुद्धू बनाया है और एक-दूसरे को पराजित करने के लिए भारत को मोहरे की तरह इस्तेमाल किया है। जब तक दोनों पक्ष घुटने टेककर शरणागत की मुद्रा में भारत से प्रार्थना नहीं करें, भारत श्रीलंका में अपनी गर्दन क्यों फँसाए? यह ठीक है कि जाफना के कुछ तमिल संगठनों ने भारत से हस्तक्षेप के लिए कहा है लेकिन ध्यान देने योग्य तथ्य यह है कि 'लिट्टे' की तरफ से कोई गुपचुप इशारा भी नहीं हुआ है। दूसरे शब्दों में भारत के प्रति 'लिट्टे' का रवैया अब भी शत्रुतापूर्ण ही है। ऐसे में अगर भारत अपनी फौजें भेजता है तो जाफना में उसकी भिड़ंत सीधे तमिल उग्रवादियों से होगी। दूसरे शब्दों में भारत सिंहलों के लिए अपना खून क्यों बहाए? उसे याद नहीं कि 1987 में 'भारतीय शान्ति सेना' के साथ क्या बर्ताव हुआ था।

गई थी, वह शान्ति स्थापित करने लेकिन वह लड़ती रही तमिलों से ! इसके अलावा श्रीलंका के सिंहल उग्रवादियों, बौद्ध नेताओं और यहाँ तक कि प्रधानमंत्री प्रेमदास (बाद में राष्ट्रपति) ने खुलेआम भारतीय सेना के विरुद्ध ज़हर उगलना शुरू कर दिया था। भारतीय सेना ने लगभग 900 जवान और 200 अफसर खोए। लगभग 300 करोड़ का नुकसान भुगता। बड़े बेआबरू होकर उसे लौटना पड़ा। फिर उसे उसी भाड़ में क्यों झोंक दिया जाए ?

यह चिन्ता की बात है कि जाफना गिर गया है। लेकिन जाफना के गिरने से 'ईलम' (तमिल राष्ट्र) बननेवाला नहीं है। पहले भी वह कभी तमिलों के हाथों से सिंहलों के हाथों और कभी सिंहलों के हाथों से तमिलों के हाथों में आता और जाता रहा है। इसके अलावा जब तक बट्टीकलोआ और त्रिंकोमल्ली के पूर्वी इलाकों पर लिट्टे का कब्ज़ा नहीं हो जाता, तमिल ईलम नहीं बन सकता। यों भी श्रीलंका के साधारण तमिल लोग 'लिट्टे' को पसंद नहीं करते। 'लिट्टे' ने अमृतलिंगम, उमा माहेश्वरन, पद्मनाभन जैसे बड़े नेताओं के साथ-साथ हजारों तमिल नागरिकों की भी हत्या की है। स्वयं तमिलनाडु के मुख्यमंत्री करुणानिधि ने हाल ही में इस तथ्य पर जोर दिया है। वे जानते हैं कि श्रीलंका में 'ईलम' के खड़े हो जाने के खतरे क्या-क्या हैं। इसके अलावा सारी दुनिया में फैले सम्पन्न तमिलभाषी लोग भी जानते हैं कि स्वतन्त्र ईलम का मतलब है–प्रभाकरन जैसे तानाशाह और फासीवाद लोग श्रीलंकाई तमिलों के भाग्य-विधाता बन जाएँगे। इसीलिए 'लिट्टे' के अलावा सभी तमिल संगठन भारत से सैन्य हस्तक्षेप का अनुरोध कर रहे हैं ताकि जाफना 'लिट्टे' की झोली में न जा पड़े। यह ठीक है कि भारत सरकार ने भी श्रीलंका के विभाजन का विरोध किया है लेकिन जाफना को बचाने के लिए आखिर भारत अपनी फौज क्यों भेजे ? दूध का जला छाछ को फँक-फूँककर पीता है। इसके अलावा अब तक श्रीलंका सरकार ने स्पष्ट निमंत्रण भी नहीं दिया है।

क्या हमें याद नहीं कि अब से लगभग 50 साल पहले प्रधानमंत्री जॉन कोटलावाला ने भारत पर क्या-क्या आरोप लगाए थे। सिंहल राष्ट्रवाद की नींव इसी झूठ की शिला पर रखी गई है कि हिन्दू भारत, बौद्ध श्रीलंका के टुकड़े करना चाहता है। हिन्दूवादी शिव-सेना द्वारा 'ईलम' को दिया गया समर्थन उक्त अंधविश्वास को और भी पुष्ट करता है। दूसरे शब्दों में एक तरफ तमिल खाई है और दूसरी तरफ सिंहल कुआँ है। जब तक दोनों न भरें, भारत क्यों कूदे ? जब तक दोनों नरम न पड़ें, भारत क्यों बोले ?

यदि भारत निमंत्रण या बिना निमंत्रण के ही श्रीलंका में घुस जाए और जाफना को बचा भी ले तो क्या होगा ? क्या भारतीय फौजें वहाँ अनन्तकाल के लिए बैठी रह सकती हैं ? क्या वे एक तरफ से 'लिट्टे' आतंकवादियों की गोलियाँ और दूसरी तरफ से सिंहल उग्रवादियों की गालियाँ खाते रह सकती हैं ? जब तक लिट्टे और सिंहल फौजें, दोनों ही पस्त न हो जाएँ और भारत की बात मानने की मुद्रा में न

हों, भारत हस्तक्षेप क्यों करे? भारत अपने जवानों की जान को दाँव पर क्यों लगाए?

यहाँ असली मसला यह नहीं है कि जाफना पर कब्जा किसका रहता है? बल्कि यह है कि जाफना के गिरने के बाद श्रीलंका के दो टुकड़े होंगे या नहीं? टुकड़े नहीं होंगे तो क्या कोई नया महासंघ जन्मेगा, जिसमें तमिलों को सच्ची स्वायत्तता मिलेगी? जाहिर है कि भारत यदि अधबीच में कूदेगा तो यह माना जाएगा कि वह तमिल विरोधी है और सिंहल पक्षधर है। वह जाफना को लिट्टे की झोली में गिरने से रोकना चाहता है। उसकी पंच की, मध्यस्थ की, निष्पक्ष पड़ोसी की भूमिका नष्ट हो जाएगी। यदि उसे वास्तव में सिंहल-तमिल विवाद का स्थायी हल निकालना है तो उसका युद्ध के बीच में नहीं कूदना ही उचित है। उसकी यह तटस्थता उस समय भी बड़ी उपयोगी सिद्ध हो सकती है, जब उसे जाफना के शरणार्थियों और घिरे हुए नागरिकों की रक्षा करनी होगी या सिंहल-सेना के 30 हजार जवानों को जाफना से बचाकर निकलना होगा।

शायद इसीलिए भारत सरकार आजकल तलवार की धार पर चल रही है। वह न तमिलों के पक्ष में बोल रही है न सिंहलों के। नेति-नेति ही उसका नारा है। यदि यह विश्लेषण ठीक है तब तो उसका साक्षीभाव, उसका तटस्थ रवैया, उसका दृष्टाभाव अनुचित नहीं है। लेकिन अगर सरकार भविष्य में कोई बड़ी जिम्मेदारी लेने को तैयार नहीं है तो यह चुप्पी शुद्ध जड़ता मानी जाएगी। माना यह जाएगा कि तमिलनाडु की पार्टियों के कंधों पर खड़ी यह सरकार इतनी दब्बू है कि यह राष्ट्रहितों की रक्षा नहीं कर सकती। यह भारत के नहीं, खुद के हितों की रक्षा में लगी हुई है। यह महामौन नहीं, महाधोखा सिद्ध होगा। यह चुप्पी भारत को बहुत महँगी पड़ेगी।

यह सत्य है कि जाफना को सम्हालने के लिए भारतीय फौजों ने कमर कस रखी है। लेकिन यदि विदेश मंत्रालय में चतुराई हो तो उसे जाफना के बाद की तैयारी अभी से करके रखनी चाहिए। सिंहल और तमिल दोनों पक्षों से सम्पर्क करके ऐसी चौपड़ बिछा देनी चाहिए कि जाफना के भाग्य का निबटारा होते ही वह दोनों पक्षों को एक ही मेज़ पर बिठा सके और उनमें समझौता करवा सके। यदि भारत इसी गुरु-गम्भीर भूमिका के कारण साँस रोके बैठा है तब तो ठीक है, वरना श्रीलंका का विभाजन सारे दक्षिण एशिया के लिए अभिशाप सिद्ध हो सकता है। यदि भारत के नीति-निर्माता यह मानते हैं कि लिट्टे 'ईलम' से कम पर राज़ी नहीं होगा और हिन्द महासागर में एक भारत-विरोधी राज्य उठ खड़ा होगा तो उन्हें तत्काल कार्रवाई करनी चाहिए। जो उसने 1971 में बांग्लादेश में किया, ठीक उसका उल्टा उसे श्रीलंका में करना पड़ेगा। तब उसने तोड़ने के लिए फौज भेजी थी, अब जोड़ने के लिए भेजनी होगी। भारत तटस्थ रहे और श्रीलंका टूटने के कगार पर आ पहुँचे तो उस शून्य को भरने के लिए अमेरिका, इस्राइल, पाकिस्तान जैसे देश दौड़ नहीं पड़ेंगे,

यह मानना मुश्किल है। श्रीलंका का विभाजन भारत के लिए भयावह दुःस्वप्न बने बिना नहीं रहेगा।

एक तो श्रीलंका का विभाजन पाकिस्तान के विभाजन जैसा नहीं होगा। श्रीलंका और ईलम के बीच तीन हजार किलोमीटर की दूरी नहीं होगी, जैसी कि बांग्लादेश और पाकिस्तान के बीच है। इन दोनों के बीच निरंतर तलवारें खिंची रहेंगी। बमधारी भारत और पाकिस्तान तो चाहें परमाणु बम का प्रयोग कभी न करें लेकिन सिंहल और तमिल उग्रवादी किसी उधार के बम से ही सारे दक्षिण एशिया को तबाह कर सकते हैं। दूसरा, सिंहल इलाकों में बसे तमिलों और तमिलों के इलाकों में बसे सिंहलों के खून की नदियों को बहने से कौन रोक पाएगा ? तीसरा, शरणार्थियों का एक बड़ा रेला फिर भारत के तटों से टकराने लगेगा। चौथा, अलगाववाद का यह कैंसर नेपाल, भूटान, पाकिस्तान और यहाँ तक कि भारत में भी फैल सकता है। पाँचवाँ, टूटे हुए श्रीलंका के दोनों हिस्सों में अमेरिका, चीन, पाकिस्तान जैसे देशों की भूमिका भारत का सिरदर्द बन जाएगी। आज दुनिया के सभी देश कह रहे हैं कि भारत की भूमिका सबसे महत्त्वपूर्ण है। कल उबलते हुए श्रीलंका में वे स्वयं अपनी भूमिका तलाशने लगेंगे।

ऐसा नहीं है कि मौनी बाबा का रूप धारण करनेवाली हमारी सरकार को उक्त सम्भावनाओं का पता नहीं है लेकिन डर यही है कि यह मौन कहीं अकर्मण्यता का आवरण तो नहीं है ? वैसी ही अकर्मण्यता जैसी कि वह फीजी में दिखा रही है। फीजी में अगर लोकतंत्र की हत्या हो रही है तो उसके लिए फीजी के गैर-भारतीयों को जिम्मेदार नहीं ठहराया जा सकता। फीजी की आदिवासी जनता, फौज और पुलिस ने गुण्डों के सरगना जॉर्ज स्पैट का साथ नहीं दिया। यहाँ तक कि मेथोडिस्ट चर्च और आदिवासी मुखिया परिषद् ने भी स्पैट की कार्रवाई को गलत बताया। शुरू में राष्ट्रपति रातू कमीसेसे मारा का रवैया बिलकुल सही था लेकिन तंग आकर उन्हें अपना रवैया बदलना पड़ा। उनका बस चलता तो वे श्री महेन्द्र चौधरी की सरकार फिर से कायम करवा देते लेकिन उन्होंने क्या देखा कि लोकतंत्र की दुहाई देनेवाले देश, आतंकवाद को अन्तरराष्ट्रीय अपराध घोषित करनेवाले देश, ज़रा-ज़रा-सी बात पर एराक़, अफगानिस्तान और लीब्या पर प्रक्षेपास्त्र बरसानेवाले देश कोरा जबानी जमा-खर्च कर रहे हैं। कोई फौजी कुमुक नहीं भेज रहा। धमकी तक नहीं दे रहा। और तो और भारत जैसा शक्तिशाली देश भी खर्राटे खींच रहा है। भारत के विरोधी दलों को पता नहीं क्या हो गया है ? उनके विदेश नीति विशेषज्ञ भी क्या प्रधानमंत्री की तरह हिल स्टेशनों पर छुट्टी मना रहे हैं ? जब सारी दुनिया भाँग खाए पड़ी है तो राष्ट्रपति मारा अपनी जान खतरे में क्यों डालें ? फीजी को गृह-युद्ध में क्यों झोंके ? उनकी अपनी बेटी, जो मंत्री है और बंधकों के साथ गिरफ्तार है, उसकी जान का जुआ वे क्यों खेलें ? उन्होंने आखिरकार महेन्द्र चौधरी की सरकार को बर्खास्त कर दिया है। उनका यह कदम, वे कहते हैं, संविधानसम्मत है। जान बचाने के हजार रास्ते हैं।

लेकिन जिस रास्ते पर फीजी चल पड़ा है, वह फीजी में ही खत्म होनेवाला नहीं है। इस रास्ते की चोर सुरंग भारत तक पहुँचेगी। 1987 में जब कर्नल राम्बुका ने फौजी तख्ता-पलट किया और भारतवंशियों पर जुल्म ढाने शुरू किए तो हजारों पढ़े-लिखे भारतीय भाग खड़े हुए। यह ठीक है कि वे शरणार्थी बनकर भारत नहीं आए, केनाडा, अमेरिका, ब्रिटेन आदि देशों में चले गए लेकिन फीजी पर उसका जबर्दस्त असर पड़ा। वहाँ जनसंख्या में भारतीय 51 प्रतिशत थे। वे घटकर 43 प्रतिशत रह गए। अब तो और भी बुरा हो रहा है। प्रधानमंत्री 11 दिन से इसलिए गिरफ्तार हैं कि वे भारतवंशी हैं। जब प्रधानमंत्री का यह हाल है तो साधारण भारतीयों का क्या होगा ? कोई आश्चर्य नहीं कि इस झटके में 20-25 प्रतिशत भारतीय फिर भाग खड़े हों। जो नहीं भागेंगे, वे भगोड़ी मनोवृत्ति लेकर सड़ते रहेंगे। क्या वे अपने भारतीय होने को गर्व के भाव से देख सकेंगे ? क्या इस घटना-चक्र का असर सूरीनाम, गयाना, त्रिनीडाड, जमैका और मोरिशस में रहनेवाले लाखों भारतीयों पर नहीं पड़ेगा ? सौ-डेढ़ सौ साल से बाहर बसे भारतवंशियों पर ही नहीं, इधर पिछले कुछ दशकों में जो भारतीय अमेरिका आदि देशों में बस गए हैं, उन सबके मनोबल पर फीजी की घटनाओं का काफी गहरा असर पड़ेगा। उनकी इज्जत भी घटेगी और उनकी सुरक्षा भी !

क्या भारत की छवि पर फीजी का कोई असर नहीं पड़ेगा ? साढ़े तीन लाख भारतीयों की जान और माल खतरे में हैं और भारत हाथ पर हाथ धरे बैठा है, उसकी इस मुद्रा की तुलना ज़रा अमेरिका से करें, इस्राइल से करें, ब्रिटेन से करें। इन देशों ने कभी-कभी अपने एक-दो नागरिकों की जान बचाने के लिए भी दूसरे देशों को तगड़ी धमकियाँ दी हैं, सीधा हस्तक्षेप किया है और गम्भीर मामला होने पर हमला भी बोला है। अगर भारत अपने साढ़े तीन लाख लोगों और लोकतंत्र के पक्ष में बोलने में भी हकला रहा है तो भला वह सुरक्षा परिषद् की सदस्यता क्यों माँग रहा है ? सुरक्षा परिषद् में बैठकर वह कौन-से पापड़ बेलेगा ? कलेजा खरगोश का है और हसरत शेर की है ? वह खुद को महाशक्ति कहलवाना चाहता है और फीजी के सात गुण्डे उसके मुँह पर थूकने की हिमाकत कर रहे हैं। महाशक्ति कैसे बना जाता है, यह वह ज़रा अमेरिका से सीखे। अब से पौने दो सौ साल पहले, जबकि अमेरिका अपने पाँव पर खड़ा भी नहीं हुआ था, उसने 'मुनरो सिद्धान्त' गढ़ लिया था याने ऐसा सिद्धान्त जो अमेरिकी महाद्वीप के दर्जनों देशों को सही लीक पर चलने के मजबूर कर सकता था। आप तो परमाणु महाशक्ति हैं ! आपके ज़रा से इशारे पर ही फीजी को काँप उठना चाहिए था। वहाँ जूँ भी नहीं रेंग रही। अब हम बम का अचार डालेंगे क्या ? बमवाले देशों के लोगों को क्या कोई वैसे सता सकता है, जैसे हमारे लोगों को फीजी में सताया जा रहा है ? हमारी विदेश नीति की जड़ता आखिर कब टूटेगी ? कुम्भकर्ण काफी लम्बा सो चुके हैं। देर बहुत हो चुकी है। अब प्रधानमंत्री महेन्द्र चौधरी ही नहीं राष्ट्रपति रातू मारा, दोनों पर्दे के पीछे चले गए हैं और फौज आगे

आ गई है। लेकिन मजबूरी में आई है। यह राम्बुका के फौजी तख्ता-पलट जैसा नहीं है। अब भी भारत पहल करे तो डूबते जहाज को तैराया जा सकता है। संयुक्तराष्ट्र, राष्ट्रकुल, आस्ट्रेलिया और न्यूज़ीलैंड मिलकर अगर झिझके हुए सैनिक शासन पर दबाव डालें तो अब भी फीजी में लोकतंत्र बहाल हो सकता है।

फीजी में विदेशी मूल का मुद्दा

हमारे कांग्रेसी मित्र कहते हैं कि आप फिजूल में ही परेशान हो रहे हैं। भाजपा सरकार फीजी में कुछ नहीं करेगी। जो पार्टी और सरकार सोनिया गांधी का जी-तोड़ विरोध कर रही है, वह भला महेन्द्र चौधरी का समर्थन कैसे कर सकती है ? विदेशी मूल का मुद्दा अगर भारत में है तो वह फीजी में क्यों नहीं है ? भाजपाइयों की दृष्टि में फीजीवासियों के लिए प्रधानमंत्री महेन्द्र चौधरी उतने ही विदेशी हैं जितनी कि सोनिया गांधी भारतीयों के लिए हैं। फीजी में भारत सरकार की निष्क्रियता के जो भी कारण हों, कांग्रेसी मित्र कह रहे हैं कि वाजपेयी-सरकार विदेशी मूल के प्रश्न पर सकपकाई हुई है। इसीलिए वह जड़ता की मुद्रा धारण करके बैठ गई है। इस जड़ता की मुद्रा का असली कारण कहीं सोनिया गांधी तो नहीं ?

प्रधानमंत्री या विदेश मंत्री ने सरकारी जड़ता का कारण अभी तक नहीं बताया है। असली कारण तो वे ही बता सकते हैं। कारण है जरूर, वरना भारतीय मूल के प्रधानमंत्री को गिरफ्तार हुए तीन हफ्ते हो गए और अभी तक हमारे विदेश मंत्रालय और रक्षा मंत्रालय में कोई तूफान नहीं उठा। हाँ, जूँ जरूर रेंगी। एक सचिव को कूटनीतिक सैर के लिए भेज दिया गया और कुछ रस्मी बयान जारी कर दिए गए। क्या इसका कारण वही विदेशी मूल का मुद्दा है ? क्या वाजपेयी सरकार को यह डर है कि फीजी में जीत जाएँगे तो भारत में हारना पड़ेगा ? वहाँ महेन्द्र चौधरी की रक्षा में फौज भेजेंगे तो यहाँ सोनिया गांधी पर तलवार कैसे भाँजेंगे ?

यह तर्क निराधार है। सोनिया गांधी और महेन्द्र चौधरी की तुलना ही गलत है। सोनिया गांधी भारतीय राजनीति की एक भूल-चूक हैं, एक संयोग हैं, जबकि महेन्द्र चौधरी फीजी-राजनीति के स्वाभाविक निष्कर्ष हैं। सोनिया गांधी इसलिए शीर्ष पर नहीं पहुँची हैं कि वे कोई राजनेता हैं। जैसे महेन्द्र चौधरी फीजी के भारतीयों के प्रतिनिधि हैं, वैसे सोनिया गांधी भारत में बसे विदेशियों या इतालवियों की प्रतिनिधि नहीं हैं। वे कांग्रेस पार्टी की प्रतिनिधि हैं और उन लोगों की भी प्रतिनिधि हैं, जो कांग्रेस पार्टी का समर्थन करते हैं। वे शीर्ष पर इसलिए पहुँची हैं कि वे भारत की तीन पूर्व प्रधानमंत्रियों की रिश्तेदार हैं, और जिस पार्टी ने उन्हें अपना नेता बनाया है, आज उसकी हालत यह है कि उसके लिए तिनका ही जहाज है। उसे जो भी डूबने से बचा सके, उसे वह अपना खिवैया बनाने को तैयार है।

इसके विपरीत महेन्द्र चौधरी फीजी की जनता के स्वाभाविक नेता हैं। आज

फीजी में भारतीयों की संख्या वहाँ के तथाकथित आदिवासियों से कम है। फिर भी वे प्रधानमंत्री बन गए। उनके 17 मंत्रियों में से सिर्फ छह भारतीय मूल के हैं। शेष सब स्थानीय मूल के हैं। पिछले चुनावों में उनके विरुद्ध जो दल एकजुट हुए थे, उनमें भारतीय मूल का एक दल भी शामिल था। उन्होंने फौजी तानाशाह राम्बुका तथा अन्य दिग्गजों की पार्टियों को पटका मारा और अपनी गठबंधन सरकार खड़ी कर ली। दूसरे शब्दों में महेन्द्र चौधरी जहाँ तक पहुँचे, अपने दम-खम पर पहुँचे। वे सिर्फ फीजी में रहनेवाले भारतवंशियों के हितों के ही प्रतिनिधि नहीं हैं, वे बहुसंख्यक फीजीवासियों के भी नेता हैं। इसीलिए जॉर्ज स्पैट के ब्लेकमेलर गुण्डों का समर्थन फीजी की सेना, पुलिस, आम जनता, मेथोडिस्ट चर्च और यहाँ तक कि आदिवासियों की मुखिया परिषद् तथा राष्ट्रपति रातू मारा ने भी नहीं किया।

इसमें सन्देह नहीं कि प्रधानमंत्री चौधरी को इसी आधार पर ब्लेकमेल किया जा रहा है कि वे भारतीयों के प्रतीक पुरुष हैं। लेकिन जो भी साढ़े तीन लाख भारतीय फीजी में हैं, वे कोई उड़ते पंछी नहीं हैं। वे पिछले सौ वर्ष से भी ज्यादा समय से वहाँ टिके हुए हैं। उनकी कई पीढ़ियाँ वहाँ बीत गई हैं। वे जन्मजात फीजीवासी हैं। वे फीजी के विधिवत नागरिक हैं। जो अपने आपको फीजी का आदिवासी कहते हैं, वे भी वास्तव में आदिवासी नहीं हैं। वे भी पिछले कुछ सौ वर्षों में आस-पास के द्वीपों से आकर फीजी में बसे हैं। अगर भारतीय मजदूर फीजी नहीं जाते और अपने खून-पसीने से उस सरज़मीन को नहीं सींचते तो क्या फीजी आज वह होता, जो वह है ? फीजी की अर्थव्यवस्था गन्ने की खेती पर टिकी हुई है और गन्ने की खेती भारतीयों के कन्धों पर टिकी हुई है। अगर आज सारे भारतीय फीजी छोड़ दें या फीजी का बँटवारा हो जाए तो अपने आपको आदिवासी कहनेवाले लोग दाने-दाने को मोहताज़ हो जाएँगे। पर्यटन उद्योग जैसे आराम के धन्धे पर पलनेवाले तथाकथित आदिवासी लोग इसीलिए डरे हुए हैं कि जॉर्ज स्पैट की करतूत के कारण कहीं भारतवंशी लोग फीजी छोड़कर बाहर न चले जाएँ।

1987 के तख्ता-पलट के बाद लगभग 80 हजार भारतवंशी फीजी छोड़कर चले गए। अब भी जाएँगे। इसका मतलब यह नहीं कि वे देशभक्त नहीं हैं। जब जीना दूभर हो जाए तो कोई भी व्यक्ति या समूह अपना देश छोड़ सकता है। क्या लाखों पठान और ताजिक आज अफगानिस्तान के बाहर शरण लिए हुए नहीं हैं ? 1971 में क्या लाखों बंगाली पूर्व पाकिस्तान छोड़कर भारत नहीं आ गए थे ? 1983 के बम्बलपिटिया दंगों के बाद क्या हजारों तमिल श्रीलंका से भाग नहीं गए थे ? क्या भारत आनेवाले तिब्बती लोग देशभक्त नहीं हैं ? इसीलिए फीजी छोड़नेवाले भारतवंशियों की फीजी के प्रति वफादारी पर सन्देह करना अनुचित है।

जहाँ तक भारत का सवाल है, फीजी भारत से हजारों किलोमीटर दूर स्थित है। उसे भारत से किसी भी प्रकार का खतरा नहीं है और भारत को भी उससे कोई खतरा नहीं है। वहाँ बसे भारतवंशी नागरिक भारत से साँठ-गाँठ करके गैर-भारतीयों को

नुकसान पहुँचा सकते हों, ऐसा भी कुछ नहीं है। भारत से उनका भावनात्मक लगाव है, इसमें कोई शक नहीं और अपने भारतीय संस्कारों को सुरक्षित रखने में वे जी-जान लगाए हुए हैं, यह भी स्पष्ट है लेकिन राजनैतिक और आर्थिक दृष्टि से वे पूर्णत: फीजीयाई हैं। सच्चे फीजी नागरिक हैं। फीजी भारतीयों का उतना ही है, जितना कि वह गैर-भारतीयों का है।

यदि भारत सरकार इसीलिए दुबकी हुई है कि प्रधानमंत्री महेन्द्र चौधरी का मामला विदेशी मूल का मामला है, तो इससे बढ़कर दुखद बात क्या हो सकती है ? वास्तव में जहाँ तक फीजी की अन्दरूनी राजनीति का सवाल है, यह देशी और बिदेशी का मामला उतना नहीं है, जितना कि, दो बराबरी के समुदायों के बीच प्रतिस्पर्धा का, प्रतिद्वंद्विता का, ईर्ष्या-द्वेष का मामला है। यह वैसा ही है जैसा कि अफगानिस्तान में पठानों और गैर-पठानों, पाकिस्तान में पंजाबियों और गैर-पंजाबियों, नेपाल में पहाड़ियों और मधेशियाई तथा श्रीलंका में सिंहलों और तमिलों के बीच है। इस तरह के झगड़ों में विदेशी मूल का तत्त्व भी घसीटकर लाया जाता है, खासतौर से तब जबकि प्रतिद्वंद्वी समूह से जुड़े लोग किसी आस-पास के देश में रहते हों। लेकिन भारत और फीजी पर तो यह उपमा भी लागू नहीं होती। इसीलिए फीजी पर सरकारी अकर्मण्यता को 'विदेशी मूल' के पर्दे के पीछे नहीं छिपाया जा सकता।

जिन लोगों पर फीजी में अत्याचार हो रहा है, वे भारतीय मूल के हैं, इसलिए भी भारत का मुखर होना जरूरी है। अगर वे भारतीय मूल के नहीं होते तो भी भारत का कर्त्तव्य था कि वह उनके पक्ष में बोलता लेकिन यहाँ मुख्य प्रश्न यह है कि क्या भारत सरकार फीजी के भारतीयों और अरब भूमि के फलस्तीनियों को एक ही नज़र से देखेगी ? क्या वह साइप्रस के तुर्कों और सूरीनाम के भारतवंशियों को एक ही पलड़े पर तौलेगी ? क्या वह फिलीपीन्स के मुसलमानों और त्रिनिदाद के भारतमूलक लोगों को एक ही चाबुक से हाँकेगी ? भारतीय मूल के लोग दुनिया में कहीं भी हों, भारत को अपनी माता मानते हैं ! क्या माता के आँचल का दूध और आँखों के आँसू सूख गए हैं ?

भाजपा और उससे जुड़े सभी संगठन दुनियाभर के हिन्दुओं के लिए झंडा उठाने का दावा करते हैं। फीजी में जो सताए जा रहे हैं, क्या वे हिन्दू नहीं हैं ? अब कहाँ गया, वह नारा कि 'गर्व से कहो कि हम हिन्दू हैं ?' फीजी के आर्यसमाजी धन्य हैं। थोक हिंसा की धमकियों के बावजूद ऑकलैंड के आर्यसमाज ने जॉर्ज स्पैट के विरुद्ध 10 हजार लोगों का जुलूस निकाला जबकि भारत के हिन्दूवादी चादर तानकर सोए हुए हैं।

यह ठीक है कि फीजी के अधिकतर भारतीय भारत के नागरिक नहीं हैं; लेकिन क्या इसलिए उन्हें मरने दिया जाए, सड़ने दिया जाए ? क्या हमें पता नहीं कि अमेरिका और ब्रिटेन—ये दोनों गोरे राष्ट्र अन्य महाद्वीपों में बसे गोरे लोगों और गोरे राष्ट्रों के लिए क्या-क्या करते हैं। अपने वंश के लोगों के लिए न केवल वे फौज

भेजते हैं, बल्कि फौजों को विदेशों में बरसों-बरस टिकाए रखने के लिए लम्बा-चौड़ा बजट पास करते हैं। इतना ही नहीं, नाटो और सीटो नामक विश्व-व्यापी सैन्य संगठन बनाते हैं। सारी दुनिया पर सुरक्षा का एक ऐसा कवच कस देते हैं कि गौर-वंश के विरुद्ध कोई जूँ भी नहीं रेंग सकती। जाहिर है कि गोरे देशों में बसे सब लोग अमेरिका और ब्रिटेन के नागरिक नहीं हैं और न ही वे सब लोग वहाँ अमेरिका और ब्रिटेन से गए हुए हैं। जबकि फीजी में बसे हुए लोग भारतवंशी ही हैं और उनके रिश्ते-नाते भारत में अब भी हरे हैं। उनमें से कुछ ऐसे भी हैं, जो अभी कुछ वर्षों पहले ही भारत से गए हैं। फीजी में कार्यरत अनेक गुजराती व्यापारी तो भारत के नागरिक ही हैं। ऐसी स्थिति में फीजी से हाथ धोकर बैठ जाना भारत सरकार को कहाँ तक शोभा देता है?

इसका मतलब यह नहीं कि विदेशों में बसे भारतीय कुछ भी कुकर्म करें तो भी भारत उनका साथ दे। वास्तव में भारतीय होने का अर्थ यह है कि वे जिस देश में रहते हों, उस देश के कट्टर देशभक्त हों, बेहतर नागरिक हों और उनका आचरण भारत की इज़्जत में चार चाँद लगानेवाला हो। फीजी के भारतीय लोगों या महेन्द्र चौधरी ने ऐसा कोई काम नहीं किया जिससे भारत की नाक नीची हो। ऐसे भारतमूलक लोगों के पक्ष में भी जो खड्गहस्त न हो सके, उसे कोई कैसे राष्ट्रवादी सरकार कह सकता है?

अफसोस यही है कि हमारी सरकार ने एक सुनहरा मौका खो दिया। इतिहास ने एक मौका उछाला था, यह सिद्ध करने के लिए भारत एक महाशक्ति है लेकिन भारत के नेताओं ने बगलेंझाँकू बने रहना ही पसन्द किया है। अगर यह मौका इसलिए खोया गया कि महेन्द्र चौधरी विदेशी मूल के हैं तो इससे बढ़कर दुखद बात क्या हो सकती है? जॉर्ज स्पैट उन्हें वैसा समझें यह तो ठीक है लेकिन क्या भारत सरकार भी उन्हें जॉर्ज स्पैट की नज़र से देखेगी?

फीजी में हस्तक्षेप के तर्क

'फीजी में फौज तुरंत भेजें' (22 मई) लेख छापकर 'नवभारत टाइम्स' ने पहल की। सोई सरकार जागी, कुछ विरोधी दल भी बोले और हिन्दी के लगभग सभी प्रमुख अखबारों ने कड़े सम्पादकीय लिखे। फीजी में फौज तो अब तक नहीं गई लेकिन फीजी के बहाने बहस छिड़ गई। असल मुद्दा यह बना कि भारत किसी देश के अन्दरूनी मामलों में हस्तक्षेप करे या न करे ? यदि करे तो उसका स्वरूप कैसा हो ? वह सैन्य हस्तक्षेप हो, कूटनीतिक हो या आर्थिक हो ? वह एकराष्ट्रीय हो या अनेकराष्ट्रीय हो ? किन परिस्थितियों में हस्तक्षेप किया जाए और किनमें नहीं ? हस्तक्षेप के बाद क्या होगा ?

पूर्व प्रधानमंत्री इंदर गुजराल और पूर्व राजदूत शंकर वाजपेयी ने (देखें, फीजी और श्रीलंका : जड़ता की महामुद्रा ? नभाटा : 4 जून) हस्तक्षेप का विरोध किया। कुछ अंग्रेजी अखबारों ने भी हस्तक्षेप को अनुचित बताया। जिन्होंने हस्तक्षेप का विरोध किया, वे मामूली लोग नहीं हैं। विदेश नीति के उलझे हुए सवालों से वे बराबर जूझते रहे हैं। इसीलिए उनकी राय का सम्मान जरूरी है लेकिन यह भी उतना ही जरूरी है कि उनके तर्कों की निर्मम परीक्षा की जाए।

हस्तक्षेप के विरुद्ध मुख्य तर्क यह है कि फीजी में ही क्या, दुनिया के दर्जनों देशों में भारतीय नागरिक लोग रहते हैं और भारतीय मूल के लोग भी रहते हैं। यदि भारत उन्हें लेकर युद्ध के मैदान में कूदने लगे तो हर दूसरे दिन युद्ध छिड़ेगा और सारी दुनिया समरांगण बन जाएगी। यह तर्क ऊपर से ठीक दिखाई पड़ता है लेकिन अन्दर से खोखला है। हस्तक्षेप की वकालत करते हुए यह किसने कहा कि जहाँ कहीं भी भारतीय रहते हों, उन सब देशों को हम अपनी जागीर समझने लगें और जब चाहें कूद पड़ें। छोटे-मोटे संकट तो हर जगह आते हैं, उन्हें हल करने के लिए फौज भेजने की वकालत कोई ईदी अमीन या कोई मुहम्मद तुगलक़ ही कर सकता है। इसका मतलब यह नहीं कि छोटी-मोटी बातों की सर्वथा उपेक्षा की जा सकती है। छोटी-मोटी समस्याओं को भी हल करने का कर्त्तव्य हमारे दूतावासों का होता है, जो लगभग हर देश में नियुक्त किए जाते हैं। लेकिन जॉर्ज स्पैट की गुण्डई या राम्बुका का तख्ता-पलट, बांग्लादेश का उदय या मालदीव में गय्यूम की गिरफ्तारी, लंका में सिरीमावो बंडारनायक के विरुद्ध बगावत या नेपाल में राजा त्रिभुवन का पलायन कोई रोज़मर्रा की घटनाएँ नहीं हैं। पूरे पचास साल में और कभी-कभी सौ-दो सौ साल

में ऐसी घटना एकाध बार घटती हैं। ऐसे अवसरों पर भारत जैसे राष्ट्र को क्या आँखों पर पट्टी बाँधकर और कानों में रूई डालकर बैठ जाना चाहिए ?

जरूर बैठ जाना चाहिए लेकिन फिर आपको यह दावा नहीं करना चाहिए कि आप क्षेत्रीय महाशक्ति हैं, आप दक्षिण एशिया के महान राष्ट्र हैं, आप सुरक्षा परिषद् के स्थायी सदस्य होने के योग्य हैं, आपको परमाणु-राष्ट्र का दर्जा मिलना चाहिए, आप किसी महान सभ्यता के वारिस हैं और नेहरू के शब्दों में 'दुनिया में अगर कहीं भी अन्याय होगा तो हम चुप नहीं बैठ सकते।' असली प्रश्न यह है कि कहीं अन्याय हो रहा है और अत्यंत भयंकर हो रहा है तो भी क्या आप अपने होंठ सीए रहेंगे ? खास तौर से तब जबकि आपके अपने नागरिक या अपने रक्तसंबंधियों पर सीधा हमला हो रहा हो ? यह ठीक है कि फीजी के मेलानेसियाई आदिवासियों और भारतीयों के बीच या श्रीलंका के सिंहलों और तमिलों के बीच या सूरीनाम और त्रिनिदाद के काले लोगों और भारतीयों के बीच या कनाडा के गोरे और भारतीयों के बीच कोई छोटा-मोटा दंगा हो जाए या कुछ आर्थिक-राजनीतिक उठा-पटक हो जाए तो भारत का वहाँ टाँग अड़ाना अनुचित ही होगा लेकिन जिस प्रकार उगांडा और केन्या में भारतीय व्यापारियों पर अत्याचार हुआ था, श्रीलंका के चाय बागान में काम करनेवाले भारतीय तमिलों को सताया गया था, नेविन की क्रांति के बाद बर्मा से भारतीय मूल के लोगों को धकियाया गया था, इस प्रकार की घटनाओं पर भी यदि भारत सरकार चुप रहती है तो क्या उसे अपने आपको सरकार कहलवाने का भी हक रह जाता है ? नहीं रह जाता है, इसीलिए समय-समय पर भारत को बोलना पड़ा है और श्रीलंका में तो शास्त्री-बंडारनायक पैक्ट भी करवाना पड़ा था। यदि भारत चुप बैठना चाहे भी तो उसे कौन बैठने देगा ? 1948 में महाराजा हरिसिंह ने कश्मीर में और 1950 में राजा त्रिभुवन ने नेपाल में बुलाया। 1971 में श्रीमती सिरीमावो बंडारनायक ने सिंहल उग्रवादियों को दबाने के लिए भारत से सैन्य सहायता माँगी, 1971 में बांग्लादेश के नेताओं ने भारतीय फौजों को निमंत्रित किया, 1987 में राष्ट्रपति जयवर्दन ने भारतीय शान्ति सेना को श्रीलंका बुलवाया, 1988 में मालदीव के राष्ट्रपति गय्यूम ने सैन्य हस्तक्षेप खुद करवाया। आजकल भारत के सैनिक सिएरा लियोन में फँसे हुए हैं। पहले भी संयुक्तराष्ट्र संघ के निमंत्रण पर वे कहाँ-कहाँ नहीं गए ? अफ्रीका और अरब भूमि के अनेक राष्ट्रों में भारतीय सेना ने अमिट छाप छोड़ी है। इसीलिए सैन्य-हस्तक्षेप को सदा अवांछनीय, अकरणीय या अस्पृश्य नहीं माना जा सकता। भारत तो बड़ा देश है लेकिन इंडोनेशिया, एराक़, मिस्र, वियतनाम, लीब्या, इथियोपिया, तुर्की, कोरिया आदि छोटे-छोटे देशों ने भी अपनी सीमाओं के पार सेनाएँ भेजी हैं या जरूरत पड़ने पर सैनिक धमकियाँ भी दी हैं।

जहाँ तक महाशक्तियों का सवाल है, पिछले 55 वर्षों में उन्होंने इतने देशों में सैन्य हस्तक्षेप किया है कि दुनिया का कोई भी महाद्वीप अछूता नहीं रह गया है। उन्होंने समय-समय पर सेनाएँ भेजी ही नहीं, उन्हें अनेक राष्ट्रों में स्थायी तौर पर

तैनात करके भी रखा है। द्वितीय महायुद्ध के बाद लड़े गए लगभग 150 क्षेत्रीय युद्धों में आखिर किन देशों में बने हथियार इस्तेमाल किए गए? साक्षात सेना या शस्त्रों या प्रशिक्षण के जरिए महाशक्तियाँ लगभग सभी युद्धों में उपस्थित रहती हैं। उनका सैन्य हस्तक्षेप सर्वत्र जारी रहता है। अमेरिका ने पनामा, ग्वाटेमाला, निकारागुआ, डोमिनिकन रिपब्लिक आदि अनेक लातीनी अमेरिकी देशों में खुलकर हस्तक्षेप किया है। अब से पौने दो सौ साल पहले 'मुनरो सिद्धान्त' का प्रवर्तन इसी उद्देश्य से हुआ था। अमेरिका ने अभी दस साल पहले एराक़ पर प्रक्षेपास्त्रों की वर्षा की थी और सिर्फ एक आतंकवादी उसामा बिन लादेन के खातिर उसने अफगानिस्तान पर मिसाइलों से प्रहार किया था। जॉर्ज स्पैट तो प्रधानमंत्री और पूरी सरकार को बन्धक बनाए बैठा है। उस पर अमेरिका प्रहार क्यों नहीं कर रहा है? क्या इसीलिए कि उन बंधकों में कोई अमेरिकी नागरिक नहीं है?

सोवियत संघ ने हंगेरी, पौलेंड, चेकोस्लावाकिया और अफगानिस्तान में बड़े पैमाने पर जो सैन्य-हस्तक्षेप किया था, वह किसे पता नहीं है? जैसे फीजी हमसे दूर है, वैसे ही क्यूबा भी रूस से हजारों मील दूर है लेकिन 1962 में ख्रुश्चौफ ने अपनी सेनाएँ भेज दी थीं। अब भी रूस के लगभग 20 हजार सैनिक ताजिकिस्तान में पामीर के पठार पर डटे हुए हैं। फौजें भेजने के लिए अलग-अलग समय पर महाशक्तियों के तर्क अलग-अलग होते हैं और कई बार फौजें भेजकर वे बुरी तरह पछताई भी हैं लेकिन अनेक मौके ऐसे होते हैं, जब सैन्य-हस्तक्षेप नहीं करना अपने राज्य होने को नकारना है।

इसका मतलब यह नहीं कि अमेरिका की तरह भारत जैसे देशों का हाथ हमेशा बंदूक के घोड़े पर धरा रहे। किसी भी देश के आंतरिक मामलों में हस्तक्षेप करने के लिए वे कुलबुलाते रहें। किसी भी सैन्य हस्तक्षेप के पहले उसके सभी पहलुओं पर सांगोपांग विचार होना चाहिए। यदि भारतीय मूल के लोग अपने देशों में स्वयं भयंकर अत्याचार कर रहे हों तो भारत द्वारा उनकी तरफदारी बिलकुल अनुचित होगी। बल्कि भारतवंशी होने के कारण उनसे यह अपेक्षा की जानी चाहिए कि वे गैर भारतीयों के मुकाबले अधिक सुसंस्कृत, अधिक उदार, अधिक लोकतांत्रिक ढंग से पेश आएँगे। यदि भारत के मूल्यमान उनके आचरण में प्रकट नहीं होते तो फिर भारत उनकी चिन्ता क्यों करे? यदि जॉर्ज स्पैट जैसा कुकर्म किसी भारतीय ने किया होता तो उस भारतीय की यहाँ चहुँदिश निन्दा होती।

असली प्रश्न यह है कि विदेशों मे होनेवाले अत्याचारों के प्रति भारत का रवैया क्या हो? क्या फीजी के भारतवंशियों के प्रति भारत का रवैया वही होना चाहिए, जो साइप्रस के तुर्कों के प्रति या अरब देश के फलस्तीनियों के प्रति या फिलीपीन्स के मुसलमानों के प्रति होता है? क्या हम भारतवंशियों को बेगानों की तरह मानेंगे? या पड़ोसी देशों में जो भारतवंशी हैं और सुदूर देशों में जो भारतवंशी हैं, उनमें भी हमें कोई अन्तर क्यों करना चाहिए? क्या पड़ोस में ब्याही बेटी का दर्द ही हमारे

सीने में सालेगा और क्या दूर देश में ब्याही बेटी को हम भूल जाएँगे ?

वास्तव में वाजपेयी सरकार को चाहिए कि वह प्रवासी भारतीयों के बारे में सुस्पष्ट और दूरगामी 'प्रवासी नीति' बनाए। सारी दुनिया में इस समय एक करोड़ से भी अधिक भारतीय फैले हुए हैं। इनमें से अधिकांश वे हैं, जो जिन देशों में पैदा हुए हैं, वहीं के नागरिक हैं, कुछ भारत में पैदा हुए हैं और वहाँ के नागरिक बन गए हैं और कुछ भारत के नागरिक हैं लेकिन विदेशों में रहते हैं। इन सभी प्रकार के भारतीयों को भारत से जोड़े रखना और उनके हितों की रक्षा भारतीय विदेश नीति का धर्म है। क्या भारत सरकार इस धर्म का निर्वाह कर रही है ? जरूरी हो तो प्रवासियों के लिए अलग मंत्रालय बनाया जाना चाहिए और फीजी जैसे संकटों के लिए सारे विकल्प पहले से तैयार रखना चाहिए।

फीजी में अगर हम हस्तक्षेप कर सकते हों तो हमें जरूर करना चाहिए। नहीं कर सकने का कोई कारण दिखाई नहीं पड़ता। फीजी में ऐसे भारतीयों की संख्या निश्चय ही बहुत बड़ी है, जो भारत के नागरिक नहीं हैं लेकिन गुजरात से हाल ही में गए भारतीय नागरिकों को भी वहाँ जमकर सताया जा रहा है, क्योंकि फीजी के व्यापार में उन्होंने अपना सिक्का जमा लिया है। क्या भारत इतना मुर्दार राष्ट्र है कि वह उनकी रक्षा के लिए अपने हाथ-पाँव भी नहीं हिलाएगा ? सिर्फ ज़ुबान हिलाता रहेगा ? पिछले दिनों जब जिम्बाब्वे में ब्रिटिश मूल के सिर्फ दो-चार नागरिकों को सताया गया तो ब्रिटेन ने सैनिक कार्रवाई की धमकी दी थी और श्रीमती मार्गेरेट थैचर ने सात समुन्दर पार स्थित फॉकलैंड्स (मालविनास) पर तो बाकायदा युद्ध छेड़ दिया था। लगभग दो दशक पहले छेड़े गए इस युद्ध का या महाशक्तियों द्वारा उठाए गए इस तरह के घमंडभरे दर्पपूर्ण कदमों का हम सदा समर्थन नहीं कर सकते लेकिन यहाँ इनका हवाला सिर्फ यह बताने के लिए दिया जा रहा है कि भारत यदि स्वयं को महाशक्ति कहलवाना चाहता है तो उसे फीजी जैसे संकटों में लकवाग्रस्त मरीज़ की तरह खाट पर लम्बायमान हुए दिखाई नहीं पड़ना चाहिए।

और यह तर्क तो बिलकुल ही बोदा है कि फीजी में हम इसलिए हस्तक्षेप नहीं करें कि जिन पर वहाँ ज़ुल्म हो रहा है वे भारतीय तो हैं लेकिन भारत के नागरिक नहीं हैं। क्या मालदीव के गय्यूम, श्रीलंका की सिरिमावो बंडारनायक, नेपाल के राजा त्रिभुवन, पूर्व पाकिस्तान के शेख मुजीब, कश्मीर के राजा हरिसिंह हमारे नागरिक थे ? क्या श्रीलंका के ज़ूनियस जयवर्दन भारत के नागरिक थे ? क्या ट्रिग्वे ली, क्या हेमरशोल्ड, क्या यू थान्त, क्या वाल्डहाइम, क्या बतरस ग़ाली, क्या कोफी अन्नान जैसे संयुक्तराष्ट्र के महासचिव भारत के नागरिक रहे हैं, जिनके कहने पर या जिन्हें बचाने के लिए हमारी सेनाएँ दुनिया के कई देशों में भेजी जाती हैं ? फौजें सिर्फ इसलिए नहीं भेजी जाती कि हमें अपने नागरिकों की रक्षा करनी है, बल्कि इसीलिए भी भेजी जाती हैं कि हमें अपने राष्ट्रहितों की, अपनी छवि की, अपने इतिहास और परम्परा की, मानव-मूल्यों की, विश्व-शान्ति की, अशक्त और अन्यायग्रस्त लोगों की

रक्षा करनी है। इसमें संदेह नहीं कि यदि अपने तर्कों, अपनी मजबूरियों और अपने स्वार्थों में अंधे होकर हम दूसरे राष्ट्रों की सम्प्रभुता का उल्लंघन करेंगे तो हम अन्तरराष्ट्रीय कानून को भंग करेंगे और अन्तरराष्ट्रीय अपराधी कहलवाएँगे लेकिन यदि संकटग्रस्त राष्ट्र की विधिवत नियुक्त सरकार हमें आमंत्रित करे तो हमारे हस्तक्षेप का सर्वत्र स्वागत ही होगा। इस तरह के हस्तक्षेप का प्रावधान तो संयुक्तराष्ट्र घोषणा-पत्र की धारा 51 भी करती है और वह जायज़ है।

इसीलिए फीजी संकट के दूसरे दिन ही मैंने प्रधानमंत्री अटलबिहारी वाजपेयी को पत्र लिखकर कहा था कि वे राष्ट्रपति कमीसेसे मारा से फोन पर बात करें, विधिवत निमंत्रण प्राप्त करें, और भारत, आस्ट्रेलिया, न्यूजीलैंड और अमेरिका मिलकर संयुक्त सैन्य कार्रवाई करें। सात गुण्डों को, आतंकवादियों को, ब्लेकमेलरों को पकड़ने में कितनी देर लगती ? प्रशांत महासागर के गुआम द्वीप में अमेरिका का इतना बड़ा अड्डा है कि वह चाहे तो फीजी से 100 गुना बड़े देश को कुछ घंटों में काबू कर सकता है ? जहाँ तक फीजी का सवाल है, उसकी फौज में कुल तीन हजार सैनिक हैं, वे भी पूरी तरह प्रशिक्षित नहीं हैं। वायुयान और जलपोत भी उनके पास नाम-मात्र के हैं। यों भी फीजी की फौज से तो कोई लड़ाई होनी नहीं थी। फौज तो जॉर्ज स्पैट का विरोध ही कर रही है और जनता भी उसके साथ नहीं हैं। भारतीय सेना फीजी की जनता के विरुद्ध नहीं भेजी जानी है और उसे वहाँ कोई स्थायी तौर पर टिकाए नहीं रखना है। भारतीय सेना गुण्डों की शल्य चिकित्सा करती और तुरन्त लौट आती। यदि भारत पहल करता तो सारी दुनिया में भारत की यशोगाथा के झंडे फहरने लगते। परमाणु बम से जितना जस उसे नहीं मिला, उससे अधिक जसवंत बनने में फीजी का संकट भारत की मदद करता। दुर्भाग्य है कि अटलजी फीजी के मामले को टालते रहे और जसवंत सिंहजी ने कोई जस नहीं कमाया।

फीजी के चूल्हे पर काठ की हाँडी

यह तो खुश खबर है कि फीजी के प्रधानमंत्री महेन्द्र चौधरी और उनके सभी साथी सही-सलामत घर पहुँच गए लेकिन भारतवंशियों की जैसी दुर्गति फीजी में हुई, दुनिया में कहीं नहीं हुई। यह ठीक है कि उगांडा और केन्या से कभी कुछ भारतवंशी व्यापारियों को भागना पड़ा था और यह भी सच है कि गयाना, सूरिनाम, त्रिनिदाद और मोरिशस जैसे देशों में अन्य सभी जातियों के लोग भारतीय मूल के लोगों के विरुद्ध कभी-कभी गोलबन्द हो जाते हैं लेकिन पिछले 13 वर्ष से फीजी में जो कुछ हो रहा है, वह सिर्फ फीजी के साढ़े तीन लाख भारतीयों के लिए ही नहीं, सारी दुनिया में बसे दो करोड़ भारतीयों के लिए खतरे की घण्टी है।

फीजी की घटनाओं का बड़ा सबक तो यह है कि विदेशों में बसे भारतीयों का कोई धनी-धोरी नही है। वे लगभग अनाथ हैं। 13 साल पहले जब तिमोती बवान्द्रा की चुनी हुई सरकार का तख्ता-पलट कर्नल राम्बुका ने किया था, तब भी भारत में कोई लहर नहीं उठी थी। प्रधानमंत्री बवान्द्रा और उनको उलटनेवाला राम्बुका दोनों ही भारतीय नहीं थे, मेलानेसियाई (लगभग स्थानीय) ही थे लेकिन बवान्द्रा को इसलिए उलट दिया गया था कि वे भारतवंशियों के समर्थन से प्रधानमंत्री बने थे। उस समय फीजी में भारतीयों का बहुमत था और महेन्द्र चौधरी जैसे लोकप्रिय नेता बवान्द्रा मंत्रिमंडल के सदस्य थे।

उस समय श्री राजीव गांधी भारत के प्रधानमंत्री थे। श्री नरसिंहराव जैसे अनुभवी व्यक्ति विदेश मंत्री थे। श्री राव ने अनेक प्रयत्न किए कि किसी तरह फीजी में लोकतंत्र बहाल हो जाए। वहाँ के भारतीयों में आत्म-विश्वास का संचार हो और वे फीजी में डटे रहें। भारत सरकार इधर-उधर हाथ-पाँव मारती रही लेकिन उसने कोई ठोस कार्रवाई नहीं की। नतीजा यह हुआ कि लगभग दस साल में अस्सी हजार भारतीय फीजी छोड़कर भाग गए। भारतीयों के मुकाबले अन्य जातियों के लोगों की संख्या वहाँ लगभग चार लाख हो गई और भारतीय मुश्किल से साढ़े तीन लाख रह गए। इसके बावजूद महेन्द्र चौधरी ने स्थानीय लोगों के दलों से समझौता करके संसद में 70 प्रतिशत सीटें जीत लीं।

इतने लोकप्रिय प्रधानमंत्री को बन्धक बनानेवाला जॉर्ज स्पैट न तो राजनेता है, न सेनापति है। वह केवल एक दीवालिया व्यापारी और गुण्डों का सरगना है। उसने जो किया, वह तख्ता-पलट नहीं, शुद्ध ब्लेकमेल, शुद्ध आतंकवाद, शुद्ध गुण्डागर्दी है।

राम्बुका और स्पैट, दोनों के कुकर्मों का परिणाम एक ही है याने तख्ता-पलट, लेकिन फर्क यह है कि स्पैट ने खुलेआम भारत के मुँह पर थूका है। उसने खुलेआम यह कहा है कि वह फीजी के भारतीयों को हमेशा के लिए सत्ता से अलग कर देगा। नए मंत्रिमंडल में किसी भी भारतीय को नहीं आने देगा। नया संविधान बनवाएगा, जिसमें भारतीयों को राजनीतिक गतिविधियों से वंचित कर देगा। स्पैट की गुण्डागर्दी के आगे सेना को भी झुकना पड़ा और उसके द्वारा सुझाए गए रातू जोज़फ इलोइलो नामक व्यक्ति को मुखिया परिषद् ने राष्ट्रपति बना दिया।

जॉर्ज स्पैट की यह गुण्डागर्दी 55 दिन चली। हमारी 'राष्ट्रवादी' सरकार ने क्या किया ? इतना भी नहीं किया, जितना कि एक अनुभवहीन प्रधानमंत्री की सरकार ने किया था। राजीव गांधी तो नौसिखिए थे। प्रवासी भारतीयों से उनका कोई सम्पर्क नहीं था लेकिन क्या यह बात माननीय अटलजी के लिए भी कही जा सकती है ? पिछले तीस साल में वे दर्जनों बार प्रवासी भारतीयों के अतिथि रह चुके हैं। वे सत्ता में या संसद में रहे हों या न रहे हों, प्रवासी भारत के नेता उन्हें अपना आदमी समझकर उनसे मिलने आते रहे हैं। फीजी में जब भारतीयों का गला घोंटा गया तो उम्मीद थी कि भारत का पहला राष्ट्रवादी प्रधानमंत्री वैसा रवैया नहीं अपनाएगा, जैसा पं. नेहरू ने अफ्रीका में बसे भारतीयों के प्रति अपनाया था। हमारे प्रधानमंत्री की दबी ज़ुबान पर दुनिया के सभी प्रवासी दंग रह गए। कवि-हृदय प्रधानमंत्री से ऐसी पत्थरदिल प्रतिक्रिया की अपेक्षा किसी को नहीं थी। हमारा विदेश मंत्रालय कई बार नींद से चौंका और बोल पड़ा लेकिन उसकी प्रतिक्रियाएँ कुछ ऐसी थीं, जैसे कि फीजी से उसका कुछ खास लेना-देना नहीं है। भारत से बेहतर और तीखी प्रतिक्रियाएँ तो आस्ट्रेलिया और न्यूज़ीलैंड ने की हैं। प्रवासियों के प्रति भारत सरकार की बेगानगी आश्चर्यजनक है। प्रवासी भारतीयों को भारत से जोड़ने का जितना कार्य आर्यसमाज, राष्ट्रीय स्वयंसेवक संघ, विश्व हिन्दू परिषद् और भाजपा ने किया है, उतना देश की किसी भी संस्था ने नहीं किया। इन संस्थाओं ने प्रवासी भारतीयों को भारत की मुख्य धारा से जोड़ने का प्रयत्न किया है। इस प्रयत्न को राष्ट्रवाद की संज्ञा दी गई है। लेकिन यह राष्ट्रवाद काठ की हाँडी सिद्ध हुआ। फीजी के चूल्हे पर यह हाँडी चढ़ी और जल गई। प्रवासी-प्रेम की गहराई का पता चल गया। यह प्रश्न मन में कौंधता है कि यह तथाकथित राष्ट्रवाद कहीं ढोंग तो नहीं है ? यह कहीं कुर्सी तक पहुँचने और उससे चिपके रहने का बहाना तो नहीं है ?

यों तो एक अफसर को फीजी भेजने के अलावा भी भारत सरकार हजार कदम उठा सकती थी लेकिन मान लें कि सरकार की अपनी विवशताएँ थीं तो अन्य राष्ट्रवादी संस्थाओं को क्या हुआ था ? आर्यसमाज, संघ और विहिप की चुप्पी किस बात की सूचक हैं ? प्रमाद, अज्ञान या निर्ममता की ? या सभी की ? हिन्दुत्व के नाम पर राजनीति करनेवालों से पूछा जाना चाहिए कि तुम्हारा 'हिन्दू प्रधानमंत्री' बन्धक बना लिया गया, तुम्हें 55 दिन तक नींद कैसे आई ? कभी करवट भी ली होती ?

क्या जो भारत में रहता है, वही हिन्दू है ? जो फीजी में रहता है, जो समुद्र-पार चला गया, क्या वह म्लेच्छ हो गया ? फीजी के आर्यसमाजियों की जवाँमर्दी देखिए कि गुण्डागर्दी के साए में भी ऑकलैंड में दस हजार भारतीयों ने सरे-आम जुलूस निकाला और स्पैट की निन्दा की। भारत के राष्ट्रवादियों ने पत्ता भी नहीं हिलाया। सरकार और तथाकथित राष्ट्रवादी संस्थाएँ चादर तानकर सोती रहीं।

यहाँ सवाल हिन्दू और अ-हिन्दू का नहीं है बल्कि यह है कि भारत अपनी सन्तानों की रक्षा के लिए हाथ-पाँव हिलाएगा या नहीं ? हकलाती हुई जुबान हिलानेवाले को भीख मिल सकती है, सम्मान नहीं ! भारत सम्मान चाहता है। इसीलिए उसने परमाणु बम विस्फोट किया, इसलिए वह हर ऐरे-गैरे राष्ट्र से भी कहता है कि उसे सुरक्षा परिषद् में बिठाओ। फीजी की घटनाओं पर भारत सरकार का जो रवैया रहा है, उसके बाद क्या वह इस लायक रह गई है कि उसे सुरक्षा परिषद् में बिठाया जाए ? अपनी सन्तानों की सुरक्षा के सवाल पर जो सरकार हकलाती है, वह सुरक्षा परिषद् में बैठकर क्या करेगी ? किसकी सुरक्षा करेगी ? सुरक्षा परिषद् के जो स्थायी सदस्य हैं, अमेरिका, रूस, चीन, ब्रिटेन और फ्रांस, जरा उनका बर्ताव भी देखिए । उनके नागरिकों, उनके मूलवंशियों, उनके राष्ट्रहितों, उनकी छवि, यहाँ तक कि उनकी विचारधारा पर भी ज़रा-सी चोट आती है तो उनका खून खौल उठता है। वे लावा उगलते हैं, बम और मिसाइल बरसाते हैं, हजारों मील दूर अपनी फौजें डटाते हैं और अपने हर कदम से यह सिद्ध करते हैं कि वे महाशक्ति हैं। फीजी के मामले में भारत ने क्या सिद्ध किया ? उसने सिद्ध किया कि वह गरीब की जोरू है। कोई भी गुण्डा उसके बैल खोलकर ले जा सकता है ! प्रवासी भारतीय भारत माँ की सन्तान नहीं हैं, अनाथ हैं, असहाय हैं, निरुपाय हैं। कोई कृष्ण उन्हें उपलब्ध नहीं है, जो चीर बढ़ा दे और उनकी लाज ढक दे।

लगभग दर्जन भर देशों में बसे लाखों प्रवासियों के मन पर क्या गुजर रही होगी ? उनको लग रहा है कि फीजी की चट्टान उनकी तरफ भी लुढ़क रही है। सूरिनाम से लगभग ढाई लाख भारतीय भागकर पहले ही अपने पुराने स्वामी-देश हालैंड में बस गए हैं। त्रिनिदाद और गयाना के गैर-भारतीय तत्त्वों ने भारतीयों के विरुद्ध व्यवस्थित अभियान चला ही रखा है। मोरिशस में हमारी स्थिति फिलहाल मजबूत है लेकिन जॉर्ज स्पैट और राम्बुका ने भारतीयों को भगाने का गुर सबको सिखा दिया है। 1987 के पहले 'राम्बुका झटके' में भारतीय लोग अल्पमत में आ गए और अब 'स्पैट का झटका' खाकर वे अति अल्पमत में आ जाएँगे। कोई आश्चर्य नहीं कि स्पैट-फार्मूला प्रवासी भारतीयों वाले अन्य देशों में भी शीघ्र लागू हो जाए। प्रशांत महासागर के सालोमन द्वीप पर उसकी परीक्षा पिछले माह ही हुई है।

दुनिया में बसे भारतवंशियों का जब तक अपमान होता रहेगा, भारत को कोई भी महाशक्ति नहीं मानेगा। जिस दिन प्रवासियों का अपमान भारत का अपमान माना जाएगा, उसी दिन समझ लीजिए कि भारत महाशक्ति बन गया। फीजी और

कन्धार-अपहरण इन दो घटनाओं ने सिद्ध कर दिया है कि आपके पास परमाणु बम तो है लेकिन उसका जलवा नहीं है, धाक नहीं है, रुतबा नहीं है। आपकी तोप को लोग ढोलक समझ रहे हैं। आपके मोती चने के भाव बिक रहे हैं। इसका मतलब यह नहीं कि आप बात-बात में बम चला दें या चलाने की धमकी दें लेकिन बम के बावजूद फीजी में भारत की जिस तरह मिट्टी पलीद हुई है, उससे यह सिद्ध हो जाता है कि महाशक्ति बनने के लिए सिर्फ बम नहीं, बम से भी बड़ी चीज़ दम-गुर्दा चाहिए। भारत में, उसके नागरिकों में, उसकी सेना में वह दम-गुर्दा है, यह करगिल-युद्ध ने सिद्ध कर दिया है लेकिन सरकार का हाल क्या है ? सरकार में अगर दम होता तो वह फीजी को हिला देती। उसके पास तीन-तीन ब्रह्मास्त्र थे। लोकतन्त्र की हत्या, आतंकवाद का तांडव और भारतीयों के साथ जाति-भेद! ये तीनों अन्तरराष्ट्रीय अपराध हैं। इन तीनों के आधार पर वह संयुक्तराष्ट्र संघ, राष्ट्रकुल और महाशक्तियों को फीजी में सैन्य हस्तक्षेप के लिए विवश कर सकती थी लेकिन कैसे करती ? वह खुद विवशता के झूले में झूलती रही।

जो हो गया, सो हो गया। सरकार अब तो जागे। जब जागे, तभी सबेरा। महेन्द्र चौधरी तथा अन्य नेताओं से सीधा सम्पर्क करके सारी दुनिया में जबर्दस्त जनमत खड़ा किया जाना चाहिए ताकि फीजी में लोकतन्त्र और 1997 का संविधान बहाल हो। दुनिया में बसे सभी भारतवंशियों को अपने-अपने देशों की फौज, पुलिस और प्रशासन में उचित स्थान प्राप्त करवाने का विश्व-व्यापी अभियान तुरन्त छेड़ा जाना चाहिए। भारत के मंत्रिमंडल में एक प्रवासी मामलों के मंत्री की नियुक्ति होनी चाहिए और सारी दुनिया में यह सन्देश फैलना चाहिए कि अगर किसी ने फिर फीजी दोहराना चाहा तो भारत उसे कड़ी सज़ा दिए बिना नहीं रहेगा।

फीजी और भारत की बुज़दिली

फीजी के अपदस्थ प्रधानमंत्री श्री महेन्द्रपाल चौधरी की आवभगत से स्वयं श्री चौधरी चकित हैं। वे यह नहीं समझ पा रहे कि नई दिल्ली और हरियाणा की सरकारों को उस समय क्या हो गया था, जब वे जॉर्ज स्पैट की हिरासत में बन्द थे और अब फीजी में ऐसा क्या हो गया है कि दिल्ली और रोहतक की सड़कों को गुलाब की पत्तियों से पाटा जा रहा है। वे और उनकी पत्नी वीरमतीजी अपने स्वागत से भाव-विभोर जरूर हैं लेकिन वे अब भी यह नहीं जानते कि फीजी के साढ़े तीन लाख भारतीयों के भाग्य की सुई के काँटे किधर घूमनेवाले हैं।

स्वयं श्री चौधरी का कहना था कि अगर पहले तीन दिन में जॉर्ज स्पैट के गुण्डों के विरुद्ध कार्रवाई हो जाती तो वह जमकर सफल होती, उनकी सरकार दुबारा कायम हो जाती और 1997 के संविधान की रक्षा हो जाती। बिलकुल यही बात उस समय मैंने अपने लेखों, बयानों और प्रधानमंत्री को लिखे पत्र में कही थी। उस समय फीजी की घटनाओं पर भारत सरकार ने उतना ही ध्यान दिया, जितना कोई किसान किसी दूर के खेत में मरनेवाली मुर्गी पर देता है। लेकिन जब लोकमत का दबाव बढ़ा तो अपना पिण्ड छुड़ाने के लिए सरकारी प्रवक्ता ने कह दिया कि भारत सरकार को बन्धकों के जीवन की चिन्ता है। याने अगर कोई सैन्य हस्तक्षेप हुआ तो बन्धक मारे जा सकते हैं। बन्धक तो भगवान भरोसे थे। वे किसी तरह छूट आए! अब आपके पास कौन-सा बहाना रह गया है? अब आप क्या कर रहे हैं? उस समय एक बहाना यह भी था कि अगर भारत हस्तक्षेप करेगा तो सारा फीजी दो टुकड़ों में बँट जाएगा–भारतीय और अभारतीय। डर यह बताया गया कि फीजी में कहीं गृहयुद्ध नहीं छिड़ जाए। बुज़दिली जितने रूप धारण कर सकती है, उन सबमें वह हम पर उतर आई। एक शायर ने क्या खूब कहा है–'इरादे बाँधता हूँ, सोचता हूँ, तोड़ देता हूँ। कहीं ऐसा न हो जाए, कहीं ऐसा न हो जाए।'

भारत ही नहीं, दुनिया के सभी देशों ने बड़ी बुज़दिली दिखाई। लोकतंत्र की हत्या, आतंकवाद और जाति भेद–ये तीनों अन्तरराष्ट्रीय अपराध हैं। इन अपराधों का निराकरण करने के लिए संयुक्तराष्ट्र संघ, राष्ट्रकुल, अमेरिका और भारत–सभी को मिलकर सैन्य कार्रवाई करनी चाहिए थी। यह मामला सिर्फ भारतीयों और फीज़ीयाइयों का नहीं था। इसके पीछे एक क्षुद्र अन्तरराष्ट्रीय षड्यंत्र था।

अपनी भारत-यात्रा के दौरान स्वयं श्री महेन्द्र चौधरी ने बताया कि फीजी का

संकट मूलत: इसलिए खड़ा हुआ कि जॉर्ज स्पैट अपनी अमेरिकी कम्पनी को फीजी के जंगलों के ठेके दिलवाना चाहता था। फीजी की महोगनी लकड़ी पर पश्चिमी देशों की लार टपकती है। महेन्द्र चौधरी की सरकार ने अमेरिका की कम्पनी 'टिम्बर रिसोर्स मेनेजमेंट' की निविदा को रद्द कर दिया था और उसकी जगह 'कॉमनवेल्थ डेवलपमेंट कारपोरेशन' नामक ब्रिटिश फर्म को पसन्द कर लिया था। महेन्द्र चौधरी का कहना है कि फीजी स्थित अमेरिकी दूतावास ने उनकी सरकार पर दबाव डालने की कोशिश की। जब कोई दबाव सफल नहीं हुआ तो कुछ तत्त्वों ने जॉर्ज स्पैट को पैसे खिलाकर चंग पर चढ़ा दिया। इस साजिश में पुराने हुक्मरान सितिवेनी राम्बुका का हाथ था। असली षड्यंत्रकारी सत्ता सम्हालते, उसके तीन दिन पहले ही स्पैट ने तख्ता-पलट कर दिया। लेकिन जब स्पैट ने देखा कि उसको उकसानेवाले असली षड्यंत्रकारी कन्नी काट रहे हैं और उसकी गुण्डागर्दी की हवा निकल रही है तो उसने सारे मामले को भारतवंशी विरोध का रंग देना शुरू कर दिया और यह रंग फीजी की फौज, पुलिस, प्रशासन और स्थानीय जनता पर भी चढ़ने लगा। यदि पहले दो-तीन दिन में ही या तो फीजी की फौज या आस्ट्रेलिया, न्यूजीलैण्ड और भारत की संयुक्त फौज हस्तक्षेप कर देती तो यह मामला जातीय रंग नहीं पकड़ता। यों भी महेन्द्र चौधरी की सरकार कोई जातीय सरकार नहीं थी। उनके मंत्रिमण्डल में कुल 17 मंत्री थे, जिनमें से सिर्फ छह भारतीय मूल के थे और ग्यारह स्थानीय थे। इसके अलावा उन्हें संसद में दो-तिहाई से अधिक बहुमत मिला था। उनकी पार्टी में 57 सदस्य थे जबकि विरोधी दलों में सिर्फ 14 सदस्य थे।

वास्तव में चौधरी के नेतृत्व में फीजी में एक नव-राष्ट्रवाद का उदय हो रहा था, जिसके साथ अन्तरराष्ट्रीय पूँजीवाद खिलवाड़ करने लगा। राष्ट्रवाद की टक्कर खाकर पूँजीवाद घायल हुआ और घायल पूँजीवाद ने सारे मामले को जातीय रंग दे दिया। चौधरी सरकार पर आरोप यह लगाया गया कि वह स्थानीय लोगों को उनकी पुश्तैनी ज़मीन से बेदखल करना चाहती है और वह ज़मीन भारतीय काश्तकारों को बाँटना चाहती है। यह आरोप सर्वथा निराधार इसलिए है कि फीजी के दोनों संविधानों, 1970 और 1997 में स्थानीय लोगों के अधिकारों की रक्षा के अभेद्य प्रावधान हैं। 1971 से अब तक फीजी की संसद ने 71 कानून बनाए हैं, जिनमें से 36 का सीधा सम्बन्ध स्थानीय लोगों की ज़मीन से है। इन कानूनों में कुछ भी फेर-बदल करना हो तो पहले तो संसद का दो-तिहाई बहुमत चाहिए और फिर 14 सदस्यीय मुखिया परिषद् के कम से कम नौ सदस्यों की सहमति चाहिए। इसके अलावा स्थानीय लोगों के हितों के प्रश्न पर मुखिया लोगों को वीटो भी प्राप्त है। खुद महेन्द्र चौधरी की गठबन्धन सरकार में स्थानीय लोगों का बहुमत था। ऐसे में यह कहना कि स्पैट के गुण्डों के विरुद्ध कार्रवाई करने पर जातीय युद्ध भड़क उठता, बिलकुल बेबुनियाद है। वास्तव में संकट के प्रारम्भिक दौर में फीजी के राष्ट्रपति, फौज और मेथॉडिस्ट चर्च ने भी स्पैट की निन्दा की थी।

गुण्डों के विरुद्ध तुरन्त कार्रवाई नहीं हुई, फलस्वरूप सारे मामले ने जातीय रूप अवश्य ग्रहण कर लिया है। भारतीयों के मकानों और दुकानों को लूटा गया। उन्हें मारा-पीटा गया लेकिन उस तरह का समूहिक दंगा कहीं नहीं हुआ, जैसा कि भारत-विभाजन के समय हुआ था या जैसा अफगानिस्तान के पठानों और उज़बेकों के बीच होता रहा है या अफ्रीका के विभिन्न कबीलों के बीच सुनते आए हैं या जैसा कि सुकार्नो के ज़माने में इण्डोनेशिया के चीनियों और स्थानीय लोगों के बीच हुआ था। इसका मतलब यही है कि फीजी में अब भी जातीय सद्भाव कायम है लेकिन सत्तालोभी नेता जातीय ज़हर फैलाने में कोई कसर नहीं छोड़ रहे हैं। सेना के दम पर बनी नई सरकार में एक भी पूर्ण मंत्री भारतीय मूल का नहीं है। 1997 के बहुजातीय राष्ट्रीय संविधान को इस सरकार ने अमान्य कर दिया है। हालत यहाँ तक आ पहुँची है कि सरकारी रेडियो और टी.वी. पर चलनेवाले हिन्दी कार्यक्रमों को भी बन्द कर दिया गया है। नई सरकार की कोशिश यह है कि भारतवंशी लोग फीजी से भाग खड़े हों। दुखद बात तो यह है कि खुद प्रधानमंत्री महेन्द्र चौधरी और लंदन स्थित भांभजी जैसे नेता विदेशी सरकारों से अनुरोध कर रहे हैं कि फीजी के भारतवंशियों को वे शरण देने की कृपा करें याने 1987 में राम्बुका के तख्ता-पलट ने भारतीयों की संख्या 52 प्रतिशत से घटाकर 43 प्रतिशत कर दी थी और अब क्या वह 30 प्रतिशत रह जानेवाली है ? जो भारतवंशी फीजी में बचे रहेंगे, क्या उनकी जिन्दगी जानवरों और गुलामों की-सी नहीं हो जाएगी ? फीजी में भारत-विरोधी उन्माद इस हद तक फैल रहा है कि फीजी सरकार ने महेन्द्र चौधरी के स्वागत से चिढ़कर बयान जारी किया है कि वे भारत में ही क्यों नहीं रह जाते ? श्री महेन्द्र चौधरी सिर्फ भारत तो नहीं आए हैं। सबसे पहले भी यहाँ नहीं आए हैं। सबसे पहले तो वे आस्ट्रेलिया और न्यूजीलैंड गए हैं। और यहाँ से ब्रिटेन और अमेरिका जाएँगे। संयुक्तराष्ट्र संघ में भी वे गुहार लगाएँगे लेकिन फीजी की वर्तमान अवैधानिक फौजी सरकार उनके लोकतांत्रिक अभियान को जातीय रंग देने पर आमादा है। वह उनकी भारत-यात्रा को उनके गले का पत्थर बनाना चाहती है। यह मामला थोड़ा पेचीदा जरूर हो गया है।

श्री महेन्द्र चौधरी को भारत सरकार ने भारत बुलाकर अब वह जिम्मेदारी खुद ही अपने सिर मढ़ ली है, जिससे वह अब तक बचना चाह रही थी। अब उसे खुलकर मैदान में आना ही होगा। खुद महेन्द्र चौधरी ने अपने अशोक होटल के भाषण में भारत सरकार के दब्बू रवैये का उल्लेख किया है। वैसे यदि महेन्द्र चौधरी भारत आते, सबसे मिलते-जुलते लेकिन सार्वजनिक तौर पर कुछ न कहते तो बेहतर होता। यह समय उनको हारमाला, गदा और तलवार भेंट करने का नहीं है। भाषण झाड़ने का भी नहीं है। यह समय है फीजी के भारतवंशियों की ठोस मदद करने का! भारत को तुरन्त अनेक कूटनीतिक और सामरिक कदम उठाने होंगे। अगर आस्ट्रेलिया और न्यूजीलैंड फीजी पर प्रतिबन्ध लगा सकते हैं तो भारत क्यों नहीं लगा सकता ? फीजी

का 90 प्रतिशत व्यापार आस्ट्रेलिया, न्यूजीलैंड, ब्रिटेन, अमेरिका, जापान और सिंगापुर आदि के साथ होता है। उनके प्रतिबन्धों से सरकार का टेंटुआ कसेगा और आम जनता को भी कुछ कठिनाई होगी लेकिन फीजी में भारत का व्यापार नगण्य है। भारत के प्रतिबन्धों से फीजी की जनता को कोई कठिनाई नहीं होगी। हाँ, यह सन्देश जरूर जाएगा कि भारत दब्बू देश नहीं है। फीजी के मामले में अब तक चली आ रही उदासीनता की नीति भारत सरकार अब भी नहीं छोड़ेगी तो वह फीजी में बसे भारतीयों का गहरा नुकसान करेगी, क्योंकि महेन्द्र चौधरी का धमाकेदार स्वागत करके उसने बर्र के छत्ते में हाथ तो डाल ही दिया है।

जरूरत सिर्फ इतनी ही नहीं है कि भारत फीजी का मुखर वकील बने बल्कि उसका कर्त्तव्य यह भी है कि वह फीजी के भारतवंशियों को सीधी मदद दे। कम से कम एक हजार भारतवंशियों को सैन्य-प्रशिक्षण दिया जाना चाहिए और उन्हें सशस्त्र किया जाना चाहिए। इसका लक्ष्य उन्हें हिंसक और आक्रामक बनाना नहीं बल्कि आत्म-रक्षा के लिए तैयार करना है। मोरिशस के अलावा लगभग सभी भारतवंशी राष्ट्रों की फौज और पुलिस में भारतवंशियों की संख्या नगण्य है। इसीलिए घनघोर देशभक्ति, परिश्रम और सज्जनता के बावजूद हर संकट में उनकी पिटाई होती है। प्रत्येक देश में बड़ी पूँजी गोरों के हाथ में है और फौजी ताकत कालों के। थैली और बन्दूक दूसरों के हाथों में है और सिर्फ तराज़ू और फावड़ा भारतीयों के हाथों में है। सूरीनाम से ढाई लाख भारतीय भागकर हालैंड चले गए हैं। त्रिनिदाद और गयाना में उनका दम घुट रहा है। यदि वे फीजी में पिट गए तो वे सारी दुनिया में पिटेंगे। भारत की विश्व-छवि को इससे बड़ा धक्का लगेगा।

फीजी का सवाल भारत की इज्जत का सवाल है। फीजी के बहाने सारी दुनिया को यह सन्देश मिलना चाहिए कि भारतीयों को जो भी छेड़ेगा, भारत उसे नहीं छोड़ेगा। यदि दुनिया के देशों में भारतीय पिटते रहे और भारत सरकार वैराग्य धारण किए रही तो उसे कौन पूछेगा ? उसे कौन महाशक्ति मानेगा ? यह प्रश्न जायज़ है कि प्रवासी भारतीय भारत के लिए ऐसा क्या करते हैं कि भारत उनके लिए सूली पर चढ़ जाए लेकिन इस सवाल का जवाब क्या यह है कि उन पर आए संकट की घड़ी में भारत अकर्मण्य हो जाए ? यदि दो करोड़ प्रवासियों को हम भारत की समृद्धि और शक्ति का स्तम्भ बनाना चाहते हैं तो उनकी सुरक्षा के प्रति हम उदासीन सन्त का रवैया नहीं अपना सकते। विदेशों में बसे प्रवासी भारतीय भारत की प्रतिभा का सर्वश्रेष्ठ प्रसून हैं। उन पर आँच आए और भारत मुँह फेर ले तो उसे पितृभू और पुण्यभू कहलाने का क्या अधिकार रह जाएगा ?

यह जरूरी नहीं कि भारतवंशियों की रक्षा के लिए भारत को सदा सैन्य हस्तक्षेप ही करना पड़ेगा लेकिन यदि करना ही पड़े तो इसमें झिझकना क्यों ? जहाँ-जहाँ भारतवंशी देश हैं, उन-उन क्षेत्रों की क्षेत्रीय महाशक्तियों के साथ कुछ इस तरह की साँठ-गाँठ पहले से ही होनी चाहिए कि संकट के समय वे हमारा साथ दें। फीजी

में यदि हम जरा मुस्तैदी दिखाते तो आस्ट्रेलिया और न्यूजीलैंड की मदद से वही चमत्कार कर देते और कुछ ही घंटों में कर देते, जैसा कि मालदीव में किया था। वह मौका हम चूक गए। अब तो स्वयं प्रधानमंत्री की देख-रेख में एक कूटनीतिक इकाई स्थापित कर दी जानी चाहिए, जो चौधरी सरकार, 1977 के संविधान और लोकतंत्र की बहाली के लिए विश्व-व्यापी अभियान चलाए तथा संयुक्तराष्ट्र संघ, राष्ट्रकुल, गुट-निरपेक्ष सम्मेलन आदि में फीजी को लेकर हंगामा खड़ा कर दे। फीजी की सैन्य सरकार के विरुद्ध लोकतंत्र की हत्या, जाति-भेद के अपराध और आतंकवाद को प्रश्रय देने के आरोप लगाए जाएँ और उसे कटघरे में खड़ा किया जाए, यह बेहद जरूरी है। इस फीजी बचाओ अभियान को सिर्फ भारत सरकार चलाए, यह काफी नहीं। जरूरी यह है कि भारत के समस्त राष्ट्रवादी संगठन एकजुट हों, वे अनेक प्रवासी भारतीय संगठनों की सहायता लें और इस अभियान को इस दृष्टि से चलाएँ कि फीजी के बहाने सारी दुनिया में फैले भारतवंशियों के हाथ मजबूत हों।

एराक़-संकट

बुश : आ बैल सींग मार

एराक़ पर अमेरिका हमला करे या न करे, उसने अपनी साख पर तो हमला बुलवा ही लिया है। दुनिया का कौन-सा कोना है, जहाँ से अमेरिका पर हमला नहीं हो रहा है। अमेरिका के मित्र राष्ट्र भी कह रहे हैं कि राष्ट्रपति बुश ताकत के नशे में चूर हैं। वे अपने बाप का बदला लेना चाहते हैं। उनके पिता अब से 12 साल पहले जहाँ फिसल गए थे, वहाँ वे तनकर खड़े होना चाहते हैं। उनके पिता ने सद्दाम हुसैन से कुवैत तो खाली करवा लिया था लेकिन उन्हें वे बगदाद से अपदस्थ नहीं कर पाए थे। सद्दाम हुसैन की हत्या की भी कोशिशें नाकाम होती रहीं। तब बहाना कुवैत था और अब सर्वनाशी हथियार हैं। अब अपने पिता के सच्चे सपूत राष्ट्रपति बुश का कहना है कि सद्दाम हुसैन परमाणु और जैविक हथियारों का जखीरा खड़ा कर रहा है और यह अमेरिका की सुरक्षा को सीधा खतरा है। इसीलिए अमेरिका का कोई साथ दे या न दे, अमेरिका सद्दाम हो हटाएगा और उसकी जगह एराक़ में लोकतांत्रिक शासन कायम करेगा। यह वही सद्दाम है, जिसे ईरान के विरुद्ध दैत्याकार बनाने में अमेरिका ने कोई कसर न छोड़ी थी। खुद 75 प्रतिशत अमेरिकियों को पल्ले नहीं पड़ रहा कि बुश सद्दाम के पीछे हाथ धोकर क्यों पड़ गए हैं। अभी उसामा पकड़ा नहीं गया, कश्मीर अब भी उबल रहा है, फलस्तीन की लपटें शांत नहीं हुई हैं और बुश हैं कि एराक़ में आ बैल सींग मार में जुटे हुए हैं।

अमेरिका का साथ कोई भी राष्ट्र नहीं देना चाहता। यहाँ तक कि ब्रिटेन भी नहीं। ब्रिटेन की सरकार और सत्तारूढ़ दल में भी इस प्रश्न पर गहरे मतभेद हैं कि एराक़ पर होनेवाले अमेरिकी हमले का साथ दिया जाए या नहीं। अमेरिका खुद परेशान है। उसके नेता कह रहे हैं कि ब्रिटेन तो उसका रक्त-सम्बन्धी है। वह 'ना' कैसे करेगा ? सचमुच ब्रिटिश प्रधानमंत्री टोनी ब्लयेर 'ना' नहीं कह पा रहे हैं। नाटो के अनेक राष्ट्रों ने खुले-आम अमेरिकी इरादों को गलत बताया है लेकिन यह निश्चित है कि जैसे ही अमेरिकी कार्रवाई शुरू हुई, ये राष्ट्र भी चुप्पी खींच लेंगे। झक मारकर उन्हें अमेरिका का समर्थन करना पड़ेगा। उनमें से एक राष्ट्र भी अमेरिका का विरोध नहीं करेगा या नाटो छोड़ने की पेशकश नहीं करेगा लेकिन क्या यह वही स्थिति होगी, जो पिछले साल वर्ल्ड ट्रेड टॉवर गिरने के बाद हुई थी ? एक साल में ही कितना फर्क पड़ गया है ? क्या उस 11 सितम्बर की तुलना इस 11 सितम्बर से की जा सकती है ? क्या एराक़ पर बुश को वैसा ही समर्थन मिलेगा, जैसा कि अफगानिस्तान पर

मिला था ? जाहिर है कि नहीं। तो इसका नतीज़ा क्या होगा ?

इसका पहला नतीजा यह होगा कि अमेरिका का वह रुतबा नष्ट हो जाएगा, जो उसे विश्व-आतंकवाद के विनाशकर्ता के रूप में मिला था। अब सारी दुनिया यह मानने लगेगी कि खुद अमेरिका ही एक आतंकवादी राष्ट्र है। वह न केवल एराक़ को आतंकित कर रहा है बल्कि अभी दो माह पहले उसने फलिस्तीनी नेता यासर अराफात को भी हटाने का नारा बुलंद किया था। वह उसामा बिन लादेन और अराफात पर हाथ नहीं डाल सका तो अब वह सद्दाम हुसैन पर अपनी ताकत आजमा रहा है। अब से चालीस वर्ष पहले वह फिदेल कास्त्रो को भी क्यूबा से हटाना चाहता था लेकिन कास्त्रो उसकी छाती पर अब भी मूँग दल रहे हैं। सद्दाम को दी गई धमकी तो बिन बादल बरसात की तरह है। अकारण ही एराक़ पर गुर्राने का रहस्य किसी को भी समझ में नहीं आ रहा है। उसामा और अराफात से मात खाने के बाद अगर सद्दाम को हटा भी दिया तो अमेरिका को कौन-सी वाहवाही मिलनेवाली है ? दूसरे नतीजे के तौर पर यही माना जाएगा कि अमेरिका अपने एक मात्र 'महत्तम शक्ति' होने के पद का दुरुपयोग कर रहा है। याने वह उतना ही गैर-जिम्मेदार है, जितना कि उसामा बिन लादेन। जैसे उसामा अपनी मनमानी करता रहा, वैसे ही बुश भी कर रहे हैं। दूसरे शब्दों में अमेरिका के 'महत्तम शक्ति' के दर्जे पर प्रश्न-चिन्ह लग जाएगा।

तीसरा दुष्परिणाम यह होगा कि सारे मुस्लिम जगत में अमेरिका के प्रति घृणा की एक नई लहर उठेगी। अफगानिस्तान से उसने तालिबान को हटाया तो पाकिस्तान के कुछ तत्त्वों के अलावा मुस्लिम जगत में कहीं कोई विरोध नहीं हुआ लेकिन एराक़ के मामले में समस्त अरब राष्ट्रों ने ही नहीं, समस्त मुस्लिम राष्ट्रों ने भी अमेरिकी इरादे का विरोध किया है और कुछ ने उसकी निंदा भी की है। उस ईरान ने भी कड़ा विरोध किया है, जिसने लगभग दस साल तक एराक़ से लगातार युद्ध लड़ा था और अपने लाखों नौजवान खोए थे। यह ठीक है कि सउदी अरब, कुवैत और बहरीन जैसे देशों के हुक्मरान अन्दर ही अन्दर सद्दाम को हटाने की हसरत पाले हुए हैं लेकिन वे भी खुलेआम अमेरिकी कार्रवाई का समर्थन नहीं कर सकते, क्योंकि वे जानते हैं कि उनकी जनता अमेरिका के खिलाफ है। यदि अमेरिका ने एराक़ के विरुद्ध कार्रवाई कर ही दी तो यह उसामा की सबसे बड़ी मदद होगी। इस्लामी आतंकवाद की जड़ों को सींचने का श्रेय अमेरिका को ही मिलेगा। डॉलर की मोहताज कुछ अरब सरकारें अमेरिका की चरण-सेवा में जरूर लग जाएँगी लेकिन ये आतंकवाद को कैसे रोक पाएँगी। हर अरब घर में आतंक का वट-वृक्ष पलने लगेगा। हर अरब दिल में प्रतिशोध का अंगार सुलगने लगेगा। ऐसे में आतंकवाद का निशाना अमेरिका भी होगा और उसके साथ-साथ अरबी सरकारें भी होंगी। सद्दाम को हटाते-हटाते अमेरिका पता नहीं कितने अरबी राजवंशों की जड़ें खोखली कर देगा।

अमेरिकी हमले का चौथा दुष्परिणाम यह होगा कि तेल की कीमतें आसमान छूने

लगेंगी। यदि युद्ध लम्बा खिंच गया और एराक़ के बाहर भी फैल गया तो दुनिया तेल को तरस जाएगी। खुद अमेरिका की जेब भी कटेगी। पिछले एराक़-युद्ध में अमेरिका ने चाँदी काटी थी, क्योंकि वह संयुक्तराष्ट्र की अनुज्ञा से लड़ा गया था और अनेक देशों ने पैसे भरे थे लेकिन इस एकाकी युद्ध में सारी मार अमेरिका को ही झेलनी पड़ेगी। अमेरिका इस मार को झेलने में समर्थ है लेकिन भारत जैसे देशों का क्या होगा ? अमेरिकी कार्रवाई उसे तीसरी दुनिया में काफी अलोकप्रिय बना देगी। यों भी तीसरी दुनिया के सभी गैर-मुस्लिम देश भी अमेरिकी इरादों का स्पष्ट विरोध कर रहे हैं। जिन तीन राष्ट्रों को–ईरान, एराक़ और उत्तर कोरिया–को बुश ने 'बुराई की जड़' कहा था, उनसे रूस और चीन के सम्बन्ध बराबर घनिष्ट होते जा रहे हैं। भारत भी उनके काफी करीब है। अमेरिकी सनक की वजह से इन देशों के साथ भारत, रूस और चीन अपने सम्बन्ध खराब क्यों करें ?

उस बार याने 1990-91 की बात और थी। इस बार एराक़ पर अमेरिकी हमले को संयुक्तराष्ट्र की सुरक्षा परिषद् का समर्थन मिलना असम्भव है। वैसा भी नहीं मिलेगा, जैसा कि अफगानिस्तान पर पिछले साल मिला था। ऐसी स्थिति में अमेरिकी कार्रवाई बिलकुल गैर-कानूनी मानी जाएगी। संयुक्तराष्ट्र के घोषणा-पत्र के सातवें अध्याय की ओट लेकर यदि अमेरिका कोई कार्रवाई करेगा तो हेग का अन्तरराष्ट्रीय न्यायालय उसे विश्व-अपराधी भी घोषित कर सकता है, क्योंकि एराक़ पर किया जानेवाला हमला आत्म-रक्षा के लिए नहीं बल्कि अपना आतंक जमाने के लिए किया जाएगा। जब एराक़ के पड़ोसी राष्ट्र उससे कोई खतरा महसूस नहीं कर रहे तो हजारों मील दूर बैठा अमेरिका क्यों बिलबिला रहा है ? जाहिर है कि अमेरिका एराक़ के तेल पर कब्जा करना चाहता है और ईरान में भूस भरना चाहता है। अफगानिस्तान और मध्य एशिया पर उसका फौजी शिकंजा कसता ही जा रहा है। ऐसे में रूस और भारत अगर चुप बैठते हैं तो वे अपने पाँवों पर ही कुल्हाड़ी मारेंगे। यदि अमेरिका सचमुच आतंकवाद के विरुद्ध होता तो कश्मीर पर सीधे भारत का समर्थन करता। वह चेचेन्या में रूस और सिंक्यांग में चीन को विजयी होता हुआ देखता लेकिन उसका लक्ष्य केवल अपना स्वार्थ सिद्ध करना है।

यदि भारत जैसे राष्ट्र अभी अमेरिका का सीधा विरोध नहीं करना चाहते तो उन्हें सद्दाम हुसैन को प्रेरित करना चाहिए कि वे अपने शस्त्र-संस्थानों को संयुक्त राष्ट्र की निगरानी के लिए पूरी तरह खोल दें और दुनिया को यह बता दें कि निराधार शक के आधार पर अमेरिका हमला बोलने को उतारू है। इस पहल पर अमेरिका भी सहमत हो सकता है। उसे होना ही पड़ेगा। साँप भी मरेगा और लाठी भी नहीं टूटेगी। इस मामले में भारत का तटस्थ बने रहना आश्चर्यजनक है।

सद्दाम को नरम पड़ने दिया जाय

समझ में नहीं आ रहा कि इसे किसकी विजय कहा जाए? सुरक्षा परिषद् की या अमेरिका की या एराक़ की? या तीनों की? सुरक्षा परिषद् ने अपना प्रस्ताव सर्वानुमति से पारित किया है। पन्द्रह में से एक राष्ट्र ने भी इस प्रस्ताव का विरोध नहीं किया। सीरिया ने भी नहीं। माना यह जा रहा था कि सीरिया पश्चिमी राष्ट्रों का साथ नहीं देगा। एराक़ के विरुद्ध आनेवाले किसी भी प्रस्ताव का सीरिया अगर विरोध नहीं करेगा तो कम से कम तटस्थ हो जाएगा। लेकिन सीरिया ने भी समर्थन किया। इसका मतलब क्या हुआ? यही कि प्रस्ताव इतना बढ़िया था कि कोई भी सदस्य उसका विरोध नहीं कर सकता था। वास्तव में प्रस्ताव इतना अच्छा है कि एराक़ को भी उसका समर्थन कर देना चाहिए था लेकिन सद्दाम अगर वैसा कर देते तो शायद उनकी नाक नीची हो जाती। इसीलिए उन्होंने संसद का विशेष सत्र बुलाया है। एराक़ की संसद उस प्रस्ताव की चीर-फाड़ जरूर करेगी लेकिन एराक़ी संसद क्या है? वह तो सद्दाम का ठप्पा है। जो सद्दाम चाहेंगे, वही संसद कहेगी।

जैसे सद्दाम इधर एराक़ पर सवार हैं, लगभग वैसे ही बुश अमेरिका पर हैं। ये बात दूसरी है कि अमेरिका लोकतांत्रिक देश है और उसकी विधानपालिका, न्यायपालिका और खबरपालिका के मुँह पर ताले नहीं जड़े हैं। सद्दाम पर खम ठोकना बुश को काफी मुबारक साबित हुआ है। कई बरसों बाद कांग्रेस के दोनों सदनों-सीनेट और प्रतिनिधि सभा पर रिपब्लिकन पार्टी का कब्जा हुआ है। उनके भाई भी जोर-शोर से दुबारा फ्लोरिडा के गवर्नर बन गए हैं। ये वही बुश हैं, जो राष्ट्रपति के चुनाव में बाल-बाल बचे थे। बुश को एराक़ के विरुद्ध युद्ध छेड़ने के लिए अमेरिकी कांग्रेस का समर्थन भी मिल चुका है। अमेरिका की अन्दरूनी राजनीति में बुश को एराक़ काफी फल रहा है लेकिन यह जग-जाहिर हो गया है कि सुरक्षा परिषद् के प्रस्ताव के बाद अब वे दादागीरी नहीं कर पाएँगे।

सुरक्षा परिषद् ने अपने प्रस्ताव न. 1441 में ऐसा कुछ नहीं कहा है, जिसके दम पर बुश को एराक़ पर हमला बोलने का अधिकार अपने आप मिल सकता है। यदि सद्दाम सात दिन में इस प्रस्ताव को स्वीकार न करें और 30 दिन में अपने रासायनिक, जैविक और परमाणु हथियारों की संपूर्ण सूची प्रकट न करें तो वे निश्चय ही दोषी घोषित किए जाएँगे लेकिन इसके बावजूद अमेरिका या किसी अन्य देश को अधिकार नहीं होगा कि वे एराक़ पर हमला बोल दें। वास्तव में यह अधिकार खुद सुरक्षा

परिषद् ने भी अपने हाथों में नहीं लिया है। प्रस्ताव में केवल इतना कहा गया है कि सद्दाम हुसैन की अवहेलना के बाद जो भी स्थिति उत्पन्न होगी, उस पर सुरक्षा परिषद् फिर से विचार करेगी। प्रस्ताव के इन शब्दों से दो बातें एकदम स्पष्ट हो जाती हैं। एक तो यह कि सद्दाम हुसैन को हटाकर उनकी जगह अपने कठपुतली तानाशाह को बिठाने की अमेरिकी योजना विफल हो गई है। अमेरिका ने जो वैकल्पिक नेता खड़े कर लिए थे, वे अब आराम से दुबारा अपने सुरा-सुंदरी दौर में प्रवेश कर सकते हैं। दूसरे शब्दों में अब पूरा अन्तरराष्ट्रीय फोकस ही बदल गया है। अब मुद्दा सद्दाम नहीं, सर्वनाशी हथियार बन गए हैं। अगर अमेरिका शुरू से यही मुद्दा उठाता तो उसे ज्यादा जिल्लत नहीं झेलनी पड़ती। फ्रांस और जर्मनी जैसे मित्र राष्ट्र उसकी टाँग नहीं खींचते। सुरक्षा परिषद् के प्रस्ताव ने अमेरिका की लाज भी रख ली और अन्तरराष्ट्रीय समाज की मौन भावना को मुखर भी कर दिया। इस प्रस्ताव से जो दूसरी बात स्पष्ट हुई है, वह यह कि इस प्रस्ताव में न तो कोई 'अदृश्य खटका' है, जिसे सुरक्षा परिषद् या अमेरिका जैसे राष्ट्र, जब चाहें तब दबा सकते हैं और न ही कोई ऐसा प्रावधान है, जिसकी आड़ में तालिबान-विरोधी कार्रवाई जैसा कदम कोई 'अपने आप' उठा सके। वास्तव में यह प्रावधान ही अमेरिका पर लगी लगाम है। यह लगाम है या नहीं, इसका स्पष्टीकरण संयुक्तराष्ट्र में अमेरिका के प्रतिनिधि नीग्रोपोन्ते ने उसी दिन कर दिया था, जिस दिन यह प्रस्ताव पारित हुआ था। रूस के राष्ट्रपति पूतिन ने भी इसी आशय का बयान जारी किया है। रूसी विशेषज्ञों का मानना है कि यदि रूस, फ्रांस और चीन दबाव नहीं डालते तो अमेरिका और ब्रिटेन मिलकर सुरक्षा परिषद् ही नहीं, सारे संसार को भयंकर संकट में डाल देते। लगभग सात हफ्ते तक सुरक्षा परिषद् के चौदह सदस्य अपने पंद्रहवें सदस्य अमेरिका को पटाते रहे, उसकी जिदों को सहलाते रहे और अन्ततोगत्वा उन्होंने ऐसा प्रस्ताव पारित करवा लिया, जिस पर अमेरिका की मुहर भी लग गई और तीसरे विश्व-युद्ध का खतरा भी टल गया।

अमेरिका ने प्रस्ताव पर मुहर तो लगा दी है लेकिन जैसे सद्दाम उसे सहर्ष स्वीकार नहीं कर रहे हैं, ठीक उसी तरह बुश अपने बचाव की गलियाँ निकाल रहे हैं। सबसे पहले तो उनका कहना है कि उन्होंने सीधे हमले की धमकी इसीलिए दी थी कि सुरक्षा परिषद् इसी तरह का कोई प्रस्ताव पारित कर दे। यदि वे विश्व-जनमत को खतरे के निशान पर नहीं पहुँचाते तो जैसे सद्दाम 1998 से संयुक्तराष्ट्र पर्यवेक्षकों को बाहर निकाले हुए थे, अब भी निकाले रहते। वे किसी की नहीं सुनते। उन्हें सुरक्षा परिषद् भी कुछ नहीं कहती। बुश का मानना है कि सुरक्षा परिषद् ने अब सद्दाम के हाथ में हथकड़ियाँ डाल दी हैं। अब वे बच नहीं सकते। हर हालत में अब उन्हें अपने सारे आपत्तिजनक हथियार दिखाने पड़ेंगे और नष्ट करने पड़ेंगे। बुश की यह बात सही भी है। प्रस्ताव ने कोई गली बाकी नहीं छोड़ी, जिससे सद्दाम निकल भागें। अब वे न तो ये बहाना बना सकेंगे कि अन्तरराष्ट्रीय इन्स्पेक्टरों को अपने निजी महलों

की तलाशी नहीं लेने देंगे या तलाशीवाले उनके द्वारा निकाले गए मुहूर्तों पर ही तलाशी ले सकेंगे। इस प्रस्ताव ने इन्स्पेक्टरों को इतनी ताकत दे दी है कि वे जब चाहें एराक़ के किसी भी स्थान पर छापा मार सकेंगे और उसकी तलाशी ले सकेंगे। अब वे उन संस्थानों की भी जाँच-पड़ताल कर सकेंगे, जो विदेशी जासूसी एजेन्सियों के शक के दायरे में भी रहे हैं। जाहिर है कि यदि सद्दाम सुरक्षा परिषद् के इस प्रस्ताव को स्वीकार करेंगे तो इस बार वे संयुक्तराष्ट्र के साथ आँखमिचौनी नहीं खेल पाएँगे। यह अमेरिका की विजय है। अमेरिका को इस प्रावधान से संतुष्ट होना चाहिए। लेकिन अमेरिका की अकड़ कुछ ऐसी है कि राष्ट्रपति बुश तो बुश, उनके छोटे-मोटे अधिकारी भी ऐसी फिज़ा बना रहे हैं कि जैसे सद्दाम हुसैन की गर्दन पर उन्होंने शिकंजा रख दिया है और बस अब कत्ल का हुक्म होने ही वाला है। अमेरिका की राष्ट्रीय सुरक्षा सलाहकार कंडोलीज़ा राइस ने दो-टूक शब्दों में कहा है कि हमारे राष्ट्रपति एराक़ को सबक सिखाए बिना मानेंगे नहीं। यदि सद्दाम ने अपने आपत्तिजनक हथियार प्रकट नहीं किए तो राष्ट्रपति उनके विरुद्ध बल-प्रयोग अवश्य करेंगे। अभी सद्दाम ने प्रस्ताव के लिए 'हाँ' या 'ना' कुछ भी नहीं कहा है। इसके बावजूद बुश-प्रशासन घोषणा कर रहा है कि उसने अपने दो से ढाई लाख फौजियों को 'तैयार' रहने का आदेश दे दिया है। वह एराक़ पर उसी तरह हमला करना चाहता है, जैसे उसने पिछले साल तालिबानी अफगानिस्तान पर किया था। अमेरिका का यह पैंतरा अनावश्यक है और उत्तेजक है। गरम सद्दाम की जगह क्या उसे नरम सद्दाम स्वीकार नहीं है ? सद्दाम अगर नरम पड़ रहे हैं तो उन्हें गरिमामय ढंग से नरम पड़ने दिया जाए ताकि विश्व-शांति की सर्वतोमुखी विजय सुरक्षित हो सके। सद्दाम के अनुकूल रवैये के बावजूद यदि अमेरिका उन्हें नीचा दिखाने की कोशिश करेगा तो विजय भी पराजय में बदल सकती है। पराजित सद्दाम अमेरिका के गले का हार बन सकते हैं। सद्दाम से भी अधिक उग्र तत्त्व एराक़ के बादल पर मँडराने लग सकते हैं। वे चाहें सद्दाम को हटा न पाएँ, उनके द्वारा पैदा किया गया निराशावाद संपूर्ण मुस्लिम जगत में फैल सकता है और अल-क़ायदा के घायल पंछी को नए पंख प्रदान कर सकता है।

भारत मध्यस्थता की पहल करे

सुरक्षा परिषद् के सामने अमेरिका ने जो प्रमाण पेश किए हैं, उनमें ऐसा कुछ नहीं है, जिन्हें देखकर दुनिया अमेरिका को हरी झंडी दे दे। अमेरिकी विदेश मंत्री कोलिन पॉविल ने घंटे भर तक गाल बजाए लेकिन वे चीन, फ्रांस और रूस तक को अपने पक्ष में नहीं कर पाए। ब्रिटिश विदेश मंत्री को पक्ष में करने की तो जरूरत ही नहीं थी। छोटे मियाँ सुभानअल्लाह! वे तो कोलिन पॉविल से भी आगे थे। उन्होंने संयुक्तराष्ट्र से अपील की कि वह 'लीग ऑफ नेशन्स' की तरह लुंज-पुंज सिद्ध न हो याने सद्दाम पर हमला बोल दे। हमले का प्रस्ताव, तब भी, सुरक्षा परिषद् ने पारित नहीं किया। वैसा प्रस्ताव खुद कोलिन पॉविल ने भी नहीं रखा। अमेरिका और ब्रिटेन के अलावा सभी वीटोधारी महाशक्तियों की राय थी कि बम में बत्ती लगाने का समय अभी नहीं आया है। अभी जाँच चलने दी जाए। सद्दाम को एक और मौका दिया जाए!

चीन और रूस के तर्कों में काफी दम है। उनका कहना है कि अमेरिका के प्रमाण ठोस हैं तो उन प्रमाणों के आधार पर सद्दाम को चित क्यों न किया जाए? ठोस प्रमाण का मतलब है कि आपको वे सब ठिकाने पता हैं, जहाँ सद्दाम ने अपने जैविक और रासायनिक हथियार छिपा रखे हैं तो फिर उसे रँगे हाथ क्यों नहीं पकड़ा जाए? अन्य महाशक्तियों के इस तर्क को अमेरिका दरकिनार नहीं कर सकता लेकिन लगता यह है कि वह हमला बोलने की पूरी तैयारी कर चुका है। इसलिए किसी भी तर्क को मानने या न मानने की बात उसके लिए अप्रासंगिक हो गई है। यह बात सद्दाम हुसैन ने भली-भाँति समझ ली है। इसीलिए उन्होंने और संयुक्तराष्ट्र स्थित उनके राजदूत ने कोलिन पॉविल के प्रमाणों को सरसरी तौर पर ही रद्द कर दिया है और हमले के मुकाबले का ऐलान किया है। इस बार नहीं लेकिन पहले कई बार अमेरिका बता चुका है कि उसे सुरक्षा परिषद् के प्रस्ताव की कोई खास परवाह नहीं है। सुरक्षा परिष्द् सद्दाम के विरुद्ध सैन्य-कार्रवाई का प्रस्ताव पारित करे या न करे, अमेरिका को जो ठीक लगेगा, वह करेगा।

अच्छा है कि अमेरिका की इस हठधर्मी के आगे फ्रांस, जर्मनी, रूस और चीन जैसे राष्ट्र घुटने नहीं टेक रहे हैं लेकिन सद्दाम हुसैन भी कम खुदा नहीं हैं। सत्ता छोड़ने या वनवास भुगतने की बात तो दूर, वे पूरी तरह ईमानदारी भी नहीं बरत रहे। संयुक्तराष्ट्र के जाँच-आयोग के अध्यक्ष डॉ. हेंस ब्लिक्स भी उनसे संतुष्ट नहीं

हैं। उन्होंने अब यहाँ तक कह दिया है कि यदि सद्दाम हुसैन पूरी तरह सहयोग नहीं करेंगे तो अगले हफ्ते जो रपट दुबारा पेश की जाएगी वह दो-टूक होगी याने सद्दाम हुसैन की चोर-गली का दरवाजा बन्द हो जाएगा। ब्लिक्स आखिर नाराज़ क्यों है? ब्लिक्स ने माना है कि अब तक उन्होंने जिन सैकड़ों स्थानों पर छापे मारे हैं, उन पर उन्हें कोई भी आपत्तिजनक सामग्री नहीं मिली है लेकिन सद्दाम सरकार यह नहीं बता रही है कि 6500 रासायनिक बम, हजारों विषाक्त गैस के कारतूस तथा एंथ्राक्स और वीएक्स की सामग्रियाँ उन्होंने कहाँ छिपा रखी हैं। इन ज़हरीले हथियारों की जानकारी पिछले जाँच-आयोग ने उजागर की थी। इन निषिद्ध हथियारों को सद्दाम ने या तो छिपा दिया है या नष्ट कर दिया है। यह भी हो सकता है कि इतनी मात्रा में वे बनाए ही नहीं गए हों। जो भी स्थिति हो, यह जिम्मेदारी सद्दाम हुसैन की है कि वे न केवल अन्तरराष्ट्रीय इंस्पेक्टरों को सतुष्ट करें बल्कि दुनिया को भी बताएँ कि वे निर्दोष हैं। ब्लिक्स के जाँच-दल ने उन्हें यद्यपि दोषी नहीं ठहराया है लेकिन उन्हें अभी तक निर्दोष भी घोषित नहीं किया है। इस अभिमत के धुँधलके का फायदा सद्दाम को उठाना चाहिए। दुनिया के लोग एराक़ी नागरिकों की तरह धेनु-मुद्रा धारण किए हुए नहीं हैं कि सद्दाम जो भी कहेंगे, वे उसे मान लेंगे। उन्हें अपनी अकड़ छोड़नी पड़ेगी और दुनिया तथा सुरक्षा परिषद् को यह बताना होगा कि एराक़ में कोई भी जैविक या रासायनिक हथियार नहीं है। अगर वे यह खुलकर नहीं बताएँगे, अपने भूतकाल की रक्षा में लगे रहेंगे तो उनका वर्तमान चौपट होने में देर नहीं लगेगी। दुनिया का कोई देश उनका साथ नहीं देगा। जो महाशक्तियाँ सुरक्षा परिषद् में अभी अमेरिका के सुर में सुर नहीं मिला रही हैं, वे भी अमेरिकी जुगलबन्दी का हिस्सा बन जाएँगी। वास्तव में सद्दाम अपनी अकड़ के कारण उन सब राष्ट्रों के संकल्प को कमज़ोर कर देंगे, जो युद्ध को टालना चाहते हैं।

यों भी इस युद्ध के सवाल पर यूरोप बँटा हुआ है। पुराना यूरोप याने फ्रांस और जर्मनी जैसे देश एक तरफ हैं और नया यूरोप याने यूरोपीय संघ के बेल्जियम, आस्ट्रिया, स्वीडन जैसे देश दूसरी तरफ। जो देश अमेरिका के साथ जाएँगे, उनकी संख्या दो-तिहाई से ज्यादा है और यदि अमेरिका ने हमला बोल ही दिया तो फ्रांस और जर्मनी भी क्या कर लेंगे? क्या वे उसका विरोध करेंगे? वे या तो चुप रहेंगे या चुपचाप समर्थन करेंगे। रूस और चीन भी इस स्थिति में नहीं हैं कि वे क्यूबा या वियतनामवाला तेवर अपना लें। बल्कि होगा यह कि अमेरिका सुरक्षा परिषद् से सैन्य कार्रवाई का प्रस्ताव दुबारा पारित करवा लेगा, जिसे कोई भी वीटो नहीं करेगा। जहाँ तक संयुक्तराष्ट्र महासभा का सवाल है, वहाँ इस मामले के जाने की संभावना कम ही है लेकिन अगर वह वहाँ चला भी जाए तो क्या होगा? सद्दाम-विरोधी प्रस्ताव प्रचंड बहुमत से पारित हो जाएगा। तीसरी दुनिया का कौन-सा देश है, जो अमेरिकी आँधी के आगे टिक पाएगा? गुट-निरपेक्ष सम्मेलन अपने आसन्न अधिवेशन में क्या सद्दाम के पक्ष में कोई प्रस्ताव पारित कर सकता है? क्या इस्लामी राष्ट्रों

का संगठन कोई चूँ-चपड़ कर सकता है ?

वास्तव में अरब राष्ट्रों के शासक भी सद्दाम को बहुत पसंद नहीं करते। सद्दाम हुसैन अब्दुल गमाल नासर नहीं हैं। बारह साल पहले कुवैत पर हमला करके सद्दाम ने अरब शासकों के दिल में दहशत बैठा दी थी। एराक़ की जनता इस युद्ध में सद्दाम का साथ देगी तथा अरब जनता अमेरिकी हमले के विरुद्ध होगी लेकिन अगर सद्दाम उड़ गए तो किसी को खास गम नहीं होगा। शायद ईरान को भी नहीं, इसके बावज़ूद कि राष्ट्रपति बुश ने ईरान को भी एराक़ और उत्तर कोरिया की तरह 'बुराई की जड़' या शैतान की आँत कहा है। सद्दाम हुसैन के कारण ही ईरान और एराक़ में दस साल से भी लम्बा युद्ध चला और लाखों नौजवान मारे गए। अरब देशों का ध्यान सद्दाम की रक्षा के बजाय अपने राष्ट्रहितों की रक्षा पर जाएगा। वे आजकल इस जोड़-बाक़ी में लगे हुए हैं कि सद्दाम के बाद का अरब जगत कैसा होगा और अमेरिका की शतरंज में उन्हें कौन-से ख़ाने में बैठने का मौका मिलेगा। पाकिस्तान जैसे राष्ट्र ने अभी से खुद को तटस्थ करना शुरू कर दिया है। उसने साफ़-साफ़ कहा है कि यह सद्दाम की जिम्मेदारी है कि वे युद्ध को टालें। इसका मतलब क्या हुआ ? क्या यह नहीं कि दोष सद्दाम का है, बुश का नहीं। पाकिस्तान को भी सस्ता तेल चाहिए और मुस्लिम जगत की सस्ती नेतागिरी भी ! सद्दाम के बाद ये दोनों चीजें आसान हो जाएँगी। पाकिस्तान आजकल अमेरिका की नाक का बाल बना हुआ है। वह खुद को आतंकवाद-विरोधी मोर्चे के अग्रदस्ते की तरह दिखा रहा है। अमेरिकी छत्रछाया में वह अरबों की रहनुमाई के सुनहरे सपने पाले हुए है। वह सद्दाम को पसंद करेगा या अपनी नेतागीरी को !

जहाँ तक भारत का सवाल है, उसे अमेरिका की तरफ झुकाने के लिए काफी तर्क दिए जा रहे हैं। सबसे पहला तर्क तो यही है कि अभी एराक़ की बारी है और उसके बाद पाकिस्तान की ! कोलिन पॉविल के ताज़ातरीन तर्कों का सार यह था कि उसामा बिन लादेन इसीलिए आतंकवादी बना कि पिछले अमेरिकी-एराक़ युद्ध में वह सद्दाम-समर्थक हो गया था। इसीलिए उसे सउदी अरब से निकाला गया था। उसे पहले सद्दाम का समर्थन मिला और बाद में अन्य इस्लामी राज्यों का ! अब भी उसामा और अल-क़ायदा के ज्यादातर गुर्गे यूरोपीय देशों में सक्रिय हैं। सद्दाम की जड़ कटे तो उसामा का पौधा अपने आप सूख जाएगा और उसके जो भी अवशेष जहाँ भी होंगे याने पाकिस्तान में होंगे तो फिर अगला निशाना पाकिस्तान होगा। भारत अगर अगले निशाने को खत्म हुआ देखना चाहता है तो वह पहले निशाने को खत्म करने पर सहमत क्यों नहीं होता ? एराक़ समारंभ है और पाकिस्तान समापन ! दूसरा तर्क यह है कि सद्दामोत्तर एराक़ का तेल भारत के लिए काफी सस्ता पड़ेगा। अगर वह अमेरिका का साथ देगा तो उसे बाद में तेल सस्ता तो मिलेगा ही, बड़ी मात्रा में भी मिलेगा। तीसरा, अमेरिकी अँगूठे के नीचे दबा एराक़ भारत का इतना जबर्दस्त दोस्त बन सकता है कि उसका प्रभाव ईरान तथा मध्य एशिया के राष्ट्रों पर

भी पड़ेगा। भारत तथा नए एराक़ का गठबंधन अरब राजनीति पर भी गहरा असर डाल सकता है। चौथा, अरब जगत में अमेरिका का एकछत्र वर्चस्व 'सभ्यताओं के संघर्ष' के लिहाज़ से भी भारत के लिए फायदेमंद है। इस्लाम के विरुद्ध ईसाइयत और हिन्दुत्व कंधे से कंधा मिलाकर चल सकते हैं। इस्राइल तो उनके साथ होगा ही। इस नई प्रवृत्ति का असर सम्पूर्ण इस्लामी जगत पर पड़ेगा, जो आजकल कठमुल्लों की गिरफ्त में आ गया है और तेल की कमाई के दम पर सारी दुनिया में आतंकवाद का स्रोत बना हुआ है। पाँचवाँ, अगर एराक़ी और बाद में पाकिस्तानी आतंकवादी भूमिकाएँ नष्ट हो जाएँ तो कश्मीरी आतंकवाद के घुटने अपने आप टूट जाएँगे। अत: भारत एराक़ के साथ क्यों जाए, अमेरिका के साथ क्यों नहीं?

उक्त तर्क सर्वथा निराधार नहीं हैं। इसका प्रमाण हमारे कवि-हृदय प्रधानमंत्री का यह महावाक्य है कि 'महाशक्ति महासंयम बरते।' इसका मतलब क्या यह नहीं कि भारत तटस्थ है? दोनों के साथ है और नहीं भी है। वह असंलग्न भी है और द्विसंलग्न भी है। यह पर्देदारी अभी तो ठीक है लेकिन अगर युद्ध हो गया तो प्रधानमंत्रीजी को अपना पर्दा उठाना होगा और अपना चेहरा दिखाना होगा। चेहरा जरा तब ठीक दीखे, इसके लिए अभी से पौडर-क्रीम की मालिश जरूरी है लेकिन भारतीय कूटनीति एराक़ के मामले में नई-नवेली दुलहन की तरह ठिठकी हुई मालूम पड़ती है। सम्भ्रान्त और हतप्रभ! हालाँकि पिछलग्गू नहीं! लेकिन यह भारत जैसी क्षेत्रीय महाशक्ति के लिए उचित नहीं है। भारत चाहे तो एराक़ी-संकट में अत्यंत सक्रिय, अग्रगण्य और उपयोगी भूमिका निभा सकता है। सुरक्षा परिषद् का सदस्य न होते हुए भी वह किसी भी सदस्य से अधिक महत्त्वपूर्ण कार्य कर सकता है। प्रधानमंत्री का कोई विशेष दूत एराक़ जाकर सीधे सद्दाम से बात कर सकता है और उन्हें इस बात के लिए मना सकता है कि वे अपने सारे पत्ते दुनिया के सामने खोल दें बशर्ते कि एराक़ पर से सारे प्रतिबंध उठा लिए जाएँ और उन्हें एराक़ में निर्बाध शासन करने दिया जाए। इसी बीच भारत बुश से युद्ध-वर्जन की खुली अपील भी कर सकता है। अगर भारत इतनी हिम्मत भी नहीं दिखा सकता तो वह किस मुँह से सुरक्षा परिषद् का वीटोधारी स्थायी सदस्य बनना चाहता है? यदि वह इस मौके पर पहल करे तो उसका महाशक्ति का दर्जा और सुरक्षा परिषद् की स्थाई सदस्यता का दावा बहुत मजबूत हो सकता है।

यदि भारत इस संकट के दौरान सिर्फ कविता करता रहा तो युद्ध के दौरान उसकी बहुत मुसीबत हो जाएगी। चन्द्रशेखर-सरकार ने तो 1991 में अमेरिकी युद्धक विमानों को सिर्फ तेल भरने की सुविधा दी थी, अब भारत को पता नहीं, क्या-क्या देना होगा। यदि युद्ध लम्बा खिंच गया और सद्दाम की सेना ज़मीन पर लड़ती रही तो अमेरिका को नाकों चने चबाने पड़ जाएँगे। अमेरिका अरबों-खरबों के हथियार तो गँवा सकता है, हजारों-लाखों जवान नहीं। उसे जमीन पर लड़नेवाले सिपाही कहाँ मिलेंगे? वियतनाम में वह पहले ही अपने हाथ जला चुका है। द्वितीय युद्ध के बाद

यूरोपीय राष्ट्रों को भी मैदानी लड़ाइयों का अभ्यास नहीं रहा है। सउदी अरब और पाकिस्तान जैसे मुस्लिम राष्ट्र भी अपने सैनिक एराक़ में नहीं उतारना चाहेंगे। ऐसे में अमेरिका क्या करेगा ? उसे तेल और हथियार तो अब कम नहीं पड़ेंगे लेकिन लड़ाकू जवानों के लिए वह भारत, लातीनी अमेरिका तथा अफ़्रीकी देशों की तरफ देखेगा। यदि भारत उस समय कूटनीतिक पसोपेश से बचना चाहता है तो उसे अभी से सक्रिय मध्यस्थ की भूमिका शुरू कर देनी चाहिए। यह भूमिका उसे अन्त तक तटस्थ बनाए रखने में सहायक होगी। उसकी स्थिति असमंजस में पड़े यूरोपीय राष्ट्रों से भी बेहतर होगी।

यदि भारत ने ऐन वक़्त पर अमेरिका का साथ दिया तो उसे सारी दुनिया में मौकापरस्त पिद्दी देश की तरह माना जाएगा, जैसा कि पाकिस्तान को माना जाता है, जिसने तालिबान के सवाल पर एकदम शीर्षासन की मुद्रा धारण कर ली थी। इसके अलावा इस्लामी आतंकवादी भारत पर अपना निशाना साधने में पहले से भी अधिक उग्रता दिखाएँगे। भारत के मुस्लिम मतदाताओं पर भारत सरकार के तोताचश्म रवैये का अच्छा असर नहीं पड़ेगा। यह आवश्यक नहीं कि सद्दाम के विरुद्ध बुश सफल हो ही जाएँ। यह भी सम्भव है कि अमेरिका और यूरोप के राष्ट्र अपूर्व आतंकवाद की चपेट में आ जाएँ। अब 2003 है, 1991 नहीं। और न ही यह अस्सी साल पुराना वह समय है, जब अंग्रेजों ने तुर्की की खिलाफ़त को खत्म कर दिया था। उस समय का इस्लामी जोश बिलकुल धर्मान्ध था लेकिन इस बार अमेरिका के संभावित हमले के विरुद्ध जो गुबार ऊपर उठ रहा है, वह मूलत: राजनीतिक और आर्थिक है। यदि हमला हुआ तो इस्लामी देशों के शासक तो अमेरिका के साथ हो जाएँगे लेकिन उनकी जनता बगावत और नफरत से भर जाएगी। वैसा अस्थिर पश्चिम एशिया अमेरिका और भारत के लिए लाभप्रद कैसे हो सकता है, यह समझ में नहीं आता। इसके अलावा एक प्रश्न और भी है! यदि आज एराक़ और कल पाकिस्तान तो परसों भारत क्यों नहीं? संप्रभु राष्ट्र के नाते भारत को बहुत आगे तक सोचना है। इसका मतलब यह नहीं कि वह ठिठका रहे, तटस्थ रहे, कविता करता रहे। वह पहल करे, यह जरूरी है।

एराक़ : भारत बगलें क्यों झाँके

भारत में गज़ब की मुर्दनी छाई हुई है। सारी दुनिया में करोड़ों लोग अमेरिका के विरुद्ध प्रदर्शन कर रहे हैं और भारत में पत्ता तक नहीं खड़क रहा। सत्तारूढ़ दल तो सत्तारूढ़ दल, विरोधी दलों की ज़ुबान पर भी ताले मढ़े हुए हैं। कोई स्वयंसेवी संगठन भी मैदान में नहीं आ रहे और यह माँग नहीं कर रहे कि अमेरिका युद्ध के नगाड़े पीटना बन्द करे। पूरा का पूरा भारत तटस्थ हो गया है। क्या खूब तटस्थता है यह ! ऐसी तटस्थता तो भारत ने कभी सोवियत रूस के प्रति भी नहीं दिखाई दी थी। 1956 में जब रूस हंगारी में घुसा तो भारत ने चाहे दबी ज़ुबान से ही सही, रूसी कदम की आलोचना की, जब 1968 में ब्रेझनेव ने चेकोस्लावाकिया पर हमला किया तो भारत की संसद उसके विरुद्ध गूँजती रही, जब 1979 में फिर रूस अफगानिस्तान में घुसा तो प्रधानमंत्री चरणसिंह ने रूसी राजदूत वारान्तसोव को मध्य-रात्रि में कड़वी घुट्टी पिलाई। यह सब तब हुआ जबकि भारत को रूस का अभिन्न मित्र माना जाता था और जॉन फास्टर डलेस जैसे अमेरिकी नेता भारत को रूसी खेमे का लगभग सदस्य ही मानते थे।

लेकिन अब क्या हो रहा है? अब भारत लगभग मौन साधे हुए बैठा है। अमेरिका, ब्रिटेन, फ्रांस और आस्ट्रेलिया जैसे गोरे देशों में लाखों लोग सड़कों पर उतर आए हैं। हिटलर के विरुद्ध भी इतने बड़े प्रदर्शन कभी नहीं हुए, जितने बुश के विरुद्ध हो रहे हैं लेकिन भारत को वैसा ही साँप सूँघा हुआ है, जैसा कि पाकिस्तान को! पाकिस्तानी भी एराक़ के सवाल पर उस तरह नहीं उबल रहे, जैसे कि कभी वे अफगानिस्तान या लीब्या या फलस्तीन के मसलों पर उबलते रहे हैं। जैसे पाकिस्तान दुविधा में फँसा हुआ है, वैसा ही हाल भारत का हो रहा है। ये दोनों प्रतिद्वंद्वी देश इस पसोपेश में हैं कि कहीं अमेरिका नाराज न हो जाए। पाकिस्तान की मज़बूरी समझ में आती है। वह सदा दुमछल्ला देश रहा है। वह अमेरिकी खेमे का झंडाबरदार रहा है। अब तो उसकी स्थिति पहले से ज्यादा नाज़ुक है। उस पर आतंकवाद के आश्रयदाता होने का आरोप है। उसामा बिन लादेन और तालिबान मुल्ला उमर को छिपाए रखने का भी शक उस पर है। कश्मीर पर भारत ने उसे दबा रखा है और उसकी आर्थिक हालत भी बदतर है। ऐसे में यदि पाकिस्तान जाहिरा तौर पर चुप है और उसके विदेश मंत्री कसूरी वाशिंगटन जाकर चुपचाप बुश का समर्थन कर रहे हैं तो इसमें ज्यादा गलत कुछ नहीं है लेकिन भारत की क्या मजबूरी है?

इसमें शक नहीं कि अमेरिका के साथ भारत के सम्बन्धों में इधर अपूर्व सुधार आया है लेकिन अमेरिका के साथ क्या आज भारत की घनिष्टता वैसी ही है, जैसी कभी सोवियत संघ के साथ थी ? क्या अमेरिका कश्मीर या सीमा-पार आतंकवाद जैसे मुद्दों पर भारत का वैसा ही डटकर समर्थन करता है, जैसा कभी सोवियत संघ ने किया था ? यदि अमेरिका ने भारत के साथ अपने सम्बन्ध सुधारे हैं तो उसका मूल कारण यह है कि पिछले दस वर्षों में भारत क्षेत्रीय महाशक्ति के तौर पर उभरा है और शीत-युद्ध भी समाप्त हो गया है। अमेरिका के इस शक का कोई आधार नहीं रह गया कि भारत उसके विरोधी खेमे में है। दोनों देशों के सम्बन्ध सहज अवश्य हो गए हैं लेकिन आज भी अमेरिका भारत को पाकिस्तान से बात करने की सलाह खुलेआम देता है जबकि भारत सरकार उससे कुट्टी पर आमादा है। सद्दाम को मारने के लिए अमेरिका हजारों मील दूर से चला आ रहा है लेकिन वह भारत को यह नहीं कहता कि तुम्हारे पड़ोस में से घुसपैठ कर रहे, तुम्हारे सिर पर बैठे आतंकवादियों को ठोकने के लिए तुम पाकिस्तान में घुस जाओ। इस मुद्दे पर उसे परमाणु-युद्ध की संभावना का बुखार चढ़ जाता है। अब तक अमेरिका ने भारत को न तो सुरक्षा परिषद् का स्थायी सदस्य बनाने का समर्थन किया है और न ही उसे परमाणु शस्त्रसम्पन्न राष्ट्र होने की मान्यता दी है। ऐसी स्थिति में एराक़ के सवाल पर भारत का रवैया पाकिस्तान की तरह हो जाए, यह चिन्ता का विषय है। यदि भारत चुप्पी साधे रहेगा तो उसका असर तीसरी दुनिया पर भी अच्छा नहीं होगा। भारत यह न भूले कि वह गुट-निरपेक्ष संसार का नेता रहा है। वह नेहरू के उस कथन को याद करे कि विश्व शांति को जहाँ भी खतरा होगा, भारत चुप नहीं बैठेगा। यदि भारत चुप हो गया तो गुट-निरपेक्ष सम्मेलन में आखिर बोलेगा कौन ? नासिर का मिस्र और मार्शल टीटो का यूगोस्लाविया तो अमेरिका की राह पर चल पड़े हैं, क्या नेहरू का भारत भी उनका अन्धानुकरण करेगा ?

प्रधानमंत्री अटलबिहारी वाजपेयी ने महाशक्ति को महासंयम की सलाह दी है। पता नहीं कि यह नेक सलाह बुश के कान तक पहुँची या नहीं लेकिन यह सत्य है कि खुद भारत महासंयम की चाशनी में उलझ गया है। रक्षा मंत्री जॉर्ज फर्नान्डीज़ ने कहा है कि अमेरिका ने अगर एराक़ पर हमला किया तो भारत उसमें सक्रिय सहयोग नहीं देगा। उन्होंने ठीक कहा लेकिन उनसे पूछने लायक बात यह है कि अमेरिका को क्या आपके सहयोग की कोई जरूरत भी है ? यह 2003 है, 1991 नहीं, जब चंद्रशेखर-सरकार को अमेरिका के साथ सहयोग करना पड़ा था। एराक़ पर बम बरसानेवाले जहाजों को मुम्बई में तेल भरने की अनुमति दी गई थी। अब तो अमेरिका अपने संपूर्ण सैन्य-संस्थान के साथ खाड़ी के देशों में आकर बैठ गया है। उसे भारत जैसे देशों की कोई जरुरत नहीं है। हम जिससे महासंयम की माँग कर रहे हैं, उसने एराक़ के चारों तरफ महालम्पटता का जाल बिछा दिया है। हमारे विदेश मंत्री यशवंत सिन्हा कह रहे हैं कि अमेरिका संयुक्तराष्ट्र की सहमति लेकर ही

आगे बढ़े। इसका मतलब क्या हुआ ? क्या यह नहीं कि अगर फ्रांस, रूस और चीन को अमेरिका पटा ले तो एराक़ पर हमला जायज़ होगा ? यदि सुरक्षा परिषद् में कोई वीटो नहीं करे तो अमेरिका द्वारा एराक़ को रौंद डालना उचित होगा ? नैतिक होगा ? वैध होगा ? वह वैध हो सकता है, क्योंकि अन्तरराष्ट्रीय विधि में सुरक्षा परिषद् की सहमति वैधता की सर्वोच्च मुहर है लेकिन उसे नैतिक कैसे कहेंगे ? उसे उचित कैसे कहेंगे ? वीटोधारी पाँचों शक्तियों ने अपने परमाणु हथियारों को तो वैध घोषित कर दिया है लेकिन यदि एराक़ जैसे देश पर शक भी हो जाए तो वह उसे फाँसी देने को तत्पर हैं। ऐसा क्यों है ? यह वैध तो है लेकिन अनैतिक है। इस अनैतिकता को वैधता का जामा पहनानेवाले लोग ही आज एराक़ पर होनेवाले अमेरिकी हमले को सही ठहरा रहे हैं। ये वे लोग हैं, जो कल तक भारत को सी टी बी टी पर दस्तखत करने की सलाह देते रहे हैं। वे यह भूल जाते हैं कि जो अमेरिका सद्दाम से इसलिए चिढ़ा हुआ है कि उसने 1991 में कुवैत पर कब्जा कर लिया था, वही अमेरिका क्या कल भारत से उस वक्त खफ़ा नहीं हो जाएगा, जब आतंकवाद की कमर तोड़ने के लिए भारत को 'गुलाम कश्मीर' पर कब्जा करना पड़ेगा ? भारत इस गलतफहमी में रह रहा है कि एराक़ पर अमेरिकी समर्थन का फायदा उसे कश्मीर में मिलेगा। कुवैत पर सद्दाम का कब्ज़ा गैर-कानूनी था लेकिन 'शेष कश्मीर' पर भारत का कब्जा तो अन्तरराष्ट्रीय कानून का पालन ही होगा लेकिन तब क्या अमेरिका वाजपेयी के चेहरे पर सद्दाम के रंग नहीं पोत देगा ? वाजपेयी कल सद्दाम न बन जाएँ, इसलिए जरूरी कि वे आज अमेरिका को बरजें।

यों तो सद्दाम भारत के मित्र रहे हैं। उन्होंने तेल देने में कभी कोताही नहीं की। भारत को कभी ब्लेकमेल नहीं किया। कश्मीर पर कभी पाकिस्तान का साथ नहीं दिया। वे धर्मान्ध भी नहीं हैं। वे स्वयं कट्टर इस्लामवादियों के विरुद्ध रहे हैं। वे तानाशाह जरूर हैं लेकिन कौन-सा अरब देश है, जहाँ लोकतंत्र लहलहा रहा है ? ईराक़ की जनता पहले से ही अन्तरराष्ट्रीय प्रतिबंधों की शिकार हो रही है, अब उसे युद्ध की भुट्ठी में झोंककर कौन-सा लोकतंत्र लाया जा रहा है ? मुसद्दिग को ईरान से हटाने के बाद क्या अमेरिका वहाँ लोकतंत्र ला पाया ? सद्दाम-विरोधी विघ्नसंतोषी और दलालनुमा नेताओं को गद्दी पर वैठाकर पर्दे के पीछे से राज करने की अमेरिकी ख्वाहिश पूरे पश्चिम एशिया को नए तूफान में फँसा देगी। क्या इस तूफान के थपेड़ों से भारत बच पाएगा ? इस्लामी कट्टरवाद और आतंकवाद बढ़ेगा। अमेरिका के पास इससे बचने के बहुत उपाय हैं लेकिन भारत क्या करेगा ? यदि एराकी संकट के वक्त भारत अमेरिका की बगल में खड़ा दिखा तो वह इस्लामी जगत का कोप-भाजन बने बिना नहीं रहेगा। यह ठीक है कि जब ज्यादातर अरब सरकारें अमेरिका का समर्थन कर रही हैं तो भारत सरकार अपना मुँह क्यों खोले लेकिन क्या सिर्फ सरकारें ही देश होती हैं ? क्या लोकमत का कोई महत्त्व नहीं होता ? संपूर्ण विश्व जनमत अमेरिकी आक्रामकता के विरूद्ध है लेकिन आश्चर्य है

कि भारत में कहीं कोई घंटियाँ नहीं बज रहीं। इसका मतलब यह नहीं कि भारत अमेरिका-विरोधी अभियान ही छेड़ दे लेकिन क्षेत्रीय महाशक्ति होने के नाते भारत कम से कम अपनी जिम्मेदारी तो निभाए। क्या विश्व-शांति का अभियान चलाने में भी भारत को कोई डर है?

एराक़ संकट के आठ सबक

सुरक्षा परिषद् की ताजा बहस ने अमेरिका का बुखार ठंडा कर दिया है। डॉ. हेंस ब्लिक्स और अलबरदी की रपट में ऐसा कुछ नहीं है, जिसकी ओट में अमेरिका अब एराक पर हमला बोल दे। अमेरिकी विदेश मंत्री के भाषण में वह जोश-खरोश भी नहीं था, जो अति-उत्साही ब्रिटिश मंत्री के भाषण में था। इसका अर्थ फिलहाल यही लगाया जा सकता है कि युद्ध टल गया है। अब संयुक्तराष्ट्र के इंस्पेक्टरों को केवल यह पता लगाना है कि जिन सर्वनाशी हथियारों की सूची चार साल पहले तक उनके पास थीं, उन्हें सद्दाम हुसैन ने नष्ट कर दिया है या नहीं ? यदि कर दिया है तो उसके प्रमाण कहाँ हैं ? बहरहाल, युद्ध हो या न हो, एराक़ी संकट के सबक क्या हैं, यह हमें अवश्य समझना चाहिए। एराक़ी संकट यदि टल भी गया तो भी इसकी गणना अंतरराष्ट्रीय राजनीति के भयंकर संकटों में ही होगी। जैसी स्थिति कभी बर्लिन और क्यूबा की घेराबंदियों, कोरिया और वियतनाम के युद्धों तथा अरब-इस्राइल और कसोवो युद्धों के समय बनी थी, लगभग वैसा ही तनाव आजकल चल रहा है। यद्यपि दो हस्तियाँ या दो खेमे एक-दूसरे के आमने-सामने नहीं खड़े हैं, लेकिन एराक़ी संकट में विश्वयुद्ध के बीज छिपे हुए हैं।

अमेरिका जैसे भीमकाय महाबली का सामना अकेला एराक़ कैसे कर सकता है ? लेकिन एराक़ी संकट स्थानीय नहीं रहा है, वह विश्व संकट बन गया है। यह पहला सबक है। इसका प्रमाण अमेरिका, यूरोप, आस्ट्रेलिया और मुस्लिम देशों में हो रहे विशाल जन-प्रदर्शन हैं। लाखों लोगों का स्वत: एकत्र होना और युद्ध का विरोध करना न केवल विश्व की शांति-कामना का प्रतीक है, बल्कि अमेरिका के सर्वोच्च शक्ति के दर्जे का नकार भी है। अमेरिका लाख चाहे कि वह सारी दुनिया का एकमात्र दरोगा बन जाए, लेकिन लोग उसे बनने देंगे, तभी तो वह बन पाएगा। विश्व जनमत ने विश्व-शक्ति को अपने आगे झुका लिया है। यह दूसरा सबक है। तीसरा सबक यह है कि कोई देश कितना ही ताकतवर हो जाए, वह अकेले दम पर अंतरराष्ट्रीय व्यवस्था को उलट-पुलट नहीं कर सकता। यदि कर सकता होता तो अमेरिका को क्या जरूरत थी कि वह सुरक्षा परिषद् से प्रस्ताव पास करवाता ? एराक़ी संकट से एक निष्कर्ष यह भी उभरता है कि अंतरराष्ट्रीय संकट में पश्चिमी यूरोप सदा अमेरिका के साथ खड़ा रहा है, लेकिन इस बार नाटो में ही फूट पड़ गई है। जर्मनी, फ्रांस और बेल्जियम जैसे देशों में नाटो-फौज को तुर्की में तैनात करने से मना कर दिया

है। एराक़ी संकट ने यह सिद्ध कर दिया है कि जो अमेरिका के हित हैं, वही यूरोप के हित नहीं हैं। एराक़ी तेल का लालच भी यूरोप को डिगा नहीं पा रहा। यह असम्भव नहीं कि एराक़ी संकट के बाद यूरोप स्वयं में एक अलग शक्ति-केन्द्र बनकर उभरे। पाँचवाँ सबक यह है कि मुस्लिम राष्ट्रों की एकता सिर्फ खयाली पुलाव है। यदि सउदी अरब, मिस्र और लीब्या जैसे देश खुलेआम अमेरिका का समर्थन कर रहे हैं तो ईरान और सीरिया जैसे देश उसका डटकर विरोध कर रहे हैं। पाकिस्तान जैसे देश मुँडेर पर बैठे हुए हैं। 57 देशों का इस्लामी एकता संगठन अभी जिन्दा भी है या नहीं, कुछ पता नहीं। सभी मुस्लिम देश अपने-अपने स्वार्थ के अनुसार अपनी नीति तय कर रहे हैं। छठा सबक यह है कि एराक़ी-संकट हटिंगटन की 'सभ्यताओं के संघर्ष' की मान्यता को गलत और सही, दोनों साबित कर रहा है। गलत इसलिए कि ईसाई सभ्यता के सिरमौर जॉर्ज बुश व्हाइट हाउस में ईद मनाने लगे हैं और अमेरिकी मुसलमानों को भारतीय नेताओं की तरह पटाने में लगे हुए हैं। उधर एराक़ के उप-राष्ट्रपति पोप का आशीर्वाद लेने के लिए वेटिकन की परिक्रमा कर रहे हैं। 'सभ्यताओं के संघर्ष' की मान्यता सही इसलिए मालूम पड़ रही है कि एराक़ के बहाने अमेरिका पूरे अरब जगत पर उसी तरह काबू करना चाहता है, जैसे कभी रोमन साम्राज्य ने, कभी नेपोलियन ने और कभी अंग्रेजों ने कोशिश की थी। अमेरिकी नीति-निर्माताओं ने अभी से एराक़ की वैकल्पिक सरकार बना ली है। एराक़ी तेल कैसे बँटेगा, कौन-से हिस्से पर कौन राज करेगा, नया संविधान, नया सिक्का, नया राजधर्म क्या होगा, यह सब अभी से तय हो रहा है। यदि एराक़ के टुकड़े होंगे तो सउदी अरब, तुर्की और ईरान का क्या होगा ? यदि अमेरिका एराक़ को दबोच लेगा तो फिर गैर अरब मुस्लिम देशों—पाकिस्तान, इंडोनेशिया, बांग्लादेश और मलेशिया की हैसियत क्या रह जाएगी ?

सातवाँ सबक यह कि इस संकट से उपजा तनाव इस्लामी जगत की काई को हिला रहा है, सदियों से छाए हुए बादलों को छाँट रहा है, उसकी अंतर्निहित आक्रामकता को विनम्रता में बदल रहा है। यह संकट इस्लाम को नवजीवन भी प्रदान कर सकता है। ये बुनियादी सवाल हवा में लहराने लगे हैं कि कोई भी इस्लामी देश जरा-सा ताकतवर होते ही पजामे के बाहर क्यों होने लगता है ? तालिबान, उसामा, सद्दाम, कज्जाफी, खुमैनी और मुशर्रफ जैसे लोग इस्लामी देशों में ही क्यों पैदा होते हैं ? क्या तानाशाही और इस्लाम का कोई गुप्त सम्बन्ध है ? 57 इस्लामी देशों में प्रत्येक व्यक्ति की शिक्षा, आय, आयु, प्रसन्नता और स्वतंत्रता की स्थिति क्या है ? क्या इस्लाम और लोकतंत्र में 36 का आँकड़ा है ? यह ठीक है कि दुनिया का औसत मुसलमान अमेरिका के खिलाफ है, लेकिन वह यह सोचने के लिए भी मजबूर हो रहा है कि अरब देशों के शासक इस्लाम का पालन कहाँ तक कर रहे हैं ? एराक़ी संकट का आठवाँ सबक मजेदार है। वह यह कि एराक़ पर भारत और पाकिस्तान के रवैये एक ही सिक्के दो पहलू मालूम पड़ते हैं। पाकिस्तानी प्रधानमंत्री जमाली और भारतीय

प्रधानमंत्री वाजपेयी के बयानों की आप जरा तुलना करें। दोनों की ध्वनि एक ही है–रामाय स्वस्ति : रावणाय स्वस्ति! भारत की नीति व्यावहारिक है। उसे सद्दाम का तेल चाहिए तो बुश की कृपा भी। इसीलिए उसने संयुक्तराष्ट्र को अंजीर का पत्ता बना लिया है, लेकिन तब उसमें और पाकिस्तान में क्या फर्क है? किस मुँह से वह कहेगा कि वह क्षेत्रीय महाशक्ति है? यह कैसी क्षेत्रीय महाशक्ति है कि वह सिर्फ तमाशबीन बनी हुई है?

एराक़ : भारत की दुविधा

संसद ने अमेरिका के विरुद्ध निन्दा प्रस्ताव पारित कर दिया है। इससे क्या सिद्ध हुआ ? एक तो यह कि लोकसभा लोकमत का दर्पण है। दूसरा, यह कि संसद और सरकार दो अलग-अलग संस्थाएँ हैं। एक ही मुद्दे पर दोनों की अलग-अलग राय हो सकती है। हालाँकि सत्तारूढ़ दल ने सर्वसम्मत निन्दा प्रस्ताव के पक्ष में मत दिया है लेकिन इसका अर्थ यह नहीं कि सरकार की दुविधा समाप्त हो गई है। अंग्रेजी के 'कन्डेम' शब्द की बजाय हिन्दी का 'निन्दा' शब्द रख लेने से कोई खास फर्क नहीं पड़ता। इससे यही पता चलता है कि सरकार किसी तरह अपना पिंड छुड़ाना चाहती थी। जुलाई 1968 में इंदिरा गांधी पर भी इसी तरह का दबाव आया था लेकिन चेकोस्लोवाकिया पर हुए सोवियत हमले के खिलाफ जो संसदीय प्रस्ताव पारित हुआ, उसमें उन्होंने निन्दा शब्द नहीं आने दिया। दबंग और दब्बू होने में यही फर्क है। इसके अलावा भारत सरकार एशिया में घट रही इतनी बड़ी घटना के मौके पर मार्च के पहले सप्ताह तक बगलें झाँकती रही। कोई कूटनीतिक पहल नहीं कर सकी। उससे यह आशा करना ज्यादती है कि वह अपने विरोधी दलों को ठीक से समझा-बुझा सकेगी। संसद का प्रस्ताव अब उसकी दुविधा को पहले से भी ज्यादा बढ़ाएगा।

एराक़ पर भारत का रवैया क्या हो, यह अजीब-सी दुविधा है। दुविधा यह है कि हमारा मानदंड क्या हो ? शुद्ध नैतिकता हो या राष्ट्रहित हो ? यदि शुद्ध नैतिकता ही हमारा मानदंड हो तो अमेरिकी हमले की निन्दा के अलावा कोई चारा नहीं है। राष्ट्रपति बुश का एक तर्क भी ऐसा नहीं है, जिसे सही माना जा सके और जिसके आधार पर अमेरिकी हमले को जायज ठहराया जा सके। उन सब तर्कों की समीक्षा हम पहले ही कर चुके हैं। इसीलिए उन्हें यहाँ दोहराना अनावश्यक है। यदि विदेश नीति का आधार नैतिकता है तो भारत सरकार को न केवल अमेरिका की निन्दा कड़े शब्दों में करनी चाहिए थी बल्कि उसे अपनी फौजें सद्दाम हुसैन की रक्षा के लिए एराक़ भेज देनी चाहिए थीं। उसे मुस्लिम देशों ही नहीं, फ्रांस, जर्मनी, रूस, चीन तथा तीसरी दुनिया के अनेक देशों को मिलाकर एक अमेरिका विरोधी सैन्य-गठबंधन भी खड़ा कर देना चाहिए था। अमेरिका की निन्दा के लिए भारतीय संसद में ही नहीं, संयुक्तराष्ट्र महासभा में भी एक तीखा प्रस्ताव पेश करवाना चाहिए था। भारत तो क्या, किसी भी देश ने उक्त कदम उठाने की कोशिश नहीं की। फ्रांस, जर्मनी और रूस ने पहले दौर में अमेरिका के विरुद्ध काफी लम्बा-चौड़ा ज़बानी जमाखर्च जरूर

किया लेकिन अब जबकि हमला शुरू हो गया है तो वे क्या कर रहे हैं ? वे कुछ नहीं कर रहे हैं। कुछ करने के नाम पर कोरा शून्य है। वे अब भी बोल रहे हैं लेकिन उनकी जबान लड़खड़ा रही है। अब वे सद्दाम हुसैन को बुरा बताने लगे हैं। उसे हटाना भी जरूरी मानने लगे हैं। उन्हें अफसोस है कि सद्दाम के बाद वाले एराक़ के पुनर्निर्माण में उनकी कम्पनियों को ठेके नहीं मिलेंगे। जो यूरोपीय राष्ट्र कल तक खाँडे खड़का रहे थे, अब दुम दबाए हुए बैठे हैं। जो कल तक थूक रहे थे, आज लार टपका रहे हैं।

ऐसी हालत में भारत से यह उम्मीद क्यों की जाय कि वह अमेरिका के विरुद्ध रण-बाँकुरे की मुद्रा धारण कर ले। वे दिन भी लद गए जब जवाहरलाल नेहरू नैतिकता की दुहाई देते थे और गुट-निरपेक्षता के नाम पर कभी अमेरिका और कभी रूस की टाँग-खिंचाई कर देते थे। अब न गुट हैं, न निरपेक्षता है। अब तो केवल सापेक्षता है। शुद्ध स्वार्थ-सापेक्षता। जिस रवैये से स्वार्थ सधे, वही शुभ है। ऐसे एकध्रुवी विश्व में भारत आ बैल सींग मार क्यों करे ? सद्दाम का समर्थन करने से भारत का कौन-सा स्वार्थ सधेगा ? जहाँ तक मुस्लिम देशों का सवाल है, जोर्डन और सीरिया को छोड़ दें तो बाकी देशों की तो घिग्घी बंधी हुई है। इस्लाम के महंत सउदी अरब और आधुनिकता के सिरमौर तुर्की जैसे इस्लामी देश अमेरिका के थूकदान और पीकदान को सिर पर लिए घूम रहे हैं। इस्राइल को लेकर पहले भारत को बहुत डराया जाता था। अब अगर आप इस्राइल का समर्थन कर देंगे तो दुनिया के मुस्लिम देश आपसे खफा हो जाएँगे लेकिन इस्राइल का यह तर्क अब एराक़ पर लागू नहीं होता। अनेक मुस्लिम देश ही जब एराक़ के विरुद्ध हैं तो सद्दाम पर भारत की चुप्पी से मुस्लिम देश नाराज क्यों होंगे ? पाकिस्तान तो भारत से भी एक कदम आगे है। उसके राष्ट्रपति मुशर्रफ और प्रधानमंत्री जमाली जैसी कलाबाजियाँ दिखा रहे हैं, वैसी सर्कस का बन्दर भी नहीं दिखा सकता। उनकी हर बात के दो मतलब हैं और अगर कोई एक मतलब है तो वह यह कि बस अमेरिका खुश रहे। पहले अफगान-संकट के दौरान पाकिस्तान ने अमेरिकी माल दोनों हाथों से उलीचा और अब एराक़-संकट में तो उसके वारे-न्यारे हो रहे हैं। हर मुजरे पर उसे भरपूर बख्शीश मिल रही है। अरबों रुपए का अनुदान तुर्की और पाकिस्तान को पहले ही मिल चुका है। अब अमेरिका ने पाकिस्तान का पाँच हजार करोड़ रुपए का ऋण भी माफ कर दिया है। गनीमत है कि भारत इन कटोरेवालों की कतार में नहीं खड़ा है। उसके प्रधानमंत्री और विदेश मंत्री ने अमेरिकी सैन्य कार्रवाई की स्पष्ट भर्त्सना तो नहीं की लेकिन उसे 'अनुचित', 'अनावश्यक' और संयुक्तराष्ट्र के 'प्रतिकूल' आदि अवश्य कहा है। भाजपा और कांग्रेस ने अमेरिका की स्पष्ट आलोचना भी कर डाली है। भारत की कम्युनिस्ट पार्टियाँ और क्षेत्रीय पार्टियाँ अमेरिका के विरुद्ध जमकर जहर उगल रही हैं, जो सही है। अनेक विरोधी दल और अखबार भारत सरकार से माँग कर रहे हैं कि वह अमेरिका की स्पष्ट निन्दा करे। वे भारत सरकार की इसलिए निन्दा कर रहे हैं कि

वह अमेरिका की निन्दा नहीं कर रही है।

सरकार, सरकार है, अखबार नहीं। अखबार आज एक बात लिख सकता है और कल दूसरी। अखबार की जुबान कौन पकड़नेवाला है? लेकिन क्या कोई प्रधानमंत्री किसी संपादक की तरह निर्भीक और निष्पक्ष टिप्पणी कर सकता है? क्या उसे इसी काम के लिए प्रधानमंत्री बनाया जाता है? या राष्ट्रहितों की रक्षा के लिए बनाया जाता है? यदि राष्ट्रहित की रक्षा ही उसका कर्तव्य है तो यह उसे तय करना होगा कि उसके कर्तव्य की पूर्ति कैसे होगी? चुप रहने से होगी या चिल्लाने से होगी? यदि भारत सद्दाम के पक्ष में चिल्लाने लगता है तो भी क्या होगा? भारत की कौन-सी हानि हो जाएगी? सद्दाम के विरुद्ध भारत ने एक शब्द भी नहीं कहा। यदि सद्दाम बच गए तो क्या वे भारत को तेल देना बन्द कर देंगे? अब तक वे जो तेल देते थे, उसका पैसा लेते थे। वह कोई खैरात नहीं थी और अगर भारत अमेरिका की निन्दा कर देता तो क्या सद्दाम उसे मुफ्त में तेल दे देते? भारत के निन्दा-वचन सुनकर क्या अमेरिका हमला करने से बाज आ जाता?

एराक़ पर अमेरिका जिन कारणों से हमला कर रहा है, वे शुद्ध राष्ट्रीय स्वार्थ से प्रेरित हैं। सर्वनाशी हथियार तो एक बहाना मात्र है। असली स्वार्थ है, तेल पर कब्जा करना उस तेल पर कब्जा करना, जिसने डॉलर की नाक नीची कर दी है। सद्दाम अपना तेल डॉलर में नहीं, यूरो में बेच रहे हैं। यूरो की बढ़ती ताकत यूरोप के राष्ट्रों को मजबूत बनाती है और अमेरिका को कमजोर करती है। एराक़ पर कब्जा होते ही अमेरिका यूरो को धक्का देगा और डॉलर के सिर पर ताज रखेगा। यूरोपीय राष्ट्रों के स्वार्थ इस कदम से आहत होंगे। इसीलिए अमेरिकी कार्रवाई के विरुद्ध वे हवा में तलवार भाँजते रहे। याने जब अमेरिका और यूरोपीय राष्ट्र एराक़ी युद्ध का समर्थन और विरोध दोनों ही अपने-अपने राष्ट्रहितों के हिसाब से कर रहे हैं तो फिर भारत से क्यों आशा की जा रही है कि वह अपनी आँखों पर आदर्शवाद और नैतिकता की पट्टी बाँध ले।

एराक़-संकट-जैसे पहले जितने भी संकट आए हैं, भारत ने फूँक-फूँककर कदम रखा है। यह ठीक है कि स्वेज नहर के राष्ट्रीयकरण के विरुद्ध जब ब्रिटेन और फ्रांस ने मिस्र पर हमला बोला तो भारत ने उसकी स्पष्ट निन्दा की थी लेकिन हम यह न भूलें कि शीतयुद्ध के कारण भारत पहले ही पश्चिमी देशों के विरुद्ध था और दूसरा अब्दुल गमाल नासर गुट-निरपेक्ष आन्दोलन के सह-स्तम्भ थे। उन दिनों नेहरू और कृष्णमेनन ने जैसी विलक्षण कूटनीतिक सूझ-बूझ का परिचय दिया था, वैसी सूझ-बूझ एराक़ संकट में फिलहाल दिखाई नहीं पड़ी लेकिन यह तो मानना होगा कि भारत सरकार ने कम से कम अपना संतुलन तो नहीं खोया। सोवियत संघ ने जब हंगारी और चेकोस्लोवाकिया पर हमला किया था तो नेहरू और इंदिरा के भारत का रवैया गोलमोल ही रहा, दोनों बार संयुक्तराष्ट्र में भारत ने मतदान ही नहीं किया और जब वह अफगानिस्तान में घुसा तो भारत ने शुरू में उसका लगभग समर्थन ही कर डाला

लेकिन अभी एराक़ पर भारत ने अमेरिका का समर्थन नहीं किया है। यदि भारत की विदेश नीति यथार्थवादी नहीं होती तो वह तीनों सोवियत हस्तक्षेपों की कड़ी निन्दा करती और अपने आपको सच्चा गुट-निरपेक्ष राष्ट्र सिद्ध करती। अब यदि भारत इसलिए अमेरिका की निन्दा नहीं कर रहा है कि उसको कश्मीर पर अमेरिकी समर्थन की आशा है तो वह अब भी दिवा-स्वप्न ही देख रहा है। कश्मीर पर भारत का समर्थन सोवियत मजबूरी थी। अमेरिका के लिए वह मजबूरी नहीं है। अमेरिकी प्रवक्ता ने कश्मीर और एराक़ को बिलकुल अलग-अलग बता दिया है। वास्तव में तो कश्मीर का मामला एराक़ से भी बदतर है। जिन तर्कों के आधार पर अमेरिका एराक़ में घुसा है, उनसे भी प्रबल तर्क कब्जाए हुए कश्मीर में घुसने के लिए भारत के पास हैं। इसीलिए अमेरिका का स्पष्ट विरोध करके भारत अपने कश्मीर सम्बन्धी भावी विकल्प का परित्याग क्यों करे ? अमेरिका जो काम गलत कारणों से कर रहा है, वही काम कल भारत को सही कारणों से करना होगा, जैसा कि उसने 1971 में बांग्लादेश के वक़्त किया था।

एराक़ : अमेरिकी दड़बे में भारतीय बिल्ली

विदेश मंत्री यशवन्त सिन्हा ने जरा-सा सच क्या बोला, अमेरिकी दड़बे में बिल्ली घुस गई। कश्मीर का मसला एराक़ से भी बदतर है, क्या यह बात किसी को समझाने की जरूरत है ? यदि अमेरिकी सरकार के प्रवक्ता ने हमारे विदेश मंत्री की इस बात को गलत बताया है तो इसका अर्थ स्पष्ट है। वह यह कि अमेरिका कश्मीर के मुद्दे को समझना ही नहीं चाहता। शीत-युद्ध के जमाने में वह क्यों नहीं समझता था, यह स्पष्ट था लेकिन अब आतंकवाद के जमाने में भी वह नहीं समझ रहा है, इसका कारण क्या है ? यदि भारत सरकार उस कारण को समझ ले तो वह बहुत-से सिरदर्द से बच जाएगी और अमेरिका के चलते गच्चा भी नहीं खाएगी।

सबसे पहली बात तो यह कि अमेरिका को आतंकवाद से कुछ लेना-देना नहीं है। उसने आतंकवाद की बात उसके ट्रेड टावरों के गिरने के बाद शुरू की है। क्या उसके पहले दुनिया में कोई आतंकवाद नहीं था ? ट्रेड टावरों में केवल पाँच हजार लोग मरे थे लेकिन कश्मीर में तो 70 हजार से भी ज्यादा लोग मर चुके थे। ट्रेड टावर का खेल तो आधे घंटे में खत्म हो गया लेकिन कश्मीर में आतंकवाद को सहते-सहते लोगों की आधी जिन्दगी निकल गई। कश्मीर ही नहीं, चेचेन्या, सिंक्यांग, लेबनान, फलस्तीन, यमन आदि अनेक स्थानों पर आतंकवाद की तांडव-लीला वर्षों से चल रही थी लेकिन अमेरिका ने क्या किया ? क्या कभी कोई सीधी कार्रवाई की ? उसकी नींद तभी खुली, जब खुद उसे ठोकर लगी। ठोकर लगने के बाद उसने आतंकवाद के विरोध में जो विश्व-अभियान चलाया, वह विश्व-अभियान नहीं है। वह शुद्ध प्रतिशोध-अभियान है। ट्रेड टॉवर को गिराने से उसामा बिन लादेन या मुल्ला उमर या अफगानिस्तान का क्या सम्बन्ध था, यह आज तक पता नहीं चला। फिर भी उसने अफगानिस्तान पर हमला बोल दिया। हमारे लिए यह अच्छा ही हुआ। तालिबान का सफाया हुआ। पाकिस्तान का कठपुतली-राज खत्म हुआ लेकिन आतंकवाद का बाल भी बाँका नहीं हुआ। आतंकवाद का पिता पाकिस्तान सही-सलामत है। उसकी आतंकवादी गतिविधियाँ सही-सलामत हैं। कश्मीर के सीने पर आतंकवाद के काँटे अब भी ज्यों के त्यों बोए जा रहे हैं। यदि अमेरिका वास्तव में आतंकवाद-विरोधी होता तो वह बकरे के पहले बकरे की माँ को मारता। तालिबान तो उसने भगा दिए लेकिन उनकी माँ पाकिस्तान को उसने छुआ तक नहीं। उल्टे पाकिस्तान को उसने अपना सिपहसालार बना लिया। तथाकथित आतंकवाद-विरोधी

विश्व-अभियान में पाकिस्तान अमेरिका के साथ कंधे से कंधा मिलाकर चलने लगा। पाकिस्तान के आतंकवादी चेहरे पर अमेरिकी नकाब चढ़ गया।

इसमें संदेह नहीं कि अफगानिस्तान से तालिबान को भगाने में अमेरिका को पाकिस्तान की मदद चाहिए थी। वह मदद सहर्ष देकर मुशर्रफ ने अमेरिका का दिल जीत लिया। इसी का नतीजा है कि अब पाकिस्तान के कश्मीरी आतंकवाद पर अमेरिका की नजर ही नहीं पड़ रही। भारत जब भी शिकायत करता है तो अमेरिका कहता है कि भारत पाकिस्तान से बात करे याने वह भारत और पाकिस्तान को एक ही पायदान पर खड़ा करता है। अमेरिकियों से कोई पूछे कि क्या उन्होंने अल-कायदा या तालिबान से बात की थी ? सारी दुनिया के दबाव के बावजूद उसने सद्दाम हुसैन से बात क्यों नहीं की ? उनके खिलाफ सीधी कार्रवाई क्यों की ? एक काम भारत करे तो गलत है और वही काम अमेरिका करे तो सही है, यह दोहरा मानदंड कैसे चल सकता है ? वास्तविकता तो यह है कि कश्मीरी आतंकवाद को अमेरिका आतंकवाद ही नहीं मानता है। यदि वह आतंकवाद के सफाये पर कमर कस ले और भारत का साथ दे तो फिर उसका यह नैतिक अधिकार अवश्य बनता है कि वह भारत को पाकिस्तान से बात करने के लिए कहे। उस स्थिति में भारत और पाकिस्तान की बात का कोई ठोस नतीजा निकलना भी आसान होगा।

इसका मतलब यह नहीं कि भारत और पाकिस्तान में तब तक कोई बात ही न हो, जब तक कि आतंकवाद खत्म न हो जाए। लात और बात दोनों साथ-साथ चलती रह सकती हैं। लेकिन यहाँ सिर्फ अमेरिका की दोमुँही नीति को ही रेखांकित किया जा रहा है। वास्तव में अमेरिका अपने आपको एक अलग वर्ग में रखता है। 'समरथ को नहिं दोष गुसाईं।' वह क्यूबा को घेरे या वियतनाम पर हमला करे या डोमिनिकन रिपब्लिक को दबोच ले या सद्दाम को बेदखल कर दे, उसके पास अपने हर कदम के लिए एक बहाना है। 19वीं सदी में जिसे 'मुनरो सिद्धान्त' कहा जाता था याने अमेरिकी महाद्वीप के प्रत्येक देश को अमेरिका अपना पिछवाड़ा समझता है और वहाँ जब चाहे हस्तक्षेप कर सकता है, वह सिद्धान्त अब सारे विश्व पर लागू हो रहा है। जो काम कभी वह लातीनी अमेरिका में किया करता था, वह अब दुनिया के किसी भी हिस्से में करता रहेगा। उसके एक-मात्र विश्व-शक्ति होने पर एराक़ ने मुहर लगा दी है। यही अधिकार अमेरिका भारत को दक्षिण एशिया में भी नहीं देना चाहता। भारत अपने पिछवाड़े में झाँक भी नहीं सकता। यदि उसका पिछवाड़ा उसके विनाश की भट्टी बन रहा है तो भी वह वहाँ अपना फायर-ब्रिगेड नहीं भेज सकता। याने विदेश नीति का संचालन किसी सिद्धान्त के आधार पर नहीं होता, अपने राष्ट्रीय स्वार्थ के आधार पर होता है। इसमें अमेरिका का कोई खास दोष भी नहीं है। दोष तो हमारा है कि हम बोगस आदर्शवाद में फँसे हुए हैं। यदि यह आदर्शवाद नहीं तो कम से कम मृग-मरीचिका तो है ही। हम फिज़ूल की आस लगाए बैठे हैं कि अमेरिका हमारा साथ देगा।

अमेरिका का इतिहास तो हमारे विरोध का इतिहास है। 1971 में जब भारत की फौजें बांग्लादेश को आज़ाद करवा रही थीं तो भारत को धमकाने के लिए उसने बंगाल की खाड़ी में अपना 'एन्टरप्राइज' नामक बेड़ा भेज दिया था। अब भी वह सलाह दे रहा है कि पाकिस्तान के विरुद्ध भारत कोई कार्रवाई न करे। अमेरिका जानता है कि पाकिस्तान की तरह भारत उसकी कठपुतली नहीं बन सकता। भारत दोस्त बन सकता है, दुमछल्ला नहीं। विश्व-शक्ति के नाते इस समय अमेरिका को दुमछल्लों की जितनी जरूरत है, पहले कभी नहीं थी। यदि जर्मनी और फ्रांस के साथ वह बराबरी का व्यवहार नहीं कर सकता तो वह भारत को दोस्त का दर्जा कैसे दे सकता है ? यदि भारत इस सच्चाई को ठीक से समझ ले तो उसकी विदेश नीति सही पटरी पर चलेगी। भारत इस सच्चाई को आँख से ओझल कर देता है, इसीलिए वह अमेरिका से ऐसी आशा करने लगता है, जो कभी पूरी नहीं हो सकती।

विदेश मंत्री यशवंत सिन्हा ने जब यह कहा कि कश्मीर का सवाल एराक से भी बदतर है तो अमेरिकी सरकार को प्रतिक्रिया करने की क्या जरूरत थी ? क्या भारत की इतनी हिम्मत है कि वह पाकिस्तान को सबक सिखा सके। पिछले 55 साल में आगे होकर भारत ने पाकिस्तान पर कभी हमला नहीं किया। 1948 में पाकिस्तान ने ही घुसपैठिए भेजे थे। यही काम उसने अब करगिल में किया। 1965 और 1971 में भी अन्तरराष्ट्रीय सीमा का उल्लंघन पहले पाकिस्तान ने ही किया था। जहाँ तक 1971 का सवाल है, भारत बांग्लादेश में उस तरह नहीं घुसा, जैसे कि अमेरिका एराक़ में घुस गया है। भारत सात माह तक प्रतीक्षा करता रहा। लगभग एक करोड़ शरणार्थी भारत आ गए और पूर्वी पाकिस्तान के चुने हुए नेता शेख मुजीब ने बाक़ायदा भारत को निमंत्रित किया था। अमेरिका को एराक़ में किसने निमंत्रित किया था ? और एराक़ियों ने अमेरिका के लिए कौन-सा सिरदर्द खड़ा कर दिया था ? तात्पर्य यह कि भारत जब बहुत मजबूर हो जाता है, तभी सैन्य-कार्रवाई करता है। ऐसे भारत के विदेश मंत्री के मासूम-से बयान पर अमेरिका की बौखलाहट का आखिर मतलब क्या है ? जिस भारत ने पिछले साल 10 माह की अपनी गीदड़भभकी में हजारों करोड़ रुपए बर्बाद कर दिए और पाकिस्तान का बाल भी बाँका नहीं किया, उसके विदेश मंत्री के बयान पर इतना उत्तेजित होने की जरूरत क्या है ? 'आर-पार की लड़ाई' की धमकी देते-देते जिस सरकार ने पाँच साल पार कर दिए, उसका यह बयान भी सिर्फ बयान बनकर ही रह जाता।

लेकिन अब एराक़ की पिटाई के बाद शायद अमेरिका यह मानने लगा है कि एशिया का कोई देश कोई बयान भी देना चाहे तो वह अमेरिका से पूछकर दे। वास्तव में कश्मीर के मामले में आज पाकिस्तान की वही स्थिति है, जो 1991 में सद्दाम हुसैन की थी। जैसे सद्दाम ने कुवैत पर कब्जा कर लिया था, वैसे ही 1948 में पाकिस्तान ने आधे कश्मीर पर कब्जा कर लिया था। जैसे सद्दाम के कब्जे को हटाने के लिए सारी दुनिया एक हो गई थी, वैसे ही आज पाकिस्तान के कब्जे को हटाने

के लिए विश्व-अभियान चलाया जाना चाहिए लेकिन भारत की मुर्दार सरकारें इस तरह का कोई अभियान नहीं चलातीं। वे हमेशा भीगी बिल्ली बनी रहती हैं। कश्मीर के सवाल पर दबी जुबान से बात करती हैं। जहाँ तक संयुक्तराष्ट्र संघ के प्रस्ताव का प्रश्न है, यह ठीक है कि भारत ने अभी तक कश्मीर में जनमत संग्रह नहीं करवाया लेकिन पहले पूरा कश्मीर तो उसके पास आए। अधूरे कश्मीर में करवाया हुआ जनमत-संग्रह वैध नहीं हो सकता। इसके अलावा यह पाकिस्तान का गुनाह है कि उसने सं.रा. प्रस्ताव के पहले ही प्रावधान का उल्लंघन कर रखा है। उसने अभी तक कश्मीर से अपनी फौजें नहीं हटाईं। जब प्रस्ताव का पहला प्रावधान ही लागू नहीं हुआ तो दूसरा कैसे लागू होगा ? इतना ही नहीं, सं.रा. महासचिव कोफी अन्नान कह चुके हैं कि 50 साल पुराना प्रस्ताव अब अप्रासंगिक हो गया है। यदि भारत सं.रा. के प्रस्ताव को वेदवाक्य मानता होता तो वह 1971 में पूर्वी पाकिस्तान के विरुद्ध कार्रवाई ही नहीं करता, क्योंकि उस समय 104 राष्ट्रों ने हमारे विरुद्ध मतदान किया था। भारत को यदि कश्मीर हल करना है तो उसे अपने दम-खम पर हल करना होगा। सं.रा. और अमेरिका कभी भी भारत का पक्ष नहीं लेंगे।

बल्कि भारत को इस बात के लिए तैयार रहना होगा कि कहीं अमेरिका भारत के चेहरे पर सद्दाम का रंग न पोत दे। यदि भारत कश्मीर में कार्रवाई करे तो अमेरिका उसे 1991 का सद्दाम घोषित न कर दे। लेकिन अमेरिका को पता है कि भारत एराक़ नहीं है और अटलबिहारी वाजपेयी सद्दाम नहीं हैं। दुनिया के सबसे बड़े लोकतंत्र पर प्रहार करने के पहले अमेरिका को हजार बार सोचना होगा। यह ठीक है कि पाकिस्तान भारत के मुकाबले इतना कमजोर नहीं है, जितना कि अमेरिका के सामने एराक़ है लेकिन भारत को अमेरिका की तरह न तो किसी शासक को हटाना है और न ही किसी देश पर कब्जा करके उसका तेल निचोड़ना है। उसे तो अपने एक प्रांत के एक आधे हिस्से को पड़ोसी देश से खाली करवाना है। इस सीमित लक्ष्य की प्राप्ति के लिए उसे एकाग्र होकर एकसूत्री कार्यक्रम बनाना होगा।

इस एकसूत्री कार्यक्रम का श्रीगणेश सबसे पहले आतंकवाद के मूलोच्छेद से होना चाहिए। आतंकवादी शिविरों को खत्म करने के लिए भारत को जहाँ भी घुसना जरूरी हो, बेखटके घुसे। अन्तरराष्ट्रीय कानून में इसे हॉट परस्यूट (गर्म पकड़) कहते हैं। देखें कि इसमें कौन बाधा डालता है ? जो भी बाधा डाले, उससे निपटने की तैयारी रहे। इस मुद्दे पर अमेरिका की परीक्षा भी हो जाएगी। मालूम पड़ जाएगा कि अमेरिका इधर आता है कि उधर जाता है !

कमजोर दिमाग और मजबूत मुक्का

एराक़ पर हुए अमेरिकी हमले से कई बुनियादी सवाल उठ खड़े हुए हैं। पहला तो यही कि क्या कोई सबल राष्ट्र किसी निर्बल राष्ट्र पर कब्जा कर सकता है और क्या वह कब्जा वैधानिक है ? सवाल के पहले हिस्से का जवाब है, हाँ और दूसरे हिस्से का जवाब है, ना ! हाँ, इसलिए कि अमेरिका ने जो एराक़ के साथ किया है, वह अन्तरराष्ट्रीय राजनीति की पहली घटना नहीं है। एराक़ के पहले लगभग ऐसा ही वियतनाम, डोमिनिकन रिपब्लिक, निकारगुआ और हैती आदि में हो चुका है लेकिन कहीं स्थानीय शासकों के निमंत्रण और कहीं संयुक्तराष्ट्र के समर्थन की ओट थी। यही कहानी सोवियत संघ ने हंगारी, चेकोस्लोवाकिया और अफगानिस्तान में भी दोहराई थी लेकिन हर जगह कोई न कोई बहाना था। एराक़ की खूबी यह है कि यहाँ कोई बहाना नहीं था। यहाँ बिन बादल बरसात हुई है। जो बहाना बुश और ब्लेयर ने बनाया था, वह दजला और फरात की धाराओं में बह गया। परमाणु हथियारों के अभाव का प्रमाण-पत्र तो संयुक्तराष्ट्र निगरानी-प्रमुख ने दे ही दिया था, जैविक और रासायनिक हथियारों के प्रमाण भी उन्हें नहीं मिले थे लेकिन उन्हीं का बहाना बनाकर बुश एराक़ पर चढ़ बैठे। अब इन जन-संहारक हथियारों को दिखाने की बजाय अमेरिका दुनिया को क्या दिखा रहा है ? सद्दाम के टायलेट, उनके बेटों के बेडरूम, महलों का फर्नीचर, बगीचे वगैरह ! क्या इन्हीं की वजह से यह हमला किया गया था ? इस तरह के टॉयलेटों और इनसे भी अश्लील बेडरूमों की संख्या अमेरिका में लाखों तक होगी। तो क्या सारी दुनिया को अमेरिका पर हमला कर देना चाहिए ?

अमेरिका को एराक़ पर हमला करना ही था। समर्थ को कौन रोक सकता है ? लेकिन उसके कुकर्म को वैधानिक भी कौन बना सकता है ? यदि फ्रांस और रूस वीटो की धमकी नहीं देते और समर्थन कर देते तो क्या अमेरिकी हमला वैधानिक हो जाता ? तब भी नहीं होता। संयुक्तराष्ट्र की बदनामी लीग ऑफ नेशंस से भी ज्यादा हो जाती बल्कि संयुक्तराष्ट्र के विसर्जन की प्रक्रिया शुरू हो जाती। अब जो हुआ है, उसने संयुक्तराष्ट्र को मजबूत किया है। उसकी सार्थकता को रेखांकित किया है। हमला तो अफगानिस्तान के तालिबान पर भी हुआ था लेकिन तालिबान और सद्दाम में जमीन-आसमान का अन्तर है। तालिबान के विरुद्ध भी अमेरिका के पास कोई ठोस प्रमाण नहीं थे लेकिन उनके विरुद्ध ठोस विश्व-जनमत था। इसी विश्व-जनमत ने संयुक्तराष्ट्र के प्रस्ताव को नैतिक और वैधानिक प्राण-वायु प्रदान की थी।

एराक़ी-कार्रवाई के लिए अमेरिका के पास न तो संयुक्तराष्ट्र का कोई औपचारिक समर्थन था और न ही विश्व-जनमत! उल्टे, विश्व-जनमत इस बार जिस भयंकरता से प्रगट हुआ, अमेरिका के खिलाफ, वियतनाम के समय भी प्रगट नहीं हुआ। अत: अमेरिका को चाहिए कि वह एराक़ को शीघ्रातिशीघ्र खाली करे और उसे संयुक्तराष्ट्र के हवाले करे ताकि उसके इस अवैधानिक कृत्य का पटाक्षेप हो। संयुक्तराष्ट्र महासभा अब तय करे कि बुश और ब्लेयर नामक दो विश्व-अपराधियों की सज़ा क्या हो!

दूसरा बुनियादी सवाल यह है कि अमेरिका-एराक़ युद्ध को क्या 'सभ्यताओं का संघर्ष' माना जाए? ऐसा मानना कठिन है, क्योंकि अगर यह ईसाइयत और इस्लाम की टक्कर होती तो अमेरिका, यूरोप और आस्ट्रेलिया जैसे ईसाई क्षेत्रों में लाखों लोग अमेरिकी हमले का विरोध क्यों करते? स्वयं पोप एराक़ी नेताओं से क्यों मिलते और सहानुभूतिपूर्ण बयान जारी क्यों करते? फ्रांस और जर्मनी जैसे निष्ठावान ईसाई राष्ट्र सुरक्षा परिषद् में अमेरिका के विरुद्ध झंडा क्यों गाड़ते? दुनिया के 57 मुस्लिम राष्ट्रों में वैसी हाय-तौबा क्यों नहीं मची, जैसी कि यूरोपीय राष्ट्रों में मची? दुनिया के साधारण मुसलमानों की सहानुभूति निश्चय ही सद्दाम के साथ थी लेकिन इसका अर्थ यह नहीं कि इसका कारण किसी प्रकार का ईसाइयत-विरोध था। वास्तव में मज़हब या 'सभ्यता' तो यहाँ कोई मुद्दा ही नहीं था। स्वयं सद्दाम ने यह नहीं कहा कि इस्लाम खतरे में है या यह हमला इस्लाम पर हैं। खुद सद्दाम इस्लामवादियों के विरुद्ध रहे हैं। वास्तव में यह हमला तेल के लिए हुआ है, उस तेल के लिए हुआ है, जो डॉलर की बजाय यूरो में बिक रहा था। डॉलर ही अमेरिका की सभ्यता है। सद्दाम ने इसी सभ्यता पर हथौड़ा चला दिया था। उसकी देखादेखी ईरान, रूस और वेनेज़ुएला भी डॉलर को अपदस्थ कर रहे थे। सद्दाम इसी डॉलरी सभ्यता से टकरा रहे थे। सद्दाम तो चूर-चूर हो गए लेकिन कोई आश्चर्य नहीं कि यह डॉलरी सभ्यता का संघर्ष इस्लाम और ईसाइयत के संघर्ष में बदल जाए। अमेरिका इस्लाम-विरोधी सभ्यता का प्रतीक बनता चला जा रहा है, हालाँकि उसकी मंशा यह नहीं है। यह ठीक है कि दुनिया के मुस्लिम राष्ट्र या तो गरीब और निर्बल हैं या मालदार और थुलथुल हैं। वे अमेरिका के साथ संघर्ष मोल नहीं ले सकते। लेकिन एक सद्दाम की जगह अनेक उसामा तो प्रगट हो ही सकते हैं।

तीसरा बुनियादी सवाल यह है कि क्या सद्दाम को हटाकर अमेरिका ने लोकतंत्र को मजबूत बनाया है? यदि एराक़ में नया संविधान, नई संसद, नई सरकार और जनता को सच्चा मताधिकार मिल जाए तो शायद बाद में कभी यह माना जा सकता है कि बुश का काम तो बुरा था लेकिन उसका परिणाम अच्छा निकल आया। साधन बुरा लेकिन साध्य अच्छा! यहाँ असली प्रश्न यह है कि क्या लोकतंत्र ऊपर से थोपा जा सकता है? बाहर से आयात किया जा सकता है? लोकतंत्र तो रूस में भी आया लेकिन क्या वह बुश-प्रणाली से आया? एराक़ में बुश ने 'एम्बुश' किया। डंडे के जोर से आप कहाँ-कहाँ लोकतंत्र लाएँगे? इस समय दुनिया में लगभग सवा सौ ऐसे

देश हैं, जिनमें भारत या अमेरिका या ब्रिटेन जैसा लोकतंत्र नहीं है। यदि अमेरिका वहाँ भी लोकतंत्र लाना चाहेगा तो उसका नतीजा क्या होगा ? सारे संसार में अराजकता मच जाएगी। शायद परमाणु-युद्ध छिड़ जाएगा। यदि लोकतंत्र लाना ही अमेरिका का लक्ष्य है तो अरब-जगत में उसके सबसे घनिष्ट मित्र सउदी अरब को उसकी सबसे ज्यादा जरूरत है। यदि सद्दाम लोकतंत्र के दुश्मन हैं तो अमेरिका ने अब से 20 साल पहले उन्हें खुमैनी के विरुद्ध 'हीरो' क्यों बनाया था ? स्वयं बुश कितने लोकतांत्रिक हैं ? वे स्वयं कितने वोटों से विजयी हुए हैं ? उन्होंने विश्व लोकमत का कितना आदर किया है, यह सबको पता है। बुश की कार्रवाई ने दुनिया के लोगों के सामने एक और नया सवाल भी खड़ा कर दिया है। वह यह है कि वे अपने स्वदेशी लूले-लँगड़े लोकतंत्र को झेलते रहें या तेज़-तर्रार लोकतंत्र के नाम पर वे विदेशी भेड़िए को अपने सीने पर सवार करवा लें ? जाहिर है कि वे विदेशी स्वर्ग की बजाय स्वदेशी नरक में रहना ज्यादा पसंद करेंगे। इसीलिए एराक़ में सद्दाम से तंग आई जनता भी अमेरिकियों के स्वागत में पलक-पाँवड़े नहीं बिछा रही है। कोई आश्चर्य नहीं कि एराक़ी जनता कुछ ही दिनों मे सद्दाम से ज्यादा अमेरिकियों से नफ़रत करने लगे। अमेरिका ने सद्दाम को तो भगा दिया, एराक़ी जनता को वह कहाँ भगा सकता है ?

एराक़ी जनता के दिल में अमेरिका की कितनी इज्ज़त है या उसका कितना डर है, यह तो इसी से पता चलता है कि उसने कैसी जबर्दस्त लूटपाट मचाई है। एराक़ के साधारण लोग कोई गज़नी, गोरी या चंगेज की तरह लुटेरे नहीं हैं। वे निहत्थे हैं और साधारण हैं। फिर भी उन्होंने अपनी बेबिलोनियाई, मेसोपोटेमियाई और असीरियाई सभ्यता के अवशेषों को जिस तरह तहस-नहस किया है, वह तो तालिबान के बुद्ध-भंजन से भी बदतर है। यह सब अमेरिकियों की आँखों के सामने हुआ है। एराक़ के वर्तमान और अतीत को नष्ट करने की सारी जिम्मेदारी अमेरिकियों की है। सद्दाम की तानाशाही में पिस रहे एराक़ी लोग ऐसा ही करेंगे, यह पहले से नहीं भाँप पाना अमेरिका की कमजोरी है। ऐसा कमज़ोर दिमाग और मजबूत मुक्का लेकर अमेरिका एराक़ के भविष्य का निर्माण कैसे करेगा, समझ में नहीं आता !

एराक़ में फौज भेजें या नहीं

यहाँ अमेरिका में सरकार के बड़े अफसर और बुश प्रशासन के सलाहकार चाहते हैं कि भारत सरकार अपनी फौजें जल्दी से जल्दी एराक भिजवा दे। भारत सरकार उनकी इच्छा अवश्य पूरी करेगी, ऐसा मानने के कई आधार उनके पास हैं। वे जानते हैं कि भारत सरकार पाकिस्तान के प्रति बेहद ईर्ष्याग्रस्त है। भारत को शिकायत है कि आतंकवाद की जी-जान से मदद करने के बावज़ूद आज पाकिस्तान अमेरिका के गले का हार बना हुआ है। भारत किसी ऐसी तरकीब की तलाश में है, जिससे पाकिस्तान की दाल पतली हो। इस समय जनरल मुशर्रफ की इतनी हिम्मत नहीं कि वे पाकिस्तानी फौजें एराक़ भिजवा सकें। पाकिस्तान की संसद ही नहीं, आम जनता में भी उनकी छवि गिर जाएगी। इस पाकिस्तानी दुविधा का फायदा भारत तुरन्त उठा सकता है। यदि भारत एराक में फौजें भिजवा दे तो अमेरिका को लगेगा कि भारत उसका सच्चा दोस्त है। अफगान-संकट के समय पाकिस्तान ने अमेरिका की कोई सक्रिय या ठोस मदद नहीं की थी। केवल यही किया था कि तालिबान को मदद नहीं दी लेकिन एराक़ में फौजें भिजवाकर भारत अमेरिका की सक्रिय मदद करेगा। अमेरिका एराक में घुस तो गया लेकिन वह उसे अफगानिस्तान से कहीं ज्यादा भारी पड़ रहा है। उसके सैनिक रोज़ मारे जा रहे हैं। यहाँ के अखबारों और टी.वी. चैनलों पर जबर्दस्त हाय-तौबा मच रही है। बगदाद में अभी तक कोई विधिवत् सरकार नहीं बन पाई है। अभाव, असुरक्षा और अराजकता का यही माहौल अगर थोड़ा लम्बा खिंच गया तो बुश का दुबारा राष्ट्रपति बनना कठिन हो जाएगा। इसीलिए अमेरिकी सरकार और उसके विद्वान सलाहकार चाहते हैं कि भारतीय फौजी बड़ी संख्या में एराक़ चले जाएँ। उनका मानना है कि भारतीय जवानों को मोटा भत्ता मिलेगा। एराक़ी जनता उनके उतना विरुद्ध नहीं होगी, जितना कि वह गोरी चमड़ीवाले अमेरिकी जवानों के विरुद्ध है। यदि भारत संकट की इस घड़ी में अमेरिका के काम आएगा तो अमेरिका न केवल भारत को सीधी सहायता बड़े पैमाने पर देगा बल्कि एराक़ी तेल की बन्दरबाँट में भारत को बड़ा हिस्सा मिलेगा। पाकिस्तान का जलवा अपने आप मद्दा पड़ जाएगा।

ज़ाहिर है कि नई दिल्ली स्थित अमेरिकी दूतावास के अधिकारी और उनके भारतीय समर्थक यही बात हमारे विदेश मंत्रालय को समझा रहे होंगे लेकिन अमेरिका में मुझे अभी तक एक भी भारतीय ऐसा नहीं मिला, जो हमारी फौजें एराक़ भेजने

का पक्षधर हो। सभी भारतीय बुश के कारनामे को मूर्खतापूर्ण और दुस्साहसपूर्ण मानते हैं। जहाँ तक भारतीय फौजें एराक़ भेजने का प्रश्न है, हमें एक तथ्य पहले जान लेना चाहिए कि शांति-स्थापना के लिए भारत ने दर्जनों देशों में पहले भी अपनी फौजें भेजी हैं। इसीलिए वह अगर उन्हें एराक़ भेजेगा तो भी कोई अजूबा नहीं होगा लेकिन जब तक दो शर्त पूरी नहीं हों, भारतीय फौजों का एराक़ भेजना अनैतिक भी होगा और अवैधानिक भी।

अनैतिक इसलिए कि फौजें एराक़ में जानेवाली हैं और निमंत्रण अमेरिका से आ रहा है। अमेरिका कौन होता है, एराक़ में किसी अन्य देश को निमंत्रण भेजनेवाला ? यदि बुश भारतीय फौज को अमेरिका में बुलाएँ तो ऐसा करने का उन्हें पूरा अधिकार है लेकिन एराक़ में वे जो कर रहे हैं, वह सर्वथा अनाधिकार चेष्टा है। यदि अन्य राष्ट्रों की फौजें वहाँ संयुक्तराष्ट्र के नेतृत्व में जाएँ तो वह सर्वथा वैधानिक और नैतिक होगा। दूसरा, एराक़ में ऐसी कोई विश्वसनीय सरकार नहीं है, जो निमंत्रण भिजवा सके। जब तक यह दूसरी शर्त भी पूरी नहीं हो, अमेरिका के इशारे पर एराक़ में कूद पड़ना भारत को शोभा नहीं देता। भारत किसी महाशक्ति का दुमछल्ला नहीं है कि वह पाकिस्तान की तरह किसी के इशारे पर कुछ भी कर डाले। सितम्बर 1972 में जनरल ज़िया उल हक़ ने जोर्डन के इशारे पर फलस्तीनियों का कत्ले-आम कर दिया था। क्या भारत एराक़ में इसी तरह का बर्ताव कर सकता है ?

इतना ही नहीं, इसके अलावा भी कई कारण हैं, जिनके रहते भारत को अपनी फौजें भेजने के पहले कई बार सोचना होगा। सबसे पहला तो यही कि क्या हम अपनी संसद के प्रस्ताव को भूल गए हैं ? हिन्दी की आड़ लेकर हमने अमेरिका की 'निन्दा' की थी। अपनी फौजें भेजकर क्या हम स्वयं निंदनीय कार्य नहीं करेंगे ? क्या फौजें भेजकर हम अमेरिकी आक्रमण को सही ठहराने का काम नहीं करेंगे ? सारी दुनिया में भारत की कितनी खिल्ली उड़ेगी। दूसरा, क्या भारत की फौज को अन्तरराष्ट्रीय स्तर का भत्ता मिलेगा, इसीलिए हम अपने जवानों की जान को दाँव पर लगा दें ? क्या भारतीयों की जान इतनी सस्ती है ? यदि अमेरिका के नेताओं ने इतनी दादागीरी की है तो उन्हें अब अपने सैनिकों की लाशें ढोने के लिए भी तैयार रहना चाहिए। भारत स्वतंत्र और संप्रभु राष्ट्र है। उसकी फौजें अपनी रक्षा के लिए खड़ी की गई हैं। उन्हें भाड़े पर उठाने का अधिकार किसी भी सरकार को नहीं है। तीसरा, एराक़ में फौजें भेजकर भारत यह भी सिद्ध करेगा कि वह कोई महान देश नहीं है बल्कि अवसरवादी टुच्चा देश है। जो देश कल तक एराक़ और सद्दाम हुसैन को अपना मित्र घोषित करता रहा है, वह आज उनकी पीठ में छुरा घोंपने को तैयार है। क्या भारत का बर्ताव सद्दाम के लिए वही होना चाहिए, जो तालिबान के प्रति पाकिस्तान का रहा है ? चौथा, यदि इस समय भारत एराक़ में अपनी फौजें भेजेगा तो सारे मुस्लिम देशों में प्रतिकूल प्रतिक्रिया होगी। ये बात दूसरी है कि अमेरिकी हमले के वक्त मुस्लिम देशों की दब्बू सरकारें अपनी दुम दबाकर बैठ गई थीं लेकिन उन देशों

की जनता अमेरिकी कार्रवाई का तब भी विरोध कर रही थी और अब भी विरोध कर रही है। पाँचवाँ, यह शुद्ध गलतफहमी है कि एराक में फौजें भिजवाने से भारत और अमेरिका सामरिक-मित्र बन जाएँगे। अमेरिका को मित्रों की तलाश कभी नहीं रही। वह हमेशा पिट्ठू तलाशता है। यदि फ्रांस और अन्य यूरोपीय राष्ट्र अमेरिका के अभिन्न मित्र नहीं हो सकते तो कौन-सा देश हो सकता है ? इन राष्ट्रों ने अमेरिका के साथ मिलकर द्वितीय महायुद्ध लड़ा था और बाद में सैन्य-संगठन भी बनाए थे लेकिन बुश ने इस बार ब्लेयर को अपना बगलबच्चा बना लिया और शेष पश्चिमी राष्ट्रों को आँखें दिखवाईं। सेनाएँ भेजने के बावज़ूद क्या आगे जाकर भारत का भी यही हाल नहीं होगा ? छठा, अमेरिका ने भारत को अभी तक क्या कोई ऐसी धरोहर दे दी है कि वह फौजें भेजकर अपनी संप्रभुता को प्रतिहत करे ? कौन-सा ऐसा मुद्दा है, जिस पर आज तक अमेरिका ने खुलकर भारत का साथ दिया है, कश्मीर पर उसका रवैया हमेशा डावाँडोल बना रहता है या पाकिस्तान-समर्थक होता है। परमाणु-विस्फोट हुआ तो उसने भारत का विरोध किया। 1971 के युद्ध के समय उसने भारत को धमकाने के लिए बंगाल की खाड़ी में अपना युद्धपोत भेज दिया था। 1962 में वह तटस्थ बना रहा। गोवा पर उसने हमारा विरोध किया, क्या आज भी वह भारत को सुरक्षा परिषद् का स्थायी सदस्य बनवाने के लिए तैयार है ? हमारे लिए अमेरिका अपनी ज़ुबान हिलाने को भी तैयार नहीं है और हम उसके पापों को अपने जवानों के खून से धोने को तैयार हो जाएँ, इससे बढ़कर बचकानापन क्या होगा। सातवाँ, पाकिस्तान को सीधा करने के लिए अमेरिका की खुशामद की नीति भी सर्वथा मेरुदंडहीनता है।

भारत-इस्राइल

भारत इस्त्राइल प्रेम-प्रसंग

अभी गृहमंत्री श्री लालकृष्ण आडवाणी की इस्त्राइल-यात्रा की स्याही सूखी भी नहीं कि कॉमरेड ज्योति बसु और विदेश मंत्री जसवंत सिंह भी तेल-अवीव पहुँच रहे हैं। यहूदियों के इस आदि-निवास से ऐसी कौन-सी आदिम गन्ध रिस रही है, जो आजकल भारत को अपनी तरफ खींचे चले जा रही है और पहले वे कौन-से काँटे बिछे हुए थे, जो एक-दूसरे की तरफ बढ़ने से भारत और इस्त्राइल को रोके हुए थे ?

इस्त्राइल, मई 1948 में बसा लेकिन भारत ने उसे औपचारिक मान्यता सितम्बर 1950 में दी। सिर्फ औपचारिक मान्यता ! न राजदूत भेजा गया, न दूतावास बनाया गया और न ही वाणिज्य दूतावास खोला गया। आखिर क्यों ? शायद इसीलिए कि 1947 में संयुक्तराष्ट्र संघ में भारत ने यहूदियों के स्वतन्त्र राष्ट्र की योजना का विरोध किया था। भारत की राय थी कि फलस्तीन अरबों का है। उसका बँटवारा नहीं होना चाहिए और उसकी छाती पर यहूदियों को सवार नहीं करना चाहिए। यहूदी फलस्तीन में जरूर रहें लेकिन संघात्मक राज्य में रहें, जिसमें बहुसंख्या फलस्तीन अरबों की हो और अल्पसंख्यक यहूदियों को आन्तरिक स्वायत्तता दे दी जाए। भारत संयुक्तराष्ट्र की 'फलस्तीन की विशेष समिति' का सदस्य था। फिर भी उसकी नहीं चली। हुआ उल्टा ही। फलस्तीन का बँटवारा हो गया। यहूदियों ने अपना राज्य खड़ा कर दिया, अरबों के सीने पर खंजर की तरह !

इस्त्राइल प्रगतिशील था, अरब पिछड़े थे। वह ताकतवर था, ये कमजोर थे। वह मालदार था, ये गरीब थे। फिर भी भारत ने अरबों का साथ दिया। क्यों दिया ? इसीलिए कि खिलाफत आन्दोलन के ज़माने से ही भारत अरबों का साथ दे रहा था। कांग्रेस अपने आन्दोलन में भारतीय मुसलमानों का समर्थन चाहती थी और भारत का बँटवारा भी नहीं चाहती थी। वह फलस्तीन का बँटवारा कैसे स्वीकार कर सकती थी ? यहूदियों के प्रति भारत की सहानुभूति अवश्य थी लेकिन यह सहानुभूति अरबों के लिए सज़ा बन जाए, यह भारत को मंजूर न था।

इसके अलावा अमेरिका, ब्रिटेन तथा दूसरे गोरे देश भी खुले-आम इस्त्राइल के साथ हो लिए थे। शीतयुद्ध के उस जानलेवा माहौल में भारत भला पश्चिमी खेमे के साथ कैसे जुड़ सकता था ? हालाँकि इस्त्राइल के पढ़े-लिखे, सम्पन्न, प्रगतिशील और पूर्वी यूरोप से गए समाजवादी यहूदी लोग जवाहरलाल नेहरू को ज्यादा पसन्द रहे होंगे लेकिन जाहिर है कि नेहरू अपनी गुट-निरपेक्ष छवि को कहीं अधिक प्यार करते

थे। इसके अलावा मिस्र के अब्दुल गमाल नासिर और नेहरू गहरे दोस्त बन गए थे। स्वेज नहर पर ब्रिटिश हमले ने भारत-अरब सम्बन्धों को नए धरातल पर पहुँचा दिया था। इतना ही नहीं, भारत को यह भी तय करना था कि अकेले एक इस्राइल के लिए क्या वह एक दर्जन से भी अधिक अरब राष्ट्रों की दोस्ती कुर्बान कर सकता था ? यदि करता तो नेहरू की 'सेकुलर छवि' को भी धक्का लगता। पाकिस्तान के आक्रामक रवैये को भी पिलपिला करने के लिए यह जरूरी समझा गया कि मुस्लिम देशों की खुशामद की जाए। इसीलिए पं. नेहरू ने स्वयं 1958 में कहा कि इस्राइल के प्रति बेरुखी का जो रवैया अख्तियार किया गया है, "उसके पीछे कोई गुरु-गम्भीर सिद्धान्त नहीं है बल्कि नफे-नुकसान का गणित है।"

नेहरू चाहते तो इस गणित को उलट सकते थे। सोवियत रूस और चेकोस्लोवाकिया जैसे राष्ट्रों ने उन दिनों इस्राइल को बाकायदा मान्यता ही नहीं दी, खुलेआम हथियार भी दिए। अरबों के विरुद्ध दिए। फिर भी वे समाजवादी बने रहे। अमेरिका और ब्रिटेन ने एक तरफ़ इस्राइल को सुरक्षा की गारंटी दी और दूसरी तरफ उन्होंने सउदी अरब, मिस्र, जोर्डन और मोरक्को जैसे देशों के साथ घनिष्ट सम्बन्ध बनाए रखे। लेकिन नेहरू की विदेश नीति इस्राइल से सदा ठिठकी रही। भारत उसे अछूत मानता रहा। भारतीय नागरिकों के पासपोर्ट पर पहले यह लिखा रहता था कि वे इस्राइल और दक्षिण अफ्रीका नहीं जा सकते (इस लेखक ने 1969 में इस्राइल जाने के लिए न्यूयॉर्क स्थित भारतीय वाणिज्य दूत से एक अलग पासपोर्ट प्राप्त किया था)। अन्तरराष्ट्रीय राजनीति के विशेषज्ञों से यह आशा की जाती थी कि वे जहाँ भी जाएँ, इस्राइल की निन्दा करें। अरब-इस्राइल युद्धों में भारत की सरकारों ने हमेशा आँख मींचकर अरबों का पक्ष लिया। इस्राइल से सम्बन्ध बढ़ाने के लिए जनसंघ और राममनोहर लोहिया के तर्क नक्कारखाने में तूती की तरह डूब गए। नेहरू और इंदिरा गांधी के ज़माने में इस्राइल से सिर्फ व्यापार का रिश्ता कायम हुआ। इस्राइल ने 1950 में बंबई में एक व्यापार केन्द्र खोला था, जिसे 1953 में वाणिज्य दूतावास का दर्जा मिला। लगभग चार दशक की टालमटोल के बाद 1992 में जाकर नरसिंहराव सरकार ने बाकायदा दोनों देशों के बीच राजनयिक सम्बन्ध स्थापित किए। इसके पहले जनवरी 1971 में मोरारजी देसाई सरकार ने बड़ी हिम्मत की। इस्राइल के रक्षा मंत्री मोशे दयान को गुपचुप भारत बुलवाया। मोशे दयान ने अपनी आत्मकथा में इस गुप्त-यात्रा का रोचक वर्णन किया है। कहा जाता है कि मोशे दयान भुट्टो के तथाकथित 'इस्लामी बम' की संभावनाओं को ध्वस्त करने भारत आए थे। भारत के राजनैतिक भद्रलोक में इतना अधिक इस्राइल-विरोधी वातावरण बनाया गया था कि अगर मोशे दयान की यात्रा का रहस्य उस समय खुल जाता तो मोरारजी सरकार को इस्तीफा देना पड़ जाता।

इसका मतलब यह नहीं कि इस्राइल के साथ भारत के कोई सम्बन्ध थे ही नहीं। सच्चाई तो यह है कि 1962, 1965 और 1971 के युद्धों के समय नेहरू और इंदिरा

सरकार ने इस्राइल से सैनिक साजो-सामान प्राप्त किया था और दोनों देशों की गुप्तचर सेवाओं में सक्रिय सहयोग भी बना रहा था। इंदिराजी की हत्या के पश्चात 'रॉ' के लोग प्रशिक्षण के लिए इस्राइल भेजे गए थे। गुप्तचरी के लिए इस्राइल से इलेक्ट्रोनिक उपकरण भी खरीदे जाते रहे हैं। नेताओं की नज़र में इस्राइल दूर था लेकिन सेनापतियों और व्यापारियों की आँखों का वह तारा था। 1967 के युद्ध में जब उसने सैकड़ों अरब जहाज खड़े-खड़े नष्ट कर दिए, 1981 में बगदाद का परमाणु-भट्टा उड़ा दिया और सीरिया की बेक्का घाटी को 'मिग जहाजों' का कब्रिस्तान बना दिया तो भारतीय रक्षा-विशेषज्ञों ने इस्राइल की बहादुरी और रण-कौशल पर अनेक शोध-पत्र तैयार किए। इस्राइल का आचरण अनुकरणीय माना गया। 1987 में यह अफवाह बहुत जोरों से फैली कि इस्राइल के साथ मिलकर भारत पाकिस्तान के केहूटा नामक परमाणु संयन्त्र को उड़ाना चाहता है। भारत सरकार का रवैया चाहे जो भी रहा हो, हर अरब-इस्राइल युद्ध के दौरान भारत की जनता ने इस्राइल के शौर्य और पराक्रम की भूरि-भूरि प्रशंसा की है। एन्टेबे हवाई अड्डे पर इस्राइली कमान्डो दस्ते ने जब आतंकवादियों को भूना तो भारत के अखबारों ने विरुदावलियों का अम्बार लगा दिया। अरबों के साथ सहानुभूति रखते हुए भी भारत की जनता के मन में इस्राइल के प्रति अदम्य आकर्षण और अव्यक्त प्रेम की गंगा बहती रही। आज के इस्राइल में लगभग 60 हजार भारतीय यहूदी रहते हैं। इस्राइल के शहरों और गाँवों में आप मराठी, मलयालम और हिन्दी भी सुन सकते हैं। जिस देश का हर दसवाँ आदमी भारतीय मूल का हो, उस देश की उपेक्षा भारत सरकार कैसे कर सकती है ?

इस्राइल के प्रति भारत के प्रेम की पींग कोई सेंत-मेंत में नहीं बढ़ी। उसके पीछे ठोस कारण थे। पहला कारण तो यही था कि भारत और अरब राष्ट्रों को जोड़नेवाली रूमानियत धीरे-धीरे फीकी पड़ने लगी। साम्राज्यवाद, नव-उपनिवेशवाद, गुट निरपेक्षता आदि का रंग उतरने लगा। न नेहरू रहे, न नासिर! अरब राष्ट्रों में से कई तो 'साम्राज्यवादी' देशों के चहेते बन गए और कई उनके इशारों पर अपने भातृ-राष्ट्रों की जड़ें खोदने लगे। इसीलिए 1980 के दशक में भारत की सहानुभूति अरबों से सिकुड़कर सिर्फ फलस्तीनियों में आ बसी। भारत ने 1988 में यासर अराफात के फलस्तीन को 'राज्य' का दर्जा दे दिया लेकिन अन्य अरबों के साथ उसका बर्ताव धीरे-धीरे यथार्थवादी होने लगा। दूसरा, अरब राष्ट्रों ने भी भारत के साथ कोई कसर नहीं छोड़ी। सितम्बर 1969 के रबात सम्मेलन में अरब राष्ट्रों ने भारत का जमकर अपमान किया। बांग्लादेश युद्ध के समय उन्होंने पाकिस्तान का साथ दिया। कश्मीर के सवाल पर उनकी घिग्घी बँधी रही। तीसरा, अक्तूबर 1973 के अरब-इस्राइल युद्ध में इस्राइल से पिटने के बाद अनेक अरब राष्ट्र भी इस्राइल से गुपचुप सम्बन्ध सुधारने लगे। पश्चिम की तरफ झुकने लगे। मुद्दई चुस्त होने लगा तो गवाह सुस्त क्यों रहे ? चौथा, जब खुद यासर अराफात इस्राइल से बात करने लगे और अनवर सादात की

पहल के बाद मिस्र-इस्राइल सम्बन्ध सामान्य होने लगे तो भारत को क्या पड़ी थी कि वह इस्राइल की तरफ आँखें तरेरे रहे? पाँचवाँ, अरब राष्ट्रवाद का विकल्प 'इस्लामी सम्मेलन संगठन' (ओ.आई.सी.) बन गया। नतीजा यह हुआ कि उसने अफगानिस्तान में रूस को तंग किया और कश्मीर में भारत को! आतंकवाद, मादक द्रव्यों की तस्करी और धार्मिक कट्टरता को भी प्रश्रय मिला। गुट-निरपेक्षता का अता-पता ढूँढना मुश्किल हो गया। इस स्थिति में भारत अपने राष्ट्रहितों की रक्षा करता या पुरानी रूमानियत के नशे में डूबा रहता? यों भी भारत ने अरबों की तरह इस्राइल को उखाड़ फेंकने की बात कभी नहीं कही थी। वह इस्राइल बनने के 30 साल पहले से यह कह रहा था कि फलस्तीन की भूमि में यहूदी और अरब भाई-भाई की तरह रहें। अब भी वह यही कह रहा है। इसीलिए भारत के गृहमंत्री इस्राइली नेताओं से मिलने के बाद फलस्तीन के नेता यासर अराफात से भी मिले। भारतीय नीति-निर्माताओं के सामने यह स्पष्ट हो गया है कि इस्राइल से दोस्ती, अरबों से दुश्मनी पैदा नहीं करेगी। प्रतिस्पर्धा जरूर पैदा कर सकती है। तो उसमें बुराई क्या है? यह भी असम्भव नहीं कि अरबों और इस्रालियों के बीच भारत अब एक सच्चे मध्यस्थ की भूमिका निभाने लगे।

1992 में राजनयिक सम्बन्धों का बीज पड़ते ही भारत-इस्राइल प्रेम-बेलि फलने-फूलने लगी। चाहे भारत के बड़े नेता इन वर्षों में इस्राइल नहीं जा पाए लेकिन 1993 में उसके विख्यात विदेश मंत्री शिमोन पेरेज़ और दिसंबर 1996 में उसके राष्ट्रपति एज़र वाइजमेन भारत आए। इनके अलावा इस्राइल के अनेक मंत्री, ऊँचे अफसर और फौजी, व्यापारी, विद्वान और पत्रकार निरंतर भारत आते रहे। डॉ. अब्दुल कलाम जैसे भारत के उच्चतम वैज्ञानिक, सेनापति जनरल वेदप्रकाश मलिक जैसे सेना के उच्च अधिकारी तथा अनेक तकनीकी विशेषज्ञ पिछले कुछ वर्षों में बराबर इस्राइल जाते रहे हैं। तीन-चार प्रान्तों के मुख्यमंत्री भी इस्राइल जा चुके हैं। आज लगभग 150 प्रायोजनाओं में दोनों देश एक-दूसरे का सहयोग कर रहे हैं। 1992 में भारत-इस्राइल व्यापार सिर्फ 20 करोड़ डालर का था। अब वह कूदकर 80 करोड़ डालर तक पहुँच गया है। गृहमंत्री, विदेश मंत्री और प. बंगाल के मुख्यमंत्री की तरह अन्य नेताओं की इस्राइल-यात्रा इसी तरह होती रही तो कोई आश्चर्य नहीं कि 60 लाख लोगों के इस छोटे देश के साथ अगले एक दशक में व्यापार और सैन्य-सम्बन्ध इस हद तक बढ़ जाएँगे कि वे गठबंधन का स्वरूप ले लेंगे। इस्राइल न केवल भारतीय युद्धक विमानों की गुणवत्ता को बढ़ा सकता है बल्कि परमाणु-तकनीक, प्रक्षेपास्त्रों, युद्धक टैंकों, चालकरहित विमानों, इलेक्ट्रोनिक गुप्तचरी, अन्तरिक्ष अनुसंधान आदि प्रतिरक्षा से सम्बन्धित अगणित क्षेत्रों में भी भारत के साथ सहयोग कर सकता है। सौर-ऊर्जा, रेगिस्तानी सिंचाई और कृषि उद्योग के क्षेत्र में इस्राइल ने जो चमत्कारी उपलब्धियाँ की हैं, उनका लाभ भी भारत को वाजिब दामों पर मिल सकता है। वास्तव में भारत-इस्राइल सम्बन्ध विश्व की मध्यम-शक्तियों के विराट गठबंधन का

अनौपचारिक आधार बन सकते हैं। भारत, इस्राइल, जापान तथा यूरोपीय राष्ट्र मिलकर बदलते हुए विश्व में एक नया शक्ति-संतुलन खड़ा कर सकते हैं। इस्राइल के बढ़ते हुए सम्बन्धों का लाभ भारत को पाकिस्तानी मोर्चे पर भी मिलेगा। भारत-इस्राइल निकटता पाकिस्तान को पश्चिमी राष्ट्रों से दूर हटाएगी। अन्तरराष्ट्रीय इस्लामी आतंकवाद के विरुद्ध नया अभियान छिड़ेगा। यह जरूरी हो गया है कि इस वर्ष की समाप्ति के पहले भारत के प्रधानमंत्री इस्राइल की यात्रा करें।

भारत और इस्राइल अनेक दृष्टियों से एक ही पथ के पथिक हैं। पिछले पाँच दशकों में दोनों राष्ट्रों ने भयंकर हमलों का मुकाबला किया है और यह सिद्ध कर दिया है कि दुनिया की कोई भी ताकत उन्हें तोड़ नहीं सकती। दोनों राष्ट्र तकनीकी और सैन्य दृष्टि से आत्म-निर्भर होना चाहते हैं। भारत रूस के मोहपाश से मुक्त हो रहा है और इस्राइल अमेरिका के चंगुल से मुक्त होने के लिए छटपटा रहा है। दोनों राष्ट्र आतंकवाद के शिकार हैं। दोनों राष्ट्रों को घुसपैठिए तंग करते हैं। इस्राइल ने जिस मुस्तैदी से आतंकवादियों की कमर तोड़ी है और घुसपैठियों के घुटने मोड़े हैं, वह भारत के लिए अनुकरणीय है। इसीलिए गृहमंत्री आडवाणी की इस इस्राइल-यात्रा के कारण पाकिस्तान को बुखार चढ़ आया है। पाकिस्तान श्री लालकृष्ण आडवाणी के उस कथन को भूला नहीं है कि भारत आतंकवादियों को अन्दर घुसकर मार लगाएगा (जैसे कि इस्राइल लगाता है)! गृहमंत्री के साथ गृह-सचिव, गुप्तचर विभाग और सीमांत सुरक्षा सेना के अधिकारियों का जाना इस बात का सूचक है कि आतंकवादियों और उनके आकाओं के लिए खतरे की घण्टी बज सकती है। यदि इस क्षेत्र में पहले से भारत-इस्राइल सहयोग बड़े पैमाने पर होता तो विमान-अपहरण कांड के परिणाम कुछ और ही होते। फीजी का सरगना जॉर्ज स्पैट भी अभी तक धूल चाट रहा होता। भारत-इस्राइल सैन्य सहयोग ज्यों-ज्यों बढ़ेगा, त्यों-त्यों परमाणु मामलों में भी दुनिया की दृष्टि बदलेगी। भारत और इस्राइल दोनों ही परमाणु अप्रसार संधि (एन.पी.टी.) और परमाणु परीक्षण प्रतिबन्ध संधि (सी.टी.बी.टी.) के विरोधी हैं। भारत घोषित परमाणु शक्ति है और इस्राइल अघोषित! दोनों मिलकर पाँचों परमाणु शक्तियों को मजबूर कर सकते हैं कि वे नई सीटीबीटी लिखें, जो सचमुच एक सच्चे परमाणुरहित विश्व का आधार बन सके।

अराफात पर क्यों अटक गई है, सुई ?

राष्ट्रपति बुश का भाषण उनके लिए नोबेल पुरस्कार का कारण बन सकता था लेकिन अब डेढ़-दो हफ्ते बाद ऐसा लगता है कि वह भाषण अरब-इस्राइली आग को भड़काने में घी का काम करेगा। भाषण का मुखड़ा इतना बढ़िया था कि फलस्तीन नेता यासर अराफात भी उस पर फिदा हो गए। उन्होंने पहले ही दिन बुश के प्रस्ताव का स्वागत कर दिया। जिस गर्मजोशी से अराफात ने स्वागत किया, किसी अन्य अरब नेता ने नहीं किया। अराफात ने स्वागत क्यों किया ? इसीलिए कि पहली बार किसी अमेरिकी राष्ट्रपति ने वह बात कही, जो कभी केम्प डेविड या ओस्लो समझौते में भी नहीं कही गई। क्या थी, वह बात ! पहली बात तो यह कि फलस्तीन के स्वतंत्र और संप्रभु राज्य की स्थापना आवश्यक है। दूसरी, यह कार्य अधिक से अधिक तीन वर्ष में सम्पन्न होना चाहिए और तीसरी, संयुक्तराष्ट्र के प्रस्ताव 242 तथा 338 का पालन करते हुए इस्राइल को अरब भूमि का पूरा कब्ज़ा खाली करना चाहिए। यह सचमुच ऐतिहासिक घोषणा है। अराफात तो जीवन भर यही चाहते रहे हैं और इसके लिए ही लड़ते रहे हैं। उन्हें तो मुँह माँगी मुराद मिल गई। लेकिन क्या वजह है कि अराफात से ज्यादा इस्राइल ने इस भाषण का स्वागत किया ? इस प्रश्न का रहस्य खुलते ही यह सिद्ध हो जाएगा कि यह भाषण कितना आत्म-पराजयी और आत्मघाती है।

राष्ट्रपति बुश के भाषण पर इस्राइल जैसे आज मुग्ध है, पहले कभी नहीं हुआ। लगता है, जैसे वह भाषण स्वयं इस्राइल के प्रधानमंत्री एरियल शेरोन ने लिखा हो। एक इस्राइली अखबार ने यहाँ तक लिखा है कि यह भाषण देकर बुश इस्राइल की उग्रवादी लिकुद पार्टी के मनोनीत माननीय सदस्य बन गए हैं। वे 'विश्व यहूदीवाद' के स्वर्ण-पदक के हकदार बन गए हैं। बुश ने आखिरकार इस्राइल को ऐसा क्या परोस दिया है कि वह बुश की विरुदावलियाँ गा रहा है ? सबसे पहला बम तो बुश ने यह कहकर गिराया कि उन्होंने यासर अराफात के फलस्तीन आन्दोलन से अलग होने की माँग कर दी है याने जब तक अराफात फलस्तीन की तदर्थ सरकार के राष्ट्रपति और प्रधानमंत्री का पद नहीं छोड़ेंगे, अमेरिकी सरकार फलस्तीनियों से कोई बात नहीं करेगी। यही माँग एरियल शेरोन ने कही है। इतना ही नहीं, बुश ने यह भी स्पष्ट कर दिया है कि जनवरी 2003 में होनेवाले फलस्तीन चुनावों में वर्तमान नेतृत्व का बहिष्कार किया जाए और ऐसा नेतृत्व लाया जाए जो आतंकवाद से समझौता न करे अर्थात् उन्होंने अराफात की सरकार को आतंकवाद-समर्थक घोषित कर दिया है।

उन्होंने इस वज्रपात के साथ-साथ अपने पूरे भाषण में फलस्तीनियों को नीम की कड़ुवी गोलियाँ जमकर खिलाई हैं जबकि इस्त्राइल को रसगुल्ले परोसे हैं। उन्होंने बार-बार कहा है कि फलस्तीन लोग आतंकवाद को पूरी तरह बन्द करें, लोकतांत्रिक ढंग से रहें, फलस्तीन सरकार में से भ्रष्टाचार मिटाएँ, इस्त्राइल, मिस्त्र और जोर्डन के साथ शांतिपूर्ण सह-अस्तित्व की शपथ लें और अपने नेतृत्व को उलट दें तो अमेरिका और पश्चिमी देश उन्हें संप्रभु राष्ट्र बनने में सक्रिय सहायता करेंगे। उन्होंने इस्त्राइल से यह नहीं कहा कि वह फलस्तीन जमीन ख़ाली करे, फलस्तीन ठिकानों पर नए कब्ज़े बन्द करे, फलस्तीन नागरिकों को जानवरों की तरह न मारे, छोटे-मोटे आतंकवादी हमलों के जवाब में बेकसूर नागरिकों को जबर्दस्त सज़ाएँ न दे, फलस्तीन शहरों की वह नाकेबन्दी समाप्त करे, जिसके कारण सामान्य व्यापार और यातायात ठप्प-जैसा है। यह आश्चर्य की बात है कि अमेरिका फलस्तीन क्षेत्र में लोकतंत्र और मुक्त-अर्थ व्यवस्था को साकार हुआ देखना चाहता है और उस इस्त्राइल को कुछ भी नहीं कहता, जो इन दोनों लक्ष्यों के मार्ग का रोड़ा बना हुआ है। अमेरिका का यह पैंतरा दुनिया के लोग बिलकुल भी नहीं समझ पा रहे हैं कि जब तक फलस्तीन का जन-जीवन सामान्य नहीं हो जाएगा, वहाँ मुक्त और निष्पक्ष चुनाव कैसे हो पाएँगे ? बुश के भाषण के बाद इस्त्राइल ने न केवल हेब्रोन पोर्ट पर कब्जा कर लिया बल्कि पश्चिमी तट पर जेरिको के अलावा सभी शहरों पर अपनी फौज बिठा दी है। यासर अराफात को दुबारा उनके मुख्यालय में कैद कर दिया है।

इस्त्राइल का यह कदम किस बात का सूचक है ? क्या इसका नहीं कि बुश के भाषण ने उसके हौसले पहले से ही बुलंद कर दिए हैं ? क्या यह ओस्लो-समझौते का उल्लंघन नहीं है ? यही वजह है कि दुनिया के लगभग सभी प्रमुख राष्ट्रों ने बुश के भाषण की फलस्तीन राज्यवाली बात का तो स्वागत किया है लेकिन फलस्तीन नेतृत्ववाली बात का विरोध किया है। अरब राष्ट्रों ने दबी ज़ुबान से ही सही, यह जरूर कहा है कि फलस्तीन के नेतृत्व का फैसला फलस्तीनियों को ही करने दिया जाए। अन्तरराष्ट्रीय इस्लामी संगठन ने अपने सम्मेलन में भी यही बात कही है और मज़ेदार बात यह है कि जी-8 के केनेडा सम्मेलन में पश्चिमी राष्ट्रों ने भी बुश के इस प्रस्ताव को रद्द कर दिया है कि अराफात को हटा दिया जाए। ब्रिटिश प्रधानमंत्री टोनी ब्लेयर और रूसी राष्ट्रपति ब्लादिमीर पूतिन ने भी अमेरिकी प्रस्ताव को अनुचित बताया है। वास्तव में फलस्तीनी नेतृत्व को बदलने की बात फलस्तीन के अन्दरूनी मामले में सरासर हस्तक्षेप है। यह संयुक्तराष्ट्र घोषणा-पत्र का भी उल्लंघन है। अमेरिका को इस तरह की बेजा माँगें पेश करने की आदत पड़ गई है। कई वर्षों से वह लीब्या के कर्नल कज्जाफ़ी और एराक़ के सद्दाम हुसैन को हटाने की माँग करता रहा है। यासर अराफात जैसा नेता, जो 88 प्रतिशत मतों से राष्ट्रपति चुना गया है, उसे इस्त्राइल के इशारे पर सेंत-मेंत में हटा देने की माँग करना, कौन-सी लोकतांत्रिकता है ? इसका मतलब यह नहीं कि अराफात बिलकुल दूध के धुले हुए

हैं और उनसे कुछ भी गलतियाँ नहीं हुई हैं। उन पर यह आरोप है कि पिछले दिनों ही उन्होंने कुछ आतंकवादी तत्त्वों को 20 हजार डॉलर दिए हैं तथा वे आतंकवादियों को गुप-चुप उकसाते रहते हैं। इसके अलावा कुछ अरब शेखों की यह राय भी है कि अराफात ने फलस्तीन की तदर्थ सरकार को अपनी जेब में डाल रखा है और उसकी संसद को रबर का ठप्पा बना दिया है। यदि वे सचमुच आतंकवाद के खिलाफ होते तो इस्राइल पर इधर हुए आत्मघाती हमले नहीं होते। इस्राइल की इस धारणा को अमेरिका ने ज्यों का त्यों निगल लिया है। उसने इस तथ्य पर ध्यान नहीं दिया कि आतंकवादी हमले करनेवाला खूँखार संगठन 'हमस' इस्राइल से भी ज्यादा अराफात के खून का प्यासा है। 72 वर्षीय अराफात अब भी अरबों के सबसे लोकप्रिय नेता हैं। यदि वे चुनाव लड़ेंगे तो अवश्य जीतेंगे। उनके बदले अभी तक इस्राइल और अमेरिका को कोई ऐसा फलस्तीन नेता नहीं मिला है, जिसे वे विभीषण बना सकें, या क्विसलिंग की तरह इस्तेमाल कर सकें। यदि अराफात स्वयं हटना चाहें तो और बात है। उनके स्वेच्छया पद-त्याग के बाद भी जिन तीन-चार नेताओं के नाम उभर सकते हैं, उनमें भी कोई ऐसा नहीं है, जिसे इस्राइल अपनी कठपुतली बना पाएगा। असलियत तो यह है कि उनमें से कुछ आतंकवाद के आरोप में इस्राइली जेल में हैं।

राष्ट्रपति बुश अपने भाषण से खुद परेशान हैं। वे अपने सलाहकारों से पूछ रहे हैं कि 28 ड्राफ्ट बनाने के बावजूद इस भाषण में अराफात के बारे में कही गई बात दुनिया क्यों नहीं मान रही है ? सारी दुनिया के विरोध के बावजूद अगर अमेरिकी सरकार अराफात को हटाने और उनके बहिष्कार पर डटी रही तो अगले छह माह में चुनाव के लिए जो अनुकूल वातावरण बनना चाहिए, वह कैसे बन पाएगा ? यदि इस्राइली और अमेरिकी सरकारों ने फलस्तीन आतंकवादियों और अराफात के प्रतिद्वंद्वियों से कोई अग्रिम साँठ-गाँठ कर रखी हो तो और बात है, वरना चुनाव-पूर्व के इस अंतरिम काल में हिंसा और रक्तपात के बढ़ने की संभावनाएँ तेज़ होती जाएँगी।

शेरोन की भारत-यात्रा का विरोध क्यों ?

इस्राइली प्रधानमंत्री एरियल शेरोन के आने पर इतनी हाय-तौबा क्यों मच रही है ? विरोधी दलों के शीर्ष नेता संयुक्त बयान जारी कर रहे हैं और मुस्लिम संगठनों के नेता कह रहे हैं कि वे शेरोन-विरोधी प्रदर्शन करेंगे। शेरोन की तुलना नरेन्द्र मोदी से की जा रही है। कहा जा रहा है कि शेरोन अपनी यात्रा राजघाट से शुरू करें, उससे कहीं अच्छा है कि वे संघ के कार्यालय—झण्डेवालान—से शुरू करें। यह सब क्यों कहा जा रहा है ? शेरोन ने हमारे विपक्षी नेताओं, हमारे मुसलमान संगठनों और हमारे स्तंभकारों का क्या बिगाड़ा है ? ये सब लोग एक विदेशी प्रधानमंत्री के पीछे हाथ धोकर क्यों पड़े हैं ? इसमें शक नहीं कि शेरोन ने इस्राइली फौज के कमांडर की हैसियत से फलस्तीनियों पर जबर्दस्त हमला किया था और अपने हाथ उनके खून से रँगे थे। इधर हम लोग सदा फलस्तीनियों के हमदर्द रहे हैं। इसीलिए शेरोन से सब चिढ़ जाएँ, यह स्वाभाविक है। लेकिन प्रश्न यह है कि जो स्वाभाविक है, क्या वह सही भी है ?

शेरोन ने फलस्तीन छापामारों को मारा यह तथ्य है लेकिन क्या हम भूल गए कि 1972 में पाकिस्तान के जनरल ज़िया उल हक ने जोर्डन के शाह के इशारे पर सैकड़ों निहत्थे फलस्तीनियों को कत्ल किया था ? युद्ध की स्थिति में कौन किस पर भारी पड़ जाए, पता नहीं चलता। निहत्थे इस्राइलियों की हत्या करने का आरोप हमारे मित्र यासर अराफात पर लगाया जाता है या नहीं ? यदि हम अराफात का स्वागत करते रहे हैं तो अब शेरोन का क्यों नहीं ? क्या हमने जनरल परवेज़ मुशर्रफ का स्वागत नहीं किया ? क्या वे करगिल युद्ध के पिता नहीं हैं ? क्या वे सीमा-पार आतंकवाद के जनक नहीं हैं ? क्या हजारों निहत्थे कश्मीरियों और भारतीय फौजियों के खून से मुशर्रफ के हाथ रँगे हुए नहीं थे ? 70 हजार कश्मीरियों को मौत के घाट उतारनेवाले पाकिस्तान के फौजी तानाशाह को राष्ट्रपति का ताज किसने पहनवाया ? क्या हमने नहीं ? यह क्या बात हुई कि जिसने हमारे लोगों की हत्या की, उसका हम स्वागत करें और जिसने किन्हीं और लोगों की हत्या की, उसका हम बहिष्कार करें ? इस्राइल और फलस्तीन के अन्दरूनी मामलों में किसकी भूमिका क्या है, इसका हमसे क्या लेना-देना है ? हमें यह देखना चाहिए कि जो प्रधानमंत्री हमारे यहाँ आ रहा है, वह जनता द्वारा चुना गया विधिसम्मत प्रधानमंत्री है या नहीं और कहीं वह भारत-विरोधी तो नहीं है ? अन्तरराष्ट्रीय मामलों में नैतिकता का महत्त्व अवश्य है

लेकिन राष्ट्रहित सर्वोपरि है। यदि यह सत्य नहीं होता तो स्तालिन का रूस हिटलर के जर्मनी से हाथ क्यों मिलाता? रिबनट्रॉप-मोलोतोव समझौता क्यों होता? और फिर पूँजीवादी अमेरिका और मार्क्सवादी रूस गठबंधन में मित्र क्यों होते?

जहाँ तक भारत के विरोधी नेताओं का प्रश्न है, क्या भारत के करोड़ों सवर्ण यह नहीं मानते, जो कि गलत है, कि विश्वनाथ प्रताप सिंह के हाथ सैकड़ों नौजवानों के खून से रँगे हैं? क्या इस गलत धारणा के आधार पर विश्वनाथजी को अस्पृश्य घोषित कर दिया जाए? इसी प्रकार मुस्लिम संगठन शेरोन का विरोध करके तोगड़िया के हाथ मजबूत कर रहे हैं। वे इस आरोप को पुष्ट कर रहे हैं कि भारतीय मुसलमानों की निष्ठा का केन्द्र भारत के बाहर है। भारत के मुसलमानों को फलस्तीनियों से क्या लेना-देना है? क्या फलस्तीनी इस्लाम के लिए लड़ रहे हैं? क्या वे वहाँ इस्लामी राज्य कायम करना चाहते हैं? सच्चाई तो यह है कि सऊदी अरब जैसे इस्लामी राष्ट्रों ने फलस्तीनियों के मार्ग में भयंकर रोड़े अटकाए हैं। यह आरोप भी निराधार है कि केन्द्र की संघी सरकार शेरोन को इसलिए बुला रही है कि वह मुस्लिम विरोधी है। अगर ऐसा होता तो 1992 में कांग्रेस की नरसिंहराव सरकार इस्राइल से कूटनीतिक सम्बन्ध ही स्थापित क्यों करती? 1993 में इस्राइली विदेश मंत्री शिमोन पेरेज़ जब भारत आए तो क्या यहाँ कोई संघी सरकार थी और 1996 में जब इस्राइली राष्ट्रपति एज़र वाइजमेन दिल्ली आए तो क्या दिल्ली की देवेगौडा सरकार में कम्युनिस्ट पार्टी के इंद्रजीत गुप्त गृहमंत्री और इंद्रकुमार गुजराल विदेश मंत्री नहीं थे? डॉ. अब्दुल कलाम जैसे वैज्ञानिक और सेनापति वेदप्रकाश मलिक आखिर इस्राइल क्यों गए थे? यदि इस्राइल से सम्बन्ध सुधारना गलत होता तो पिछली सरकारों को उक्त कदम उठाने के लिए मजबूर करनेवाला कौन था? अगर एरियल शेरोन घृणा के लायक हैं तो विपक्ष की नेता सोनिया गांधी उनसे क्यों मिल रही हैं?

हमारे विपक्ष के नेता अब भी शीतयुद्ध के भूतकाल में जी रहे हैं, जबकि रूस, अरब राष्ट्र और भारत एक तरफ थे और अमेरिका व इस्राइल दूसरी तरफ! भारत गुट-निरपेक्ष होते हुए भी इस्राइल से फासला बनाए हुए था। अब जबकि अनेक अरब राष्ट्र इस्राइल के साथ शांतिपूर्ण सह-अस्तित्व की नीति चला रहे हैं, भारत 'पोप से अधिक पवित्र' होने का ढोंग क्यों करे? यह आश्चर्य की बात नहीं कि इस्राइल से सम्बन्ध बढ़ाने पर भारत से कोई भी अरब राष्ट्र नाराज़ नहीं हैं लेकिन हमारे वामपंथी और अल्पसंख्यक संप्रदायवादी आग-बबूला हो रहे हैं। यह भी कितनी मज़ेदार बात है कि फलस्तीन की सरकार के प्रधानमंत्री महमूद अब्बास इस्राइल से बात कर रहे हैं और हमारे पीछे-देखू नेतागण सलाह दे रहे हैं कि हम इस्राइली प्रधानमंत्री को भारत न आने दें। फलस्तीन के विदेश मंत्री नबील शाआथ अभी-अभी भारत आकर गए हैं। उन्होंने भी शेरोन की भारत-यात्रा का विरोध नहीं किया है। उन्होंने केवल इतना ही कहा कि अमेरिका से सम्बन्ध बढ़ाने के लिए भारत को इस्राइल के टेके की क्या जरूरत है? इस सरल-सी बात को कौन सही नहीं कहेगा? सचमुच

भारत-अमेरिका सम्बन्ध प्रगाढ़ बनाने में इस्राइल की कोई भूमिका अभी तक नहीं रही है। बल्कि उल्टा ही हुआ हो सकता है याने अमेरिका ने भारत और इस्राइल के सम्बन्ध प्रगाढ़ बनाने में जरूर कोई न कोई भूमिका निभाई है। प्रधानमंत्री के प्रधान सचिव ब्रजेश मिश्र ने न्यूयॉर्क में यहूदियों की सभा में भारत-इस्राइल घनिष्टता का जो प्रस्ताव रखा था, क्या उसने अमेरिकियों को खुश नहीं किया होगा ?

यदि भारत और इस्राइल के सम्बन्ध घनिष्ट होते गए तो निश्चय ही उसका एक अमेरिकी आयाम भी विकसित होगा। लेकिन इसका अर्थ यह नहीं कि एशिया में कोई नया 'नाटो' उठ खड़ा होगा। पाकिस्तान की तरह भारत कोई दुमछल्ला राष्ट्र नहीं है। यह ठीक है कि दुनिया अब एकध्रुवीय हो गई है और रूस तथा चीन जैसे राष्ट्र भी अमेरिका को चुनौती नहीं दे सकते लेकिन भारत किसी राष्ट्र का दुमछल्ला बन सकता है, यह सर्वथा अकल्पनीय है। अगर ऐसा होता तो भारत अभी तक एराक़ में फौजें भेज देता और सारी दुनिया में अपने आप ऐलान हो जाता कि भारत अमेरिका के पोतड़े धोने के लिए तैयार है।

वास्तव में भारत-इस्राइल सम्बन्धों को नई ऊँचाइयों पर पहुँचाने के लिए भारत सरकार को बधाई दी जानी चाहिए। अगर वह ऐसा नहीं करती तो माना जाता कि वैदेशिक मामलों में हमारे विपक्ष के समान वह भी पीछेदेखू है। भारत और इस्राइल के बढ़ते हुए सम्बन्ध दोनों देशों को अमेरिकी जकड़न से भी मुक्त कर सकते हैं। अगर दोनों देश मिलकर प्रक्षेपास्त्र-निरोधी प्रणालियाँ तैयार कर लें तो फिर इस्राइल को अमेरिकी दादागीरी बर्दाश्त करने की जरूरत नहीं होगी। सबसे बड़ी बात यह है कि भारत और इस्राइल सचमुच बहुत घनिष्ट हो जाएँ तो फलस्तीन और इस्राइल के बीच उत्तम मध्यस्थ की भूमिका निभाने में भारत को अमेरिका से भी अधिक सफलता मिल सकती है।

भारत-इस्राइल मैत्री में छिपी नई विश्व राजनीति

इस्राइल के प्रधानमंत्री एरियल शेरोन की भारत-यात्रा में यहाँ तो कोई विघ्न नहीं हुआ लेकिन वह निर्विघ्न भी नहीं रह सकी। तेल-अवीव और जेरुसलम में विघ्न हो गया। पहले वे एक दिन देर से आए और अब उन्हें बीच में ही लौटना पड़ा। जिस आतंकवादी खतरे के खिलाफ भारत में कड़ा बन्दोबस्त था, वह इस्राइल में फूट पड़ा। शेरोन के लौटने का जो कारण बना, वह ही भारत और इस्राइल को जोड़ने का भी मूल कारण है। आतंकवाद वह कड़ी है, जो भारत और इस्राइल को ही नहीं, इन दोनों के साथ अमेरिका को भी जोड़ती है। अमेरिका तो अभी ताज़ा-ताज़ा शिकार है, भारत और इस्राइल पुराने भुक्तभोगी हैं। दोनों प्रधानमंत्रियों ने अपने संयुक्त वक्तव्य में आतंकवाद को सारे संसार का दुश्मन बताया है। उसके हर रूप की भर्त्सना की है। दोनों पक्षों ने फलस्तीन और पाकिस्तान का नामोल्लेख नहीं किया लेकिन यह जरूर कहा है कि वे दोनों सीमा-पार से आनेवाले आतंकवाद के खिलाफ एकजुट होंगे।

फलस्तीन का नामोल्लेख भारत कैसे करता ? फलस्तीनियों के प्रति भारत की गहरी सहानुभूति है। भारत ने सदा उनका समर्थन किया है। फलस्तीन राज्य और उसके नेता यासर अराफात को मान्यता देनेवाले राष्ट्रों में भारत सबसे आगे है। यदि फलस्तीन आकांक्षाओं की पूर्ति के लिए कुछ सिरफिरे लोग आतंकवाद का सहारा लेते हैं तो भारत उन्हें सही नहीं ठहराता है लेकिन नाम लेकर वह उनकी भर्त्सना भी कैसे कर सकता है ? स्वयं इस्राइल का जवाबी आतंकवाद दिल दहलानेवाला होता है लेकिन पाकिस्तानियों के विरुद्ध भारत वैसा आतंकवाद नहीं फैलाता, जैसा कि इस्राइल फलस्तीनियों के खिलाफ़ फैलाता है। भारत ने आज तक पाकिस्तान की सीमा के अन्दर घुसकर आतंकवादियों को कभी मार नहीं लगाई। पाकिस्तान के इस एकतरफा आतंकवाद की भर्त्सना करना इस्राइल के लिए ज्यादा आसान था, लेकिन इस्राइल ने भी उसका ज़िक्र तक नहीं किया। क्यों नहीं किया ? इसलिए नहीं किया कि पाकिस्तान भी इस्राइल से गुप-चुप सम्बन्ध स्थापित करने की कोशिश कर रहा है। उसामा बिन लादेन के सहयोगी अल-जवाहरी ने अपने ताज़ा बयान में आरोप लगाया है कि पाकिस्तान इस्राइल को मान्यता देनेवाला है। वे दिन लद गए, जब जुल्फिकार अली भुट्टो ने 'यहूदी बम' के खिलाफ़ 'इस्लामी बम' का नारा दिया था। अब पाकिस्तान उसी विश्व-आतंकवाद-विरोधी अभियान का अग्रणी सदस्य है, जिसका झंडा अमेरिका और इस्राइल ने उठा रखा है। ऐसी स्थिति में दिल्ली में बैठकर

पाकिस्तान के विरुद्ध कोई इस्राइली प्रधानमंत्री खुल्लमखुल्ला बयान कैसे दे सकता था। शेरोन ने चाहे पाकिस्तान का नाम नहीं लेने की सावधानी बरती लेकिन पाकिस्तान ने उन्हें नहीं बख्शा। पाकिस्तानी अखबार कह रहे हैं कि इस्राइल से भारत हाथ इसीलिए मिला रहा है कि वह पाकिस्तान पर हमला कर सके। पाकिस्तानी विदेश मंत्रालय ने यहाँ तक कह दिया कि यदि भारत-इस्राइल धुरी पाकिस्तान तथा दुनिया के सभी मुसलमानों के विरुद्ध है तो यह बहुत ही चिन्ता की बात है। भारत-इस्राइल सैनिक-सहकार दक्षिण एशिया में अस्थिरता और अशांति फैलाएगा।

पाकिस्तान का अंदेशा एक हद तक सही है। परमाणु बम बनाने के बाद पाकिस्तान यह मान बैठा था कि दक्षिण एशिया में पूर्ण शक्ति-संतुलन स्थापित हो गया है। पारम्परिक सैन्य-शक्ति की दृष्टि में वह कई वर्षों से भारत के मुकाबले कमजोर पड़ता था। वह कमजोरी अब दूर हो गई है। लेकिन अब पाकिस्तान को यह डर लग रहा है कि इस्राइल की मदद लेकर भारत पाकिस्तान की परमाणु शक्ति को शून्य में बदल देगा। इस्राइल के पास ऐसे सैन्य-उपकरण हैं कि सीमा-पार से आनेवाले बमों और प्रक्षेपास्त्रों की काट वे पाकिस्तान की सीमा में ही कर देंगे। ज़रा याद करें कि बाइस साल पहले जब एराक़ी परमाणु बम की अफवाहें फैलने लगीं तो इस्राइल ने कैसे ओसीराक का एराक़ी परमाणु केंद्र उड़ा दिया था और पिछले अमेरिका-एराक़ युद्ध में एराक़ी प्रक्षेपास्त्रों को आसमान में ही मार गिराया था। इस्राइली उप-प्रधानमंत्री योसेफ लेपिड ने यह तो स्पष्ट कर ही दिया है कि इस्राइल भारत को फाल्कन रेडार प्रणाली दे रहा है, जो रूसी इल्यूशिन-76 विमानों पर लगाई जाएगी और जिसका काम यह पता लगाना होगा कि पाकिस्तानी ठिकाने कहाँ-कहाँ हैं और यह अग्रिम जानकारी देनी होगी कि उधर से इधर आनेवाले आक्रामक शस्त्रास्त्र कब और कैसे आ रहे हैं। बराक नामक प्रक्षेपास्त्र-रोधी व्यवस्था का भारतीय जल-सेना पहले से ही उपयोग कर रही है। इतना ही नहीं, अगर 'एरो' नामक प्रक्षेपास्त्र-रोधी प्रणाली भी भारत को मिल जाए तो पाकिस्तान का आत्मविश्वास डिगे बिना नहीं रहेगा। इस्राइली नेताओं का कहना है कि इसके लिए उन्हें अपने पार्टनर अमेरिका की अनुमति लेनी होगी।

अमेरिका की अनुमति मिल जाए, यह आवश्यक नहीं है, क्योंकि दक्षिण एशिया में वह मध्यस्थ की भूमिका निभाना चाहता है। वह भारत और पाकिस्तान, दोनों में से किसी को भी नाराज़ नहीं करना चाहता लेकिन जो भूमिका अमेरिका अदा कर रहा है, वही भूमिका इस्राइल भी अदा करे, यह बिलकुल भी जरूरी नहीं है। दूसरे शब्दों में, यदि इस्राइल चाहे तो भारत के लिए वह अमेरिका से भी ज्यादा उपयोगी भूमिका अदा कर सकता है। इसी डर के मारे पाकिस्तान के सर्वेसर्वा जनरल मुशर्रफ आजकल इस्राइल के खिलाफ़ काफी दबी ज़ुबान से बोल रहे हैं। भारत-इस्राइल सैन्य-सहकार सचमुच पाकिस्तान के लिए प्राणलेवा सिद्ध हो सकता है।

भारत-इस्राइल सहकार को पाकिस्तान सारी दुनिया में मुस्लिम-विरोधी गठबंधन

कहकर बदनाम करने की कोशिश करेगा लेकिन यह कोशिश सफल नहीं होगी, क्योंकि भारत फलस्तीनियों का समर्थन कभी बन्द नहीं करेगा। फलस्तीनी न तो इस्लाम के लिए लड़ रहे हैं और न ही अन्तरराष्ट्रीय इस्लामी आतंकवाद से उनका कोई सम्बन्ध है। वे अपनी राष्ट्रीयता के लिए लड़ रहे हैं। शेरोन की यात्रा के दौरान यदि भारत ने उनका समर्थन नहीं किया होता तो संयुक्त वक्तव्य में यह क्यों कहा जाता कि "दोनों पक्षों ने अपने-अपने विचार रखे" याने उनमें सहमति नहीं थी। समझा यह जाता है कि यासर अराफात और ईरान के सवाल पर भी दोनों देशों के विचार भिन्न-भिन्न थे। इस्राइल अराफात को फलस्तीन आतंकवाद का जनक और पोषक मानता है जबकि भारत उन्हें फलस्तीन आकांक्षाओं का प्रतीक मानता है। ईरान से भारत के सम्बन्ध जिस तरह घनिष्ट होते जा रहे हैं, वह बुश और शेरोन के इस विचार से कैसे सहमत हो सकता है कि एराक़ और उत्तर कोरिया की तरह ईरान भी 'बुराई की जड़' है। इस्राइली नेताओं को भारत ने भली-भाँति समझा दिया है कि ईरान से उसके सम्बन्ध अफगानिस्तान के कारण घनिष्ट हुए हैं। वह ईरान को न तो परमाणु-तकनीक देगा और न ही अत्याधुनिक शस्त्रास्त्र ! इस्राइल के लिए यह जवाब काफी था। यह अच्छा है कि दोस्ती के मादक माहौल में भारत मदहोश नहीं हुआ और वह अपनी टेक पर डटा रहा लेकिन यह असम्भव नहीं कि भारत और इस्राइल के सम्बन्ध सचमुच घनिष्ट हो गए तो भारतीय विदेश नीति के कई रवैयों में काफी फेर-बदल हो जाएगा।

सबसे पहले तो अमेरिका के साथ भारत की वास्तविक घनिष्ठता बढ़ सकती है। दुविधा खत्म हो सकती है। अमेरिका पाकिस्तानी आतंकवाद के विरुद्ध स्पष्ट रुख अपना सकता है। दूसरा, भारत और इस्राइल मिलकर शस्त्रास्त्र-निर्माण में इतनी प्रगति कर सकते हैं कि इस्राइल अमेरिकी छत्रछाया के परित्याग की बात भी सोचने लग सकता है। तीसरा, यदि अमेरिका अपनी चौधराहट जमाने के लिए अरब तानाशाहों को शह देने लगे तो भारत और इस्राइल मिलकर दुनिया की लोकतांत्रिक मध्यम शक्तियों का कोई संतुलनकारी गुट खड़ा करने का विकल्प भी सोच सकते हैं। चौथा, भारत-इस्राइल सहकार के कारण भारत की कृषि और सिंचाई का जबर्दस्त आधुनिकीकरण भी हो सकता है, जो अन्ततोगत्वा भारत को महाशक्ति बनने में सहायता करेगा। रेगिस्तानी इलाके को हरा-भरा करने में इस्राइल ने जो महारत हासिल की है, उसका लाभ लेना भारत ने शुरू कर दिया है।

शेरोन की यात्रा के दौरान भारत और इस्राइल के बीच इस बात पर भी सहमति हुई है कि अन्तरराष्ट्रीय मंचों पर भारत इस्राइल के विरुद्ध भाषण देने और प्रस्ताव लाने में जरा सावधानी बरतेगा। इस पारम्परिक कूटनीतिक समझ का दूरगामी संकेत यही है कि दोनों राष्ट्र अपने पाँच दशकों के दुराव-छिपाव से मुक्ति पाने को तत्पर हैं। इस पहल पर कुछ उग्र अरब राष्ट्र नाराज़ भी हो सकते हैं लेकिन सारी दुनिया जानती है कि कई प्रमुख अरब राष्ट्र इस्राइल से सीधे सम्बन्ध बनाए हुए हैं और

उन्होंने फलीस्तीनियों को चोट पहुँचाने का काम भी किया है। भारत ने यह काम कभी नहीं किया। स्वयं यासर अराफात की सरकार अमेरिकी मध्यस्थता या दबाव के कारण इस्राइल से सीधे बात कर रही है। ऐसी स्थिति में भारत से क्यों आशा की जाए कि वह विदेश नीति के नेहरू-युग से बाहर निकलने की कोशिश न करे। स्वयं जवाहरलाल नेहरू ने 1958 में कहा था कि इस्राइल-विरोध "के पीछे कोई गुरु-गम्भीर सिद्धान्त नहीं है, बल्कि नफे-नुकसान का गणित है।"

जहाँ तक नेहरू-युग और इंदिरा-युग का प्रश्न है, उन दिनों भारत चाहे इस्राइल की कड़ी भर्त्सना करता रहा लेकिन 1962, 1965 और 1971 के युद्धों के समय भारत ने इस्राइल से सैनिक साजो-सामान प्राप्त करने में कोई संकोच नहीं किया। 1999 के करगिल युद्ध के समय इस्राइल ने सच्ची दोस्ती की मिसाल पेश की। उसने अपने सैनिकों के कंधों से उतारकर अपने शस्त्रास्त्र और सैन्य साजो-सामान भारत भिजवाए। पिछले कई वर्षों से इस्राइल भारतीय गुप्तचरों को न केवल प्रशिक्षण दे रहा है बल्कि भारत-पाक सीमा पर बिजली के तारों की बाड़ लगाने में भी सहायता कर रहा है। भारत की आम जनता में इस्राइल की बहादुरी के प्रति सम्मान का गहरा भाव सदा बना रहा है। भारत का आदमी हमेशा यही सोचता रहा कि जो छोटा-सा इस्राइल इन दर्जनों विशालकाय अरब राष्ट्रों को पटकनी मारता रहा, भारत उससे सम्बन्ध क्यों नहीं बढ़ाता है ? 1992 में नरसिंहराव सरकार ने कूटनीतिक सम्बन्ध स्थापित करके इस्राइल की अस्पृश्यता समाप्त कर दी। यों तो मोरारजी देसाई सरकार ने इस्राइली रक्षा मंत्री मोशे दयान को गुप-चुप भारत बुलवाकर बड़े साहस का परिचय दिया था लेकिन प्रधानमंत्री नरसिंहराव की पहल का ही परिणाम है कि आज इस्राइली प्रधानमंत्री ससम्मान भारत की यात्रा कर सके।

1992 से अब तक दोनों देशों के बीच बहुविध सम्बन्ध निरंतर बढ़ते गए। अगर उप-प्रधानमंत्री लालकृष्ण आडवाणी, सेनापति वेदप्रकाश मलिक, वैज्ञानिक डॉ. अब्दुल कलाम, नेता ज्योति बसु आदि इस्राइल हो आए तो इस्राइल के विदेश मंत्री शिमोन पेरोज़, राष्ट्रपति एज़र वाइज़मैन आदि भी भारत आए। 1992 में पारस्परिक व्यापार लगभग एक अरब रुपए का था। अब वह 80 अरब रुपए से भी आगे निकल गया है। आगामी कुछ वर्षों में भारत इस्राइल से अगर अत्याधुनिक हथियार खरीदेगा तो वे कई अरब डॉलर के होंगे और इस्राइल भी भारत से हीरे के अलावा सैकड़ों चीजें खरीदकर भारत का बड़ा बाजार बन सकता है। भारत-इस्राइल इस समय लगभग डेढ़ सौ प्रयोजनाओं में एक-दूसरे का सहकार कर रहे हैं। दोनों राष्ट्र व्यापार की दृष्टि से ही एक-दूसरे के सहायक नहीं होंगे बल्कि वे विश्व राजनीति में भी संयुक्त भूमिका निभा सकते हैं। इस्राइल को भारत ने जो सम्मान दिया है, उसका असर सारी तीसरी दुनिया में दिखाई पड़ेगा और इस्राइल के ज़रिए गोरी दुनिया के अंतरंग कक्षों में भारत की पैठ बढ़ जाएगी।

दोनों राष्ट्रों की अपनी-अपनी नियति है। भारत और इस्राइल दोनों राष्ट्रों का

इतिहास हजारों साल पुराना है। अपनी-अपनी ज़मीन में दोनों की जड़ें काफी गहरी हैं। इस्राइल छोटा है और भारत कमजोर, तो भी दोनों राष्ट्र अपने-अपने क्षेत्र की महाशक्तियाँ हैं। भारत के पास परमाणु बम है और इस्राइल के पास जब भी वह चाहे, बम हो सकता है। दोनों राष्ट्र लगातार पड़ोसियों से जूझते रहे हैं। दोनों राष्ट्र लोकतांत्रिक हैं। तो भी जैसे भारत एक है, वैसे ही, बल्कि उससे भी अधिक इस्राइल चट्टान की तरह अडिग है। दोनों एक-दूसरे से बहुत कुछ सीख सकते हैं। बहुसंख्यक और अल्पसंख्यक का द्वंद्व दोनों देशों में है। यदि भारत इस्राइल से बहादुरी सीख सकता है तो इस्राइल भारत से सहिष्णुता सीख सकता है। दोनों देशों के बीच केवल आतंकवाद ही एक-मात्र मिलन-बिन्दु नहीं है बल्कि इतिहास, परम्परा, मूल्यमानों की दोनों धाराएँ अनेक बिन्दुओं पर एक-दूसरे को स्पर्श ही नहीं करतीं, बलवान भी बनाती हैं। यह असम्भव नहीं कि भारत-इस्राइल सहकार का बढ़ता हुआ कारवाँ पश्चिम एशिया और दक्षिण एशिया में युद्ध का नहीं, शांति का संदेशवाहक सिद्ध हो। फलस्तीनियों के प्रति इस्राइल को नरम करने का काम भारत कर सकता है और पाकिस्तान की हड्डियों में कँपकँपी दौड़ाने का काम इस्राइल कर सकता है। दोनों इलाकों में शांति हो, इसके लिए जरूरी है कि इस्राइल और पाकिस्तान, दोनों नरम पड़ें। अगर इस लक्ष्य की सिद्धि में शेरोन की भारत-यात्रा कण-भर योगदान भी कर पाए तो अन्तरराष्ट्रीय राजनीति के इतिहास में उसका मन-भर योगदान माना जाएगा।

भारत-आग्नेय एशिया

भारत के प्रति जापान का नया मैत्री-बोध

जापान का जैसा मैत्री-भाव भारत के प्रति अब जागा है, वैसा अगर दस साल पहले जागा होता तो सारे दक्षिण एशिया की शक्ल ही कुछ और होती लेकिन उस समय भारत आए जापानी प्रधानमंत्री तोशिकी काएफू यदि चाहते तो भी वह नहीं कह सकते थे, जो अभी प्रधानमंत्री योशिरो मोरी ने अपनी इस दिल्ली-यात्रा के दौरान कह दिया। योशिरो मोरी ने न केवल दक्षिण एशिया में सूचना-तकनीक पर 15 अरब डॉलर खर्च करने, 3000 भारतीयों को जापानी भाषा सिखाने, दिल्ली मेट्रो और शिमाद्रि बिजली परियोजना के लिए 19 अरब येन देने, 4000 बच्चों को जापान घुमाने, विद्वानों को 'मोरी फेलोशिप' देने और दोनों देशों के बीच सूचना-तकनीकी शिखर-सम्मेलन करने की घोषणा तो की ही है, उन्होंने सबसे बड़ी बात यह कही है कि "21वीं सदी में भारत और जापान वैश्विक साझेदार होंगे" याने दोनों देश अब मिलकर काम करेंगे और वह विश्व-स्तर का होगा।

विश्व-स्तर पर साझेदारी की बात जापान ने आज ही कही, अब से दस साल या बीस साल पहले क्यों नहीं कही ? इसका रहस्य क्या है ? हालाँकि भारत और जापान एशिया के दो सबसे बड़े लोकतांत्रिक देश हैं, दोनों बौद्ध धर्म के नाभि-नाल सम्बन्ध से जुड़े हुए हैं, दोनों ने अंग्रेज का मुकाबला भी किया है, जापान ने सुभाषचन्द्र बोस की आज़ाद हिन्द फौज की सक्रिय सहायता की थी और भारत ने जापान को द्वितीय महायुद्ध के बाद युद्ध-अपराधी राष्ट्र नहीं माना था, फिर भी एशिया के इन दो शक्तिशाली देशों में एक खास तरह की दूरी सदा बनी रही। इस दूरी की वजह भौगोलिक तो थी ही, उससे भी अधिक राजनीतिक थी।

द्वितीय महायुद्ध में हार जाने के बाद जापान को अमेरिकी खेमे में शामिल होना पड़ा और भारत गुट-निरपेक्ष होते हुए भी सोवियत संघ के साथ था। इसके अलावा जापान और रूस के बीच पुराना बैर बँधा हुआ था। 1904-5 के युद्ध में जापान ने रूस को हराया तो था ही, कुरील नामक चार द्वीपों को लेकर दोनों देशों के बीच मन-मुटाव आज तक बना हुआ है। अगर जापान शीत-युद्ध के उस गर्म दौर में रूस के मित्र भारत से सम्बन्ध बढ़ाता तो उसे अमेरिकी संरक्षण कैसे मिलता ? उस समय कहा जाता था कि भारत "जापान के शत्रु नम्बर दो का मित्र नम्बर एक है।" रूस को शत्रु नम्बर दो समझा जाता था। उस समय जापान के शत्रु नम्बर एक में कोरिया और चीन की गिनती होती थी। यह वह ज़माना था जब भारत चीन को संयुक्तराष्ट्र

संघ में बिठाने का बीड़ा उठाए हुए था और जापान ने चीन के प्रतिद्वंद्वी ताइवान को मान्यता दे रखी थी। दोनों देशों के बीच 1972 तक राजनयिक सम्बन्ध तक नहीं थे। भारत के सामने समस्या यह थी कि वह चीन को अपना दोस्त माने या जापान को ? उसने चीन को अधिक महत्त्वपूर्ण माना। इसी प्रकार जापान भी दुविधा में था। बौद्ध और लोकतान्त्रिक भारत को अपना दोस्त माने या इस्लामी और तानाशाही पाकिस्तान को ? उसने पाकिस्तान को बेहतर माना, क्योंकि पाकिस्तान मालिक का दोस्त था, अमेरिका का ! स्वाभाविक सम्बन्ध सहज रूप से आगे कैसे बढ़ते ? उन पर राजनीति भारी पड़ गई।

शीतयुद्ध के बाद कुछ आशा जगी थी कि दोनों देश एक-दूसरे के निकट आएँगे। आए भी ! जापानी सम्राट के निधन पर भारत में राष्ट्रीय शोक घोषित हुआ। विदेशी मुद्रा संकट के समय 1991 में जापान ने सहायता का हाथ आगे बढ़ाया। यों भी विकास-सहायता पानेवालों में भारत अग्रणी रहा (लगभग एक अरब डॉलर प्रति वर्ष) लेकिन चीन के साथ जापान का व्यापार 65 अरब डॉलर तक बढ़ गया जबकि भारत के साथ वह पाँच अरब डॉलर तक भी नहीं पहुँच पाया। जापान के कुल विदेश-व्यापार का वह एक प्रतिशत भी नहीं है। औद्योगिक कुलाँचें भरनेवाले जापान का मुँह पश्चिम की तरफ था और पीठ भारत की तरफ ! एराक़-युद्ध के समय अमेरिका जैसे राष्ट्र को 13 अरब डॉलर की मदद देनेवाला जापान भारत से बराबरी के स्तर पर बात करने को तैयार न था। जापान के डेढ़ करोड़ पर्यटकों में से सिर्फ 90 हजार भारत आते थे, वह भी ज्यादातर बौद्ध-तीर्थों के कारण ! भारत में देखने लायक क्या था, उन जापानियों के लिए जिनकी जेबें डॉलरों से फटी पड़ रही थीं, और जिनकी आँखों पर भौतिक प्रगति का चश्मा चढ़ा हुआ था। भारतीयों के दिलों में जापान की आर्थिक प्रगति के प्रति सम्मान का भाव जरूर रहा, लेकिन अंग्रेजी भाषा की गुलामी उन्हें जापान के निकट जाने से रोकती रही। जापान में 52000 विदेशी छात्र हैं लेकिन भारत से केवल 200 हैं। पश्चिमीकरण के बावजूद जापानी लोगों को अपनी संस्कृति और भाषा से गहरा लगाव है। इसीलिए प्रधानमंत्री मोरी ने अब भारतीय वैज्ञानिकों को पहले जापानी सिखाने पर जोर दिया है।

अस्सी और नब्बे के दशक में हालाँकि मारुति कार ने जापान का सिक्का जमाया, सोनी, होंडा, मित्सूबीसी आदि जापानी नाम भी जनता की जुबान पर चढ़ने लगे, प्रधानमंत्री राजीव गांधी और नरसिंहराव ने जापान-यात्रा भी की और दोनों राष्ट्रों ने निरस्त्रीकरण के अभियान में सहर्ष साझेदारी भी की लेकिन जब तक भारत के परमाणु-विस्फोट का झटका नहीं लगा, एशिया के ये दो महान राष्ट्र नींद में ही आगे बढ़ते रहे। मई 1998 में भारत का परमाणु-बम विस्फोट क्या हुआ, जापान तिलमिला उठा। बड़े मियाँ तो बड़े मियाँ, छोटे मियाँ सुभानअल्ला ! अमेरिका और यूरोप से भी अधिक तीखी प्रतिक्रिया जापान ने की। उसने अपना राजदूत तोक्यो बुला लिया, आर्थिक प्रतिबन्ध लगा दिए, भारत और पाकिस्तान के विरुद्ध वह संयुक्तराष्ट्र में

प्रस्ताव ले आया, हर अन्तरराष्ट्रीय मंच पर उसने दक्षिण एशियाई बमों की निन्दा की और वह यह भी मान बैठा कि कश्मीर के सवाल पर परमाणु-युद्ध होने ही वाला है। उसने कश्मीर को सुरक्षा परिषद् में घसीटने की कोशिश की और मध्यस्थता का प्रस्ताव भी रख दिया। उसने आग्नेय एशिया के संगठनों में पाकिस्तान को घुसवाने के प्रयत्न भी शुरू कर दिए। करगिल युद्ध के दौरान जबकि दुनिया के सारे देश पाकिस्तान को दोषी मान रहे थे, जापान ने लगभग तटस्थ रवैया अपना लिया। उसने यह बहाना बना लिया कि उसे पता नहीं कि युद्ध-विराम रेखा का उल्लंघन किसने किया है और किसने नहीं। जापान और भारत के बीच इतना खिंचाव पिछले पचास साल में कभी नहीं आया।

इस खिंचाव से कई फायदे भी हुए। जापानी संसद और प्रचार-माध्यमों में भारत की जमकर चर्चा हुई। यदि भारत ने परमाणु बम पर जापान की प्रतिक्रिया को स्वाभाविक माना (हीरोशिमा और नागासाकी में हुए जन-संहार के कारण) तो जापानी विश्लेषकों ने अपने देशवासियों को यह भी बताया कि परमाणु बम के पक्ष में भारत के तर्क क्या थे। भारतीय विश्लेषकों ने परमाणु प्रश्न पर जापानी ढोंग को भी उजागर किया। उन्होंने पूछा कि जापान यदि परमाणु शस्त्रास्त्रों का विरोधी है तो उसने अमेरिका की परमाणु-छतरी क्यों स्वीकार कर रखी है ? उसकी ज़मीन पर 51 परमाणु-भट्टियाँ क्यों चल रही हैं ? वह महाशक्तियों द्वारा किए जा रहे भूमिगत परमाणु-परीक्षणों का विरोध क्यों नहीं करता ? जब अमेरिकी सीनेट ने सीटीबीटी को रद्द किया तो उसने अमेरिका के विरुद्ध प्रतिबन्ध क्यों नहीं लगाए ? वह अमेरिका की नई राष्ट्रीय परमाणु प्रक्षेपास्त्र सुरक्षा-व्यवस्था के साथ चुपचाप सहयोग क्यों कर रहा है ? जापानी नीति-निर्माताओं के पास इन प्रश्नों के कोई जवाब नहीं थे।

उन्होंने पिछले दो वर्ष में यह भी देखा कि अमेरिका और यूरोपीय राष्ट्रों ने धीरे-धीरे अपने प्रतिबन्ध उठा लिए हैं और राष्ट्रपति क्लिंटन समेत हर प्रमुख शासनाध्यक्ष भारत की तरफ मुखातिब है। भारत ने परमाणु बम जरूर फोड़ा लेकिन वह अब आगे परीक्षण करने और परमाणु अस्त्रों के प्रथम प्रयोग के विरुद्ध है तथा पूर्ण निरस्त्रीकरण के लिए कटिबद्ध है। यह ठीक है कि पाकिस्तान पर प्रतिबन्धों का बुरा असर पड़ा है लेकिन भारत पर चींटी काटने जितना असर भी नहीं हुआ है। जापान को पता चल गया है कि उसका भारत-विरोधी अभियान चिकने घड़े पर से पानी की तरह फिसल रहा है। वह यह भी जान गया है कि भारत के परमाणु बम ने उसकी अन्तरराष्ट्रीय हैसियत में चार चाँद लगा दिए हैं। भारत को परमाणु राष्ट्र का कोई विधिवत दर्जा मिले या न मिले, वह जापान से तो आगे निकल ही गया है। जापान ने चाहे कुछ वर्ष पहले भारत को सुरक्षा-परिषद् की अस्थायी सदस्यता के चुनाव में हरा दिया लेकिन जब स्थायी सदस्यता का प्रश्न उठेगा तो भारत के पास उसकी विशालता और परमाणु-शक्ति, दो-दो तर्क एक साथ होंगे जबकि जापान के पास आर्थिक शक्ति के अलावा कौन-सा तर्क होगा। 21वीं सदी में भारत सूचना महाशक्ति

भी बन जाए तो कोई आश्चर्य नहीं होगा। ओकीनावा में हाल ही में हुए जी-आठ सम्मेलन के सम्पन्न राष्ट्रों ने इस सम्बन्ध में जापान को स्पष्ट निर्देश भी दिए हैं। जापानी प्रधानमंत्री मोरी ने 21वीं सदी में जिस वैश्विक साझेदारी की बात कही है, वह कोई हवाई किला नहीं है। यह साझेदारी सुरक्षा परिषद् में भी हो सकती है। यदि एक ही महाद्वीप से फ्रांस और ब्रिटेन सुरक्षा परिषद् के दो स्थायी सदस्य हो सकते हैं तो उससे कई गुना बड़े महाद्वीप–एशिया–से भारत, चीन और जापान–तीन स्थायी सदस्य क्यों नहीं हो सकते ?

यों भी भारत और जापान के बीच किसी भी प्रकार की सीधी सुरक्षा समस्याएँ नहीं हैं, जैसी कि चीन और जापान के बीच हो सकती हैं। उल्टे, वे एक-दूसरे के मददगार हो सकते हैं। नवम्बर 1999 में जब गोवा तट के निकट भारतीय नौसेना ने एक जापानी जहाज को समुद्री डाकुओं से छुड़ा दिया तो जापानियों को भारत की भद्रता और शक्ति दोनों का परिचय मिल गया। जापान पाकिस्तान की एकदम उपेक्षा नहीं कर सकता लेकिन श्री मोरी की यात्रा ने वह समीकरण उलट दिया है जो 1998-99 में बन रहा था। श्री मोरी ने पाकिस्तान द्वारा फैलाए जा रहे आतंकवाद की स्पष्ट निन्दा की है और सीटीबीटी पर भारत के तर्कों को समझने की चेष्टा भी की है। भारत इससे ज्यादा कुछ भी नहीं चाहता। दोनों देशों में मैत्री के लिए किसी तीसरे देश के विरोध या समर्थन की भी कोई खास जरूरत नहीं है। परमाणु-राष्ट्र होने के नाते भारत शक्ति का स्वतन्त्र केन्द्र बनता जा रहा है। जापान भी अमेरिकी प्रभामण्डल से मुक्त होने के लिए छटपटा रहा है। दोनों स्वतन्त्र शक्तियों की सम्मोहक जुगलबन्दी का अद्‌भुत समाँ बँधता जा रहा है। दोनों देश अगर मैत्री की सहज राह पर सीधे चल पड़ें तो शीघ्र ही एशिया की किस्मत बदल सकती है।

महातिर की दुलत्तियाँ और अटलजी की बीन

श्री अटलबिहारी वाजपेयी ने पहले विदेश मंत्री और अब प्रधानमंत्री के तौर पर दर्जनों देशों की यात्राएँ की हैं लेकिन उनके साथ जैसा खेल मलेशिया में हुआ, शायद पहले कभी नहीं हुआ। उनकी जगह अगर इंदिरा गांधी होतीं या श्री चन्द्रशेखर भी होते तो मलेशियाई प्रधानमंत्री महातिर मुहम्मद को लेने के देने पड़ जाते। न सिर्फ उन्हें तुर्की ब तुर्की सुननी पड़ती बल्कि शायद यात्रा बीच में ही भंग करके भारतीय प्रधानमंत्री दिल्ली लौट आते लेकिन अटलजी के हिमालय जैसे धैर्य की दाद देनी पड़ेगी कि वे दुधारू गाय की दुलत्तियाँ खाते रहे और अपनी बीन बजाते रहे।

पहले यह देखें कि महातिर मुहम्मद ने दुलत्तियाँ कैसे झाड़ीं ? भारतीय प्रधानमंत्री ने अपनी मलेशिया-यात्रा को इतना महत्त्वपूर्ण माना था कि भुज के भूकम्प के कारण वे फरवरी में जापान और मलेशिया नहीं जा सके तो उन्होंने अब अकेले मलेशिया ही जाने का कार्यक्रम बना लिया। वे अपने साथ 75 व्यापारियों और उद्योगपतियों का प्रतिनिधि मंडल ले गए। इतना बड़ा प्रतिनिधि मंडल उनके साथ अमेरिका भी नहीं गया। मलेशिया जैसे दो करोड़ के छोटे-से देश में 100 करोड़ का प्रधानमंत्री चार दिन बिताए, यह भी उल्लेखनीय तथ्य है लेकिन गौर कीजिए कि हवाई अड्डे पर उनके स्वागत के लिए कौन आया ? मलेशियाई विदेश मंत्री, न कि प्रधानमंत्री ! विदेश मंत्री का आना गलत नहीं था। प्रोटोकॉल के मुताबिक यही सही था लेकिन बस सही ही था। उसे भाव-भीना स्वागत तो नहीं कहा जा सकता। इसी प्रकार दो दिन बाद जब अटलजी 'बिज़नेस फोरम' को सम्बोधित करने गए तो मलेशियाई प्रधानमंत्री ने वहाँ पहुँचने में असमर्थता जता दी। ऐन मौके पर उन्हें पटाकर वहाँ लाया गया। किसी मेज़बान प्रधानमंत्री का इस तरह नखरे तौलना सचमुच अजीब था लेकिन इससे भी बेढब काम उन्होंने राजभोज के समय किया। राजभोज के समय दिए जानेवाले भाषणों में भूलकर भी अप्रिय प्रसंग नहीं उठाए जाते और दोनों तरफ से प्रयत्न यह भी होता है कि विवादास्पद प्रश्नों को दरकिनार कर दिया जाए लेकिन मलेशियाई प्रधानमंत्री ने मेज़बानी की अन्तरराष्ट्रीय परम्परा को ताक पर रखकर कई चौके और छक्के जमा दिए।

महातिर ने भारत को आशीर्वाद देते हुए बुज़ुर्गाना अन्दाज़ में कहा, "मैं विश्वास करता हूँ कि यह कहना गलत नहीं होगा कि भारत में यह नई चेतना और इच्छा जगी है कि उसे एशिया का अग्रणी राष्ट्र माना जाए। यह इच्छा इसीलिए जायज़ है

कि भारत को आँकड़ों के आधार पर दस सर्वाधिक विकासमान अर्थव्यवस्थाओं में से एक माना जाता है।" 'नई चेतना और इच्छा' तथा 'आँकड़ों के आधार पर' दिया गया बयान महातिर की हिमाकत के अलावा क्या है ? महातिर के इस कथन की यह कहकर अनदेखी नहीं की जा सकती कि किसी अंग्रेजी के कच्चे जानकार अफसर का लिखा बयान उन्होंने भूल से पढ़ दिया। राजभोज भाषण में ऐसी कई 'भूलें' थीं, जो अनजाने में नहीं हो सकती थीं। महातिर ने यह उपदेश भी झाड़ा कि भारत परमाणु शस्त्रों की रोकथाम में प्रभावी भूमिका निभाए और 'उन्हें प्रसन्नता है' कि भारत ने दक्षिण-पूर्व एशिया याने 'आग्नेय एशिया परमाणु-मुक्त क्षेत्र' का कानूनी सदस्य बनने की बात खुले-आम कही है। महातिर से कोई पूछे कि भारत ने ऐसा कब कहा था और क्यों कहा था ? जो भारत दक्षिण एशिया को परमाणु-मुक्त क्षेत्र बनाने में पाकिस्तानी प्रस्ताव का विरोध करता आ रहा है, वह महातिर के उपदेश को कैसे मान लेगा ? बड़बोले महातिर की इच्छा का पालन करने के लिए क्या भारत अपने परमाणु शस्त्रास्त्र कूड़ेदान के हवाले कर देगा ? इसी प्रकार कश्मीर के सवाल पर भी महातिर ने फिर उपदेश झाड़ा। उन्होंने 'आशा की' कि क्षेत्रीय मामलों में भारत शान्तिपूर्ण समाधान की नीति पर चलता रहेगा। क्या भारत का काम महातिर की आशाओं को पूरा करना है ? क्या महातिर को पता नहीं कि भारत ने पिछले छह माह से कश्मीर में एकतरफा युद्ध-विराम की घोषणा कर रखी है ? क्या वे यह नहीं जानते कि बांग्ला रायफल्स द्वारा किए गए नृशंस हत्याकांड पर भारत ने अपने होंठ सी लिए थे ? क्या वे भूल गए कि डेढ़ साल पहले कंधार हवाई अड्डे पर कब्जा करने की बजाय भारत के विदेश मंत्री अपहृतों को छुड़ाने के लिए धेनु-मुद्रा में तालिबान के पास चले गए थे ? भारत के इस असीम धैर्य की सराहना के लिए जिस प्रधानमंत्री के पास एक शब्द भी नहीं था और व्यंग्य के लिए बाणों का तरकस भरा हुआ था, उसे भारतीय प्रधानमंत्री अपनी मखमली सज्जनता और उदारता की दूधिया चाँदनी में नहलाते रहे।

अटलजी ने महातिर की खातिर अंग्रेजी में कविता (तुकबंदी) की। उन्होंने मलेशियाई आर्थिक छलाँगों की तारीफ के पुल बाँधते हुए कहा आप हमारे यहाँ 'हाइवे' बनाइए, हम आपके यहाँ 'रेलवे' बनाएँगे। आप 'हार्डवेयर' में दक्ष हैं तो हम 'सॉफ्टवेयर' में प्रवीण हैं। आपका नारा है–'मलेशिया बोलेह' (याने मलेशिया कर सकता है) तो हमारा नारा है–'भारत और मलेशिया बोलेह' (याने भारत और मलेशिया मिलकर कर सकते हैं)। क्या कर सकते हैं ? अन्तरराष्ट्रीय अर्थव्यवस्था को विकासमान राष्ट्रों के पक्ष में झुका सकते हैं, तकनीक में साझा मोर्चा बना सकते हैं, आपसी व्यापार बढ़ा सकते हैं, 'एसियान' से भारत का सहयोग बढ़ा सकते हैं आदि-आदि। लेकिन महातिर के सिर पर कोई जूँ तक नहीं रेंगी बल्कि उन्होंने भारतीय प्रधानमंत्री के सिर पर नया छप्पर रख दिया। उन्होंने कहा कि भारत मलेशिया से जो एक अरब डॉलर का ताड़ का तेल मँगाता है, उस पर से तट-कर घटाए। 75 प्रतिशत से घटाकर 45 प्रतिशत करे, जैसा कि उसने अमेरिका के सोया

तेल पर कर रखा है। इतना ही नहीं, अगर वह यह तट-कर नहीं घटाएगा तो भारत के 'इरकोन' के साथ हुआ डेढ़ अरब डॉलर का रेल बनाने का समझौता भी लागू नहीं होगा। अटलजी, जैसे भावुक और दरियादिल आदमी हैं, वहीं रियायत की घोषणा करना चाहते थे लेकिन उनके साथ गए नौकरशाहों, व्यापारियों और पत्रकारों का मन इतना खट्टा हो चुका था कि वह घोषणा टल गई।

मलेशियाई प्रधानमंत्री और विदेश मंत्री ने अपने बयानों से कुछ अन्य मामलों में भी बदमज़गी पैदा कर दी। कश्मीर के सवाल पर महातिर ने पहले संयुक्तराष्ट्र के पुराने प्रस्ताव का समर्थन कर दिया था। अटलजी से बात होने के बाद उनके प्रवक्ता ने सफाई दी कि वह उनका व्यक्तिगत मत था। मलेशियाई सरकार तो कश्मीर का शान्तिपूर्ण समाधान चाहती है। क्या महातिर को यह पता नहीं कि संयुक्तराष्ट्र के महासचिव स्वयं कोफी अन्नान ने फरवरी में पाकिस्तान-यात्रा के दौरान ही यह स्पष्ट कर दिया था कि संयुक्तराष्ट्र प्रस्ताव अब अप्रासंगिक हो गया है ? इसके बावजूद महातिर ने वही बात कही, जो पाकिस्तान कहता है। उन्होंने आतंकवाद के सवाल पर भी पाकिस्तानी बोल ही बोला। अटलजी ने कहा, "हमारे दोनों देशों की परम्परा धार्मिक अतिवाद और आतंकवाद के विरुद्ध है" तो महातिर ने कहा कि "मलेशिया हर तरह के आतंकवाद के विरुद्ध है, चाहे वह राजकीय आतंकवाद हो या कोई दूसरा।" राजकीय आतंकवाद याने कश्मीर में की जा रही भारत सरकार की कार्रवाई। अमेरिका के राष्ट्रीय मिसाइल डिफेंस कार्यक्रम पर भी मलेशिया ने भारत के रुख की मज़ाक उड़ाई। इसी प्रकार क्वात्रोची जैसे अपराधियों को पकड़कर भारत लाने के लिए सम्पन्न होनेवाली प्रत्यर्पण संधि भी अधर में लटक गई। प्रधानमंत्री की यात्रा के दौरान दंगों में मारे गए भारतीय मूल के नागरिकों के सवाल को भी दरी के नीचे सरका दिया गया। मलेशियाई सरकार ने भारत के इस निवेदन की भी उपेक्षा कर दी कि वह 'एसियान' संगठन के साथ भारत का शिखर-स्तर का संवाद करवाए, जैसा कि चीन, जापान या कोरिया के साथ होता है। मलेशिया भारत की इस जायज़ माँग का समर्थन भी नहीं करता कि पाकिस्तान को 'एसियान' से अलग रखा जाए।

इस बेगानगी के बावजूद भारत मलेशिया से क्यों चिपका हुआ है, इसका रहस्य क्या है ? इसका पहला कारण तो यह है कि मलेशिया के साथ भारत का ढाई अरब डॉलर का व्यापार है और दर्जन भर से अधिक भारतीय सॉफ्टवेयर फर्में वहाँ सक्रिय हैं। यह व्यापार कई गुना बढ़ सकता है। मलेशिया आग्नेय एशिया के सबसे मालदार देशों में से है। दूसरा, भारतीय मूल के लगभग 18 लाख लोग मलेशिया में रहते हैं। तीसरा, 'एसियान' की ओर से मलेशिया ही भारत का संवाद-संयोजक है। चौथा, मुस्लिम राष्ट्र होने के बावजूद सांस्कृतिक दृष्टि से मलेशिया बृहत्तर-भारत का अंग है। स्वयं महातिर के पितामह केरलवासी थे। महातिर शब्द 'महास्थविर' का अपभ्रंश है। प्रधानमंत्री महातिर को मलय भाषा में 'परदान मंतेरी' कहा जाता है और उन्होंने जो नई राजधानी बनाई है, उसे 'पुत्रजय' नाम दिया गया है। पाँचवाँ, स्वयं मलेशिया

भारत के साथ आर्थिक और वैज्ञानिक सहयोग के लिए उत्सुक है। अगर नहीं होता तो इस यात्रा के दौरान वह भारत के साथ सात समझौते क्यों करता ? भारत और मलेशिया के बुनियादी हितों में कोई टकराव नहीं है। प्रधानमंत्री की इस यात्रा के दौरान जो अप्रिय प्रसंग उठे, उनके मूल में मलेशियाई नेतृत्व की व्यक्तिगत अहमन्यता और अपरिपक्वता के अलावा क्या हो सकता है ? यों भी क्षमा बड़न को चाहिए, छोटन को उत्पात। भारत की चतुराई इसी में है कि वह मलेशियाई नेतृत्व से व्यक्तिगत सम्पर्क बढ़ाए, उसकी गलतफहमियाँ दूर करे और ऐसी नीति बनाए कि बड़बोला मलेशिया भारत का मुरीद बन जाए। मलेशिया आग्नेय एशिया का दुधारू देश है। दुधारू गाय की दुलत्तियाँ बर्दाश्त करनी ही पड़ती हैं। सुन्दर स्त्री के नखरे कौन नहीं उठाता ? यदि मलेशिया बात-बात में भारत की बात काटता है तो भारत उसकी जेब काट ले। हिसाब बराबर हो जाएगा। अगर भारत इतना भी नहीं कर सकता तो वह अपने क्षात्र-धर्म के साथ-साथ वणिक-धर्म से भी च्युत हो जाएगा।

महागरुड़ की एशियाई उड़ान

भारत और 'एसियान' का शिखर सम्मेलन कोई मामूली घटना नहीं है। यह इक्कीसवीं सदी के एशियाई इतिहास का प्रस्थान-बिन्दु है। इतिहास का चक्र पहले यूरोप और फिर अमेरिका में अटक गया था। दो सदियों की प्रतीक्षा के बाद अब एशिया का रथ आगे बढ़ने लगा है। पहली बार हाथी (भारत), चीते (एसियान) और अजगर (चीन) एक साथ मुस्कराए हैं। जरा कल्पना करें कि दुनिया के लगभग तीन अरब लोग–भारत, चीन, जापान, कोरिया और एसियान के दस देश–मिलकर जब अपना साझा बाजार बनाएँगे तो उनके आगे दुनिया की कौन–सी महाशक्ति टिक पाएगी ? दुनिया का कौन–सा बाज़ार है, जो इस एशियाई बाजार से बड़ा होगा ? दुनिया की कौन–सी मंडी है, जो करोड़ों की संख्या में कुशल कारीगरों की फौज खड़ी कर सकेगी ? इन तीन अरब लोगों को आपस में ही इतना कुछ लेना और देना होगा कि वे पश्चिमी मालिकों की निर्भरता से मुक्त हो जाएँगे।

प्रधानमंत्री अटलबिहारी वाजपेयी इस बार कम्बोडिया के साथ–साथ लाओस और थाईलैंड भी गए। लेकिन मूलत: वे 'एसियान' के शिखर–सम्मेलन में गए थे। यह 'एसियान' क्या है ? इसका पूरा नाम है, 'एसोसिएशन ऑफ साउथ ईस्ट एशियन नेशन्स'। यह हमारे 'दक्षेस' की तरह है। जैसे दक्षिण एशिया के सात देशों ने मिलकर 'दक्षिण एशियाई क्षेत्रीय सहयोग संघ' (दक्षेस) बना रखा है, वैसे ही 1967 में आग्नेय एशिया (जिसे अंग्रेज दक्षिण–पूर्व एशिया कहते हैं) के पाँच देशों ने मिलकर 'एसियान' बनाया था। इसमें पाँच देश और मिल गए। अब यह दस देशों का ऐसा समूह है, जो भारत के सबसे निकट है। बर्मा के साथ भारत की 1600 कि.मी. की सीमा है ही, थाईलैंड और इंडोनेशिया की समुद्री सीमाएँ भी भारत को छूती हैं। इसके अलावा कम्बोडिया, लाओस, वियतनाम, फिलिपीन्स, ब्रुनेई, मलेशिया और सिंगापुर के साथ भारत के सम्बन्ध सदियों पुराने हैं। इन देशों में चाहे चीनी मूल के लोग बड़ी संख्या में रहते हों लेकिन इनकी संस्कृति भारतीय ही है। इस क्षेत्र की खूबी यह है कि लोग इस्लाम के अनुयायी हों या बौद्ध धर्म के, वे भारत को अपना सांस्कृतिक पिता मानते हैं। इस एसियान–समूह के साथ भारत का शिखर सम्मेलन पहली बार हुआ है। शिखर तक पहुँचने में भारत को दस साल लग गए। पहली बार 1992 में भारत को 'एसियान' ने अपना 'आंशिक सम्वादी' बनाया, 1995 में 'पूर्ण सम्वादी' और 1996 में 'एसियान' क्षेत्रीय मंच' (ए.आर.एफ) का सदस्य बनाया।

'एसियान' को बने लगभग 35 साल हो गए लेकिन भारत और चीन से अनेक वर्षों तक उसकी दूरी इसीलिए बनी रही कि शीतयुद्ध के ज़माने में ये देश प्राय: पश्चिमी ख़ेमे पर निर्भर थे और इनका आर्थिक विकास भी बहुत धीमा था। लेकिन 1991 में सोवियत संघ बिखरा, शीतयुद्ध समाप्त हुआ और ये देश भी दहाड़ते हुए आगे आए। इन्हें 'पूर्व के चीतों' की तरह जाना जाने लगा। भारत के प्रति इनका रवैया बदला और इनके प्रति भारत का भी। सैनिक गुट तो अन्तर्ध्यान हुए ही, गुटनिरपेक्ष आन्दोलन भी क्षीण हो गया। इन राष्ट्रों पर से अमेरिका की पकड़ भी थोड़ी ढीली हुई। पड़ोसी राष्ट्रों में से भारत आगे बढ़ता, उसके पहले ही चीन, जापान और दक्षिण कोरिया ने 'एसियान' के साथ अपने सम्बन्ध काफी घनिष्ट बना लिए। यद्यपि भारत को भी शिखर-वार्ता का सम्मान मिल गया है लेकिन अब भी उसे चीन, जापान और कोरिया की तरह संयुक्त शिखर-वार्ता में शामिल नहीं किया गया है याने अभी भी दो तरह के शिखर हैं। एक संयुक्त शिखर और दूसरा भारत का अकेला शिखर। यह असम्भव नहीं कि अगले वर्ष एसियान की शिखर-वार्ता एक साथ चारों राष्ट्रों के साथ हो। ये चारों राष्ट्र एसियान के सदस्य नहीं हैं लेकिन सदस्य-जैसे ही हैं। इनकी तुलना आस्ट्रेलिया और अमेरिका जैसे राष्ट्रों से नहीं की जा सकती, जो हजारों मील दूर हैं और सांस्कृतिक दृष्टि से भी बेगाने हैं। इसी कारण इन महाबली और उपयोगी राष्ट्रों को 'एसियान क्षेत्रीय मंच' के सदस्य के रूप में रखा गया है।

जहाँ तक भारत का सवाल है, एसियान राष्ट्रों के साथ उसका वार्षिक व्यापार सिर्फ दस अरब डालर का है, जबकि उनके साथ कोरिया का व्यापार 40 अरब, तथा चीन और जापान का 30-30 अरब डॉलर का है। एसियान देशों के कुल विदेशी व्यापार का यह लगभग दसवाँ हिस्सा है। इन चारों समर्थ राष्ट्रों के साथ 'एसियान' का व्यापार कुछ ही वर्षों में कई गुना बढ़ सकता है। सिंगापुर के प्रधानमंत्री गोह चोक तोंग ने ठीक ही कहा है कि एसियान संगठन किसी महाविमान की तरह है, जिसका एक पंख चीन, जापान और कोरिया है और दूसरा पंख भारत है। आशा है, ये दोनों राष्ट्र दो पंख ही बने रहेंगे, दो प्रतिद्वंद्वी नहीं। यदि भारत और चीन में कोई प्रतिद्वंद्विता शुरू हो भी गई तो वह रचनात्मक ही होगी। अभी तक 'एसियान' का एक ही पंख था, अब दूसरा पंख जुड़ जाने से यह महाविमान, क्या महागरुड़ नहीं बन जाएगा ? गरुड़ इंडोनेशिया की राष्ट्रीय पहचान है और वह भारतीय मानस का भी प्रिय पक्षी है। महागरुड़ पर सवार चौदह आग्नेय एशियाई राष्ट्रों का यह संकल्प कि वे अगले दस वर्ष में साझा बाजार कायम करेंगे, क्या इक्कीसवीं सदी का चेहरा नहीं बदल देगा ? यदि चीन, जापान और कोरिया के साथ इन दस राष्ट्रों का बाज़ार खुल गया तो वह भारत के साथ बन्द कैसे रह पाएगा ? एसियान बीच में होगा और उसके बाएँ भारत और दाएँ चीन होगा। उसके बहाने क्या चीन और भारत के बाज़ार एक-दूसरे के लिए नहीं खुल जाएँगे ? चीनी माल इतना सस्ता है कि उसके लिए

अपना बाजार खोलने में भारत को बड़ी झिझक अब भी है। भारत को डर है कि उसके कल-कारखाने ठप्प हो जाएँगे लेकिन क्या अगले दस वर्ष तक भी संदेह के ये बादल छाए रहेंगे ? जब बाज़ार खुलने लगेंगे तो केवल वस्तुएँ ही इधर से उधर नहीं आएँगी-जाएँगी, कारीगर और तकनीक, पूँजी और अध्यवसाय, जीवन-दृष्टि और संस्कृति का भी विनिमय शुरू हो जाएगा। जो दृश्य आज हम यूरोप और उत्तरी अमेरिकी महाद्वीपों में देख रहे हैं, वह एशियाई महाद्वीप में भी देखेंगे और यह दृश्य उक्त दृश्यों से कहीं अधिक धड़कन भरा और रंगीन होगा। अगर आग्नेय एशिया (वह एशिया, जो पूर्व और दक्षिण दिशा के बीच बसा हुआ है) पिघलेगा तो दक्षिण, पश्चिम और मध्य एशिया कब तक जमा रहेगा ? 'एसियान' के साझा बाजार से गूँजनेवाली सहयोग की शहनाइयाँ पाकिस्तान और एराक़ जैसे बेचैन राष्ट्रों को थमने और सोचने के लिए प्रेरित करेंगी तथा अफगानिस्तान और ईरान जैसे राष्ट्रों के खुरदरेपन को दूर करेंगी। यदि ऐसा हुआ तो क्या सदियों से जमीन के नीचे दबे गैस और तेल के अनंत भंडार इस एशियाई गरुड़ के पंखों में अंतरिक्ष तक पहुँचने की ताकत नहीं भर देंगे ? दक्षिण और पूर्व एशिया का मानव-कौशल तथा पश्चिम और मध्य एशिया की ऊर्जा, इन दो महाशक्तियों का समागम क्या 21वीं सदी को एशिया की सदी अपने आप नहीं बना देगा ?

इक्कीसवीं सदी के मार्ग में दो भयंकर रोड़े हैं। एक परमाणु हथियार और दूसरा आतंकवाद। खैर है कि आग्नेय एशिया अभी तक परमाणु हथियारों से मुक्त है। भारत ने आग्नेय एशिया को 'परमाणु मुक्त क्षेत्र' घोषित करने का समर्थन किया है और आतंकवाद के मुकाबले में अग्रगण्य भूमिका निभाने का वादा भी किया है। अभी-अभी इण्डोनेशिया के बाली क्षेत्र तथा मास्को की नाट्यशाला में हुए आतंकवाद के तांडव ने पूरे एशिया को हिला दिया है। आग्नेय एशिया के कुछ मुस्लिम राष्ट्रों के दिल में पाकिस्तान के लिए जो नरम कोना था, वह अब कड़ुवाहट से भर चुका है। कभी 'सीटो' और कभी 'इस्लामी संगठन' से जुड़े तारों के कारण कुछ राष्ट्रों की ज़ुबान लड़खड़ाती रहती थी लेकिन अब न्यूयॉर्क के ट्रेड-टॉवर और बाली कांड ने पाकिस्तान के मुकाबले भारत को सही अंदाज़ में पेश कर दिया है। प्रधानमंत्री की इस यात्रा के दौरान उन्होंने कश्मीर पर सम्वाद की बाँग लगाने की बजाय आतंकवाद-दमन की गुहार लगाई है। महागरुड़ की एशियाई-उड़ान में सिर्फ भारत-पाक बाधा ही नहीं हैं, छोटी-मोटी अनेक बाधाएँ हैं, जिनमें चीन के साथ स्प्राटली द्वीपों से लेकर थाईलैंड-मलेशिया-इंडोनेशियाई सीमाओं के विवाद भी हैं। तिब्बती, पश्तून, कुर्द, चेचन जैसे उप-राष्ट्रीय मामले भी हैं लेकिन ये सब मामले तब तक ज्यादा गहराते रहेंगे जब तक कि एशियाई राष्ट्रों के पेट में भूख की ज्वाला होगी। ज्यों ही साझा बाजार और समृद्धि की बयार बहने लगेगी, उप-राष्ट्रवाद, आतंकवाद और परमाणु युद्ध के खतरे अपने आप खत्म होने लगेंगे।

क्या 'एसियान' के गरुड़ की तेज रफ्तार लंगड़ाते हुए दक्षेस में भी कुछ जान

फूँकेगी ? क्या पाकिस्तान के नीति-निर्माता इतने भोले हैं कि वे आग्नेय एशिया में भारत के बढ़ते हुए रुतबे को नहीं पहचान पा रहे हैं ? पाकिस्तान ने दक्षेस के रथ में फच्चर जरूर फँसा दिया है लेकिन क्या वह यह नहीं समझ पा रहा कि भारत के लिए दक्षेस न सही तो न सही, 'एसियान' ही सही ! पाकिस्तान के लिए क्या है, कुछ भी नहीं ! क्या पाकिस्तान अब से चालीस साल पुरानी आग्नेय एशिया की उन घटनाओं से सबक नहीं लेगा, जब पड़ोसी राष्ट्रों के सीमा-विवादों के कारण 'मेफिलिन्डो' जैसे क्षेत्रीय संगठन धराशायी हो गए थे। कश्मीर विवाद अपनी जगह रहे लेकिन 'दक्षिण एशियाई क्षेत्रीय सहयोग संघ' का काफ़िला भी बराबर बढ़ता चले तो इसमें क्या बुराई है ? जब 'एसियान' के छोटे-छोटे राष्ट्र दुनिया के विशालतम राष्ट्र चीन की अर्थ-शक्ति से नहीं डरते तो पाकिस्तान भारत की दहशत खाए क्यों बैठा हुआ है ? वे 'एसियान' को गरुड़ बना रहे हैं और यह दक्षेस को गारे की गाड़ी (मृच्छकटिकम्) भी नहीं बनने दे रहा। •क्या विडंबना है ?

माओ के ताबूत पर पूँजीवादी जिन्न

चीन की तुलना यूरोपीय विचारकों ने महादैत्य से की है। उनका कहना है कि यदि वह सोता है तो उसे सोने दो। यदि वह जाग गया तो वह दुनिया को हिला देगा। इस दैत्य ने कभी दुनिया को सचमुच हिला दिया था। चीनी क्रांति 1949 में हुई। लगभग तीन दशक तक 'लम्बा संघर्ष' चलता रहा। न सिर्फ चीन में लाखों लोग मारे गए बल्कि भारत, वियतनाम, कोरिया, ताइवान, जापान और यहाँ तक कि सोवियत संघ ने भी माओ-त्से-तुंग की क्रांति का मजा चखा। 'चीन के अध्यक्ष, हमारे अध्यक्ष हैं', यह नारा कहाँ-कहाँ नहीं गूँजा। नेपाल से लेकर फ्रांस और 20 हजार कि.मी. दूर चिली और ब्राजील में भी चीनी क्रांति की घंटियाँ बरसों-बरस बजती रहीं। शीतयुद्ध के ज़माने में सोवियत संघ ने चाहे अमेरिका का सामरिक दम फुलाया हो लेकिन जैसी वैचारिक टक्कर माओ-त्से-तुंग ने दी, दुनिया के किसी अन्य नेता ने नहीं दी। माओ का चीन अब हू जिंताओ का चीन बन चुका है। यह चौथी पीढ़ी है। पहली पीढ़ी में माओ और चाऊ-एन-लाई, दूसरी में तंग स्याओ फिंग, तीसरी में च्यांग चेमिन और अब चौथी में हू जिंताओ हैं। माओ और जिंताओ के चीन में जमीन-आसमान का अंतर है। चीन अब भी महादैत्य है। सवा अरब लोगों का देश है। दुनिया के इस सबसे बड़े देश में अब वर्ग-संघर्ष, गाँवों से शहरों का घेराव, सांस्कृतिक क्रांति और घास खाएँगे, बम बनाएँगे जैसे नारे सुनाई नहीं पड़ते। चीनी महादैत्य अब पहले की तरह बेचैन दिखाई नहीं पड़ता। अब वह एक नए नशे में चूर होता दिखाई पड़ रहा है। वह नशा है, पूँजीवाद का। महादैत्य के इस मदिरा-पान पर चीनी कम्युनिस्ट पार्टी के 16वें अधिवेशन ने अपनी मुहर लगा दी है।

यों तो साम्यवादी चीन को पूँजीवादी सड़क पर चलाने का दुस्साहस सबसे पहले तंग स्याओ फिंग ने यह कहकर किया था कि बिल्ली काली है कि गोरी, इससे क्या मतलब ? यह देखो कि वह चूहे मारती है या नहीं। तंग को दुनिया के मार्क्सवादियों ने पूँजीवादीमार्गी कहकर लगभग 25 साल पहले कूड़ेदान के हवाले कर दिया था लेकिन 'गेंग ऑफ फोर' को हराकर वे सत्ता के शीर्ष पर पहुँचे और उन्होंने माओवाद को नई दिशा दी। उनके काम को 13 साल पहले च्यांग चेमिन ने अपने कंधे पर उठाया और चीन को दुनिया के अर्थ-सबल राष्ट्रों की श्रेणी में पहुँचा दिया। आज चीन की अर्थ-व्यवस्था एक ट्रिलियन डॉलर से भी बड़ी है और उसका माल दुनिया के सबसे उन्नत देशों का पसीना छुटा रहा है। इस पूँजीवादी चमत्कार को बरकरार

रखने के संकल्प के साथ ही पेइचिंग में 16वीं कांग्रेस समाप्त हुई है। माओ के विचार और तंग के सिद्धान्त की तरह चेमिन के नाम से कोई बात अब तक प्रसिद्ध नहीं हुई थी लेकिन अपना ताज जिंताओ के सिर पर रखते हुए चेमिन ने 'तीन प्रतिनिधित्वों' की बात न सिर्फ कही बल्कि उसे चीनी कम्युनिस्ट पार्टी के संविधान में भी जुड़वा दिया। ये तीन प्रतिनिधित्व क्या हैं ? एक तो चीन की प्रचंड बहुसंख्या के मूलभूत हित तो हैं ही याने किसान-मजदूर-कर्मचारी वर्ग के हित का प्रतिनिधित्व, लेकिन उनके साथ-साथ "उत्पादन की उन्नत शक्तियों" का दूसरा प्रतिनिधित्व और 'प्रगतिशील सांस्कृतिक रुझान' का तीसरा प्रतिनिधित्व ! यदि मार्क्स, लेनिन और माओ जिन्दा होते तो वे च्यांग चेमिन की क्या गति करते ? शायद उन्हें त्रात्स्की या ल्यू शाओ ची की तरह अस्त हो जाना पड़ता। अब से पचास साल पहले जो कुफ्र था, आज वह ईमान है। जिसे कभी 'बुर्जुआ मानसिकता' कहा जाता था, वह चीन का नया चेहरा है। चीनी नेता अब न तो वर्ग-संघर्ष की बात करते हैं, न द्वंद्वात्मक भौतिकवाद की और न ही अतिरिक्त मूल्य की। उन्हें अब विश्व क्रांति से भी कोई मतलब नहीं है। इस समय उनका एकसूत्री कार्यक्रम है—चीन की जनता को सम्पन्न और खुशहाल बनाना। सम्पन्नों और विपन्नों के शाश्वत संघर्ष की मार्क्स की कल्पना अब ढेर हो चुकी है। मार्क्स की कल्पना और उसकी संतान, सोवियत संघ की अर्थी 1991 में साथ-साथ निकल गई लेकिन चीन है कि जिन्दा है और दनदना रहा है। शायद इसीलिए कि कट्टर साम्यवादी होते हुए भी माओ ने शुरू से ही चीन को स्वतंत्र रास्ते पर चला दिया था। रूस की तरह चीन में कोई गोर्बाचोव नहीं हुआ। सोवियत संघ 73 साल में बिखर गया लेकिन पिछले 53 साल में चीन का काया-कल्प हो गया। चीन का नया रूप उस विचित्र अरबी काल्पनिक प्राणी की तरह हो गया है, जिसका मुख सुन्दरी का है और धड़ घोड़े का है।

यह विचित्रता केवल चीन में ही है। उसकी अर्थ-व्यवस्था पूँजीवादी है लेकिन राज्य-व्यवस्था साम्यवादी है। पार्टी की 16वीं कांग्रेस में आए दो हजार प्रतिनिधियों में से एक ने भी खड़े होकर यह नहीं पूछा कि अर्थ-व्यवस्था का यह उदारवाद राज्य-व्यवस्था में क्यों नहीं लाते ? इतने बड़े चीन में सिर्फ एक पार्टी ही क्यों है ? इस बगीचे में सिर्फ लाल फूल ही क्यों खिलते हैं ? भारत की तरह भगवा, काले, पीले, नीले फूल क्यों नहीं खिल सकते ? यदि चीनी नेतृत्व ने विभिन्न वर्गों का अस्तित्व स्वीकार किया है तो उनके वर्गहितों के प्रतिनिधित्व की छूट क्यों नहीं है ? राज्य अब भी नीचे और पार्टी ऊपर क्यों है ? 16वीं कांग्रेस के भाषणों में 'समाजवादी लोकतंत्र' और चीन की 'आध्यात्मिक सभ्यता' का ज़िक्र जरूर हुआ लेकिन राज्य और पार्टीतंत्र का ध्यान केवल 'अर्थ पशु' की भूख मिटाने पर ही क्यों टिका हुआ है ? लोकतंत्र और आध्यात्मिकता का प्रचार करनेवाले लोकप्रिय संगठन 'फालुन दफा' पर गाज़ क्यों गिरती रहती है ? शुद्ध पूँजीशाही और शुद्ध पार्टीशाही कौन-से मार्क्सवाद की प्रतीक है ? भारतीय कम्युनिस्टों की चुप्पी भी बड़ी रहस्यमयी है। वे कुछ बोलते

क्यों नहीं ? पूँजीशाही और पार्टीशाही की यह जुगलबन्दी क्या हमारे मारवाड़ी मॉडल की तरह नहीं है, जिसमें नई पीढ़ी को पैसा कमाने की पूरी छूट होती है लेकिन पारिवारिक शिकंजे की पकड़ भी उतनी ही मजबूत होती है।

मारवाड़ी परिवारों में जैसे सत्तांतरण प्राय: शालीनतापूर्वक हो जाता है, वैसे ही चीन में भी इस बार न तो गाली-गलौज़ हुआ और न ही तलवारें खिंचीं। च्यांग चेमिन की छाया इतनी गहरी थी कि पार्टी काँग्रेस के आखिरी दिन तक यह पता ही नहीं चला कि चीन के अगले सम्राट हू जिंताओ कहीं हैं भी या नहीं। अंग्रेजी में लोग पूछ रहे हैं, हू इज़ हू ? यह हू कौन है ? हू जिंताओ माओ की तरह बनिए के बेटे हैं और अभी साठ के भी नहीं हुए हैं। चीनी हिसाब से वे अभी जवान हैं। जिस देश में अस्सी-अस्सी साल के नेतागण कुर्सी से चिपके रहते हों, वहाँ पोलितब्यूरो में सब सत्तर से नीचे हों और पार्टी महासचिव सिर्फ 59 का हो, यह अपने आपमें सत्ता पलट है। वर्तमान प्रधानमंत्री और संसदाध्यक्ष भी बाहर हो गए हैं। हू को छोड़कर पोलितब्यूरो की कार्यसमिति के सभी आठ सदस्य नए हैं। ऐसा नया पोलितब्यूरो काफी खतरनाक भी सिद्ध हो सकता है लेकिन आशा है कि नहीं होगा। इसके दो कारण हैं। एक तो आठ में से छह च्यांग चेमिन के लोग हैं और दूसरा चेमिन चीन की सबसे शक्तिशाली संस्था सैन्य आयोग के अध्यक्ष अभी कुछ वर्षों तक बने रहेंगे। वे मार्च तक राष्ट्रपति पद पर भी जमे रहेंगे याने असली सत्तांतरण आहिस्ता-आहिस्ता होगा।

इसमें शक नहीं कि वास्तविक पोलितब्यूरो और पार्टी-नेतृत्व नया है लेकिन समस्याएँ तो पुरानी हैं। इस समय आर्थिक उदारवाद के कारण चीन में बेरोजगारी की संख्या सवा करोड़ तक पहुँच गई है। भुखमरी और अपराध बढ़ गए हैं। गाँव और शहरों की खाई चौड़ी होती जा रही है। शांघाई न्यूयॉर्क से नया और शेन-जेन हाँगकाँग से ज्यादा जानदार लगता है लेकिन पेइचिंग का पिछवाड़ा दिल्ली के करोलबाग की तरह और शांघाई के गाँव बिहार के गाँवों की तरह लगते हैं। पूर्वी चीन 21वीं सदी में थिरक रहा है और पश्चिमी चीन 19वीं सदी में लड़खड़ा रहा है। तिब्बत और इस्लामी आतंकवाद पेइचिंग के अन्तरराष्ट्रीय सिरदर्द हैं। माओ और ल्यू शाओ ची के उपदेश कहीं सुनाई नहीं पड़ते और चीनी भ्रद्रलोक कन्यूशियस और ताओ को कभी का भुला चुका है। शाक्यमुनि का प्रभाव बौद्ध मन्दिरों तक सीमित है। मार्क्स और माओ ताबूत में बन्द हैं और उस बन्द ताबूत पर पूँजीवाद का जिन्न डोल रहा है। दुनिया का ध्यान सत्ता के खेल पर उतना नहीं है, जितना इस जिन्न के नाच पर है। चीन के नए सत्ताधीशों ने अभी सिंहासन के पहले पायदान पर चरण रखा है। उनसे यह आशा नहीं की जा सकती कि वे ताइवान पर नरम पड़ेंगे या तिब्बत को आज़ाद कर देंगे या पाकिस्तान के कान खींचेंगे या पूँजीवाद के पोप अमेरिका के आगे साष्टांग दंडवत करेंगे। चीन बाहरी दवाब के आगे घुटने नहीं टेकेगा। उसकी गति रूस-जैसी नहीं होगी लेकिन खुली अर्थ-व्यवस्था के अपने दबाव होंगे। बाहर पढ़ रहे 60 लाख छात्र और विलायत-पलट 36 लाख छात्र अपने साथ क्या केवल

कागज की डिगरियाँ और डॉलर ही लाएँगे ? लगभग एक करोड़ प्रवासी चीनी और उनका अरबों डॉलर का विनिवेश क्या चीनी समाज-व्यवस्था को प्रभावित नहीं करेगा ? यह ठीक है कि गोर्बाचोव और येल्तसिन के रूस की तरह चेमिन और जिंताओ का चीन धराशायी नहीं होगा लेकिन पूँजीवाद के जिन्न को अपनी छाती पर नचानेवालों को यह नहीं भूलना चाहिए, जैसा कि स्वयं कार्ल मार्क्स ने कहा था कि उत्पादन की शक्तियाँ समाज के राजनीतिक और सांस्कृतिक महाढाँचे के निर्माण में सर्वाधिक निर्णायक भूमिका निभाती हैं।

चीन-यात्रा के कुछ अनिश्चित पहलू

किसी भी प्रधानमंत्री की विदेश-यात्रा को ऐतिहासिक कह देने में किसी का क्या घिसता है? जैसे 1988 में श्री राजीव गांधी और 1993 में श्री नरसिंहराव की चीन-यात्राओं को ऐतिहासिक कहा गया था, वैसे अब श्री अटलबिहारी वाजपेयी की यात्रा को भी ऐतिहासिक कहकर आगे बढ़ा जा सकता है लेकिन यह यात्रा अनेक अर्थों में सचमुच ऐतिहासिक रही है। सबसे पहली बात तो यह कि यह किसी पहले गैर-कांग्रेसी प्रधानमंत्री की चीन-यात्रा है। गैर-कांग्रेसी भी ऐसे वैसे नहीं, भाजपाई गैर-कांग्रेसी प्रधानमंत्री! एक ऐसे प्रधानमंत्री, जिन्होंने विरोधी दल के नेता के तौर पर चीन पर कभी जबर्दस्त आग बरसाई थी, तिब्बत को लेकर लोकसभा सिर पर उठा ली थी, और चीन से अपनी जमीन वापस लेने की क़सम संसद से खिलवा ली थी। यदि अटलजी की जगह ज्योति बसु होते या नम्बूदिरिपाद होते या राजेश्वर राव होते तो किसी को क्या फर्क पड़ता? चीन के साथ वे कोई भी समझौता कर लेते तो किसी को कुछ भी आश्चर्य नहीं होता। कांग्रेसी प्रधानमंत्रियों से भी चीन के प्रति अधिक कटुता की आशा नहीं की जाती थी, क्योंकि राजीव और राव ने ही बन्द दरवाज़े खोले थे। लेकिन अटलजी ने अपनी चीन-यात्रा के दौरान जो कुछ खोया या पाया, वह सचमुच ऐतिहासिक है।

ज़रा याद करें कि 24 साल पहले क्या हुआ था। 1979 में विदेश मंत्री के तौर पर अटलजी जब चीन गए तो उन्हें अपनी यात्रा भंग करके भारत लौटना पड़ा था। हमारे विदेश मंत्री के वहाँ रहते हुए चीन ने वियतनाम पर हमला कर दिया था और उसे यह भी कहा था कि जैसा सबक 1962 में हमने भारत को सिखाया था, वैसा अब तुमको सिखाएँगे। भारत के विदेश मंत्री का इससे बड़ा अपमान क्या होता? यों भी अटलजी की चीन-यात्रा से उस समय सत्तारूढ़ दल के कई महत्त्वपूर्ण सदस्य खुश नहीं थे। खुद प्रधानमंत्री मोरारजी देसाई असमंजस में थे। लेकिन अटलजी ने फिर भी हिम्मत की और चीन गए। अब प्रधानमंत्री बनने पर उन्होंने दुबारा उसी क्रम को आगे बढ़ाया। दोस्ती का यह बढ़ा हुआ हाथ इस बार चीन ने जरा जमकर थामा और पहली बार दोनों देशों ने संयुक्त बयान जारी किया। संयुक्त बयान सेंत-मेंत में जारी नहीं होता। जब तक दोनों पक्षों में उचित सद्भाव न हो और मुख्य मुद्दों पर सहमति न हो, संयुक्त वक्तव्य या संयुक्त विज्ञप्ति जारी नहीं किए जाते। संयुक्त बयान का अर्थ यह नहीं कि दोनों पक्ष हर मुद्दे पर सहमत ही होंगे। वास्तव

में भारत-चीन संयुक्त वक्तव्य के मूल-पाठ को पढ़ें तो मालूम पड़ता है कि कुछ मुद्दों पर दोनों देश असहमत भी हैं लेकिन इन असहमतियों के बावजूद वे पारस्परिक सद्भाव और सहयोग के मार्ग पर आगे बढ़ना चाहते हैं।

असहमतियों पर आगे बात करेंगे लेकिन यहाँ मूल प्रश्न यह है कि भारत और चीन के बीच इधर पिछले दस वर्षों में ऐसा क्या हुआ कि दोनों देश एक-दूसरे के इतने पास आना चाहते हैं कि पश्चिमी महाशक्तियों को भी घबराहट होने लगती है ? ज़रा हम याद करें कि रक्षा मंत्री जॉर्ज फर्नांडीज़ ने चीन के बारे में क्या कहा था और पाँच साल पहले परमाणु विस्फोट करने के बाद प्रधानमंत्री ने राष्ट्रपति क्लिंटन को जो पत्र लिखा था, उसमें उन्होंने किन-किन देशों को भारत के लिए खतरनाक बताया था। जाहिर है कि चीन को भारत का सशक्त शत्रु समझा जाता था। लेकिन इधर ऐसी अनेक घटनाएँ हुई हैं, जिन्होंने दोनों देशों को निकट आने के लिए बाध्य किया है।

सर्वप्रथम, चीन की नीतियों में मूलभूत परिवर्तन हुए हैं। माओ के बाद तंग स्याओ पिंग ने जो पूँजीवादी पौधे रोपे थे, अब उसकी फसल जोरों से लहलहा रही है। बीस साल पुराना चीन अब पहचाना भी नहीं जा सकता। पिछले दस वर्षों में चीन का इतना जबर्दस्त आधुनिकीकरण हुआ है कि उसकी सड़कें, उसके भवन, उसके सुपर बाज़ार, उसके होटल आदि कहीं-कहीं तो अमेरिका को भी मात कर देते हैं। शांघाई पूरब का न्यूयॉर्क बन गया है और शेन-जेन ऐसा लगता है, जैसे पुनर्निर्माण के बाद कभी बर्लिन लगा करता था। चीनी अर्थ-व्यवस्था कभी विश्राम नहीं करती। आठ-आठ घंटों की तीन शिफ्टें लगातार चलती रहती हैं। भारत ने अपनी अर्थ-व्यवस्था अभी दस साल पहले रुक-रुककर थोड़ी खोली है लेकिन तंग के पूँजीवादी मार्ग ने 1979 से ही चीन का कायाकल्प शुरू कर दिया है। दावा किया जाता है कि चीन में गरीबों की संख्या तीन प्रतिशत भी नहीं है जबकि भारत में वह 40 प्रतिशत के आस-पास है। औसत चीनी नागरिक की आय साढ़े चार हजार रुपए महीना है जबकि भारतीय की उससे आधी भी नहीं है। दुनिया के कुल व्यापार में चीन का हिस्सा लगभग पाँच प्रतिशत है जबकि भारत का एक प्रतिशत भी नहीं है। पिछले साल चीन में 45 अरब डॉलर की विदेशी पूँजी आई जबकि भारत में केवल 2 अरब डॉलर। भारत के पास विदेशी मुद्रा का केवल 80 अरब डॉलर का कोश है, जबकि चीन के पास 425 अरब डॉलर का ! कहने का अर्थ यह कि वे माओवादी दिन लद गए जब चीन कहता था कि घास खाएँगे और बम बनाएँगे, सारी दुनिया को लाल रंग में रँग देंगे और जरूरी हुआ तो तीसरा विश्व-युद्ध भी लड़ेंगे। अब चीन का जोर राजनीति की बजाय अर्थनीति पर है। इसीलिए भारत के साथ चीन ने नौ समझौतों पर दस्तखत किए। उनमें से ज्यादातर परस्पर आर्थिक और तकनीकी सहयोग तथा व्यापार बढ़ाने से संबंधित हैं। अभी भारत-चीन व्यापार केवल पाँच अरब डॉलर का है, जो शीघ्र ही दस अरब डॉलर तक पहुँच सकता है। जितना माल

चीन भारत को बेचता है, उससे कहीं ज्यादा माल भारत चीन को बेचता है। चीनी माल की जो बाढ़ दो-तीन साल पहले भारत में दिखाई पड़ने लगी थी, वह अब थम गई है। भारत अमेरिका और यूरोप नहीं है, जहाँ लोग चीज़ें इस्तेमाल करके जल्दी-जल्दी फेंक देते हैं। भारत के लोग सस्ता और टिकाऊ माल चाहते हैं। वास्तव में भारत चीन में न केवल सस्ती और टिकाऊ उपभोग्य वस्तुएँ बड़े पैमाने पर खपा सकता है बल्कि वह उसे कच्चा माल भी सस्ते में बेच सकता है। सॉफ्टवेयर के क्षेत्र में भारत चीन को जबर्दस्त सहायता कर सकता है। चीनियों को पता है कि उनके हार्डवेयर के शरीर को यदि भारत की सॉफ्टवेयर की आत्मा मिल जाए तो वे विश्व के कम्प्यूटर मार्केट पर कब्जा कर लेंगे। देखना यही है कि इस सौदे में कहीं भारत मात तो नहीं खा जाएगा। यों भी भारत और चीन एक-दूसरे के लिए दुनिया के सबसे बड़े बाजार बन सकते हैं। भारत का सूचना-उद्योग 50 अरब डॉलर तक पहुँच गया है और अब अमेरिका की बड़ी-बड़ी कम्पनियाँ अपना कम्प्यूटर सम्बन्धी काम भी भारत से ही करवा रही हैं। भारत और चीन मिलकर तीसरी दुनिया के अनेक देशों में संयुक्त उद्योगों की स्थापना भी कर सकते हैं, जैसा कि एक हद तक सूडान के तेल-क्षेत्र में हो रहा है। विश्व-व्यापार संगठन में संयुक्त-रणनीति की बात दोनों देशों को बहुत निकट ले आएगी ! जैसे मानव अधिकार के सवाल पर दोनों राष्ट्र कई बार कंधे से कंधा मिलाकर चलते हैं, वैसे ही विश्व-व्यापार के विभिन्न मुद्दों पर यदि वे एक राय हो जाएँ तो पश्चिमी राष्ट्रों की दादागीरी का वे आसानी से मुकाबला कर सकते हैं। कृषि, सार्वजनिक स्वास्थ्य, विदेशी विनिवेश और विवाद-समाधान आदि ऐसे मुद्दे हैं, जिन पर यदि भारत और चीन की बात मान ली जाए तो तीसरी दुनिया का बहुत भला हो सकता है। चीन को यह पता है कि पश्चिमी दुनिया में भारत की कितनी साख है। उसकी विदेश नीति चीन की तरह कभी आक्रामक और झंझटबाज़ नहीं रही। भारत तीसरी दुनिया का लगभग एकछत्र नेता रहा है। दूसरे शब्दों में भारत की साख का इस्तेमाल करके चीन अपनी विश्व-छवि चमकाने की पूरी कोशिश करेगा। चीन और भारत अगर पास आ रहे हैं तो इसलिए कि दोनों इस प्रक्रिया में अपना फायदा देख रहे हैं।

चीन और भारत को निकट लाने में विश्व-राजनीति की भूमिका भी उल्लेखनीय है। सोवियत संघ के विसर्जन के पश्चात अमेरिका-केंद्रित विश्व-राजनीति में यह सम्भव नहीं रह गया है कि कोई भी अन्य देश अपनी ढपली अलग बजाए। इसीलिए पिछले कुछ वर्षों से चीन, भारत और रूस के पारस्परिक और त्रिकोणात्मक सद्भाव में वृद्धि हुई है। तीनों राष्ट्र मिलकर कोई अमेरिका-विरोधी मोर्चा नहीं बना रहे हैं। लेकिन वे एराक़ या अफगानिस्तान या फलस्तीन की तरह अमेरिका की एकतरफा कार्रवाई का लक्ष्य भी नहीं बनना चाहते। इसीलिए संयुक्त वक्तव्य में दोनों पक्षों ने बहुपक्षीय और क्षेत्रीय सहयोग का विशेष उल्लेख किया है। सच्चाई तो यह है कि भारत, चीन और रूस तीनों ही अमेरिका से अपने सम्बन्ध बेहतर बनाना चाहते हैं

और उसकी क़ीमत भी वे चुका रहे हैं। एराक़ पर उनका बदलता हुआ ढुलमुल रवैया इसका ताज़ा प्रमाण है। भारत और चीन की घनिष्टता से जब तक अमेरिका को सीधा खतरा न होगा, वह कुछ भी आपत्ति नहीं करेगा। लेकिन यह सत्य है कि यदि भारत और चीन सचमुच-घनिष्ट हो जाएँ तो इक्कीसवीं सदी एशिया की सदी होगी।

भारत और चीन की घनिष्टता पाकिस्तान को प्रभावित किए बिना नहीं रह सकती। पाकिस्तान को यदि सबसे अधिक भारत-विरोधी सहायता किसी ने दी है तो वह चीन ने दी है। अमेरिका से भी ज्यादा! अमेरिका का लक्ष्य रूस था और चीन का भारत! आज भी पाकिस्तान की पीठ पर चीन का हाथ है। चीन की मदद के बिना पाकिस्तान न तो परमाणु बम बना सकता था और न ही अपनी फौजी मांसपेशी फुला सकता था। पाकिस्तान के ग्वादर नामक सामरिक बन्दरगाह का निर्माण भी चीन ही कर रहा है। भारतीय कश्मीर की हजारों वर्गमील ज़मीन भी पाकिस्तान ने चीन को भेंट कर रखी है। आश्चर्य है कि प्रधानमंत्री ने चीनी नेताओं से पाकिस्तान के बारे में कोई बात क्यों नहीं की। शायद उनकी धारणा यह है कि हमारे आपसी सम्बन्ध ज्यों-ज्यों घनिष्ट होंगे, पाकिस्तान के प्रति चीन का मोह घटता चला जाएगा। काश, कि चीनी विदेश नीति इतनी रोमांटिक होती। पाकिस्तान आतंकवाद की अन्तरराष्ट्रीय धर्मशाला बन चुका है और उसका खामियाज़ा चीन अपने सिंक्यांग प्रांत में भुगत भी रहा है, इसके बावजूद वह पाकिस्तान को अपनी छाती से चिपटाए हुए है।

पाकिस्तान के सवाल पर ही नहीं, तिब्बत-समस्या पर भी भारत सरकार ने जरूरत से ज्यादा लिहाज़दारी से काम लिया है। संयुक्त वक्तव्य में यह साफ़-साफ़ कहने की क्या जरूरत थी कि 'तिब्बत स्वायत्त क्षेत्र को भारत चीनी लोक गणतंत्र के क्षेत्र का अंग मानता है।' इतना साफ़ प्रमाण-पत्र तो 1954 में जवाहरलाल नेहरू ने भी नहीं दिया था। यह ठीक है कि विदेश मंत्री बनने के पहले हफ्ते में ही अटलजी के मुँह से लगभग इसी आशय की बात निकल गई थी, जिसकी तीव्र आलोचना हुई थी। उनके बाद किसी भी विदेश मंत्री या प्रधानमंत्री ने तिब्बत को चीन का अंग बताने की हिमाकत नहीं की थी। हाँ, नेहरू की तरह भारत सरकार तिब्बत को चीन का 'स्वायत्त प्रदेश' कहती रही। यहाँ 'स्वायत्त' का मतलब वह नहीं है, जो लोकतांत्रिक देशों में समझा जाता है। साम्यवादी भाषा में 'स्वायत्त' का अर्थ होता है, छोटा और गुलाम! सभी कब्जाए हुए क्षेत्रों को सोवियत संघ और चीन में 'स्वायत्त क्षेत्र' या 'स्वायत्त गणतंत्र' कहा जाता रहा है। भारत ने संयुक्त-घोषणा में इसी असलियत को स्पष्ट मान्यता दे दी है। इसके बदले में भारत को क्या मिला? सीमा-व्यापार समझौते या इसी वक्तव्य में चीन ने यह साफ़-साफ़ क्यों नहीं कहा कि सिक्किम और कश्मीर भारत के अभिन्न अंग हैं। सिक्किम का सवाल एक दिन में हल नहीं हो सकता, यह कहना चीनी प्रधानमंत्री का दुस्साहस ही है। सरकार का यह तर्क अपनी जगह ठीक हो सकता है कि जब दलाई लामा और तिब्बतियों को

ही उक्त शब्दावली पर आपत्ति नहीं तो भारतीय लोग आ बैल सींग मार क्यों करें ? मुद्दई सुस्त तो गवाह चुस्त क्यों बने ? तिब्बती लोग तो शरणार्थी हैं। वे बेचारे क्या कह सकते हैं ? भारत सरकार और यह राष्ट्रवादी सरकार तो किसी की शरणार्थी नहीं है। हमें हमेशा यह भी सोचना चाहिए कि तिब्बत का प्रश्न हमारी सुरक्षा, हमारे इतिहास, हमारे हितों और हमारी भावनाओं से भी जुड़ा है या नहीं ? इसके अलावा सोवियत संघ के मुस्लिम गणतंत्र यदि अपने आप आजाद हो सकते हैं और अफगानिस्तान का पिंड तालिबान से अचानक छूट सकता है तो तिब्बत भी कभी न कभी आजाद हो ही सकता है। अच्छा तो यह होता कि भारतीय प्रधानमंत्री तिब्बत के साथ-साथ फालुन गोंग के करोड़ों अनुयायियों पर हो रहे अत्याचारों की बात भी उठाते। कूटनीति में विनम्रता का विशेष महत्त्व है लेकिन किसी भी शब्दकोश में दब्बूपन को विनम्रता का पर्याय नहीं कहा गया है।

कागज पर तिब्बत देकर अगर ज़मीन पर हमें लद्दाख के सभी हिस्से मिल जाते या भविष्य में मिल जाएँ तो भी कुछ न कुछ संतोष हो सकता है लेकिन जो चीन सिक्किम और कश्मीर पर टस से मस होने को तैयार नहीं, वह नई प्रक्रिया के अन्तर्गत भारत को लद्दाख में क्या दे देगा, कुछ समझ में नहीं आता। फिर भी प्रक्रिया तेज करने का निर्णय अच्छा है। सीमा-विवाद हल करने की तीव्र प्रक्रिया के बावजूद यदि चीन अपनी बात मनवा लेता है और तिब्बत भी बिलकुल बेजान हो जाता है तो अटलजी की इस चीन-यात्रा को कौन ऐतिहासिक नहीं मानेगा ? बल्कि वह भारत-चीन सम्बन्धों के इतिहास की प्रेत-बाधा बन जाएगी। अटलजी को देश का उदार लेकिन सबसे अधिक कमजोर और अल्पदर्शी प्रधानमंत्री माना जाएगा। लेकिन इसका उलट-पहलू यह है कि राजनीति तो जुआ है। जो दाँव अटलजी ने विदेश मंत्री के तौर पर अधूरा मारा था, उसे पूरा मारने का साहस उन्होंने इस बार किया है। यदि यह सफल हुआ याने भारत-चीन घनिष्टता के कारण चीन-पाक घनिष्टता घटी, कश्मीर और सिक्किम पर चीनी रवैया बदला और लद्दाख के हिस्से हमें वापस मिले तो प्रधानमंत्री की यह यात्रा ऐतिहासिक ही नहीं, विश्व-इतिहास निर्माता सिद्ध होगी। भारत और चीन की एकता विश्व-इतिहास में नए अध्याय का सूत्रपात कर सकती है, क्या यह तथ्य भी अब किसी को समझाने की जरूरत है ?

चलें पूरब की ओर : बनें महाशक्ति

'एसियान' राष्ट्रों के साथ पिछले हफ्ते भारत का जो शिखर-सम्वाद हुआ, उसका असली अर्थ क्या है ? यही कि इक्कीसवीं सदी अब एशियाई सदी बनने के मार्ग पर चल पड़ी है और भारत महाशक्ति बनने के मार्ग पर ! अगले दो-तीन दशकों में अगर ये दो लक्ष्य पूर्ण होते हैं तो वे सिर के बल खड़ी विश्व राजनीति को पैर के बल खड़ा कर देंगे। 19वीं सदी यूरोपीय सदी थी और 20वीं सदी अमेरिकी सदी ! इन दोनों सदियों में विश्व राजनीति को कुछ मुट्ठीभर राष्ट्रों ने अपनी कठपुतली बना रखा था। राष्ट्रसंघ और संयुक्तराष्ट्र संघ के बावजूद दुनिया के लगभग दो सौ राष्ट्रों की हैसियत गूँगे-बहरों की तरह थी। आज भी कमोबेश यही स्थिति है। पाँचों महाद्वीपों पर बसे ये राष्ट्र आजाद तो हो गए हैं और संयुक्तराष्ट्र के सदस्य भी बन गए हैं लेकिन इनकी अर्थ-व्यवस्थाएँ और मानसिकताएँ अब भी उनके पुराने स्वामी-देशों के साथ नत्थी हैं। 'एसियान' जैसे संगठनों के उदय से यह आशा बंधती है कि दुनिया के छोटे-मोटे राष्ट्र अब अपनी पुरानी आर्थिक और मानसिक जकड़नों से मुक्ति पाएँगे।

इस दृष्टि से 'एसियान' का बाली-सम्मेलन ऐतिहासिक रहा। इस शिखर सम्मेलन में 'एसियान' के दस सदस्य-राष्ट्रों के शीर्ष नेताओं ने तो भाग लिया ही, उनके अलावा भारत, चीन, जापान और कोरिया के नेता भी पहुँचे। चीन, जापान और कोरिया पहले से ही इन दस राष्ट्रों के साथ अपना द्विपक्षीय सम्वाद चला रहे थे लेकिन गत वर्ष दस और तीन के इस सम्वाद को फैलाकर दस और चार का बनाने का निर्णय हुआ याने अब भारत भी शेष तीन राष्ट्रों की तरह 'एसियान' के दस राष्ट्रों के साथ खुलकर आर्थिक सहकार कर सकेगा। 14 राष्ट्रों के इस समूह की शक्ति का कोई अनुमान तो लगाए ! लगभग तीन अरब लोग रहते हैं, इन राष्ट्रों में। यानी आधी दुनिया ! दुनिया के लगभग सभी प्रमुख धर्मों के लोग इन 14 राष्ट्रों में हैं–हिन्दू, बौद्ध, मुसलमान, ईसाई आदि। इन राष्ट्रों का सकल राष्ट्रीय उत्पाद 7 बिलियन डॉलर से अधिक है, जो कि यूरोपीय आर्थिक समुदाय के बराबर है। यदि चीन, भारत, जापान और इंडोनेशिया की सैन्य-शक्ति को जोड़ लिया जाए तो उसे किसी भी विश्व-शक्ति के मुकाबले खड़ा किया जा सकता है। यदि इन सभी राष्ट्रों के बीच कोई साझा बाजार स्थापित हो जाए और मुक्त व्यापार होने लगे तो दुनिया का कौन-सा अन्य महाद्वीप है, जिसका बाजार इस पूर्व एशियाई बाजार से बड़ा होगा ?

इसी प्रकार जापान, चीन और भारत की वैज्ञानिक और औद्योगिक क्षमता परस्पर

सहयोग और प्रतिस्पर्धा के भाव से आगे बढ़े तो आगामी कुछ दशकों में यूरोप और अमेरिका के मुकाबले एशिया आगे निकल सकता है। एशिया, खास तौर से पूर्व एशिया के आगे निकलने की संभावनाएँ इसलिए भी हैं कि इस क्षेत्र में वैसे उग्र राजनीतिक विवाद नहीं हैं, जैसे कि लातीनी अमेरिका, यूरोप, अफ्रीका और मध्य-पूर्व में हैं। भारत-चीन, इंडोनेशिया-मलेशिया और स्प्राटले द्वीपों के विवाद ऐसे नहीं रह गए हैं कि वे युद्धों की शक्ल ले लें। आर्थिक विकास के लिए जैसी स्थिरता और शांति आवश्यक होती है, वह इस क्षेत्र के लगभग सभी देशों में देखी जा रही है। म्यानमाँ, कम्बोडिया और कोरिया में उनकी आंतरिक स्थिति अब पहले के मुकाबले बेहतर हुई है। इन राष्ट्रों की एक बड़ी खूबी यह भी है कि इनकी सांस्कृतिक और धार्मिक जड़ें काफी गहरी हैं। औद्योगिक विकास में वे कभी बाधक अवश्य रही हैं लेकिन अब उनकी भूमिका रचनात्मक बनती जा रही है। जापान का मॉडल दूसरे राष्ट्र भी अंगीकार करना चाहते हैं। सिंगापुर, थाईलैंड, मलेशिया और कोरिया ने ही नहीं, चीन जैसे विशाल राष्ट्र ने भी आर्थिक प्रगति के नए प्रतिमान कायम किए हैं। इन राष्ट्रों में बसनेवाले करोड़ों लोगों ने अपनी प्रतिभा और परिश्रम से विश्व को चमत्कृत किया है। अमेरिका को सूचना महाशक्ति बनाने में प्रवासी भारतीयों के योगदान को रेखांकित करना आवश्यक नहीं है। यदि पूर्व के ये सभी राष्ट्र एक परिवार की तरह काम करें तो सारी दुनिया में वे संयुक्त उद्यम स्थापित कर सकते हैं, सारी दुनिया के बाजारों को सस्ते और बढ़िया माल से पाट सकते हैं और पश्चिमी शक्तियों की पुरानी गिरफ्त से छूट सकते हैं। इक्कीसवीं सदी को एशिया की सदी बनाने का मार्ग प्रशस्त कर सकते हैं।

जहाँ तक भारत का सम्बन्ध है, बाली शिखर-सम्मेलन में तीन मुख्य दस्तावेज़ों पर दस्तखत हुए हैं। पहला, मुक्त-व्यापार का दस-वर्षीय समझौता, दूसरा, आतंकवाद-विरोध की संयुक्त घोषणा तथा तीसरा शांति और सहयोग की संधि! 'एसियान' और भारत के बीच जैसा मुक्त-व्यापार समझौता हुआ है, वैसा ही 'एसियान' और चीन के बीच भी हुआ है। लेकिन भारत को केवल 10 माह लगे जबकि चीन को तीन साल। भारत के प्रति आग्नेय एशिया के देशों का रवैया वैसा नहीं है, जैसा कि चीन और जापान के प्रति है। द्वितीय महायुद्ध के दौरान जापानी आक्रमण की विभीषिका और माओ-राज में साम्यवादी चीन की आक्रामकता को भुगते हुए इन देशों का रवैया भारत के प्रति काफी नरम है। प्रधानमंत्री अटलबिहारी वाजपेयी ने इन राष्ट्रों को आश्वस्त किया है कि अगले शिखर सम्मेलन में भारत 'एसियान-भारत 2020' का खाका पेश करेगा। इस बार एसियान के साथ जो समझौता हुआ है, उसमें भारत ने 'एसियान' राष्ट्रों को उनकी जरूरत के मुताबिक काफी छूट दी है। कम्बोडिया, लाओस, म्यानमाँ, वियतनाम और फिलिपीन्स जैसे ज्यादा पिछड़े देशों पर आपसी तटकर-छूट का प्रावधान 2016 में लागू होगा जबकि ब्रुनेई, इंडोनेशिया, मलेशिया, सिंगापुर और थाईलैंड में यह छूट 2011 से ही शुरू हो

जाएगी। पिछड़े राष्ट्रों को भारत की ओर से एकतरफा छूट अगले तीन साल से ही मिलनी शुरू हो जाएगी। 105 वस्तुओं पर तटकर घटाने और हटाने का कार्य भी अगले तीन साल में ही शुरू हो जाएगा। प्रधानमंत्री ने अपने भाषण में यह भी कहा है कि भारत के चारों महानगरों से समस्त 'एसियान' देशों की राजधानियों के लिए दैनिक उड़ानों के लिए भी भारत ने हरी झंडी दे दी है। उन्होंने भारत से इन देशों को जोड़ने के लिए सड़कों और रेलों का जाल बिछाने का प्रस्ताव भी रखा है। उन्होंने भारत के 18 पर्यटन-केन्द्रों तक इन देशों से सीधी उड़ानों की भी अनुमति दे दी है। उन्होंने गुवाहाटी से हनोई तक प्रति वर्ष कार रैली आयोजित करने का भी प्रस्ताव रखा है। कहने की जरूरत नहीं कि भारत की इस पहल के परिणामस्वरूप दोनों पक्षों के व्यापार में दिन दूनी रात चौगुनी उन्नति होगी। 1991 में 'एसियान' से भारत का व्यापार केवल 3.1 बिलियन डॉलर का था। अब वह 12.5 बिलियन डॉलर हो गया है। आशा है कि अगले चार वर्षों में वह 30 बिलियन डॉलर का आँकड़ा पार कर लेगा। भारत के साथ ही नहीं, चीन, जापान और कोरिया के साथ बढ़ता हुआ 'एसियान' का व्यापार इन समर्थ देशों के आपसी व्यापार को भी कई गुना बढ़ा सकता है। आज दुनिया का व्यापार जितना द्विपक्षीय रियायतों के आधार पर बढ़ रहा है, उससे कहीं ज्यादा बहुपक्षीय या सामूहिक रियायतों के आधार पर बढ़ रहा है। दुनिया का 60 प्रतिशत व्यापार समूहों के आधार पर हो रहा है। उत्तरी अमेरिका में 'नाफ्ता', लातीनी अमेरिका में 'मर्कूसर' और यूरोपीय आर्थिक समुदाय इस तरह की सफलता के ज्वलंत उदाहरण हैं। कोई आश्चर्य नहीं कि 'एसियान' के साथ भारत और चीन के जो द्विपक्षीय समझौते हुए हैं, वे अगले दस वर्षों में एशियाई सामूहिक समझौते का रूप ग्रहण कर लें। एशियाई अर्थ-व्यवस्थाएँ जिस तेजी से आगे बढ़ रही हैं, यह असम्भव नहीं कि यह एशियाई आर्थिक समुदाय दुनिया का सबसे शक्तिशाली समुदाय बन जाए। इस समय न तो 'दक्षेस' आगे बढ़ पा रहा है और न ही हिंद महासागर तटसंघ (आयोरा)! इसीलिए सारी दुनिया की आँखें 'एसियान' पर लगी हुई हैं।

यदि इन 14 एशियाई राष्ट्रों में घनिष्ट आर्थिक सहकार सफल होगा तो क्या ये सामरिक सहकार से नाक-भौं सिकोड़ पाएँगे ? यह कठिन है। आजकल भी किसी न किसी स्तर पर इन देशों में सामरिक सहकार जारी है। शस्त्र-क्रय, सैन्य-प्रशिक्षण, संयुक्त-सैन्याभ्यास आदि कई देशों के बीच पहले से चला आ रहा है। उसके फलस्वरूप अनेक राष्ट्रों में आंतरिक सुरक्षा में वृद्धि होगी और पारस्परिक विवाद सुलझाने में आसानी होगी। इस क्षेत्र में सैन्य दृष्टि से हालाँकि तीन राष्ट्र चीन, भारत और जापान प्रमुख होंगे लेकिन 'एसियान' के राष्ट्र चीन के बजाय भारत से सामरिक सहकार बढ़ाने में अधिक सुरक्षित महसूस करेंगे। यह प्रसन्नता की बात है कि उक्त तीनों प्रमुख राष्ट्रों के बीच इस समय कोई उत्तेजक विवाद नहीं है। भारत-चीन सीमा विवाद निपटाने के बारे में बाली में भारतीय और चीनी प्रधानमंत्री के बीच हुई बातचीत काफी महत्त्वपूर्ण थी। सिक्किम को स्वतंत्र राष्ट्र के रूप में अपने वेबसाइट

से हटाकर चीन ने छोटा-सा रचनात्मक संकेत भी दिया है लेकिन भारत के प्रति चीन की नीति अब भी स्पष्ट नहीं है। वह पाकिस्तानपरस्ती पर अब भी आमादा है लेकिन एसियान और भारत की घनिष्टता ज्यों-ज्यों बढ़ती चली जाएगी, भारत के प्रति चीन का रवैया अवश्य ही प्रभावित होगा। 'एसियान' की तरफ बढ़ते हुए भारत के कदम पाकिस्तान के लिए भी एक सबक है। पाकिस्तान को यह समझना होगा कि उसकी हठधर्मी के कारण 'दक्षेस' जहाँ लगभग ठप्प हो गया है, 'एसियान' वहाँ दौड़ रहा है। पाकिस्तान के लाख चाहने के बावजूद 'एसियान' उसके लिए अपने दरवाजे नहीं खोल रहा है। पश्चिम एशिया अपनी ही गुत्थियों में उलझा हुआ है और पूर्व एशिया में पाकिस्तान के लिए पाँव धरने की जगह नहीं है।

पाकिस्तान के प्रति मलेशिया और इंडोनेशिया में चाहे थोड़ी बहुत सहानुभूति दिखाई पड़ती हो लेकिन लगभग संपूर्ण आग्नेय एशिया आतंकवाद से तंग आया हुआ है। पिछले साल बाली में हुए बम विस्फोट में 202 लोग मारे गए थे। पूरा इंडोनेशिया थर्रा उठा था। इस क्षेत्र में फैले आतंकवाद की जड़ें सींचनेवालों में पाकिस्तान का नाम अग्रगण्य है। भारत ने 'एसियान' के साथ आतंकवाद-विरोध की घोषणा पर भी दस्तखत किए हैं। एक अर्थ में यह पाकिस्तान-विरोधी मोर्चा खुला है। इस्लामी सम्मेलन में जाकर मुशर्रफ कितनी ही सफाई पेश करें, आतंकवाद और पाकिस्तान एक-दूसरे के पर्याय बन गए हैं। आग्नेय एशिया में आतंकवाद-विरोधी अभियान अमेरिका ने चलवाया है। अफगान-गुत्थी के कारण अब भी पाकिस्तान के प्रति अमेरिका नरम-गरम रुख अपनाता रहता है लेकिन भारत के स्पष्ट रुख की सराहना इस क्षेत्र के लगभग सभी देश कर रहे हैं।

भारत ने मैत्री और शांति की संधि पर भी दस्तखत किए हैं। इससे यही प्रकट होता है कि भारत अपनी 'पूरब की ओर देखो' या पूर्वाभिमुख नीति के प्रति दृढ़तापूर्वक कटिबद्ध है। इस यात्रा के दौरान प्रधानमंत्री थाईलैंड भी गए। अपने थाईलैंड-प्रवास के दौरान प्रधानमंत्री ने थाईलैंड के साथ मुक्त-व्यापार क्षेत्र समझौता भी किया। दक्षेस के बाहर किसी देश के साथ किया गया यह पहला समझौता है। भारत ने थाईलैंड को अपना शो-केस बना लिया है। 83 वस्तुओं पर तटकर-छूट अगले मार्च से ही शुरू हो जाएगी। 2010 तक दोनों देशों के बीच मुक्त व्यापार होने लगेगा, जिसे देखकर सम्पूर्ण एसियान राष्ट्रों को भी प्रेरणा मिलेगी। भारत-थाईलैंड सम्बन्ध का एक महत्त्वपूर्ण आयाम यह भी है कि दुबई की तरह बैंकॉक को भी तरह-तरह के अपराधी, तस्कर, आतंकवादी तथा भगोड़े अपने शरणस्थल की तरह इस्तेमाल करते हैं। उन्हें पकड़ने के लिए अब दोनों देशों के अधिकारी अधिक मुस्तैदी से सहयोग करेंगे। दोनों देश पर्यटन, व्यापार और व्यावसायिक सहयोग बढ़ाने की दृष्टि से वीज़ा में ढील देने की योजना भी बना रहे हैं। दोनों देशों में सहयोग की गति इतनी तीव्र होनेवाली है कि अगले दो वर्षों में व्यापार पाँच हजार करोड़ से बढ़कर दस हजार करोड़ रुपए तक हो जाएगा।

प्रधानमंत्री वाजपेयी केवल थाईलैंड ही नहीं, दस में से सात एसियान देशों में अब तक हो आए हैं। अब तक कोई भी प्रधानमंत्री अपने एक कार्यकाल में एसियान के इतने देशों में नहीं गया। 1992 में प्रधानमंत्री नरसिंहराव ने जो पूर्वाभिमुख नीति का सूत्रपात किया था, वाजपेयी ने उसे पराकाष्ठा पर पहुँचाया है। पंचभकार–भाषा, भूषा, भोजन, भजन और भेषज–की भारतीय विदेश नीति को आजमाने की आग्नेय एशिया से बेहतर प्रयोगशाला कोई और नहीं है। तीसरी दुनिया के नेता होने के नाते भारत को आग्नेय एशिया में बहुत पहले ही अपने पाँव पसारने चाहिए थे और इसलिए भी उस पर ध्यान देना चाहिए था कि इस इलाके के सभी देश चाहे किसी भी धर्म के अनुयायी हों, सांस्कृतिक दृष्टि से वे भारतीय ही हैं लेकिन विश्व-यारी के नशे में पहले इनकी उपेक्षा हुई और जब इंदिरा गांधी ने इन पर ध्यान देना शुरू किया तो इनमें से ज्यादातर अमेरिका के बगलबच्चे बन चुके थे। अब जबकि शीतयुद्ध की लहरें थम गई हैं, इन राष्ट्रों की अर्थ-व्यवस्थाएँ मजबूत हो गई हैं, अमेरिका से भारत के सम्बन्ध भी सहज हो गए हैं, भारतीय विदेश नीति का यह पूर्वाभिमुख होना उसके महाशक्ति बनने की दिशा में बढ़ा हुआ कदम ही है।

प्रवासी भारत

प्रवासी भारत : शुभारम्भ

स्वतंत्र भारत का यह पहला प्रवासी सम्मेलन है। आरम्भ शुभ हो। ऐसा नहीं है कि प्रवासी लोग सिर्फ भारत से ही गए हों। दुनिया का सबसे बड़ा और सबसे पुराना प्रवासी देश तो इस्राइल है। पूरा का पूरा देश ही प्रवासी हो गया था, दो हजार साल पहले। दर्जनों देशों में फैले यहूदी अब भी अपने मूल देश लौटने की हसरत पाले हुए हैं। इस्राइल और यहूदी अपवाद हैं। वे भारत की तरह नहीं हैं। भारत के मूल लोग हजारों वर्षों से विदेश जाते रहे हैं और वहाँ स्थायी तौर पर बसते रहे हैं। मध्य एशिया, पूर्वी यूरोप, आग्नेय एशिया और यहाँ तक कि लातीनी अमेरिका की अनेक प्राचीन बस्तियाँ, भाषाएँ, भूषाएँ और भोजन-भजन इसके प्रमाण हैं। इन प्राचीन प्रवासियों का भारत से कोई जीवंत सम्पर्क अब शेष नहीं रहा लेकिन पिछले डेढ़-दो सौ वर्षों में जो भारतीय विदेशों में बस गए हैं, इस सम्मेलन का सम्बन्ध उन्हीं से है।

ये भारतीय कौन हैं और कितने हैं ? इनकी संख्या लगभग दो करोड़ है याने भारत की जनसंख्या का कुल दो प्रतिशत। दो करोड़ की संख्या अपने आप में बड़ी है लेकिन इसकी तुलना दो सौ साल पुराने यूरोप से करें और सोचें कि यूरोप से गए लोगों ने अमेरिका, केनाडा, आस्ट्रेलिया और न्यूजीलैंड जैसे देश बना दिए तो लगेगा कि भारत से बहुत कम लोग बाहर गए। आज दुनिया के यूरोपीय प्रवासियों की संख्या लगभग उतनी ही है जितनी कि खुद यूरोपीय लोगों की है। गुलामी के दिनों में भारत से लोग स्वयं नहीं गए, प्राय: ले जाए गए। अफ्रीका, लातीनी अमेरिका और प्रशांत महासागर में अंग्रेजों ने जो उपनिवेश बनाए, उनमें गुलामों-मज़दूरों की तरह हजारों भारतीय ले जाए गए। इन भारतीय मजदूरों ने फीजी, मोरिशस, दक्षिण अफ्रीका, सूरिनाम, ट्रिनिडाड, गयाना आदि देशों का अपने खून-पसीने से जैसा रूपान्तरण किया है, वह देखने लायक है। मजबूरी में गए मजदूरों के अलावा उस दौर में अनेक भारतीय व्यापारी, डाक्टर, वकील, विद्वान, छात्र और क्रांतिकारी लोग भी विदेश गए और वहाँ रहे। मोहनदास कर्मचंद गांधी, भवानीदयाल संन्यासी, श्यामजीकृष्ण वर्मा, वि.दा. सावरकर, बरकतुल्लाह, राजा महेन्द्रप्रताप आदि अनेक स्वनामधन्य महापुरुषों ने न केवल प्रवासियों के जीवन में रोशनी भर दी बल्कि भारतीय स्वाधीनता संग्राम की नींव भी डाली।

आज़ादी के बाद प्रवासियों की दूसरी लहर खाड़ी और उसके आस-पास के देशों

में पहुँची। तेल की कमाई ने इस पिछड़े इलाके को अपार आर्थिक संभावनाओं का क्षेत्र बना दिया। पिछले 30 वर्षों में तीस लाख से अधिक भारतीय इन देशों में जा बसे। ये लोग अब भी तकनीकी दृष्टि से भारतीय नागरिक ही हैं लेकिन अब वे इन देशों के अभिन्न अंग बन गए हैं। मजदूर, व्यापारी और व्यावसायिक के तौर पर गए इन भारतीय लोगों की दूसरी पीढ़ी भी अब वहीं तैयार हो रही है। तीसरी लहर वह है, जो अमेरिका, केनाडा, आस्ट्रेलिया और यूरोप आदि पर छाती जा रही है। पिछले 15-20 वर्षों में लगभग 30 लाख भारतीय इन देशों में पहुँच गए हैं। इनमें से ज्यादातर वैज्ञानिक, डॉक्टर, वकील, इंजीनियर, कम्प्यूटर-विशेषज्ञ, शिक्षक आदि लोग हैं। इनमें से जिन्हें स्थानीय नागरिकता या स्थायी निवास की सुविधा मिल रही है, वे उसे सहर्ष ले रहे हैं।

इन तीन लहरों में गए लगभग दो करोड़ भारतीय दुनिया के डेढ़-सौ से अधिक देशों में फैल गए हैं। अब से लगभग 35 साल पहले दुनिया के कई देशों में घूमते हुए मुझे हफ्तों किसी भारतीय के दर्शन नहीं होते थे और हिन्दी का एक शब्द बोलने के लिए भी हफ्तों तरसना पड़ता था लेकिन अब छोटे-मोटे देशों के गाँवों में भी भारतीय दनदनाते हुए दिखाई पड़ते हैं। दुनिया के लगभग 50 देशों में 10 हजार से ज्यादा भारतीय रहते हैं और 11 देश ऐसे हैं, जिनमें उनकी संख्या पाँच लाख से भी ज्यादा है। अमेरिका, ब्रिटेन, बर्मा, मलेशिया, सउदी अरब और दक्षिण अफ्रीका में उनकी संख्या 10 लाख से 20 लाख तक है। दुनिया का कौन-सा कोना है, जहाँ भारतीय नहीं हैं ? किसी ज़माने में कहा जाता था कि ब्रिटिश साम्राज्य पर सूर्य कभी अस्त नहीं होता। अब यही बात प्रवासी भारत के लिए कही जा सकती है। फीजी से गयाना तक फैले प्रवासी भारत पर सूर्य अस्त नहीं होता, यह अलंकारिक सत्य है लेकिन राजनीतिक सच्चाई यह है कि प्रवासी भारत ने अनेक देशों को भारतीय सूर्य प्रदान किए हैं। मोरिशस, फीजी, गयाना, ट्रिनिडाड और सूरिनाम आदि देशों में अनेक प्रधानमंत्री और राष्ट्रपति भारतीय मूल के लोग बने हैं। सर शिवसागर रामगुलाम, छेदी जगन, वासुदेव पांडे, महेन्द्र चौधरी, सभापति जगन्नाथ, अनिरुद्ध जगन्नाथ, नवीन रामगुलाम आदि प्रवासी भारतीय नेताओं के नाम किसने नहीं सुने हैं। भारतीय मूल के लोग आज केनाडा में मुख्यमंत्री हैं, कई राष्ट्रों तथा ब्रिटेन की संसद के दोनों सदनों के सदस्य हैं, दक्षिण अफ्रीका, सिंगापुर, मलेशिया और अफ़गानिस्तान जैसे देशों में मंत्री-पद पर रहते आए हैं और अनेक यूरोपीय और अमेरिकी शहरों के महापौर आदि रहे हैं। ध्यान रहे कि दक्षिण एशिया के देशों याने नेपाल, बांग्लादेश, पाकिस्तान, श्रीलंका आदि के भारतीय मूल के लोगों को 'प्रवासी' नहीं माना गया है। अगर उन्हें मान लिया जाए तो उनकी कुल संख्या दो करोड़ नहीं, लगभग 30 करोड़ हो जाएगी और दर्जनों पड़ोसी प्रधानमंत्रियों को हमें 'भारतमूलक' कहना होगा। भारतमूलक या भारतवंशीय लोग अब तक उन देशों के प्रधानमंत्री बने हैं, जिनमें उनकी बहुसंख्या है लेकिन वह दिन दूर नहीं जब अमेरिका और केनाडा जैसे देशों में भी हमारे लोग

शीर्ष पर पहुँचेंगे। उसका आधार संख्या-बल नहीं, बुद्धि-बल होगा, चरित्र-बल होगा। आज भी अमेरिका और केनाडा में भारतवंशीय लोगों की प्रतिष्ठा और समृद्धि सबसे अधिक है। अमेरिका को सूचना महाशक्ति बनाने में सबसे बड़ा योगदान भारतीयों का ही है।

प्रवासी भारतीय सम्मेलन का असली मुद्दा क्या है ? क्या यह नहीं कि प्रवासी भारत से क्या चाहते हैं और भारत प्रवासियों से क्या चाहता है ? प्रवासी भी अलग-अलग तरह के हैं, इसलिए उनकी माँगें भी अलग-अलग हैं। खाड़ी के मज़दूर चाहते हैं कि मेज़बान देश में उनके अधिकारों और हितों की रक्षा हो, अमेरिका और केनाडा में बसे व्यावसायिक चाहते हैं कि उन्हें दोहरी नागरिकता मिले और भारतवंशी राष्ट्रों के नेता चाहते हैं कि जरूरत पड़ने पर भारत उन्हें राजनीतिक और सैनिक समर्थन प्रदान करे। फीजी के प्रधानमंत्री महेन्द्र चौधरी बहुत दुखी हैं कि जब उन पर संकट आया तो भारत सरकार जबानी जमा-खर्च करती रही और मोरिशस के लोग शंकाकुल हैं कि जब इस वर्ष सितम्बर में फ्रांसीसी मूल के पॉल बेरांजे प्रधानमंत्री बनेंगे तो कहीं वहाँ फीजी तो नहीं दोहराया जाएगा। इनमें से कुछ प्रश्नों के समाधान तो 'प्रवासी भारत कमेटी' की उस सुलिखित रपट में हैं, जो डॉ. सिंघवी, राजदूत जगदीश शर्मा और कुछ अन्य सदस्यों ने मिलकर तैयार की है लेकिन जहाँ तक राजनीतिक और सैन्य-समर्थन का प्रश्न है, यह सवाल काफी उलझा हुआ है और फिर उसके लिए बड़ा दम-गुर्दा चाहिए। जिस सरकार को कंधार में घुटने टेकने पड़ते हैं और संसद पर हमले के वक्त बगलें झाँकनी पड़ती हैं, उससे यह उम्मीद करना कि वह 15 हजार कि.मी. दूर बैठे भारतवंशीयों के लिए छतरी तानेगी, जरा ज्यादती है। यह सवाल इस तथ्य से भी जुड़ा हुआ है कि विदेशों में बैठे भारतीय और भारतवंशी भारत के लिए क्या करते हैं ? अपने घरवालों को पैसा भेजने के अलावा उनका क्या योगदान है ? क्या प्रवासी चीनियों की तरह वे राष्ट्रोत्थान के लिए अरबों डॉलर स्वदेश में झोंकते हैं ? क्या संकट के समय वे कुर्बानी करते हैं ? यदि नहीं तो इस सम्मेलन में उन्हें कुछ ठोस संकल्प करने होंगे।

प्रवासी मेला : यह पहला कदम है

डेढ़ हजार प्रवासियों का तीन दिन तक एक ही जगह डटे रहना, भाषण-भोजन, मेल-जोल, गहमागहमी सब कुछ अपूर्व था। अपूर्वत्व का प्रारंभ बिस्मिल्लाह खान और रविशंकर की जुगलबन्दी से हुआ। दो देशों के प्रधानमंत्रियों, दो नोबेल विजेताओं, अनेक मंत्रियों, मुख्यमंत्रियों और प्रवासी मंत्रियों, सांसदों, विद्वानों, कलाकारों, व्यापारियों ने इस मेले में चार चाँद लगा दिए। प्रवासी भारतीयों के इस प्रथम सम्मेलन का पहला संदेश तो यही है कि भारत का रवैया बदल रहा है। भारत अब नेहरूवादी कठघरे से बाहर निकल रहा है। वह अब यह नहीं कहता कि प्रवासी भारतीयों से हमें कोई मतलब नहीं। वे अपने मामलों से खुद निपटें। नेहरू ने यह तब कहा था, जब 1963 में केन्या आज़ाद हुआ था। वहाँ भारतवंशियों पर काले अफ्रीकी ही तलवार भाँजने लगे थे। भारत सरकार के निर्मम रवैये ने लाखों भारतवंशियों को प्रेरित किया कि वे भारत आने की बजाय ब्रिटिश राष्ट्रकुल के नागरिक बन जाएँ। 1970 में यही इतिहास उगांडा में भी दोहराया गया। इस बीच ऐसा क्या हुआ कि अब भारत का रवैया बदल गया।

प्रवासी भारतीयों के प्रति भारत सरकार का रवैया बदलने के पीछे तीन प्रमुख कारण हैं। पहला तो यह कि तीस साल पहले तक जो भारतीय विदेशों में रह रहे थे, वे या तो बन्धुआ मज़दूरों की तरह गए थे या उनके पीछे-पीछे कुछ लोग व्यापारियों-उद्यमियों की तरह गए थे। जो गए थे, वे बस चले ही गए थे। उनके लौटने की संभावना नगण्य हो गई थी। भारत से उनका भौतिक सम्पर्क भी लगभग टूट गया था। उनके लिए भारत केवल भावना-पुंज रह गया था। स्वतंत्र भारत की सरकार उन्हें अपने लिए खास उपयोगी नहीं पाती थी। लेकिन पिछले 30 वर्षों में ये ही लोग अपने-अपने देशों में राष्ट्रपति और प्रधानमंत्री बन गए, सम्पन्न और सुशिक्षित हो गए तथा अन्तरराष्ट्रीय समाज में उनकी थोड़ी-बहुत पहचान भी बन गई। इसीलिए भारत ने भी इन्हें पहचानना शुरू कर दिया। दूसरा, खाड़ी तथा उसके आस-पास के कई अन्य देशों में भारतीयों की जो दूसरी लहर पहुँची, उसमें लगभग 30-35 लाख मज़दूरों के अलावा व्यापारियों, उद्योगपतियों, विशेषज्ञों आदि ने लाखों डॉलर प्रतिदिन भारत भेजना शुरू कर दिया। ये लोग प्रवासी तो हुए लेकिन भारतवासी भी बने रहे। इन्होंने अपनी नागरिकता भारतीय ही रखी। भारत सरकार इनकी तरफ से आँख कैसे फेर सकती थी ? तीसरा, भारत के सुशिक्षित मध्यम वर्ग

की तीसरी लहर, जो अमेरिका, केनाडा, आस्ट्रेलिया, न्यूजीलैंड और यूरोपीय देशों में पहुँची, उसमें ज्यादातर लोग उन देशों की नागरिकता जरूर ले रहे हैं लेकिन वे भारतीयों से भी अधिक भारतीय हैं। फीजी और मोरिशस जानेवाले लोगों के पास न शिक्षा थी और न पैसा। उनके पास फोन और इंटरनेट भी नहीं था। वे हर साल भारत भी नहीं आ सकते थे। लेकिन जो आधुनिक प्रवासी हैं, वे परदेस में रहते हुए भी भारत की राजनीति और अर्थ-व्यवस्था को सीधे प्रभावित करते हैं। जिन देशों में वे रहते हैं, वहाँ वे मुख्यमंत्री, सांसद, विपक्ष के नेता, मंत्री, बैंकों के अध्यक्ष, विश्वविद्यालयों के कुलपति, बड़ी-बड़ी कंपनियों के मालिक आदि बन गए हैं। याने भारतीय विदेश नीति के लिए भी उनकी उपयोगिता बढ़ गई है। भला, भारत सरकार उनकी उपेक्षा कैसे कर सकती थी ? इसीलिए नेहरू की बात को उलटते हुए वाजपेयी ने कहा कि प्रवासियों, तुम्हारे लिए भारत के द्वार सदा खुले हुए हैं। यों भी अटलजी ने अब से 25 साल पहले, जब वे विदेश मंत्री थे, प्रवासियों को भारत से जोड़ने की तीव्र इच्छा व्यक्त की थी। प्रवासी भारतीयों के प्रथम सम्मेलन का श्रेय वाजपेयी सरकार को तो है ही, डॉ. लक्ष्मीमल्ल सिंघवी, राजदूत जगदीश शर्मा तथा फिक्की के अधिकारियों को भी है, जिन्होंने महात्मा गांधी, पं. बनारसीदास चतुर्वेदी तथा पं. प्रकाशवीर शास्त्री के सपनों को साकार करने के लिए पहला कदम बढ़ाया।

प्रधानमंत्री ने प्रवासियों को दोहरी नागरिकता का तोहफा भी दे दिया लेकिन यह सिर्फ अमेरिका, केनाडा, ब्रिटेन और आस्ट्रेलिया जैसे देशों में रहनेवाले प्रवासियों को ही मिलेगी, क्योंकि केवल इन्हीं देशों में दोहरी नागरिकता का प्रावधान है। अर्थात् फीजी, मोरिशस, त्रिनिदाद, गयाना, सूरिनाम, बर्मा आदि में रहनेवाले लगभग एक-सवा करोड़ भारतवंशियों का इस तोहफे से कुछ भी लेना-देना नहीं है। इसी प्रकार खाड़ी तथा उसके आस-पास के लगभग 40 लाख प्रवासियों के लिए भी दोहरी नागरिकता निरर्थक है, क्योंकि वे तो भारत के नागरिक पहले से ही हैं। जिन लोगों को दोहरी नागरिकता दी जा रही है, उन्हें भी भारत में न तो मताधिकार होगा, न वे चुनाव लड़ पाएँगे और न ही नौकरियाँ कर पाएँगे। तो फिर दोहरी नागरिकता का फायदा क्या है ? यही कि वे भारत में सम्पत्ति खरीद सकेंगे, व्यापार कर सकेंगे और उन्हें वीज़ा की जरूरत नहीं होगी। इसके अलावा वे संविधानप्रदत्त सभी मूलभूत अधिकारों का उपभोग कर सकेंगे ? वित्तमंत्री जसवन्त सिंह ने उनके लिए अन्य कुछ वित्तीय सुविधाओं की घोषणा भी की है लेकिन प्रश्न यह है कि कितने लोग भारत की दोहरी नागरिकता लेना पसंद करेंगे ? भारतमूलक कार्ड (पी.आई.ओ.कार्ड.) को चले चार साल हो गए लेकिन उसकी संख्या अभी केवल सैकड़ों में है। यदि दोहरी नागरिकता का शुल्क भी एक हजार डॉलर या ज्यादा होगा तो उसे भी कौन लेना चाहेगा ? खतरा यह भी है कि दोहरी नागरिकता की आड़ में ऐसे लोग भी भारत में घुस सकते हैं जो अन्य देशों के एजेन्ट हों। दक्षिण अफ्रीका के एक सांसद और एक़ विदुषी ने तो दोहरी नागरिकता की यह कहकर निन्दा की है कि हमें आप दोहरी

देशभक्ति के जंजाल में क्यों फँसा रहे हैं। जिस देश में हमारा दाना-पानी है, उसमें हमें संदेह का विषय क्यों बना रहे हैं ? सच्चाई तो यह है कि 21वीं सदी में राज्य नामक संस्था इतनी कमजोर पड़ जानेवाली है कि लोगों के पास दर्जन-दर्जन भर देशों की नागरिकताएँ रहेंगी, चाहे उनका नाम कुछ और ही हो। ऐसी स्थिति में दोहरी नागरिकता से घबराने की जरूरत नहीं है। यह असम्भव नहीं कि दोहरी नागरिकता अन्ततोगत्वा विश्व नागरिकता का मार्ग प्रशस्त करे।

दोहरी नागरिकता से श्रीमंत और शक्तिमंत प्रवासी प्रसन्न होंगे। असली काम तो है–प्रवासी मज़दूरों को अनेकविध सुरक्षा प्रदान करना। इस सम्बन्ध में प्रधानमंत्री के आश्वासन स्वागत योग्य हैं लेकिन प्रधानमंत्री के आश्वासनों को लागू करने के लिए सरकार के पास क्या कोई समर्थ तन्त्र है ? जाहिर है कि विदेश मंत्रालय पर पहले से ही काफी बोझ लदा हुआ है। हमारे दूतावास भारतवंशियों को यों ही नहीं सँभाल पाते। अब वे उनकी विशेष जिम्मेदारियाँ कैसे उठाएँगे ? यदि हम चाहते हैं कि प्रवासी सम्मेलन सिर्फ मेला-ठेला बनकर न रह जाए तो यह जरूरी है कि या तो प्रवासियों के लिए अलग मंत्रालय कायम किया जाए या उसके समतुल्य कोई स्वायत्त निदेशालय या आयोग बनाया जाए, जिसका काम समग्र प्रवासी नीति का निर्माण और क्रियान्वयन हो।

सम्मेलन में जो भाषण और आश्वासन दिए गए हैं, वे रेवड़ियाँ हैं, भोज नहीं। पेट भर भोजन नहीं। रेवड़ियों से पेट नहीं भरता। अगर भारत के पास कोई समग्र प्रवासी नीति होती तो क्या फीजी में जार्ज स्पैट प्रधानमंत्री महेन्द्र चौधरी को गिरफ्तार कर सकता था और चौधरी के साथ जो अन्याय अभी हो रहा है, क्या वह हो सकता था ? फीजी और सूरिनाम के हजारों लोगों को अपना वतन क्यों छोड़ना पड़ता ? भारत सरकार प्रवासियों के साथ अंग्रेजी में व्यवहार करके उनकी संस्कृति को अनजाने ही नष्ट क्यों करती ? भारत के मालदार प्रवासी भारत की बजाय चीन में अपनी पूँजी लगाने को बेताब क्यों होते ? यह सब इसलिए हो रहा है कि भारत के पास अपनी कोई प्रवासी नीति नहीं है। जब तक मानव अधिकार, लोकतंत्र, वंशभेदरहित समाज तथा समृद्धि में भागीदारी जैसे आदर्शों को संपूर्ण प्रवासी आन्दोलन की आधारभूमि नहीं बनाया जाएगा, डर यह है कि इस तरह के सम्मेलन राजनीतिक पटाखेबाजी और रेवड़ी-वितरण समारोह बनकर रह जाएँगे।

मोरिशस की कुछ झलकियाँ

मोरिशस की कुछ झलकियाँ। मोरिशस भारत से 3600 मील दूर है। हवाई जहाज से वहाँ पहुँचने में साढ़े सात घंटे लगते हैं। यह हिन्द महासागर के दक्षिण-पश्चिम में स्थित है। इस द्वीप का नाम 'मोरिशस' कैसे पड़ा ? फ्रांसीसी भाषा में इस द्वीप को 'इल मौरिस' कहा जाता है याने मौरिस का द्वीप। फ्रांसीसी राजकुमार मौरिस के नाम पर इस द्वीप का नाम रखा गया। भोजपुरी में इसे मोरिशस कोई नहीं बोलता। इसे 'मोरिस' ही बुलाया जाता है। अब से 60-70 साल पहले अंग्रेज के राज में इस देश से जो चीनी भारत आती थी, उसे शक्कर या चीनी कोई नहीं बोलता था। उसे मोरिस या मोरिसी कहा जाता था। अब भी मोरिशस की अर्थ-व्यवस्था की रीढ़ चीनी उद्योग ही है। यदि 750 वर्गमील में फैले इस देश में आप चक्कर लगाएँ तो ऐसा लगता है कि आप गन्ने के विराट् खेत में घूम रहे हैं। कहीं-कहीं तो मीलों-मील गन्ने के खेतों के अलावा कुछ भी दिखाई नहीं पड़ता। दोनों ओर गन्ने ही गन्ने और बीच में सिर्फ 10-12 फुट चौड़ी सड़क। सड़कें सपाट और चिकनी हैं लेकिन इतनी संकरी हैं कि लगता है कि आपकी कार बस अब सामने वाली कार से टकरानेवाली ही है। गन्ने की खेती इतनी घनी है कि सड़कों के मोड़ पर गाड़ी रोककर दाएँ या बाएँ मोड़नी पड़ती है। भारतवंशियों के खेत गाँवों में हैं और छोटे-छोटे हैं लेकिन गोरे फ्रांसवंशियों के खेत सैकड़ों एकड़ों में फैले हुए हैं। दर्जन भर फ्रांसीसी मूल के गोरे परिवारों के हाथ में मोरिशस के 40 प्रतिशत से भी अधिक खेत हैं। इन्हीं खेतों में हजारों भारतवंशी अब भी मजदूरी करते हैं। इन्हीं खेतों में गन्ना बोने और काटने के लिए लगभग 170 साल पहले भारत और अफ्रीका से मजदूरों को मोरिशस ले जाया गया था। मोरिशस की गन्ना-मिलों पर भी गोरों का ही एकाधिकार है। हाल में ही कुछ मिलें गोरों ने बन्द कर दी हैं। उसके कारण आठ-दस हजार मजदूर बेकार हो गए हैं। उत्पादन के साधनों के आधुनिकीकरण के कारण चीनी की मात्रा में कमी नहीं हुई है लेकिन मजदूरों के पेट पर लात पड़ रही है। मोरिशस में पैदा होनेवाली चीनी को फ्रांस के व्यापारी अग्रिम तौर पर खरीद लेते हैं लेकिन अब 2005 से यह कोटा खत्म होनेवाला है। फ्रांसीसी लोग सिर्फ सौ साल मोरिशस में रहे और अंग्रेज डेढ़ सौ साल रहे लेकिन इस देश की अर्थव्यवस्था और संस्कृति पर आज भी फ्रांस की जबर्दस्त पकड़ है।

आजकल हमारे पूर्व प्रधानमंत्री श्री ह.डो. देवेगौड़ा किसी कार्यक्रम में मोरिशस

आए हुए हैं। वे किसान हैं। इसीलिए बार-बार खेतों और किसानों के बारे में पूछते रहते हैं। पूर्व प्रधानमंत्री नवीन रामगुलाम ने बताया कि 1997 में जब आपके प्रधानमंत्री देवेगौड़ा मेरे साथ कार में घूमते थे तो बार-बार पूछते थे कि आपके पिता सर शिवसागर रामगुलाम (प्रथम प्रधानमंत्री) ने इन गन्ना-खेतों और गन्ना मिलों का राष्ट्रीयकरण क्यों नहीं किया ? वर्तमान प्रधानमंत्री पॉल बेरांजे स्वयं गोरे हैं लेकिन समाजवादी रहे हैं। अब से 25 साल पहले वे चीनी-उद्योग के राष्ट्रीयकरण की बात करते थे लेकिन अब प्रधानमंत्री बनने पर वे क्या-क्या कर पाएँगे, यह अभी देखना है।

मोरिशस की राष्ट्रभाषा क्या है, यह कहना कठिन है। सरकार की आधिकारिक भाषा अंग्रेजी है लेकिन सारा सार्वजनिक काम-काज फ्रांसीसी में होता है। प्रत्येक व्यक्ति धाराप्रवाह फ्रांसीसी बोलता है। जो लोग पढ़े-लिखे नहीं हैं, वे 'क्रेओल' बोलते हैं। यह 'क्रेओल' क्या बला है ? यह अपभ्रंश फ्रांसीसी है। फ्रांसीसी, अंग्रेजी, स्वाहिली, भोजपुरी और चीनी भाषा की खिचड़ी है। यही यहाँ की राष्ट्रभाषा मालूम पड़ती है। सभी लोग एक-दूसरे से इसी भाषा में बात करते हैं। घर और बाजार में भी यही बोली जाती है। स्कूलों में हिन्दी जरूर पढ़ाई जाती है लेकिन मैंने आर्यसमाजियों के अलावा किसी को भी आपस में हिन्दी में बात करते नहीं सुना। भारत से जानेवाले कथावाचक, पंडित, प्रचारक आदि हिन्दी में भाषण जरूर देते हैं लेकिन उनको समझनेवालों की संख्या घटती जा रही है। वाक्वा के आर्यसमाज में मुझे अपना भाषण अंग्रेजी में दोहराना पड़ा। 'हिन्दी स्पीकिंग यूनियन' ने मेरे सम्मान में एक बड़ा प्रीति-भोज आयोजित किया। आयोजकों ने तो हिन्दी में बोला लेकिन सभा के अध्यक्ष संस्कृति मंत्री मोती रामदास चाहकर भी हिन्दी नहीं बोल सके। हिन्दी या अंग्रेजी का इस देश में एक भी अखबार नहीं है। 'ल मोरिस्यें' और 'ल एक्सप्रेस' दोनों दैनिक अखबार फ्रांसीसी भाषा के हैं। 'ल मोरिस्यें' के संपादक जिल्बे एहनी फ्रांसीसीभाषी हैं लेकिन उनके कुछ पूर्वज भारतवंशी भी रहे हैं। उनकी पत्नी फ्रांसीसी है। उन्हें भारत से बहुत प्यार है लेकिन भारतवंशी उन्हें अपना नहीं समझते। भारतवंशियों का कहना है कि वे गोरों की तरफदारी करते हैं। अंग्रेजी और हिन्दी में कुछ साप्ताहिक और मासिक पत्र निकलते हैं। अंग्रेजी पत्रों का कुछ असर जरूर है लेकिन हिन्दी पत्रों का प्रसार और प्रभाव यथोचित नहीं है। महात्मा गांधी संस्थान में हिन्दी और अंग्रेजी में कुछ उत्तम पुस्तकें अवश्य तैयार हुई हैं लेकिन भारत या ब्रिटेन जैसी पांडित्य की परम्परा अभी यहाँ कायम नहीं हुई है। संस्थान की निदेशिका श्रीमती सूर्यकांति गयान स्वयं विदुषी हैं और विदेश मंत्री अनिल गयान की पत्नी हैं। वे चाहती हैं कि यह संस्थान राजनीति और इतिहास के क्षेत्र में भी उत्तम शोधकार्य सम्पन्न करे।

महात्मा गांधी संस्थान को प्रसिद्ध करनेवाले मोरिशस के स्वनामधन्य लेखक श्री अभिमन्यु अनत आजकल रवीन्द्रनाथ ठाकुर संस्थान के निर्माण में लगे हुए हैं। भारत ने डेढ़ करोड़ की राशि दी है। वे श्रेष्ठ उपन्यासकार हैं। उनकी लगभग 75

कृतियाँ प्रकाशित हो चुकी हैं। दो काव्य-संग्रहों की रचयिता राज हीरामन से भी भेंट हुई। श्रीमती शकुंतला हवलदार भारत में जन्मी और पली हैं लेकिन अब मोरिशस की नागरिक हैं। वे अंग्रेजी की विख्यात कवयित्री हैं।

स्वामी कृष्णानंद आश्रम का सराहनीय विकास हुआ है। 'ह्यूमन सर्विस ट्रस्ट' नामक संस्था द्वारा संचालित इस आश्रम का विकास श्री धनदेव बहादुर की देख-रेख में हो रहा है। कृष्णानंदजी ने लगभग 25 साल तक मोरिशस की सेवा की। उनके शिष्यों में अनेक मंत्री, सांसद, संपादक, प्रोफेसर, राजदूत आदि बने हैं। कालबाश स्थित यह आश्रम कभी केथोलिक मठ था। इसमें अनाथों, विकलांगों, वृद्धों और मानसिक रोगियों को आश्रय मिलता था। किसी समय प्रधानमंत्री जगन्नाथ के साथ केथोलिक मठाधीशों का झगड़ा ऐसा बढ़ा कि उन्होंने मठ रातोंरात खाली कर दिया। इस संकट के समय स्वामी कृष्णानंद ने जिम्मेदारी सँभाली और उनके शिष्यों ने तत्काल संचालन अपने हाथ में ले लिया। इस आश्रम में चर्च अब भी चालू है लेकिन आर्यसमाजी हवन भी रोज होता है। एक आयुर्वेदिक केन्द्र भी चल रहा है। सुंदर-सा अतिथि-गृह भी बन गया है। 'गोपियो' (ग्लोबल आर्गेनाइजेशन ऑफ पीपल्स ऑफ इंडियन ओरिजिन) का यह मुख्यालय है। धनदेवजी 'गोपियो' के अध्यक्ष हैं। लगभग दस साल पहले मोरिशस की सरकार ने स्वामीजी के मोरिशस आगमन की रजत जयंती मनाई। डाक-टिकिट निकाला लेकिन जिस दिन रजत जयंती उत्सव की पूर्णाहुति हुई, रात को वहीं स्वामीजी ने महाप्रयाण कर दिया। वे 92 वर्ष के थे। 30 साल पहले जब वे दिल्ली आते थे, मेरे साथ ही रहते थे और कहते थे कि मेरा अफ्रीका का कार्य आप और वेदवती ही सँभालें। वे सच्चे संन्यासी थे। मैं मोरिशस में प्रधानमंत्री का मेहमान रहूँ या भारत सरकार का, मैं रहता हूँ, अपने आश्रम में ही।

मोरिशस में प्राय: सभी लोग मांस खाते हैं लेकिन यह आश्रम शुद्ध शाकाहारी है। स्वामीजी के कारण इस आश्रम में भारतीय ढंग का सादा भोजन मिल जाता है। जो लोग यहाँ शाकाहारी हैं, उनकी भोजन बनाने की शैली काफी अलग है। उस पर फ्रांसीसी प्रभाव जबर्दस्त है। यहाँ फल बहुत होते हैं और बड़े मीठे हैं। लीची और आम नवम्बर-दिसम्बर में पकते हैं। आजकल पेड़ों पर कच्चा आम; केरियाँ लदा हुआ है। गद्दर इमली बड़ी स्वादिष्ट है। मौसम ठंडा है। कब बरसात हो जाए, पता नहीं चलता। अब गर्मी की शुरुआत होनेवाली है। सड़कों पर खड़े होकर लोग दाल-पूरी खाते हैं। यह बड़ी सस्ती और कमाल की चीज़ है। दाल भरकर भाप से बनाई हुई यह रोटी बहुत लोकप्रिय है। दूध की लस्सी में कुछ फ्रांसीसी और चीनी चीजें डालकर अद्भुत पेय तैयार किया जाता है।

इस बार मोरिशस के समुद्र-तटों पर विहार का समय कम ही मिला लेकिन पनडुब्बी में सैर जरूर हुई। रतलाम के अपने मित्र चेतन काश्यपजी का आग्रह टालना असम्भव था। यों भी मोरिशस सामुद्रिक सौन्दर्य का स्वर्ग तो है ही।

मोरिशस में गोरा प्रधानमंत्री

मोरिशस 1968 में आज़ाद हुआ लेकिन पिछले 35 वर्षों में वहाँ जो भी प्रधानमंत्री बना, वह कोई न कोई भारतवंशी ही रहा। भारतवंशी ही नहीं, वह हिन्दू ही रहा और सिर्फ हिन्दू ही नहीं, वैश्य जाति (यादव-कुर्मी) आदि का रहा और मोरिशस में जो वैश्य है, वह हिन्दीभाषी तो होता ही है। यह पहला मौका है कि पॉल रेमो बेरांजे नामक एक गोरा व्यक्ति 30 सितम्बर को मोरिशस का प्रधानमंत्री बना है। मोरिशस में बसे लगभग आठ लाख भारतवंशियों को विश्वास नहीं हो रहा था कि उनकी 70-75 प्रतिशत की बहुसंख्या का प्रतिनिधि नहीं बल्कि मुश्किल से 10-12 हजार याने एक प्रतिशत गोरों की जाति का व्यक्ति उनके देश का प्रधानमंत्री बन रहा है।

सबसे पहले तो यह समझा जाए कि यह चमत्कार कैसे हुआ ? हुआ यह कि तीन साल पहले आम-चुनाव की वेला में बेरांजे की पार्टी 'मूअमाँ मिलिताँ मोरिस्ये' और पूर्व प्रधानमंत्री अनिरुद्ध जगन्नाथ की पार्टी 'मूअमाँ सोस्यालिस्त मोरिस्यें' में गठबंधन हुआ, जिसकी शर्त यह थी कि अगर यह गठबंधन जीता तो पहले तीन साल जगन्नाथ प्रधानमंत्री होंगे और शेष दो साल बेरांजे। प्रधानमंत्री नवीन रामगुलाम की लेबर पार्टी हार गई और जगन्नाथ-बेरांजे गठबंधन जीत गया। बेरांजे की पार्टी को जगन्नाथ की पार्टी से ज्यादा सीटें मिलीं, फिर भी तीन सालवाला पहला प्रधानमंत्री पद जगन्नाथ को दिया गया। 30 सितम्बर, 2003 को ये तीन साल पूरे हुए। इसीलिए अब बेरांजे ने अगले दो साल के लिए प्रधानमंत्री पद सम्हाल लिया है।

जब तीन साल पहले यह समझौता हुआ तो माना जा रहा था कि जगन्नाथ की पार्टी को सबसे ज्यादा सीटें मिलेंगी, क्योंकि तत्कालीन प्रधानमंत्री नवीन रामगुलाम-विरोधी हवा पूरे मोरिशस में बह रही थी और लोग यह भी महसूस कर रहे थे कि कई बार प्रधानमंत्री रहे जगन्नाथ को 1995 में हराकर लोगों ने ज्यादती की थी। इसके अलावा यह भी प्रचार किया गया था कि तीन साल किसने देखे हैं। बेरांजे को पिछले प्रधानमंत्रियों ने अपनी सरकारों से निकाला है तो इस बार भी जगन्नाथ उन्हें तीन साल के पहले ही निकाल बाहर करेंगे याने पूरे पाँच साल जगन्नाथ का राज चलता रहेगा। इधर बेरांजे के समर्थकों ने सोचा कि जिस नेता के पीछे वे 35 साल से लगे हुए हैं, पहली बार उसके प्रधानमंत्री बनने का अवसर आया है तो पूरा जोर क्यों नहीं लगाया जाए ? इसलिए मोरिशस के गोरे, अफ्रीकी मूल के काले, चीनी, वर्णसंकर, मुसलमानों तथा अहिन्दीभाषी भारतवंशियों ने बेरांजे की पार्टी को सर्वाधिक सीटें

दिलवाई। रोमन केथोलिक चर्च प्राय: सीधी राजनीति नहीं करता लेकिन उसने भी बेरांजे के पक्ष में खुली अपील की। यों बेरांजे पिछली कई सरकारों में उप-प्रधानमंत्री के पद पर रहे हैं लेकिन इस बार वित्तमंत्री और उप-प्रधानमंत्री के तौर पर उनकी स्थिति इतनी मजबूत थी कि पिछले तीन वर्षों में उन्हें ही वास्तविक प्रधानमंत्री माना जा रहा था। इसीलिए तीन साल बाद जब सत्ता-परिवर्तन हुआ तो मोरिशस में कोई राजनीतिक भूकम्प नहीं आया।

यदि बेरांजे को विधिवत प्रधानमंत्री नहीं बनाया जाता तो निश्चय ही मोरिशस राजनीतिक भूकम्प का शिकार हो जाता। पिछले 35 वर्षों में बेरांजे ने मोरिशस में जमीन से जुड़कर राजनीति की है। हर जाति में उनके हजारों अंध-भक्त खड़े हो गए हैं। उन्हें गोरों और अल्पसंख्यकों का नेता कहा जाता है लेकिन उनकी पार्टी में भारतवंशी सांसदों की संख्या सबसे ज्यादा है। यह ठीक है कि बेरांजे के प्रधानमंत्री बनने पर मोरिशस का हिन्दू समाज सहमा-सहमा है लेकिन वह यह भी मानता है कि इसके लिए हिन्दू नेता खुद जिम्मेदार हैं। यदि नवीन रामगुलाम और अनिरुद्ध जगन्नाथ में समझौता हो जाता तो हिन्दू वोट आपस में बँटते नहीं और बेरांजे किसी हालत में जीतता नहीं। अनेक लोग अनिरुद्ध जगन्नाथ के सिर ठीकरा फोड़ रहे हैं। उनका कहना है कि जगन्नाथ मोरिशस के हिन्दुओं का जयचंद है। उसने दुबारा प्रधानमंत्री बनने के लिए बेरांजे को प्रधानमंत्री पद तश्तरी में रखकर भेंट कर दिया। बेरांजे को प्रधानमंत्री बनाकर अब वे 7 अक्तूबर को मोरिशस के राष्ट्रपति बन जाएँगे। उनका बेटा प्रदीप जगन्नाथ बेरांजे का उप-प्रधानमंत्री बन गया है और उनका एक चचेरा भाई मंत्री !

इसमें शक नहीं कि इस समय मोरिशस में जगन्नाथजी के भाव बहुत नीचे आ गए हैं और नवीन के उपर। दो साल बाद चाहे जो हो, फिलहाल श्री जगन्नाथ ने बेरांजे को प्रधानमंत्री बनाकर सही कदम उठाया है। मोरिशस में हुआ शांतिपूर्ण सत्ता-परिवर्तन उसके लोकतंत्र की परिपक्वता का प्रमाण है। मोरिशस के भारतवंशियों की उदारता और धैर्य की सर्वत्र सराहना हो रही है। मोरिशस के लोग यह पूछ रहे थे कि क्या आप इस लोकतंत्र को सच्चा लोकतंत्र मानते हैं, जिसमें एक प्रतिशत गोरों की जाति का आदमी पूरे मोरिशस पर राज कर रहा है ? क्या यह फ्रांसीसी और ईसाई उपनिवेशवाद की वापसी नहीं है ? क्या मोरिशस दुबारा गुलाम नहीं हो रहा है ?

मेरा उत्तर यह है कि सच्चा लोकतंत्र यही है। सच्चे लोकतंत्र में स्थायी बहुसंख्यक और स्थायी अल्पसंख्यक कभी नहीं होते। प्रत्येक चुनाव में हर देश का राजनीतिक नक्शा बदल जाता है। बहुसंख्यक अल्पसंख्यक हो जाते हैं और अल्पसंख्यक बहुसंख्यक। यदि किसी व्यक्ति को आप सिर्फ इसलिए प्रधानमंत्री नहीं बनने देंगे कि वह गोरा है तो क्या यह उलट-रंगभेद नहीं है ? यदि मोरिशस लोकतंत्र है तो वह सबका है। उन सबका है, जो वहाँ के नागरिक हैं, जिनके बाप-दादे पिछले

तीन-चार सौ साल से वहीं बसे हैं और जिन्हें वहीं जीना और मरना है। पॉल बेरांजे किसी आयातीत नेता की तरह विदेश से नहीं आए हैं और न ही वे अपनी पत्नी या माँ के हेलिकॉप्टर में बैठकर मोरिशस के राजनीतिक हेलिपेड पर उतर गए हैं। वे अपनी कुमारावस्था से राजनीति में हैं। उन्होंने अनेक चुनाव जीते हैं और हारे भी हैं। उनके प्रधानमंत्री बनने से शायद मोरिशसीय राष्ट्रवाद जैसी किसी नई अवधारणा का भी जन्म हो सकता है। मोरिशस को लघु भारत या लघु अफ्रीका या लघु फ्रांस तब भी कहा जाता रहेगा लेकिन उसका एक स्वतंत्र राष्ट्रीय व्यक्तित्व ढलना भी शुरू हो जाएगा।

यह भय निराधार है कि बेरांजे की वजह से मोरिशस फीजी में परिणित हो जाएगा। बेरांजे ने तो फीजी के भारतवंशी प्रधानमंत्री महेंद्र चौधरी का सदा समर्थन किया है। इसके अलावा फीजी की तरह मोरिशस में मूल निवासियों और बाहरी आगंतुकों का झगड़ा नहीं है। वहाँ तो सभी बाहर से आकर बसे हैं। मोरिशस की अर्थव्यवस्था अब भी मुट्ठीभर गोरों के हाथ में जरूर है, लेकिन नौकरशाही, फौज, पुलिस और बाजार पर भारतवंशियों का ही वर्चस्व है। भारत और भारतवंशियों का विरोध करके बेरांजे अपने पाँव पर कुल्हाड़ी क्यों मारेंगे ? अपने अगले दो साल के राज में अगर बेरांजे लोकमत के विरुद्ध जाएँगे तो उन्हें सत्ता में कौन रहने देगा ? वास्तविकता तो यह है कि उन्हें मोरिशस के भारतवंशियों के प्रति जरूरत से ज्यादा नरमी दिखानी पड़ेगी, क्योंकि उन्हें यह सिद्ध करते रहना पड़ेगा कि वे गोरे तो हैं लेकिन सिर्फ गोरों के लिए नहीं हैं। उन्होंने मुझसे हुई बातचीत में यह साफ़-साफ़ कहा कि उनके कार्यकाल में वे ऐसे कदम उठाएँगे कि भारत-मोरिशस सम्बन्ध 'अनुपम' (यूनीक) बन जाएँ। इसीलिए प्रधानमंत्री के तौर पर उन्होंने अपनी पहली विदेश-यात्रा के लिए भारत को ही चुना है। वे नवम्बर में आ रहे हैं। उन्होंने वचन दिया है कि वे अन्तरराष्ट्रीय हिन्दी सचिवालय के काम को जोर-शोर से आगे बढ़ाएँगे और दुनिया के समस्त प्रवासी भारतीय लोगों वाले देशों को जोड़ने का काम भी करेंगे। ये प्रतीकात्मक कार्य हैं लेकिन आशा की जाती है कि पॉल बेरांजे पुराने समाजवादी होने के नाते कुछ ऐसे काम भी करेंगे कि मोरिशस के आम आदमी को आर्थिक और सांस्कृतिक आज़ादी भी मिले।

ट्रिनिडाड में दिखा एक और भारत !

पिछले तीस वर्षों में मैंने लगभग सौ बार विदेश यात्राएँ की हैं लेकिन जैसा विलक्षण और विचित्र अनुभव मुझे ट्रिनिडाड में हुआ, पहले कभी नहीं हुआ। यह देश भारत से लगभग 18 हजार कि.मी. दूर है लेकिन ऐसा लगता है कि डेढ़ सौ साल पहले का भारत यहाँ बसा हुआ है। हमारा भारत सांस्कृतिक दृष्टि से पिछली शताब्दी में जैसा रहा होगा, उसकी झलक ट्रिनिडाड में अभी भी दिखाई पड़ती है।

इस देश में सड़कों के नाम कलकत्ता, बंबई, दिल्ली, आगरा, बनारस के नाम पर तो हैं हीं, यहाँ पटना, फैजाबाद आदि नामवाले कई शहर और गाँव भी हैं। लोगों के घरों में राम, कृष्ण, शिव, हनुमान आदि के चित्र तो लगे होते हैं, महात्मा गांधी और जवाहरलाल नेहरू के चित्र भी देखे जा सकते हैं। गाँवों की कुछ दुकानों में आपको वे सब व्यंजन चखने को मिल सकते हैं जो उत्तर प्रदेश और बिहार में उपलब्ध होते हैं। कई घरों और मन्दिरों में हिन्दी के पुराने ग्रन्थों और पांडुलिपियों को लोगों ने बड़े जतन से सहेजकर रखा हुआ है। आर्यसमाजियों और कबीरपंथियों के पास ऐसे-ऐसे पुराने ग्रंथ हैं, जो भारत में अब शायद ढूँढने से भी नहीं मिल सकते। कुछ ग्रंथ तो उस समय के हैं, जिन्हें भारतीय बंधुआ मजदूर अपने साथ ही ले गए थे और कुछ ग्रंथ ऐसे भी हैं, जिन्हें कोई इक्का-दुक्का भारतीय अपनी ट्रिनिडाड यात्रा के समय कभी वहाँ छोड़ आया था।

अब से 30-40 साल पहले शायद ही कोई ट्रिनिडाडवासी अपने खर्च से भारत यात्रा कर सकता था। भारत आने के लिए कम से कम एक लाख रुपए तो अब भी चाहिए। यह देश अमेरिका से भी सैकड़ों मील आगे है। मयामी से भी सवा तीन घंटे की उड़ान लेनी पड़ती है। इस देश में पाँच लाख से अधिक भारतीय मूल के लोग हैं लेकिन जो भारत दर्शन के लिए आए हैं, उनकी संख्या हजारों में नहीं है। जितने भी लोग मिलते हैं, अगर उनमें से कोई भी कभी भारत गया है तो उसका जिक्र जरूर करता है और ऐसा तो कोई मिला ही नहीं, जिसके दिल में भारत-दर्शन का सपना न पल रहा हो। अधिकतर लोग ऐसे हैं, जो पिछले 15-20 साल में ही भारत गए हैं। सिर्फ एक प्रोफेसर शर्मा ऐसे मिले जिन्होंने कहा कि सन् 1956 में वे इंजीनियरी पढ़ने पिलानी गए थे। इधर ट्रिनिडाड में समृद्धि बढ़ी है और भारतीयों ने अच्छा पैसा कमाया है। किसी भी भारतीय के पास जब पैसा बचने लगता है, तो वह मकान और कार खरीदने के बाद भारत जाने के सपने देखने लगता है।

13 लाख लोगों के देश में ढाई लाख कारें हैं। इस देश की समृद्धि पेट्रोलियम और रासायनिक खाद के कारण हैं। बहुत कम ऐसे भारतीय घर हैं, जिनमें कार न हो। भारतीयों के पास अच्छी-अच्छी नौकरियाँ हैं, साफ-सुथरे घर हैं, स्वास्थ्यप्रद भोजन है और यह गर्व भी है कि वे भारतीय हैं। घर-घर में जो इंटरनेट कनेक्शन लगे हुए हैं, उनकी वजह से ये लोग भारत के घटना क्रम की दिनोंदिन जानकारी रखते हैं। ट्रिनिडाड के भारतवंशी लोग पर्याप्त सुंदर और स्वस्थ दिखाई पड़ते हैं। पुरोहिताई का काम वे लोग करते हैं, जो अपने आपको ब्राह्मण कहते हैं। पुरोहिताई यहाँ बड़ा धंधा है। अच्छी कमाई है, उसमें ! बड़े-बड़े इंजीनियर, डॉक्टर, प्रोफेसर और शिक्षक लोग अपने शेष समय में पुरोहिताई करते हैं। सनातन धर्म सभा ने यह परम्परा चलाई है कि केवल ब्राह्मण ही पुरोहिताई करें लेकिन आर्यसमाजी इसे नहीं मानते। पुरोहिताई के अलावा जात का सवाल यहाँ खास महत्त्वपूर्ण नहीं है। ब्राह्मणों और तथाकथित शूद्रों में रोटी-बेटी का व्यवहार चलता है। हिन्दू-मुसलमानों और ईसाइयों के बीच शादियाँ होती हैं और वे परिवार आनंदपूर्वक चलते हैं और समाज में उनकी स्वीकृति भी है। यहाँ के खेलमंत्री मनोहर हिन्दू हैं लेकिन उनकी पत्नी अमीना मुसलमान हैं। दोनों अपने-अपने धर्म का पालन करते हैं।

अमीर-गरीब के बीच फासला ज्यादा नहीं है। सामाजिक समता विशेष ध्यान आकर्षित करती है। लोग पैसे और सत्ता से आतंकित दिखाई नहीं पड़ते ! किसी को देखकर यह बताना मुश्किल होता है कि उस आदमी की वास्तविक वित्तीय या सामाजिक स्थिति क्या है ! जो लोग काफी मालदार हैं, अमेरिका, केनाडा, ब्रिटेन में शिक्षित हैं और भारत जाते रहते हैं, उनके भोजन पर भारतीय प्रभाव स्पष्ट दिखाई पड़ता है। वरना साधारणतया लोग उबली हुई सब्जी खाते हैं। साथ में चावल और 'दाल-पूरी' होती है। अधिकतर लोग मांस भी खाते हैं। आर्यसमाजी और पुरोहित लोग भी इसके अपवाद नहीं हैं। यहाँ एक-दो रेस्तराँ ऐसे भी हैं, जिनमें बिलकुल भारत जैसा भोजन मिलता है लेकिन वे काफी महंगे हैं। प्राय: सड़कों पर लोग 'दाल-पूरी' और छोले-भटूरों का आहार करते दिखाई पड़ जाते हैं। रेस्तराँ को कोई रेस्तराँ नहीं कहता। यहाँ रेस्तराँ का नाम है, 'रोटी'। हर रेस्तराँ पर रोमन लिपि में लिखा होता है आर.ओ.टी.आई.। फलों के क्या कहने ? दिसम्बर माह में ताज़े आम खाए ! इतने तरह के फल यहाँ मिलते हैं कि उनके नाम भी याद नहीं रखे जा सकते। अवाकाडो नामक फल ऐसा है, जिसे मक्खन की तरह ब्रेड पर चाकू से फैला सकते हैं। लोग दिन भर नारियल का पानी पीते रहते हैं। पूरा देश हरे-भरे पेड़ों से पटा हुआ है। हर हिन्दू घर पर लाल झंडियाँ (हनुमानजी का प्रतीक) लहराती हैं और हर घर में फलों के पेड़ों की शोभा दर्शनीय होती है। तुलसी का बिरवा किस घर में नहीं है ?

सम्पूर्ण देश अत्यन्त रमणीय है। पहाड़ों, नदियों, वनों से सुसज्जित यह द्वीप चारों तरफ समुद्र से घिरा हुआ है। चार-पाँच घंटे में आप पूरे देश की परिक्रमा कर सकते

हैं। 20-25 मील की दूरी पर स्थित टोबेगो द्वीप भी इसी देश का हिस्सा है। पूरा देश हरी घास के गलीचे से ढका हुआ-सा मालूम पड़ता है। डम्मर की साफ-सुथरी सड़कें हरे कागज पर काली लकीरों-सी दिखाई पड़ती हैं। मौसम बम्बई जैसा है। शहरों की सड़कें इतनी सँकरी हैं कि लगता है कि सामने से आ रही कार अपनी कार से भिड़े बिना नहीं रहेगी। इतनी कारों के बावजूद प्रदूषण की गंध तक नहीं है। गाँव बहुत ही सुंदर हैं। शान्ति और निस्तब्धता का साम्राज्य होता है वहाँ। भारतवंशी प्राय: गाँवों में रहना पसंद करते हैं। वे शहरों में या तो ऊँचे पदों पर हैं या दुकानें चलाते हैं या फिर अधिकतर गाँवों में खेती करते हैं। सर्वत्र मन्दिरों, मस्जिदों, चर्चों और विभिन्न सम्प्रदायों के पूजा-स्थलों की भरमार है। आपस में मिलते ही लोग एक-दूसरे को 'सीताराम' कहकर अभिवादन करते हैं। कुछ लोग 'नमस्ते' भी कहते हैं। लोग इतनी आत्मीयता और श्रद्धा से मिलते हैं कि उनसे बिछुड़ने का मन नहीं करता। ट्रिनिडाड इतनी दूर होते हुए भी भारत के इतने पास है। पहले मुझे यहाँ आने में संकोच हो रहा था, अब यहाँ से जाने में संकोच हो रहा है।

भारत के प्रति कितना गहन अनुराग यहाँ के लोगों में है कि जैसे ही खबर आई कि कोई भारतीय युवती विश्व-सुंदरी चुनी गई तो यहाँ रात को एक बड़ी पार्टी में सारे लोग जोर-जोर से नाचने-गाने लगे। अनेक उद्योपतियों, प्रोफेसरों और मंत्रियों ने मुझ पर बधाइयों की बौछार कर दी। मुझे थोड़ा अटपटा-भी लगा। गहन अनुराग का जैसा प्रमाण यहाँ मिलता है और कहाँ मिलेगा ? मैं ठहरा हूँ, प्रो. हरिशंकर आदेश के आश्रम में, हालाँकि कुछ धनाढ्य मित्रों ने पाँचसितारा होटलों में कमरे भी बुक करवा दिए। आश्रम की देविका बहन और तेनसिंह रामलखन दम्पती ने जो सेवा की है, उसे जब-जब भी जीवन में याद करूँगा, मेरे मन में मिसरी-सी घुलती रहेगी। इस देश के कोने-कोने में घूमने का मौका मुझे मिला। हर जगह लोग हिन्दी भजन और सिनेमा के गाने सुनते हुए या गाते हुए मिलते हैं। चार रेडियो चैनल लगातार हिन्दी गाने और भजन प्रसारित करते रहते हैं। लगता है कि लोग जैसे भारतीय संगीत के पीछे पागल हुए जा रहे हैं। लोग कार स्टार्ट बाद में करते हैं, पहले गाना चला देते हैं। इसी प्रकार मन्दिरों, आर्यसमाजों, सभाओं और गोष्ठियों का माहौल संगीतमय बना रहता है। प्रसिद्ध उद्योगपति श्री श्यामदेव गोसाईं ने अपने घर पर संगीत और प्रीति-भोज का बड़ा आयोजन किया। इसमें खेल मंत्री मनोहर की पत्नी अमीना ने इतने गाने और भजन सुनाकर मंत्रमुग्ध किया कि लोग मध्यरात्रि के बावजूद घर जाने को तैयार नहीं थे। शाम को प्रो. हरिशंकर आदेश के शिष्यों ने जो कार्यक्रम सेन फर्नान्डो में आयोजित किया था, उसमें मेरी फरमाइश पर राग मालकौंस और भीमपलासी गाकर उन्होंने समाँ बाँध दिया। यहाँ मन्दिरों और घरों में तुलसी-रामायण, भगवद्गीता, हनुमान चालीसा, विष्णु सहस्त्रनाम आदि के केसेटों की भी भरमार रहती है। रामायण और महाभारत के वीडियो केसेट भी लोग बड़े चाव से देखते हैं। पूजा-पाठ के मंत्रों और विधियों के भी केसेट बने हुए हैं।

लेकिन सबसे विचित्र बात यह है कि यहाँ सामान्यतया कोई हिन्दी नहीं जानता। फिर भी हर आदमी हिन्दी पर लट्टू है। एक शब्द का भी अर्थ जाने बिना भजनों और गानों को ये लोग मदमस्त होकर सुनते हैं। सुनते ही नहीं, गाते भी हैं और बिलकुल वैसे ही गाते हैं, जैसे कि भारत में गाए जाते हैं। उच्चारण भी शुद्ध और लय-ताल में भी कोई कमी नहीं! इसी तरह पूजा-पाठ का एक शब्द भी ये लोग नहीं समझते लेकिन सारी विधियाँ पूर्ण मनोयोग से करते हैं। पुरोहितजी मंत्र संस्कृत में बोलते हैं, भजन हिन्दी में गाते हैं और व्याख्या अंग्रेजी में करते हैं। सब लोग पूर्णतया अंग्रेजी बोलते हैं। छोटा शिशु और अति वृद्ध व्यक्ति सभी अंग्रेजी में सम्भाषण करते हैं। एकदम अनपढ़ आवारा आदमी और किसी परम विद्वान के बीच वार्तालाप होना हो तो वह भी सिर्फ अंग्रेजी में ही होता है। अंग्रेजी इस देश की लोकभाषा है और राजभाषा है। मैंने किन्हीं दो ट्रिनिडाडियों को आपस में अंग्रेजी के अलावा किसी अन्य भाषा में बोलते हुए नहीं सुना। वे कोई और भाषा जानते ही नहीं। 'हिन्दी निधि' के प्रसिद्ध कर्णधार श्री चंद्रिका सीताराम की हिन्दी के प्रति गहरी निष्ठा है लेकिन वे स्वयं हिन्दी नहीं जानते। इसी प्रकार सनातन धर्म सभा के प्रधान श्री सत महाराज हिन्दी और हिन्दुओं के प्रचंड समर्थक हैं लेकिन वे भी हिन्दी नहीं बोल सकते। सत महाराज ट्रिनिडाड में हिन्दी को पुनर्जीवित करने के लिए कटिबद्ध हैं।

1996 में जो विश्व-हिन्दी सम्मेलन यहाँ हुआ था वह भी प्राय: अंग्रेजी में ही हुआ था। मैंने स्वयं सनातन धर्म सभा की राष्ट्रीय कार्यकारिणी और आर्यसमाज के प्रतिनिधियों को अंग्रेजी में ही संबोधित किया। कोई चारा न था। कई सभाओं में एक आदमी भी ऐसा नहीं मिलता था जो कि हिन्दी भाषण का अंग्रेजी अनुवाद कर सके। यहाँ दो तरह की अंग्रेजी है। एक तो वह जो ट्रिनिडाडी लोग हम लोगों से बोलते हैं और दूसरी वह, जो वे आपस में बोलते हैं। जो अंग्रेजी वे आपस में बोलते हैं, वह आसानी से समझ में नहीं आती। ऐसा लगता है कि उसमें पुरानी भोजपुरी, क्रेओल और हिन्दी के उच्चारणों का सम्मिश्रण है। जो अंग्रेजी वे हमसे बोलते हैं या अखबारों में लिखते हैं, वह व्याकरण की दृष्टि से तो शुद्ध होती है लेकिन उसे प्रांजल अंग्रेजी नहीं कहा जा सकता। वह कामचलाऊ है और दूसरे दर्जे की है।

इसका मतलब क्या है ? स्पष्ट है। याने ट्रिनिडाड के लोग दूसरे दर्जे की जिन्दगी जीने के लिए मजबूर हैं। उनकी अपनी भाषा को नष्ट कर दिया गया है और मालिकों की भाषा उन पर थोप दी गई है। ट्रिनिडाड, गयाना और जमैका आदि के भारतीयों की भाषाई हत्या हो चुकी है। सूरीनाम, मोरिशस और फीजी में भी डेढ़ सौ साल पहले भारतीयों को बन्धुआ बनाकर ले जाया गया था लेकिन उपनिवेशवादी गोरे अपने लाख प्रयत्नों के बावजूद वहाँ वह नहीं कर पाए, जो उन्होंने केरीबियाई देशों में कर दिखाया। सूरीनाम में आम भारतवंशी धाराप्रवाह हिन्दी बोलता है। कोई भी भारतवंशी यदि हिन्दी में धुआँधार भाषण देना न जानता हो तो वह संसद में चुनकर नहीं जा सकता। मोरिशस और फीजी की स्थिति इतनी अच्छी नहीं है लेकिन वहाँ

लोग आपस में हिन्दी बोलते हैं और धार्मिक समारोहों में भी हिन्दी का प्रयोग होता है। हिन्दी की पत्र-पत्रिकाएँ भी निकलती हैं। हिन्दी के उल्लेखनीय लेखक भी वहाँ हैं लेकिन गयाना, ट्रिनिडाड, जमैका और बहामा में हिन्दी नाम मात्र की रह गई है। पाठशालाओं में हिन्दी पढ़ाने के लिए अध्यापक ही नहीं हैं। हजारों में कोई एकाध हिन्दी का जानकार यहाँ मिलता है। अनभ्यास के कारण वह भी ठीक से हिन्दी नहीं बोल सकता। ट्रिनिडाड के इस एक सप्ताह के प्रवास में सैकड़ों लोगों से भेंट हुई और दर्जनों समारोहों में जाने का अवसर हुआ लेकिन सिर्फ तीन-चार लोग ऐसे मिले कि जो टूटी-फूटी हिन्दी बोल सकते थे। यदि हमारे मित्र तथा भारत के नव-नियुक्त उच्चायुक्त डॉ. परिमलकुमार दास और कुसुमजी के घर भोजन करने न जाते तो शायद किसी से सहज हिन्दी में बात करने का मौका ही नहीं मिलता। एक सप्ताह तक लगातार अंग्रेजी बोलते रहने की सज़ा तो मुझे कभी अमेरिका और ब्रिटेन में भी नहीं मिली। ट्रिनिडाड में बल्कि सारे केरिबियाई क्षेत्र में हिन्दी को बचाने के लिए भारत सरकार क्या कर रही है ? यदि ट्रिनिडाड में यही स्थिति बनी रही तो हिन्दी के जहाज को पूरी तरह डूबने में ज्यादा देर नहीं लगेगी।

भोजपुरी बोली और हिन्दी भाषा के इस विनाश की गाथा असाधारण है। किसी भी जाति पर अपना प्रभुत्व जमाने के लिए यह जरूरी होता है कि पहले उसकी पहचान नष्ट करो। भाषा अपनी पहचान का सर्वाधिक सशक्त माध्यम है। अंग्रेजी को सबसे पहला वार भारतवंशियों पर ही करना था, क्योंकि शेष नीग्रो जनता के पास अपना कहने के लिए कुछ भी नहीं थी। न परम्परा, न इतिहास, न धर्म, न भाषा ! अंग्रेजों ने नीग्रो लोगों पर ईसाइयत लादी, अंग्रेजी लादी, अपनी वेशभूषा लादी, खान-पान लादा और नकलचियों की जबर्दस्त फौज खड़ी कर दी। दूसरे दर्जे के इन ईसाइयों के साथ गोरों ने रोटी-बेटी का व्यवहार नहीं किया। उनके गिरजे अलग बना दिए, पिंजरों के समान उनके मोहल्ले अलग रच दिए। बिलकुल यही कारस्तानी वे भारतीयों के साथ करना चाहते थे। वे चाहते थे कि उनकी सारी प्रजा पहले संस्कृतिशून्य हो जाए ताकि बाद में उनका प्रभुत्व वह एकसार स्वीकार कर सके। जैसे नीग्रो हुए, वैसे ही भारतवंशी भी हो जाएँ लेकिन इस साजिश में अंग्रेज आधे सफल हुए। भारतीयों की भाषा तो छूट गई लेकिन भाषा का मोह ज्यों का त्यों बना रहा। ट्रिनिडाड में आज हिन्दी का वही स्थान है, जो कमोबेश भारत में संस्कृत का है। बिना समझे ही जैसे भारत में पुरोहित लोग वेदमंत्रों का पाठ करते हैं, वैसे ही ट्रिनिडाड के लोग हिन्दी भजन और गानों पर थिरकने लगते हैं। संस्कृत और हिन्दी की लिपि एक ही है लेकिन ट्रिनिडाड की हिन्दी की लिपि अंग्रेजी है। यहाँ संस्कृत के मंत्र और हिन्दी के भजन भी रोमन लिपि में लिखे और पढ़े जाते हैं। विश्वविद्यालय और कुछ पाठशालाओं में जहाँ-तहाँ जो थोड़ी-बहुत हिन्दी पढ़ाई जाती है, वह भी अंग्रेजी माध्यम से पढ़ाई जाती है। सनातन धर्म सभा और आर्यसमाज के नेताओं ने मुझे खास तौर से कहा है कि यदि आप भारत से हिन्दी के अध्यापक भिजवाएँ तो ऐसे भिजवाएँ

जो अंग्रेजी अच्छी जानते हों। वरना हमारे अध्यापकों को वे पढ़ाएँगे कैसे, प्रशिक्षित कैसे करेंगे ?

धन्य हैं, ट्रिनिडाड के लोग कि जिन्होंने अपनी सभ्यता, संस्कृति और धर्म को इतनी मजबूती से पकड़ रखा है कि भाषा छूटने के बावज़ूद अभी तक उनकी जड़ें उखड़ी नहीं हैं। मित्तल के इस्पात कारखाने में काम कर रहे कुछ भारतीय अफसरों ने बताया कि पिछले 15 साल में ट्रिनिडाड में भारतीयता का बोलबाला बढ़ गया है। यहाँ कुछ दशक पहले तक भारतीय स्त्रियाँ साड़ी या सलवार-कमीज़ बहुत कम पहनती थीं लेकिन अब महिलाएँ साड़ी में और लड़कियाँ सलवार-कमीज में दिखाई पड़ती हैं। यहाँ भारतीय वेश-भूषा में सुसज्जित युवतियों का ओडिसी नृत्य भी देखने को मिला। ट्रिनिडाड में हिन्दी, भारतीय संगीत और कला को जीवित रखने और आगे बढ़ाने में प्रो. हरिशंकर आदेश का योगदान विलक्षण है। प्रो. आदेश अब से 33 साल पहले भारत से दो-तीन साल के लिए ट्रिनिडाड आए थे लेकिन वे यहीं बस गए। उन्होंने गाँव-गाँव में हिन्दी और संगीत की पाठशालाएँ खोल दीं और आज दस देश में यदि भारत का जीवंत प्रभाव कहीं दिखाई पड़ता है तो उसका सबसे अधिक श्रेय प्रो. आदेश को है। वे भारत के स्थायी सांस्कृतिक राजदूत हैं। प्रो. आदेश स्वयं गायक हैं, तबला वादक हैं, मंजे हुए कवि हैं, लेखक भी हैं और निरभिमानी सुधारक हैं। उन्होंने अपना कार्य पहले आर्यसमाज के माध्यम से शुरू किया लेकिन उसे सर्वस्वीकार्य बनाने की दृष्टि से वे फिर स्वतन्त्र रूप से सक्रिय हो गए। आज ट्रिनिडाड की कोई संस्था ऐसी नहीं है जिसमें उनके शिष्यगण अलग से न चमकते हों। जो कार्य स्वामी कृष्णानंदजी ने मोरिशस में किया, लगभग वैसा ही कार्य प्रो. आदेश ने ट्रिनिडाड में किया। हिन्दी और भारतीय संस्कृति को बलवान बनाने का कार्य श्री रवीन्द्र महाराज भी कर रहे हैं। वे धाराप्रवाह हिन्दी बोलते हैं और ट्रिनिडाडी समाज पर उनका प्रभाव भी अच्छा है।

ट्रिनिडाड के लगभग 13 लाख लोगों में से आधे भारतीय हैं और आधे अफ्रीकी हैं। भारतीय और अफ्रीकी मूल के लोगों के अलावा यहाँ चीनी, सीरियाई, हिस्पानी और थोड़े गोरे लोग भी हैं। तीन दशक से अफ्रीकी मूल के लोग ही प्रधानमंत्री बनते थे। पहली बार भारतीय मूल के श्री वासुदेव पांडे चार साल पहले प्रधानमंत्री बने हैं। नीग्रो लोगों में उनके प्रति दुराव स्पष्ट है। नीग्रो पत्रकार उन पर बराबर आग बरसाते रहते हैं। हालाँकि उनकी पार्टी में सभी जातियों के लोग हैं, भारतीय, नीग्रो, गोरे आदि। उनकी अनुपस्थिति में जिन कार्यवाहक प्रधानमंत्री ने मुझे चाय पर बुलाया, वे एक गोरे सज्जन ही हैं। इस देश की राजनीति में अब भी काफी सादगी और खुलापन है। इसका एक नमूना यह है कि जब एक मंत्री ने मुझे फोन करके ट्रिनिडाड की संसद में बुलाया तो यह नहीं बताया कि प्रधानमंत्री पांडे विदेश में हैं और कार्यवाहक प्रधानमंत्री ने मुझे चाय के लिए आमंत्रित किया है। जब मैं संसद में गया तो किसी ने न रोका, न टोका। मैं सीधे सदन के साथ लगी दर्शक दीर्घा

में बैठ गया। मुझे देखते ही सदन के अध्यक्ष ने, जो नीग्रो हैं, अपने मार्शल को मेरे ललललललपास भेजा और वह मुझे वहाँ से उठाकर अध्यक्षीय आसन के पास लगी कुर्सी तक ले गया। मैं जैसे ही वहाँ बैठा, एक दाढ़ीवाले गोरे-से सज्जन और उनके साथ दो भारतीय और अर्ध-नीग्रो युवती ने आकर मुझे कहा कि 'चलिए।' मुझे लगा कि ये लोग प्रधानमंत्री या किसी मंत्री के सचिव और सुरक्षाकर्मी होंगे। जैसे ही हम सदन से बाहर निकले, दनादन सलाम लगने लगे तो मैं तुरन्त सचेत हुआ। प्रधानमंत्री कक्ष में पहुँचने पर मैने अंदाज लगाया कि जो गोरे सज्जन मेरे साथ आगे-आगे चल रहे थे वे प्रधानमंत्री हैं, दूसरे सज्जन विदेश मंत्री हैं, तीसरे सज्जन उड्डयन मंत्री हैं और चौथी युवती सेनेटर है। औपचारिक परिचय किसी के साथ भी नहीं हुआ। मैं ज़रा चक्कर में पड़ गया कि प्रधानमंत्री वासुदेव पांडे गोरे कैसे हो सकते हैं? वे भारतीय मूल के हैं। मैं बार-बार दीवार पर टंगे पांडेजी के फोटो को देखता और इन सज्जन की शक्ल से मिलाता। दोनों में मेल नहीं बैठता लेकिन विदेश मंत्री राल्फ महाराज उन्हें बार-बार 'मिस्टर प्राइम मिनिस्टर' कहकर संबोधित कर रहे थे। कोई हिन्दी नहीं जानता था, इसलिए बात अंग्रेजी में ही हो रही थी। अगर पांडेजी भी होते तो बात अंग्रेजी में ही होती। आधे घंटे की कूटनीतिक चर्चा के पश्चात् बातों ही बातों में भेद खुला कि वे गोरे सज्जन कार्यवाहक प्रधानमंत्री हैं।

इसी प्रकार मयामी के तुलसी सम्मेलन में आया एक युवक मुझसे लगभग आधा घंटा बात करता रहा और मुझे पता ही नहीं चला कि वह कौन है? थोड़ी देर पहले मैंने उसे भोजन की लम्बी कतार में भी खड़े देखा था। उनका नाम चन्द्रेश शर्मा है, जो तेजस्वी सांसद और मंत्री हैं। ट्रिनिडाड में जहाँ-जहाँ मेरे कार्यक्रम होते रहे, चन्द्रेशजी अपने आप पहुँच जाते और बड़े भक्तिभाव से श्रोताओं के बीच बैठे रहते। उनके अलावा अन्य कई मंत्री, उद्योगपति, पत्रकार और प्रोफेसर लोग प्रतिदिन आग्रह करते रहे कि कम से कम एक रात तो मैं उनके यहाँ गुजारूँ! पूरे एक सप्ताह में मैं पाँच घंटे से ज्यादा कभी नहीं सो पाया। सुबह छह बजे से मध्य-रात्रि तक लगातार कार्यक्रम चलते रहे। जिसके भी घर जाइए, वह पहले आरती उतारता है और फिर पाँव छूता है। बूढ़ी महिलाएँ भी पाँव छूती हैं। क्या किया जाए, मना करने पर भी नहीं मानतीं। भारत से आए आदमी को वे देवता की तरह पूजते हैं।

सन्दर्भ-सूची

महाशक्ति भारत

भारत महाशक्ति कैसे बने	वागर्थ (कोलकाता)	सितम्बर 2001
अलविदा 20वीं सदी : स्वागत तेरा, 21वीं सदी	नई दुनिया (इंदौर)	9,10,11 जनवरी, 200

परमाणु शक्ति

वाजपेयी के माथे पर इंदिरा का मुकुट	नभाटा (नई दिल्ली)	21 मई, 1998
सीटीबीटी : भारत पाक संयुक्त पहल करें	नभाटा	19 फरवरी, 1999
भारत-पाक परमाणु एका : नए विश्व की नींव	हिन्दुस्तान (नई दिल्ली)	20 फरवरी, 1999
परमाणु सिद्धान्त : भारतीय आत्मा कहाँ है	नभाटा	25 अगस्त, 1999
सी.टी.बी.टी. का रद्द होना वरदान	नभाटा	27 अक्टूबर, 1993
सिर्फ जवाबी हमला क्यों : गलत परमाणु नीति	रा. सहारा (नई दिल्ली)	21 जनवरी, 2003
सिर के बल खड़ा परमाणु सिद्धान्त	नभाटा	03 फरवरी, 2003

भारत-पाक तनाव

अटलजी की बस यात्रा : आगे क्या	भास्कर (इंदौर)	25 फरवरी, 199
लाहौर-बस कहीं उलट न जाए !	भास्कर	06 मार्च, 1996
भारत-पाक के बीच बढ़ाया जाए आपसी सहयोग	नई दुनिया	09 मार्च, 1999
सरताज अजीज को सुनाएँ खरी-खरी	नभाटा	11 जनू, 1999
पाकिस्तान के लिए पश्चाताप जरूरी	नभाटा	13 जुलाई, 1999
नवाज़ पर मेहरबानी मुशर्रफ की	नभाटा	21 अक्टूबर, 1999
मुशर्रफ को न्यौता :		

अचानक यह कलाबाजी क्यों ?	नभाटा	27 मई, 2001
दूसरा तख्ता-पलट और भारत यात्रा	नभाटा	22 जून, 2001
सिर्फ कश्मीर को ही मुद्दा बनाएँ	नभाटा	12 जुलाई, 2001
आशा के शिखर से निराशा की खाई में	नभाटा	18 जुलाई, 2001
आगरा के आगे भी बहुत कुछ है !	नभाटा	26 जुलाई, 2001
भय बिनु होत न प्रीति	हिन्दुस्तान	03 जनवरी, 2002
मुशर्रफ का जवाब ऐसे दें	भास्कर	06 जनवरी, 2002
दक्षेस में पाकिस्तान का भविष्य	नभाटा	11 जनवरी, 2002
म्यान से निकली हुई तलवार	हिन्दुस्तान	11 जनवरी, 2002
शेर पर सवार मुशर्रफ	हिन्दुस्तान	17 जनवरी, 2002
दुबारा म्यान में जाने का वक्त नहीं	नभाटा	18 जनवरी, 2002
तने हुए मुक्के की थकान	हिन्दुस्तान	18 फरवरी, 2002
बिल्ली वही जो चूहे मारे	हिन्दुस्तान	12 अप्रैल, 2002
मुशर्रफ की ताजपोशी और भारत का दायित्व	हिन्दुस्तान	06 मई, 2002
जम्मू अलग हो तो जड़ता टूटे	हिन्दुस्तान	25 जुलाई, 2002
गाड़ी अगाड़ी और घोड़ा पिछाड़ी	नभाटा	22 अगस्त, 2002
झंडाबरदार नहीं, डंडाबरदार मुशर्रफ	हिन्दुस्तान	27 अगस्त, 2002
कश्मीर चुनाव : सोने की सीढ़ी	नभाटा	12 अक्टूबर, 2002
चुनाव पाकिस्तान का और नुकसान भारत का	राष्ट्रीय सहारा	15 अक्टूबर, 2002
फिर से हथेली बना तना हुआ मुक्का	नभाटा	19 अक्टूबर, 2002
बुरे फंसे मुशर्रफ चुनाव के दाँव में	भास्कर	20 अक्टूबर, 2002
ब्लेड की धार पर जमाली	नभाटा	27 नवम्बर, 2002
ठोस पहल या कोरी भावुकता	नभाटा	23 अप्रैल, 2003
जमाली आगे-आगे, हम पीछे-पीछे	नभाटा	2 मई, 2003
अब झिझकना कैसा	नभाटा	10 मई, 2003
या तो प्यादे या बादशाह !	भास्कर	13 मई, 2003

भारत–अमेरिका

कसोवो में अमेरिकी अतिक्रमण	हिन्दुस्तान	15 अप्रैल, 1999
क्लिंटन यात्रा : भारत को गुलाब, पाक को काँटे	नभाटा	30 मार्च, 2003
अमेरिका में बज रहा भारत का डंका	सन्मार्ग (कोलकाता)	2,3 अप्रैल, 2000
भारत-अमेरिका सम्बन्ध : अपूर्व आयाम	नभाटा	22 सितम्बर, 2000
अमेरिका को सिर्फ अपनी चिन्ता है	नभाटा	13 मई, 2001

शीतयुद्ध की वापसी का कैसा डर	नभाटा	11 फरवरी, 2002
जरूरी है विदेश नीति में लचीलापन	भास्कर	13 फरवरी, 2002
अपने ही घर में किराएदार भारत	हिन्दुस्तान	01 अप्रैल, 2002
बिलोएँ पानी और निकालें मक्खन	नभाटा	31 जुलाई, 2002
पाकिस्तानी प्रेत बाधा और भारत-अमेरिका संवाद	भास्कर	01 अक्टूबर, 2002
निर्गुटता को चाहिए नयी लीक	राष्ट्रीय सहारा	05 मार्च, 2003

भारत-रूस

भारत-रूस : वही लहर फिर लौटे	नभाटा	30 सितम्बर, 200
फिर हुआ हरा दोस्ती का दरख्त	नभाटा	10 अक्टूबर, 2000
पूतिन की यात्रा : असली मुद्दा पाकिस्तान है	भास्कर	01 अक्टूबर, 2002
भारत रूस : जबानी जमा-खर्च	नभाटा	07 दिसम्बर, 2002
पाक के प्रति नरम होता रूस	नभाटा	11 फरवरी, 2003

भारत-अफगान सम्बन्ध

बामियान के बुद्ध पर प्रहार	नभाटा	12 मार्च, 2001
अफगानिस्तान में जरा आहिस्ता-आहिस्ता	नभाटा	02 मार्च, 2002
अफगान महासंसद : महाचुनौतियों का दौर	नभाटा	24 जून, 2002
अफगान पहेली का भारतीय हल	नभाटा	01 मार्च, 2002
एक अर्से बाद दुबारा काबुल में	राष्ट्रीय सहारा	16 मार्च, 2003
अफगानिस्तान का नया साल	राष्ट्रीय सहारा	23 मार्च, 2003
अफगानिस्तान से वापसी	राष्ट्रीय सहारा	30 मार्च, 2003
आँखों देखा अफगानिस्तान	सहारा समय	17 मई, 2003
पाक से क्यों खफा हैं अफगान	नभाटा	26 जुलाई, 2003
काबुल में भारत का भूत देखता है पाकिस्तान	सहारा समय	30 अगस्त, 2004

भारत-ईरान : नया दौर

ईरान यात्रा के फलितार्थ	हिन्दुस्तान	18 अप्रैल, 2001
ईरानी राष्ट्रपति की भारत यात्रा	भास्कर	29 जनवरी, 2003
भारत-ईरान : एशिया का नवोदय	राष्ट्रीय सहारा	31 जनवरी,2003

पड़ोसी देश

भारत और नेपाल में नई भाव-भूमि	नभाटा	10अगस्त, 2000
नेपाल का नाजुक समय	नभाटा	08 जून, 2001

श्रीलंकाई चुनाव : नए दिशा संकेत	नभाटा	17 अक्टूबर, 2003
शेर का बर्ताव बकरी जैसा क्यों ?	हिन्दुस्तान	24 अप्रैल, 2001
तिब्बत कश्मीर नहीं है	नभाटा	11 अगस्त, 2001

फीजी-संकट

फीजी में फौज तुरन्त भेजें	नभाटा	23 मार्च, 2000
श्रीलंका और फीजी : जड़ता की महामुद्रा	नभाटा	04 जून, 2002
फीजी : विदेशी मूल का मुद्दा	भास्कर	11 जून, 2000
फीजी में हस्तक्षेप के तर्क	नभाटा	12 जून, 2000
फीजी के चूल्हे पर काठ की हांडी	नभाटा	18 जुलाई, 2000
फीजी और भारत की बुजदिली	नभाटा	28 अगस्त, 2000

एराक़-संकट

बुश : आ बैल सींग मार	नभाटा	12 सितम्बर, 2002
सद्दाम को नरम पड़ने दिया जाए	नभाटा	14 नवम्बर, 2002
भारत मध्यस्थता की पहल करे	नभाटा	08 फरवरी, 2003
एराक़ : भारत बगलें क्यों झाँके	नभाटा	20 फरवरी, 2003
एराक़ संकट के आठ सबक	भास्कर	20 फरवरी, 2003
एराक़ : भारत की दुविधा	नभाटा	09 अप्रैल, 2003
एराक़ : अमरीकी दड़बे में भारतीय बिल्ली	राष्ट्रीय सहारा	17 अप्रैल, 2003
कमज़ोर दिमाग और मजबूत मुक्का	नभाटा	18 अप्रैल, 2003
एराक़ में फौज भेजें या नहीं	नभाटा	14 जुलाई, 2003

भारत-इस्राइल

भारत इस्राइल प्रेम-प्रसंग	नभाटा	27 जून, 2000
अराफात पर क्यों अटक गई सुई	हिन्दुस्तान	04 जुलाई, 2002
शेरोन की भारत-यात्रा का विरोध क्यों ?	नभाटा	08 सितम्बर, 2003
भारत-इस्राइल मैत्री में छिपी नई विश्व राजनीति	राष्ट्रीय सहारा	15 सितम्बर, 2003

भारत आग्नेय एशिया

भारत के प्रति जापान का नया मैत्री-बोध	हिन्दुस्तान	02 सितम्बर, 2000
महातिर की दुलत्तियाँ और अटलजी की बीन	हिन्दुस्तान	12 नवम्बर, 2002
महागरुड़ की एशियाई उड़ान	भास्कर	23 नवम्बर, 2002
माओ के ताबूत पर पूँजीवादी जिन्न	भास्कर	23 नवम्बर, 2002
चीन-यात्रा के कुछ अनिश्चित पहलू	राष्ट्रीय सहारा	10 जुलाई, 2003

चलें पूरब की ओर : बनें महाशक्ति	राष्ट्रीय सहारा	18 अक्टूबर, 2003

प्रवासी भारत

प्रवासी भारत : शुभारम्भ	नभाटा	09 जनवरी, 2003
प्रवासी मेला : यह पहला कदम है	नभाटा	15 जनवरी, 2003
मोरिशस की कुछ झलकियाँ	राष्ट्रीय सहारा	05 अक्टूबर, 2003
मोरिशस में गोरा प्रधानमंत्री	नभाटा	08 अक्टूबर, 2003
ट्रिनिडाड में दिखा एक और भारत	लोकमत (नागपुर)	26 मार्च, 2000

अनुक्रमणिका

अ

आ

इ

ई

उ

ए

क

ख

ग

त

थ

द

ध

न

प

फ

ब

भ

म

य

र

ल

व

श

स

ह

त्र

ज्ञ

●●●